공기업

합격을 위한 추가 5종

KB167967

본 교재 인강
20% 할인쿠폰

CK0F 82C0 K787 5000

취업 인강
단과강의 20% 할인쿠폰

K646 82BE 49CF C000

해커스잡 사이트(ejob.Hackers.com) 접속 후 로그인 ▶ 사이트 메인 우측 상단 [나의 정보] 클릭 ▶ [나의 쿠폰 - 쿠폰/수강권 등록]에 위 쿠폰번호 입력 ▶ 강의 결제 시 쿠폰 적용

* 쿠폰 유효기간 : 2026년 12월 31일까지(한 ID당 1회에 한해 등록 및 사용 가능)
* 단과 강의 외 이벤트 강의·프로모션 강의 적용불가 / 쿠폰 중복할인 불가

NCS 온라인 모의고사
응시권

AFD7 82CK K65C 3000

해커스잡 사이트(ejob.Hackers.com) 접속 후 로그인 ▶
사이트 메인 우측 상단 [나의 정보] 클릭 ▶
[나의 쿠폰 - 쿠폰/수강권 등록]에 위 쿠폰번호 입력 ▶
[마이클래스 - 모의고사]에서 응시 가능

* 쿠폰 유효기간 : 2026년 12월 31일까지(한 ID당 1회에 한해 등록 및 사용 가능)
* 등록 후 30일간 수강 가능

시험장까지 가져가는
회계학 핵심이론/OX 정리노트
(PDF)

GH34 LRGK 86ED FR56

해커스잡 사이트(ejob.Hackers.com) 접속 후 로그인 ▶
사이트 메인 중앙 [교재정보 - 교재 무료자료] 클릭 ▶
교재 확인 후 이용하길 원하는 무료자료의 다운로드 버튼 클릭 ▶
쿠폰번호 입력 후 다운로드

* 쿠폰 유효기간 : 2026년 12월 31일까지

* 이 외 쿠폰 관련 문의는 해커스 고객센터(02-537-5000)로 연락 바랍니다.

FREE

무료 바로 채점 및 성적 분석 서비스

해커스잡 사이트(ejob.Hackers.com) 접속 후 로그인 ▶
사이트 메인 상단 [교재정보 - 교재 채점 서비스] 클릭 ▶
교재 확인 후 채점하기 버튼 클릭

* 2026년 12월 31일까지 사용 가능

▲ 바로 이용

취업교육 1위, 해커스잡 **ejob.Hackers.com**

[1위] 주간동아 2024 한국고객만족도 교육(온·오프라인 취업) 1위

해커스공기업
쉽게 끝내는
회계학 기본서

해커스

현진환

학력
· 성균관대학교 경영대학원 수료
· 성균관대학교 경영학과 졸업

경력
· (현) 세무법인 제이앤 세무사
· (현) 해커스 경영아카데미 회계학 강사
· (현) 가천대학교 경영학부 초빙교수
· (전) 합격의 법학원 회계학 강사
· (전) KG 에듀원 회계학 강사
· (전) 메가랜드 부동산 세법 강사
· (전) 강남이지경영아카데미 대표 세무사
· (전) 세림세무법인
· (전) 유화증권 근무

저서
· 해커스공기업 쉽게 끝내는 회계학 기본서
· 해커스 세무사 眞원가관리회계
· 해커스 세무사 眞원가관리회계연습
· 해커스 세무사 객관식 眞원가관리회계

공기업 회계학 전공 시험 합격 비법,
해커스가 알려드립니다.

"비전공자한테는 어렵지 않을까요?"

"많은 양의 회계학 공부는 어떻게 해야 하나요?"

많은 학습자들이 공기업 회계학 전공 시험의 학습방법을 몰라 위와 같은 질문을 합니다.
방대한 양과 어려운 내용 때문에 어떻게 학습해야 할지 갈피를 잡지 못하고
막연한 두려움을 갖는 학습자들을 보며 해커스는 고민했습니다.
해커스는 공기업 회계학 전공 시험 합격자들의 학습방법과 최신 출제 경향을
면밀히 분석하여 단기 완성 비법을 이 책에 모두 담았습니다.

『해커스공기업 쉽게 끝내는 회계학 기본서』
전공 시험 합격 비법

1. 시험에 항상 출제되는 주요 이론을 체계적으로 학습한다.
2. 다양한 출제예상문제를 통해 실전 감각을 키운다.
3. 최신 출제 경향과 난이도를 반영한 기출동형모의고사로 마무리한다.
4. 시험 직전까지 '시험장까지 가져가는 회계학 핵심이론/OX 정리노트
   (PDF)'로 핵심 내용을 최종 점검한다.

이 책을 통해 공기업 회계학 전공 시험을 준비하는 수험생들 모두
합격의 기쁨을 누리시기 바랍니다.

목차

해커스공기업 쉽게 끝내는 회계학 기본서
취업강의 1위, 해커스잡
ejob.Hackers.com

PART 1 재무회계 일반분야

[온라인 제공]
시험장까지 가져가는
회계학 핵심이론/OX 정리노트(PDF)
핵심이론 정리 + OX 문제

공기업 회계학 전공 시험 합격 비법

1 시험에 항상 출제되는 **주요 이론을** **체계적으로 학습**한다!

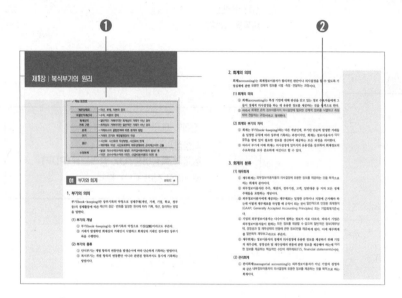

❶ 핵심 포인트

앞으로 공부할 내용이 무엇인지 한눈에 파악할 수 있도록 표로 정리하였으며, 이론 학습 전후로 읽고 넘어가면 자연스레 포인트를 익힐 수 있다.

❷ 중요한 내용 표시

시험에 꼭 나오는 중요한 내용은 초록색 글씨로 표시하였으며, 표시된 내용은 다음 페이지로 넘어가기 전에 확실하게 이해·암기후 넘어가면 더욱 효과적으로 학습할 수 있다.

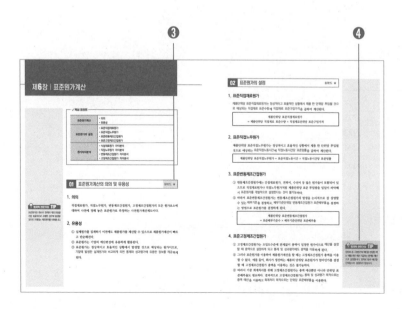

❸ 출제빈도 표시

출제빈도를 ★~★★★로 표시하여 방대한 양의 회계학 이론 중 어느 부분을 더 중점적으로 공부할지에 대한 전략을 세울 수 있다.

❹ 회계학 전문가의 Tip

회계학 전문가인 저자 선생님이 제안하는 이론 이해에 도움이 되는 Tip으로 이론을 재미있고 풍부하게 배울 수 있다.

2 시험문제 미리보기와 출제예상문제로 실전 감각을 향상시킨다!

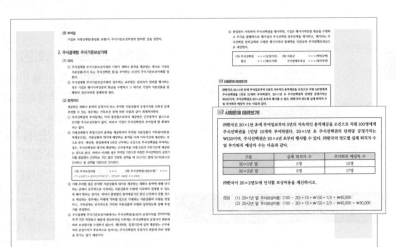

시험문제 미리보기!

핵심이론에 대한 대표문제로 이론이 실전에 어떻게 적용되는지 바로 확인하고 이론을 정확히 이해하였는지 점검할 수 있다.

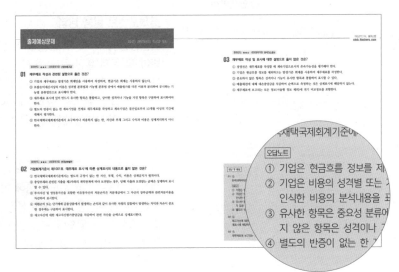

출제예상문제

공기업 회계학 전공 시험에 출제될 가능성이 큰 다양한 유형과 난이도의 문제를 풀어보며 실전 감각을 키울 수 있다. 정답에 대한 상세한 해설뿐 아니라 오답에 대한 해설도 꼼꼼히 수록하여 모든 문제를 내 것으로 만들 수 있으며, 출제빈도와 대표출제기업을 분석하여 기업별 출제 경향도 확인할 수 있다.

3 최신 출제 경향과 난이도를 반영한 **기출동형모의고사**로 **마무리**한다!

기출동형모의고사(총 5회분)

최신 출제 경향과 난이도를 반영한 기출동형모의고사 5회분을 수록하였으며, 그 중 2회분은 고난도 문제로 구성하여 다양한 난이도의 문제를 통해 실전을 대비하며 자신의 실력을 점검해보고 실전 감각을 극대화할 수 있다.

3회독용 답안지

기출동형모의고사에 회독용 답안지를 활용하여 실전 대비 연습을 할 수 있으며, 정확하게 맞은 문제[O], 찍었는데 맞은 문제[△], 틀린 문제[X]의 개수도 체크하여 회독 회차가 늘어감에 따라 본인의 실력 향상 여부도 확인할 수 있다.

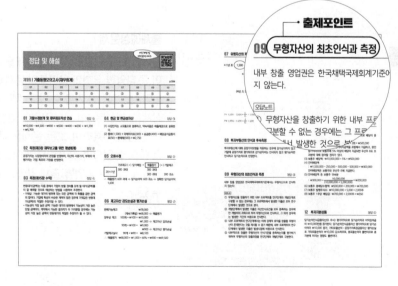

출제포인트 활용 방법

기출동형모의고사 5회분을 풀어보며 다시 봐야 할 문제(틀린 문제, 풀지 못한 문제, 헷갈리는 문제 등)는 각 문제에 관련된 출제포인트를 p.4~7의 목차에서 찾아 보다 쉽게 취약한 부분에 대한 복습을 할 수 있다.

바로 채점 및 성적 분석 서비스

해설에 수록된 QR 코드를 통해 기출동형모의고사의 정답을 입력하면 성적 분석 결과를 확인할 수 있으며, 본인의 성적 위치와 취약 영역을 파악할 수 있다.

4 시험 직전까지 **PDF 자료집**으로 **핵심 내용을 최종 점검**하여 회계학을 정복한다!

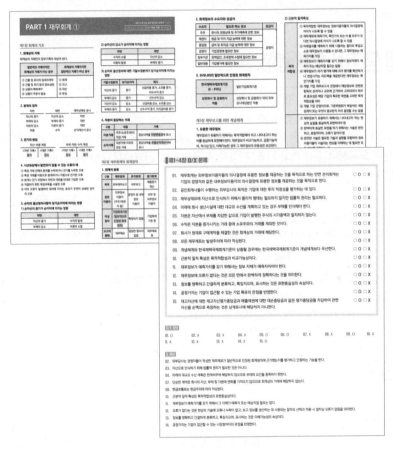

시험장까지 가져가는 회계학 핵심이론/ OX 정리노트(PDF)

해커스잡 사이트(ejob.Hackers.com)에서 제공하는 '시험장까지 가져가는 회계학 핵심이론/OX 정리노트(PDF)'의 핵심이론과 OX 문제로 시험 직전까지 시험에 자주 출제되는 내용을 최종 점검할 수 있다.

공기업 회계학 전공 시험 안내

공기업 회계학 전공 시험이란?

대다수의 공기업·공사공단은 채용 시 직무능력평가를 치르며 직무능력평가를 전공 시험으로 대체하는 기업이 있습니다. 전공 시험은 대체로 경영학, 경제학, 회계학, 행정학, 법학 등으로 구성되며, 기업마다 단일 전공으로 시험을 보는 경우와 통합 전공으로 여러 전공에 대해 시험을 보는 경우가 있습니다. '회계학'은 단일 과목 그 자체로 출제되거나, 다수의 공기업이 전공 시험에 포함하는 '경영학' 과목의 하위 내용으로도 출제되는 과목입니다.

공기업 회계학 전공 시험별 특징 및 최신 출제 경향

통합 전공 시험	통합 전공	통합 전공 시험은 '상경분야'와 '법정분야'를 같이 응시하는 전공 시험을 말합니다. 경영학, 경제학, 법학, 행정학 등을 모두 평가하거나, 3과목 중심(경영, 경제, 법 or 행정)으로 평가하는 경우가 많습니다. 통합 전공 시험은 과목 수가 많은 만큼 단일 전공보다 출제수준은 낮지만 여러 과목을 평가하므로 더욱 많은 학습량이 요구됩니다. 회계의 기초, 재고자산, 유형자산, 금융부채, 자본, 현금흐름표의 출제비중이 높은 편입니다.
	상경통합 전공	공기업의 특성상 전공시험에서 경제학과 경영학을 동시에 평가하는 상경통합 전공을 도입하는 추세입니다. 보통 통합 전공보다는 어렵고 단일 전공보다는 쉬운 수준의 문제가 주로 출제됩니다. 출제범위가 지정된 경우 이론형 문제뿐만 아니라 중급회계 수준의 계산형 문제도 출제될 가능성이 있으므로 계산형 문제에 대해서도 충분히 대비해야 합니다.
단일 전공 시험		단일 전공을 보는 곳은 많지는 않습니다. 출제 난이도는 중급회계 수준으로 보통이거나 높은 수준입니다. 통합 전공일 경우에는 주로 재무회계 분야에서 출제되나 단일 전공의 경우에는 원가관리회계 분야에서도 출제되므로 공부범위는 더 확대됩니다. 재무회계 전분야에서 골고루 출제되며 원가관리회계 분야에서도 10~20%의 비중 정도로 출제됩니다.

공기업 회계학 전공 시험 시행 기업

▌통합 전공 시험 시행 기업

기업	직무/직렬	전공 시험 과목	전공 출제 문항 수
신용보증기금	금융사무	경영(회계학 포함), 경제, 법학	50문항 내외
한국동서발전	사무	회계학, 경영학, 경제학, 법학, 행정학 등	50문항 내외
한국수력원자력	사무	경영학(회계학 포함), 경제학, 행정학, 법학	25문항 내외
한국장학재단	일반행정	경영(회계학 포함), 경제, 민·상법	50문항 내외
한국중부발전	사무	회계, 경영, 경제, 행정, 법	60문항 내외
한국지역난방공사	사무	회계원리, 원가/관리회계, 경영학원론, 재무관리, 마케팅, 경제학원론, 재정학, 법학 등	40문항 내외

■ 상경통합 전공 시험 시행 기업

기업	직무/직렬	전공 시험 과목	전공 출제 문항 수
경기주택도시공사	행정	회계학, 경영학	40문항 내외
국가철도공단	사무직(경영)	회계학, 경영학, 경제학	50문항 내외
한국남부발전	사무상경	회계학, 경영학, 경제학	50문항 내외
한국도로공사	행정(경영)	회계학, 경영학원론, 경제학원론	40문항 내외
한국보훈복지의료공단	사무 (경영·경제·회계)	회계학, 경영학, 경제학	50문항 내외
한국서부발전	사무상경	회계원리, 경영학원론, 경제학원론	50문항 내외
한국에너지공단	사무(경영·경제)	회계학, 경영학, 경제학 등	50문항 내외
한국환경공단	사무직(상경)	회계학, 경영학, 경제학	50문항 내외
한전KPS	경영·회계·사무 (상경)	회계학, 경영학	50문항 내외
IBK기업은행	금융일반	경영(회계 포함), 경제	30문항 내외

■ 단일 전공 시험 시행 기업

기업	직무/직렬	전공 시험 과목	전공 출제 문항 수
대구도시공사	일반행정	경영학(회계학 포함)/행정학/법학 중 택 1	50문항 내외
대구도시철도공사	사무	경영학(회계 포함)/회계학/행정학/법학/전산학/교통공학 중 택1	40문항 내외
도로교통공단	일반행정	회계학/경영학/행정학/법학 중 택1	50문항 내외
서울주택도시공사	사무	회계학/경영학(회계 제외)/경제학/행정학/법학 중 택1	50문항 내외
인천국제공항공사	사무	경영학(회계학 포함)/경제학/행정학 중 택1	50문항 내외
인천도시공사	사무	회계학/경영학 중 택 1	40문항 내외
한국가스공사	사무	회계/경영/경제 중 택 1	50문항 내외
한국공항공사	행정	회계/경영/항공교통 중 택 1	50문항 내외
한국관광공사	일반	경영학(회계학 포함)/경제학/법학 중 택1	40문항 내외
	전문	회계학/전산학 중 택 1	50문항 내외
한국수자원공사	행정	경영(회계 포함)/경제/행정 중 택 1	40문항 내외
한국자산관리공사	금융일반	경영(회계학 포함)/경제 중 택 1	70문항 내외

*2023~2024년에 시행된 기업의 채용정보를 기준으로 하였으며, 기업별 채용정보는 변경될 수 있으므로 상세한 내용은 기업별 채용공고를 반드시 확인하시기 바랍니다.

공기업 회계학 전공 시험을 대비하는 학습자의 질문 BEST 5

공기업 회계학 전공 시험을 준비하는 학습자들이 가장 궁금해하는 질문 BEST 5와 이에 대한 회계학 전문가의 답변입니다. 학습 시 참고하여 공기업 회계학 전공 시험에 효율적으로 대비하세요.

회계학 전공 시험은 어떻게 공부해야 효과적일까요?
랑 범위해서 대비하기가 딱딱해요.

이론과 문제를 여러 번 회독하여 반복적인 학습을 통해 정확한 암기를 하는 것이 중요합니다.

회계학은 이론을 정확히 이해하는 것이 가장 중요합니다. 또한, 양이 많고 각 단원별로 내용이 서로 연관되어 있기 때문에 한 번에 전체의 내용을 이해하는 것은 불가능하고 전체적인 흐름을 보며 여러 번 회독수를 늘리는 반복적인 학습을 하는 것이 필요합니다. 다만, 통합 전공을 대비하거나 시간이 부족하다면 출제빈도가 높은 부분을 중점적으로 학습하는 것도 전공 시험 합격의 큰 전략이 될 수 있습니다.

공기업 회계학 전공 필기시험을 시행하는 공기업은 어디가 있을까요?

2023~2024년 기준으로 한국중부발전/한국수력원자력/한국동서발전/신용보증기금/한전KPS/한국도로공사/한국서부발전/한국지역난방공사/국가철도공단/인천국제공항공사/한국가스공사/한국공항공사 등의 기업에서 회계학 전공 시험을 시행하고 있습니다.

다만, 기업마다 단일 전공/상경통합 전공/통합 전공 여부와 출제 문항 수가 다르니 p.12~13의 [공기업 회계학 전공 시험 안내] 정보와 기업의 채용공고를 확인하시고, 원하시는 기업의 난이도, 과목, 문항 수에 맞게 전략을 수립하여 준비하시기 바랍니다.

회계 분야에 대해 무지한 비전공자도 충분히 독학할 수 있을까요?

비전공자도 충분히 독학할 수 있으니 중간에 포기하지 않고, 끝까지 노력하는 것이 중요합니다.

비전공자의 경우 처음에는 이론 학습이 버겁거나, 이론 학습 후 바로 문제를 풀기 어려울 수 있습니다. 이때는 해커스잡(ejob.Hackers.com) 사이트에서 제공하는 동영상강의의 도움을 받으며 꾸준히 복습하고, 처음 공부 시에는 해설과 문제를 함께 읽으며 내용을 이해한 후 다시 문제를 풀어보는 방법을 추천합니다. 회독 차수를 늘려가며 같은 이론과 문제를 반복 학습하다 보면 본인도 모르게 어느새 유형별 문제 풀이법을 터득할 것입니다.

회계학 전공 시험 단기 합격을 위해서는 얼마나 공부해야 할까요?

본인의 실력 및 학습 성향에 맞는 회독별 학습플랜에 따라 대체적으로 약 60일 정도 공부하면 충분합니다.

보통 전공 시험의 경우 1년이나 그 이상을 잡고 학습하는 수험생이 많으나, 본인의 실력 및 학습 성향에 맞는 회독별 학습플랜에 따라 반복 학습하면, 더욱 짧은 기간에 공기업 회계학 전공 시험에 대비하여 합격을 기대할 수 있습니다.

회계학 전공 시험의 난이도가 어떻게 되나요?

통합 전공 시험은 개론~원론 수준의 난이도로, 단일 전공 시험은 그보다 높은 난이도로 생각하시면 됩니다.

기업마다 출제 난이도는 다르지만, 보통 통합 전공 시험은 개론~원론 수준의 난이도로 볼 수 있습니다. 단일 전공 시험은 그보다 높은 수준으로, 일부 기업에 따라서는 CPA급의 난이도가 출제되기도 합니다. 본 교재는 다양한 난이도와 유형의 문제를 수록하여, 대부분의 기업에서 시행하고 있는 통합 전공 시험은 물론, 난도가 높고 지엽적인 문제가 출제되는 단일 전공 시험까지 모두 대비할 수 있습니다.

공기업 회계학 합격을 위한 회독별 학습플랜

자신에게 맞는 학습플랜을 선택하여 본 교재를 학습하세요.

해커스잡 사이트(ejob.Hackers.com)에서 제공하는 '시험장까지 가져가는 회계학 핵심이론/OX 정리노트(PDF)'는 복습 혹은 시험 직전 단기 공부 시 이용하시길 바라며, 더 효과적인 학습을 원한다면 같은 사이트에서 제공하는 동영상강의를 함께 수강해보세요.

3회독 학습플랜

 회계학 비전공자 또는 회계학에 입문하시는 분에게 추천해요.

3회독 학습이 목표이며, 회계학 기본기가 부족하여 이론을 집중적으로 학습해야 하는 분은 이론을 정독하며 반복 학습 후 출제예상문제를 풀며 정리한다면 60일 안에 시험 준비를 마칠 수 있어요.

1일 ☐	2일 ☐	3일 ☐	4일 ☐	5일 ☐
[1회 차] PART 1 학습				
제1장 학습	제2장 학습	제3장 학습	제4장 학습	제5장 학습

6일 ☐	7일 ☐	8일 ☐	9일 ☐	10일 ☐
제6장 학습	제7장 학습	제8장 학습	제9장 학습	제10장 학습

11일 ☐	12일 ☐	13일 ☐	14일 ☐	15일 ☐
제11장 학습	제12장 학습	제13~14장 학습	제15장 학습	제16장 학습

16일 ☐	17일 ☐	18일 ☐	19일 ☐	20일 ☐
	[1회 차] PART 2 학습		[1회 차] PART 3 학습	
제17~18장 학습	제1~4장 학습	제5~7장 학습	제1~2장 학습	제3~4장 학습

21일 ☐	22일 ☐	23일 ☐	24일 ☐	25일 ☐
			[1회 차] 실전 대비	
제5~6장 학습	제7~9장 학습	제10~12장 학습	제1회 기출동형모의고사 풀이 및 해설	제2회 기출동형모의고사 풀이 및 해설

26일 ☐	27일 ☐	28일 ☐	29일 ☐	30일 ☐
			[2회 차] PART 1 학습	
제3회 기출동형모의고사 풀이 및 해설	제4회 기출동형모의고사 풀이 및 해설	제5회 기출동형모의고사 풀이 및 해설	제1~2장 학습	제2~3장 학습
31일 ☐	32일 ☐	33일 ☐	34일 ☐	35일 ☐
제4~5장 학습	제5~6장 학습	제7~8장 학습	제8~9장 학습	제10~11장 학습
36일 ☐	37일 ☐	38일 ☐	39일 ☐	40일 ☐
제11~12장 학습	제13~14장 학습	제14~15장 학습	제16~17장 학습	제17~18장 학습
41일 ☐	42일 ☐	43일 ☐	44일 ☐	45일 ☐
[2회 차] PART 2 학습		**[2회 차] PART 3 학습**		
제1~4장 학습	제5~7장 학습	제1~4장 학습	제5~8장 학습	제9~12장 학습
46일 ☐	47일 ☐	48일 ☐	49일 ☐	50일 ☐
[2회 차] 실전 대비			**[3회 차] PART 1 학습**	
제1~3회 기출동형모의고사 풀이 및 해설	제4회 기출동형모의고사 풀이 및 해설	제5회 기출동형모의고사 풀이 및 해설	제1~2장 학습	제3~4장 학습
51일 ☐	52일 ☐	53일 ☐	54일 ☐	55일 ☐
제5~6장 학습	제7~9장 학습	제10~12장 학습	제13~15장 학습	제16~18장 학습
56일 ☐	57일 ☐	58일 ☐	59일 ☐	60일 ☐
[3회 차] PART 2 학습	**[3회 차] PART 3 학습**		**[3회 차] 실전 대비**	
제1~7장 학습	제1~6장 학습	제7~12장 학습	제1~3회 기출동형모의고사 풀이 및 해설	제4~5회 기출동형모의고사 풀이 및 해설

2회독 학습플랜

 회계학 기본기가 있는 분에게 추천해요.

2회독 학습이 목표이며, 회계학 기본기가 어느 정도는 있고 취약한 부분 위주로 학습해야 하는 분은 문제 풀이 후 취약한 부분을 파악하여 관련 이론을 반복 학습한다면 40일 안에 시험 준비를 마칠 수 있어요.

1일 □	2일 □	3일 □	4일 □	5일 □
[1회 차] PART 1 학습				
제1장 학습	제2~3장 학습	제4~5장 학습	제6장 학습	제7장 학습
6일 □	**7일** □	**8일** □	**9일** □	**10일** □
제8~9장 학습	제10~11장 학습	제12장 학습	제13~14장 학습	제15장 학습
11일 □	**12일** □	**13일** □	**14일** □	**15일** □
			[1회 차] PART 2 학습	
제16장 학습	제17장 학습	제18장 학습	제1~4장 학습	제5~7장 학습
16일 □	**17일** □	**18일** □	**19일** □	**20일** □
[1회 차] PART 3 학습				**[1회 차] 실전 대비**
제1~3장 학습	제4~6장 학습	제7~9장 학습	제10~12장 학습	제1회 기출동형모의고사 풀이 및 해설
21일 □	**22일** □	**23일** □	**24일** □	**25일** □
				[2회 차] PART 1 학습
제2회 기출동형모의고사 풀이 및 해설	제3회 기출동형모의고사 풀이 및 해설	제4회 기출동형모의고사 풀이 및 해설	제5회 기출동형모의고사 풀이 및 해설	제1~2장 학습
26일 □	**27일** □	**28일** □	**29일** □	**30일** □
제3~4장 학습	제5~6장 학습	제7~8장 학습	제9~10장 학습	제11~12장 학습

31일 ☐	32일 ☐	33일 ☐	34일 ☐	35일 ☐
			[2회 차] PART 2 학습	[2회 차] PART 3 학습
제13~14장 학습	제15~16장 학습	제17~18장 학습	제1~7장 학습	제1~2장 학습
36일 ☐	**37일 ☐**	**38일 ☐**	**39일 ☐**	**40일 ☐**
		[2회 차] 실전 대비		
제3~4장 학습	제5~7장 학습	제1~2회 기출동형모의고사 풀이 및 해설	제3~4회 기출동형모의고사 풀이 및 해설	제5회 기출동형모의고사 풀이 및 해설

1회독 학습플랜

👍 회계학 전공자 또는 이론에 자신 있는 분에게 추천해요.

1회독 학습이 목표이며, 회계학 기본기가 충분하여 문제 풀이 능력을 단기간에 집중적으로 향상시켜야 하는 분은 이론을 간단히 학습 후 문제 풀이에 집중한다면 20일 안에 시험 준비를 마칠 수 있어요.

1일 ☐	2일 ☐	3일 ☐	4일 ☐	5일 ☐
PART 1 학습				
제1~2장 학습	제2~3장 학습	제4~5장 학습	제5~6장 학습	제7~8장 학습
6일 ☐	**7일 ☐**	**8일 ☐**	**9일 ☐**	**10일 ☐**
제8~9장 학습	제10~11장 학습	제11~12장 학습	제13~14장 학습	제14~15장 학습
11일 ☐	**12일 ☐**	**13일 ☐**	**14일 ☐**	**15일 ☐**
		PART 2 학습		PART 3 학습
제16~17장 학습	제17~18장 학습	제1~3장 학습	제4~7장 학습	제1~3장 학습
16일 ☐	**17일 ☐**	**18일 ☐**	**19일 ☐**	**20일 ☐**
			실전 대비	
제4~6장 학습	제7~9장 학습	제10~12장 학습	제1~3회 기출동형모의고사 풀이 및 해설	제4~5회 기출동형모의고사 풀이 및 해설

해커스공기업 쉽게 끝내는 회계학 기본서

취업강의 1위, 해커스잡 **ejob.Hackers.com**

출제기업

2020~2024년 필기시험 기준으로 재무회계 파트는 경기신용보증재단, 공무원연금공단, 국가철도공단, 대구교통공사, 서울주택도시공사, 신용보증기금, 한국가스공사, 한국가스기술공사, 한국공항공사, 한국국토정보공사, 한국남동발전, 한국남부발전, 한국동서발전, KDB산업은행, 한국에너지공단, 한국원자력환경공단, 한국장학재단, 한국전력기술, 한국중부발전, 한국지역난방공사, 한국환경공단 등의 기업에서 출제하고 있습니다.

PART 1

재무회계 일반분야

제1장 | 복식부기의 원리

✔핵심 포인트

재무상태표	• 자산, 부채, 자본의 정의
포괄손익계산서	• 수익, 비용의 정의
회계상의 거래 구분	• 일반적인 거래이지만 회계상의 거래가 아닌 경우 • 회계상의 거래이지만 일반적인 거래가 아닌 경우
분개	• 거래요소의 결합관계에 따른 분개의 방법
전기	• 거래의 전기와 계정별원장의 작성
결산	• 시산표: 시산표의 작성방법, 시산표의 한계 • 재무제표 작성: 시산표로부터 재무상태표와 손익계산서의 산출
수정분개	• 발생: 미수수익(수익의 발생), 미지급비용(비용의 발생) 등 • 이연: 선수수익(수익의 이연), 선급비용(비용의 이연) 등

01 부기와 회계
출제빈도 ★

1. 부기의 의의

부기(book-keeping)란 장부기록의 약칭으로 경제주체(개인, 가계, 기업, 학교, 정부 등)의 경제활동에 따른 재산의 증감·변화를 일정한 원리에 따라 기록, 계산, 정리하는 방법을 말한다.

(1) 부기의 개념

① 부기(book-keeping)는 장부기록의 약칭으로 기장(記帳)이라고도 부른다.
② 거래가 발생하면 회계상의 거래인지 식별하고 회계상의 거래인 경우에만 장부기록을 수행한다.

(2) 부기의 종류

① 단식부기는 개별 항목의 변동만을 발생순서에 따라 단순하게 기록하는 방법이다.
② 복식부기는 개별 항목의 변동뿐만 아니라 관련된 항목까지도 동시에 기록하는 방법이다.

2. 회계의 의의

회계(accounting)는 회계정보이용자가 합리적인 판단이나 의사결정을 할 수 있도록 기업실체에 관한 유용한 경제적 정보를 식별·측정·전달하는 과정이다.

(1) 회계의 의의

① 회계(accounting)는 특정 기업에 대해 관심을 갖고 있는 정보 수요자들에게 그들이 경제적 의사결정을 하는 데 유용한 정보를 제공하는 것을 목적으로 한다.

② 따라서 회계란 흔히 정보이용자의 의사결정에 필요한 경제적 정보를 식별하고 측정하여 전달하는 과정이라고 정의한다.

(2) 회계와 부기의 차이

① 회계는 부기(book-keeping)와는 다른 개념인데, 부기란 단순히 발생한 거래들을 일정한 규칙에 따라 장부에 기록하는 과정이지만, 회계는 정보이용자가 의사결정을 함에 있어 필요한 정보를 생산하여 제공하는 모든 과정을 의미한다.

② 따라서 부기에 비해 회계는 의사결정에 있어서의 유용성을 강조하며 회계정보의 수요측면을 보다 중요하게 여긴다고 할 수 있다.

3. 회계의 분류

(1) 재무회계

① 재무회계는 외부정보이용자들의 의사결정에 유용한 정보를 제공하는 것을 목적으로 하는 회계의 분야이다.

② 외부정보이용자란 주주, 채권자, 정부기관, 고객, 일반대중 등 거의 모든 경제주체들을 포함하는 개념이다.

③ 외부정보이용자에게 제공되는 재무제표는 일정한 규칙이나 지침에 근거해야 하는데 이렇게 재무제표를 작성할 때 규칙이 되는 것이 일반적으로 인정된 회계원칙(GAAP; Generally Accepted Accounting Principles) 또는 기업회계기준이다.

④ 기업의 외부정보이용자는 다수이며 원하는 정보가 서로 다르다. 따라서 기업은 외부정보이용자들이 원하는 모든 정보를 제공할 수 없으며 일반적인 정보(재무상태, 경영성과 및 재무상태의 변동에 관한 정보)만을 제공하게 된다. 이에 재무회계를 일반목적 재무보고라고도 부른다.

⑤ 재무회계는 정보이용자의 경제적 의사결정에 유용한 정보를 제공하기 위해 기업의 재무상태, 경영성과 및 재무상태의 변동에 관한 정보를 제공해야 하는데 이러한 정보를 제공하는 핵심적인 수단이 재무제표(F/S, financial statements)이다.

(2) 관리회계

① 관리회계(managerial accounting)는 외부정보이용자가 아닌 기업의 경영자와 같은 내부정보이용자의 의사결정에 유용한 정보를 제공하는 것을 목적으로 하는 회계이다.

② 경영자 등 기업의 내부관리자들은 기업활동과 관련된 계획, 통제 및 평가의 모든 과정에서 회계정보를 필요로 한다.
③ 내부정보이용자에게 전달되는 회계정보, 즉 관리회계정보는 외부정보이용자에게 제공되는 회계정보와 같이 일반적으로 인정된 회계원칙 혹은 기업회계기준을 준수할 필요가 없다.

(3) 정부회계

① 정부의 재무제표 목적은 정부의 재정활동에 이해관계를 갖는 정보이용자가 정부의 재정활동 내용을 파악하고, 합리적으로 의사결정을 하는 데 유용한 정보를 제공하는 것을 목적으로 한다.
② 정부의 재무제표는 정부가 공공회계책임(public accountability)을 적절히 이행하였는지 평가하는 데 필요한 정보를 제공하여야 한다.

〈회계의 분류〉

구분	재무회계	관리회계	원가회계	정부회계
목적	외부재무보고	내부보고	제품원가계산	정부재정활동보고
정보이용자	외부정보이용자 (주주/채권자 등)	경영자 등 내부정보이용자	외부 및 내부정보이용자	재정활동 관련 이해관계자
작성원칙	기업회계기준 (일반적으로 인정된 회계원칙)	특정되지 않음	기업회계기준 등	국가회계기준 등
보고의 형태	재무제표	일정한 형식이 없음	재무제표 등	재무제표

4. 주식회사

회사의 종류는 주식회사, 유한회사, 합명회사, 합자회사 등 다양하다. 이 중 가장 일반적인 형태의 회사는 주식회사이다.

(1) 주식회사의 특징

① 주식(주권)을 발행하여 자본을 조달한다. 주식회사에 출자한 개인 및 기업을 주주라고 하며 주주들은 출자의 대가로 주식을 소유하게 된다.
② 주식회사는 경영활동을 통하여 얻은 이익을 주주들에게 분배하는데 이를 배당이라고 한다.
③ 주식은 소액·다수의 증권으로 분할되어 발행되기 때문에, 주식회사는 대규모 자본을 쉽게 조달할 수 있다.
④ 출자자인 주주는 자신의 주식을 제3자에게 매도할 수 있으며, 다른 주주에게서 추가적으로 주식을 매입할 수 있다. 그러나 주주들 간에 주식의 매매가 있어도, 회사의 자본금 총액에는 아무런 변화가 없다.
⑤ 주식회사는 법인격을 갖춘 독립된 실체이다. 따라서 주식회사 명의로 자산을 취득하거나 부채를 부담할 수 있다.

⑥ 주식회사의 기관은 주주총회, 이사회, 감사(감사위원회)로 구성되어 있다.
- 주주총회: 주주들이 의사를 발표하고 결정하는 주식회사의 최고의사결정기관
- 이사회: 주주총회로부터 경영에 관한 일체의 권한을 위임받아 기업경영을 담당하는 기관
- 감사(감사위원회): 경영진의 업무집행을 감시하는 기관
⑦ 주식회사는 소유와 경영이 분리되어 있다.
⑧ 주식회사의 소유주인 주주는 유한책임을 진다. 회사에 대하여 출자의무만을 부담할 뿐, 회사의 채권자에 대하여 추가적인 책임이 없다.

(2) 주식회사의 종류

① 주권상장기업은 한국거래소의 유가증권시장 또는 코스닥시장에 주권이 상장되어 일반인들이 자유롭게 주식을 사거나 팔 수 있는 기업이다.
② 주권비상장기업은 주권이 상장되어 있지 않은 기업이다.

5. 재무상태표의 기초

(1) 재무상태 의의

① 기업의 일정시점에서의 재무상태, 즉 자산, 부채, 자본의 상태를 나타내는 표로서 대차대조표(B/S, balance sheet)라고도 한다.
② 기업의 목적은 이윤 추구이고 이윤을 남기기 위해서 기업은 영업활동에 필요한 자산을 취득해야 한다. 자산을 취득하기 위해서는 취득에 필요한 자금을 조달해야 하는데 자산취득에 필요한 자금은 기업의 주인인 주주들로부터 조달하거나 금융기관 등 외부로부터 차입의 형태로 조달할 수 있다.
③ 주주로부터 출자받는 금액을 자본, 외부에서 차입한 금액을 부채라고 하면 재무상태표의 기본양식을 등식으로 표현하면 다음과 같다.

$$\text{자산} = \text{부채} + \text{자본}$$

④ 재무상태표 양식

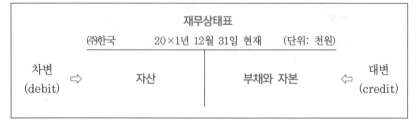

⑤ 재무상태표(B/S, statement of financial position)의 개략적인 양식은 위와 같은데 중요한 점은 자산은 재무상태표의 차변에 부채와 자본은 재무상태표의 대변에 표시하고, 차변의 합계와 대변의 합계 금액은 반드시 일치해야 한다는 점이다.

(2) 자산

① 자산은 과거 사건의 결과로 기업이 통제하고 있고 미래경제적효익이 기업에 유입될 것으로 기대되는 자원이다.

② 유형자산을 포함한 많은 종류의 자산은 물리적 형태를 가지고 있다. 그러나 자산의 존재를 판단하기 위해서 물리적 형태가 필수적인 것은 아니다. 예를 들어, 특허권과 저작권도 미래에 그로부터 경제적효익이 창출되어 기업에 귀속되고 기업이 통제한다면 자산이다.

③ 수취채권과 부동산을 포함한 많은 종류의 자산은 소유권 등 법률적 권리와 관련되어 있다. 그러나 소유권이 자산의 존재를 판단함에 있어 필수적인 것은 아니다. 예를 들어, 기업이 리스계약에 따라 점유하고 있는 부동산에서 기대되는 경제적효익을 통제할 수 있다면 그 부동산은 기업의 자산이다. 일반적으로는 경제적효익에 대한 통제력은 법률적 권리의 결과이지만 경우에 따라서는 법률적 통제가 없어도 자산의 정의를 충족시킬 수 있다. 기업이 개발활동에서 습득한 핵심지식은 이를 독점적으로 보유함으로써 그로부터 유입될 것으로 기대되는 효익을 통제한다면 자산의 정의를 충족할 수 있다.

④ 미래에 발생할 것으로 예상되는 거래나 사건 자체만으로는 자산이 창출되지 아니한다. 예를 들어, 재고자산을 구입하고자 하는 의도 그 자체는 자산의 정의를 충족하지 못한다.

⑤ 일반적으로 지출의 발생과 자산의 취득은 밀접하게 관련되어 있으나 양자가 반드시 일치하는 것은 아니다.

⑥ 따라서 기업이 지출을 한 경우 이는 미래경제적효익을 추구했다는 증거가 될 수는 있지만 자산의 정의를 충족시키는 어떤 항목을 취득했다는 확정적인 증거는 될 수 없다. 마찬가지로 관련된 지출이 없더라도 특정 항목이 자산의 정의를 충족할 경우 재무상태표의 인식대상이 되는 것을 배제하지는 못한다. 예를 들어, 증여받은 재화는 자산의 정의를 충족할 수 있다.

〈자산의 특징〉

구분	요건	내용
물리적 형태	필요하지 않음	무형자산
법률적 권리	필요하지 않음	리스자산(사용권자산)
과거의 거래나 사건	필요함	미래 취득계획이나 의도로는 자산 인식 불가
지출의 발생	필요하지 않음	무상으로 취득해도 자산 인식 가능

⑦ 자산을 예시하면 다음과 같다.

상품	• 판매를 목적으로 외부에서 구입한 재화 • 상품을 판매하면 기업에 현금이 유입되기 때문에 상품은 자산
제품	• 판매를 목적으로 기업 내부에서 직접 제조한 재화 • 제품을 판매하면 기업에 현금이 유입되기 때문에 제품은 자산
매출채권	• 상품·제품을 외상으로 판매하고 발생한 채권 • 매출채권은 현금을 수취할 수 있는 권리이기 때문에 향후 기업에 현금의 유입을 가져다주는 자산
미수금	• 상품·제품 이외의 자산(예 토지, 건물)을 외상으로 판매하고 발생한 채권 • 미수금은 현금을 수취할 수 있는 권리이기 때문에 향후 기업에 현금의 유 입을 가져다주는 자산
대여금	• 현금을 대여하고 발생한 채권 • 대여금은 현금을 수취할 수 있는 권리이기 때문에 향후 기업에 현금의 유 입을 가져다주는 자산
선급금	• 상품 등을 구입하기로 하고 미리 지급한 금액 • 선급금을 지불하였기 때문에 기업은 미래에 상품을 갖게 되며, 상품을 판 매하면 현금이 유입됨
비품, 토지, 건물	• 비품은 영업활동 등에 사용할 목적으로 구입한 물품(예 책상, 의자 등) • 비품, 토지, 건물 등을 생산 및 판매 활동에 사용하면 간접적으로 미래 현 금유입을 증가시킬 수 있으며, 비품, 토지, 건물 등을 처분하면 직접적으 로 현금이 유입되기 때문에 토지, 건물 등은 자산임

(3) 부채

① 부채는 과거사건으로 생긴 현재의무로서, 기업이 가진 경제적효익이 있는 자원의 유출을 통해 그 이행이 예상되는 의무이다.

② 부채의 본질적 특성은 기업이 현재의무를 갖고 있다는 것이다. 현재의무는 법적의 무뿐만 아니라 의제의무도 포함한다.

③ 의무는 구속력 있는 계약이나 법규에 따라 법률적 강제력이 있을 수 있고 또는 거래실무, 관행 또는 원활한 거래관계를 유지하거나 공평한 거래를 하려는 의도에서 발생할 수도 있다.

④ 만일 어떤 기업이 보증기간이 명백히 경과한 후에 발생하는 제품하자에 대해서도 수리해 주기로 방침을 정한 경우에 이미 판매된 제품과 관련하여 지출될 것으로 예상되는 금액은 부채이다.

⑤ 부채는 과거의 거래나 그 밖의 사건에서 발생한다. 예를 들어, 재화를 구입하거나 용역을 제공받는 경우 매입채무가 발생하며(선급 또는 인도와 동시에 지급이 이루어지지 아니한 경우), 은행대출을 받은 경우에는 상환의무가 발생한다.

⑥ 일부 부채는 상당한 정도의 추정을 해야만 측정이 가능할 수 있다. 즉, 지출과 시기에 불확실성이 내재된 현재의무도 부채로 인식한다. 이러한 부채를 충당부채라고도 한다. 예를 들어 제품보증에 따른 충당부채와 연금지급의무에 대한 충당부채가 있다.

⑦ 부채를 예시하면 다음과 같다.

매입채무	• 상품·제품을 외상으로 매입하고 발생한 채무 • 매입채무는 현금을 지급해야 하는 채무이기 때문에 향후 기업에 현금 유출을 가져다주는 부채
미지급금	• 상품·제품 이외의 자산(예 토지, 건물)을 외상으로 매입하고 발생한 채무 • 미지급금은 현금을 지급해야 하는 채무이기 때문에 향후 기업에 현금 유출을 가져다주는 부채
차입금	• 현금을 차입하고 발생한 채무 • 차입금은 현금을 지급해야 하는 채무이기 때문에 향후 기업에 현금 유출을 가져다주는 부채
선수금	• 상품 등을 판매하기로 하고 미리 수취한 금액 • 선수금을 수취하였기 때문에 기업은 미래에 상품 등을 제공해야 하는 의무를 갖게 됨

(4) 자본

① 자본은 기업의 자산에서 모든 부채를 차감한 후의 잔여지분이다.

② 자본이란 기업의 자산에서 부채를 차감한 잔여지분을 말하며 재무상태표 등식에서 부채를 좌항으로 이항하면 '자산 – 부채 = 자본'의 식이 되므로 자본은 자산에서 부채를 차감하여 측정한다.

③ 따라서 자본은 그 자체를 직접적으로 측정할 수 있는 것이 아니라 자산과 부채를 각각 측정한 결과 동 금액의 차액으로 계산된다.

④ 일반적으로 자본총액은 그 기업이 발행한 주식의 시가총액, 또는 순자산을 나누어서 처분하거나 계속기업을 전제로 기업 전체를 처분할 때 받을 수 있는 총액과 우연한 경우에만 일치한다. (대부분 일치하지 않는다는 의미)

⑤ 자본은 재무상태표에 소분류하여 표시할 수 있다. 예를 들어, 주식회사의 경우 소유주가 출연한 자본, 이익잉여금, 이익잉여금 처분에 의한 적립금, 자본유지조정을 나타내는 적립금 등으로 구분하여 표시할 수 있다.

⑥ 자본을 예시하면 다음과 같다.

자본금	• 주주가 주식을 받고 회사에 출자한 금액
이익잉여금	• 회사가 경영활동을 통해 벌어들인 이익 중 회사에 남아 있는 금액 • 당기순이익의 누계액 중에서 배당 후에 남아 있는 금액

한국상사의 20×1년 12월 31일 현재 재무상태가 다음과 같을 경우 20×1년 12월 31일 한국상사의 재무상태표를 작성하시오.

• 현금	₩70,000	• 매입채무	₩90,000	• 매출채권	₩60,000
• 은행예금	₩90,000	• 대여금	₩40,000	• 차입금	₩300,000
• 비품	₩150,000	• 건물	₩200,000	• 상품	₩50,000

해설

재무상태표

한국상사　　　　　　　　　　　　　　　　　　　　　　　　　　20×1. 12. 31

[자산]		[부채]	
현금	₩70,000	차입금	₩300,000
매출채권	60,000	매입채무	90,000
은행예금	90,000		
대여금	40,000		
상품	50,000		
비품	150,000		
건물	200,000	[자본]	270,000
계	₩660,000	계	₩660,000

한국상사의 20×1년 12월 31일 시점의 재무상태를 재무상태표 등식으로 나타내면 다음과 같다.

자산(₩660,000) = 부채(₩390,000) + 자본(₩270,000)

6. 포괄손익계산서의 기초

앞에서는 기업의 일정시점에서의 재무상태 측정과 그 구성요소인 자산, 부채, 자본에 대하여 살펴보았는데, 여기서는 기업의 일정기간 동안의 경영성과, 즉 기업의 순이익을 계산하는 원리와 그 구성요소에 대해서 살펴보기로 한다.

(1) 거래의 정의

① 자본이 변하는 이유는 크게 두 가지가 있는데 첫 번째는 소유주(주주)와 직접거래를 하는 경우(자본거래)이고 두 번째는 회사가 여러 활동을 통해 이익 혹은 손실을 발생시키는 경우(손익거래)이다.

② 자본거래를 통해 자본이 증감하는 경우 그 내역은 자본변동표에 표시한다. 반면 손익거래를 통해 자본이 증감하는 경우 그 내역은 포괄손익계산서에 표시한다.

③ 결과적으로 포괄손익계산서(I/S, Statement of comprehensive Income)는 일정기간 동안 주주(소유주)와의 거래 이외의 모든 원천에서 자본이 증가하거나 감소한 정도와 그 내역에 대한 정보를 제공하는 재무보고서이다.

④ 주주(소유주)와의 거래를 제외하고 자본이 증감하는 거래가 손익거래이므로 포괄손익계산서는 손익거래로 인해 자본이 증감한 내역을 보여주는 재무보고서라 할 수 있다.

⑤ 따라서 포괄손익계산서와 재무상태표는 서로 연관이 없는 재무제표가 아니라, 포괄손익계산서는 단순히 재무상태표 요소 중 자본이 변하는 이유를 구체적으로 보여주는 재무제표에 지나지 않는다.

(2) 수익

① 수익은 자산의 유입이나 증가 또는 부채의 감소에 따라 자본의 증가를 초래하는 특정 회계기간 동안에 발생한 경제적효익의 증가로서, 지분참여자에 의한 출연과 관련된 것은 제외한다.

② 수익이란 자본을 증가시키는 거래 중에 주주(소유주)와의 거래를 제외한 것을 말한다. 주주(소유주)와의 거래를 제외한 자본의 증감내역이 포괄손익계산서에 표시되므로 수익은 자본을 증가시키는 항목으로 포괄손익계산서에 표시된다.

③ 결국 수익은 손익거래를 통한 자본의 증가와 같은 의미라고 할 수 있다. 손익거래는 기업의 본질적인 영업활동 등을 나타내므로 회계기간 동안 기업에 어떤 손익거래가 있었고 그로 인해 얼마만큼 자본이 증가했는지는 매우 중요한 정보이다.

④ 따라서 이에 대한 내역을 '수익'이라는 계정을 이용해서 구체적으로 보여주는 것이고, 결과적으로 수익은 어떤 손익거래를 통해 얼마만큼 자본이 증가했는지를 설명해주는 것이다. 이런 의미에서 수익에 표시되는 계정을 명목계정이라 부른다.

⑤ 수익을 예시하면 다음과 같다.

매출액(매출)	고객에게 상품이나 제품을 판매하고 받은 대가
이자수익	대여금이나 은행예금에서 발생한 이자
임대료수익	건물이나 토지를 빌려주고 받은 대가
배당금수익	주주가 출자한 기업으로부터 받은 배당금
수수료수익	용역을 제공하거나, 상품 등의 판매를 중개해 주고 얻은 대가

(3) 비용

① 비용은 자산의 유출이나 소멸 또는 부채의 증가에 따라 자본의 감소를 초래하는 특정 회계기간 동안에 발생한 경제적효익의 감소로서, 지분참여자에 대한 분배와 관련된 것은 제외한다.

② 비용이란 자본을 감소시키는 거래 중에 주주(소유주)와의 거래를 제외한 것을 말한다. 주주(소유주)와의 거래를 제외한 자본의 증감내역이 포괄손익계산서에 표시되므로 비용은 자본을 감소시키는 항목으로 포괄손익계산서에 표시된다.

③ 결국 비용은 손익거래를 통한 자본의 감소와 같은 의미라고 할 수 있다. 손익거래는 기업의 본질적인 영업활동 등을 나타내므로 회계기간 동안 기업에 어떤 손익거래가 있었고 그로 인해 얼마만큼 자본이 감소했는지는 매우 중요한 정보이다.

④ 따라서 이에 대한 내역을 '비용'이라는 계정을 이용해서 구체적으로 보여주는 것이고, 결과적으로 비용은 어떤 손익거래를 통해 얼마만큼 자본이 감소했는지를 설명해주는 것이다. 이런 의미에서 비용에 표시되는 계정을 명목계정이라 부른다.

⑤ 수익과 비용은 손익거래로 인한 자본의 증감을 구체적으로 나타내기 위해 쓰는 명목계정일 뿐이다. 수익과 비용을 차감해서 얻는 값을 당기순이익(NI, Net Income)이라 하는데 포괄손익계산서의 결과물인 당기순이익은 결국 자본의 순증감액을 의미한다. 따라서 당기순이익은 원천계정인 자본(이익잉여금)에 가감하는 것으로 마감된다.

⑥ 비용을 예시하면 다음과 같다.

매출원가	고객에 판매한 상품이나 제품에 대한 원가
종업원급여	종업원이 제공한 근로에 대한 대가로 지급하는 급여
임차료	건물이나 토지를 빌리고 지급하는 대가
보험료	화재보험료 등 각종 보험에 대한 지급액
이자비용	차입금 등에 대한 이자 지출액
광고선전비	광고 및 선전을 위해 지출하는 금액
여비교통비	종업원의 출장여비나 교통비 지출액

⑦ 재무상태표와 포괄손익계산서의 관계

재무상태표		포괄손익계산서
	부채	(20×1년 1월 1일부터 20×1년 12월 31일까지)
자산	자본 - 자본거래 (납입자본) - 손익거래 (이익잉여금) - 손익거래 (기타포괄손익누계액)	수익: 이익잉여금(자본)의 증가 내역 비용: 이익잉여금(자본)의 감소 내역 당기순이익: 이익잉여금(자본)의 증감으로 마감 기타포괄손익: 기타포괄손익누계액(자본)의 증감으로 마감

한국상사의 20×1년 1월 1일부터 20×1년 12월 31일까지의 수익과 비용에 관한 자료이다. 포괄손익계산서를 작성하고 이 기간의 당기순손익을 계산하시오.

• 상품매출액	₩500,000	• 상품매출원가	₩420,000
• 종업원급여	25,000	• 은행예금에 대한 이자수익	16,000
• 광고선전비	10,000	• 상점건물에 대한 임차료	17,000
• 소모품비	19,000	• 은행차입금에 대한 이자비용	15,000

해설

포괄손익계산서

한국상사   20×1. 1. 1 ~ 20×1. 12. 31

[비용]		[수익]	
매출원가	₩420,000	매출액	₩500,000
종업원급여	25,000	이자수익	16,000
광고선전비	10,000		
임차료	17,000		
소모품비	19,000		
이자비용	15,000		
당기순이익	10,000		
계	₩516,000	계	₩516,000

한국상사의 20×1년 1월 1일부터 20×1년 12월 31일까지의 경영성과를 포괄손익계산서 등식으로 나타내면 다음과 같다.

비용(₩506,000) + 당기순이익(₩10,000) = 수익(₩516,000)

7. 회계기간(보고기간)

기업의 경영활동은 영업을 시작하는 날로부터 폐업하는 날까지 계속되기 때문에 그 기간 전체에 대한 재무상태와 경영성과를 파악하기는 어렵다. 따라서 보다 효율적인 경영을 위해서는 일정기간마다 재무상태와 경영성과를 파악하는 것이 필요하다. 이와 같이 인위적으로 6개월 또는 1년 등으로 구분한 기간을 보고기간(reporting period) 또는 회계기간(accounting period)이라고 한다. 한 보고기간이 시작되는 시점을 기초라 하고 끝나는 시점을 기말이라고 하며, 해당 보고기간을 당기라 하고, 이전 보고기간을 전기, 다음 보고기간을 차기라고 한다. 보고기간은 기업의 임의대로 1년을 넘지 않는 범위 내에서 설정할 수 있는데, 일반적으로 1년을 하나의 보고기간으로 한다.

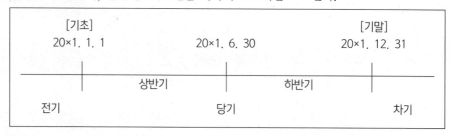

02 | 회계순환과정 출제빈도 ★

회계는 기업의 재무적 정보를 재무제표의 형태로 정보이용자에게 정기적으로 보고하는데, 회계순환과정이란 거래의 발생으로부터 재무제표가 작성되기까지의 회계처리과정이 매 회계기간에 되풀이되는데 이와 같은 반복적인 회계처리과정을 말한다. 회계의 순환과정을 그림으로 나타내면 다음과 같다.

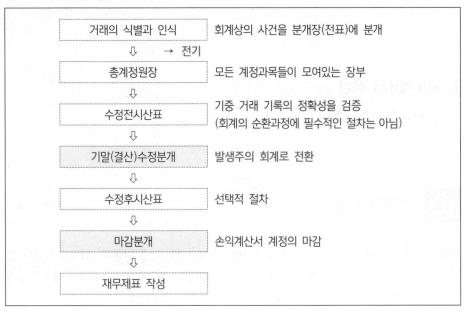

1. 거래의 식별과 인식

거래가 발생하면 해당 거래가 회계상의 거래인지를 판단하여 분개장에 기록한다.

2. 총계정원장으로 전기

분개장에 기록된 거래 내역들을 총계정원장으로 이체 기록한다.

3. 수정전시산표의 작성

분개와 전기가 올바르게 이루어졌는지를 검증하기 위해 자산, 부채, 자본, 수익 및 비용 계정들을 집합하여 수정전시산표를 작성한다.

4. 기말(결산)수정분개

현금주의 등 다양한 방법으로 기록된 계정과목 잔액을 발생주의 금액으로 전환한다.

5. 수정후시산표의 작성

기말(결산)수정분개가 올바르게 이루어졌는지를 검증하기 위해 자산, 부채, 자본, 수익 및 비용 계정들을 집합하여 수정후시산표를 작성한다.

6. 마감분개

손익계산서 계정들의 잔액을 '0'으로 만들어 이익잉여금으로 대체시키고 재무상태표 계정들을 차기로 이월한다.

7. 재무제표의 작성

수정후시산표를 이용하여 재무제표를 작성한다.

---

03 거래의 기록   출제빈도 ★

회계상 거래란 자산, 부채 및 자본에 증감·변화를 일으키는 것을 말한다. 회계상 거래는 일상생활에서의 거래와 대부분 일치하나 서로 일치하지 않는 경우도 있다. 회계상 거래와 일상생활에서의 거래가 일치하지 않는 경우는 다음과 같다.

1. 거래의 구분

(1) 회계상의 거래

① 회계에서 말하는 거래란 회사의 자산, 부채, 자본, 수익 및 비용에 변동을 가져오는 행위를 의미한다. 또한 회계상의 거래는 장부에 기록해야 하므로 그 금액을 측정할 수 있어야 한다.

② 회계상의 거래가 되기 위해서는 다음 두 가지 요건을 만족시켜야 한다.
  • 기업의 자산, 부채, 자본, 수익 및 비용에 변동을 가져온다.
  • 금액의 신뢰성 있는 측정이 가능하다.

③ 회계상의 거래는 일반적인 거래와 대부분 일치하지만 반드시 일치하지는 않는다.

④ 회계상의 거래만이 장부기록의 대상이 된다.

(2) 일상생활에서 말하는 거래이지만 회계상의 거래가 아닌 거래

① 자동차를 구입하는 계약을 체결하면 일상생활에서는 자동차를 취득하는 거래를 한 것이 되지만 계약을 체결한 것만으로는 자산이나 부채가 증감하지 않기 때문에 회계상의 거래는 될 수 없다. 그러나 계약금을 지급하는 것은 회계상의 거래에 해당한다.

② 회계상의 거래가 되기 위해서는 자동차를 인수하거나 대금을 지급하는 등 자산 또는 부채에 변화가 있어야 한다.

③ 마찬가지로 토지를 담보로 제공하거나 타인을 위한 지급보증 등의 행위는 일상 생활에서는 거래라고 칭하지만 기업의 자산이나 부채에 변화를 가져오는 것은 아니므로 회계상의 거래는 될 수 없다.

(3) 일상생활에서 말하는 거래는 아니지만 회계상의 거래

① 상품을 보관 중인 창고에 화재가 발생한 경우 우리는 일상생활에서 거래를 하였 다고 말하지는 않지만 화재로 인하여 자산이 감소하였으므로 회계상으로는 거래 에 해당한다.

② 회계상의 거래가 되기 위한 다른 한 가지 요건은 금액을 신뢰성 있게 측정해야 한다는 것인데 신뢰성 있는 측정이 정확한 측정을 의미하는 것은 아니다.

③ 정확한 측정은 아니더라도 합리적인 추정이 가능하다면 회계에서는 합리적인 추 정치로 장부에 기록하는 것을 허용한다.

④ 예를 들어, 손해배상 소송에 피소되어 배상을 하게 될 경우 정확한 금액이 확정 되지 않았더라도 그 금액을 합리적으로 추정할 수 있다면 부채로 기록한다. 따라 서 소송에 피소된 경우도 회계상의 거래에 해당할 수 있다.

2. 회계상 거래와 일상생활에서의 거래가 일치하지 않는 경우

(1) 회계상은 거래가 아니지만 일상생활에서는 거래인 경우

① 각종 계약
② 건물 및 토지 등의 담보설정
③ 상품의 주문
④ 종업원의 고용 등

(2) 회계상은 거래이지만 일상생활에서는 거래가 아닌 경우

① 화재 등 재해손실
② 도난, 부패 등
③ 건물 등 사용에 따른 가치 감소 등

다음 중 부기상의 거래인 것에는 O표, 거래가 아닌 것에는 X표를 하고 그 이유를 설명하시오.

> (1) (　) 상품 ₩100,000을 외상으로 매입하다.
> (2) (　) 종업원을 월급 ₩200,000으로 채용하다.
> (3) (　) 현금 ₩20,000을 분실하다.
> (4) (　) 차입금에 대한 이자 ₩15,000을 현금으로 지급하다.
> (5) (　) 은행에 현금 ₩80,000을 예입하다.
> (6) (　) 건물을 월세 ₩100,000으로 임차계약을 맺다.
> (7) (　) 광고료 ₩40,000을 현금으로 지급하다.
> (8) (　) 상품 ₩30,000의 주문을 받다.
> (9) (　) 상품 ₩50,000을 도난당하다.
> (10) (　) 원가 ₩100,000의 상품을 ₩150,000에 외상매출하다.

해설　(1) O　자산(상품) ₩100,000이 증가하고, 부채(매입채무)도 ₩100,000이 증가하였으므로 부기상의 거래이다.

　　　(2) X　종업원을 채용한다는 사실만으로는 자산, 부채, 자본에 아무런 영향을 미치지 않는다. 따라서 부기상의 거래가 아니다.

　　　(3) O　자산(현금) ₩20,000이 감소, 비용(잡손실) ₩20,000이 발생하였으므로 부기상의 거래이다.

　　　(4) O　자산(현금) ₩15,000이 감소, 비용(이자비용) ₩15,000이 발생하였으므로 부기상의 거래이다.

　　　(5) O　자산(현금) ₩80,000이 감소, 자산(은행예금) ₩80,000이 증가하였으므로 부기상의 거래이다.

　　　(6) X　건물의 임대차계약만으로는 자산, 부채, 자본에 아무런 영향을 미치지 않는다. 따라서 부기상의 거래가 아니다.

　　　(7) O　자산(현금) ₩40,000이 감소하고 비용(광고선전비) ₩40,000이 발생하였으므로 부기상의 거래이다.

　　　(8) X　상품 주문을 받은 사실만으로는 자산, 부채, 자본에 아무런 영향을 미치지 않는다. 따라서 부기상의 거래가 아니다.

　　　(9) O　자산(상품) ₩50,000이 감소하고 비용(재고자산 감모손실) ₩50,000이 발생하였으므로 부기상의 거래이다.

　　　(10) O　자산(매출채권) ₩150,000이 증가하고 수익(매출) ₩150,000이 발생하였으며, 자산(상품) ₩100,000이 감소하고 비용(매출원가) ₩100,000이 발생하였으므로 부기상의 거래이다.

04 거래요소의 결합관계

1. 복식부기의 이해

복식부기는 차변과 대변에 동일한 금액을 이중으로 기록하므로 기록, 계산상의 오류를 자동적으로 파악할 수 있는 자기검증기능을 가지고 있다. 따라서 현대 회계에서는 모든 기업 실체의 재무상태와 경영성과를 기록하는 방법으로 복식부기가 사용되고 있다.

(1) 대차평균의 원리

① 재무상태표 요소 중 자산은 차변에, 부채와 자본은 대변에 표시된다. 포괄손익계산서의 요소인 수익은 자본의 증가를 가져오는 항목이므로 자본과 마찬가지로 대변에, 비용은 자본의 감소를 가져오는 항목이므로 자본의 반대편인 차변에 표시한다.

	자산	부채	
차변		자본	대변
	비용	수익	

② 회계상의 거래가 발생하였을 때 자산이 증가한다면 차변에 기록할 것이고 감소한다면 반대편인 대변에 기록할 것이다. 마찬가지 논리로 부채와 자본의 증가는 대변에 기록할 것이고 감소는 차변에 기록할 것이다. 한편, 수익이 발생하는 경우에는 대변에, 비용이 발생하는 경우에는 차변에 기록할 것이다.

차변	대변	재무상태표 공시
자산의 증가	자산의 감소	차변
부채의 감소	부채의 증가	대변
자본의 감소	자본의 증가	대변
비용의 발생	수익의 발생	손익계산서 공시

③ 회계에서는 항상 차변과 대변의 합계가 일치하여야 한다. 이를 위해서는 회계상의 거래가 발생했을 때 항상 차변과 대변 모두에 같은 금액을 이중으로 기록해야한다. 따라서 모든 회계상의 거래는 2가지 이상의 구성요소에 영향을 미치는데 이를 거래의 이중성이라고 한다.

④ 만약 차변이나 대변 중 한 곳에만 기록을 한다면 차변합계와 대변합계가 일치하지 않게 되므로 회계상의 거래는 반드시 차변과 대변 모두에 동일한 금액을 기록해야 한다.

⑤ 회계상의 거래가 발생하여 복식부기 방식으로 기록하게 되면 차변과 대변에 항상 동일한 금액이 기입되므로 거래가 아무리 많이 발생하더라도 차변항목의 합계금액과 대변항목의 합계금액은 항상 일치하게 된다. 이러한 복식부기의 특징을 대차평균의 원리라고 한다.

⑥ 재무상태표 등식도 결국은 대차평균의 원리를 등식으로 표현하는 것에 지나지 않는다. 대차평균의 원리는 회계의 본질을 가장 명확하게 보여주는 매우 단순하지만 중요한 논리이다.

2. 거래요소의 결합관계

기업에서 일어나는 회계상의 거래는 여러 가지가 있으나 결국은 자산의 증가와 감소, 부채의 증가와 감소, 자본의 증가와 감소 및 수익의 발생과 비용의 발생이라는 8개의 거래요소로 구성되는데, 이를 거래의 8요소라고 한다.

(1) 거래요소의 결합관계표

거래의 8요소가 서로 결합되어 여러 가지 조합을 이루는 관계를 표로 나타내면 다음과 같다. 모든 거래는 차변요소와 대변요소가 결합하여 회계처리한다.

〈거래의 8요소의 결합관계〉

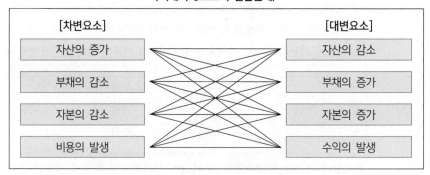

(2) 거래요소의 결합관계의 유형

대차평균의 원리를 이용하면 장부기록의 유형을 4가지로 구분할 수 있다.

① 유형 1: 차변과 대변을 동시에 증가시키는 기록

유형 1: 차변과 대변이 동시에 증가			
자산		부채	
⇧		자본	⇧
비용		수익	

> **사례**
>
> (1) 투자자로부터 현금 ₩500을 출자받아 영업을 개시하였다.
>
> | 자산 | + | 비용 | = | 부채 | + | 자본 | + | 수익 |
> |---|---|---|---|---|---|---|---|---|
> | ₩500 | | | | | | ₩500 | | |
>
> 출자란 기업이 현금 등을 투자받고 주식을 발행해주는 것으로서 주주와의 직접거래에 해당한다. 출자는 자본거래에 해당하므로 자본을 직접 증감시킨다.
>
> (2) 은행으로부터 현금 ₩400을 차입하였다.
>
> | 자산 | + | 비용 | = | 부채 | + | 자본 | + | 수익 |
> |---|---|---|---|---|---|---|---|---|
> | ₩400 | | | | ₩400 | | | | |

(3) 토지를 외상으로 ₩300에 취득하였다.

자산	+	비용	=	부채	+	자본	+	수익
₩300				₩300				

(4) 당기 급여 ₩100을 차기에 지급할 예정이다.

자산	+	비용	=	부채	+	자본	+	수익
		₩100		₩100				

급여가 발생하는 경우 자본의 감소를 가져온다. 그러나 이 거래는 자본거래가 아닌 손익거래이므로 자본에 직접 기록하지 않고 비용에 기록한다.

(5) 거래처에 용역을 제공하고 현금 ₩300을 수령하였다.

자산	+	비용	=	부채	+	자본	+	수익
₩300								₩300

재화나 용역을 제공하고 그 대가를 수령한 경우 자본의 증가를 가져온다. 그러나 이 거래는 자본거래가 아닌 손익거래이므로 자본에 직접 기록하지 않고 수익에 기록한다.

차변요소와 대변요소를 이용해 조합 가능한 거래가 모두 발생할 수 있는 것은 아니다. 유형 1(차변과 대변의 동시 증가)에 해당하는 경우로 '비용의 증가(차변증가)와 수익의 증가(대변증가)' 같은 경우를 생각해 볼 수 있겠지만 이런 거래는 발생하지 않는다. '비용의 증가와 자본의 증가' 또한 발생할 수 없는 거래인데 이후에 서술되는 다양한 유형의 거래에 대해서는 앞으로 차근차근 공부하게 될 것이다.

② 유형 2: 차변과 대변을 동시에 감소시키는 기록

유형 2: 차변과 대변이 동시에 감소	
자산	부채
⇩	자본 ⇩
비용	수익

사례

(1) 차입금 ₩200을 현금으로 상환하였다.

자산	+	비용	=	부채	+	자본	+	수익
(₩200)				(₩200)				

(2) 발행된 주식을 주주로부터 ₩100에 취득하여 소각하였다.

자산	+	비용	=	부채	+	자본	+	수익
(₩100)						(₩100)		

③ 유형 3: 차변을 증가시키고 동시에 차변을 감소시키는 기록

유형 3: 차변의 증가와 차변의 감소	
자산	부채
⇧⇩	자본
비용	수익

사례

(1) 비품 ₩150을 현금을 지급하고 구매하였다.

자산	+	비용	=	부채	+	자본	+	수익
₩150								
(₩150)								

(2) 당기 임차료 ₩250을 현금으로 지급하였다.

자산	+	비용	=	부채	+	자본	+	수익
(₩250)		₩250						

④ 유형 4: 대변을 증가시키고 동시에 대변을 감소시키는 기록

유형 4: 대변의 증가와 대변의 감소		
자산	부채	
	자본	⇧⇩
비용	수익	

사례

차입금 ₩300에 대해 상환을 면제받았다.

자산	+	비용	=	부채	+	자본	+	수익
				(₩300)				₩300

(3) 거래요소 결합관계의 다양한 사례

위의 유형에서 왼쪽을 차변이라고 하고 오른쪽을 대변이라고 하는데, 모든 회계상의 거래는 반드시 차변요소와 대변요소가 서로 다양한 형태로 결합하여 발생한다. 위 표의 구성내용은 재무상태표 등식과 포괄손익계산서 등식을 기초로 하여 만들어졌고 계정과목을 통하여 거래요소의 결합관계를 알아보자. 계정과목은 이후에 자세히 설명되므로 이 부분은 후술하는 계정과 계정과목의 내용을 살펴본 후에 다시 돌아와서 보면 이해가 더 쉬울 것이다.

재무상태표 등식	자산 = 부채 + 자본
포괄손익계산서 등식	비용 + 당기순이익 = 수익 (또는) 비용 = 수익 + 당기순손실

사례

(1) 상품 ₩100,000을 현금으로 구입한 경우

(차) 상품(자산의 증가)	100,000	(대) 현금(자산의 감소)	100,000

자산은 재무상태표 등식의 왼쪽에 기입하기 때문에 증가를 차변(왼쪽)에, 감소를 대변(오른쪽)에 나타낸다.

(2) 상품 ₩50,000을 외상으로 매입한 경우

(차) 상품(자산의 증가)	50,000	(대) 매입채무(부채의 증가)	50,000

부채와 자본은 재무상태표 등식의 오른쪽에 기입하기 때문에 증가를 대변(오른쪽)에, 감소를 차변(왼쪽)에 나타낸다.

(3) 은행예금이자 ₩40,000을 현금으로 받은 경우

(차) 현금(자산의 증가)	40,000	(대) 이자수익(수익의 발생)	40,000

수익과 비용은 포괄손익계산서 등식의 오른쪽과 왼쪽에 각각 기입하기 때문에 수익의 발생을 대변(오른쪽)에, 비용의 발생을 차변(왼쪽)에 나타낸다.

(4) 종업원에게 급여 ₩20,000을 지급한 경우

(차) 종업원급여(비용의 발생)	20,000	(대) 현금(자산의 감소)	20,000

종업원급여라는 비용의 발생과 현금이라는 자산의 감소가 결합된 거래로서 비용의 발생을 차변(왼쪽)에, 자산의 감소를 대변(오른쪽)에 나타낸 것이다.

(5) 원가 ₩80,000의 상품을 ₩100,000에 외상매출한 경우

(차) 매출채권(자산의 증가)	100,000	(대) 매출(수익의 발생)	100,000
매출원가(비용의 발생)	80,000	상품(자산의 감소)	80,000

매출채권이라는 자산의 증가와 매출이라는 수익의 발생이 결합된 거래로서 자산의 증가를 왼쪽(차변)에, 수익의 발생을 오른쪽(대변)에 나타낸 것이며, 동시에 매출원가라는 비용의 발생과 상품이라는 자산이 감소했으므로 비용의 발생을 왼쪽(차변)에, 자산의 감소를 오른쪽(대변)에 나타낸 것이다.

회계학 전문가의 TIP

계속기록법

상품을 매입 시 매입원가를 상품계정에 기록하고, 매출 시에는 판매가격과 판매한 상품의 매입원가를 매출계정과 매출원가계정에 각각 기록하는 방법입니다.

상품 매입 시	
(차) 상품	×××(매입원가)
(대) 현금	×××

상품 매출 시	
(차) 현금	×××
매출원가	×××
(대) 매출	×××(판매가격)
상품	×××(매입원가)

이 방법은 매출 시마다 상품매출손익을 알 수 있지만, 일일이 판매한 상품의 매입원가를 파악해야 하는 번거로움이 있어 귀금속매매업, 부동산매매업 등에서 제한적으로 사용합니다.

3. 거래의 이중성

부기상의 거래는 자산, 부채, 자본의 증감과 수익, 비용이 발생하는 차변요소와 대변요소가 서로 결합하여 발생하므로 어떠한 거래가 발생하더라도 양쪽에 같은 금액이 이중으로 기록된다. 이를 거래의 이중성이라고 한다.

📋 시험문제 미리보기!

다음 거래의 결합관계를 나타내시오.

> (1) 현금 ₩200,000을 출자하여 영업을 개시하다.
> (2) 상품매매의 중개수수료 ₩5,000을 현금으로 받다.
> (3) 사무실 임차료 ₩10,000을 현금으로 지급하다.
> (4) 상품 ₩20,000을 현금으로 매입하다.
> (5) 대여금 ₩100,000과 그 이자 ₩5,000을 현금으로 받다.
> (6) 차입금 중 ₩30,000을 현금으로 지급하다.
> (7) 종업원급여 ₩50,000을 현금으로 지급하다.
> (8) 원가 ₩80,000의 상품을 ₩100,000에 외상매출하다.

해설					
(1)	(차) 현금(자산의 증가)	200,000	(대) 자본금(자본의 증가)	200,000
(2)	(차) 현금(자산의 증가)	5,000	(대) 수수료수익(수익의 발생)	5,000
(3)	(차) 임차료(비용의 발생)	10,000	(대) 현금(자산의 감소)	10,000
(4)	(차) 상품(자산의 증가)	20,000	(대) 현금(자산의 감소)	20,000
(5)	(차) 현금(자산의 증가)	105,000	(대) 대여금(자산의 감소)	100,000
			이자수익(수익의 발생)	5,000
(6)	(차) 차입금(부채의 감소)	30,000	(대) 현금(자산의 감소)	30,000
(7)	(차) 종업원급여(비용의 발생)	50,000	(대) 현금(자산의 감소)	50,000
(8)	(차) 매출채권(자산의 증가)	100,000	(대) 매출(수익의 발생)	100,000
	매출원가(비용의 발생)	80,000	상품(자산의 감소)	80,000

05 | 계정(A/C, Account)

1. 계정

(1) 계정의 정의

① 거래가 발생하면 기업의 자산, 부채, 자본의 증감 및 수익, 비용이 발생한다. 그러나 단순히 자산이 얼마만큼 증가하고, 부채가 얼마만큼 감소하였으며, 또 수익이 얼마만큼 발생하였다는 식으로 기록하면 거래의 자세한 내용을 알 수 없다.

② 따라서 자산을 현금, 상품, 매출채권, 건물 등으로 나누는 것처럼 자산, 부채, 자본 및 수익, 비용에 대하여 구체적인 항목을 세워서 기록·계산하는 것이 필요하다. 이때 각 항목별로 설정된 기록·계산의 단위를 계정(A/C, account)이라 하고, 현금계정, 상품계정 등과 같이 계정에 붙이는 이름을 계정과목이라고 한다.

(2) 분류

① 계정은 자산계정, 부채계정, 자본계정, 수익계정, 비용계정으로 분류된다. 재무상태표에 기재되는 자산, 부채, 자본에 속하는 계정을 재무상태표계정이라 하며, 포괄손익계산서에 기재되는 수익과 비용에 속하는 계정을 포괄손익계산서계정이라고 한다.

② 계정을 분류하면 다음과 같다.

재무상태표계정	자산계정	현금, 매출채권, 대여금, 상품, 토지, 건물 등
	부채계정	매입채무, 차입금 등
	자본계정	자본금 등
포괄손익계산서계정	수익계정	매출액, 이자수익, 수수료수익 등
	비용계정	매출원가, 이자비용, 수수료비용 등

(3) 형식

계정명칭	
(차변)	(대변)

2. 기입방법

모든 거래는 계정이라는 형식에 기입하여 계산되며, 계정에 의한 계산은 차변과 대변이라는 두 개의 계산장소에 나누어 기입하게 된다. 계정의 기입방법을 요약하면 다음과 같다.

(1) 재무상태표(B/S)계정

① 자산계정은 증가를 차변에, 감소를 대변에 기입한다.
② 부채계정은 증가를 대변에, 감소를 차변에 기입한다.
③ 자본계정은 증가를 대변에, 감소를 차변에 기입한다.

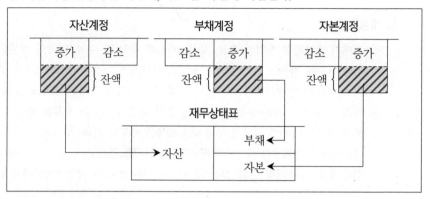

(2) 포괄손익계산서(I/S)계정

① 수익계정은 발생을 대변에, 소멸을 차변에 기입한다.
② 비용계정은 발생을 차변에, 소멸을 대변에 기입한다.

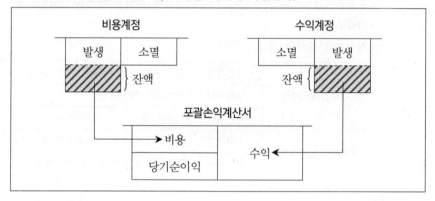

(3) 대차평균의 원리와 자기검증기능

① 복식부기는 거래의 이중성에 의하여 한 계정의 차변과 다른 계정의 대변에 동일한 금액으로 기입된다.
② 모든 거래의 차변금액 합계와 대변금액의 합계는 반드시 일치하게 되는데, 이를 복식부기에서는 대차평균의 원리라 한다.
③ 복식부기에서는 대차평균의 원리를 이용하여 전체 계정의 차변합계와 대변합계의 일치 여부를 확인함으로써, 장부기록의 정부(正否)를 검증할 수 있다. 이것을 복식부기의 자기검증기능이라고 한다.

전체 계정의 차변합계액 = 전체 계정의 대변합계액 (∵ 거래의 이중성)

3. 분개장에 분개

거래가 발생하면 차변요소와 대변요소로 구분하여 어느 계정에 얼마의 금액을 기입할 것인가를 결정하는 과정을 분개라 하며, 분개를 기입하는 장부를 분개장이라 한다. 또한 분개의 차변에 있는 금액은 해당계정의 차변에, 분개의 대변에 있는 금액은 해당계정의 대변에 옮기는 절차를 전기라 하며, 여기에 설정되는 계정계좌를 총계정원장이라고 한다. 예를 들면 다음과 같다.

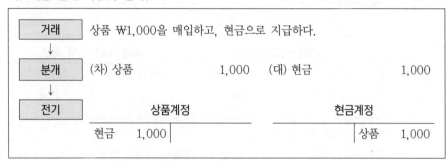

(1) 분개(회계처리)와 분개장

① 분개란 거래요소의 결합관계를 장부에 기록하는 것이다.
② 분개장이란 분개를 기록한 장부이다.
③ 분개의 방법은 거래요소의 결합관계와 동일하다.

	(차변) 계정과목	금액	(대변) 계정과목	금액
⇨	(차) 현금	100,000	(대) 매출	100,000

(2) 분개의 의의

회계상의 거래가 발생하면 회사의 자산, 부채, 자본, 수익 및 비용에 변화가 생긴 것이므로 장부에 기록을 해야 하는데 이 과정을 분개라고 한다. 흔히 '회계처리를 한다'는 표현은 분개를 의미하는 것인데 분개를 하기 위해서는 다음 사항을 고려해야 한다.

① 어떤 계정과목에 기입할 것인가?
- 회계상의 거래가 발생하면 우선 자산, 부채, 자본, 수익 및 비용 중 어느 요소를 변동시켰는지를 먼저 판단해야 한다. 거래가 어느 요소를 변동시켰는지가 확인되면 해당 거래를 설명해줄 수 있는 가장 적합한 계정과목을 찾아 기입한다.
- 다만 특정 거래를 분개할 때, 차변이나 대변의 계정과목 수가 반드시 1개일 필요는 없다. 경우에 따라서는 차변이나 대변에 계정과목이 2개 이상이 되기도 한다.

② 차변과 대변 중 어느 곳에 기입할 것인가?
- 계정과목을 결정하고 난 후 해당 계정과목을 차변에 기록할지 대변에 기록할지를 결정해야 하는데, 자산의 증가, 부채 및 자본의 감소, 비용의 발생은 차변에 기록하고 자산의 감소, 부채 및 자본의 증가, 수익의 발생은 대변에 기록한다.

- 예를 들어 현금은 자산이므로 차변에 표시하는데, 현금을 차변에 기록하면 현금을 증가시키는 것이고 반대의 위치인 대변에 기록하면 현금을 감소시키는 것이다. 반대로 차입금은 대변에 표시하는데, 차입금을 대변에 기록하면 차입금을 증가시키는 것이고 반대의 위치인 차변에 기록하면 차입금을 감소시키는 것이다.
- 회계를 처음 접하는 경우, 차변과 대변의 위치가 혼란스러울 수 있는데 특정 계정과목의 원래 위치를 기억하고 있으면 당해 항목의 감소 거래는 반대편에 위치한다고 기억하면 될 것이다.

자산·비용 계정		부채·자본·수익 계정	
〈차변 기록〉	〈대변 기록〉	〈차변 기록〉	〈대변 기록〉
증가	감소	감소	증가

③ 얼마의 금액을 기입할 것인가?

회계에서 금액을 측정하는 것이 언제나 정확한 측정을 의미하는 것은 아니다. 합리적인 추정치로 장부에 기록하는 것도 회계에서는 폭넓게 허용된다. 또한 장기성 채권(채무)에 대해서는 현재가치평가를 해야 하는데 이에 대해서는 뒤에서 자세하게 설명하겠다.

④ 회계를 처음 접하는 경우, 위 사례에서 수익 또는 비용을 기록하는 것이 다소 어렵게 느껴질 수 있다. 이런 경우에는 아래와 같은 내용으로 수익 및 비용을 이해하는 것이 좋다.

〈수익·비용의 인식〉

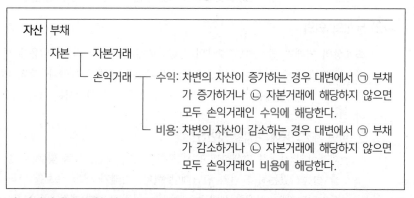

⑤ 위 사례에서는 '(차) 현금 100,000 (대) 자본금 100,000'과 같은 양식 또는 '현금 100,000 / 자본금 100,000'과 같은 형식을 사용해서 분개를 하였듯이, 분개의 형식에는 제한이 없다. 어떠한 방법이든지 보는 이로 하여금 차변요소와 대변요소를 구분하게만 하면 그것으로 충분하다.

다음은 20×1년 중에 발생한 일련의 거래들이다. 각 거래를 분개하시오.

(1) 1월 1일, 현금 ₩100,000을 출자하여 영업을 개시하다.
(2) 2월 15일, 사무용비품 ₩20,000을 현금으로 구입하다.
(3) 4월 10일, 은행으로부터 현금 ₩40,000을 차입하다.
(4) 6월 11일, 거래처로부터 상품 ₩30,000을 외상으로 구입하다.
(5) 7월 12일, 원가 ₩20,000의 상품을 고객에게 ₩35,000에 처분하고 대금은 현금으로 받다.
(6) 8월 14일, 상품의 외상매입대금 중 ₩25,000을 현금결제하다.
(7) 11월 20일, 종업원에게 급여 ₩10,000을 현금으로 지급하다.
(8) 12월 31일, 임차한 사무실에 대한 임차료 ₩15,000을 현금으로 지급하다.

해설

(1) 1월 1일	(차) 현금(자산의 증가)	100,000	(대) 자본금(자본의 증가)	100,000
(2) 2월 15일	(차) 비품(자산의 증가)	20,000	(대) 현금(자산의 감소)	20,000
(3) 4월 10일	(차) 현금(자산의 증가)	40,000	(대) 차입금(부채의 증가)	40,000
(4) 6월 11일	(차) 상품(자산의 증가)	30,000	(대) 매입채무(부채의 증가)	30,000
(5) 7월 12일	(차) 현금(자산의 증가)	35,000	(대) 매출(수익의 발생)	35,000
	매출원가(비용의 발생)	20,000	상품(자산의 감소)	20,000
(6) 8월 14일	(차) 매입채무(부채의 감소)	25,000	(대) 현금(자산의 감소)	25,000
(7) 11월 20일	(차) 급여(비용의 발생)	10,000	(대) 현금(자산의 감소)	10,000
(8) 12월 31일	(차) 임차료(비용의 발생)	15,000	(대) 현금(자산의 감소)	15,000

4. 총계정원장에 전기

(1) 총계정원장으로의 전기

① 분개장 또는 분개전표에 기록된 기업실체의 회계상의 거래들은 각 계정별로 기록되어야 한다. 재무제표란 결국 각 계정과목들의 잔액을 취합해서 작성하는 것이므로 분개장이나 분개전표에 기록된 거래들은 모든 계정이 모여 있는 장부인 총계정원장으로 이기될 필요가 있다. 분개장 또는 분개전표에 기록된 거래들을 총계정원장으로 이체 기록하는 과정을 전기라고 한다.

② 계정의 형식에는 표준식, 잔액식 등이 있지만 학습용으로는 좀 더 간편한 방법인 T-계정이 사용된다. 세부적인 장부 양식을 일일이 그려서 설명하는 것은 매우 번거롭다. 따라서 회계학 교재에서는 일반적으로 장부의 양식을 영어 대문자 'T'자를 이용하여 간단하게 표시한 후, 여기에 발생 거래를 기록하는 방식으로 장부를 작성하는데, 이를 'T-계정'이라 한다. 아래의 예를 통해 T-계정의 작성 방법을 알아보자.

(1) 12월 1일, 회사는 은행으로부터 ₩50,000을 차입하였다.

(차) 현금	50,000	(대) 차입금	50,000

(2) 12월 5일, 회사는 상품 ₩20,000을 현금으로 구입하였다.

(차) 상품	20,000	(대) 현금	20,000

(3) 12월 9일, 회사는 원가 ₩20,000의 상품을 ₩30,000에 처분하였다.

(차) 현금	30,000	(대) 매출	30,000
매출원가	20,000	상품	20,000

위는 회계의 순환과정 중 첫 번째 절차인 분개를 수행하였으므로 이제 총계정원장에 전기를 해보겠다. 계정의 양식은 T-계정을 이용하고 편의상 현금계정만 나타내기로 하자.

현금

12/1	차입금	50,000	12/5	상품	20,000
12/9	매출	30,000			
날짜	상대계정과목	금액			

③ 위의 전기를 자세히 살펴보면 12월 1일 회사는 차입을 통해 현금이 증가했으므로 적절하게 분개를 한 후 총계정원장에 전기한다. 이때 전기하는 방법은 먼저 날짜를 적고, 그 다음 상대방 계정과목, 금액의 순서로 기록한다. 마찬가지로 12월 5일, 상품구입으로 인해 현금이 감소했으므로 대변에 날짜, 상대방 계정과목, 금액의 순서로 기입한다. 12월 9일, 회사는 상품의 처분으로 인해 현금이 증가했으므로 현금 계정의 차변에 기록한다.

④ 다음 사례의 현금계정을 살펴보면 차변 합계금액은 ₩80,000이고 대변 합계금액은 ₩20,000이므로 차변 잔액이 ₩60,000이 됨을 알 수 있다. 전기가 끝나고 난 후의 T-계정에는 자산과 비용계정은 차변 잔액이, 부채와 자본 그리고 수익계정은 대변 잔액이 발생한다. 현금은 자산계정이므로 차변 잔액이 발생하는 것이고 이 잔액 ₩60,000이 재무상태표에 보고되는 회사의 현금이다. 나머지 계정들도 마찬가지로 분개장으로부터의 전기를 통해 계정 잔액을 결정할 수 있고 이렇게 계산된 계정 잔액들이 모여서 재무제표를 이루게 된다. 시험에서 전기를 직접 하는 경우는 다루어지지 않는다. 다만, 전기의 결과인 T-계정을 보고 해당 거래를 추정할 수는 있어야 한다.

12/1	차입금	50,000	12/5	상품	20,000
12/9	매출	30,000			
	잔액	60,000			

⇨ 재무상태표에 '현금 60,000' 보고

(2) 주요장부와 보조장부

① 회계상의 거래는 분개장이나 분개전표에 발생순서, 즉 일자별로 분개라는 형식
으로 기입하고 당해 거래를 총계정원장상의 각 계정과목으로 전기하는 절차로
장부기입이 이루어진다. 따라서 분개장(또는 분개전표)이나 총계정원장은 기업
실체가 반드시 갖추어야 할 장부가 되는데, 이러한 장부를 주요장부 또는 주요부
라고 부른다.

② 그러나 주요장부만으로 기업이 회계자료를 정리할 수는 없다. 기업은 주요 매출
처·매입처에 대한 매출내역·매입내역, 현금 입출금내역, 재고자산 내역 등 많은
회계자료를 정리해야 할 필요가 있는데 이러한 다양한 내역들을 기입하는 장부
를 보조장부라 부른다.

③ 보조장부에는 보조기입장과 보조원장이 있는데 보조기입장은 거래를 발생 순서
대로 그 명세를 상세히 기록하는 장부를 말하며, 보조원장은 특정 계정의 명세를
거래처 등 특성별로 구분하여 구체적으로 기록하는 장부를 말한다.

구분	분류	특징	장부의 종류
주요장부	분개장(분개전표), 총계정원장		
보조장부	보조기입장	시간순서로 기록	현금출납장, 매출장, 매입장 등
	보조원장	특성별로 구분하여 기록	상품재고장, 매출(매입)처원장 등

다음은 20×1년 ㈜한국에서 발생한 거래 내역이다. 다음의 거래들을 분개장에 일자별로 분개하고 총계정원장상의 각 계정별로 전기하시오.

① 1월 1일, 현금 ₩1,000,000과 건물 ₩500,000을 출자하여 영업을 개시하다.
② 2월 1일, 건물을 임대하고 1년치 임대료 ₩24,000을 현금으로 수령하다.
③ 3월 1일, 건물화재보험을 가입하고 보험료로 ₩12,000을 현금으로 지급하다.
④ 4월 1일, 상품 ₩300,000을 외상으로 매입하다.
⑤ 5월 1일, 소모품 ₩15,000을 현금으로 매입하다.
⑥ 6월 1일, 현금 ₩100,000을 거래처에 연 이자율 12%로 1년간 대여하다.
⑦ 7월 15일, 보유 중인 원가 ₩150,000의 상품을 ₩200,000에 판매하고 대금 중 ₩80,000은 현금수령하고 나머지 ₩120,000은 외상으로 하다.
⑧ 9월 1일, 상품의 외상구입대금 중 ₩100,000을 현금으로 결제하다.
⑨ 10월 4일, 보유 중인 원가 ₩100,000의 상품을 ₩180,000에 외상판매하다.
⑩ 11월 8일, 외상판매대금 중 ₩200,000을 현금으로 회수하다.

해설　(1) 분개

①	1월 1일	(차) 현금	1,000,000	(대) 자본금		1,500,000
		건물	500,000			
②	2월 1일	(차) 현금	24,000	(대) 임대료		24,000
③	3월 1일	(차) 보험료	12,000	(대) 현금		12,000
④	4월 1일	(차) 상품	300,000	(대) 매입채무		300,000
⑤	5월 1일	(차) 소모품	15,000	(대) 현금		15,000
⑥	6월 1일	(차) 대여금	100,000	(대) 현금		100,000
⑦	7월 15일	(차) 현금	80,000	(대) 매출		200,000
		매출채권	120,000			
		(차) 매출원가	150,000	(대) 상품		150,000
⑧	9월 1일	(차) 매입채무	100,000	(대) 현금		100,000
⑨	10월 4일	(차) 매출채권	180,000	(대) 매출		180,000
		(차) 매출원가	100,000	(대) 상품		100,000
⑩	11월 8일	(차) 현금	200,000	(대) 매출채권		200,000

(2) 전기

현금

1월 1일	자본금	1,000,000	3월 1일	보험료	12,000
2월 1일	임대료	24,000	5월 1일	소모품	15,000
7월 15일	제좌	80,000	6월 1일	대여금	100,000
11월 8일	매출채권	200,000	9월 1일	매입채무	100,000

건물

1월 1일	자본금	500,000		

자본금

			1월 1일	제좌	1,500,000

임대료					
			2월 1일	현금	24,000

매출원가					
7월 15일	상품	150,000			
10월 4일	상품	100,000			

보험료					
3월 1일	현금	12,000			

상품					
4월 1일	매입채무	300,000	7월 15일	매출원가	150,000
			10월 4일	매출원가	100,000

매입채무					
9월 1일	현금	100,000	4월 1일	상품	300,000

소모품					
5월 1일	현금	15,000			

대여금					
6월 1일	현금	100,000			

매출채권					
7월 15일	매출	120,000	11월 8일	현금	200,000
10월 4일	매출	180,000			

매출					
			7월 15일	제좌	200,000
			10월 4일	매출채권	180,000

06 결산절차

출제빈도 ★

결산절차란 일정시점에서 장부를 마감하여 자산, 부채, 자본의 상태(재무상태)를 파악하고, 발생한 수익과 비용을 비교하여 순손익(경영성과)을 정확하게 파악하는 절차로 순서는 다음과 같다.

① 수정전시산표를 작성한다.
② 기말수정분개를 한다.
③ 수정후시산표를 작성한다.
④ 장부를 마감한다.
⑤ 포괄손익계산서와 재무상태표를 작성한다.

㈜한국은 20×1년 1월 1일 영업을 시작하여 20×1년 12월 31일 다음과 같은 재무정보를 보고하였다. 손익계산서와 재무상태표를 작성하시오.

• 현금	₩500,000	• 자본금	₩200,000
• 사무용가구	1,000,000	• 재고자산	350,000
• 매출	3,000,000	• 미지급금	200,000
• 잡비	50,000	• 매출원가	2,000,000
• 매입채무	600,000	• 감가상각비	100,000

해설   (1) 시산표 작성

시산표
20×1년 1월 1일부터 20×1년 12월 31일까지

현금	₩500,000	매입채무	₩600,000
재고자산	350,000	미지급금	200,000
사무용가구	1,000,000	자본금	200,000
매출원가	2,000,000	매출	3,000,000
감가상각비	100,000		
잡비	50,000		
	₩4,000,000		₩4,000,000

(2) 손익계산서 작성

손익계산서
20×1년 1월 1일부터 20×1년 12월 31일까지

매출원가	₩2,000,000	매출	₩3,000,000
감가상각비	100,000		
잡비	50,000		
당기순이익	850,000		
	₩3,000,000		₩3,000,000

(3) 재무상태표 작성

재무상태표
20×1년 12월 31일

현금	₩500,000	매입채무	₩600,000
재고자산	350,000	미지급금	200,000
사무용가구	1,000,000	자본금	200,000
		이익잉여금	850,000
	₩1,850,000		₩1,850,000

회계기간 동안 발생하는 모든 거래들은 분개와 전기를 통하여 총계정원장의 각 계정별로 기록된다. 분개와 전기를 정확하게 하였다면 모든 계정들의 차변에 기록한 금액의 합계와 대변에 기록한 금액의 합계는 복식부기의 원리상 서로 일치하여야 한다.

1. 시산표의 의의 및 구분

① 기중 거래 기록의 정확성을 검증하기 위하여 총계정원장에 있는 각 계정들의 잔액이나 합계금액을 한 곳에 집합시켜 놓은 표를 시산표(T/B, Trial Balance)라고 한다.

② 시산표는 작성시점에 따라 다음의 3가지로 구분된다.
- 수정전시산표: 기말수정분개를 하기 전에 작성하는 시산표
- 수정후시산표: 기말수정분개를 한 후에 작성하는 시산표
- 이월시산표: 마감분개를 한 후에 작성하는 시산표

2. 시산표의 기능 및 오류

① 위의 3가지의 시산표들은 작성하는 시점만 다를 뿐 거래 기록의 정확성을 검증하기 위해 작성한다는 목표는 모두 동일하다. 시산표를 작성하게 되면 차변의 합계와 대변의 합계가 일치하여야 한다. 만일 차변의 합계와 대변의 합계가 일치하지 않는다면 회계기록에 오류가 있다는 것을 의미한다.

② 그러나 차변의 합계와 대변의 합계가 일치한다고 하더라도 회계기록에 오류가 없다는 것은 아니다. 시산표는 단순히 차변과 대변의 합계 금액이 일치하는지의 여부로만 오류를 판단하기 때문에 시산표상에서 발견되지 않을 수 있는 오류는 다양하게 존재한다.

③ 그 예로 다음과 같은 것들이 있다.
- 특정 거래 전체의 분개를 누락하거나 전기를 누락한 오류
- 특정 거래를 이중으로 분개하거나 이중으로 전기한 오류
- 분개나 전기 과정에서 차변과 대변을 반대로 기입한 오류
- 적절하지 못한 계정과목을 사용한 오류
- 여러 오류가 발생하여 대차에 미치는 효과가 우연히 상쇄된 경우의 오류

④ 시산표는 단순히 차변과 대변의 합계가 같은지의 여부로만 오류 발생 여부를 판단하기 때문에 차변과 대변에 일단 같은 금액만 기입된다면 그 안에서 발생하는 오류는 발견하지 못한다. 따라서 시산표가 가지는 오류 검증의 기능은 매우 미약하다고 할 수 있다. 그럼에도 불구하고 시산표는 재무상태표 계정과 손익계산서 계정을 한 곳에 모아 놓고 쉽게 살펴볼 수 있다는 장점이 있다.

⑤ 시산표의 형식에는 잔액시산표, 합계시산표 및 합계잔액시산표가 있으며, 실무에서는 주로 합계잔액시산표가 사용된다.

1. 기말수정분개 주요사항

(1) 발생주의와 현금주의의 비교

① 재무제표는 현금주의에 따라 작성되는 현금흐름표를 제외하고 발생주의에 따라 작성된다. 발생주의 회계의 기본논리는 거래의 발생에 따라 수익과 비용을 인식하는 것이다.

② 발생주의에서는 수익과 비용을 인식할 때 현금유출입에 따르지 않는다. 발생주의에서는 현금유출입과는 무관하게 실제 거래의 발생에 따라 수익과 비용을 인식한다.

③ 발생주의와 대비되는 개념으로 현금주의를 들 수 있는데 현금주의는 현금의 유입이 있는 시점에 수익, 현금의 유출이 있는 시점에 비용을 인식하게 된다. 결국 발생주의와 현금주의는 수익과 비용을 어떤 시점에 인식할 것인가에 차이가 있다.

> ### 사례
>
> (1) ㈜한국은 20×1년 12월 1일 거래처에 상품을 ₩10,000에 판매하고 대금은 20×2년 1월 2일에 회수하기로 하였다.
>
> | 구분 | 수익 인식 시기 | 해설 |
> |------|------|------|
> | 발생주의 | 20×1년 | 현금 수취와 무관하게 사건(상품판매)의 발생일에 수익을 인식 |
> | 현금주의 | 20×2년 | 현금 수취일에 수익을 인식 |
>
> (2) ㈜한국은 20×1년 12월분 급여를 20×2년 1월 2일에 지급한다.
>
> | 구분 | 비용 인식 시기 | 해설 |
> |------|------|------|
> | 발생주의 | 20×1년 | 현금 지급과 무관하게 용역을 제공받은 기간에 비용을 인식 |
> | 현금주의 | 20×2년 | 현금 지급일에 비용을 인식 |
>
> (3) 위 사례를 통해 발생주의 및 현금주의의 개념과 관련해서는 아래 두 가지 사항을 이해해야 한다.
>
> ① 발생주의는 수익·비용을 정확히 인식하는 것을 목표로 한다. 복식부기 논리상 수익·비용을 정확히 인식하기 위한 회계처리를 하면 자산·부채에도 영향을 미치지만 자산·부채를 정확히 인식하는 것이 발생주의의 일차적인 목표는 아니다. 발생주의의 일차적인 목표는 수익·비용의 정확한 인식에 있다.
>
> ② 모든 거래가 종료된 후에는 발생주의에 의한 수익·비용 총액과 현금주의에 의한 수익·비용 총액이 동일하다. 즉, 양자 간에는 수익·비용의 인식 시점에 차이가 있을 뿐 수익·비용의 총액에 차이가 있는 것은 아니다.

(2) 기말수정분개의 필요성

① 현금흐름표를 제외한 재무제표는 발생주의에 의해 작성되어야 하지만 기업실체는 회계연도 중에 발생한 거래들을 발생주의에 따라 회계처리하지 않고 현금주의 등 다양한 방법으로 회계처리한다.

② 따라서 결산일 현재 총계정원장상 각 계정과목들의 기말잔액 혹은 수정전시산표상의 잔액은 발생주의에 따라 수익과 비용을 인식한 결과와 다르다.

③ 결국 발생주의에 따른 재무제표를 작성하기 위해서는 현금주의 등 다양한 방법으로 산출된 총계정원장상 계정과목들의 기말잔액을 발생주의에 의한 기말잔액으로 수정하는 절차가 필요하다.

④ 기말수정분개(adjusting entries)는 현금주의 등 발생주의 이외의 방법에 의해 기록된 회계기간 중의 회계기록들을 발생주의로 수정하는 분개를 말하며, 결산수정분개라고도 한다.

(3) 기말수정분개의 특징

① 기말에 수행한다.

② 새롭게 발생하는 거래를 기록하는 것이 아닌, 과거의 거래 또는 기록에 대해 수정을 하는 분개이다.

③ 기말수정분개는 현금주의 등에 의한 수익·비용을 발생주의에 의한 수익·비용으로 바꾸는 것이므로 기말수정분개 후에는 기업의 당기순이익에 변화가 생긴다.

④ 기말수정분개가 되기 위해서는 아래의 분개유형 중 [유형 3] 또는 [유형 4]에 해당하여야 한다.

유형 1	(차) 자산 또는 부채 ××× (대) 자산 또는 부채 ××× ⇨ 위 분개는 당기순이익에 변화가 없으므로 기말수정분개에 해당하지 않음
유형 2	(차) 수익 또는 비용 ××× (대) 수익 또는 비용 ××× ⇨ 위 분개는 당기순이익에 변화가 없으므로 기말수정분개에 해당하지 않음
유형 3	(차) 자산 또는 부채 ××× (대) 수익 또는 비용[*1] ××× ⇨ 위 분개는 당기순이익을 증가시키므로 기말수정분개 유형으로 가능
유형 4	(차) 수익 또는 비용[*2] ××× (대) 자산 또는 부채 ××× ⇨ 위 분개는 당기순이익을 감소시키므로 기말수정분개 유형으로 가능

(*1) 수익을 대변에 기록하면 수익을 증가시키므로 당기순이익이 증가하고, 비용을 대변에 기록하면 비용을 감소시키므로 당기순이익이 증가한다.

(*2) 수익을 차변에 기록하면 수익을 감소시키므로 당기순이익이 감소하고, 비용을 차변에 기록하면 비용을 증가시키므로 당기순이익이 감소한다.

〈기말수정분개의 분류〉

구분	내용	계정예시
발생	거래의 종료시점에 현금 수수	미수수익, 미지급비용
이연	거래의 시작시점에 현금 수수	선급비용, 선수수익
기타	–	매출원가, 대손상각비, 감가상각비

2. 매출원가 계산(실지재고조사법)

상품을 매입 시 매입원가를 매입계정에 기록하고, 판매 시에는 판매가격을 매출계정에 기록하고, 매출원가는 기말에 상품재고액을 실지조사를 하여 한꺼번에 기록하는 방법으로 가장 일반적인 상품매매의 회계처리방법이다.

(1) 상품매입 시

'상품' 대신 '매입'계정을 사용한다.

사례				
당기에 상품 매입액은 ₩10,000이다.				
(차) 매입	10,000	(대) 현금		10,000

(2) 상품판매 시

'매출'만 기록하고 매출원가는 기록하지 않는다. (판매 시마다 매출원가를 파악하지 않음)

사례				
원가 ₩9,000의 상품을 ₩12,000에 판매하였다. 기초상품의 금액은 ₩1,000이다.				
(차) 현금	12,000	(대) 매출		12,000
수정전시산표				
상품(기초)	1,000	매출		12,000
매입	10,000			
(⇨ 매출원가를 계산해야 함)				

(3) 기말수정분개

① 상품의 매매를 실지재고조사법으로 회계처리를 하면 기중의 매출수익과 매입액은 매출계정과 매입계정에 기록하지만, 매출원가는 어느 계정에도 기록하지 않는다.

② 기말에 상품재고액을 실지조사하고 장부상에 매출원가와 기말상품재고액을 기록하기 위한 결산수정분개를 하여야 하는데, 매출원가계정을 새로 설정하고 매출원가계정의 잔액으로 매출원가를 파악하는 방법으로 결산수정분개는 다음과 같다.

사례

재고실사결과 기말상품재고액은 ₩2,000이다.

(1) 기초상품 ₩1,000을 매출원가로 대체

(차) 매출원가	1,000	(대) 상품(기초)	1,000

(2) 당기매입액 ₩10,000을 매출원가로 대체

(차) 매출원가	10,000	(대) 매입	10,000

(3) 기말상품(미판매액) ₩2,000을 기록하고 매출원가 차감

(차) 상품(기말)	2,000	(대) 매출원가	2,000

(4) 매출원가 = 기초상품 + 당기매입액 − 기말상품(창고)
   ⇨ ₩9,000 = ₩1,000 + ₩10,000 − ₩2,000

수정후시산표

상품(기말)	2,000	매출	×××
매출원가	9,000		

---

3. 손익의 결산정리

수익과 비용에 대한 발생주의 기말수정분개와 대손상각비, 감가상각비와 관련하여 기말에 발생주의에 근거한 손익을 정리하는 분개이다.

(1) 수익의 발생

① 수익의 발생항목은 먼저 거래가 시작되고 거래의 종료시점에 현금을 수취하는 경우를 말한다. 즉, 발생주의에 의하면 당기에 수익의 인식요건을 충족하는 사건이 발생하여 수익을 인식해야 하나 현금의 수취시기가 차기 이후에 도래하는 경우이다.

사례

20×1년 7월 1일, ㈜한국은 현금 ₩100,000을 연 10%로 대여하고 원금과 이자는 1년 후 받기로 하였다. 회사의 결산일은 12월 31일이다.

20×1. 7. 1	(차) 대여금	100,000	(대) 현금	100,000
20×2. 6. 30	(차) 현금	100,000	(대) 대여금	100,000
	(차) 현금	10,000	(대) 이자수익	10,000

② 위의 사례는 수익의 발생항목에 해당한다. 사례에서 수익을 인식하는 사건은 대여금의 대가로 수취하는 **이자수익의 발생**이다. 이자수익을 인식하는 사건인 현금의 대여는 당기부터 발생했으나 이자의 수취는 거래의 종료시점인 20×2년 6월 30일에 일어나므로 발생항목에 해당하는 것이다.

③ 이제 분개를 살펴보자. 앞의 분개는 현금주의에 따라 작성한 분개인데, 현금주의는 현금이 유입되는 시점에 수익을 인식하고, 현금이 유출되는 시점에 비용을 인식한다. 따라서 현금주의에서는 실제 이자를 수취하는 20×2년 6월 30일에 이자수익을 인식하였다. 하지만 회계는 수익과 비용을 인식하는 경우에 있어서 현금주의가 아닌 발생주의를 택하고 있다. 따라서 위와 같이 현금을 수수하는 시점에 수익을 인식하는 것은 잘못된 분개이다.

④ 발생주의는 현금의 수수와 관계없이 사건의 발생에 따라 수익과 비용을 인식한다. 사례에서 이자수익을 인식하는 이유가 금전 대여에 대한 대가이고 금전의 대여는 20×1년 7월 1일부터 20×2년 6월 30일까지 1년 동안 일어났기 때문에 현금수수와는 무관하게 **이자수익 역시 1년 동안 균등하게 인식해야 한다**는 것이 발생주의의 기본 논리이다. 즉, 이자는 1년 동안 금전 대여에 대한 대가로 수취하는 것이므로 이자수익을 사건의 발생기간인 1년 동안 나누어 인식하는 것이 발생주의이다.

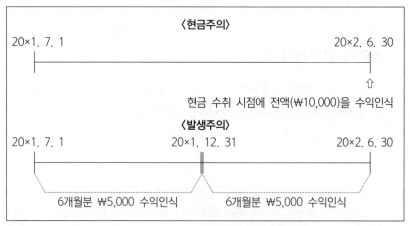

⑤ 따라서 결산일인 20×1년 12월 31일을 기준으로 20×1년에 7월 1일부터 12월 31일까지의 이자수익에 해당하는 ₩5,000을, 20×2년에 1월 1일부터 6월 30일까지의 이자수익에 해당하는 ₩5,000을 각 회계기간의 수익으로 인식한다. 발생주의에 의한 분개는 다음과 같다.

20×1. 7. 1	(차) 대여금	100,000	(대) 현금	100,000
20×1. 12. 31 (기말수정분개)	(차) 미수이자	5,000	(대) 이자수익	5,000
20×2. 6. 30	(차) 현금	100,000	(대) 대여금	100,000
	(차) 현금	10,000	(대) 미수이자	5,000
			이자수익	5,000

⑥ 위의 분개를 살펴보면 20×1년 12월 31일에 20×1년도분에 해당하는 이자수익 ₩5,000을 인식하고 현금은 차기에 수취할 것이므로 아직 수취하지 못한 현금 ₩5,000을 미수이자로 계상하였다. 미수이자는 차기에 현금으로 수취할 것이므로 재무상태표에 자산으로 보고한다. 이렇게 20×1년의 이자수익을 정확하게 보고하기 위하여 기말에 실시하는 분개를 **기말수정분개** 또는 **결산수정분개**라고 한다.

⑦ 추가로 20×2년 6월 30일에 현금 ₩10,000을 수령할 경우, 전기에 수취하지 못한 미수이자 ₩5,000을 먼저 수취한 것으로 보고 미수이자를 제거하고 나머지 ₩5,000은 20×2년의 이자수익으로 인식한다.

(2) 비용의 발생

① 비용의 발생항목은 먼저 거래가 시작되고 거래의 종료시점에 현금을 결제하는 경우를 말한다. 즉, 발생주의에 의하면 당기에 비용의 인식요건을 충족하는 사건이 발생하여 비용을 인식해야 하나, 현금의 결제시기가 차기 이후에 도래하는 경우이다.

사례

20×1년 10월 1일, ㈜한국은 은행으로부터 현금 ₩100,000을 연 12%로 차입하고 원금과 이자를 1년 후에 지급하기로 하였다. 회사의 결산일은 12월 31일이다.

20×1. 10. 1	(차) 현금	100,000	(대) 차입금	100,000
20×2. 9. 30	(차) 차입금	100,000	(대) 현금	100,000
	(차) 이자비용	12,000	(대) 현금	12,000

② 위의 사례는 비용의 발생항목에 해당한다. 사례에서 비용을 인식하는 사건은 차입금의 대가로 지급하는 **이자비용**의 발생이다. 이자비용을 인식하는 사건인 현금의 차입은 당기부터 발생했으나 이자의 지급은 거래의 종료시점인 20×2년 9월 30일에 일어나므로 발생항목에 해당하는 것이다.

③ 이제 분개를 살펴보자. 위의 분개는 현금주의에 따라 작성한 분개인데, 현금주의는 현금이 유입되는 시점에 수익을 인식하고, 현금이 유출되는 시점에 비용을 인식하는 것이다. 따라서 현금주의에서는 실제 이자를 지급하는 20×2년 9월 30일에 이자비용을 인식하였다. 하지만 회계는 수익과 비용을 인식하는 경우에 있어서 현금주의가 아닌 발생주의를 택하고 있다. 따라서 위와 같이 현금을 수수하는 시점에 비용을 인식하는 것은 잘못된 분개이다.

④ 발생주의는 현금의 수수와 관계없이 사건의 발생에 따라 수익과 비용을 인식한다. 사례에서 이자비용을 인식하는 이유가 금전 차입에 대한 대가이고 금전의 차입은 20×1년 10월 1일부터 20×2년 9월 30일까지 1년 동안 일어났기 때문에 현금수수와는 무관하게 **이자비용 역시 1년 동안 균등하게 인식해야 한다**는 게 발생주의의 기본 논리이다. 즉, 이자는 1년 동안 금전 차입에 대한 대가로 지급하는 것이므로 이자비용을 사건의 발생기간인 1년 동안 나누어 인식하는 것이 발생주의이다.

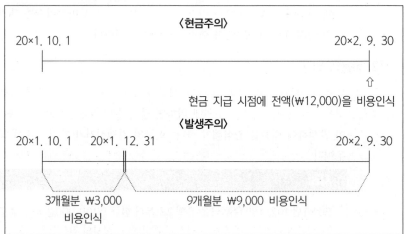

⑤ 따라서 결산일인 20×1년 12월 31일을 기준으로 20×1년에 10월 1일부터 12월 31일까지의 이자비용에 해당하는 ₩3,000을, 20×2년에 1월 1일부터 9월 30일까지의 이자비용에 해당하는 ₩9,000을 각 회계기간의 비용으로 인식한다. 발생주의에 의한 분개는 다음과 같다.

20×1. 10. 1	(차) 현금	100,000	(대) 차입금	100,000
20×1. 12. 31 (기말수정분개)	(차) 이자비용	3,000	(대) 미지급이자	3,000
20×2. 9. 30	(차) 차입금 (차) 미지급이자 이자비용	100,000 3,000 9,000	(대) 현금 (대) 현금	100,000 12,000

⑥ 위의 분개를 살펴보면 20×1년 12월 31일에 20×1년도분에 해당하는 이자비용 ₩3,000을 인식하고 현금은 차기에 지급할 것이므로 아직 지급하지 않은 현금 ₩3,000을 미지급이자로 계상하였다. 미지급이자는 차기에 현금으로 지급할 것이므로 재무상태표에 부채로 보고한다. 이렇게 20×1년의 이자비용을 정확하게 보고하기 위하여 기말에 실시하는 분개를 **기말수정분개** 또는 **결산수정분개**라고 한다.

⑦ 추가로 20×2년 9월 30일에 현금 ₩12,000을 지급할 경우, 전기에 지급하지 못한 미지급이자 ₩3,000을 먼저 지급한 것으로 보고 미지급이자를 제거하고 나머지 ₩9,000은 20×2년의 이자비용으로 인식한다.

(3) 비용의 이연

① 비용의 이연항목은 거래의 시작시점에 현금을 먼저 결제하고 거래가 진행되는 경우를 말한다. 즉, 발생주의에 의한 비용의 인식요건이 충족되기 전에 현금을 미리 결제한 경우이다.

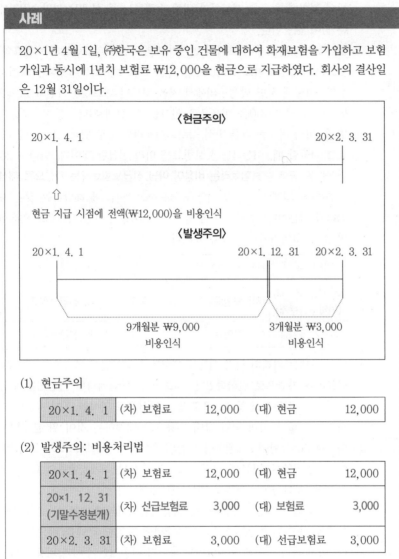

사례

20×1년 4월 1일, ㈜한국은 보유 중인 건물에 대하여 화재보험을 가입하고 보험가입과 동시에 1년치 보험료 ₩12,000을 현금으로 지급하였다. 회사의 결산일은 12월 31일이다.

〈현금주의〉

20×1. 4. 1 ──────────────── 20×2. 3. 31

⇧
현금 지급 시점에 전액(₩12,000)을 비용인식

〈발생주의〉

20×1. 4. 1 ────── 20×1. 12. 31 ── 20×2. 3. 31

9개월분 ₩9,000   3개월분 ₩3,000
비용인식   비용인식

(1) 현금주의

| 20×1. 4. 1 | (차) 보험료 | 12,000 | (대) 현금 | 12,000 |

(2) 발생주의: 비용처리법

20×1. 4. 1	(차) 보험료	12,000	(대) 현금	12,000
20×1. 12. 31 (기말수정분개)	(차) 선급보험료	3,000	(대) 보험료	3,000
20×2. 3. 31	(차) 보험료	3,000	(대) 선급보험료	3,000

② 위의 사례는 거래의 시작 시점에 현금을 전액 지급하고 사건은 그 후 1년에 걸쳐 일어나므로 이연항목에 해당한다. 보험료 ₩12,000을 지급하는 이유는 1년 동안 보험의 효익을 누리기 위한 것이므로 발생주의에 의하면 비용(보험료) 역시 1년에 걸친 기간 동안 인식해야 한다. 따라서 20×1년에 9개월분에 해당하는 보험료 ₩9,000을 비용으로 인식하고, 20×2년에 3개월분에 해당하는 보험료 ₩3,000을 비용으로 인식해야 발생주의에 부합하는 회계처리가 된다.

③ 그러나 현금주의에 의하면 현금을 지급하는 20×1년에 보험료 전액을 비용으로 인식하므로 이는 잘못된 회계처리이다. 따라서 발생주의에 의한 정확한 비용을 인식하기 위해서 20×1년 말에 20×2년의 보험료에 해당하는 ₩3,000만큼을 당기 비용에서 취소하고 취소한 ₩3,000을 선급보험료라는 자산으로 대체한다. 20×1년의 정확한 비용을 계상하기 위해 수행하는 동 분개는 기말수정분개(결산수정분개)에 해당한다.

④ 20×2년 3월 31일에 보험의 만기가 도래하면 20×2년분의 보험효익을 모두 누렸으므로 선급보험료 ₩3,000을 자산에서 비용으로 대체하는 회계처리를 수행한다. 이렇게 하면 발생주의에서 처음 의도한 대로 20×1년과 20×2년에 각각 ₩9,000, ₩3,000을 비용으로 인식할 수 있게 된다.

⑤ 한편, 위의 거래를 다른 방식으로 회계처리할 수도 있다. 20×1년 4월 1일 보험료를 지급할 때, 이는 1년분 보험료를 미리 선급한 것이다. 따라서 20×1년 4월 1일에 동 금액을 보험료라는 비용이 아닌 선급보험료라는 자산으로 해석하는 것도 가능하다. 회계에서는 그 내역을 불문하고 '선급'에 해당하는 것은 자산으로 인식하기 때문이다. 보험료 지급 당시 이를 비용이 아닌 자산으로 인식한다면 아래와 같은 회계처리가 가능할 것이다.

20×1. 4. 1	(차) 선급보험료	12,000	(대) 현금	12,000
20×1. 12. 31 (기말수정분개)	(차) 보험료	9,000	(대) 선급보험료	9,000
20×2. 3. 31	(차) 보험료	3,000	(대) 선급보험료	3,000

⑥ 앞의 분개는 거래의 시작 시점에 현금을 지급하면서 보험료 ₩12,000을 선급보험료라는 자산으로 인식하였다. 최초에 현금을 지급한 시점에는 보험과 관련된 효익을 전혀 누리지 못했으므로 일단 자산으로 인식한 후에 시간이 지나면서 보험의 효익을 누리게 되면 그때 비용으로 대체하는 것이 위 분개의 논리이다.

⑦ 따라서 20×1년에 9개월만큼 보험의 효익을 누렸으므로 20×1년 말에 ₩9,000에 해당하는 금액을 비용으로 대체하고, 20×2년에는 3개월만큼의 효익을 누렸으므로 ₩3,000에 해당하는 금액을 비용으로 대체한다.

⑧ 비용처리법과 자산처리법은 현금지급시점에서의 회계처리는 다르지만 기말수정분개를 하고 나면 20×1년과 20×2년에 동일한 금액을 비용으로 인식하게 된다. 어떤 과정을 통해 회계처리를 하든지 최종적인 수익과 비용은 발생주의에 의해 파악한 금액과 동일하게 기록되어야 한다.

(4) 수익의 이연

① 이연항목은 거래의 시작시점에 현금을 먼저 수취하고 거래가 진행되는 경우를 말한다. 즉, 발생주의에 의한 수익의 인식요건이 충족되기 전에 현금을 미리 수취한 경우이다.

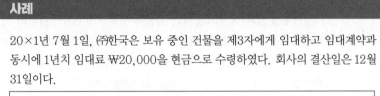

사례

20×1년 7월 1일, ㈜한국은 보유 중인 건물을 제3자에게 임대하고 임대계약과 동시에 1년치 임대료 ₩20,000을 현금으로 수령하였다. 회사의 결산일은 12월 31일이다.

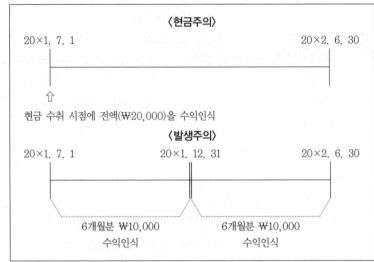

〈현금주의〉

20×1. 7. 1   20×2. 6. 30

현금 수취 시점에 전액(₩20,000)을 수익인식

〈발생주의〉

20×1. 7. 1   20×1. 12. 31   20×2. 6. 30

6개월분 ₩10,000 수익인식   6개월분 ₩10,000 수익인식

(1) 현금주의

20×1. 7. 1	(차) 현금	20,000	(대) 임대료	20,000

(2) 발생주의: 수익처리법

20×1. 7. 1	(차) 현금	20,000	(대) 임대료	20,000
20×1. 12. 31 (기말수정분개)	(차) 임대료	10,000	(대) 선수임대료	10,000
20×2. 6. 30	(차) 선수임대료	10,000	(대) 임대료	10,000

② 앞의 사례는 거래의 시작 시점에 현금을 전액 수취하고 사건은 그 후 1년에 걸쳐 일어나므로 이연항목에 해당한다. 임대료 ₩20,000은 1년 동안 건물을 임대해 준 부분에 대한 대가이므로 발생주의에 의하면 수익(임대료) 역시 1년에 걸친 기간 동안 인식해야 한다. 따라서 20×1년에 6개월분에 해당하는 임대료 ₩10,000을 수익으로 인식하고, 20×2년에 6개월분에 해당하는 임대료 ₩10,000을 수익으로 인식해야 발생주의에 부합하는 회계처리가 된다.

③ 그러나 현금주의에 의하면 현금을 수취하는 20×1년에 임대료 전액을 수익으로 인식하므로 이는 잘못된 회계처리이다. 따라서 발생주의에 의한 정확한 수익을 인식하기 위해서 20×1년 말에 20×2년의 임대료에 해당하는 ₩10,000만큼을 당기 수익에서 취소하고 선수임대료라는 부채로 대체한다. 20×1년의 정확한 수익을 계상하기 위해 수행하는 동 분개는 기말수정분개(결산수정분개)에 해당한다.

④ 20×2년 6월 30일에 임대용역의 제공이 종료되면 20×2년분의 의무를 모두 이행하였으므로 선수임대료 ₩10,000을 부채에서 수익으로 대체하는 회계처리를 수행한다. 이렇게 하면 발생주의에서 처음 의도한 대로 20×1년과 20×2년에 각각 ₩10,000을 수익으로 인식할 수 있게 된다.

⑤ 한편, 앞의 거래를 다른 방식으로 회계처리할 수도 있다. 20×1년 7월 1일 임대료를 수취할 때, 이는 1년분 임대료를 미리 지급받은 것이다. 따라서 20×1년 7월 1일에 동 금액을 임대료라는 수익이 아닌 선수임대료라는 부채로 해석하는 것도 가능하다. 회계에서는 그 내역을 불문하고 '선수'에 해당하는 것은 부채로 인식하기 때문이다. 임대료 수취 당시 이를 수익이 아닌 부채로 인식한다면 아래와 같은 회계처리가 가능할 것이다.

20×1. 7. 1	(차) 현금	20,000	(대) 선수임대료	20,000
20×1. 12. 31 (기말수정분개)	(차) 선수임대료	10,000	(대) 임대료	10,000
20×2. 6. 30	(차) 선수임대료	10,000	(대) 임대료	10,000

⑥ 위의 분개는 거래의 시작 시점에 현금을 수취하면서 임대료 ₩20,000을 선수임대료라는 부채로 인식하였다. 최초에 현금을 수취한 시점에는 임대용역을 전혀 제공하지 않았으므로 일단 부채로 잡았다가 시간이 지나면서 임대용역을 제공하게 되면 그때 수익으로 대체하는 것이 위 분개의 논리이다.

⑦ 따라서 20×1년에 6개월만큼 임대용역을 제공하였으므로 20×1년 말에 ₩10,000에 해당하는 금액을 수익으로 대체하고, 20×2년에도 6개월만큼 임대용역을 제공하였으므로 ₩10,000에 해당하는 금액을 수익으로 대체한다.

⑧ 수익처리법과 부채처리법은 현금수취시점에서의 회계처리는 다르지만 기말수정분개를 하고 나면 20×1년과 20×2년에 동일한 금액을 수익으로 인식하게 된다. 어떤 과정을 통해 회계처리를 하든지 최종적인 수익과 비용은 발생주의에 의해 파악한 금액과 동일하게 기록되어야 한다.

⑨ 발생과 이연항목에 관해서 요약하면 다음과 같다.

손익의 이연	수익의 이연 (선수수익)	• 현금수령 O ⇨ 수익은 나중에 인식(예 선수임대료, 선수이자 등) • 미래의 수익을 미리 수취한 경우 계정과목 앞에 '선수'라는 단어를 붙인다. '선수'는 미래에 거래 상대방에게 반대급부를 제공해야 할 의무이므로 부채로 보고한다.
	비용의 이연 (선급비용)	• 현금지급 O ⇨ 비용은 나중에 인식(예 선급임차료, 선급보험료 등) • 미래의 비용을 미리 지급한 경우 계정과목 앞에 '선급'이라는 단어를 붙인다. '선급'은 미래에 거래 상대방으로부터 반대급부를 받을 권리이므로 자산으로 보고한다.
손익의 발생	수익의 발생 (미수수익)	• 현금수령 X ⇨ 수익은 인식 O(예 미수임대료, 미수이자 등) • '미수'라는 단어가 붙어 있는 계정과목은 자산으로 분류한다. 미수는 미래에 거래 상대방으로부터 무엇인가를 받을 권리를 의미하기 때문이다.
	비용의 발생 (미지급비용)	• 현금지급 X ⇨ 비용은 인식 O(예 미지급임차료, 미지급이자 등) • '미지급'이라는 단어가 붙어 있는 계정과목은 부채로 분류한다. 미지급은 미래에 거래 상대방에게 무엇인가를 지급할 의무를 의미하기 때문이다.

🖹 시험문제 미리보기!

아래의 상황에 기초하여 회사가 12월 31일에 수행할 기말수정분개를 보이시오.

(1) 8월 1일, 1년치 건물임차료 ₩12,000을 지급하고 전액 비용으로 처리하였다.
(2) 2월 5일, 소모품을 ₩10,000 구입하고 전액 비용으로 처리하였다. 기말 현재 미사용 소모품은 ₩3,000이다.
(3) 3월 5일, 보험료 ₩15,000을 지급하고 선급보험료로 처리하였다. 기말 현재 기간 미경과분은 ₩6,000이다.
(4) 7월 1일, 사무실 일부를 임대하고 1년치 임대료 ₩10,000을 수령하고 부채로 처리하였다.
(5) 8월 5일, 거래처에 현금을 대여하고 원금과 이자는 내년에 받기로 하였다. 기말 현재 기간경과 이자는 ₩6,000이다.

해설 (1) (차) 선급임차료   7,000   (대) 임차료   7,000
    (2) (차) 소모품   3,000   (대) 소모품비   3,000
    (3) (차) 보험료   9,000   (대) 선급보험료   9,000
    (4) (차) 선수임대료   5,000   (대) 임대료수익   5,000
    (5) (차) 미수이자   6,000   (대) 이자수익   6,000

20×1년 7월 1일, ㈜한국은 사무용으로 사용할 소모품 ₩20,000을 현금으로 구입하였다. 20×1년 12월 31일, ㈜한국은 미사용한 소모품 ₩5,000을 창고에 보관하고 있다는 사실을 확인하였다. 회사의 결산일은 12월 31일이다.

(1) 발생주의: 자산처리법

20×1. 7. 1	(차) 소모품	20,000	(대) 현금	20,000
20×1. 12. 31 (기말수정분개)	(차) 소모품비	15,000	(대) 소모품	15,000

자산처리법에서는 소모품 ₩20,000을 구입하는 시점에 자산으로 인식한다. 기말에 소모품 ₩5,000이 남아 있는 것이 확인되었다면, 기중에 사용한 금액이 ₩15,000이므로 동 금액만큼 자산을 감액하고 비용으로 대체한다.

(2) 발생주의: 비용처리법

20×1. 7. 1	(차) 소모품비	20,000	(대) 현금	20,000
20×1. 12. 31 (기말수정분개)	(차) 소모품	5,000	(대) 소모품비	5,000

비용처리법에서는 소모품 ₩20,000을 구입하는 시점에 비용으로 인식한다. 비용으로 인식하는 논리는 소모품은 회사에서 사용하는 소소한 비품들로 당기에 모두 사용할 것이라는 가정을 한 것이다. 그러나 기말에 소모품 ₩5,000이 남아 있는 것이 확인되었다면, 당기에 모두 사용할 것이라는 가정이 잘못되었으므로 기중에 비용으로 인식한 ₩20,000 중 ₩5,000을 취소하고 이를 자산으로 대체한다.

(5) 대손상각비

① 기업실체가 재고자산을 외상으로 판매하는 경우 판매대금은 매출채권 과목으로 하여 자산으로 인식한다. 매출채권은 거래처의 재무상태에 따라 회수하지 못할 가능성이 존재하는데, 이렇게 매출채권 중 회수할 수 없다고 판단되는 금액을 비용으로 처리하는 계정을 대손상각비라고 한다.

② 자산으로 인식되기 위해서는 해당 항목이 미래경제적효익의 유입을 가져와야 하는데 회수가능성이 낮은 매출채권은 미래경제적효익의 유입을 기대하기 어려우므로 자산에서 제거되어야 한다. 이때 제거되는 매출채권을 비용으로 대체하는 계정이 대손상각비이다.

③ 다만 회수가능성이 낮다고 판단된 매출채권은 매출채권을 직접 감액하지 않고 대손충당금이라는 계정과목을 이용해서 매출채권의 차감계정으로 표시한다.

사례

20×1년 12월 31일 ㈜한국은 총 ₩300,000의 매출채권을 보유하고 있다. 회사가 이에 대해 회수가능성을 검토한 결과 총 ₩30,000에 해당하는 매출채권을 회수할 수 없을 것으로 판단하였다.

(1) 발생주의

20×1. 12. 31 (기말수정분개)	(차) 대손상각비	30,000	(대) 대손충당금	30,000

(2) 재무상태표

㈜한국	20×1년 12월 31일 현재	(단위: 원)
매출채권	300,000	
대손충당금	(30,000)	
	270,000	

(6) 감가상각비

① 기업실체가 사용할 목적으로 취득한 건물, 기계장치, 차량 등 유형자산은 시간이 경과함에 따라 그 가치가 감소하게 된다. 이러한 가치의 감소는 당해 유형자산의 가치를 감소시키므로 이를 적절하게 비용으로 처리해야 하는데 이를 감가상각(depreciation)이라고 한다.

② 매출채권을 감액하면서 비용으로 대체하는 계정이 대손상각비라면 유형자산을 감액하면서 비용으로 대체하는 계정이 감가상각비이다.

③ 그러나 현실적으로 유형자산의 가치감소분을 하나하나 찾아내는 것은 쉬운 일이 아니다. 예를 들어 회사에서 보유하고 있는 건물, 기계장치, 차량운반구 등의 가치감소분을 일일이 확인해서 장부에 반영한다는 것은 매우 어려운 일이다. 그리고 유형자산의 보유목적은 장기간 사용하는 데에 있고 단기간 내에 처분할 목적으로 보유하고 있는 것이 아니기 때문에 유형자산의 가치감소분에 대한 정보가 꼭 필요하다고 할 수 없다.

④ 따라서 재무회계에서는 유형자산의 가치를 재평가하여 가치감소분을 비용으로 처리하는 대신에 합리적이고 체계적인 방법에 따라 취득원가를 각 회계기간에 배분하는 방법을 사용한다.

⑤ 감가상각을 통해 비용처리한 금액은 감가상각비의 과목으로 하여 비용으로 인식하고, 동 금액을 유형자산에서 직접 감액하는 대신에 감가상각누계액의 과목으로 처리한다. 감가상각누계액은 재무상태표에 유형자산의 차감계정으로 표시한다.

20×1년 7월 1일, ㈜한국은 회사 사옥으로 사용하기 위한 건물을 ₩80,000에 구입하였고 결산일인 12월 31일에 동 건물에 대한 감가상각비로 ₩2,000을 인식하기로 하였다.

(1) 발생주의

20×1. 7. 1	(차) 건물	80,000	(대) 현금	80,000
20×1. 12. 31 (기말수정분개)	(차) 감가상각비	2,000	(대) 감가상각누계액	2,000

(2) 재무상태표

㈜한국   20×1년 12월 31일 현재   (단위: 원)

건물	80,000
감가상각누계액	(2,000)
	78,000

4. 이익잉여금계정

(1) 장부마감 시 당기순이익 ⇨ 자본대체

① 수익계정 마감

(차) 매출	×××	(대) 집합손익	×××
수수료수익	×××		

② 비용계정 마감

(차) 집합손익	×××	(대) 매출원가	×××
		종업원급여	×××
		이자비용	×××

③ 당기순이익 자본대체: 집합손익계정 대변의 총수익과 차변의 총비용을 비교하여 당기순이익을 산출한 후에 이를 자본의 이익잉여금계정에 대체한다.

④ 당기순이익이 발생한 경우에는 집합손익계정의 대변합계(수익)가 차변합계(비용)보다 더 클 것이므로 차액을 차변에 기입하여 자본의 이익잉여금계정에 대체하고 집합손익계정을 마감한다. 즉, 포괄손익계산서상의 수익과 비용은 결국 자본의 증감을 구체적으로 보여주는 항목이므로 포괄손익계산서의 결과물인 당기순이익은 원천계정인 자본으로 마감한다. 이때 자본 중 이익잉여금이라는 계정을 통해 마감한다.

(차) 집합손익	×××	(대) 이익잉여금	×××

⑤ 당기순손실이 발생할 경우에는 집합손익계정의 대변합계(수익)가 차변합계(비용)보다 더 작을 것이므로 차액을 대변에 기입하여 자본금계정에 대체하고 집합손익계정을 마감한다.

(차) 이익잉여금	×××	(대) 집합손익	×××

⑥ 손익계산서 계정의 마감 예시

매출			
집합손익	50,000	1월 1일 현금	50,000

임대료			
집합손익	24,000	2월 1일 현금	24,000

보험료			
3월 1일 현금	12,000	집합손익	12,000

(차) 매출	50,000	(대) 집합손익	50,000
임대료	24,000	집합손익	24,000
집합손익	12,000	보험료	12,000
집합손익	62,000	이익잉여금	62,000

⑦ 마감분개를 한 후에 작성하는 시산표를 이월시산표라 하는데 수정전시산표 또는 수정후시산표와 작성논리가 동일하다. 다만 이월시산표가 수정전시산표 및 수정후시산표와 다른 점은 이월시산표는 마감분개를 수행하고 난 후에 작성하는 시산표이므로 재무상태표 계정만으로 구성되고 손익계산서 계정은 표시되지 않는다는 점이다.

(2) 당기순이익을 자본으로 마감

① 당기순손익을 자본금계정에 대체한다면 자본금계정잔액은 납입자본과 사업개시일부터 결산일까지 영업으로 벌어들인 이익까지 포함하게 되므로 납입자본과 영업으로 벌어들인 이익을 구분하기가 어렵다.

② 따라서 기업이 사업개시일 이후에 벌어들인 이익에 대해서는 이익잉여금이라는 계정을 새롭게 설정하여 관리하는 것이 납입자본과 사업개시일 이후부터 벌어들인 이익을 구분할 수 있기 때문에 보다 바람직하다.

5. 회계순환과정을 통한 재무제표작성 연습

```
         ┌ 거래발생                    ┐
 기중     │ 부기상 거래                  ├ (머릿속으로 수행)
1/1 ~ 12/31│ 거래요소 결합관계분석          │
         │ 분개장에 분개                │
         └ 원장에 전기                 ┘

         ┌ 수정전시산표 작성
 결산     │ 기말수정분개
(12/31 이후)│ 수정후시산표 작성
         │ 장부마감
         └ I/S, B/S 작성
```

▤『 시험문제 미리보기!

다음 자료를 이용하여 회계순환과정을 통하여 재무제표를 작성하시오.

(1) 기중거래(거래일자를 번호 ① ~ ⑩으로 대체함)
  ① 현금 ₩5,000을 출자하여 개업하다.
  ② 은행으로부터 ₩5,000을 차입하다.
  ③ 비품 ₩2,500과 사무용품 ₩500을 현금으로 구입하다.
  ④ 현금 ₩1,000을 은행에 예입하다.
  ⑤ 상품 ₩5,000을 매입하고 대금 중 ₩3,000은 현금으로 지급하고 잔액은 외상으로 하다.
  ⑥ 원가 ₩4,000의 상품을 ₩6,500에 판매하고 현금 ₩3,000을 수령하였으며 잔액은 외상으로 하다.
  ⑦ 매출채권 ₩2,000을 현금으로 회수하다.
  ⑧ 종업원급여 ₩1,000은 현금으로 지급하다.
  ⑨ 1년분 보험료 ₩750을 현금으로 지급하고 전액 비용계상하였다.
  ⑩ 1년분 임대료 ₩400을 현금으로 수취하고 전액 수익계상하였다.
(2) 기말수정사항

❶ 기말상품	₩1,000
❷ 비품 감가상각비	₩500
❸ 사무용품 미사용액	₩150
❹ 차입금에 대한 당기분 이자비용	₩400
❺ 보험료 미경과분	₩250
❻ 임대료 미경과분	₩200
❼ 당기 은행예금에 대한 이자수익	₩100

1. 기중거래를 (1) 분개장에 분개하고 (2) 총계정원장에 전기하시오.
2. 다음의 결산절차를 수행하시오.
   (1) 수정전 잔액시산표를 작성하시오.
   (2) 기말수정분개를 하시오.
   (3) 수정후 잔액시산표를 작성하시오.
   (4) 장부를 마감하시오.
   (5) 포괄손익계산서와 재무상태표를 작성하시오.

해설   1. 기중거래
       (1) 분개장

일자(번호)	회계처리			
①	(차) 현금	5,000	(대) 자본금	5,000
②	(차) 현금	5,000	(대) 차입금	5,000
③	(차) 비품	2,500	(대) 현금	3,000
	소모품	500		
④	(차) 은행예금	1,000	(대) 현금	1,000
⑤	(차) 매입	5,000	(대) 현금	3,000
			매입채무	2,000
⑥	(차) 현금	3,000	(대) 매출액	6,500
	매출채권	3,500		
⑦	(차) 현금	2,000	(대) 매출채권	2,000
⑧	(차) 급여	1,000	(대) 현금	1,000
⑨	(차) 보험료	750	(대) 현금	750
⑩	(차) 현금	400	(대) 임대료	400

(2) 총계정원장

<자산계정>

현금				비품	
① 5,000	③ 3,000			③ 2,500	
② 5,000	④ 1,000				
⑥ 3,000	⑤ 3,000			소모품	
⑦ 2,000	⑧ 1,000			③ 500	❸ 350
⑩ 400	⑨ 750				

은행예금				매출채권	
④ 1,000				⑥ 3,500	⑦ 2,000

상품				선급보험료	
❶ 1,000				❺ 250	

미수이자				감가상각누계액	
❼ 100					❷ 500

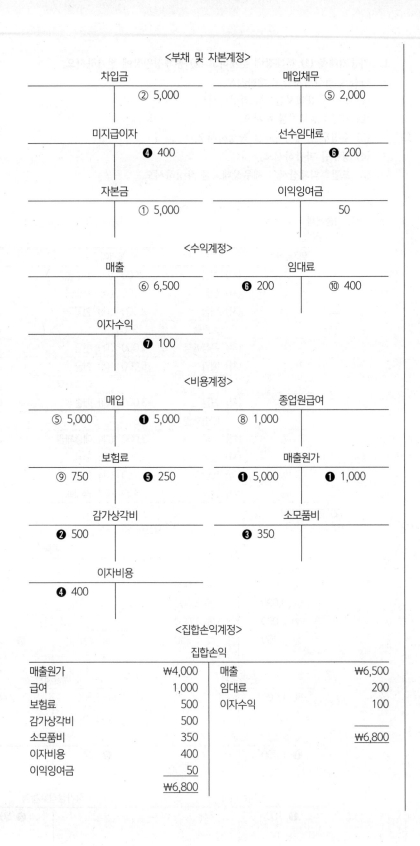

<부채 및 자본계정>

차입금			매입채무	
	② 5,000			⑤ 2,000

미지급이자			선수임대료	
	❹ 400			❻ 200

자본금			이익잉여금	
	① 5,000			50

<수익계정>

매출			임대료	
	⑥ 6,500		❻ 200	⑩ 400

이자수익	
	❼ 100

<비용계정>

매입			종업원급여	
⑤ 5,000	❶ 5,000		⑧ 1,000	

보험료			매출원가	
⑨ 750	❺ 250		❶ 5,000	❶ 1,000

감가상각비			소모품비	
❷ 500			❸ 350	

이자비용	
❹ 400	

<집합손익계정>

집합손익

매출원가	₩4,000	매출	₩6,500
급여	1,000	임대료	200
보험료	500	이자수익	100
감가상각비	500		
소모품비	350		₩6,800
이자비용	400		
이익잉여금	50		
	₩6,800		

2. 결산

(1) 수정전 잔액시산표

잔액시산표

㈜한국   20×1. 12. 31

자산 · 비용		부채 · 자본 · 수익	
현금	₩6,650	차입금	₩5,000
비품	2,500	매입채무	2,000
소모품	500	자본금	5,000
은행예금	1,000	매출	6,500
매출채권	1,500	임대료	400
매입	5,000		
급여	1,000		₩18,900
보험료	750		
	₩18,900		

(2) 기말수정분개

번호	회계처리			
❶	(차) 매출원가	5,000	(대) 매입	5,000
	상품	1,000	매출원가	1,000
❷	(차) 감가상각비	500	(대) 감가상각누계액	500
❸	(차) 소모품비	350	(대) 소모품	350
❹	(차) 이자비용	400	(대) 미지급이자	400
❺	(차) 선급보험료	250	(대) 보험료	250
❻	(차) 임대료	200	(대) 선수임대료	200
❼	(차) 미수이자	100	(대) 이자수익	100

(3) 수정후 잔액시산표

잔액시산표

㈜한국   20×1. 12. 31

자산 · 비용		부채 · 자본 · 수익	
현금	₩6,650	차입금	₩5,000
비품	2,500	매입채무	2,000
소모품	150	미지급이자	400
은행예금	1,000	선수임대료	200
매출채권	1,500	감가상각누계액	500
상품	1,000	자본금	5,000
선급보험료	250	매출	6,500
미수이자	100	임대료	200
매출원가	4,000	이자수익	100
급여	1,000		
보험료	500		
감가상각비	500		
소모품비	350		
이자비용	400		
	₩19,900		₩19,900

(4) 장부마감(결산분개)

적요	회계처리				
수익계정마감	(차) 매출	6,500	(대) 집합손익	6,800
	임대료	200		
	이자수익	100		
비용계정마감	(차) 집합손익	6,750	(대) 매출원가	4,000
			급여	1,000
			보험료	500
			감가상각비	500
			소모품비	350
			이자비용	400
당기순이익 대체	(차) 집합손익	50	(대) 이익잉여금	50

(5) 포괄손익계산서와 재무상태표

포괄손익계산서

㈜한국   20×1. 1. 1 ~ 20×1. 12. 31

비용		수익	
매출원가	₩4,000	매출	₩6,500
급여	1,000	임대료	200
보험료	500	이자수익	100
감가상각비	500		
소모품비	350		
이자비용	400		
당기순이익	50		
	₩6,800		₩6,800

재무상태표

㈜한국   20×1. 12. 31

자산		부채	
현금	₩6,650	차입금	₩5,000
상품	1,000	매입채무	2,000
소모품	150	미지급이자	400
은행예금	1,000	선수임대료	200
매출채권	1,500		
선급보험료	250		
미수이자	100	자본	
비품	2,000	자본금	5,000
		이익잉여금	50
	₩12,650		₩12,650

▤▮ 시험문제 미리보기!

㈜한국의 20×1년 12월 31일 수정전시산표의 추가적 정보는 다음과 같을 때 기말수정분개를
나타내시오.

수정전시산표

계정과목	잔액
매출채권	₩200,000
선수수익	60,000
선급임차료	120,000
선급보험료	24,000

(1) 20×1년 12월 31일을 기준으로 선수수익의 3분의 1에 해당하는 용역을 제공하였다.
(2) 20×1년 9월 1일 1년분의 보험료를 지급하고, 선급보험료로 회계처리하였다.
(3) 대금이 회수되지 않은 용역제공분 ₩6,000에 대하여 회계처리하지 않는다.
(4) 6개월분의 선급임차료에 대한 거래는 20×1년 10월 1일에 발생하였다.

해설	(1)	(차) 선수수익	20,000	(대) 수수료수익	20,000
	(2)	(차) 보험료	8,000	(대) 선급보험료	8,000
	(3)	(차) 매출채권	6,000	(대) 용역매출	6,000
	(4)	(차) 임차료	60,000	(대) 선급임차료	60,000

다음의 자료를 이용하여 기말수정분개를 나타내시오.

수정전시산표 항목		수정분개사항	
상품	₩100,000	기말상품재고액	₩300,000
매입	600,000		
소모품	200,000	소모품기말재고액	50,000
소모품비	0		
임차료	100,000	기말미경과임차료	50,000
선급임차료	0		
감가상각비	0	당기건물감가상각비	100,000
감가상각누계액 – 건물	100,000		

해설　(1)　매출원가 분개

	(차) 상품	200,000	(대) 매입	600,000
	매출원가	400,000		

(2)　소모품비 분개

	(차) 소모품비	150,000	(대) 소모품	150,000

(3)　임차료 분개

	(차) 선급임차료	50,000	(대) 임차료	50,000

(4)　감가상각비 분개

	(차) 감가상각비	100,000	(대) 감가상각누계액	100,000

09　현재가치평가　　　　출제빈도 ★★

1. 이자의 계산

(1) 단순이자(단리)계산방법

단순이자계산방법은 원금에 대해서만 이자를 계산하는 방법이다.

(2) 복리이자(복리)계산방법

① 복리이자계산방법은 원금뿐만 아니라 이미 발생한 이자에 대해서도 이자를 계산하는 방법이다.

② 앞으로 설명할 현재가치와 미래가치는 복리이자계산방법을 전제로 하여 계산된다.

▤▎시험문제 미리보기!

㈜한국은 20×1년 1월 1일에 ₩1,000을 연 10%의 이자율로 2년간 금융기관에 예치하였다. 동 금융기관예치금의 만기는 20×3년 1월 1일이다.

(1) 이자가 매년 말에 지급될 경우 20×1년 및 20×2년의 이자를 계산하시오.
(2) 이자가 매년 말에 지급되지 않고, 만기에 원금과 함께 일시에 지급된다고 가정할 경우 20×1년 및 20×2년의 이자를 계산하시오.

해설　(1) 단순이자(단리)계산방법
　　　　　• 20×1년 이자: ₩1,000 × 10% = ₩100
　　　　　• 20×2년 이자: ₩1,000 × 10% = ₩100
　　　　　∴ 만기인 20×3년 1월 1일에는 원금 ₩1,000을 수취한다.
　　　(2) 복리이자(복리)계산방법
　　　　　• 20×1년 이자: ₩1,000 × 10% = ₩100
　　　　　• 20×2년 이자: (₩1,000 + ₩100) × 10% = ₩110
　　　　　∴ 만기인 20×3년 1월 1일에는 원금과 이자 ₩1,210을 수취한다.

2. 단일금액의 미래가치

① 미래가치(FV; Future Value)는 현재의 일정금액을 미래 특정시점의 가치로 평가한 것을 의미한다. 예를 들어 현재 ₩10,000을 연 10%의 이자율로 1년간 예금할 경우 1년 후의 가치는 원금 ₩10,000에 이자 ₩1,000을 합친 ₩11,000이 된다. 즉, 이자율이 연 10%인 경우 현재 ₩10,000의 1년 후의 미래가치는 ₩11,000이 된다.

② 현재의 원금을 A, 이자율을 r이라고 가정할 경우 n기간 후의 미래가치 FV_n은 다음과 같다.

$$FV_n = A \times (1 + r)^n$$

▤▎시험문제 미리보기!

원금 ₩10,000을 연 10%의 이자율로 3년 만기 정기예금에 예치하였다. 3년 후의 미래가치를 계산하시오.

해설　3년 후의 미래가치: ₩10,000 × (1 + 0.1)³ = ₩13,310

3. 단일금액의 현재가치

① 현재가치(PV; Present Value)는 미래의 일정금액을 현재시점의 가치로 평가한 것을 의미한다. 예를 들어 현재 ₩10,000을 연 10%의 이자율로 1년간 예금할 경우 1년 후의 가치는 원금 ₩10,000에 이자 ₩1,000을 합친 ₩11,000이 된다. 즉, 이자율이 연 10%인 경우 현재 ₩10,000의 1년 후의 미래가치는 ₩11,000이 되며, 1년 후의 ₩11,000을 현재시점의 가치로 평가한 현재가치는 ₩10,000이 된다.

② 현재가치를 계산하는 것을 할인(discounting)이라고 하며, 이때 적용되는 이자율을 할인율(discount rate)이라고 한다.

③ n기간 후의 미래 일정금액을 FV_n, 할인율을 r이라고 가정할 경우 현재가치 PV_O는 다음과 같다.

$$PV_O = \frac{FV_n}{(1 + r)^n} = FV_n \times \frac{1}{(1 + r)^n}$$

④ 위 식에서 $1/(1 + r)^n$은 n기간 후 ₩1의 현재가치를 의미하며, 이를 현재가치이자요소(PVIF; Present Value Interest Factor)라고 한다.

⑤ 단일금액의 현재가치표(₩1의 현재가치이자요소)를 예시하면 다음과 같다.

이자율(r) 기간(n)	2%	4%	6%	8%	10%
1	0.98039	0.96154	0.94340	0.92593	0.90909
2	0.96117	0.92456	0.89000	0.85734	0.82645
3	0.94232	0.88900	0.83962	0.79383	0.75131

📋 시험문제 미리보기!

할인율이 10%라고 가정할 경우 3년 후 ₩13,310의 현재가치를 계산하시오.

해설 현재가치: $\frac{₩13,310}{(1 + 0.1)^3} = ₩13,310 \times \frac{₩1}{(1 + 0.1)^3} = ₩13,310 \times 0.75131 = ₩10,000$

4. 연금의 현재가치

① 연금(annuity)이란 일정기간마다 동일한 금액이 연속적으로 지급되거나 수취되는 경우를 말한다. 기말에 동일한 금액이 지급되거나 수취되는 연금을 정상연금(ordinary annuity)이라고 하며, 기초에 동일한 금액이 지급되거나 수취되는 연금을 이상연금(annuity due)이라고 한다.

② (정상)연금의 현재가치란 매기 말에 발생하는 일정한 현금흐름을 현재시점의 가치로 평가한 것을 의미한다.

③ n기간 동안 매기 말에 ₩1씩 발생하는 연금형태의 현금흐름을 현재가치로 환산한 것을 연금의 현재가치이자요소(PVIFA; Present Value Interest Factor for Annuity)라고 한다.

④ 연금의 현재가치표(연금 ₩1의 현재가치이자요소)를 예시하면 다음과 같다.

이자율(r) 기간(n)	2%	4%	6%	8%	10%
1	0.98039	0.96154	0.94340	0.92593	0.90909
2	1.94156	1.88609	1.83339	1.78326	1.73554
3	2.88388	2.77509	2.67301	2.57710	2.48685

📋 시험문제 미리보기!

향후 3년 동안 매년 말에 ₩10,000씩 받기로 하였다. 할인율이 10%라고 가정할 경우 연금의 현재가치를 계산하시오.

해설

현재가치: $\dfrac{₩10,000}{(1 + 0.1)} + \dfrac{₩10,000}{(1 + 0.1)^2} + \dfrac{₩10,000}{(1 + 0.1)^3}$

$= ₩10,000 \times \{ \dfrac{₩1}{(1 + 0.1)} + \dfrac{₩1}{(1 + 0.1)^2} + \dfrac{₩1}{(1 + 0.1)^3} \}$

$= ₩10,000 \times 2.48685 = ₩24,869$

📋 시험문제 미리보기!

3년 동안 매년 말에 ₩8,000의 이자와 3년 말에 ₩100,000의 원금을 수취하기로 하였다. 할인율이 10%라고 가정할 경우 현재가치를 계산하시오.

기간(n)	할인율 10%, 단일금액 ₩1의 현가요소	할인율 10%, 연금 ₩1의 현가요소
1년	0.90909	0.90909
2년	0.82645	1.73554
3년	0.75131	2.48685

해설 [방법 1]

현재가치: $\dfrac{₩8,000}{(1 + 0.1)} + \dfrac{₩8,000}{(1 + 0.1)^2} + \dfrac{₩108,000}{(1 + 0.1)^3} = ₩95,026$

[방법 2]
현재가치: $₩8,000 \times 0.90909 + ₩8,000 \times 0.82645 + ₩108,000 \times 0.75131 = ₩95,026$

[방법 3]
현재가치: $₩8,000 \times 2.48685 + ₩100,000 \times 0.75131 = ₩95,026$

출제빈도: ★★☆

01 각 거래에 대한 회계처리로 옳지 않은 것은?

거래	회계처리
① 외상용역대금 ₩200,000을 현금으로 회수하였다.	(차) 자산의 증가 (대) 부채의 감소
② 주당 액면 ₩1,000인 보통주 100주를 발행하고, 현금 ₩100,000을 받았다.	(차) 자산의 증가 (대) 자본의 증가
③ 관리용역 업체로부터 12월 관리비 발생분 ₩50,000을 청구받았으나 내년에 지급할 계획이다.	(차) 비용의 발생 (대) 부채의 증가
④ 은행으로부터 현금 ₩1,000,000을 차입하였다.	(차) 자산의 증가 (대) 부채의 증가
⑤ 현금으로 토지를 ₩1,000,000에 구입하였다.	(차) 자산의 증가 (대) 자산의 감소

출제빈도: ★☆☆

02 다음은 기업에서 발생한 사건들을 나열한 것이다. 이 중 회계상의 거래에 해당되는 것을 모두 고른 것은?

> ㄱ. 현금 ₩50,000,000을 출자하여 회사를 설립하다.
> ㄴ. 원재료 ₩30,000,000을 구입하기로 계약서에 날인하였다.
> ㄷ. 종업원 3명을 고용하기로 하고 근로계약서를 작성하였다. 계약서에는 월급여액과 상여금액을 합하여 1인당 ₩2,000,000 으로 책정하였다.
> ㄹ. 회사 사무실 임대계약을 하고 보증금 ₩100,000,000을 송금하였다.

① ㄱ, ㄷ, ㄹ   ② ㄴ, ㄷ   ③ ㄱ, ㄴ, ㄹ
④ ㄱ, ㄴ, ㄷ, ㄹ   ⑤ ㄱ, ㄹ

출제빈도: ★☆☆

03 회계상 거래로 파악될 수 있는 내용으로 옳지 않은 것은?

① ㈜창업은 손실처리하였던 ₩500,000,000의 매출채권 중 ₩100,000,000을 채권 추심기관을 통하여 회수하였다.

② ㈜창업은 당해 연도 말 은행차입금에 대한 만기를 5년간 더 연장하는 것에 대하여 은행 측 승인을 받았다.

③ ㈜창업은 보관 중인 자재에 대한 재고조사에서 도난으로 인해 장부상의 금액보다 ₩500,000,000에 해당하는 재고자산이 부족한 것을 확인하였다.

④ ㈜창업은 제품전시회를 통하여 외국바이어와 ₩1,000,000,000의 수출판매계약과 함께 현지 대리점 개설을 위한 양해각서(MOU)를 교환하였다.

⑤ ㈜창업은 토지를 구입하기로 계약을 맺고 계약금 ₩500,000,000을 지급하였다.

정답 및 해설

01 ①
외상용역대금을 현금으로 회수하면, 차변에 자산(현금)이 증가하고 대변에 자산(매출채권)이 감소한다.

02 ⑤
회계상의 거래로 옳은 것은 ㄱ, ㄹ이다. 회계상의 거래가 되기 위해서는 기업의 자산·부채에 변화가 있어야 한다. 계약을 체결한 것만으로는 기업의 자산·부채에 변화가 일어나지 않는다. 따라서 ㄴ, ㄷ은 회계상의 거래에 해당하지 않는다.

03 ④
양해각서(MOU) 교환과 같은 단순한 계약의 체결로는 기업의 자산(부채)이 변동하지 않으므로 회계상의 거래에 해당하지 않는다.

출제빈도: ★☆☆   대표출제기업: 한국중부발전

04 시산표의 작성을 통해서 발견할 수 있는 오류로 옳은 것은?

① 비품 ₩100,000을 현금으로 구입하면서 비품계정에 ₩100,000 차기하고, 현금계정에 ₩100,000 대기하는 기록을 두 번 반복하였다.

② 매입채무 ₩200,000을 현금으로 지급하면서 현금계정에 ₩100,000 대기하고, 매입채무계정에 ₩100,000 차기하였다.

③ 매출채권 ₩100,000을 현금으로 회수하면서 매출채권계정에 ₩100,000 차기하고, 현금계정에 ₩100,000 대기하였다.

④ 대여금 ₩100,000을 현금으로 회수하면서 현금계정에 ₩100,000 차기하고, 대여금계정에 ₩200,000 대기하였다.

⑤ 접대비로 ₩100,000을 현금으로 지급하면서 현금계정에 ₩100,000 대기하고, 기부금계정에 ₩100,000 차기하였다.

출제빈도: ★★☆

05 회계 기말에 행할 결산수정사항으로 옳지 않은 것은?

① 기중에 사용된 소모품 금액을 소모품계정으로부터 소모품비계정으로 대체한다.

② 대여금에 대해서 기간경과로 인한 이자수익을 미수이자계정을 통해서 인식한다.

③ 건물에 대한 감가상각비를 인식한다.

④ 실지재고조사법에 따라 상품에 대한 매출원가를 인식한다.

⑤ 거래 중인 회사의 부도로 대손이 확정된 매출채권에 대해 대손충당금과 상계처리한다.

출제빈도: ★★★

06 ㈜한국은 20×1년 3월 1일에 건물 임대 시 1년분 임대료 ₩360,000을 현금으로 수취하고 임대수익으로 처리하였으나 기말에 수정분개를 누락하였다. 그 결과 20×1년도 재무제표에 미치는 영향으로 옳은 것은?

① 자산총계 ₩60,000 과대계상

② 자본총계 ₩60,000 과소계상

③ 부채총계 ₩60,000 과소계상

④ 비용총계 ₩60,000 과대계상

⑤ 수익총계 ₩60,000 과소계상

정답 및 해설

04 ④

대여금 ₩100,000을 현금으로 회수하면서 현금계정에 ₩100,000 차기하고, 대여금계정에 ₩200,000 대기하였다.
⇨ 차변금액(₩100,000) ≠ 대변금액(₩200,000)

오답노트

① 비품 ₩100,000을 현금으로 구입하면서 비품계정에 ₩100,000 차기하고, 현금계정에 ₩100,000 대기하는 기록을 두 번 반복하였다.
⇨ 차변금액 = 대변금액

② 매입채무 ₩200,000을 현금으로 지급하면서 현금계정에 ₩100,000 대기하고, 매입채무계정에 ₩100,000 차기하였다.
⇨ 차변금액 = 대변금액

③ 매출채권 ₩100,000을 현금으로 회수하면서 매출채권계정에 ₩100,000 차기하고, 현금계정에 ₩100,000 대기하였다.
⇨ 차변금액 = 대변금액

⑤ 접대비로 ₩100,000을 현금으로 지급하면서 현금계정에 ₩100,000 대기하고, 기부금계정에 ₩100,000 차기하였다.
⇨ 차변금액 = 대변금액

05 ⑤

기말수정분개는 기본적으로 기말에 외부와의 거래 없이 수행하므로 대손이 확정된 매출채권을 대손충당금과 상계처리하는 것은 기말수정분개에 해당하지 않는다.

06 ③

| (차) 임대수익 | 60,000 | (대) 선수임대료 | 60,000 |

위의 기말수정분개를 누락하면, 수익 ₩60,000(과대), 부채 ₩60,000(과소)된다.

07 ㈜한국은 20×1년 9월 1일에 1년분 보험료로 ₩1,200을 지급하고 선급비용으로 회계처리하였다. ㈜한국이 20×1년 말 동 보험료와 관련한 수정분개를 누락하였다면, 20×1년 재무제표에 미치는 영향은? (단, 보험료 인식은 월할 계상한다)

① 자산 ₩400 과소계상, 당기순이익 ₩400 과소계상
② 자산 ₩400 과대계상, 당기순이익 ₩400 과대계상
③ 자산 ₩800 과소계상, 당기순이익 ₩800 과소계상
④ 자산 ₩800 과대계상, 당기순이익 ₩800 과대계상
⑤ 자산 ₩800 과대계상, 당기순이익 ₩400 과대계상

08 수정전시산표와 수정후시산표의 비교를 통한 수정분개 추정으로 옳지 않은 것은?

구분	계정과목	수정전시산표	수정후시산표
ㄱ	이자비용	₩3,000	₩5,000
	미지급이자	₩1,000	₩3,000
ㄴ	상품	₩1,500	₩2,500
	매입	₩6,000	₩0
	매출원가	₩0	₩5,000
ㄷ	선급보험료	₩2,400	₩1,200
	보험료	₩2,000	₩3,200
ㄹ	선수임대수익	₩1,800	₩1,200
	임대수익	₩1,500	₩2,100
ㅁ	건물	₩10,000	₩10,000
	감가상각누계액	₩2,000	₩4,000

① ㄱ. (차) 이자비용　　　　2,000　　　(대) 미지급이자　　　　2,000
② ㄴ. (차) 매출원가　　　　6,000　　　(대) 매입　　　　7,000
　　　　상품　　　　1,000
③ ㄷ. (차) 보험료　　　　1,200　　　(대) 선급보험료　　　　1,200
④ ㄹ. (차) 선수임대수익　　　600　　　(대) 임대수익　　　　600
⑤ ㅁ. (차) 감가상각비　　　2,000　　　(대) 감가상각누계액　　　2,000

출제빈도: ★★★   대표출제기업: 한국전력기술

09 ㈜한국은 실지재고조사법을 사용하고 있으며 20×1년 수정전 당기순이익은 ₩1,000,000이다. 다음의 20×1년도 결산정리사항을 반영한 후에 계산되는 ㈜한국의 당기순이익은?

• 매출채권 현금회수	₩130,000
• 기말재고상품의 누락	₩40,000
• 비용으로 처리한 사무용품 미사용액	₩70,000
• 당기손익인식금융자산평가이익	₩70,000
• 외상매입금 현금지급	₩150,000
• 선수수익의 실현	₩30,000
• 이자수익 중 선수분	₩100,000

① ₩1,010,000   ② ₩1,020,000   ③ ₩1,040,000

④ ₩1,110,000   ⑤ ₩1,200,000

정답 및 해설

07 ②

(1) 당기 보험료: ₩1,200 × $\frac{4}{12}$ = ₩400

(2) 보험료 비용 ₩400을 인식하고 선급보험료 ₩400을 차감하는 분개를 누락하였으므로 자산과 당기순이익이 ₩400만큼 과대계상된다.

08 ②

ㄴ과 관련하여 아래와 같은 기말수정분개가 있었을 것으로 추정된다.

(차) 상품	1,000	(대) 매입	6,000
매출원가	5,000		

09 ④

당기순이익: ₩1,000,000 + ₩40,000(기말상품) + ₩70,000(사무용품) + ₩70,000(금융자산) + ₩30,000(선수수익) − ₩100,000(이자수익)
= ₩1,110,000

10 ㈜한국의 20×1년 12월 31일 결산 시 당기순이익 ₩400,000이 산출되었으나, 다음과 같은 사항이 누락되었다. 누락 사항을 반영할 경우의 당기순이익은? (단, 법인세는 무시한다)

- 기중 소모품 ₩50,000을 구입하여 자산으로 기록하였고 기말 현재 소모품 중 ₩22,000이 남아 있다.
- 20×1년 12월분 급여로 20×2년 1월 초에 지급 예정인 금액 ₩25,000이 있다.
- 20×1년 7월 1일에 현금 ₩120,000을 은행에 예금하였다. (연 이자율 10%, 이자지급일은 매년 6월 30일)
- 20×1년도의 임차료 ₩12,000이 미지급상태이다.

① ₩341,000   ② ₩347,000   ③ ₩353,000

④ ₩369,000   ⑤ ₩389,000

출제빈도: ★★★　대표출제기업: 한국공항공사

11 다음은 ㈜한국과 관련된 거래이다. 기말수정분개가 재무제표에 미치는 영향으로 옳은 것은? (단, 기간은 월할계산 한다)

> • 8월 1일 건물을 1년간 임대하기로 하고, 현금 ₩2,400을 수취하면서 선수임대수익으로 기록하였다.
> • 10월 1일 거래처에 현금 ₩10,000을 대여하고, 1년 후 원금과 이자(연 이자율 4%)를 회수하기로 하였다.
> • 11월 1일 보험료 2년분 ₩1,200을 현금지급하고, 선급보험료로 회계처리하였다.

① 자산이 ₩100만큼 증가한다.

② 비용이 ₩100만큼 감소한다.

③ 수익이 ₩1,000만큼 증가한다.

④ 당기순이익이 ₩1,000만큼 증가한다.

⑤ 차변과 대변합계액이 각각 ₩100만큼 감소한다.

정답 및 해설

10 ①

(1) ㈜한국의 기말수정분개는 다음과 같다.

(차) 소모품비	28,000	(대) 소모품	28,000
급여	25,000	미지급급여	25,000
미수이자	6,000	이자수익	6,000[*1]
임차료	12,000	미지급임차료	12,000

[*1] $₩120,000 \times 0.1 \times \dfrac{6}{12} = ₩6,000$

(2) 당기순이익: ₩400,000 − ₩28,000 − ₩25,000 + ₩6,000 − ₩12,000 = ₩341,000

11 ④

시산표 T-계정을 이용한 풀이방법은 다음과 같다.

자산		비용		부채		수익	
				선수임대료	₩1,000 감소	임대료	₩1,000 증가
미수이자	₩100 증가					이자수익	₩100 증가
선급보험료	₩100 감소	보험료	₩100 증가				
자산 변동 없음		비용	₩100 증가	부채	₩1,000 감소	수익	₩1,100 증가

출제빈도: ★★★

12 ㈜한국은 12월 말 결산법인이며 아래는 기말수정사항이다. 기말수정분개가 ㈜한국의 재무제표에 미치는 영향으로 가장 옳은 것은? (단, 법인세는 무시한다)

- 3월 1일에 1년간 보험료 ₩300,000을 현금으로 지급하면서 전액 보험료로 기록하였다.
- 4월 1일에 소모품 ₩300,000을 현금으로 구입하면서 전액 소모품으로 기록하였다.
- 기말에 실시한 결과 소모품은 ₩70,000으로 확인되었다.
- 5월 1일에 1년간 건물 임대료로 ₩300,000을 수취하면서 전액 임대료수익으로 기록하였다.

① 자산이 ₩180,000만큼 증가한다.
② 부채가 ₩100,000만큼 감소한다.
③ 비용이 ₩180,000만큼 증가한다.
④ 당기순이익이 ₩80,000만큼 감소한다.
⑤ 자본이 ₩280,000만큼 증가한다.

13 ㈜한국의 기말수정사항이 다음과 같을 때, 기말수정분개가 미치는 영향으로 옳지 않은 것은? (단, 법인세는 무시한다)

> • 4월 1일 1년간의 임차료 ₩120,000을 현금으로 지급하면서 전액을 임차료로 기록하였다.
> • 12월에 급여 ₩20,000이 발생되었으나, 기말 현재 미지급상태이다.

① 수정후시산표의 차변합계가 ₩50,000만큼 증가한다.

② 당기순이익이 ₩10,000만큼 증가한다.

③ 자산총액이 ₩30,000만큼 증가한다.

④ 부채총액이 ₩20,000만큼 증가한다.

⑤ 비용이 ₩10,000만큼 감소한다.

정답 및 해설

12 ③

(1) ㈜한국의 기말수정분개는 다음과 같다.

(차) 선급보험료	50,000[*1]	(대) 보험료	50,000
소모품비	230,000	소모품	230,000
임대료수익	100,000	선수임대료	100,000[*2]

[*1] $₩300,000 \times \frac{2}{12} = ₩50,000$

[*2] $₩300,000 \times \frac{4}{12} = ₩100,000$

(2) 비용: ₩230,000(소모품비) − ₩50,000(보험료) = ₩180,000(증가)

오답노트

① 자산: ₩50,000(선급보험료) − ₩230,000(소모품) = (−)₩180,000(감소)

② 부채: ₩100,000 증가(선수임대료)

④ 당기순이익: (−)₩100,000(임대료수익) − ₩180,000 = (−)₩280,000(감소)

13 ①

(1) ㈜한국의 기말수정분개는 다음과 같다.

(차) 선급임차료	30,000[*1]	(대) 임차료	30,000
급여	20,000	미지급급여	20,000

[*1] $₩120,000 \times \frac{3}{12} = ₩30,000$

(2) 수정후시산표의 차변합계 증가액: ₩30,000 + ₩20,000 − ₩30,000 = ₩20,000

출제빈도: ★★★ 대표출제기업: KDB산업은행

14 기말수정사항이 다음과 같을 때, 기말수정분개가 미치는 영향으로 옳지 않은 것은?

> • 기중에 구입한 소모품 ₩1,000,000을 소모품비로 처리하였으나, 기말 현재 남아 있는 소모품은 ₩200,000이다.
>   (단, 기초 소모품 재고액은 없다)
> • 당기에 발생한 미수이자수익 ₩1,000,000에 대한 회계처리가 이루어지지 않았다.

① 비용은 ₩200,000 감소한다.

② 자산총액이 ₩1,200,000 증가한다.

③ 부채총액은 변동이 없다.

④ 수정후 잔액시산표의 차변합계가 ₩1,000,000 증가한다.

⑤ 당기순이익이 ₩800,000 증가한다.

출제빈도: ★★★

15 ㈜한국의 결산수정사항이 다음과 같은 경우, 기말수정분개가 미치는 영향으로 옳지 않은 것은? (단, 법인세비용에 미치는 영향은 없다고 가정한다)

- 4월 1일 1년간의 보험료 ₩12,000을 지급하고 전액을 선급보험료계정에 차기하였다.
- 당해 회계연도의 임대료수익 ₩6,000이 발생되었으나 12월 31일 현재 회수되지 않고 다음 달 말일에 회수할 예정이다.

---

① 수정후 잔액시산표의 대변합계는 ₩6,000만큼 증가한다.

② 당기순이익이 ₩3,000만큼 증가한다.

③ 자산총액이 ₩3,000만큼 감소한다.

④ 부채총액은 변동이 없다.

⑤ 비용은 ₩9,000만큼 증가한다.

정답 및 해설

14 ⑤
(1) 기말수정분개는 다음과 같다.

| (차) 소모품 | 200,000 | (대) 소모품비 | 200,000 |
| 미수이자 | 1,000,000 | 이자수익 | 1,000,000 |

(2) 당기순이익: ₩200,000 + ₩1,000,000 = ₩1,200,000(증가)

15 ②
(1) 기말수정분개는 다음과 같다.

| (차) 보험료 | 9,000[*1] | (대) 선급보험료 | 9,000 |
| (차) 미수임대료 | 6,000 | (대) 임대료 | 6,000 |

[*1] $₩12,000 \times \dfrac{9}{12} = ₩9,000$

(2) 수정후시산표의 대변합계 증가액: ₩6,000(임대료)
(3) 당기순이익 증감액: ₩9,000(보험료) − ₩6,000(임대료) = ₩3,000(감소)
(4) 자산 증감액: ₩6,000(미수임대료) − ₩9,000(선급보험료) = ₩3,000(감소)

제2장 | 재무회계와 회계원칙

✓ **핵심 포인트**

회계의 정의	• 회계의 정의
회계의 분류	• 재무회계와 관리회계의 구분
회계의 역할	• 경제적 자원의 효율적 배분 • 수탁책임에 관한 보고 기능 • 사회적 통제의 합리화
회계기준의 제정방법	• 연역적 접근법 • 귀납적 접근법
한국채택국제회계기준	• 적용대상기업
국제회계기준의 특징	• 원칙 중심 • 연결재무제표 중심 • 포괄손익계산 방식 • 공정가치 중심

01 회계의 의의

출제빈도 ★

1. 회계의 정의

회계(accounting)는 특정 기업에 대해 관심을 갖고 있는 정보 수요자들에게 그들이 경제적 의사결정을 하는 데 유용한 정보를 제공하는 것을 목적으로 한다. 따라서 회계란 흔히 정보이용자의 의사결정에 필요한 경제적 정보를 식별하고 측정하여 전달하는 과정이라고 정의한다.

2. 회계의 분류

구분	재무회계	관리회계
목적	기업의 외부정보이용자인 투자자, 대여자 및 기타 채권자에게 유용한 정보제공	기업의 내부정보이용자인 경영진에게 유용한 정보제공
보고수단	재무제표(재무보고서)	특수목적의 보고서
원칙의 유무	회계원칙의 지배를 받음	일반적인 기준이 없음
범위	범위가 넓고 전체적	범위가 좁고 부분적
시간적 관점	과거지향적	미래지향적

3. 회계의 사회적 역할(기능)

① 경제적자원의 효율적 배분에 도움이 된다.
② 수탁책임에 관한 보고의 수단이다.
③ 그 밖의 사회적 통제의 합리화이다.

---

02 일반적으로 인정된 회계원칙

출제빈도 ★★

1. 회계원칙의 의의

기업실체에 영향을 미치는 경제적 사건을 재무제표 등에 보고하는 방법이다.
① 회계행위의 지침이며, 회계실무를 이끌어 가는 지도원리가 된다.
② 보편타당성과 이해관계자집단의 이해조정적 성격을 가진다.
③ 경제적 환경의 변화에 따라 변화한다.

2. 회계원칙의 필요성

재무제표의 신뢰성을 확보하고 재무정보의 비교가능성과 이해가능성을 증진시키기 위하여 재무제표를 작성하고 이해하는 데 판단의 기준이 되는 일정한 원칙이 필요하다.

3. 회계원칙의 제정과정

(1) 기업회계기준의 제정주체

우리나라의 경우 공공규제기관(금융위원회)이 제정에 관한 권한을 가지고 있으나 이를 민간규제기관(한국회계기준위원회)에 위임하여 제정한다.

(2) 회계원칙의 제정방법

① 연역적 방법: 기본적인 가정이나 명제를 기초로 논리적인 추론과정을 거쳐 회계원칙을 도출하는 방법이다. 논리의 일관성이 유지된다는 장점이 있으나 비현실적이고 환경변화에 즉각 대응하기 어려운 단점이 있다.
② 귀납적 방법: 회계실무를 관찰하여 그 관찰된 사실을 기반으로 회계원칙을 도출하는 방법이다. 실무 적용가능성이 높은 장점이 있으나 논리의 일관성이 결여될 수 있는 단점이 있다.
③ 현행회계원칙의 제정방법: 재무회계의 목적에 부합하는 회계원칙을 제정하고자 하는 노력(연역적 방법)과 함께 여러 이해관계자들에 의한 정치적 과정(귀납적 방법)이 결합되어 제정된다.

(3) 회계정보의 공급에 대한 규제(회계규제)가 필요한 이유

① 회계정보는 공공재적 성격이 강하기 때문에 시장기능에 맡기게 되면 회계정보가 과소공시되어 시장실패에 이를 수 있다.
② 회계정보의 수요자가 회계정보의 생산비용을 부담하지 않기 때문에 회계정보의 생산자가 회계정보를 과소생산할 가능성이 있다.
③ 회계정보의 생산자와 수요자 사이에 정보불균형이 존재하므로 회계정보의 공시를 강제할 필요성이 있다.
④ 기업은 유리한 정보는 자발적으로 공시하려고 하지만 불리한 정보는 공시하지 않으려는 동기가 강하다.

4. 우리나라의 회계원칙

① 「주식회사의 외부감사에 관한 법률」의 규정에 따라 금융위원회가 한국회계기준원의 회계기준위원회에 위임하여 제정한다.
② 우리나라의 기업회계기준은 '한국채택국제회계기준(K-IFRS)', '일반기업회계기준', '특수분야회계기준' 등으로 구성된다.
③ 우리나라는 2009년부터 '한국채택국제회계기준(K-IFRS)'의 자발적인 채택이 가능하며, 2011년부터 모든 상장기업이 의무적으로 적용한다.

〈우리나라의 일반적으로 인정된 회계원칙〉

한국채택국제회계기준(K-IFRS)	일반기업회계기준
상장회사 및 금융회사 적용	상장회사 및 금융회사 외의 외부감사대상법인 적용[*1]

(*1) 직전 사업연도 말 현재 자산총계가 120억 원 이상인 주식회사가 외부감사대상법인이다.

5. 국제회계기준의 특징

(1) 원칙중심의 회계기준

기존의 기업회계기준은 규칙중심의 회계기준이었으나 국제회계기준은 전 세계 여러 국가의 협의를 통해서 제정되는 원칙중심의 회계기준이다.

(2) 연결재무제표 중심

국제회계기준은 경제적 실질에 따라 지배회사와 종속회사의 재무제표를 통합하여 보고하는 연결재무제표를 주재무제표로 제시한다.

(3) 포괄손익계산 방식

국제회계기준에서는 미실현 이익의 성격을 갖는 기타포괄손익도 손익계산서의 구성요소에 포함시키도록 하고 있다.

(4) 공정가치 평가중심

국제회계기준에서는 자산과 부채를 공정가치로 측정하는 것을 원칙으로 하고 있다.

ejob.Hackers.com

출제빈도: ★☆☆

01 「주식회사 등의 외부감사에 관한 법률」상 기업의 재무제표 작성 책임이 있는 자로 옳은 것은?

① 회사의 대표이사와 회계담당 임원(회계담당 임원이 없는 경우에는 회계업무를 집행하는 직원)

② 주주 및 채권자

③ 공인회계사

④ 금융감독원

⑤ 경영자

출제빈도: ★★☆ 대표출제기업: 한국장학재단

02 우리나라의 주식회사는 직전연도 자산총액이 120억 원 이상인 경우에 의무적으로 공인회계사로부터 외부회계감사를 받아야 한다. 이와 같이 기업이 공인회계사로부터 매년 회계감사를 받는 주요 이유로 옳은 것은?

① 외부전문가의 도움에 의한 재무제표 작성

② 회사 종업원들의 내부공모에 의한 부정과 횡령의 적발

③ 경영자의 재무제표 작성 및 표시에 대한 책임을 외부전문가에게 전가

④ 독립된 외부전문가의 검증을 통한 회계정보의 신뢰성 제고

⑤ 회계감사를 통하여 회계담당자의 오류 발견

출제빈도: ★☆☆

03 한국채택국제회계기준의 특징과 관련된 설명 중에서 옳지 않은 것은?

① 연결재무제표를 주재무제표로 작성함으로써 개별기업의 재무제표가 보여주지 못하는 경제적 실질을 더 잘 반영할 수 있을 것으로 기대된다.

② 국제회계기준에서는 미실현 이익의 성격을 갖는 기타포괄손익도 손익계산서의 구성요소에 포함시키도록 하고 있다.

③ 과거 규정중심의 회계기준이 원칙중심의 회계기준으로 변경되었다.

④ 자산과 부채의 공정가치평가 적용이 확대되었다.

⑤ 「주식회사 등의 외부감사에 관한 법률」의 적용을 받는 모든 기업이 한국채택국제회계기준을 회계기준으로 삼아 재무제표를 작성하여야 한다.

정답 및 해설

01 ①
기업의 재무제표 작성 책임이 있는 자는 회사의 대표이사와 회계담당 임원(회계담당 임원이 없는 경우에는 회계업무를 집행하는 직원)이다.

02 ④
기업이 외부감사를 받는 이유는 독립된 외부감사인에게 재무제표가 일반적으로 인정된 회계원칙에 근거하여 적정하게 작성되었는지를 검증받아 재무제표의 신뢰성을 높이기 위함이다.

03 ⑤
한국채택국제회계기준은 모든 상장기업이 의무적으로 적용하고 비상장기업은 선택적으로 적용한다.

04 회계감사에 관한 설명으로 옳지 않은 것은?

① 감사인의 의견표명에 따라 재무제표의 신뢰성을 제고하고 재무제표이용자가 회사에 대한 올바른 판단을 할 수 있도록 한다.

② 감사인은 충분하고 적합한 감사증거를 입수한 결과 왜곡표시가 재무제표에 개별적으로 또는 집합적으로 중요하며 동시에 전반적이라고 결론을 내리는 경우 한정의견을 표명해야 한다.

③ 감사보고서는 감사기준에 따라 수행된 감사에 대한 감사인의 보고로 반드시 서면방식으로 해야 한다.

④ 재무제표에 대한 감사인의 의견은 회사의 재무상태 또는 경영성과의 양호 여부를 평가하거나 장래 전망을 보장하는 것은 아니다.

⑤ 감사범위의 제한이 중요하고 전반적이면 의견거절을 표명하여야 한다.

출제빈도: ★☆☆

05 회계정보와 관련한 설명으로 옳지 않은 것은?

① 경영자는 회계정보를 생산하여 외부 이해관계자들에게 공급하는 주체로서 회계정보의 공급자이므로 수요자는 아니다.

② 경제의 주요 관심사는 유한한 자원을 효율적으로 사용하는 것인데, 회계정보는 우량기업과 비우량기업을 구별하는데 이용되어 의사결정에 도움을 준다.

③ 회계정보의 신뢰성을 확보하기 위하여 기업은 회계기준에 따라 재무제표를 작성하고, 외부감사인의 감사를 받는다.

④ 외부감사는 전문자격을 부여받은 공인회계사가 할 수 있다.

⑤ 회계정보를 통해서 정보이용자는 기업의 투자의사결정에 유용하게 사용할 수 있다.

정답 및 해설

04 ②
감사의견 변형의 사유의 정도에 따라 표명할 감사의견도 상이해지는데 그 기준은 중요한 경우와 중요하고 전반적인 경우로 구분된다.
• 감사범위의 제한이 중요하면 '한정의견'
• 감사범위의 제한이 중요하고 전반적이면 '의견거절'
• 왜곡표시가 중요하면 '한정의견'
• 왜곡표시의 제한이 중요하고 전반적이면 '부적정의견'
따라서, 감사인은 충분하고 적합한 감사증거를 입수한 결과 왜곡표시가 재무제표에 개별적으로 또는 집합적으로 중요하며 동시에 전반적이라고 결론을 내리는 경우 부적정의견을 표명해야 한다.

05 ①
경영자는 회계정보의 공급자이면서 수요자이기도 하다.

제3장 | 재무보고를 위한 개념체계

개념체계의 의의	• 개념체계의 목적과 위상 • 일반목적재무보고 • 일반목적재무보고가 제공하는 정보		

유용한 재무정보의 질적 특성	구분	구성요소	포괄적 제약요인
	근본적 질적 특성	목적적합성, 표현충실성	원가
	보강적 질적 특성	비교가능성, 검증가능성, 적시성, 이해가능성	

재무제표와 보고기업	• 재무제표의 목적과 범위 • 보고기업의 정의 및 보고기업별 재무제표		

재무제표의 구성요소	• 자산의 정의: 권리, 경제적 효익을 창출할 잠재력, 통제 • 부채의 정의: 의무, 경제적 자원의 이전, 과거사건으로 생긴 의무 • 자본의 정의: 자본의 정의, 자본청구권의 정의, 자본청구권의 성립, 자본청구권 보유자의 권리 • 수익과 비용의 정의: 수익의 정의, 비용의 정의		

자산과 부채의 측정기준	구분	과거	현재	미래
	유입가치	역사적 원가	현행원가	
	유출가치		공정가치	사용가치 및 이행가치

자본유지개념의 구분	• 명목화폐단위 재무자본유지개념 • 불변구매력단위 재무자본유지개념 • 실물생산능력 실물자본유지개념		

01 개념체계의 목적과 위상 출제빈도 ★

1. 개념체계의 목적

① 회계원칙을 도출하기 위해서는 재무보고의 목적과 이론을 정립할 필요가 있다. 이러한 이유로 재무보고를 위한 개념체계는 외부 이용자를 위한 재무보고의 기초가 되는 개념을 정립하기 위하여 제정되었다.

② '재무보고를 위한 개념체계'(이하 '개념체계')의 목적
- 한국회계기준위원회(이하 '회계기준위원회')가 일관된 개념에 기반하여 한국채택국제회계기준(이하 '회계기준')을 제·개정하는 데 도움을 준다.
- 특정 거래나 다른 사건에 적용할 회계기준이 없거나 회계기준에서 회계정책 선택이 허용되는 경우에 재무제표 작성자가 일관된 회계정책을 개발하는 데 도움을 준다.
- 모든 이해관계자가 회계기준을 이해하고 해석하는 데 도움을 준다.

2. 재무회계개념체계의 위상

① '개념체계'는 회계기준이 아니다. 따라서 이 '개념체계'의 어떠한 내용도 회계기준이나 회계기준의 요구사항에 우선하지 아니한다.
② 일반목적재무보고의 목적을 달성하기 위해 회계기준위원회는 '개념체계'의 관점에서 벗어난 요구사항을 정하는 경우가 있을 수 있다. 만약, 회계기준위원회가 그러한 사항을 정한다면, 해당 기준서의 결론도출근거에 그러한 일탈에 대해 설명할 것이다.
③ '개념체계'는 회계기준위원회가 관련 업무를 통해 축적한 경험을 토대로 수시로 개정될 수 있다. '개념체계'가 개정되었다고 자동으로 회계기준이 개정되는 것은 아니다.
④ '개념체계'는 회계기준위원회의 공식 임무에 기여한다. 이 임무는 전 세계 금융시장에 투명성, 책임성, 효율성을 제공하는 회계기준을 개발하는 것이다. 회계기준위원회의 업무는 세계 경제에서의 신뢰, 성장, 장기적 금융안정을 조성함으로써 공공이익에 기여하는 것이다.

3. 개념체계의 적용범위

현재 개념체계는 일반목적재무보고의 목적, 유용한 재무정보의 질적 특성, 보고기업의 개념, 재무제표요소의 정의, 인식과 제거, 측정, 표시의 공시 및 자본유지개념으로 구성되어 있다.

02 일반목적재무보고   출제빈도 ★

1. 일반목적재무보고의 개념

(1) 개요

① 재무보고는 기업의 주주와 채권자 등 다양한 외부 이해관계자들의 경제적 의사결정에 도움을 주기 위해 경영자가 기업실체의 재무상태, 경영성과 등에 대한 재무정보를 제공하는 것을 말한다.
② 그러나 외부 이해관계자들이 요구하는 정보는 매우 다양하지만 그들이 원하는 정보를 모두 제공하는 것은 현실적으로 불가능하다.

(2) 일반목적재무제표

① 기업은 외부 정보이용자들이 공통적으로 요구하는 정보를 산출하여 제공하는데 이를 일반목적재무제표라고 한다.

② 그리고 일반목적재무제표의 작성을 위해 필요한 회계기준을 일반적으로 인정된 회계원칙이라고 하는데, 현재 우리나라의 일반적으로 인정된 회계원칙은 상장기업과 금융기관이 적용하는 한국채택국제회계기준과 그 이외의 기업들이 적용하는 일반기업회계기준으로 이원화되어 있다.

2. 일반목적재무보고의 목적과 유용성 및 한계

(1) 일반목적재무보고의 목적

① 일반목적재무보고의 목적은 현재 및 잠재적 투자자, 대여자와 그 밖의 채권자가 기업에 자원을 제공하는 것과 관련된 의사결정을 할 때 유용한 보고기업 재무정보를 제공하는 것이다. 그 의사결정은 다음을 포함한다.
- 지분상품 및 채무상품의 매수, 매도 또는 보유
- 대여 및 기타 형태의 신용 제공 또는 결제
- 기업의 경제적자원 사용에 영향을 미치는 경영진의 행위에 대한 의결권 또는 영향을 미치는 권리 행사

② 의사결정은 현재 및 잠재적 투자자, 대여자와 그 밖의 채권자가 기대하는 수익(예 배당, 원금 및 이자의 지급 또는 시장가격의 상승)에 의존한다.

③ 투자자, 대여자와 그 밖의 채권자의 수익에 대한 기대는 기업에 유입될 미래 순현금유입의 금액, 시기 및 불확실성(전망) 및 기업의 경제적자원에 대한 경영진의 수탁책임에 대한 그들의 평가에 달려 있다.

(2) 일반목적재무보고의 유용성

① 현재 및 잠재적 투자자, 대여자 및 그 밖의 채권자는 정보를 제공하도록 보고기업에 직접 요구할 수 없고, 그들이 필요로 하는 재무정보의 많은 부분을 일반목적재무보고서에 의존해야만 한다.

② 현재 및 잠재적 투자자, 대여자 및 그 밖의 채권자들이 일반목적재무보고서의 대상이 되는 주요이용자이다.

③ 보고기업의 경영진도 해당 기업에 대한 재무정보에 관심이 있다. 그러나 경영진은 필요로 하는 재무정보를 내부에서 구할 수 있기 때문에 일반목적재무보고서에 의존할 필요가 없다.

④ 그 밖의 당사자들, 예를 들어 규제기관 그리고 (투자자, 대여자와 그 밖의 채권자가 아닌) 일반대중도 일반목적재무보고서가 유용하다고 여길 수 있다. 그렇더라도 일반목적재무보고서는 이러한 그 밖의 집단을 주요 대상으로 한 것이 아니다.

(3) 일반목적재무보고의 한계

① 일반목적재무보고서는 현재 및 잠재적 투자자, 대여자와 그 밖의 채권자가 필요로 하는 모든 정보를 제공하지는 않으며 제공할 수도 없다. 따라서 다른 원천에서 입수한 관련정보를 함께 고려할 필요가 있다.

② 일반목적재무보고서는 보고기업의 가치를 보여주기 위해 고안된 것이 아니다. 그러나 그것은 현재 및 잠재적 투자자, 대여자와 그 밖의 채권자가 보고기업의 가치를 추정하는 데 도움이 되는 정보를 제공한다.

③ 각 주요이용자의 정보수요 및 욕구는 다르고 상충되기도 한다. 회계기준위원회는 회계기준을 제정할 때 최대 다수의 주요이용자 수요를 충족하는 정보를 제공하기 위해 노력할 것이다. 그러나 공통된 정보수요에 초점을 맞춘다고 해서 보고기업으로 하여금 주요이용자의 특정 일부집단에게 가장 유용한 추가 정보를 포함하지 못하게 하는 것은 아니다.

④ 재무보고서는 정확한 서술보다는 상당 부분 추정, 판단 및 모형에 근거한다.

3. 일반목적재무보고에 포함되어야 하는 정보

(1) 경제적자원과 청구권

① 보고기업의 경제적자원과 청구권의 성격 및 금액에 대한 정보는 이용자들이 보고기업의 재무적 강점과 약점을 식별하는 데 도움을 줄 수 있다.

② 이 정보는 이용자들이 보고기업의 유동성과 지급능력, 추가적인 자금 조달의 필요성 및 그 자금 조달이 얼마나 성공적일지를 평가하는 데 도움을 줄 수 있다.

③ 현재 청구권의 우선순위와 지급 요구사항에 대한 정보는 이용자들이 기업에 대한 청구권이 있는 자들에게 현금흐름이 어떻게 분배될 것인지를 예측하는 데 도움이 된다.

(2) 경제적자원 및 청구권의 변동

① 보고기업의 경제적자원과 청구권의 변동은 그 기업의 재무성과, 그리고 채무상품 또는 지분상품의 발행과 같은 그 밖의 사건 또는 거래에서 발생한다.

② 보고기업의 미래 순현금유입액에 대한 전망과 기업의 경제적자원에 대한 경영진의 수탁책임을 올바르게 평가하기 위하여 정보이용자는 이 두 가지 변동을 구별할 수 있는 능력이 필요하다.

(3) 발생주의 회계가 반영된 재무성과

① 발생기준 회계는 거래와 그 밖의 사건 및 상황이 보고기업의 경제적자원 및 청구권에 미치는 영향을, 비록 그 결과로 발생하는 현금의 수취와 지급이 다른 기간에 이루어지더라도, 그 영향이 발생한 기간에 보여준다.

② 이것이 중요한 이유는 보고기업의 경제적자원과 청구권 그리고 기간 중 변동에 관한 정보는 그 기간의 현금 수취와 지급만의 정보보다 기업의 과거 및 미래 성과를 평가하는 데 더 나은 근거를 제공하기 때문이다.

(4) 과거 현금흐름이 반영된 재무성과

① 한 기간의 보고기업의 현금흐름에 대한 정보는 이용자들이 기업의 미래 순현금유입 창출 능력을 평가하고 기업의 경제적자원에 대한 경영진의 수탁책임을 평가하는 데에도 도움이 된다.

② 이 정보는 채무의 차입과 상환, 현금배당 등 투자자에 대한 현금 분배 그리고 기업의 유동성이나 지급능력에 영향을 미치는 그 밖의 요인에 대한 정보를 포함하여, 보고기업이 어떻게 현금을 획득하고 사용하는지 보여준다.

③ 현금흐름에 대한 정보는 이용자들이 보고기업의 영업을 이해하고, 재무활동과 투자활동을 평가하며, 유동성이나 지급능력을 평가하고, 재무성과에 대한 그 밖의 정보를 해석하는 데 도움이 된다.

(5) 재무성과에 기인하지 않는 경제적자원 및 청구권의 변동

① 보고기업의 경제적자원 및 청구권은 채무상품이나 지분상품의 발행과 같이 재무성과 외의 사유로도 변동될 수 있다.

② 이러한 유형의 변동에 관한 정보는 보고기업의 경제적자원 및 청구권이 변동된 이유와 그 변동이 미래 재무성과에 주는 의미를 이용자들이 완전히 이해하는 데 필요하다.

(6) 기업의 경제적자원 사용에 관한 정보

① 보고기업의 경영진이 기업의 경제적자원을 얼마나 효율적이고 효과적으로 사용하는 책임을 이행하고 있는지에 대한 정보는 정보이용자가 해당 자원에 대한 관리를 평가할 수 있도록 도움을 준다.

② 이러한 정보는 미래에 얼마나 효율적이고 효과적으로 경영진이 기업의 경제적자원을 사용할 것인지를 예측하는 데도 유용하므로 미래 순현금유입에 대한 기업의 전망을 평가하는 데 유용할 수 있다.

---

03 유용한 재무정보의 질적 특성　　　출제빈도 ★★

1. 유용한 재무정보의 질적 특성의 개요

(1) 질적 특성의 개념

① 재무정보가 정보이용자의 의사결정에 유용한 정보가 되기 위한 속성을 질적 특성이라고 한다.

② 유용한 질적 특성의 목적은 재무보고서에 포함된 정보(재무정보)에 근거하여 보고기업에 대한 의사결정을 할 때 현재 및 잠재적 투자자, 대여자 및 기타 채권자에게 가장 유용한 정보를 식별하는 것이다.

③ 유용한 재무정보의 질적 특성은 재무제표에서 제공되는 재무정보에도 적용되며, 그 밖의 방법으로 제공되는 재무정보에도 적용된다.

④ 보고기업의 유용한 재무정보 제공 능력에 대한 포괄적 제약요인으로 원가제약이 있다.

(2) 질적 특성의 구분

① 근본적 질적 특성은 재무정보가 유용하기 위해서는 목적적합해야 하고 나타내고자 하는 바를 충실하게 표현해야 한다.

② 보강적 질적 특성은 재무정보가 비교가능하고, 검증가능하며, 적시성 있고, 이해가능한 경우 그 재무정보의 유용성은 보강된다.

〈유용한 재무정보의 질적 특성〉

근본적 질적 특성	• 목적적합성: 예측가치, 확인가치, 중요성 • 충실한 표현: 완전한 서술, 중립적 서술, 오류가 없어야 함
보강적 질적 특성	• 비교가능성, 검증가능성, 적시성, 이해가능성
포괄적 제약요인	• 원가제약

2. 근본적 질적 특성

(1) 목적적합성

① 목적적합한 재무정보는 정보이용자의 의사결정에 차이가 나도록 할 수 있다.

② 재무정보에 예측가치, 확인가치 또는 이 둘 모두가 있다면 그 재무정보는 의사결정에 차이가 나도록 할 수 있다.

③ 정보이용자들이 미래 결과를 예측하기 위해 사용하는 절차의 투입요소로 재무정보가 사용될 수 있다면 그 재무정보는 예측가치를 갖는다.

④ 재무정보가 예측가치를 갖기 위해서는 그 자체가 예측치 또는 예상치일 필요는 없다. 예측가치를 갖는 재무정보는 정보이용자 자신이 예측하는 데 사용된다.

⑤ 재무정보가 과거 평가에 대해 피드백을 제공한다면(과거 평가를 확인하거나 변경시킨다면) 확인가치를 갖는다.

⑥ 재무정보의 예측가치와 확인가치는 상호 연관되어 있고, 예측가치를 갖는 정보는 확인가치도 갖는 경우가 많다.

⑦ 중요성이란 특정 정보가 정보이용자의 의사결정에 영향을 미칠 수 있는 정보의 특성을 말한다.

⑧ 정보가 누락되거나 잘못 기재된 경우 특정 보고기업의 재무정보에 근거한 정보이용자의 의사결정에 영향을 줄 수 있다면 그 정보는 중요한 것이다.

⑨ 중요성은 개별 기업 재무보고서 관점에서 해당 정보와 관련된 항목의 성격이나 규모 또는 이 둘 모두에 근거하여 해당 기업에 특유한 측면의 목적적합성을 의미한다.

⑩ 회계기준위원회는 중요성에 대한 획일적인 계량 임계치를 정하거나 특정한 상황에서 무엇이 중요한지를 미리 결정할 수 없다.

(2) 표현충실성

① 재무정보는 경제적 사건이나 거래를 글과 숫자로 표현한 것이다. 여기서 표현충실성은 경제적 사건이나 거래를 글과 숫자 등으로 일치되게 표현한다는 뜻이다.

② 재무정보가 유용하기 위해서는 목적적합한 현상을 표현하는 것뿐만 아니라 나타내고자 하는 현상의 실질을 충실하게 표현해야 한다.

③ 완벽한 표현충실성을 위해서는 서술에 세 가지의 특성이 있어야 할 것이다. 서술은 완전하고, 중립적이며, 오류가 없어야 할 것이다.

④ 완전한 서술은 정보이용자가 서술되는 현상을 이해하는 데 필요한 모든 정보를 포함하는 것이다.

⑤ 중립적 서술은 재무정보의 선택이나 표시에 편의가 없는 것이다.

⑥ 중립적 정보는 목적이 없거나 행동에 대한 영향력이 없는 정보를 의미하지는 않는다.

⑦ 중립성은 신중을 기함으로써 뒷받침된다. 신중성은 불확실한 상황에서 판단할 때 주의를 기울이는 것으로, 자산과 수익이 과대평가되지 않고 부채와 비용이 과소평가되지 않는 것을 의미한다.

⑧ 신중을 기하는 것이 비대칭의 필요성(자산이나 수익을 인식하기 위해서는 부채나 비용을 인식할 때보다 더욱 설득력 있는 증거가 필요)을 내포하는 것은 아니다. 그럼에도 불구하고, 나타내고자 하는 바를 충실하게 표현하는 가장 목적적합한 정보를 선택하려는 결정의 결과가 비대칭성이라면, 개별 기준서에서 비대칭적인 요구사항을 포함할 수도 있다. (예 재고자산 평가손실, 충당부채·우발부채·우발자산 등)

⑨ 충실한 표현은 모든 면에서 완벽하게 정확하다는 것을 의미하지는 않는다.

⑩ 오류가 없다는 것은 현상의 기술에 오류나 누락이 없고, 보고 정보를 생산하는 데 사용되는 절차의 선택과 적용에 있어서 오류가 없음을 의미한다.

⑪ 예를 들어, 관측가능하지 않은 가격이나 가치의 추정치는 정확인지 부정확인지 결정할 수 없다. 그러나 추정치로서 금액을 명확하고 정확하게 기술하고, 추정 절차의 성격과 한계를 설명하며, 그 추정치를 도출하기 위한 적절한 절차를 선택하고 적용하는 데 오류가 없다면 그 추정치의 표현은 충실하다고 할 수 있다.

⑫ 재무보고서의 화폐금액을 직접 관측할 수 없어 추정해야만 하는 경우에는 측정불확실성이 발생한다. 합리적인 추정의 사용은 재무정보의 작성에 필수적인 부분이며, 측정불확실성이 높은 수준이더라도 추정이 명확하고 정확하게 기술되고 설명되는 한 정보의 유용성을 저해하지 않는다.

⑬ 측정불확실성이 높은 수준이더라도 그러한 추정이 무조건 유용한 재무정보를 제공하지 못하는 것은 아니다.

(3) 근본적 질적 특성의 적용

① 정보가 유용하기 위해서는 목적적합하고 나타내고자 하는 바를 충실하게 표현해야 한다.

② 목적적합하지 않은 현상에 대한 표현충실성과 목적적합한 현상에 대한 충실하지 못한 표현 모두 이용자들이 좋은 결정을 내리는 데 도움이 되지 않는다.

③ 근본적 질적 특성을 적용하기 위한 가장 효율적이고 효과적인 절차는 다음과 같다.
- 1단계: 보고기업의 재무정보이용자에게 유용할 수 있는 경제적 현상을 식별한다.
- 2단계: 그 현상에 대한 가장 목적적합한 정보의 유형을 식별한다.
- 3단계: 그 정보가 이용가능하고 충실히 표현될 수 있는지 결정한다.
④ 만약 목적적합한 정보가 이용가능하고 충실하게 표현되면 근본적 질적 특성의 충족절차가 끝나지만 그렇지 않은 경우 차선의 목적적합한 정보에 대해 그 절차를 반복한다.

3. 보강적 질적 특성

(1) 기본개념

① 보강적 질적 특성은 만일 어떤 두 가지 방법이 현상을 동일하게 목적적합하고 충실하게 표현하는 것이라면(즉, 근본적 질적 특성을 충족한다면), 이 두 가지 방법 중 어떤 방법을 선택할지 결정하는 데 도움을 제공한다.
② 보강적 질적 특성은 가능한 한 극대화되어야 한다. 그러나 어떤 재무정보가 근본적 질적 특성을 충족하지 않는다면 보강적 질적 특성은 개별적으로든 집단적으로든 해당 재무정보를 유용하게 할 수 없다.
③ 비교가능성, 검증가능성, 적시성 및 이해가능성은 목적적합하고 충실하게 표현된 정보의 유용성을 보강시키는 질적 특성이다.

(2) 비교가능성

① 비교가능성은 정보이용자들이 항목 간의 유사점과 차이점을 식별하고 이해할 수 있게 하는 질적 특성이다.
② 다른 질적 특성과는 달리 비교가능성은 단 하나의 항목에 관련된 것이 아니다. 비교하려면 최소한 두 항목이 필요하다.
③ 보고기업에 대한 정보는 다른 기업에 대한 유사한 정보 및 해당 기업에 대한 다른 기간이나 다른 일자의 유사한 정보와 비교할 수 있다면 더욱 유용하다.
④ 한 보고기업 내에서 기간 간 또는 같은 기간 동안에 기업 간, 동일한 항목에 대해 동일한 방법을 적용하는 것을 의미하는 일관성은 비교가능성과 관련은 되어 있지만 동일하지는 않다.
⑤ 비교가능성은 목표이고 일관성은 그 목표를 달성하는 데 도움을 준다.
⑥ 비교가능성은 통일성이 아니다. 정보가 비교가능하기 위해서는 비슷한 것은 비슷하게 보여야 하고 다른 것은 다르게 보여야 한다. 재무정보의 비교가능성은 비슷한 것을 달리 보이게 하여 보강되지 않는 것처럼, 비슷하지 않은 것을 비슷하게 보이게 한다고 해서 보강되지 않는다.
⑦ 하나의 경제적 현상을 충실하게 표현하는 데 여러 가지 방법이 있을 수 있으나 동일한 경제적 현상에 대해 대체적인 회계처리방법을 허용하면 비교가능성이 감소한다.
⑧ 근본적 질적 특성을 충족하면 어느 정도의 비교가능성은 달성될 수 있을 것이다. 목적적합한 경제적 현상에 대한 표현충실성은 다른 보고기업의 유사한 목적적합한 경제적 현상에 대한 표현충실성과 어느 정도의 비교가능성을 자연히 가져야 한다.

(3) 검증가능성

① 검증가능성은 정보가 나타내고자 하는 경제적 현상을 충실히 표현하는지를 정보 이용자가 확인하는 데 도움을 준다.

② 검증가능성은 합리적인 판단력이 있고 독립적인 서로 다른 관찰자가 어떤 서술이 충실한 표현이라는 데, 비록 반드시 완전히 일치하지는 못하더라도, 합의에 이를 수 있다는 것을 의미한다.

③ 계량화된 정보가 검증가능하기 위해서 단일 점추정치이어야 할 필요는 없다. 가능한 금액의 범위 및 관련된 확률로도 검증될 수 있다.

④ 검증은 직접적 또는 간접적으로 이루어질 수 있다. 직접 검증은 직접적인 관찰을 통하여, 간접 검증은 모형, 공식 또는 그 밖의 기법에의 투입요소를 확인하고 같은 방법을 사용하여 그 결과를 재계산하는 것을 의미한다.

⑤ 어느 미래 기간 전까지는 어떤 설명과 미래전망 재무정보를 검증하는 것이 전혀 가능하지 않을 수 있다.

(4) 적시성

① 적시성은 의사결정에 영향을 미칠 수 있도록 의사결정자가 정보를 제때에 이용가능하게 하는 것을 의미한다.

② 일반적으로 정보는 오래될수록 유용성이 낮아지지만 일부 정보는 보고기간 말 이후에도 오랫동안 적시성이 있을 수 있다. 예를 들어 일부 정보이용자는 추세를 식별하고 평가할 필요가 있을 수 있기 때문이다.

(5) 이해가능성

① 이해가능성은 이용자가 정보를 쉽게 이해할 수 있어야 한다는 것으로, 정보를 명확하고 간결하게 분류하고, 특징지으며, 표시하는 것은 정보를 이해가능하게 한다.

② 일부 현상은 본질적으로 복잡하여 이해하기 쉽게 할 수 없다.

③ 이해하기 어려운 정보를 재무보고서에서 제외하면 그 재무보고서의 정보를 더 이해하기 쉽게 할 수는 있으나 그 보고서는 불완전하여 잠재적으로 오도할 수 있다.

④ 재무보고서는 사업활동과 경제활동에 대해 합리적인 지식이 있고, 부지런히 정보를 검토하고 분석하는 정보이용자를 위해 작성된다.

⑤ 때로는 박식하고 부지런한 정보이용자도 복잡한 경제적 현상에 대한 정보를 이해하기 위해 전문가의 도움을 받는 것이 필요할 수 있다.

(6) 보강적 질적 특성의 적용

① 보강적 질적 특성을 적용하는 것은 어떤 규정된 순서를 따르지 않는 반복적인 과정이다.

② 하나의 보강적 질적 특성이 다른 질적 특성의 극대화를 위해 감소되어야 할 수도 있다.

③ 보강적 질적 특성은 가능한 한 극대화되어야 한다. 그러나 보강적 질적 특성은 정보가 목적적합하지 않거나 충실하게 표현되어 있지 않으면, 개별적으로 또는 집단적으로든 그 정보를 유용하게 할 수 없다.

④ 새로운 재무보고기준의 전진 적용으로 인한 비교가능성의 일시적인 감소는 장기적으로 목적적합성이나 표현의 충실성을 향상시키기 위해 감수될 수도 있다.

⑤ 적절한 공시는 비교가능성의 미비를 부분적으로 보완할 수 있다.

4. 유용한 재무보고에 대한 원가제약

① 원가는 재무보고로 제공될 수 있는 정보에 대한 포괄적 제약요인이다. 재무정보의 보고에는 원가가 소요되고, 해당 정보 보고의 효익이 그 원가를 정당화한다는 것이 중요하다.

② 원가 제약요인을 적용함에 있어서, 회계기준위원회는 특정 정보를 보고하는 효익이 그 정보를 제공하고 사용하는 데 발생한 원가를 정당화할 수 있을 것인지를 평가한다.

③ 회계기준위원회는 단지 개별 보고기업과 관련된 것이 아닌, 재무보고 전반적으로 원가와 효익을 고려하려고 노력하고 있다. 그렇다고 원가와 효익의 평가가 모든 기업에 대하여 동일한 보고 요구사항을 정당화하는 것은 아니다.

---

04 재무제표와 보고기업 출제빈도 ★

1. 재무제표

(1) 재무제표의 목적과 범위

① 재무제표의 목적은 재무제표이용자들이 보고기업에 유입될 미래순현금흐름에 대한 전망과 보고기업의 경제적자원에 대한 경영진의 수탁책임을 평가하는 데 유용한 보고기업의 자산, 부채, 자본, 수익 및 비용에 대한 정보를 제공하는 것이다.

② 이러한 정보는 다음과 같이 재무상태표, 재무성과표, 그리고 다른 재무제표와 주석 등을 통해 제공된다.

- 자산, 부채 및 자본이 인식된 재무상태표(기준서: 재무상태표)
- 수익과 비용이 인식된 재무성과표(기준서: 포괄손익계산서)
- 다음 정보가 표시 공시된 다른 재무제표와 주석
  - 보유자에 대한 분배(기준서: 자본변동표)
  - 현금흐름(기준서: 현금흐름표)
  - 인식된 자산, 부채, 자본, 수익 및 비용, 그 각각의 성격과 인식된 자산 및 부채에서 발생하는 위험에 대한 정보를 포함
  - 인식되지 않은 자산 및 부채, 그 각각의 성격과 인식되지 않은 자산과 부채에서 발생하는 위험에 대한 정보를 포함
  - 표시되거나 공시된 금액을 추정하는 데 사용된 방법, 가정과 판단 및 그러한 방법, 가정과 판단의 변경

(2) 보고기간

① 재무제표는 특정 기간(보고기간)에 대하여 작성되며 다음에 관한 정보를 제공한다.
- 보고기간 말 현재 또는 보고기간 중 존재했던 자산과 부채(미인식된 자산과 부채 포함) 및 자본
- 보고기간의 수익과 비용

② 보고기간과 관련하여 재무제표는 다음의 정보를 제공한다.
- 재무제표이용자들이 변화와 추세를 식별하고 평가하는 것을 돕기 위해, 재무제표는 최소한 직전 연도에 대한 비교정보를 제공한다.
- 재무제표의 목적을 달성하기 위해 보고기간 후 발생한 거래 및 그 밖의 사건에 대한 정보를 제공할 필요가 있다면 재무제표에 그러한 정보를 제공한다.

③ 다음 모두에 해당하는 경우에는 미래에 발생할 수 있는 거래 및 사건에 대한 정보(미래전망 정보)를 재무제표에 포함한다.
- 그 정보가 보고기간 말 현재 또는 보고기간 중 존재했던 실체의 자산, 부채(미인식자산이나 부채 포함)나 자본 또는 보고기간의 수익이나 비용과 관련된 경우
- 재무제표이용자들에게 유용한 경우

④ 예를 들어, 미래현금흐름을 추정하여 자산이나 부채를 측정한다면, 그러한 추정 미래현금흐름에 대한 정보는 재무제표이용자들이 보고된 측정치를 이해하는 데 도움을 줄 수 있다.

⑤ 그러나 일반적으로 재무제표는 다른 유형의 미래전망 정보(예 보고기업에 대한 경영진의 기대와 전략에 대한 설명자료)를 제공하지는 않는다.

(3) 재무제표에 채택된 관점

재무제표는 현재 및 잠재적 투자자, 대여자와 그 밖의 채권자 중 특정 집단의 관점이 아닌 보고기업 전체의 관점에서 거래 및 그 밖의 사건에 대한 정보를 제공한다.

(4) 계속기업의 가정

① 재무제표는 일반적으로 보고기업이 계속기업이며 예측가능한 미래에 영업을 계속할 것이라는 가정하에 작성된다.

② 기업이 청산을 하거나 거래를 중단하려는 의도가 없으며, 그럴 필요도 없다고 가정한다.

③ 만약 청산을 하거나 거래를 중단하려는 의도나 필요가 있다면, 재무제표는 계속기업과는 다른 기준(예 청산기준)에 따라 작성되어야 한다. 그러한 경우라면, 사용된 기준을 재무제표에 기술한다.

④ 역사적원가에 의한 재무보고, 감가상각, 유동성배열법 등은 계속기업가정을 근거로 하고 있다.

2. 보고기업

(1) 보고기업의 정의

① 보고기업은 재무제표를 작성해야 하거나 작성하기로 선택한 기업이다.

② 보고기업은 단일의 실체이거나 어떤 실체의 일부일 수 있으며, 둘 이상의 실체로 구성될 수도 있다.

③ 보고기업이 반드시 법적 실체일 필요는 없다.

(2) 보고기업별 재무제표

① 한 기업(지배기업)이 다른 기업(종속기업)을 지배하는 경우가 있다. 보고기업이 지배기업과 종속기업으로 구성된다면 그 보고기업의 재무제표를 '연결재무제표'라고 부른다.

② 보고기업이 지배기업 단독인 경우 그 보고기업의 재무제표를 '비연결재무제표'라고 부른다. (기준서: 별도재무제표)

③ 보고기업이 지배-종속관계로 모두 연결되어 있지는 않은 둘 이상 실체들로 구성된다면 그 보고기업의 재무제표를 '결합재무제표'라고 부른다.

---

05 재무제표의 요소 출제빈도 ★★

1. 재무제표의 요소의 정의

① 개념체계에 정의된 재무제표 요소는 다음과 같다.
- 보고기업의 재무상태와 관련된 자산, 부채 및 자본
- 보고기업의 재무성과와 관련된 수익(income) 및 비용

② 재무제표의 요소들은 앞서 논의된 경제적자원, 청구권 및 경제적자원과 청구권의 변동과 연계되어 있으며, 다음과 같이 정의되어 있다.

경제적자원	자산	• 과거사건의 결과로 기업이 통제하는 현재의 경제적자원 • 여기서 경제적자원은 **경제적효익을 창출할 잠재력을 지닌 권리**
청구권	부채	• 과거사건의 결과로 기업이 경제적자원을 이전해야 하는 현재의무
	자본	• 기업의 자산에서 모든 부채를 차감한 후의 잔여지분
재무성과를 반영하는 경제적자원 및 청구권의 변동	수익	• 자산의 증가 또는 부채의 감소로서 자본의 증가를 가져오며, 자본청구권 보유자의 출자와 관련된 것을 제외
	비용	• 자산의 감소 또는 부채의 증가로서 자본의 감소를 가져오며, 자본청구권 보유자에 대한 분배와 관련된 것을 제외
그 밖의 경제적자원 및 청구권의 변동		• 자본청구권 보유자에 의한 출자와 그들에 대한 분배 • 자본의 증가나 감소를 초래하지 않는 자산이나 부채의 교환

2. 자산

(1) 자산의 정의

① 자산은 과거사건의 결과로 기업이 통제하는 현재의 경제적자원이다.

② 경제적자원은 경제적효익을 창출할 잠재력을 지닌 권리이다. 달리 말하면, 자산은 과거사건의 결과로 발생한 경제적효익을 창출할 잠재력에 대하여 기업이 현재 보유하는 권리이며, 기업이 이를 통제할 수 있어야 함을 의미한다.

(2) 권리의 존재

① 경제적효익을 창출할 잠재력을 지닌 권리는 다음을 포함하여 다양한 형태를 갖는다. (다양성)
- 다른 당사자의 의무에 해당하는 권리
  - 현금을 수취할 권리
  - 재화나 용역을 제공받을 권리
  - 유리한 조건으로 다른 당사자와 경제적자원을 교환할 권리
  - 불확실한 특정 미래사건이 발생하면 다른 당사자가 경제적효익을 이전하기로 한 의무로 인해 효익을 얻을 권리
- 다른 당사자의 의무에 해당하지 않는 권리
  - 유형자산 또는 재고자산과 같은 물리적 대상에 대한 권리
  - 지적재산 사용권

② 이러한 많은 권리들은 계약 또는 법률 등에 의해 확정된다. 그러나 계약 또는 법률이 아닌 그 밖의 방법으로도 권리를 획득할 수도 있는데 예를 들면, 공공의 영역(public domain)에 속하지 않는 노하우의 획득이나 창작 등이 그러한 예이다.

③ 일부 재화나 용역(예 종업원이 제공한 용역)은 제공받는 즉시 소비된다. 이러한 재화나 용역으로 창출된 경제적효익을 얻을 권리는 기업이 재화나 용역을 소비하기 전까지 일시적으로 존재한다.

④ 한편, 기업의 모든 권리가 그 기업의 자산이 되는 것은 아니다. 권리가 기업의 자산이 되기 위해서는, 해당 권리가 그 기업을 위해서 다른 모든 당사자들이 이용가능한 경제적효익을 초과하는 경제적효익을 창출할 잠재력이 있고, 그 기업에 의해 통제되어야 한다. 예를 들어 공공재에 접근할 수 있는 권리는 일반적으로 기업의 자산이 아니다.

⑤ 기업은 기업 스스로부터 경제적효익을 획득하는 권리를 가질 수는 없다. 따라서 기업이 발행한 후 재매입하여 보유하고 있는 채무상품(예 자기사채)이나 지분상품(예 자기주식)은 기업의 경제적자원이 아니다.

⑥ 원칙적으로 기업의 권리 각각은 별도의 자산이지만, 회계목적상, 관련되어 있는 여러 권리가 단일 자산인 단일 회계단위로 취급되는 경우가 많다.

⑦ 물리적 대상에 대한 법적소유권은 대상을 사용할 권리, 대상에 대한 권리를 판매할 권리, 대상에 대한 권리를 담보로 제공할 권리 등 여러 가지 권리를 부여해줄 수 있다.

⑧ 많은 경우에 물리적 대상(예 유형자산, 재고자산)에 대한 법적소유권에서 발생하는 권리의 집합은 단일 자산으로 회계처리한다. 개념적으로 경제적자원은 물리적

대상이 아니라 권리의 집합이다.

⑨ 경우에 따라 권리의 존재 여부가 불확실할 수 있다. 예를 들어 우발자산을 들 수 있다.

(3) 자원에 대한 통제

① 통제는 경제적자원을 기업에 결부시킨다.

② 통제의 존재 여부를 평가하는 것은 기업이 회계처리할 경제적자원을 식별하는 데 도움이 된다.

③ 기업은 경제적자원의 사용을 지시하고 그로부터 유입될 수 있는 경제적효익을 얻을 수 있는 현재의 능력이 있다면, 그 경제적자원을 통제하는 것이다.

④ 통제에는 다른 당사자가 경제적자원의 사용을 지시하고 이로부터 유입될 수 있는 경제적효익을 얻지 못하게 하는 현재의 능력이 포함된다.

⑤ 일방의 당사자가 경제적자원을 통제하면 다른 당사자는 그 자원을 통제하지 못한다.

⑥ 경제적자원의 통제는 일반적으로 법적 권리를 행사할 수 있는 능력에서 비롯된다. 그러나 통제는 경제적자원의 사용을 지시하고 이로부터 유입될 수 있는 효익을 얻을 수 있는 현재의 능력이 기업에게만 있도록 할 수 있는 경우에도 발생할 수 있다.

⑦ 기업이 경제적자원을 통제하기 위해서는 해당 자원의 미래경제적효익이 다른 당사자가 아닌 그 기업에게 직접 또는 간접으로 유입되어야 한다.

⑧ 경제적자원에 의해 창출되는 경제적효익의 유의적인 변동에 노출된다는 것은 기업이 해당 자원을 통제한다는 것을 나타낼 수도 있다. 그러나 그것은 통제가 존재하는지에 대한 전반적인 평가에서 고려해야 할 하나의 요소일 뿐이다.

⑨ 본인은 자신이 통제하는 재화를 판매하기 위해 대리인을 고용할 수 있다. 본인이 통제하는 경제적자원을 대리인이 관리하고 있는 경우, 그 경제적자원은 대리인의 자산이 아니다(본인 대리인 관계 시, 본인이 통제).

⑩ 또한 본인이 통제하는 경제적자원을 제3자에게 이전할 의무가 대리인에게 있는 경우 이전될 경제적자원은 대리인의 것이 아니라 본인의 경제적자원이기 때문에 그 의무는 대리인의 부채가 아니다.

(4) 경제적효익을 창출할 잠재력의 존재

① 경제적자원은 경제적효익을 창출할 잠재력을 지닌 권리이다. 잠재력이 있기 위해 권리가 경제적효익을 창출할 것이라고 확신하거나 그 가능성이 높아야 하는 것은 아니다.

② 경제적효익을 창출할 가능성이 낮더라도 권리가 경제적자원의 정의를 충족할 수 있고, 따라서 자산이 될 수 있다. 다만, 그러한 낮은 가능성은 자산의 인식 여부와 측정방법의 결정 등에 영향을 미칠 수 있다.

③ 경제적자원의 가치가 미래경제적효익을 창출할 현재의 잠재력에서 도출되지만, 경제적자원은 그 잠재력을 포함한 현재의 권리이며, 그 권리가 창출할 수 있는 미래경제적효익이 아니다. 예를 들면, 매입한 옵션의 가치는 미래경제적효익을 창출할 현재 잠재력을 표현하는 것이며 실제 행사 시 실현될 효익은 아니다.

④ 지출의 발생과 자산의 취득은 밀접하게 관련되어 있으나 양자가 반드시 일치하는 것은 아니다. 따라서 기업이 지출한 경우 이는 미래경제적효익을 추구하였다는 증거가 될 수는 있지만, 자산을 취득하였다는 확정적인 증거는 될 수 없다.

⑤ 마찬가지로 관련된 지출이 없더라도 특정 항목이 자산의 정의를 충족하는 것을 배제하지는 않는다. 예를 들면, 자산은 정부가 기업에게 무상으로 부여한 권리 또는 기업이 다른 당사자로부터 증여받은 권리를 포함할 수 있다.

3. 부채

(1) 부채의 정의

① 부채는 과거사건의 결과로 기업이 경제적자원을 이전해야 하는 현재의무이다.

② 부채가 존재하기 위해서는 다음의 세 가지 조건을 모두 충족하여야 한다.
- 기업에게 의무가 있다.
- 의무는 경제적자원을 이전하는 것이다.
- 의무는 과거사건의 결과로 존재하는 현재의무이다.

(2) 의무

① 의무란 기업이 회피할 수 있는 실제 능력이 없는 책무나 책임을 말한다.

② 의무는 항상 다른 당사자(또는 당사자들)에게 이행해야 한다. 다른 당사자는 사람이나 또 다른 기업, 사람들 또는 기업들의 집단, 사회 전반이 될 수 있다. 한편, 의무를 이행할 대상인 당사자(또는 당사자들)의 신원을 알 필요는 없다.

③ 한 당사자가 경제적자원을 이전해야 하는 의무가 있는 경우, 다른 당사자(또는 당사자들)는 그 경제적자원을 수취할 권리가 있다. 그러나 한 당사자가 부채를 인식하고 이를 특정 금액으로 측정해야 한다는 요구사항이 다른 당사자(또는 당사자들)가 자산을 인식하거나 동일한 금액으로 측정해야 한다는 것을 의미하지는 않는다.

④ 많은 의무가 계약, 법률 또는 이와 유사한 수단에 의해 성립되며(의무의 원천), 당사자(또는 당사자들)가 채무자에게 법적으로 집행할 수 있도록 한다. 그러나 기업이 실무 관행, 공개한 경영방침, 특정 성명(서)과 상충되는 방식으로 행동할 실제 능력이 없는 경우, 기업의 그러한 실무 관행, 경영방침이나 성명(서)에서 의무가 발생할 수도 있다. 그러한 상황에서 발생하는 의무는 '의제의무'라고 불린다.

⑤ 일부 상황에서, 경제적자원을 이전하는 기업의 책무나 책임은 기업 스스로 취할 수 있는 미래의 특정 행동을 조건으로 발생한다. 이러한 상황에서 기업은 그러한 행동을 회피할 수 있는 실제 능력이 없다면 의무가 있다(의무의 본질, 회피할 수 있는 실제 능력이 없다는 것).

⑥ 기업이 그 기업을 청산하거나 거래를 중단하는 것으로만 이전을 회피할 수 있고 그 외는 이전을 회피할 수 없다면, 기업의 재무제표가 계속기업 기준으로 작성되는 것이 적절하다는 결론은 그러한 이전을 회피할 수 있는 실제 능력이 없다는 결론도 내포하고 있다.

⑦ 의무가 존재하는지 불확실한 경우가 있다. (예 우발부채)

(3) 경제적자원의 이전

① 이 조건을 충족하기 위해, 의무에는 기업이 경제적자원을 다른 당사자(또는 당사자들)에게 이전하도록 요구받게 될 잠재력이 있어야 한다. 그러한 잠재력이 존재하기 위해서는, 기업이 경제적자원의 이전을 요구받을 것이 확실하거나 그 가능성이 높아야 하는 것은 아니다.

② 경제적자원의 이전가능성이 낮더라도 의무가 부채의 정의를 충족할 수 있다. 다만, 그러한 낮은 가능성은 부채의 인식 여부와 측정방법의 결정 등에 영향을 미칠 수 있다.

(4) 과거사건으로 생긴 의무

① 현재의무는 다음 모두에 해당하는 경우에만 과거사건의 결과로 존재한다. 만약 조건을 충족하지 못한다면 기업은 경제적자원을 이전해야 하는 현재의무가 없다.
- 기업이 이미 경제적효익을 얻었거나 조치를 취했고,
- 그 결과로 기업이 이전하지 않아도 되었을 경제적자원을 이전해야 하거나 이전하게 될 수 있는 경우

② 법률제정 그 자체만으로는 기업에 현재의무를 부여하기에 충분하지 않다. 새로운 법률이 제정되는 경우에는, 그 법률의 적용으로 경제적효익을 얻게 되거나 조치를 취한 결과로, 기업이 이전하지 않아도 되었을 경제적자원을 이전해야 하거나 이전하게 될 수도 있는 경우에만 현재의무가 발생한다.

③ 기업의 실무 관행, 공개된 경영방침 또는 특정 성명(서)은, 그에 따라 경제적효익을 얻거나 조치를 위한 결과로, 기업이 이전하지 않아도 되었을 경제적자원을 이전해야 하거나 이전하게 될 수도 있는 경우에만 현재의무를 발생시킨다.

④ 미래의 특정 시점까지 경제적자원의 이전이 집행될 수 없더라도 현재의무는 존재할 수 있다. (예) 계약에서 미래의 특정 시점까지는 지급을 요구하지 않는 경우)

⑤ 기업이 이전하지 않아도 되었을 경제적자원을 이전하도록 요구받거나 요구받을 수 있게 하는 경제적효익의 수취나 조치가 아직 없는 경우, 기업은 경제적자원을 이전해야 하는 현재의무가 없다.

4. 자본

(1) 자본의 정의

① 자본은 기업의 자산에서 모든 부채를 차감한 후의 잔여지분이다. 따라서 자본청구권은 부채의 정의에 부합하지 않는 기업에 대한 청구권이다.

② 자본청구권은 기업의 자산에서 모든 부채를 차감한 후의 잔여지분에 대한 청구권이다. 보통주 및 우선주와 같이 서로 다른 종류의 자본청구권을 통해 보유자에게 서로 다른 권리를 부여할 수 있다.
- 배당금
- 분배금(청산 시점 또는 다른 시점에 청구권이 있는 자본에 대한 분배금)
- 그 밖의 청구권

(2) 자본의 특징

① 법률, 규제 또는 그 밖의 요구사항이 자본금 또는 이익잉여금과 같은 자본의 특정 구성요소에 영향을 미치는 경우가 있다. 예를 들어, 그러한 요구사항 중 일부는 분배 가능한 특정 준비금이 충분한 경우에만 자본청구권 보유자에게 분배를 허용한다.

② 사업활동은 개인기업, 파트너십, 신탁 또는 다양한 유형의 정부 사업체와 같은 실체에서 수행되는 경우가 있다. 그럼에도 불구하고 자본의 정의는 모든 보고기업에 적용된다.

5. 수익과 비용

(1) 수익과 비용의 정의

① 수익과 비용은 기업의 재무성과와 관련된 재무제표 요소이며, 자산과 부채의 변동으로 정의된다.

② 수익은 자산의 증가 또는 부채의 감소로서 자본의 증가를 가져오며, 자본청구권 보유자의 출자와 관련된 것을 제외한다.

③ 비용은 자산의 감소 또는 부채의 증가로서 자본의 감소를 가져오며, 자본청구권 보유자에 대한 분배와 관련된 것을 제외한다.

(2) 수익과 비용의 특징

① 수익과 비용의 정의에 따라 자본청구권 보유자로부터의 출자는 수익이 아니며 자본청구권 보유자에 대한 분배는 비용이 아니다.

② 서로 다른 거래나 그 밖의 사건은 서로 다른 특성을 지닌 수익과 비용을 발생시킨다. 수익과 비용의 서로 다른 특성별로 정보를 별도로 제공하면 재무제표이용자들이 기업의 재무성과를 이해하는 데 도움이 될 수 있다.

06 인식과 제거 출제빈도 ★

1. 인식

(1) 정의

① 인식은 자산, 부채, 자본, 수익 또는 비용과 같은 재무제표 요소 중 하나의 정의를 충족하는 항목을 재무상태표나 재무성과표에 포함하기 위하여 포착하는 과정이다.

② 인식은 재무상태표나 재무성과표 중 하나에 어떤 항목(단독으로 또는 다른 항목과 통합하여)을 명칭과 화폐금액으로 나타내고, 그 항목을 해당 재무제표의 하나 이상의 합계에 포함시키는 것과 관련된다.

③ 자산, 부채 또는 자본이 재무상태표에 인식되는 금액을 '장부금액'이라고 한다.

④ 개념체계는 재무상태표에서 자산, 부채, 자본의 정의를 충족하지 않는 항목의 인식을 허용하지 않는다.

(2) 재무상태표 및 재무성과표의 연계

① 재무상태표의 보고기간 기초와 기말의 총자산에서 총부채를 차감한 것은 총자본과 같다.

② 보고기간에 인식한 자본변동은 다음과 같이 구성되어 있다.
  • 재무성과표에 인식된 수익에서 비용을 차감한 금액
  • 자본청구권 보유자로부터의 출자에서 자본청구권 보유자에의 분배를 차감한 금액

〈재무제표 요소 및 연계〉

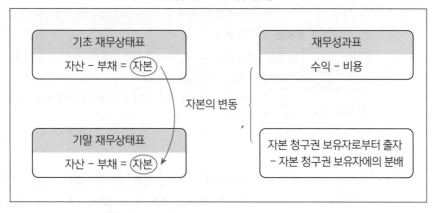

(3) 재무제표 요소의 연계

① 하나의 항목(또는 장부금액의 변동)의 인식은 하나 이상의 다른 항목(또는 하나 이상의 다른 항목의 장부금액의 변동)의 인식 또는 제거가 필요하기 때문에 재무제표들은 예를 들어 다음과 같이 연계된다.
  • 수익의 인식은 다음과 동시에 발생한다.
    – 자산의 최초 인식 또는 자산의 장부금액의 증가
    – 부채의 제거 또는 부채의 장부금액의 감소
  • 비용의 인식은 다음과 동시에 발생한다.
    – 부채의 최초 인식 또는 부채의 장부금액의 증가
    – 자산의 제거 또는 자산의 장부금액의 감소

② 거래나 그 밖의 사건에서 발생된 자산이나 부채의 최초 인식에 따라 수익과 관련 비용을 동시에 인식할 수 있다. 예를 들어, 재화의 현금판매에 따라 수익(현금과 같은 자산의 인식으로 발생)과 비용(재화의 판매와 같이 다른 자산의 제거로 발생)을 동시에 인식하게 된다.

③ 수익과 관련 비용의 동시 인식은 때때로 수익과 관련 원가의 대응을 나타낸다. '재무보고를 위한 개념체계'의 개념을 적용하면 자산과 부채의 변동을 인식할 때, 이러한 대응이 나타난다. 그러나 원가와 수익의 대응은 개념체계의 목적이 아니다.

④ 개념체계는 재무상태표에서 자산, 부채, 자본의 정의를 충족하지 않는 항목의 인식을 허용하지 않는다.

2. 인식기준

(1) 인식시점

① 자산, 부채 또는 자본의 정의를 충족하는 항목만이 재무상태표에 인식된다. 마찬가지로 수익이나 비용의 정의를 충족하는 항목만이 재무성과표에 인식된다. 그러나 그러한 요소 중 하나의 정의를 충족하는 항목이라고 할지라도 항상 인식되는 것은 아니다.

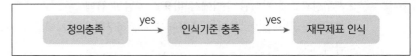

② 자산이나 부채를 인식하고 이에 따른 결과로 수익, 비용 또는 자본변동을 인식하는 것이 재무제표이용자들에게 다음과 같이 유용한 정보를 모두 제공하는 경우에만 자산이나 부채를 인식한다.

목적적합성	자산이나 부채에 대한 그리고 이에 따른 결과로 발생하는 수익, 비용 또는 자본변동에 대한 목적적합한 정보
충실한 표현	자산이나 부채 그리고 이에 따른 결과로 발생하는 수익, 비용 또는 자본변동의 충실한 표현

(2) 원가제약

① 원가는 다른 재무보고 결정을 제약하는 것처럼, 인식에 대한 결정도 제약한다. 재무제표이용자들에게 제공되는 정보의 효익이 그 정보를 제공하고 사용하는 원가를 정당화할 수 있을 경우에 자산이나 부채를 인식한다.

② 어떤 경우에도 인식하기 위한 원가가 인식으로 인한 효익을 초과할 수 없다.

3. 제거

(1) 의의

① 기업의 재무상태표에서 인식된 자산이나 부채의 전부 또는 일부를 삭제하는 것이다.

② 일반적으로 해당 항목이 더 이상 자산 또는 부채의 정의를 충족하지 못할 때 발생한다.

(2) 기준

① 자산은 일반적으로 기업이 인식한 자산의 전부 또는 일부에 대한 통제를 상실하였을 때 제거한다.

② 부채는 일반적으로 기업이 인식한 부채의 전부 또는 일부에 대한 현재의무를 더 이상 부담하지 않을 때 제거한다.

07 측정

출제빈도 ★★

1. 자산과 부채의 측정기준의 선택

① 재무제표에 인식된 요소들은 화폐단위로 수량화되어 있다. 이를 위해 측정기준을 선택해야 한다.

② 측정기준은 측정 대상 항목에 대해 식별된 속성(예 역사적원가, 공정가치 또는 이행가치)이다.

③ 자산이나 부채에 측정기준을 적용하면 해당 자산이나 부채, 관련 수익과 비용의 측정치가 산출된다.

④ 유용한 재무정보의 질적 특성과 원가제약을 고려함으로써 서로 다른 자산, 부채, 수익과 비용에 대해 서로 다른 측정기준을 선택하는 결과가 발생할 수 있을 것이다.

2. 측정기준의 종류

(1) 역사적원가

① 역사적원가 측정치는 적어도 부분적으로 자산, 부채 및 관련 수익과 비용을 발생시키는 거래나 그 밖의 사건의 가격에서 도출된 정보를 사용하여 자산, 부채 및 관련 수익과 비용에 관한 화폐적 정보를 제공한다.

② 현행가치와 달리 역사적원가는 자산의 손상이나 손실부담에 따른 부채와 관련되는 변동을 제외하고는 가치의 변동을 반영하지 않는다.

자산의 역사적원가	자산의 취득 또는 창출에 발생한 원가의 가치로서, 자산을 취득 또는 는 창출하기 위하여 지급한 대가와 거래원가를 포함
부채의 역사적원가	부채를 발생시키거나 인수하면서 수취한 대가에서 거래원가를 차감한 가치

③ 시장 조건에 따른 거래가 아닌 사건의 결과로 자산을 취득하거나 창출할 때 또는 부채를 발생시키거나 인수할 때, 원가를 식별할 수 없거나 그 원가가 자산이나 부채에 관한 목적적합한 정보를 제공하지 못할 수 있다. 이러한 경우 그 자산이나 부채의 현행가치가 최초 인식시점의 간주원가로 사용되며 그 간주원가는 역사적원가로 후속 측정할 때의 시작점으로 사용된다. 간주원가와 지급하거나 수취한 대가와의 차이는 최초 인식 시점에 수익과 비용으로 인식될 것이다.

④ 자산 및 부채의 역사적 원가는 필요하다면 시간의 경과에 따라 갱신되어야 한다. 예를 들면 다음과 같다.
- 자산을 구성하는 경제적자원의 일부 또는 전부의 소비(감가상각 또는 상각)
- 자산의 역사적원가의 일부 또는 전부를 더 이상 회수할 수 없게 하는 사건(손상)의 영향
- 자산이나 부채의 금융요소를 반영하는 이자의 발생

⑤ 역사적원가 측정기준을 금융자산과 금융부채에 적용하는 한 가지 방법은 상각후원가로 측정하는 것이다.

(2) 현행가치

① 현행가치 측정치는 측정일의 조건을 반영하기 위해 갱신된 정보를 사용하여 자산, 부채 및 관련 수익과 비용의 화폐적 정보를 제공한다.

② 역사적원가와는 달리, 자산이나 부채의 현행가치는 자산이나 부채를 발생시킨 거래나 그 밖의 사건의 가격으로부터 부분적으로라도 도출되지 않는다.

- 현행원가
  - 현행원가는 역사적원가와 마찬가지로 유입가치이다.
  - 그러나 현행원가는 역사적원가와 달리 측정일의 조건을 반영한다.

자산의 현행원가	측정일 현재 동등한 자산의 원가로서 측정일에 지급할 대가와 그날에 발생할 거래원가를 포함
부채의 현행원가	측정일 현재 동등한 부채에 대해 수취할 수 있는 대가에서 그날에 발생할 거래원가를 차감

- 공정가치
  - 공정가치는 측정일에 시장참여자 사이의 정상거래에서 자산을 매도할 때 받거나 부채를 이전할 때 지급하게 될 가격이다.

자산의 공정가치	측정일에 시장참여자 사이의 정상거래에서 자산을 매도할 때 받게 될 가격
부채의 공정가치	측정일에 시장참여자 사이의 정상거래에서 부채를 이전할 때 지급하게 될 가격

  - 공정가치는 기업이 접근할 수 있는 시장의 참여자 관점을 반영한다.
  - 일부의 경우, 공정가치는 활성시장에서 관측되는 가격으로 직접 결정될 수 있다. 다른 경우에는 측정기법(예 현금흐름기준 측정기법)을 사용하여 간접적으로 결정된다.
  - 공정가치는 자산이나 부채를 발생시킨 거래나 그 밖의 사건의 가격으로부터 부분적이라도 도출되지 않기 때문에, 공정가치는 자산을 취득할 때 발생한 거래원가로 인해 증가하지 않으며 부채를 발생시키거나 인수할 때 발생한 거래원가로 인해 감소하지 않는다.
  - 공정가치는 자산의 궁극적인 처분이나 부채의 이전 또는 결제에서 발생할 거래원가를 반영하지 않는다.

- 사용가치와 이행가치
  - 사용가치와 이행가치는 미래현금흐름에 기초하기 때문에 자산을 취득하거나 부채를 인수할 때 발생하는 거래원가는 포함하지 않는다.
  - 그러나 사용가치와 이행가치에는 기업이 자산을 궁극적으로 처분하거나 부채를 이행할 때 발생할 것으로 기대되는 거래원가의 현재가치가 포함된다.

자산의 사용가치	기업이 자산의 사용과 궁극적인 처분으로 얻을 것으로 기대하는 현금흐름 또는 그 밖의 경제적효익의 현재가치
부채의 이행가치	기업이 부채를 이행할 때 이전해야 하는 현금이나 그 밖의 경제적자원의 현재가치

  - 사용가치와 이행가치는 시장참여자의 가정보다는 기업 특유의 가정을 반영한다.

- 사용가치와 이행가치는 직접 관측될 수 없으며 현금흐름기준 측정기법으로 결정된다.

<측정기준>

구분	유입가치	유출가치
과거	역사적원가 • 자산 취득대가 + 거래원가 • 부채로 수취한 대가 − 거래원가 (필요하다면 상각이나 이자 등을 갱신)	–
현재	현행원가 • 측정일에 동등한 자산을 취득할 경우 원가, 거래원가는 포함 • 측정일에 동등한 부채를 발생할 경우 원가, 거래원가를 차감	공정가치 • 측정일에 시장참여자 사이의 정상거래에서 자산을 매도할 때 받거나 부채를 이전할 때 지급하게 될 가격
미래	–	사용가치 및 이행가치(미래현금흐름을 추정하여 현재가치로 측정) • 자산의 사용이나 처분으로 기대하는 현금흐름(처분 시 거래원가는 차감)의 현재가치 • 부채의 이행으로 이전할 현금(이행 시 발생할 거래원가는 포함)의 현재가치

3. 자본의 측정

(1) 측정

① 자본의 총장부금액(총자본)은 직접 측정하지 않는다. 이는 인식된 모든 자산의 장부금액에서 인식된 모든 부채의 장부금액을 차감한 금액과 동일하다.

② 총자본은 직접 측정하지 않지만, 자본의 일부 종류와 자본의 일부 구성요소에 대한 장부금액은 직접 측정하는 것이 적절할 수 있다.

(2) 자본의 총장부금액

① 일반목적 재무제표는 기업의 가치를 보여주도록 설계되지 않았기 때문에 자본의 총장부금액은 일반적으로 다음(일종의 자본의 공정가치)과 동일하지 않을 것이다.
  • 기업의 자본청구권에 대한 시가총액
  • 계속기업을 전제로 하여 기업 전체를 매각하여 조달할 수 있는 금액
  • 기업의 모든 자산을 매각하고 모든 부채를 상환하여 조달할 수 있는 금액

② 자본의 개별항목 또는 자본의 구성요소의 장부금액은 일반적으로 양(+)의 값이지만 일부 상황(예 완전자본잠식)에서는 음(−)의 값을 가질 수 있다.

③ 총자본은 일반적으로 양(+)의 값이지만 어떤 자산과 부채가 인식되는지와 어떻게 측정되는지에 따라 음(−)의 값을 가질 수 있다.

1. 분류의 개념

분류란 표시와 공시를 위해 자산, 부채, 자본, 수익이나 비용이 공유되는 특성에 따라 구분하는 것을 말한다.

2. 자산과 부채의 분류

① 분류는 자산 또는 부채에 대해 선택된 회계단위별로 적용하여 분류한다.
② 자산이나 부채 중 특성이 다른 구성요소를 구분하여 별도로 분류하는 것이 적절할 수도 있다. 예를 들어, 자산이나 부채를 유동요소와 비유동요소로 구분하고 이러한 구성요소를 별도로 분류하는 것이 적절할 수 있다.

3. 상계

① 상계는 기업이 자산과 부채를 별도의 회계단위로 인식하고 측정하지만 재무상태표에서 단일의 순액으로 합산하는 경우에 발생한다.
② 상계는 서로 다른 항목을 함께 분류하는 것이므로 일반적으로는 적절하지 않다.
③ 자산과 부채의 상계는 권리와 의무의 집합(세트)을 단일의 회계단위로서 취급하는 것과 다르다.

4. 자본의 분류

① 유용한 정보를 제공하기 위해, 자본청구권이 다른 특성을 가지고 있는 경우에는 그 자본청구권을 별도로 분류해야 할 수도 있다.
② 유용한 정보를 제공하기 위해, 자본의 일부 구성요소에 특정 법률, 규제 또는 그 밖의 요구사항이 있는 경우에는 자본의 그 구성요소를 별도로 분류해야 할 수 있다.

5. 수익과 비용의 분류

① 수익과 비용은 분류되어 다음 중 하나에 포함된다.
- 손익계산서
- 손익계산서 이외의 기타포괄손익
② 손익계산서는 해당 기간의 기업 재무성과에 관한 정보의 주요 원천이기 때문에 모든 수익과 비용은 원칙적으로 재무제표에 포함된다. 그러나 회계기준위원회는 회계기준을 개발할 때 자산이나 부채의 현행가치의 변동으로 인한 수익과 비용을 기타포괄손익에 포함하는 것이 그 기간의 기업 재무성과에 대한 보다 목적적합한 정보를 제공하거나 보다 충실한 표현을 제공하는 예외적인 상황에서는 그러한 수익이나 비용을 기타포괄손익에 포함하도록 결정할 수도 있다.

③ 원칙적으로, 한 기간에 기타포괄손익에 포함된 수익과 비용은 미래 기간에 기타포괄손익에서 당기손익으로 재분류한다. 이런 경우는 그러한 재분류가 보다 목적적합한 정보를 제공하는 손익계산서가 되거나 미래 기간의 기업 재무성과를 보다 충실하게 표현하는 결과를 가져오는 경우이다.

④ 그러나 예를 들어, 재분류되어야 할 기간이나 금액을 식별할 명확한 근거가 없다면, 회계기준위원회는 회계기준을 개발할 때, 기타포괄손익에 포함된 수익과 비용이 후속적으로 재분류되지 않도록 결정할 수도 있다.

6. 통합

① 통합은 특성을 공유하고 동일한 분류에 속하는 자산, 부채, 자본, 수익 또는 비용을 합하는 것이다.

② 통합은 많은 양의 세부사항을 요약함으로써 정보를 더욱 유용하게 만든다.

③ 재무제표의 서로 다른 부분에서는 다른 수준의 통합이 필요할 수 있다. 예를 들어 재무상태표와 포괄손익계산서에서는 요약된 정보를 제공하지만 주석에서는 자세한 정보를 제공할 수 있다.

---

09 자본과 자본유지개념   출제빈도 ★★

1. 자본의 개념

(1) 재무적 개념하의 자본

① 재무적 개념하의 자본은 자본을 투자된 화폐액 또는 투자된 구매력으로 본다.

② 재무제표이용자들이 주로 명목상의 투하자본이나 투하자본의 구매력 유지에 관심이 있다면 재무적 개념의 자본을 채택하여야 한다.

③ 대부분의 기업은 자본의 재무적 개념에 기초하여 재무제표를 작성한다.

(2) 실물적 개념하의 자본

① 실물적 개념하의 자본은 자본을 조업능력으로 본다. 예를 들어, 1일 생산수량과 같은 기업의 생산능력으로 간주된다.

② 재무제표이용자들의 주된 관심이 기업의 조업능력 유지에 있다면 실물적 개념의 자본을 사용하여야 한다.

2. 자본유지개념 및 이익

(1) 자본유지개념

① 자본유지라는 말은 이익을 인식하기에 앞서 기초의 자본과 동일한 기말의 자본을 유지하는 것이다.

② 자본유지개념은 이익이 측정되는 준거기준을 제공함으로써 자본개념과 이익개념 사이의 연결고리를 제공한다.

유지자본	화폐액	구매력	조업능력
자본유지개념	명목재무자본유지개념	불변구매력 재무자본유지개념	실물자본유지개념
이익	화폐금액 증가	화폐금액 증가	생산능력 증가

③ 자본유지개념은 기업의 자본에 대한 투자수익과 투자회수를 구분하기 위한 필수요건이다.

④ 자본유지를 위해 필요한 금액을 초과하는 자산의 유입액만이 이익으로 간주될 수 있고 결과적으로 자본의 투자수익이 된다.

⑤ 일반적으로 기초에 가지고 있던 자본만큼을 기말에도 가지고 있다면 이 기업의 자본은 유지된 것이며, 기초자본을 유지하기 위해 필요한 부분을 초과하는 금액이 이익이다.

> 이익 = (기말자본 − 기초자본) − (소유주가 출연 − 소유주에게 배분)

(2) 재무자본유지

① 이익은 해당 기간 동안 소유주에게 배분하거나 소유주가 출연한 부분을 제외하고 기말 순자산의 재무적 측정금액(화폐금액)이 기초 순자산의 재무적 측정금액(화폐금액)을 초과하는 경우에만 발생한다.

② 재무자본유지는 명목화폐단위 또는 불변구매력단위를 이용하여 측정할 수 있다.

③ 재무자본유지개념은 특정한 측정기준의 적용을 요구하지 아니한다. 재무자본유지개념하에서 측정기준의 선택은 기업이 유지하려는 재무자본의 유형과 관련이 있다.

(3) 명목재무자본유지개념

① 자본을 명목화폐단위로 정의한 재무자본유지개념하에서 이익은 해당 기간 중 명목화폐자본의 증가액을 의미한다.

② 기간 중 보유한 자산가격의 증가 부분, 즉 보유이익은 개념적으로 이익에 속한다. 그러나 보유이익은 자산이 교환거래에 따라 처분되기 전에는 이익으로 인식되지 않을 것이다.

(4) 불변구매력재무자본유지개념

① 재무자본유지개념이 불변구매력 단위로 정의된다면 이익은 해당 기간 중 투자된 구매력의 증가를 의미하게 된다.

② 일반물가수준에 따른 가격상승을 초과하는 자산가격의 증가 부분만이 이익으로 간주되며, 그 이외의 가격 증가 부분은 자본의 일부인 자본유지조정으로 처리된다.

(5) 실물자본유지

① 이익은 해당 기간 동안 소유주에게 배분하거나 소유주가 출연한 부분을 제외하고 기업의 기말 실물생산능력이나 조업능력(또는 그러한 생산능력을 갖추기 위해 필요한 자원이나 기금)이 기초 실물생산능력을 초과하는 경우에만 발생한다.

② 실물자본유지개념을 사용하기 위해서는 현행원가기준에 따라 측정해야 한다.

③ 자본을 실물생산능력으로 정의한 실물자본유지개념하에서 이익은 해당 기간 중 실물생산능력의 증가를 의미한다.

④ 기업의 자산과 부채에 영향을 미치는 모든 가격변동은 해당 기업의 실물생산능력에 대한 측정치의 변동으로 간주되어 이익이 아니라 자본의 일부인 자본유지조정으로 처리된다.

📋 시험문제 미리보기!

한국상사는 20×1년 기초에 자본금 ₩10,000으로 설립하였다.

- 20×1년 기초에 상품 10개(단가 ₩1,000)를 취득하였다.
- 20×1년 기말에 상품 전부를 ₩15,000에 판매하였다.

한편, 20×1년 물가변동 등은 다음과 같다.

구분	물가지수	상품 단위당 현행원가
20×1년 기초	100	₩1,000
20×1년 기말	120	₩1,300

다음 각각의 자본유지개념에 따라 이익과 자본유지조정을 계산하시오.

(1) 명목화폐자본유지
(2) 불변구매력자본유지
(3) 실물자본유지

해설 (1) 이익

구분	명목화폐자본유지	불변구매력자본유지	실물자본유지
기말순자산	15,000	15,000	15,000
차감: 유지자본	(10,000)	(12,000)[*1]	(13,000)[*2]
이익	5,000	3,000	2,000

(*1) ₩10,000 × 120/100 = ₩12,000
(*2) 상품 10개 × ₩1,300 = ₩13,000

(2) 자본 중 자본유지조정

구분	명목화폐자본유지	불변구매력자본유지	실물자본유지
유지해야 할 자본	10,000	12,000	13,000
차감: 기초순자산	(10,000)	(10,000)	(10,000)
자본유지조정	0	2,000	3,000

출제빈도: ★☆☆

01 한국채택국제회계기준의 재무보고를 위한 개념체계에서 규정하고 있는 일반목적재무보고의 유용성 및 한계에 대한 설명으로 옳지 않은 것은?

① 재무보고서는 정확한 서술보다는 상당 부분 추정, 판단 및 모형에 근거한다.

② 일반목적재무보고서는 현재 및 잠재적 투자자, 대여자 및 기타 채권자가 필요로 하는 모든 정보를 제공한다.

③ 일반목적재무보고서는 현재 및 잠재적 투자자, 대여자 및 기타 채권자가 보고기업의 가치를 추정하는 데 도움이 되는 정보를 제공한다.

④ 각 주요이용자의 정보수요 및 욕구는 다르고 상충되기도 한다. 회계기준위원회는 회계기준을 제정할 때 최대 다수의 주요이용자 수요를 충족하는 정보를 제공하기 위해 노력할 것이다.

⑤ 일반목적재무제표는 기업의 가치를 보여주기 위해 고안된 것은 아니다.

출제빈도: ★★☆

02 한국채택국제회계기준의 재무보고를 위한 개념체계에서 규정한 유용한 재무정보의 질적 특성의 내용으로 옳지 않은 것은?

① 목적적합한 재무정보는 정보이용자의 의사결정에 차이가 나도록 할 수 있다.

② 이용자들이 미래 결과를 예측하기 위해 사용하는 절차의 투입요소로 재무정보가 사용될 수 있다면, 그 재무정보는 예측가치를 갖는다.

③ 일부 정보이용자가 해당 정보를 이용하지 않거나 이미 알고 있더라도 나의 의사결정에는 목적적합할 수 있다.

④ 완전한 서술은 필요한 기술과 설명을 포함하여 이용자가 서술되는 현상을 이해하는 데 필요한 모든 정보를 포함하는 것이다.

⑤ 중립적 서술은 재무정보의 선택이나 표시에 편의가 없는 것을 의미하는 것으로, 중립적 정보는 목적이 없고 행동에 대한 영향력이 없는 정보를 의미한다.

출제빈도: ★★☆   대표출제기업: 한국에너지공단

03 재무보고를 위한 개념체계 중 목적적합하고 충실하게 표현된 정보의 유용성을 보강시키는 질적 특성에 대한 설명으로 가장 옳지 않은 것은?

① 적시성은 의사결정에 영향을 미칠 수 있도록 의사결정자가 정보를 제때에 이용가능하게 하는 것을 의미한다.

② 보강적 질적 특성을 적용하는 것은 어떤 규정된 순서를 따르지 않는 반복적인 과정이다. 때로는 하나의 보강적 질적 특성이 다른 질적 특성의 극대화를 위해 감소되어야 할 수도 있다.

③ 중립적 서술은 합리적인 판단력이 있고 독립적인 서로 다른 관찰자가 어떤 서술이 표현충실성에 있어, 비록 반드시 완전히 의견이 일치하지는 않더라도, 합의에 이를 수 있다는 것을 의미한다.

④ 보강적 질적 특성은, 정보가 목적적합하지 않거나 나타내고자 하는 바를 충실하게 표현하지 않으면, 개별적으로든 집단적으로든 그 정보를 유용하게 할 수 없다.

⑤ 비교가능성은 정보이용자들이 항목 간의 유사점과 차이점을 식별할 수 있도록 하는 것이다.

정답 및 해설

01 ②
일반목적재무보고서는 현재 및 잠재적 투자자, 대여자 및 기타 채권자가 필요로 하는 모든 정보를 제공하지는 않으며 제공할 수도 없다.

02 ⑤
중립적 정보는 목적이 없거나 행동에 대한 영향력이 없는 정보를 의미하지는 않는다. 오히려 목적적합한 재무정보는 정의상 정보이용자의 의사결정에 차이가 나도록 할 수 있는 정보이다.

03 ③
중립적 서술은 재무정보의 선택이나 표시에 편의가 없는 것을 의미한다.

출제빈도: ★★☆ 대표출제기업: 한국중부발전

04 재무정보의 질적 특성에 대한 설명으로 옳지 않은 것은?

① 목적적합한 재무정보는 정보이용자의 의사결정에 차이가 나도록 할 수 있다.

② 재무정보가 예측가치를 갖기 위해서는 그 자체가 예측치 또는 예상치일 필요는 없으며, 이용자들이 미래결과를 예측하기 위해 사용하는 절차의 투입요소로 사용될 수 있다면 그 재무정보는 예측가치를 갖는다.

③ 비교가능성은 이용자들이 항목 간의 유사점과 차이점을 식별하고 이해할 수 있게 하는 질적 특성이다.

④ 오류가 없다는 것은 현상의 기술에 오류나 누락이 없고, 보고정보를 생산하는 데 사용되는 절차의 선택과 적용 시 절차상 오류가 없음을 의미하므로 모든 면에서 완벽하게 정확하다는 것이다.

⑤ 본질적으로 복잡하여 이해하기 어려운 재무정보라 하더라도 재무제표에서 제외하면 안 된다.

출제빈도: ★★☆

05 유용한 재무정보의 질적 특성에 대한 설명으로 옳지 않은 것은?

① 재무정보에 예측가치, 확인가치 또는 이 둘 모두가 있다면 그 재무정보는 의사결정에 차이가 나도록 할 수 있다.

② 비교가능성은 정보이용자가 항목 간의 유사점과 차이점을 식별하고 이해할 수 있게 하는 질적 특성으로 일관성과 동일하며 통일성과는 다른 개념이다.

③ 재무정보가 유용하기 위해서는 목적적합한 현상을 표현하는 것뿐만 아니라 나타내고자 하는 현상을 충실하게 표현해야 한다. 이때, 완벽한 표현충실성을 위해서 서술은 완전하고, 중립적이며, 오류가 없어야 한다.

④ 적시성은 의사결정에 영향을 미칠 수 있도록 의사결정자가 정보를 제때에 이용가능하게 하는 것을 의미하며 일반적으로 정보는 오래될수록 유용성이 낮아진다.

⑤ 검증가능성은 어떤 정보에 대해 서로 다른 관찰자가 검증한 결과, 충실히 표현된 정보라는 것에 비록 완전히 일치하지는 못하더라도 의견이 일치할 수 있어야 한다.

출제빈도: ★★☆

06 재무보고를 위한 개념체계에서 제시된 회계정보의 질적 특성에 대한 설명으로 옳지 않은 것은?

① 표현충실성은 모든 면에서 정확한 것을 의미한다.

② 검증가능성은 정보가 나타내고자 하는 경제적 현상을 충실히 표현하는지를 정보이용자가 확인하는 데 도움을 준다.

③ 정보를 정확하고 간결하게 분류하고, 특정 지으며, 표시하는 것은 정보를 이해가능하게 한다.

④ 적시성은 의사결정에 영향을 미칠 수 있도록 의사결정자가 정보를 제때에 이용가능하게 하는 것을 의미한다.

⑤ 일관성과 비교가능성은 관련은 있으나 동일한 개념은 아니다.

정답 및 해설

04 ④
오류가 없다는 것은 모든 면에서 완벽하게 정확하다는 것을 의미하지는 않는다. 관측이 가능하지 않은 가격이나 가치의 추정치는 정확한지 또는 부정확한지 결정할 수 없다. 그러나 추정치로서 금액을 명확하고 정확하게 기술하고, 추정 절차의 성격과 한계를 설명하며, 그 추정치를 도출하기 위한 적절한 절차를 선택하고 적용하는 데 오류가 없다면 그 추정치의 표현은 충실하다고 할 수 있다.

05 ②
일관성은 비교가능성을 달성하기 위한 수단으로, 일관성과 비교가능성은 동일한 개념에 해당하지 않는다.

06 ①
충실한 표현이 모든 면에서 정확해야 하는 것을 의미하지는 않는다. 오류가 없다는 것은 현상의 기술에 오류나 누락이 없고, 보고 정보를 생산하는 데 사용되는 절차의 선택과 적용에 있어서 오류가 없음을 의미한다.

출제빈도: ★★☆ 대표출제기업: 한국서부발전

07 유용한 재무정보의 질적 특성에 대한 설명으로 옳지 않은 것은?

① 재무정보가 유용하기 위해서는 목적적합해야 하고 나타내고자 하는 바를 충실하게 표현해야 한다.

② 목적적합한 재무정보는 이용자들의 의사결정에 차이가 나도록 할 수 있다.

③ 보강적 질적 특성은 만일 어떤 2가지 방법이 현상을 동일하게 목적적합하고 충실하게 표현하는 것이라면 이 2가지 방법 중 어떤 방법을 선택할지 결정하는 데 도움을 제공한다.

④ 비교가능성, 검증가능성, 적시성 및 이해가능성은 목적적합성과 나타내고자 하는 바를 충실하게 표현하는 것 모두를 충족하는 정보의 유용성을 보강시키는 질적 특성이다.

⑤ 이해가능성은 합리적인 판단력이 있고 독립적인 서로 다른 관찰자가 어떤 서술이 표현충실성에 있어, 비록 반드시 완전히 의견이 일치하지는 않더라도, 합의에 이를 수 있다는 것을 의미한다.

출제빈도: ★☆☆

08 재무보고를 위한 개념체계에 대한 설명으로 옳지 않은 것은?

① 이용자들이 미래 결과를 예측하기 위해 사용하는 절차의 투입요소로 재무정보가 사용될 수 있다면, 그 재무정보는 예측가치를 갖는다.

② 회계기준위원회는 중요성에 대한 획일적인 계량 임계치를 정하거나, 특정한 상황에서 무엇이 중요한 것인지를 미리 결정할 수 있다.

③ 중요성은 개별 기업 재무보고서 관점에서 해당 정보와 관련된 항목의 성격이나 규모 또는 이 둘 모두에 근거하여 해당 기업에 특유한 측면의 목적적합성을 의미한다.

④ 재무정보가 과거 평가에 대해 피드백을 제공한다면(과거 평가를 확인하거나 변경시킨다면) 확인가치를 갖는다.

⑤ 근본적 질적 특성을 적용하기 위한 가장 효율적이고 효과적인 절차가 있으나 보강적 질적 특성은 적용함에 있어 어떤 규정된 순서를 따르지 않는 반복적인 과정이다.

출제빈도: ★☆☆ 대표출제기업: 한국공항공사

09 개념체계에서 설명하는 보고기업의 재무제표에 관련된 설명으로 옳지 않은 것은?

① 재무제표는 기업의 주요이용자 중 특정집단의 관점이 아닌 보고기업 전체의 관점에서 거래 및 그 밖의 사건에 대한 정보를 제공한다.

② 보고기업은 재무제표를 작성해야 하거나 작성하기로 선택한 기업을 말한다. 보고기업은 단일의 실체이거나 어떤 실체의 일부일 수 있으며, 또한 반드시 법적실체일 필요는 없다.

③ 보고기업이 지배기업과 종속기업으로 구성된다면 그 보고기업의 재무제표를 연결재무제표라고 부른다. 연결재무제표는 특정 종속기업의 자산, 부채, 자본, 수익, 및 비용에 대한 별도의 정보를 제공하지는 않는다.

④ 보고기업은 단일의 실체이거나 어떤 실체의 일부일 수 있으며, 둘 이상의 실체로 구성될 수도 있다.

⑤ 연결재무제표를 의무적으로 작성해야 하는 경우에는 비연결재무제표가 연결재무제표를 대신할 수는 없다. 또한 이 경우에 지배기업은 연결재무제표에 추가하여 비연결재무제표를 작성할 수 없다.

정답 및 해설

07 ⑤
이해가능성에 대한 설명이 아닌 검증가능성에 대한 설명이다.

08 ②
중요성은 개별 기업 재무보고서 관점에서 해당 정보와 관련된 항목의 성격이나 규모 또는 이 둘 모두에 근거하여 해당 기업에 특유한 측면의 목적적합성을 의미한다. 따라서 회계기준위원회는 중요성에 대한 획일적인 계량 임계치를 정하거나 특정한 상황에서 무엇이 중요한 것인지를 미리 결정할 수 없다.

09 ⑤
지배기업은 연결재무제표에 추가하여 비연결재무제표를 작성해야 하거나 작성하기로 선택할 수 있다.

출제빈도: ★★☆

10 개념체계에서 정하는 자산에 대한 설명으로 옳지 않은 것은?

① 자산은 과거사건의 결과로 기업이 통제하는 경제적자원이다. 경제적자원은 경제적효익을 창출할 잠재력을 지닌 권리이다.

② 경제적효익을 창출할 잠재력을 지닌 권리는 다른 당사자의 의무에 해당하는 권리와 다른 당사자의 의무에 해당하지 않는 권리를 포함한다.

③ 기업의 모든 권리는 그 기업의 자산이 된다.

④ 경제적효익을 창출할 잠재력이 있기 위해서 권리가 경제적효익을 창출할 것이라고 확신하거나 그 가능성이 높아야 하는 것은 아니다.

⑤ 기업은 기업 스스로부터 경제적효익을 획득하는 권리를 가질 수는 없다.

출제빈도: ★★☆ 대표출제기업: KDB산업은행

11 재무보고 개념체계에서 서술한 자산에 대한 내용으로 옳은 것은?

① 자산에 대한 통제는 항상 법적 권리를 행사할 수 있는 능력에서 비롯된다.

② 기업이 종업원으로부터 제공받는 근무용역은 유입 즉시 소멸하므로 일시적으로 자산이다.

③ 기업은 기업 스스로부터 경제적효익을 획득하는 권리를 가질 수 있다.

④ 자산은 권리에서 발생하므로 반드시 법적 소유권이 있어야 한다.

⑤ 공공재에 접근할 수 있는 권리는 일반적으로 기업의 자산이다.

출제빈도: ★★☆ 대표출제기업: 한국중부발전

12 개념체계에서 정의하는 부채에 대한 설명으로 옳지 않은 것은?

① 부채가 되기 위해서는 의무가 있어야 하며, 의무란 기업이 회피할 수 있는 실제 능력 없는 책무나 책임을 말한다. 의무는 항상 다른 당사자에게 이행되어야 하므로 그 의무를 이행할 대상인 당사자의 신원을 확인할 수 있어야 한다.

② 부채는 기업이 경제적자원을 다른 당사자에게 이전하도록 요구받게 될 잠재력이 있어야 한다. 그러나 그러한 잠재력이 있기 위해서, 기업이 경제적자원의 이전을 요구받을 것이 확실하거나 그 가능성이 높아야 하는 것은 아니다.

③ 부채는 과거 사건의 결과로서 존재하는 현재의무이다. 따라서 현재의무는 기업이 이미 경제적효익을 얻었거나 조치를 취했고, 그 결과로 기업이 이전하지 않아도 되었을 경제적자원을 결과적으로 이전해야 하거나 이전하게 될 수 있는 경우에만 존재한다.

④ 기업이 실무관행, 경영방침이나 성명과 상충되는 방식으로 행동할 실제 능력이 없는 경우, 그러한 실무 관행 등에서 의무가 발생할 수도 있다.

⑤ 미래의 특정 시점까지 경제적자원의 이전이 집행될 수 없더라도 현재의무는 존재할 수 있다.

정답 및 해설

10 ③
기업의 모든 권리가 그 기업의 자산이 되는 것은 아니다. 권리가 기업의 자산이 되기 위해서는 해당 권리가 그 기업을 위해서 다른 모든 당사자들이 이용가능한 경제적효익을 초과하는 경제적효익을 창출할 잠재력이 있고 그 기업에 통제되어야 한다.

11 ②
기업이 종업원으로부터 제공받는 근무용역은 유입 즉시 소멸하므로 일시적으로 자산이다.

오답노트
① 법적 권리를 행사할 수 있는 능력이 없더라도 자산에 대한 통제를 할 수 있다. 예를 들어 특허 등록이 되지 않은 노하우는 특허에 의해 보호받지 못하더라도 노하우를 사용할 권리를 통제할 수 있다.
③ 기업은 기업 스스로부터 경제적효익을 획득하는 권리를 가질 수 없다. 따라서 자기주식이나 자기사채는 자산이 될 수 없다.
④ 사용권자산은 법적 소유권이 없어도 자산이다.
⑤ 공공재에 접근할 수 있는 권리는 일반적으로 기업의 자산이 아니다.

12 ①
의무를 이행할 대상인 당사자의 신원을 확인할 필요는 없다.

출제빈도: ★☆☆   대표출제기업: 한국중부발전

13 거래원가가 측정기준에 미치는 영향에 대한 설명으로 옳지 않은 것은?

① 부채가 발생하거나 인수할 때의 역사적원가를 측정할 때, 거래원가는 부채를 발생시키거나 인수하면서 수취한 대가에서 차감한다.

② 공정가치는 자산을 취득할 때 발생한 거래원가로 인해 증가하지 않으며 부채를 발생시키거나 인수할 때 발생한 거래원가로 인해 감소하지 않는다. 그러나 공정가치는 자산의 궁극적인 처분이나 부채의 이전 또는 결제에서 발생할 거래원가를 반영하여야 한다.

③ 사용가치와 이행가치는 미래현금흐름에 기초하기 때문에 자산을 취득하거나 부채를 인수할 때 발생하는 거래원가는 포함하지 않는다.

④ 자산의 현행원가는 동등한 자산의 원가로서 측정일에 지급할 대가와 그날에 발생할 거래원가를 포함한다.

⑤ 현행가치는 역사적원가와는 달리, 자산·부채를 발생시킨 거래나 사건의 가격으로부터 부분적으로라도 도출되지는 않는다.

출제빈도: ★★☆   대표출제기업: 한국원자력환경공단

14 개념체계의 측정기준 중 현행가치에 대한 설명으로 옳지 않은 것은?

① 현행가치 측정치는 측정일의 조건을 반영하기 위해 갱신된 정보를 사용하여 자산, 부채 및 관련 수익과 비용의 화폐적 정보를 제공하며 공정가치, 자산의 사용가치, 부채의 이행가치 및 현행원가를 포함한다.

② 공정가치는 측정일에 시장참여자 사이의 정상거래에서 자산을 매도할 때 받거나 부채를 이전할 때 지급하게 될 가격이다.

③ 사용가치는 자산의 사용과 궁극적인 처분으로 얻을 것으로 기대되는 현금흐름 또는 그 밖의 경제적 효익의 현재가치이다.

④ 현행원가는 역사적원가와 마찬가지로 유입가치이다. 이는 기업이 자산을 취득하거나 부채를 발생시킬 시장에서의 가격을 반영한다. 이런 이유로, 현행원가는 유출가치인 공정가치, 사용가치 또는 이행가치와 다르다. 그러나 현행원가는 역사적원가와 달리 측정일의 조건을 반영한다.

⑤ 공정가치와 자산의 사용가치, 부채의 이행가치는 모두 시장의 참여자의 관점을 반영한다.

출제빈도: ★★☆

15 측정기준에 대한 설명으로 옳지 않은 것은?

① 역사적원가는 자산의 손상이나 손실부담에 따른 부채와 관련되는 변동을 제외하고는 가치의 변동을 반영하지 않는다.

② 부채의 현행원가는 측정일 현재 동등한 부채에 대해 수취할 수 있는 대가에서 그날에 발생할 거래원가를 차감한다.

③ 사용가치와 이행가치는 미래현금흐름에 기초하고 자산을 취득하거나 부채를 인수할 때 발생하는 거래원가는 포함한다.

④ 자산의 현행원가는 측정일 현재 동등한 자산의 원가로서 측정일에 지급할 대가와 그날에 발생할 거래원가를 포함하여 측정한다.

⑤ 자산의 공정가치는 시장참여자 사이의 정상거래에서 자산을 매도할 때 받게 될 가격으로 거래원가는 포함하지 않는다.

정답 및 해설

13 ②
공정가치는 자산의 궁극적인 처분이나 부채의 이전 또는 결제에서 발생할 거래원가를 반영하지 않는다.

14 ⑤
공정가치는 시장의 참여자의 관점을 반영하며, 자산의 사용가치, 부채의 이행가치는 기업 특유의 가정을 반영한다.

15 ③
사용가치와 이행가치는 미래현금흐름에 기초하기 때문에 자산을 취득하거나 부채를 인수할 때 발생하는 거래원가는 포함하지 않는다.

출제빈도: ★☆☆

16 개념체계의 표시와 공시에 대한 설명으로 옳지 않은 것은?

① 상계는 기업이 자산과 부채를 별도의 회계단위로 인식하고 측정하지만 재무상태표에서 단일의 순액으로 합산하는 경우에 발생한다. 상계는 서로 다른 항목을 함께 분류하는 것이므로 일반적으로 적절하지 않다.

② 모든 수익과 비용은 원칙적으로 손익계산서에 포함되지만, 회계기준위원회가 회계기준을 개발할 때 자산이나 부채의 현행가치의 변동으로 인한 수익과 비용을 기타포괄손익에 포함하도록 결정할 수 있다.

③ 한 기간에 기타포괄손익에 포함된 수익과 비용은, 미래의 기간에 기타포괄손익에서 당기손익으로 재분류하여야 하며, 회계기준에서 후속적으로 재분류되지 않도록 결정하는 것은 금지된다.

④ 통합은 특성을 공유하고 동일한 분류에 속하는 재무제표 요소를 합하는 것이다. 또한, 목적적합한 정보가 많은 양의 중요하지 않은 세부사항과 섞이거나 과도한 통합으로 가려져서 불분명해지지 않도록 균형을 유지해야 한다.

⑤ 자본청구권이 다른 특성을 가지고 있는 경우에는 그 자본청구권을 별도로 분류해야 할 수 있다.

출제빈도: ★☆☆

17 재무보고를 위한 개념체계에 대한 설명으로 옳지 않은 것은?

① 자본유지개념에서는 자본유지를 위해 필요한 금액을 초과하는 자산의 유입액만이 이익으로 간주될 수 있다.

② 재무자본유지개념에서의 이익은 해당 기간 동안 소유주에게 배분하거나 소유주가 출연한 부분을 제외하고 기말순자산의 재무적 측정금액(화폐금액)이 기초 순자산의 재무적 측정금액(화폐금액)을 초과하는 경우에만 발생한다.

③ 재무자본유지개념이 불변구매력 단위로 정의된다면 일반물가수준에 따른 가격상승을 초과하는 자산가격의 증가 부분만이 이익으로 간주된다.

④ 재무자본유지개념은 특정한 측정기준의 적용을 요구하지 않으나, 실물자본유지개념을 사용하기 위해서는 순자산을 역사적원가기준에 따라 측정해야 한다.

⑤ 재무자본유지에서의 명목화폐단위 자본유지는 자본의 개념을 투자된 화폐액으로 본다.

정답 및 해설

16 ③
재분류되어야 할 기간이나 금액을 식별할 명확한 근거가 없다면 회계기준위원회는 회계기준을 개발할 때, 기타포괄손익에 포함된 수익과 비용이 후속적으로 재분류되지 않도록 결정할 수도 있다.

17 ④
실물자본유지개념을 사용하기 위해서는 현행원가기준에 따라 측정해야 한다.

제4장 | 재무제표의 작성과 표시

✓핵심 포인트

재무제표 일반사항	• 공정한 표시와 한국채택국제회계기준의 준수 • 계속기업 • 발생주의 회계 • 중요성과 통합표시 • 상계 • 보고빈도 • 비교정보 • 표시의 계속성 • 재무제표의 식별
재무상태표	• 유동과 비유동의 표시방법: 유동/비유동 구분법, 유동성순서법, 혼합표시 방법 • 유동자산과 유동부채: 유동자산, 비유동부채
포괄손익계산서	• 포괄손익계산서에 표시되는 정보 • 포괄손익 표시방법 • 영업이익의 표시방법 • 기타포괄손익의 표시
기타 재무제표	• 자본변동표 • 현금흐름표 • 주석

01 | 재무제표 일반사항   출제빈도 ★

1. 전체 재무제표

(1) 용어의 정의

① 일반목적 재무제표(이하 '재무제표'): 특정 필요에 따른 특수보고서의 작성을 기업에 요구할 수 있는 위치에 있지 아니한 재무제표이용자의 정보요구를 충족시키기 위해 작성되는 재무제표이다.

② 어떠한 항목의 누락이나 왜곡표시가 개별적으로 또는 집합적으로 재무제표에 기초한 재무제표이용자의 경제적 의사결정에 영향을 미치는 경우 그 항목의 누락이나 왜곡표시는 중요하다. 중요성은 관련 상황을 고려하여 누락이나 왜곡표시의 크기와 성격에 따라 결정된다. 그 항목의 크기나 성격 또는 두 요소의 결합이 결정요소가 될 수 있다.

③ 재무상태표, 포괄손익계산서, 자본변동표 및 현금흐름표에 표시하는 정보에 추가하여 제공된 정보이다. 주석은 상기 재무제표에 표시된 항목을 구체적으로 설명하거나 세분화하며, 상기 재무제표 인식요건을 충족하지 못하는 항목에 대한 정보를 제공한다.

④ 기타포괄손익이란 한국채택국제회계기준서에서 요구하거나 허용하여 당기손익으로 인식하지 않은 수익과 비용항목(재분류조정 포함)을 포함한다.

⑤ 소유주란 자본으로 분류되는 금융상품의 보유자이다.

⑥ 당기순손익은 수익에서 비용을 차감한 금액(기타포괄손익의 구성요소 제외)이다.

⑦ 재분류조정이란 당기나 과거 기간에 기타포괄손익으로 인식되었으나 당기손익으로 재분류된 금액이다.

⑧ 총포괄손익은 거래나 그 밖의 사건으로 인한 기간 중 자본의 변동(소유주로서의 자격을 행사하는 소유주와의 거래로 인한 자본의 변동 제외)이다. 따라서 총포괄손익은 '당기순손익'과 '기타포괄손익'의 모든 구성요소를 포함한다.

(2) 재무제표의 의의

① 현재 및 잠재적 이해관계자들의 경제적 의사결정에 유용한 정보를 제공하는 것을 목적으로 하는 보고서를 의미한다.

② 기업의 재무상태, 재무성과, 재무상태변동에 관한 정보를 제공하여야 한다.

③ 한국채택국제회계기준에서는 연결재무제표를 기본재무제표로 규정하고 있기 때문에 재무제표는 연결재무제표나 별도재무제표 모두를 포함한다.

(3) 재무제표의 목적

① 재무제표는 기업의 재무상태와 재무성과를 체계적으로 표현한 것이다. 재무제표의 목적은 광범위한 정보이용자의 경제적 의사결정에 유용한 기업의 재무상태, 재무성과와 재무상태변동에 관한 정보를 제공하는 것이다.

② 또한 재무제표는 위탁받은 자원에 대한 경영진의 수탁책임 결과도 보여준다.

③ 이러한 목적을 충족하기 위하여 재무제표는 다음과 같은 기업 정보를 제공한다.
- 자산
- 부채
- 자본
- 차익과 차손을 포함한 광의의 수익과 비용
- 소유주로서의 자격을 행사하는 소유주에 의한 출자와 소유주에 대한 배분
- 현금흐름

④ 이러한 정보는 주석에서 제공되는 정보와 함께 재무제표이용자가 기업의 미래현금흐름, 특히 그 시기와 확실성을 예측하는 데 도움을 준다.

(4) 전체 재무제표

① 한국채택국제회계기준에서는 전체 재무제표를 다음과 같이 정의하고 있다.
- 기말 재무상태표
- 기간 포괄손익계산서
- 기간 자본변동표

- 기간 현금흐름표
- 주석(유의적인 회계정책의 요약 및 그 밖의 설명으로 구성)
- 회계정책을 소급 수정, 재작성, 재분류하는 경우 가장 이른 비교기간의 기초 재무상태표

② 이 기준서에서 사용하는 재무제표의 명칭이 아닌 다른 명칭을 사용할 수 있다. 예를 들어, '손익과 기타포괄손익계산서'라는 명칭 대신에 '포괄손익계산서'라는 명칭을 사용할 수 있다.

③ 각각의 재무제표는 전체 재무제표에서 동등한 비중으로 표시한다.

④ 경영진의 재무검토보고서, 환경보고서나 부가가치보고서와 같은 재무제표 이외의 보고서는 한국채택국제회계기준의 적용범위에 해당하지 않는다.

⑤ 상법 등 관련 법규에서 이익잉여금처분계산서의 작성을 요구하는 경우에는 재무상태표의 이익잉여금에 대한 보충정보로서 이익잉여금처분계산서를 주석으로 공시한다.

2. 재무제표 표시의 일반원칙

(1) 공정한 표시와 한국채택국제회계기준의 준수

① 재무제표는 기업의 재무상태, 재무성과 및 현금흐름을 공정하게 표시해야 한다.

② 한국채택국제회계기준에 따라 작성된 재무제표(필요에 따라 추가공시한 경우 포함)는 공정하게 표시된 재무제표로 본다.

③ 한국채택국제회계기준을 준수하여 재무제표를 작성하는 기업은 그러한 준수 사실을 주석에 명시적이고 제한 없이 기재한다.

④ 재무제표가 한국채택국제회계기준의 요구사항을 모두 충족한 경우가 아니라면 한국채택국제회계기준을 준수하여 작성되었다고 기재해서는 아니 된다.

⑤ 한국채택국제회계기준을 준수하여 작성된 재무제표는 국제회계기준을 준수하여 작성된 재무제표임을 주석으로 공시할 수 있다.

⑥ 부적절한 회계정책은 주석 또는 보충 자료를 통해 설명하더라도 정당화될 수 없다.

⑦ 회계기준과 회사의 회계정책이 서로 다른 경우(극히 드문 상황)

구분	감독체계가 일탈을 허용하는 경우	감독체계가 일탈을 금지하는 경우
작성기준	회사정책	한국채택국제회계기준
주석공시	일탈내용	회사정책

(2) 계속기업

① 경영진은 재무제표를 작성할 때 계속기업으로서의 존속가능성을 평가해야 한다.

② 경영진은 기업을 청산하거나 경영활동을 중단할 의도를 가지고 있지 않거나, 청산 또는 경영활동의 중단 외의 다른 현실적인 대안이 없는 경우가 아니면 계속기업을 전제로 재무제표를 작성한다.

③ 계속기업으로서의 존속능력에 유의적인 의문이 제기될 수 있는 사건이나 상황과 관련된 중요한 불확실성을 알게 된 경우, 경영진은 그러한 불확실성을 주석으로 공시하여야 한다.

④ 재무제표가 계속기업의 기준하에 작성되지 않은 경우에는 그 사실과 함께 재무제표가 작성된 기준 및 그 기업을 계속기업으로 보지 않는 이유를 공시해야 한다.

⑤ 계속기업의 가정이 적절한지의 여부를 평가할 때 경영진은 적어도 보고기간 말로부터 향후 12개월 기간에 대하여 이용가능한 모든 정보를 고려한다.

(3) 발생기준

① 기업은 현금흐름 정보를 제외하고는 발생기준 회계를 사용하여 재무제표를 작성한다.

② 발생기준 회계를 사용하는 경우, 각 항목이 '개념체계'의 정의와 인식요건을 충족할 때 자산, 부채, 자본, 광의의 수익 및 비용으로 인식한다.

(4) 중요성과 통합표시

① 유사한 항목은 중요성 분류에 따라 재무제표에 구분표시한다.

② 상이한 성격이나 기능을 가진 항목은 구분표시하나 중요하지 않은 항목은 성격이나 기능이 유사한 항목과 통합하여 표시할 수 있다.

③ 개별적으로 중요하지 않은 항목은 상기 재무제표나 주석의 다른 항목과 통합한다.

④ 상기 재무제표에는 중요하지 않아 구분하여 표시하지 않은 항목이라도 주석에서는 구분 표시해야 할 만큼 충분히 중요할 수 있다. 즉, 재무제표 본문과 주석에 적용하는 중요성이 각각 다를 수 있다.

⑤ 한국채택국제회계기준에서 요구에 따라 공시되는 정보가 중요하지 않다면 그 공시를 제공할 필요는 없다.

(5) 상계

① 한국채택국제회계기준에서 요구하거나 허용하지 않는 한 자산과 부채는 그리고 수익과 비용은 상계하지 않는다.

② 자산평가충당금은 부채가 아니므로 충당금의 순액보고는 상계가 아니다. 예를 들어 재고자산에 대한 재고자산평가충당금과 매출채권에 대한 대손충당금과 같은 평가충당금을 차감하여 관련 자산을 순액으로 측정하는 것은 상계표시에 해당하지 아니한다.

③ 동일 거래에서 발생하는 수익과 관련비용의 상계표시가 거래나 그 밖의 사건의 실질을 반영한다면 그러한 거래결과는 상계하여 표시한다.

- 투자자산 및 영업용 자산을 포함한 비유동자산의 처분손익은 처분대금에서 그 자산의 장부금액과 관련 처분비용을 차감하여 표시한다.

- 기준서 제1037호 '충당부채, 우발부채 및 우발자산'에 따라 인식한 충당부채와 관련된 지출을 제3자와의 계약관계에 따라 보전받는 경우 당해 지출과 보전받는 금액은 상계하여 표시할 수 있다.

- 외환손익 또는 단기매매금융상품에서 발생하는 손익과 같이 유사한 거래의 집합에서 발생하는 차익과 차손은 순액으로 표시한다. 다만, 차익과 차손이 중요한 경우에는 구분하여 표시한다.

(6) 보고빈도

① 전체 재무제표(비교정보를 포함)는 적어도 1년마다 작성한다.
② 보고기간 종료일을 변경하여 재무제표의 보고기간이 1년을 초과하거나 미달하는 경우 재무제표 해당 기간뿐만 아니라 보고기간이 1년을 초과하거나 미달하게 된 이유와 재무제표에 표시된 금액이 완전하게 비교가능하지 않다는 사실을 추가로 공시한다.

(7) 비교정보

① 당기 재무제표에 보고되는 모든 금액과 서술형 정보는 전기 비교정보를 표시해야 한다.
② 당기 재무제표를 이해하는 데 목적적합하다면 서술형 정보의 경우에도 비교정보를 포함한다.
③ 최소한, 두 개의 재무상태표와 두 개의 포괄손익계산서, 두 개의 별개 손익계산서, 두 개의 현금흐름표, 두 개의 자본변동표 그리고 관련 주석을 표시해야 한다.
④ 다음 모두에 해당된다면, 최소한의 비교 재무제표에 추가하여 전기 기초를 기준으로 세 번째 재무상태표를 표시한다.
- 회계정책을 소급하여 적용하거나, 재무제표 항목을 소급하여 재작성 또는 재분류 한다.
- 이러한 소급적용, 소급재작성 또는 소급재분류가 전기 기초 재무상태표의 정보에 중요한 영향을 미친다.
⑤ 위의 경우에 해당된다면, 다음의 각 시점(당기 말, 전기 말, 전기 초)에 세 개의 재무상태표를 표시한다.

(8) 표시의 계속성

① 재무제표 항목의 표시와 분류는 아래의 경우를 제외하고는 매 기간 동일해야 한다.
② 계속성의 예외가 허용되는 경우
- 사업내용의 유의적인 변화나 재무제표를 검토한 결과 다른 분류나 표시방법이 더 적절한 것이 명백한 경우(회계정책변경이 정당화되는 경우)
- 한국채택국제회계기준에서 표시방법의 변경을 요구하는 경우

(9) 재무제표의 식별

재무제표를 작성할 때에는 다음과 같은 식별을 위한 정보가 있어야 한다.
① 보고기업의 명칭 또는 그 밖의 식별 수단과 전기보고기간 말 이후 그러한 정보의 변경내용
② 재무제표가 개별 기업에 대한 것인지 연결실체에 대한 것인지의 여부
③ 재무제표나 주석의 작성대상이 되는 보고기간 종료일 또는 보고기간
④ K-IFRS 제1021호 '환율변동효과'에 정의된 표시통화
⑤ 재무제표 금액표시를 위하여 사용한 금액단위

02 재무상태표

1. 재무상태표에 표시할 항목

재무상태표

㈜한국　　　　　　20×1년 12월 31일 현재　　　　　（단위: 백만 원）

자산		부채	
유동자산		**유동부채**	
현금및현금성자산	×××	매입채무	×××
재고자산	×××	미지급금	×××
매출채권	×××	단기차입금	×××
당기손익-공정가치측정금융자산	×××	**유동부채 계**	×××
유동자산 계	×××	**비유동부채**	
비유동자산		장기차입금	×××
기타포괄손익-공정가치측정금융자산	×××	이연법인세부채	×××
관계기업투자주식	×××	**비유동부채 계**	×××
유형자산	×××	**자본**	
기타무형자산	×××	납입자본	×××
영업권	×××	기타포괄손익누계액	×××
투자부동산	×××	이익잉여금	×××
비유동자산 계	×××	**자본 계**	×××
자산 총계	×××	**부채와 자본 총계**	×××

재무상태표는 특정시점 현재 기업의 경제적자원 및 경제적자원에 대한 청구권의 부채와 자본의 상태를 표시한 재무제표이다. 한국채택국제회계기준에서는 재무상태표에 다음에 해당하는 금액을 **최소한 구분하여 표시**하도록 하고 있다.

① 유형자산
② 투자부동산
③ 무형자산
④ 금융자산
⑤ 지분법적용투자자산
⑥ 생물자산
⑦ 재고자산
⑧ 매출채권 및 기타채권
⑨ 현금및현금성자산
⑩ 매각예정분류자산 및 처분자산집단
⑪ 매입채무 및 기타채무
⑫ 충당부채
⑬ 금융부채
⑭ 당기법인세 관련한 자산, 부채
⑮ 이연법인세 부채 및 이연법인세 자산

⑯ 매각예정분류자산 및 처분자산집단과 관련된 부채
⑰ 자본에 표시된 비지배지분(연결재무제표의 경우)
⑱ 지배기업 소유주에게 귀속되는 납입자본과 적립금(연결재무제표의 경우)
한국채택국제회계기준에서는 재무상태표에 표시되어야 할 항목의 순서나 형식은 규정하지 아니하며, 단순히 재무상태표에 구분 표시하기 위해 성격이나 기능 면에서 명확하게 상이한 항목명을 제시하고 있다.

2. 자산과 부채의 배열방법

(1) 이분법(유동성·비유동성 구분법)

① 자산과 부채의 실현 예정일(1년 또는 정상적인 영업순환주기)에 따라 유동성항목과 비유동성항목을 구분하여 자산과 부채를 표시하며, 비유동항목을 상단에 위치시키고 유동항목을 하단에 위치시키는 방법을 사용할 수 있다.

② 기업이 명확히 식별 가능한 영업주기 내에서 재화나 용역을 제공하는 경우, 재무상태표에 유동자산과 비유동자산 및 유동부채와 비유동부채를 구분하여 표시한다.

③ 정상영업주기는 영업활동을 위한 자산의 취득시점부터 그 자산이 현금이나 현금성자산으로 실현되는 시점까지 소요되는 기간으로, 정상영업주기를 명확히 식별할 수 없는 경우에는 그 기간이 12개월인 것으로 가정한다.

④ 재고자산과 매출채권과 같은 유동자산, 매입채무와 종업원 및 그 밖의 영업원가에 대한 미지급비용과 같은 유동부채는 기업의 정상영업주기 내에 사용되는 운전자본이므로 보고기간 후 12개월 후에 결제일이 도래한다 하더라도 유동항목으로 분류한다.

⑤ 기업의 재무상태표에 유동자산과 비유동자산, 그리고 유동부채와 비유동부채로 구분하여 표시하는 경우, 이연법인세자산(부채)은 유동자산(부채)으로 분류하지 않는다.

(2) 유동성배열법

① 자산과 부채를 오름차순이나 내림차순의 유동성순서에 따라 표시하는 방법이다.

② 금융회사와 같은 일부 기업의 경우에는 자산과 부채를 표시하는 것이 유동성·비유동성 구분법보다 신뢰성 있고 더욱 목적적합한 정보를 제공한다. 이러한 기업은 재화나 서비스를 명확히 식별 가능한 영업주기 내에 제공하지 않기 때문이다.

(3) 혼합표시방법

① 신뢰성 있고 더욱 목적적합한 정보를 제공한다면 자산과 부채의 일부는 유동·비유동 구분법으로, 나머지는 유동성순서에 따른 표시방법으로 표시하는 것이 허용된다.

② 기업이 다양한 사업을 영위하는 경우에 혼합법이 필요할 수 있다. 예를 들어, 금융업을 겸업하는 회사는 혼합표시방법이 적절하다.

〈자산 및 부채 순서 표시(자산의 경우만 예시함)〉

유동성/비유동성 구분	유동성순서 따른 표시	혼합표시
• 유동자산 • 비유동자산	• 유동성 높음 • 유동성 낮음	• 일부 자산(유동/비유동) • 나머지 자산(유동성순서)
일반회사: 정상영업주기 내에 실현될 자산과 동 기간 내에 결제될 부채를 구분하여 보여줌	금융회사: 금융회사는 재화나 서비스를 명확히 식별 가능한 영업주기 내에 제공하지 않기 때문임	금융업 겸업회사: 이러한 혼합표시방법은 기업이 다양한 사업을 영위하는 경우에 필요할 수 있음

(4) 유동자산의 분류

다음의 경우에 유동자산으로 분류하고 그 이외의 항목은 비유동자산으로 분류한다.

① 정상영업주기 내에 실현될 것으로 예상되거나, 판매목적 또는 소비목적으로 보유
② 주로 단기매매목적으로 보유
③ 보고기간(재무상태표일) 후부터 12개월 이내에 실현될 것으로 예상(12개월 기준)
④ 현금이나 현금성자산의 교환이나 부채상환목적으로 사용되는 데 제한기간이 보고기간 후 12개월 이상이 아님

(5) 유동자산과 비유동자산의 구성항목

① 유동자산은 당좌자산과 재고자산으로 분류한다.

- 당좌자산: 쉽게 현금화되거나 소멸하는 자산으로 재고자산을 제외한 모든 유동자산을 말하며, 다음과 같은 항목들로 구성되어 있다.
  - 현금및현금성자산: 통화 및 타인발행수표 등의 통화대용증권과 보통예금, 당좌예금 등 요구불예금 및 현금성자산으로 한다.
  - 단기금융상품: 금융기관이 취급하는 정기예금, 정기적금, 양도성예금증서 등의 상품으로 단기적 자금운용목적으로 소유하거나 기한이 1년 이내에 도래하는 것으로 한다.
  - 단기매매금융자산: 단기간 내에 매매할 목적으로 취득한 금융자산으로 한다.
  - 매출채권: 일반적 상거래에서 발생한 외상매출금과 받을어음으로 한다.
  - 미수금: 일반적 상거래 이외의 거래에서 발생한 미수채권으로 한다.
  - 미수수익: 당기에 발생한 수익으로 미회수한 금액으로 한다.
  - 단기대여금: 회수기한이 1년 이내에 도래하는 대여금으로 한다.
  - 선급금: 상품, 원재료 등 재고자산의 구입을 위하여 선급한 금액으로 한다.
  - 선급비용: 선급된 비용 중 1년 이내에 비용으로 되는 것으로 한다.
- 재고자산: 정상적인 영업활동과정에서 판매를 목적으로 보유하거나 판매될 제품의 제조과정에서 사용되거나 소비되는 재화를 말한다. 재고자산은 다음과 같은 항목들로 구성되어 있다.
  - 상품: 회사의 정상적인 영업활동과 관련하여 판매를 목적으로 구입한 것으로 한다.
  - 제품: 회사의 정상적인 영업활동과 관련하여 판매를 목적으로 제조한 것으로 한다.
  - 재공품: 제품 등의 제조를 위하여 재공과정에 있는 것으로 한다.

- 원재료: 원료, 재료 등 제품 생산에 투입될 원료로 한다.
② 비유동자산은 투자자산, 유형자산, 무형자산 및 기타비유동자산으로 분류한다.
- 투자자산: 장기적인 투자수익을 얻기 위해서 가지고 있는 금융자산, 부동산 등을 포함한다. 투자자산은 다음과 같은 항목들로 구성되어 있다.
  - 장기금융상품: 유동자산에 속하지 아니하는 금융상품으로 한다.
  - 상각후원가 측정 금융자산: 계약상 현금흐름을 수취하기 위해 보유하는 것이 목적인 사업모형하에서 금융자산을 보유한다.
  - 기타포괄손익−공정가치 측정 금융자산: 계약상 현금흐름의 수취와 금융자산의 매도 둘 다를 통해 목적을 이루는 사업모형하에서 금융자산을 보유한다.
  - 관계기업투자주식: 유의적인 영향력을 행사할 수 있는 피투자회사의 주식으로 한다.
  - 투자부동산: 임대수익이나 시세차익 또는 두 가지를 모두 얻기 위하여 소유하고 있는 부동산으로 한다.
  - 장기대여금: 유동자산에 속하지 아니하는 장기의 대여금으로 한다.
- 유형자산: 재화의 생산이나 용역의 제공, 타인에 대한 임대, 또는 자체적으로 사용할 목적으로 보유하고 있으며, 물리적 형태가 있는 비화폐성 자산으로서 토지, 건물, 기계장치 등을 포함한다.
  - 토지
  - 건물: 건물과 기타의 건물부속설비로 한다.
  - 구축물: 선거, 교량, 안벽, 부교, 저수지, 굴뚝, 정원설비 및 기타의 토목설비로 한다.
  - 기계장치
  - 선박
  - 차량운반구
  - 건설 중인 자산: 유형자산의 건설을 위한 재료비, 노무비 및 경비로 하되, 건설을 위하여 지출한 도급금액 또는 취득한 기계 등을 포함한다.
- 무형자산: 물리적 형체는 없지만 식별가능하고 기업이 통제하고 있으며 미래경제적효익이 있는 비화폐성 자산으로 다음과 같은 항목들로 구성되어 있다.
  - 영업권: 합병, 영업양수 등의 대가로 지급한 금액이 합병 등으로 취득한 순자산의 공정가치를 초과하는 부분으로 한다.
  - 산업재산권: 일정기간 독점적, 배타적으로 이용할 수 있는 권리로서 특허권, 실용신안권, 상표권 등으로 한다.
  - 개발비: 개발단계에서 발생한 지출액으로 자산인식요건을 충족시킨 것으로 한다.
  - 임차권리금: 건물 등을 임차할 때 보증금 이외에 지급하는 금액으로 한다.
- 기타비유동자산: 투자자산, 유형자산, 무형자산에 속하지 않는 비유동자산을 포함한다.
  - 이연법인세자산: 일시적 차이로 인하여 납부할 법인세금액이 법인세비용을 초과하는 경우 그 초과하는 금액으로 한다.
  - 장기매출채권: 유동자산에 속하지 않는 일반적 상거래에서 발생한 장기의 외상매출금 및 받을어음으로 한다.

– 장기미수금: 유동자산에 속하지 않는 일반적 상거래 이외에서 발생한 미수채권으로 한다.
– 장기선급금: 유동자산에 속하지 않는 상품, 원재료 등 재고자산의 구입을 위하여 선급한 금액으로 한다.
– 장기선급비용: 선급된 비용 중 1년 이후에 비용으로 되는 것으로 한다.
– 보증금: 전세권, 임차보증금 및 영업보증금 등으로 한다.

(6) 유동부채의 분류

다음의 경우에 유동부채로 분류하고 그 이외의 항목은 비유동부채로 분류한다.
① 정상영업주기 내에 결제될 것으로 예상되는 경우
② 단기매매목적으로 보유한 경우
③ 보고기간 후 12개월 이내에 결제하기로 되어 있는 경우
④ 보고기간 후 12개월 이상 부채의 결제를 연기할 수 있는 무조건의 권리를 가지고 있지 않은 경우

(7) 유동부채 관련 사항

① 매입채무 그리고 종업원 및 그 밖의 영업원가에 대한 미지급비용과 같은 유동부채는 기업의 정상영업주기 내에 사용되는 운전자본의 일부이다. 이러한 항목은 보고기간 후 12개월 후에 결제일이 도래한다 하더라도 유동부채로 분류한다.
② 동일한 정상영업주기가 기업의 자산과 부채의 분류에 적용된다. 기업의 정상영업주기가 명확하게 식별되지 않는 경우 그 주기는 12개월인 것으로 가정한다.
③ 기타 유동부채는 정상영업주기 이내에 결제되지는 않지만 보고기간 후 12개월 이내에 결제일이 도래하거나 주로 단기매매목적으로 보유한다.
④ 이에 대한 예로는 단기매매항목으로 분류된 일부 금융부채, 당좌차월, 비유동금융부채의 유동성 대체 부분, 미지급배당금, 법인세 및 기타 지급채무 등이 있다. 장기적으로 자금을 조달하며(즉, 기업의 정상영업주기 내에 사용되는 운전자본의 일부가 아닌 경우) 보고기간 후 12개월 이내에 만기가 도래하지 아니하는 금융부채는 비유동부채이다.
⑤ 다음 모두에 해당하는 경우라 하더라도 금융부채가 보고기간 후 12개월 이내에 결제일이 도래하면 이를 유동부채로 분류한다.
• 원래의 결제기간이 12개월을 초과하는 경우
• 보고기간 후 재무제표 발행승인일 전에 장기로 차환하는 약정 또는 지급기일을 장기로 재조정하는 약정이 체결된 경우
⑥ 기업이 기존의 대출계약조건에 따라 보고기간 후 적어도 12개월 이상 부채를 차환하거나 연장할 것으로 기대하고 있고, 그런 재량권이 있다면 보고기간 후 12개월 이내에 만기가 도래한다 하더라도 비유동부채로 분류하지만, 그러나 기업에게 부채의 차환이나 연장에 대한 재량권이 없다면(예 차환약정이 없는 경우), 차환가능성을 고려하지 않고 유동부채로 분류한다.
⑦ 보고기간 말 이전에 장기차입약정을 위반하였을 때 대여자가 즉시 상환을 요구할 수 있는 채무는 보고기간 후 재무제표 발행승인일 전에 채권자가 약정위반을 이유로 상환을 요구하지 않기로 합의하더라도 유동부채로 분류한다. 그 이유는 기

업이 보고기간 말 현재 그 시점으로부터 적어도 12개월 이상 결제를 연기할 수 있는 무조건적 권리를 가지고 있지 않기 때문이다.

⑧ 그러나 대여자가 보고기간 말 이전에 보고기간 후 적어도 12개월 이상의 유예기간을 주는 데 합의하여 그 유예기간 내에 기업이 위반사항을 해소할 수 있고, 또 그 유예기간 동안에는 대여자가 즉시 상환을 요구할 수 없다면 그 부채는 **비유동부채로 분류**한다.

〈유동부채와 비유동부채의 구분〉

구분	내용	분류
상황 1	보고기간 후 재무제표 발행승인일 전에 장기로 차환(지급기일을 장기로 재조정)하는 약정 체결	유동
상황 2	기업이 12개월 이상 부채를 차환하거나 연장할 것으로 기대하고 있고, 그런 재량권 보유	비유동
상황 3	보고기간 후 재무제표 발행승인일 전에 약정위반을 이유로 상환을 요구하지 않기로 합의	유동
상황 4	대여자가 보고기간 말 이전에 12개월 이상의 유예기간을 제공	비유동

(8) 유동부채와 비유동부채의 구성항목

① 유동부채의 계정과목
- 매입채무: 일반적 상거래에서 발생한 외상매입금과 지급어음으로 한다.
- 미지급금: 일반적 상거래 이외에서 발생한 채무로 한다.
- 미지급비용: 발생된 비용으로서 지급되지 아니한 것으로 한다.
- 단기차입금: 1년 이내에 상환될 차입금으로 한다.
- 선수금: 일반적 상거래에서 발생한 선수액으로 한다.
- 선수수익: 받은 수익 중 차기 이후에 귀속되는 수익으로 한다.
- 예수금: 일반적 상거래 이외에서 발생한 일시적 제예수액으로 한다.
- 미지급법인세: 법인세 등의 미지급액으로 한다.
- 유동성장기부채: 장기부채 중 1년 이내에 상환될 것으로 한다.
- 단기충당부채: 1년 이내에 사용되는 충당부채로 한다.

② 비유동부채의 계정과목
- 사채: 1년 이후에 상환되는 사채의 가액으로 한다.
- 장기차입금: 1년 이후에 상환되는 차입금으로 한다.
- 장기매입채무: 유동부채에 속하지 않는 일반적 상거래에서 발생한 장기의 외상매입금과 지급어음으로 한다.
- 장기미지급금: 일반적 상거래 이외에서 발생한 1년 이후에 상환되는 채무로 한다.
- 장기충당부채: 1년 이후에 사용되는 충당부채로 한다.
- 순확정급여부채: 확정급여제도와 관련하여 인식하는 확정급여채무의 현재가치에서 사외적립자산의 공정가치를 차감한 금액으로 한다.
- 이연법인세부채: 일시적 차이로 인하여 납부할 법인세금액이 법인세비용에 미달하는 경우 동 미달하는 금액으로 한다.

3. 자본의 배열방법

(1) 납입자본

납입자본은 기업실체가 발행한 주식에 대한 대가로 납입된 금액을 말하며, 자본금과 자본잉여금 및 자본조정으로 구성되어 있다.

자본금	• 기업실체가 발행한 주식의 액면금액으로 우선주를 발행한 경우에는 보통주 자본금과 우선주자본금으로 구분하여 표시함
자본잉여금	• 자본거래에서 발생한 잉여금으로 주주의 납입 등에 의하여 형성된 잉여금 • 주식발행초과금, 감자차익, 자기주식처분이익 등이 해당함
자본조정	• 주로 자본거래에서 발생하는 항목으로 자본금, 자본잉여금, 이익잉여금 등에 귀속시킬 수 없는 항목들임 • 자기주식, 주식할인발행차금, 감자차손, 자기주식처분손실 등이 해당함

(2) 이익잉여금

이익잉여금은 기업실체가 벌어들인 이익 중 배당 등의 형태로 사외유출되지 않고 기업 내부에 유보되어 누적된 금액을 말한다. 기업실체가 손실을 보고한 경우 손실누적액은 결손금이라는 명칭을 사용한다. 이익잉여금은 법정적립금, 임의적립금 및 미처분이익잉여금으로 구분된다.

법정적립금	상법 등 법령의 규정에 의하여 적립된 금액으로 하며, 자본전입이나 결손보전 이외의 목적으로는 사용할 수 없음
임의적립금	정관의 규정 또는 주주총회의 결의로 적립된 금액으로서 사업확장적립금, 결손보전적립금 등이 있음
미처분이익잉여금	이익잉여금 중 처분되지 않은 잔액을 말함

(3) 기타자본구성요소

포괄손익계산서의 기타포괄손익이 마감되는 **기타포괄손익누계액**이 해당한다. 포괄손익계산서의 기타포괄손익을 단순히 마감하는 계정이므로 기타포괄손익과 계정과목이 일치한다.

〈자본이 증감하는 거래〉

구분	내용	기록
자본거래	주주(소유주)와의 직접 거래	납입자본에 직접 기록
손익거래	자본거래 이외의 모든 거래	포괄손익계산서(당기순이익)를 통해 이익잉여금에 마감

1. 포괄손익계산서

(1) 포괄손익계산서의 의의

포괄손익계산서는 일정기간 동안 소유주의 투자나 소유주에 대한 분배거래를 제외한 거래에서 발생하는 순자산의 변동내역을 표시하는 동태적 보고서이다.

> 포괄손익 = 당기순손익(계속영업손익 + 중단영업손익) + 기타포괄손익

(2) 포괄손익계산서에서 당기손익의 표시방법

① 단일의 포괄손익계산서는 당기순손익과 기타포괄손익의 변동을 하나의 포괄손익계산서에 구분하여 표시한다.

② 두 개의 보고서는 당기순손익의 구성요소를 표시하는 별개의 손익계산서와 당기순손익에서 시작하여 기타포괄손익의 구성요소를 표시하는 포괄손익계산서를 별도로 작성 가능하다.

③ 당기손익과 기타포괄손익은 단일의 포괄손익계산서에 두 부분으로 나누어 표시할 수 있다. 이 두 부분은 당기손익 부분을 먼저 표시하고 바로 이어서 기타포괄손익 부분을 표시함으로써 함께 표시한다.

④ 당기손익 부분을 별개의 손익계산서에 표시할 수 있다. 이 경우, 별개의 손익계산서는 포괄손익을 표시하는 보고서(이 보고서는 당기순손익으로부터 시작함) 바로 앞에 위치한다.

⑤ 또한 포괄손익계산서에는 계속사업이익과 중단영업손익이 구분표시된다. 기업이 두 개 이상의 사업부를 가지고 있다가 이 중 특정 사업부를 당기 중에 매각하거나 폐쇄하기로 한 경우 당해 연도 기초시점부터 사업 중단시점까지 동 사업부에서 발생한 손익을 계속사업이익과 구분하여 중단영업손익(세후금액)으로 별도 표시한다. 중단영업손익은 예측가치가 없으므로 계속사업이익과 별도로 표시하는 것이 정보이용자의 의사결정에 도움이 될 것이다.

⑥ 당기 중에 발생한 손익거래는 원칙적으로 당기손익에 반영되지만, 회계정책의 변경과 전기오류수정으로 인한 손익거래의 일부 기타포괄손익거래는 각각 전기손익과 기타포괄손익에 반영되어 당기손익으로 인식하지 아니한다.

⑦ 계속영업순손익에 대한 법인세효과는 별도로 총액으로 표시하며, 중단영업손익에 대한 법인세효과는 순액으로 표시하여 법인세기간 내 배분을 수행한다.

⑧ 중단영업손익은 계속영업손익과 구분하여 별도로 표시하지만, 수익과 비용의 어느 항목도 특별손익으로 별도로 표시할 수 없다.

단일의 포괄손익계산서			별개의 손익계산서		
㈜한국	20×1년 1월 1일부터 12월 31일까지	(단위: 원)	㈜한국	20×1년 1월 1일부터 12월 31일까지	(단위: 원)
수익		×××	수익		×××
매출원가		(×××)	매출원가		(×××)
매출총이익		×××	**매출총이익**		×××
기타수익		×××	기타수익		×××
물류원가		(×××)	물류원가		(×××)
관리비		(×××)	관리비		(×××)
기타비용		(×××)	기타비용		(×××)
금융원가		(×××)	금융원가		(×××)
관계기업이익지분		×××	관계기업이익지분		×××
법인세비용차감전계속사업이익		×××	**법인세비용차감전계속사업이익**		×××
계속사업법인세비용		(×××)	계속사업법인세비용		(×××)
계속사업순이익		×××	**계속사업순이익**		×××
중단영업이익		×××	중단영업이익		×××
당기순이익		×××	**당기순이익**		×××
기타포괄이익		×××			
총포괄이익		×××			

포괄손익계산서		
㈜한국	20×1년 1월 1일부터 12월 31일까지	(단위: 원)
당기순이익		×××
기타포괄이익		×××
총포괄이익		×××

2. 포괄손익계산서에 표시되는 정보

(1) 당기손익 표시항목

당기손익 부분이나 손익계산서에는 다른 한국채택국제회계기준서가 요구하는 항목을 추가하여 당해 기간의 다음 금액을 표시하는 항목을 포함한다.

① 수익

② 금융원가

③ 지분법 적용대상인 관계기업과 조인트벤처의 당기순손익에 대한 지분

④ 법인세비용

⑤ 중단영업의 합계를 표시하는 단일금액

(2) 기타포괄손익 표시항목

기타포괄손익 부분에는 해당 기간의 금액을 표시하는 항목을 다음의 항목으로 표시한다.

① 성격별로 분류하고, 다른 한국채택국제회계기준에 따라 다음의 집단으로 묶은 기타포괄손익의 항목

• 후속적으로 당기손익으로 재분류되지 않는 항목

• 특정 조건을 충족하는 때에 후속적으로 당기손익으로 재분류되는 항목

② 지분법으로 회계처리하는 관계기업과 공동기업의 기타포괄손익에 대한 지분으로서 다른 한국채택국제회계기준에 따라 다음과 같이 구분되는 항목에 대한 지분
  • 후속적으로 당기손익으로 재분류되지 않는 항목
  • 특정 조건을 충족하는 때에 후속적으로 당기손익으로 재분류되는 항목
③ 기업의 재무성과를 이해하는 데 목적적합한 경우에는 당기손익과 기타포괄손익을 표시하는 보고서에 항목, 제목 및 중간합계를 추가하여 표시한다.
④ 수익과 비용의 어느 항목도 당기손익과 기타포괄손익을 표시하는 보고서 또는 주석에 특별손익 항목으로 표시할 수 없다.

(3) 당기순손익

① 한 기간에 인식되는 모든 수익과 비용 항목은 한국채택국제회계기준이 달리 정하지 않는 한 당기손익으로 인식한다.
② 일부 한국채택국제회계기준서는 특정항목을 당기손익 이외의 항목으로 인식하는 상황을 규정하고 있다. 기업회계기준서 제1008호는 그러한 두 가지 상황으로서 오류의 수정과 회계정책의 변경 효과를 규정하고 있다. 다른 한국채택국제회계기준서에서는 '개념체계'의 수익 또는 비용에 대한 정의를 충족하는 기타포괄손익의 구성요소를 당기손익에서 제외할 것을 요구하거나 허용한다.

(4) 기타포괄손익

① 기타포괄손익의 항목(재분류조정 포함)과 관련한 법인세비용 금액은 포괄손익계산서나 주석에 공시한다.
② 기타포괄손익의 항목은 다음 중 한 가지 방법으로 표시할 수 있다. 단, 두 번째 방법을 선택하는 경우, 법인세는 후속적으로 당기손익 부분으로 재분류되는 항목과 재분류되지 않는 항목 간에 배분한다.
  • 관련 법인세효과를 차감한 순액으로 표시
  • 기타포괄손익의 각 항목과 관련된 법인세효과 반영 전 금액으로 표시하고, 각 항목들에 관련된 법인세효과는 단일 금액으로 합산하여 표시
③ 어떠한 경우에도 재무상태표에는 관련 법인세효과를 차감한 후의 순액으로 표시한다.
④ 후속적으로 당기손익으로 재분류조정대상인 기타포괄손익: 기타포괄손익-공정가치 측정 채무상품에 대한 투자에서 발생하는 손익, 해외사업장의 재무제표 환산에 따른 손익, 현금흐름위험회피에서 위험회피수단인 파생상품평가손익 중 효과적인 부분 등이다.
⑤ 후속적으로 당기손익으로 재분류조정대상이 아닌 기타포괄손익: 유형자산과 무형자산의 재평가잉여금, 확정급여채무의 재측정요소, 기타포괄손익-공정가치 측정항목으로 지정한 지분상품에 대한 투자에서 발생하는 손익과 이에 대한 위험회피회계에서 위험회피수단인 파생상품평가손익 중 효과적인 부분 등이다.
⑥ 기타포괄손익의 재분류조정은 당기나 과거기간에 인식한 기타포괄손익을 당기손익으로 재분류한 금액이다.
⑦ 재분류조정대상 기타포괄손익은 해당 기타포괄손익거래가 실현되는 경우 당기순손익으로 재분류조정을 수행한다.

⑧ 재분류조정대상이 아닌 기타포괄손익은 최초에 기타포괄손익으로 인식하고 후속
기간에 당기손익으로 재분류하지 않으며, 이익잉여금으로 직접 대체할 수 있다.

재분류조정 여부	기타포괄손익
재분류조정 X	• 재평가잉여금의 변동 • 확정급여제도의 재측정요소 • 기타포괄손익 – 공정가치 측정 항목으로 지정한 지분상품에 대한 투자에서 발생한 손익 • 기타포괄손익 – 공정가치로 측정하는 지분상품투자에 대한 위험회피에서 위험회피수단의 평가손익 중 효과적인 부분 • 당기손익 – 공정가치 측정 항목으로 지정한 특정 부채의 신용위험 변동으로 인한 공정가치 변동 금액 • 관계기업 및 공동기업의 재분류되지 않는 기타포괄손익에 대한 지분
재분류조정 O	• 해외사업장의 재무제표 환산으로 인한 손익 • 현금흐름위험회피에서 위험회피수단의 평가손익 중 효과적인 부분 • 기타포괄손익 – 공정가치로 측정하는 금융자산(채무상품)에서 발생한 손익 • 관계기업 및 공동기업의 재분류되는 기타포괄손익에 대한 지분

(5) 비용항목의 분류방법

① 기업은 **성격별 분류방법**과 **기능별 분류방법** 중 신뢰성 있고 더욱 목적적합한 정보를 제공할 수 있는 방법을 적용하여 당기손익으로 인식한 비용의 분석내용을 표시한다.

② 비용의 기능별 분류 또는 성격별 분류에 대한 선택은 역사적, 산업적 요인과 기업의 성격에 따라 다르다. 각 방법이 상이한 유형의 기업별로 장점이 있기 때문에 이 기준서는 신뢰성 있고 보다 목적적합한 표시방법을 경영진이 선택하도록 하고 있다.

(6) 성격별 표시방법

① 비용을 상품(제조기업의 경우에는 제품과 재공품)의 변동, 상품매입액(제조기업의 경우에는 원재료사용액), 종업원급여, 감가상각비와 기타상각비, 이자비용, 기타비용 등 성격별로 구분하여 표시하는 방법이다.

② 성격별 분류법에서는 당기손익에 포함된 비용은 그 **성격별**(예 감가상각비, 원재료의 구입, 운송비, 종업원급여와 광고비)**로 통합**하며, **기능별로 재분배하지 않는다.** 비용을 기능별 분류로 배분할 필요가 없기 때문에 적용이 간단할 수 있다.

포괄손익계산서(성격별 분류법)		
㈜한국 20×1년 1월 1일부터 12월 31일까지		(단위: 천 원)
수익		×××
기타수익		×××
총비용		
제품과 재공품의 변동	×××	
원재료와 소모품의 사용액	×××	
종업원급여비용	×××	
감가상각비와 기타상각비	×××	
기타비용	×××	(×××)
법인세비용차감전순이익		×××
법인세비용		(×××)
당기순이익		×××
기타포괄이익		×××
총포괄이익		×××

(7) 기능별 표시방법

① 비용을 매출원가, 물류활동원가(물류비), 관리활동원가(일반관리비), 마케팅비용 등 기능별로 구분하여 표시하는 방법이며, 매출원가를 반드시 다른 비용과 분리하여 공시하는 방법으로 매출원가법이라고도 한다.

② 기능별 비용분류는 성격별 분류보다 재무제표 이용자에게 더욱 목적적합한 정보를 제공한다.

③ 비용의 성격에 대한 정보가 미래현금흐름을 예측하는 데 유용하기 때문에, 비용을 기능별로 분류하는 경우에는 기업은 감가상각비, 기타 상각비와 종업원급여비용을 포함하여 비용의 성격에 대한 추가 정보를 공시한다.

포괄손익계산서(기능별 분류법)	
㈜한국 20×1년 1월 1일부터 12월 31일까지	(단위: 천 원)
수익	×××
매출원가	(×××)
매출총이익	×××
기타수익	×××
물류원가	(×××)
관리비	(×××)
기타비용	(×××)
금융원가	(×××)
관계기업이익에대한지분	×××
법인세비용차감전순이익	×××
법인세비용	(×××)
당기순이익	×××
기타포괄이익	×××
총포괄이익	×××

3. 기타의 재무제표와 재무정보

(1) 자본변동표

① 일정시점 현재 기업실체의 자본의 크기와 일정기간 동안 기업실체의 자본의 변동에 관한 정보를 나타내는 재무제표이다.

② 손익거래의 경우에는 지배기업의 소유주와 비지배지분에 각각 귀속되는 금액으로 구분하여 표시한 해당 기간의 총포괄손익을 당기순손익과 기타포괄손익으로 구분하여 표시한다.

③ 자본거래의 경우에는 소유주에 의한 출자와 소유주에 대한 배분, 지배력을 상실하지 않는 종속기업에 대한 소유지분의 변동을 구분하여 표시한다.

자본변동표

㈜한국　　　20×1년 1월 1일부터 12월 31일까지　　　(단위: 원)

구분	납입자본	이익잉여금	기타자본구성요소	총계
20×1년 1월 1일 잔액	×××	×××	×××	×××
연차배당		(×××)		(×××)
기타이익잉여금 처분액		−		−
중간배당		(×××)		(×××)
유상증자	×××			×××
자기주식 취득	(×××)			(×××)
총포괄이익		×××	×××	×××
20×1년 12월 31일 잔액	×××	×××	×××	×××

(2) 현금흐름표

① 일정기간 동안 기업실체의 현금유입과 현금유출에 대한 정보, 즉 영업활동을 통한 현금창출에 관한 정보, 자본조달을 위한 재무활동 및 투자활동에 관한 현금흐름의 정보를 제공하는 재무제표이다.

② 영업활동은 기업의 주요 수익창출활동, 그리고 투자활동이나 재무활동이 아닌 기타의 활동으로 인한 현금흐름을 표시한다.

③ 투자활동은 장기성 자산 및 현금성자산에 속하지 않는 기타 투자자산의 취득과 처분 활동으로 인한 현금흐름을 표시한다.

④ 재무활동은 기업의 납입자본과 차입금의 크기 및 구성내용에 변동을 가져오는 활동으로 인한 현금흐름을 표시한다.

현금흐름표			
㈜한국	20×1년 1월 1일부터 12월 31일까지		(단위: 원)
영업활동현금흐름			×××
직접법 또는 간접법 중 선택			
투자활동현금흐름			×××
투자활동으로 인한 현금유입액		×××	
투자활동으로 인한 현금유출액		(×××)	
재무활동현금흐름			×××
재무활동으로 인한 현금유입액		×××	
재무활동으로 인한 현금유출액		(×××)	
현금및현금성자산의 증감			×××
기초 현금및현금성자산			×××
기말 현금및현금성자산			×××

(3) 주석

① 주석은 재무상태표, 포괄손익계산서, 자본변동표 및 현금흐름표에 표시하는 정보에 추가하여 제공된 정보이다. 재무제표에는 중요하지 않아 구분하여 표시하지 않은 항목이라도 주석에서는 구분 표시해야 할 만큼 충분히 중요할 수 있다.

② 주석을 체계적으로 배열할 때 다양한 분류방법을 이용할 수 있는데 그 중 한 가지 방법은 포괄손익계산서와 재무상태표의 항목 순서를 따르는 것이다. 이 방법에 따른 주석의 표시 순서는 다음과 같다.

- 한국채택국제회계기준을 준수하였다는 사실
- 적용한 유의적인 회계정책의 요약
- 재무상태표, 포괄손익계산서, 별개의 손익계산서, 자본변동표 및 현금흐름표에 표시된 항목에 대한 보충정보, 재무제표의 배열 및 각 재무제표에 표시된 개별 항목 순서에 따라 표시

(4) 기타 공시

① 상법 등 관련 법규에서 이익잉여금처분계산서(또는 결손금처리계산서)의 작성을 요구하는 경우에는 재무상태표의 이익잉여금(또는 결손금)에 대한 보충정보로서 **이익잉여금처분계산서(또는 결손금처리계산서)를 주석으로 공시한다.**

② 기업은 수익에서 매출원가 및 판매비와 관리비(물류원가 등을 포함)를 차감한 영업 **이익(또는 영업손실)을 포괄손익계산서에 구분하여 표시한다.** 다만 영업의 특수성을 고려할 필요가 있는 경우(예 매출원가를 구분하기 어려운 경우)나 비용을 성격별로 분류하는 경우 영업수익에서 영업비용을 차감한 영업이익(또는 영업손실)을 포괄손익계산서에 구분하여 표시할 수 있다.

③ 영업이익(또는 영업손실) 산출에 포함된 주요항목과 그 금액을 포괄손익계산서 본문에 표시하거나 주석으로 공시한다.

④ 영업이익(또는 영업손실)에 포함되지 않은 항목 중 기업의 영업성과를 반영하는 그 밖의 수익 또는 비용 항목이 있다면 이러한 항목을 추가하여 조정영업이익(또는 조정영업손실) 등의 명칭을 사용하여 주석으로 공시할 수 있으며, 이 경우 다음 내용을 포함한다.

- 추가한 주요항목과 그 금액
- 이러한 조정영업이익(또는 조정영업손실) 등은 해당 기업이 자체 분류한 영업이익(또는 영업손실)이라는 사실

⑤ 다음을 포함한 기타 공시
- 우발부채와 재무제표에서 인식하지 아니한 계약상 약정사항
- 기업의 재무위험관리목적과 정책 등 비재무적 공시사항

출제빈도: ★★☆   대표출제기업: 신용보증기금

01 재무제표 작성과 관련된 설명으로 옳은 것은?

① 기업의 재무제표는 발생기준 회계만을 사용하여 작성하며, 현금기준 회계는 사용하지 않는다.

② 포괄손익계산서상의 비용은 성격별 분류법과 기능별 분류법 중에서 매출원가를 다른 비용과 분리하여 공시하는 기능별 분류법만으로 표시해야 한다.

③ 재무제표 표시에 있어 반드시 유사한 항목은 통합하고, 상이한 성격이나 기능을 가진 항목은 구분하여 표시하여야 한다.

④ 별도의 반증이 없는 한 계속기업을 전제로 재무제표를 작성하고 계속기업은 결산일로부터 10개월 이상의 기간에 대해서 평가한다.

⑤ 한국채택국제회계기준에서 요구하거나 허용하지 않는 한, 자산과 부채 그리고 수익과 비용은 상계처리하지 아니한다.

출제빈도: ★★☆   대표출제기업: 한국남부발전

02 기업회계기준서 제1001호 '재무제표 표시'에 따른 상계표시의 내용으로 옳지 않은 것은?

① 한국채택국제회계기준에서는 별도의 규정이 없는 한 자산, 부채, 수익, 비용은 상계금지가 원칙이다.

② 충당부채와 관련된 지출을 제3자와의 계약관계에 따라 보전받는 경우, 당해 지출과 보전받는 금액은 상계하여 표시할 수 있다.

③ 투자자산 및 영업용자산을 포함한 비유동자산의 처분손익은 처분대금에서 그 자산의 장부금액과 관련처분비용을 차감하여 표시한다.

④ 외환손익 또는 단기매매 금융상품에서 발생하는 손익과 같이 유사한 거래의 집합에서 발생하는 차익과 차손이 중요한 경우에는 구분하여 표시한다.

⑤ 재고자산에 대한 재고자산평가충당금을 차감하여 관련 자산을 순액으로 상계표시한다.

출제빈도: ★★★ 대표출제기업: 한국가스공사

03 재무제표 작성 및 표시에 대한 설명으로 옳지 않은 것은?

① 경영진은 재무제표를 작성할 때 계속기업으로서의 존속가능성을 평가해야 한다.

② 기업은 현금흐름 정보를 제외하고는 발생기준 회계를 사용하여 재무제표를 작성한다.

③ 중요하지 않은 항목은 성격이나 기능이 유사한 항목과 통합하여 표시할 수 있다.

④ 매출채권에 대해 대손충당금을 차감하여 순액으로 측정하는 것은 상계표시에 해당하지 않는다.

⑤ 재무제표에 보고되는 모든 정보(서술형 정보 제외)에 전기 비교정보를 포함한다.

정답 및 해설

01 ⑤
한국채택국제회계기준에서 요구하거나 허용하지 않는 한, 자산과 부채 그리고 수익과 비용은 상계처리하지 아니한다.

오답노트
① 기업은 현금흐름 정보를 제외하고는 발생기준 회계를 사용하여 재무제표를 작성한다.
② 기업은 비용의 성격별 또는 기능별 분류방법 중에서 신뢰성 있고 더욱 목적적합한 정보를 제공할 수 있는 방법을 적용하여 당기손익으로 인식한 비용의 분석내용을 표시한다.
③ 유사한 항목은 중요성 분류에 따라 재무제표에 구분하여 표시한다. 상이한 성격이나 기능을 가진 항목은 구분하여 표시한다. 다만 중요하지 않은 항목은 성격이나 기능이 유사한 항목과 통합하여 표시할 수 있다.
④ 별도의 반증이 없는 한 계속기업을 전제로 재무제표를 작성하고 계속기업은 결산일로부터 12개월 이상의 기간에 대해서 평가한다.

02 ⑤
재고자산에 대한 재고자산평가충당금과 매출채권에 대한 대손충당금과 같은 평가충당금을 차감하여 관련 자산을 순액으로 측정하는 것은 상계표시에 해당하지 아니한다.

03 ⑤
재무제표에 보고되는 모든 정보(서술형 정보 포함)에 전기 비교정보를 포함한다.

출제빈도: ★★☆

04 재무제표 표시에 대한 설명으로 옳지 않은 것은?

① 재무제표의 목적은 광범위한 정보이용자의 경제적 의사결정에 유용한 기업의 재무상태, 재무성과와 재무상태변동에 관한 정보를 제공하는 것이다.

② 전체 재무제표는 적어도 1년마다 작성한다. 따라서 보고기간 종료일을 변경하는 경우라도 재무제표의 보고기간은 1년을 초과할 수 없다.

③ 재무제표의 목적을 충족하기 위하여 자산, 부채, 자본, 차익과 차손을 포함한 광의의 수익과 비용, 소유주로서의 자격을 행사하는 소유주에 의한 출자와 소유주에 대한 배분 및 현금흐름 정보를 제공한다.

④ 재무제표는 위탁받은 자원에 대한 경영진의 수탁책임 결과도 보여준다.

⑤ 부적절한 회계정책은 공시나 주석 등으로 보충 설명하더라도 정당화될 수 없다.

출제빈도: ★★★ 대표출제기업: 한국중부발전

05 재무제표 표시에 제시된 계속기업에 대한 설명으로 옳지 않은 것은?

① 경영진은 재무제표를 작성할 때, 계속기업으로서의 존속가능성을 평가하지 않는다.

② 경영진이 기업을 청산하거나 경영활동을 중단할 의도를 가지고 있지 않거나, 청산 또는 경영활동의 중단 외에 다른 현실적 대안이 없는 경우가 아니면 계속기업을 전제로 재무제표를 작성한다.

③ 계속기업으로서의 존속능력에 유의적인 의문이 제기될 수 있는 사건이나 상황과 관련된 중요한 불확실성을 알게 된 경우, 경영진은 그러한 불확실성을 공시하여야 한다.

④ 재무제표가 계속기업의 기준하에 작성되지 않는 경우에는 그 사실과 함께 재무제표가 작성된 기준 및 그 기업을 계속기업으로 보지 않는 이유를 공시하여야 한다.

⑤ 기업이 상당기간 사업이익을 보고하였고 기말 현재 경영에 필요한 자금이 충분한 경우에는 자세한 분석이 없어도 계속기업이 타당하다는 결론을 내릴 수 있다.

출제빈도: ★★☆

06 유동자산과 유동부채에 대한 설명으로 옳지 않은 것은?

① 기업의 정상영업주기 내에 실현될 것으로 예상하거나, 정상영업주기 내에 판매하거나 소비할 의도가 있는 자산은 유동자산으로 분류한다.

② 보고기간 후 12개월 이내에 실현될 것으로 예상되는 자산은 유동자산으로 분류한다.

③ 보고기간 후 12개월 이상 부채의 결제를 연기할 수 있는 무조건의 권리를 가지고 있지 않은 부채는 유동부채로 분류한다.

④ 매입채무와 같이 기업의 정상영업주기 내에 사용되는 운전자본의 일부항목이라도 보고기간 후 12개월 후에 결제일이 도래할 경우 비유동부채로 분류한다.

⑤ 보고기간 12개월 이내에 결제일이 도래하는 금융부채의 경우, 보고기간 후 재무제표 발행승인일 전에 장기로 만기를 연장하는 약정이 체결된 경우에도 유동부채로 분류한다.

정답 및 해설

04 ②
보고기간 종료일을 변경하는 경우에는 일시적으로 재무제표의 보고기간이 1년을 초과하거나 미달할 수 있다.

05 ①
경영진은 재무제표를 작성할 때, 계속기업으로서의 존속가능성을 평가한다.

06 ④
매입채무와 같은 유동부채는 기업의 정상영업주기 내에 사용되는 운전자본의 일부이므로 보고기간 후 12개월 후에 결제일이 도래한다 하더라도 유동부채로 분류한다.

출제빈도: ★★☆ 대표출제기업: 대구교통공사

07 20×3년 12월 31일 현재 ㈜한국의 재무제표 정보를 이용하여 계산한 유동자산 금액은?

> - 20×1년 10월 1일 3년 만기로 발행한 사채의 장부금액 ₩100,000이 남아 있다.
> - 결산일 현재 만기가 8개월 남은 정기예금 ₩200,000이 있다.
> - 당좌예금 ₩50,000이 있다.
> - 만기가 3년 남은 정기적금 ₩500,000이 있다.
> - ₩100,000에 취득한 당기손익공정가치측정금융자산의 기말 공정가치가 ₩150,000이다.

① ₩900,000   ② ₩500,000   ③ ₩400,000

④ ₩350,000   ⑤ ₩300,000

출제빈도: ★★★ 대표출제기업: KDB산업은행

08 재무상태표의 구성요소에 대한 설명으로 옳지 않은 것은?

① 자산이란 과거 사건의 결과로 기업이 통제하고 있고 미래경제적효익이 기업에 유입될 것으로 기대되는 자원이다.

② 자본은 주주에 대한 의무로서 기업이 가지고 있는 자원의 활용을 나타낸다.

③ 부채란 과거사건으로 생긴 현재의무로서, 기업이 가진 경제적효익이 있는 자원의 유출을 통해 그 이행이 예상되는 의무이다.

④ 일반적으로 자본은 자본금, 자본잉여금, 자본조정, 기타포괄손익누계액, 이익잉여금으로 구분한다.

⑤ 자본의 장부금액은 자본의 시가와 일반적으로 일치하지 않는다.

출제빈도: ★★☆

09 한국채택국제회계기준에서 규정하고 있는 재무제표의 작성과 표시에 대한 설명으로 옳은 것은?

① 자산과 부채를 표시함에 있어 계정과목은 유동과 비유동으로 구분한 다음, 유동성이 큰 순서대로 표시한다.

② 부채로 인식하기 위해서는 부채 인식 당시에 상환금액 및 상환시기를 확정할 수 있어야 한다.

③ 주석에는 '적용한 유의적인 회계정책의 요약'보다는 '한국채택국제회계기준을 준수하였다는 사실'을 먼저 표시하는 것이 일반적이다.

④ 현금흐름표 작성 시 배당금 수취는 영업 또는 투자활동으로 분류할 수 있으나, 배당금 지급은 재무활동으로 분류하여 표시해야 한다.

⑤ 자산, 부채의 일부는 유동·비유동 구분법, 나머지는 유동성순서배열법으로 표시하는 방법은 허용하지 않는다.

출제빈도: ★★★

10 재무제표 표시 중 포괄손익계산서에 대한 설명으로 옳지 않은 것은?

① 기타포괄손익의 항목(재분류조정 포함)과 관련한 법인세비용 금액은 포괄손익계산서나 주석에 공시하지 않는다.

② 기업의 재무성과를 이해하는 데 목적적합한 경우에는 당기손익과 기타포괄손익을 표시하는 보고서에 항목, 제목 및 중간합계를 추가하여 표시한다.

③ 한 기간에 인식되는 모든 수익과 비용 항목은 한국채택국제회계기준이 달리 정하지 않는 한 당기손익으로 인식한다.

④ 기업은 수익에서 매출원가 및 판매비와 관리비(물류원가 등을 포함)를 차감한 영업이익(또는 영업손실)을 포괄손익계산서에 구분하여 표시한다.

⑤ 기능별 분류법에서는 매출원가는 반드시 표시해야 된다.

정답 및 해설

07 ③

₩200,000(정기예금) + ₩50,000(당좌예금) + ₩150,000(당기손익공정가치측정금융자산) = ₩400,000

08 ②

기업이 가지고 있는 자원의 활용을 나타내는 것은 자산이다.

09 ③

주석에는 '적용한 유의적인 회계정책의 요약'보다는 '한국채택국제회계기준을 준수하였다는 사실'을 먼저 표시하는 것이 일반적이다.

오답노트

① 유동성순서에 따른 표시방법이 신뢰성 있고 더욱 목적적합한 정보를 제공하는 경우를 제외하고는 유동자산과 비유동자산, 유동부채와 비유동부채로 재무상태표에 구분하여 표시한다. 유동성순서에 따른 표시방법을 적용할 경우 모든 자산과 부채는 유동성의 순서에 따라 표시한다. 한편, 신뢰성 있고 더욱 목적적합한 정보를 제공한다면 자산과 부채의 일부는 유동·비유동 구분법으로, 나머지는 유동성순서에 따른 표시방법으로 표시하는 것이 허용된다. 이러한 혼합표시방법은 기업이 다양한 사업을 영위하는 경우에 필요할 수 있다.

② 지출의 시기와 금액이 불확실한 부채는 충당부채로 인식할 수 있다.

④ 현금흐름표 작성 시 배당금 수취는 영업 또는 투자활동으로 분류할 수 있으나, 배당금 지급은 영업 또는 재무활동으로 분류하여 표시해야 한다.

⑤ 자산, 부채의 일부는 유동·비유동 구분법, 나머지는 유동성순서배열법으로 표시하는 방법도 허용한다.

10 ①

기타포괄손익의 항목(재분류조정 포함)과 관련한 법인세비용 금액은 포괄손익계산서나 주석에 공시한다.

11 포괄손익계산서에 대한 설명으로 옳지 않은 것은?

① 비용을 기능별로 분류하는 기업은 감가상각비, 기타 상각비와 종업원급여비용을 포함하여 비용의 성격에 대한 추가 정보를 공시한다.

② 재분류조정을 주석에 표시하는 경우에는 관련 재분류조정을 반영한 후에 당기손익의 항목을 표시한다.

③ 수익과 비용의 어느 항목도 당기손익과 기타포괄손익을 표시하는 보고서 또는 주석에 특별손익 항목으로 표시할 수 없다.

④ 유형자산재평가잉여금을 이익잉여금으로 대체하는 경우 그 금액은 당기손익으로 인식하지 않는다.

⑤ 기타포괄손익 표시방법은 당기손익으로 재분류되지 않는 항목과 재분류되는 항목으로 구분표시해야 한다.

12 재무제표 표시에 대한 설명으로 옳지 않은 것은?

① 재무제표의 항목을 소급하여 재분류하고, 이러한 소급재분류가 전기 기초 재무상태표의 정보에 중요한 영향을 미치는 경우 전기 기초 재무상태표도 전체 재무제표에 포함된다.

② 한국채택국제회계기준은 오직 재무제표에만 적용하며, 재무제표는 동일한 문서에 포함되어 함께 공표되는 그 밖의 정보와 명확하게 구분되고 식별되어야 한다.

③ 기업이 재무상태표의 자산과 부채를 유동과 비유동으로 구분 표시하는 경우, 어떤 경우라도 이연법인세자산(부채)은 유동자산(부채)으로 분류하지 아니한다.

④ 일반적으로 수익과 비용은 포괄손익계산서에 특별손익 항목으로 표시할 수 없지만, 천재지변 등 예외적인 경우에 한하여 해당 수익과 비용을 특별손익 항목으로 주석에 표시할 수 있다.

⑤ 당기손익에 대한 법인세(법인세비용)는 세전이익과 구분하여 표시해야 한다.

13 재무제표와 관련된 설명으로 옳은 것만을 모두 고른 것은?

> ㄱ. 현금흐름표는 일정 회계기간 동안의 기업의 영업활동, 투자활동, 재무활동으로 인한 현금의 유입과 유출에 관한 정보를 제공한다.
> ㄴ. 재무상태표는 일정시점의 기업의 재무상태에 관한 정보를 제공한다.
> ㄷ. 자본변동표는 일정 회계기간 동안의 기업의 경영성과에 관한 정보를 제공한다.
> ㄹ. 재무제표의 작성과 표시에 대한 책임은 소유주인 주주에게 있고, 반드시 공인회계사에게 외부검토를 받아야 한다.
> ㅁ. 포괄손익계산서에서는 당기순손익에 기타포괄손익을 더한 총포괄손익을 나타낸다.

① ㄱ, ㄴ, ㄷ   ② ㄱ, ㄴ, ㅁ   ③ ㄴ, ㄷ, ㄹ

④ ㄷ, ㄹ, ㅁ   ⑤ ㄴ, ㄷ, ㅁ

출제빈도: ★★☆ 대표출제기업: 한국중부발전

14 주석에 관한 설명으로 옳지 않은 것은?

① 한국채택국제회계기준에서 요구하는 정보이지만 재무제표 어느 곳에도 표시되지 않는 정보를 제공한다.

② 재무제표 어느 곳에도 표시되지 않지만 재무제표를 이해하는 데 목적적합한 정보를 제공한다.

③ 재무제표의 이해가능성과 비교가능성에 미치는 영향을 고려하여 실무적으로 적용 가능한 한 체계적인 방법으로 표시한다.

④ 재무제표에 첨부되는 서류로 주요 계정과목의 변동을 세부적으로 기술한 보조적 명세서이다.

⑤ 상법 등 관련 법규에서 이익잉여금처분계산서의 작성을 요구하는 경우에는 주석으로 공시할 수 있다.

정답 및 해설

11 ②
재분류조정을 주석에 표시하는 경우에는 관련 재분류조정을 반영한 후에 기타포괄손익의 항목을 표시한다.

12 ④
포괄손익계산서 또는 주석에 특별손익 항목을 표시할 수 없다.

13 ②
재무제표에 대한 설명으로 옳은 것은 ㄱ, ㄴ, ㅁ이다.

오답노트
ㄷ. 포괄손익계산서는 일정 회계기간 동안의 기업의 경영성과에 관한 정보를 제공한다.
ㄹ. 재무제표의 작성과 표시에 대한 책임은 회사(경영자)에 있다.

14 ②
주석은 재무제표의 일부로서 재무제표에 포함된다.

제5장 | 상품매매기업의 회계처리

상기업의 매출·매입 회계처리	• 계속기록법: 매출 시 매출원가에 대한 회계처리를 함 • 실지재고조사법: 매출 시 매출만 회계처리를 함, 기말 수정분개를 통해서 매출원가에 대한 회계처리를 함
포괄손익계산서상의 매출액	• 순매출액 = 총매출액 – 매출에누리 – 매출환입 – 매출할인
포괄손익계산서상의 매출원가	• 매출원가 = 기초상품 + 당기순매입액[*1] – 기말상품 (*1) 순매입액 = 총매입액 + 매입운임 – 매입에누리 – 매입환출 – 매입할인

01 기업의 종류   출제빈도 ★

1. 개인기업과 법인기업

① 기업실체는 기업의 형태에 따라 개인기업과 법인기업으로 구분된다.

② 개인기업은 기업의 소유주인 개인과 기업실체가 동일한 인격체로 취급된다. 즉, 기업 실체는 소유주인 개인에 속해 있고 별개의 실체로 파악되지 않는다. 따라서 기업실체 의 자산과 부채는 소유주 개인의 자산과 부채가 되며 소유주가 소득세를 부담하는 것 으로 과세가 종결된다. 개인기업은 개인이 사망하는 경우 기업실체가 자동적으로 소 멸된다.

③ 법인기업은 개인과는 인격적으로 구분되는 법인을 설립하고, 당해 법인에 별도의 인 격을 부여하여 사업을 하는 경우 당해 기업을 말한다. 즉, 기업실체를 소유주인 개인 과 별개의 실체로 파악하는 것이다.

④ 이때 법인기업의 자산과 부채는 법인기업에 속하는 것이며, 법인기업을 설립한 개인 과는 무관한 것이다. 과세에 있어서도 법인기업은 법인세법에 따라, 소유주인 개인은 소득세법에 따라 각각 과세를 한다. 법인기업은 개인이 사망하는 경우에도 기업실체 가 계속적으로 존속된다.

⑤ 한편, 법인기업의 종류에는 상법의 규정에 따라 합명회사, 합자회사, 유한회사, 유한 책임회사 및 주식회사의 5가지 형태가 있으며 법인기업은 이 중 주식회사의 형태를 갖는 경우가 대부분이다. 재무회계는 일반적으로 주식회사를 기업실체의 주요 대상으 로 하고 있다.

2. 상기업과 제조기업 및 서비스기업

① 기업은 영업의 종류에 따라 상품매매기업(상기업), 제조기업 및 서비스기업으로 구분할 수 있다.

② 상품매매기업은 상품을 제조기업 등으로부터 구매하여 고객에게 판매하는 기업으로 주로 유통업체들이 여기에 해당한다. 제조기업은 원재료를 이용하여 제품을 직접 제조한 후에 이를 고객에게 판매하는 기업인데 우리나라 대부분의 기업들이 제조기업에 속한다. 서비스 기업은 용역이나 서비스를 제공하는 기업으로 은행, 보험회사 등을 예로 들 수 있다.

③ 재무회계는 **상품매매기업**을 주요 대상으로 하여 논의를 전개한다. 제조기업의 회계처리는 대부분의 영역에서 상품매매기업의 회계처리와 동일하다. 다만, 제조기업은 상품매매기업에 비해 제품(재고자산)의 생산이라는 활동이 추가되므로 재고자산의 회계처리가 상품매매기업에 비해 다소 복잡하다. 제조기업의 재고자산(제품원가)에 대한 회계처리는 원가회계에서 다루는 내용이다. 서비스기업은 용역을 제공하는 회사로 대부분의 회계처리가 상품매매기업과 동일하다.

02 | 계속기록법 출제빈도 ★

1. 의의

상품을 매입 시 매입원가를 상품계정에 기록하고, 매출 시에는 판매가격과 판매한 상품의 매입원가를 매출계정과 매출원가계정에 각각 기록하는 방법이다.

2. 회계처리

① 수익(매출)과 비용(매출원가)을 각각 총액으로 손익계산서에 보고하게 된다.

상품 매입 시	(차) 상품	×××(매입원가)	(대) 현금	×××
상품 매출 시	(차) 현금	×××	(대) 매출	×××(판매가격)
	매출원가	×××	상품	×××(매입원가)

② 이런 측면에서는 위의 분개가 바람직하지만 일반적으로는 이러한 분개를 잘 사용하지 않는다. 이유는 위와 같은 분개가 가능하기 위해서는 상품을 판매할 때마다 판매된 상품의 구입가격을 일일이 파악해야 하기 때문이다.

③ 상품의 판매수량이 많지 않은 경우에는 상품의 구입가격을 파악하는 것이 어렵지 않을 수 있으나 상품의 입출고가 빈번한 대부분의 상기업에서는 수시로 상품의 구입가격을 파악하는 일이 쉽지 않다.

④ 이 방법은 매출 시마다 상품매출손익을 알 수 있지만, 일일이 판매한 상품의 매입원가를 파악해야 하는 번거로움이 있다. 따라서 귀금속매매업, 부동산매매업 등에서 제한적으로 사용한다.

⑤ 따라서 상품을 판매하는 경우에 매출에 대한 기록만 하고 매출원가는 기말수정분개를 통해 인식하는 것이 일반적이다.

03 실지재고조사법

출제빈도 ★★

1. 매입계정

① 상품매매기업(상기업)은 제조기업 등으로부터 상품을 구매하여 판매하는 기업으로 상품의 매입이 빈번하게 일어난다. 상품의 매입 시 일반적으로 생각할 수 있는 분개는 아래와 같다.

> **[상품의 구입 시]**
> (차) 상품   ×××   (대) 매입채무   ×××

② 그러나 위와 같이 상품의 구입 시에 상품계정의 차변에 기록을 하게 되면 전기에서 이월된 기초상품과 당기에 구입한 상품을 구분할 수 없게 되는 문제가 있다. 따라서 상품을 구입할 때는 상품계정에 기록하지 않고 매입이라는 별도의 계정에 기록하게 된다.

> **[상품의 구입 시]**
> (차) 매입   ×××   (대) 매입채무   ×××

2. 기중 회계처리

① 상품 등 재고자산의 매매거래는 기업의 주요 영업활동에 해당하는 것이므로 총액으로 수익(매출)과 비용(매출원가)을 보고하는 것이 외부정보이용자에게 더욱 유용한 정보가 될 수 있다.
② 상품을 매입 시 매입원가를 매입계정에 기록하고, 판매 시에는 판매가격을 매출계정에 기록하고, 매출원가는 기말에 상품재고액을 실지조사를 하여 한꺼번에 기록하는 방법으로 가장 일반적인 상품매매의 회계처리방법이다.

상품 매입 시	(차) 매입	×××(매입원가)	(대) 현금	×××
상품 매출 시	(차) 현금	×××	(대) 매출	×××(판매가격)

3. 실지재고조사법의 결산수정분개(매출원가법)

① 기말에 매출원가는 기초상품재고액과 당기상품매입액의 합계액(당기판매가능상품원가)에서 기말상품재고실사액을 차감하여 계산한다.

> 매출원가 = 기초상품재고액 + 당기상품매입액 − 기말상품재고실사액

② 상품의 매매를 실지재고조사법으로 회계처리를 하면 기중의 매출수익과 매입액은 매출계정과 매입계정에 기록하지만, 매출원가는 어느 계정에도 기록하지 않는다. 따라서 기말에 상품재고액을 실지조사하고 장부상에 매출원가와 기말상품재고액을 기록하기 위한 결산수정분개를 하여야 한다.

- 상품계정의 차변잔액(기초상품재고액)을 매출원가계정의 차변으로 대체

(차) 매출원가	×××	(대) 상품(기초)	×××

- 매입계정의 차변잔액(당기상품매입액)을 매출원가계정의 차변으로 대체

(차) 매출원가	×××	(대) 매입	×××

- 기말상품재고실사액을 매출원가계정의 차변에서 상품계정의 차변으로 대체

(차) 상품(기말)	×××	(대) 매출원가	×××

시험문제 미리보기!

다음의 자료를 이용해서 매출원가를 인식하기 위한 기말수정분개를 수행하시오.

- 회사의 기초상품재고액은 ₩5,000이다.
- 회사는 1월 8일 상품 ₩20,000을 현금으로 구입하였다.
- 회사는 9월 18일 상품 ₩30,000을 외상으로 구입하였다.
- 12월 31일 현재 회사가 보유하고 있는 기말상품재고액은 ₩25,000이다.

해설   (1) 기초상품재고액을 매출원가로 대체
         (차) 매출원가   5,000   (대) 상품   5,000
       (2) 당기매입액을 매출원가로 대체
         (차) 매출원가   50,000   (대) 매입   50,000
       (3) 기말상품재고액을 매출원가에서 상품계정으로 대체
         (차) 상품   25,000   (대) 매출원가   25,000

04 상품매매 관련 부대비용 · 반품 · 에누리 및 할인   출제빈도 ★★

1. 상품매매에 따른 비용

① 상품의 매매와 관련해서 운반비, 하역비, 매입수수료 등 여러 가지 비용이 발생할 수 있다.

선적지인도기준	구매자가 부담 ⇨ 구매자의 **상품취득원가에 가산**
도착지인도기준	판매자가 부담 ⇨ **당기비용(판매비)으로 처리**

② 상품의 판매자와 구매자는 매매계약을 체결할 때 상품의 운송에 대한 책임을 누가 질 것인지에 대하여 합의하게 되는데, 이는 선적지인도기준이나 도착지인도기준으로 명시된다.

③ 선적지인도기준은 상품의 선적시점에서 소유권이 판매자에서 구매자로 이전된다는 것을 의미하므로 이 경우에는 상품에 대한 운반비용을 구매자가 부담하게 된다.

④ 도착지인도기준은 상품이 목적지에 도착되는 시점에서 소유권이 판매자에서 구매자로 이전된다는 것을 의미하므로 이 경우에는 상품에 대한 운반비용을 판매자가 부담하게 된다.

⑤ 상품의 구매자 입장에서는 상품매입과 관련된 비용으로서 운반비 이외에 상품의 하역에 따른 하역비, 상품의 매입과 관련된 수수료 등이 발생할 수 있는데 상품의 구매자는 자기가 부담하는 운반비나 하역비 또는 매입수수료 등 상품의 취득과 관련하여 발생하는 모든 지출을 상품의 취득원가로 처리해야 한다. 따라서 상품의 취득원가에는 상품의 매입가격뿐만 아니라 운반비, 하역비, 매입수수료 등 취득과정에서 직접 소요된 지출액까지 포함된다.

2. 반품

① 상품을 매매한 후 파손, 결함 등 상품에 하자가 발생한 경우에 당해 상품을 구매자가 반품하는 것을 매입환출이라고 하고, 판매자가 반품을 받는 것을 매출환입이라고 한다.

② 매입환출은 **총매입액에서 차감**한다.

③ 매출환입은 **총매출액에서 차감**한다.

3. 에누리

① 에누리는 상품을 매매한 후 파손, 결함 등 상품에 하자가 발생한 경우에 당해 상품을 반품처리하지 않고 매매대금의 일부를 감액하는 것으로 구매자가 감액을 받은 것은 매입에누리라고 하고, 판매자가 감액을 해주는 것을 매출에누리라고 한다.

② 매입에누리는 **총매입액에서 차감**한다.

③ 매출에누리는 **총매출액에서 차감**한다.

4. 할인

① 할인이란 판매자가 판매대금의 회수를 촉진하기 위하여 판매 후 일정기간 이내에 회수되는 경우 구매자에게 추가적으로 결제대금을 감액하는 경우를 말한다. 할인조건은 일반적으로 '2/10, n/30' 조건으로 표시되는데, 이 표시의 의미는 판매대금을 판매일로부터 30일 이내에 결제하여야 하며, 10일 이내에 결제하는 경우에는 판매대금의 2%를 할인하여 준다는 것을 뜻한다.

② 구매자가 감액을 받는 것을 매입할인이라고 하고, 판매자가 감액해 주는 것을 매출할인이라고 한다.

③ 매입할인은 총매입액에서 차감한다.

④ 매출할인은 총매출액에서 차감한다.

5. 포괄손익계산서상의 매출액 및 매입액

상품매매와 관련된 부대비용·반품·에누리 및 할인이 있는 경우의 포괄손익계산서상의 순매출액과 순매입액은 다음과 같이 계산한다.

① 순매출액 = 총매출액 − 매출환입 − 매출에누리 − 매출할인

② 순매입액 = 총매입액 + 매입부대비용 − 매입환출 − 매입에누리 − 매입할인

6. 부대비용·반품·에누리·할인의 회계처리

구분	매입				판매			
외상 매매	(차) 매입	×××	(대) 매입채무	×××	(차) 매출채권	×××	(대) 매출	×××
부대 비용	(차) 매입	×××	(대) 현금	×××	(차) 판매비	×××	(대) 현금	×××
반품	(차) 매입채무	×××	(대) 매입 (매입환출)	×××	(대) 매출 (매출환입)	×××	(대) 매출채권	×××
에누리	(차) 매입채무	×××	(대) 매입 (매입에누리)	×××	(대) 매출 (매출에누리)	×××	(대) 매출채권	×××
할인	(차) 매입채무	×××	(대) 현금 매입 (매입할인)	××× ×××	(대) 현금 매출 (매출할인)	××× ×××	(대) 매출채권	×××

〈에누리·환출입·할인·운임〉

	포괄손익계산서		
에누리·환입·할인 차감	매출		×××
	매출원가		(×××)
	기초상품	×××	
에누리·환출·할인 차감	(+)당기매입	×××	
매입운임 가산	(−)기말상품	(×××)	
	매출총이익		×××
매출운임 분류	판매비		(×××)
	관리비		(×××)
	영업이익		×××

📋 시험문제 미리보기!

㈜한국이 ㈜서울로부터 상품 ₩10,000을 '2/10, n/30' 조건으로 외상구입하였다. ㈜한국이 10일 이내에 결제하는 경우와 그렇지 않은 경우로 나누어 ㈜한국과 ㈜서울 입장에서의 분개를 수행하시오.

해설　(1) ㈜한국
　　　　[상품을 구입한 시점]
　　　　(차) 매입　　　　　　　10,000　　(대) 매입채무　　　　　10,000
　　　　[10일 이내에 결제하는 경우]
　　　　(차) 매입채무　　　　　10,000　　(대) 현금　　　　　　　9,800
　　　　　　　　　　　　　　　　　　　　　　　매입(할인)　　　　　　 200

　　　　[10일을 초과하여 결제하는 경우]
　　　　(차) 매입채무　　　　　10,000　　(대) 현금　　　　　　　10,000
　　　(2) ㈜서울
　　　　[상품을 판매한 시점]
　　　　(차) 매출채권　　　　　10,000　　(대) 매출　　　　　　　10,000
　　　　[10일 이내에 회수하는 경우]
　　　　(차) 현금　　　　　　　9,800　　(대) 매출채권　　　　　10,000
　　　　　　매출(할인)　　　　　 200
　　　　[10일을 초과하여 회수하는 경우]
　　　　(차) 현금　　　　　　　10,000　　(대) 매출채권　　　　　10,000

▤ 시험문제 미리보기!

다음은 ㈜한국의 20×1 회계연도의 매출 및 매입 관련 자료이다. 매출총이익을 구하시오.

• 총매출액	₩1,000	• 총매입액	₩700
• 기초재고	₩400	• 기말재고	₩300
• 매출환입	₩100	• 매입에누리	₩100
• 매출할인	₩100	• 매입할인	₩100
• 매입운임	₩100		

해설

포괄손익계산서

매출	₩1,000 − ₩100(환입) − ₩100(할인)	₩800
매출원가		(700)
기초상품		₩400
(+)당기매입	₩700 − ₩100(에누리) − ₩100(할인) + ₩100(운임) = 600	
(−)기말상품		(300)
매출총이익		₩100

05 이익률 출제빈도 ★

1. 매출액 대비 이익률(매출총이익률)

매출원가 80	매출총이익 20
매출액 100	

① 매출총이익률 $= \dfrac{\text{매출총이익}}{\text{매출액}} = \dfrac{20}{100} = 20\%$

② 매출원가율 $= \dfrac{\text{매출원가}}{\text{매출액}} = \dfrac{80}{100} = 80\%$

③ 매출원가율 $= 1 -$ 매출총이익률

④ 매출원가 $=$ 매출액 $\times$ 매출원가율 $= 100 \times 0.8 = 80$

2. 매출원가 대비 매출총이익률(이익가산율)

매출원가 80	매출총이익 20
매출액 100	

① 원가에 대한 이익률 $= \dfrac{\text{매출총이익}}{\text{매출원가}} = \dfrac{20}{80} = 25\%$

② 매출원가 $= \dfrac{\text{매출액}}{(1 + \text{원가에 대한 이익률})} = \dfrac{100}{1.25} = 80$

---

06 비용으로 인식하는 재고자산의 표시   출제빈도 ★★

1. 기능별 표시방법(매출원가법)

① 비용을 매출원가, 물류활동원가(물류비), 관리활동원가(일반관리비), 마케팅비용 등 기능별로 구분하여 표시하는 방법으로 매출원가를 분리하여 공시한다.
② 비용을 기능별로 분류하는 방식은 성격별 분류보다 더욱 목적적합한 정보를 제공할 수 있지만 비용을 기능별로 분류하는 데 자의적인 배분과 상당한 정도의 판단이 개입될 수 있다.
③ 비용을 기능별로 분류하는 기업은 비용의 성격에 대한 추가 정보를 공시한다.
④ 비용의 성격에 대한 정보가 미래현금흐름을 예측하는 데 유용하기 때문에 비용을 기능별로 분류하는 경우에는 추가 공시가 필요하다.

2. 성격별 표시방법

① 비용을 제품과 재공품(상기업의 경우에는 상품)의 변동, 원재료사용액(상기업의 경우에는 상품매입액), 종업원급여, 감가상각비, 이자비용, 기타비용 등 성격별로 구분하여 표시하는 방법이다.
② 재고자산의 순변동액과 매출원가를 주석으로 공시한다.

3. 기능별 표시방법 및 성격별 표시방법

포괄손익계산서 작성 시 기말수정분개한다.

사례

상품

기초	200,000	감소	1,000,000
매입	1,100,000	기말	300,000
	1,300,000		1,300,000

구분	합계	물류활동	마케팅활동	일반관리활동	기타활동
감가상각비	100,000	40,000	20,000	30,000	10,000
종업원급여	150,000	50,000	60,000	20,000	20,000
기타비용	50,000	10,000	10,000	20,000	10,000
	300,000	100,000	90,000	70,000	40,000

I/S(기능별)			I/S(성격별)	
매출	×××		매출	×××
매출원가	(1,000,000)		기타수익	×××
매출총이익	×××		상품의 변동	100,000 ⎫ 상품감소액
기타수익	×××		상품매입액	(1,100,000) ⎭ 1,000,000
마케팅비	(90,000)		감가상각비	(100,000)
물류비	(100,000)		종업원급여	(150,000)
일반관리비	(70,000)		기타비용	(50,000)
기타비용	(40,000)			

⇨ 성격별 내역 주석공시   ⇨ 상품순변동액과 매출원가 주석공시

(1) 기능별 표시방법의 기말수정분개(매출원가 수정분개)

(차) 매출원가	200,000	(대) 상품	200,000
매출원가	1,100,000	매입	1,100,000
상품	300,000	매출원가	300,000

(2) 성격별 표시방법의 기말수정분개

(차) 상품	100,000	(대) 상품의 변동	100,000

출제예상문제

출제빈도: ★★★ 대표출제기업: 한국에너지공단

01 상품매매기업인 ㈜한국의 결산시점에서 각 계정의 잔액이 다음과 같을 때 매출원가와 매출총이익은?

• 기초재고	₩48,000	• 당기총매입	₩320,000
• 매입에누리	₩3,000	• 매입할인	₩2,000
• 매입운임	₩1,000	• 매입환출	₩4,000
• 당기총매출	₩700,000	• 매출할인	₩16,000
• 매출에누리	₩18,000	• 매출환입	₩6,000
• 매출운임	₩1,000	• 광고비	₩39,000
• 급여	₩60,000	• 수선유지비	₩5,000
• 기말재고	₩30,000		

	매출원가	매출총이익
①	₩329,000	₩331,000
②	₩330,000	₩330,000
③	₩332,000	₩328,000
④	₩338,000	₩362,000
⑤	₩338,000	₩352,000

출제빈도: ★★★ 대표출제기업: 한국공항공사

02 다음은 ㈜한국의 20×1년도 재무상태표와 포괄손익계산서의 일부 자료이다. ㈜한국이 당기에 상품 매입대금으로 지급한 현금액은?

• 기초상품재고액	₩30,000	• 기말상품재고액	₩45,000
• 매입채무 기초잔액	₩18,000	• 매입채무 기말잔액	₩15,000
• 매출액	₩250,000	• 매출총이익률	40%

① ₩150,000   ② ₩162,000   ③ ₩165,000

④ ₩166,000   ⑤ ₩168,000

정답 및 해설

01 ②

매출운임, 광고비, 급여, 수선유지비는 판매비와 관리비 등으로 처리되는 계정으로 매출총이익을 구하는 과정에 포함하지 않는다.

포괄손익계산서

매출	₩700,000 − ₩18,000(에누리) − ₩16,000(할인) − ₩6,000(환입)	₩660,000
매출원가		(330,000)
기초상품	₩48,000	
(+)당기매입	₩320,000 − ₩3,000 − ₩2,000 + ₩1,000 − ₩4,000 = ₩312,000	
(−)기말상품	(₩30,000)	
매출총이익		₩330,000

02 ⑤

(1) 매출원가: ₩250,000 × 60% = ₩150,000
(2) 매입

상품

기초	30,000	매출원가	150,000
매입	165,000	기말	45,000
	195,000		195,000

(3) 매입대금으로 지급한 현금액

매입채무

현금	168,000	기초	18,000
기말	15,000	매입	165,000
	183,000		183,000

03 ㈜한국의 수정전시산표의 각 계정잔액이 다음과 같다. 매출총이익이 ₩2,000일 때, 총매입액은?

매출관련 자료		매입관련 자료	
총매출	₩11,000	총매입	?
매출에누리	₩1,000	매입에누리	₩800
매출운임	₩300	매입운임	₩200
재고관련 자료			
기초재고	₩600		
기말재고	₩500		

① ₩8,500   ② ₩8,600   ③ ₩8,700

④ ₩8,800   ⑤ ₩8,900

04 ㈜한국은 20×1년 1월 1일 영업을 개시하였다. 20×1년 12월 31일 회계자료가 다음과 같을 때, 20×1년도 매출총이익은?

• 매출총액	₩200,000	• 매입에누리	₩1,000	• 임차료	₩5,000
• 매입총액	₩100,000	• 매출운임	₩5,000	• 급여	₩15,000
• 매입운임	₩10,000	• 매출할인	₩5,000	• 매입할인	₩1,000
• 이자수익	₩10,000	• 기말상품재고	₩15,000	• 기계처분손실	₩2,000

① ₩102,000   ② ₩112,000   ③ ₩122,000

④ ₩132,000   ⑤ ₩142,000

출제빈도: ★★☆

05 비용의 성격별 분류와 기능별 분류에 대한 설명으로 옳은 것은?

① 비용의 성격별 분류는 기능별 분류보다 재무제표 이용자에게 더욱 목적적합한 정보를 제공할 수 있다.

② 비용의 성격별 분류는 기능별 분류보다 비용을 배분하는 데 자의성과 상당한 정도의 판단이 개입될 수 있다.

③ 비용을 성격별로 분류하는 경우 비용을 기능별 분류로 배분할 필요가 없기 때문에 적용이 간단할 수 있다.

④ 비용의 기능별 분류는 성격별 분류보다 미래현금흐름을 예측하는 데 더 유용하다.

⑤ 비용의 성격별 분류 시에 기능별 분류에 대한 내용을 주석으로 추가공시해야 한다.

정답 및 해설

03 ①
   (1) 순매출: ₩11,000 − ₩1,000 = ₩10,000
   (2) 매출원가: ₩10,000 − ₩2,000 = ₩8,000
   (3) 순매입: ₩8,000 + ₩500 − ₩600 = ₩7,900
   (4) 총매입: ₩7,900 + ₩800 − ₩200 = ₩8,500

04 ①
   (1) 순매출액: ₩200,000 − ₩5,000(매출할인) = ₩195,000
   (2) 순매입액: ₩100,000 + ₩10,000(매입운임) − ₩1,000(매입에누리) − ₩1,000(매입할인) = ₩108,000
   (3) 매출원가: ₩108,000(순매입액) − ₩15,000(기말상품) = ₩93,000
   (4) 매출총이익: ₩195,000 − ₩93,000 = ₩102,000

05 ③
   비용을 성격별로 분류하는 경우 비용을 기능별 분류로 배분할 필요가 없기 때문에 적용이 간단할 수 있다.

[오답노트]
① 비용의 기능별 분류는 성격별 분류보다 재무제표 이용자에게 더욱 목적적합한 정보를 제공할 수 있다.
② 비용의 기능별 분류는 비용을 배분하는 데 자의성과 상당한 정도의 판단이 개입될 수 있다.
④ 비용의 성격별 분류는 미래현금흐름을 예측하는 데 더 유용하다.
⑤ 비용의 성격별 분류 시에 기능별 분류에 대한 내용을 주석으로 추가공시할 필요가 없다.

제6장 | 재고자산

재고자산의 취득원가 결정	• 재고자산의 취득원가 • 기타원가 • 발생기간의 비용으로 인식하여야 하는 원가의 예		

기말재고자산에 포함할 항목	구분	기말재고자산포함(수익인식 안 함)	
	미착상품	• 선적지 인도조건: 매입자의 기말재고 • 도착지 인도조건: 판매자의 기말재고	
	위탁판매	• 수탁자가 판매하지 못한 적송품(위탁자의 기말재고)	
	시용판매	• 매입의사표시 없는 시송품	
	할부판매	• 재고자산에서 제외	
	재매입약정	• 재고자산에 포함(금융약정에 해당하는 경우 차입거래임)	
	저당상품	• 재고자산에 포함	
	미인도청구약정	• 재고자산에서 차감	

원가배분	구분	종류	
	수량결정법	계속기록법, 실지재고조사법, 병행법	
	단가결정방법	개별법, 선입선출법, 후입선출법, 평균법	

특수한 원가배분방법	매출총이익률법	• 판매가능상품재고 = 기초 + 당기순매입액 • 매출원가(추정) = (순)매출액 × 매출원가율 • 기말재고(추정) = 판매가능상품재고 − 매출원가(추정)	
	소매재고법	• 기말재고(매가)의 산정 • 원가율의 산정 • 기말재고(원가) = 기말재고(매가) × 원가율 • 매출원가의 산정	

재고자산 감모손실과 평가손실	재고자산 감모손실	(장부수량 − 실제수량) × 취득원가	
	재고자산 평가손실	실제수량 × {취득원가 − Min[취득원가, 시가]}	
	재무상태표에 표시될 재고	실제수량 × Min[취득원가, 시가]	

1. 용어정리

(1) 재고자산

① 재고자산은 통상적인 영업과정에서 판매를 위하여 보유 중인 자산(제품, 상품)과 통상적인 영업과정에서 판매를 위하여 생산 중인 자산(반제품, 재공품) 및 판매목적인 자산의 생산이나 용역제공에 사용될 원재료나 저장품을 말한다.

② 재고자산은 기업의 통상적인 영업활동과 관련하여 보유하고 있는 자산을 의미하므로 기업이 영위하는 영업활동의 종류에 따라 재고자산의 성격은 달라진다.

③ 예를 들어, 일반적인 제조기업이나 상기업이 가지고 있는 토지나 건물은 유형자산에 해당하지만 부동산매매기업이 보유하는 토지나 건물은 재고자산에 해당한다. 또한 유가증권은 일반적으로 투자자산 등으로 분류되지만 금융회사의 경우에는 재고자산으로 분류된다. 이렇듯 재고자산은 기업이 영위하는 영업활동의 성격에 맞게 분류되어야 한다.

④ 재고자산은 외부로부터 매입하여 재판매를 위해 보유하는 상품, 토지 및 기타 자산, 완제품과 생산 중인 재공품을 포함하며, 생산에 투입될 원재료와 소모품을 포함한다. 용역제공기업의 재고자산에는 관련된 수익이 아직 인식되지 않은 용역원가가 포함된다.

(2) 순실현가능가치와 공정가치

① 순실현가능가치는 통상적인 영업과정의 예상 판매가격에서 예상되는 추가 완성원가와 판매비용을 차감한 금액이다.

② 공정가치는 측정일에 시장참여자 사이의 정상거래에서 자산을 매도할 때 받거나 부채를 이전할 때 지급하게 될 가격이다.

③ 순실현가능가치는 통상적인 영업과정에서 재고자산의 판매를 통해 실현할 것으로 기대하는 순매각금액을 말한다.

④ 공정가치는 측정일에 재고자산의 주된(또는 가장 유리한) 시장에서 시장참여자 사이에 일어날 수 있는 그 재고자산을 판매하는 정상거래의 가격을 반영한다.

⑤ 순실현가능가치는 기업특유가치이지만, 공정가치는 그러하지 아니하고 재고자산의 순실현가능가치는 순공정가치와 일치하지 않을 수도 있다.

2. 재고자산의 취득원가

(1) 원칙

① 재고자산의 취득원가는 **매입원가, 전환원가 및 재고자산을** 현재의 장소에 현재의 상태(판매가능한 상태)로 이르게 하는 데 발생한 **기타원가** 모두를 포함한다.

> 재고자산의 취득원가 = 매입원가 + 전환원가 + 기타원가

② 재고자산의 매입원가는 매입가격에 수입관세와 제세금(과세당국으로부터 추후 환급받을 수 있는 금액은 제외), 매입운임, 하역료 그리고 완제품, 원재료 및 용역의 취득과정에 직접 관련된 **기타원가를 가산하고 매입할인, 리베이트** 및 기타 유사한 항목은 매입원가를 결정할 때 **차감한다.**

③ 재고자산의 **전환원가는 직접노무원가 및 제조간접원가를** 포함한다.

④ 매입원가 및 전환원가를 제외한 기타원가는 재고자산을 현재의 장소에 현재의 상태에 이르게 하는 데 발생한 범위 내에서만 취득원가에 포함된다. 예를 들어 **특정한 고객을 위한 비제조 간접원가나 제품 디자인원가를** 재고자산의 원가에 포함하는 것이 적절할 수도 있다.

(2) 상품의 취득원가

① 상품을 매입할 때 부담하는 운반비(매입운임)는 매입부대비용이므로 상품 취득원가에 포함한다.

② FOB 선적지 인도조건으로 매입한 경우 회사(매입자)가 부담하는 매입운임은 상품을 취득할 때 발생하는 매입부대비용이므로 **상품 취득원가에** 포함한다.

③ FOB 도착지 인도조건으로 판매한 경우 회사(판매자)가 부담하는 운반비는 상품을 판매할 때 발생하는 판매부대비용(매출운임)이므로 **판매비와 관리비(당기비용)** 로 인식한다.

④ 상품의 매입가격에서 **매입에누리와 환출, 매입할인이** 발생하면 상품 취득을 위한 지출액이 감소하므로 취득원가에서 차감한다. 이때, 당기의 상품 취득원가를 순매입액이라고 한다.

⑤ 판매가능한 상태에 이르게 하는 데 상당한 기간을 필요로 하는 경우 재고자산의 취득에 사용된 **타인자본에 대한 차입원가를** 취득원가에 포함한다.

(3) 제품의 취득원가

① 제조기업의 재고자산(제품) 취득원가는 직접재료원가에 **전환원가를** 가산한 금액이다.

② 재고자산의 전환원가는 **직접노무원가** 등 생산량과 직접 관련된 원가를 포함한다. 또한 원재료를 완제품으로 전환하는 데 발생하는 고정 및 **변동제조간접원가의 체계적인 배부액을** 포함한다.

③ 변동제조간접원가는 간접재료원가나 간접노무원가처럼 생산량에 따라 변동하는 간접제조원가를 말한다.

④ 변동제조간접원가는 생산설비의 실제 조업도에 기초하여 각 생산단위에 배부한다.

⑤ 고정제조간접원가는 공장 건물이나 기계장치의 감가상각비와 공장관리비처럼 생산량과는 상관없이 비교적 일정수준을 유지하는 간접제조원가를 말한다.

⑥ 고정제조간접원가는 생산설비의 **정상조업도에 기초하여** 전환원가에 배부하는데, 실제조업도가 정상조업도와 유사한 경우에는 실제조업도를 사용할 수 있다. 여기서 정상조업도는 정상적인 상황에서 평균적으로 달성할 수 있을 것으로 예상되는 생산량을 말한다.

⑦ 표준원가에 의해 재고자산을 평가한 결과가 실제원가와 유사하다면 편의상 사용가능하다.

(4) 용역제공기업의 재고자산 취득원가

① 용역제공기업이 재고자산을 가지고 있다면, 이를 제조원가로 측정한다. 이러한 원가는 주로 감독자를 포함한 용역제공에 직접 관여된 인력에 대한 노무원가 및 기타원가와 관련된 간접원가로 구성된다.

② 판매와 일반관리 인력과 관련된 노무원가 및 기타원가는 재고자산의 취득원가에 포함하지 않고 발생한 기간의 비용으로 인식한다. 일반적으로 용역제공기업이 가격을 산정할 때 고려하는 이윤이나 용역과 직접 관련이 없는 간접원가는 재고자산의 취득원가에 포함하지 아니한다.

(5) 재고자산의 장기할부매입

① 재고자산을 후불조건으로 취득(할부매입)하는 경우 계약이 실질적으로 금융요소를 포함하고 있다면, **금융요소는 별도로 분리하여** 금융이 이루어지는 기간(할부기간) 동안 이자비용으로 인식한다.

② 장기할부로 매입하는 재고자산의 취득원가는 현재가치 평가로 인한 **금융요소가 제외된 현금구입가격 상당액**이다.

(6) 발생한 기간에 비용으로 인식하여야 하는 원가의 예

① 재료원가, 노무원가 및 기타제조원가 중 비정상적으로 낭비된 부분

② 후속 생산단계에 투입하기 전에 보관이 필요한 경우 이외의 보관원가(단, 후속생산단계 투입 전에 보관이 필요한 경우의 보관원가는 취득원가에 포함)

③ 재고자산을 현재의 장소에 현재의 상태에 이르게 하는 데 기여하지 않은 관리간접원가

④ **판매원가**(예 매출운임)

1. 의의

(1) 재고자산의 흐름

① 상품매매기업의 경우 기초재고자산에 당기매입액을 합산하면 **판매가능재고자산**이 된다.

② 판매가능재고자산은 매출원가와 기말재고자산으로 나누어지는데 일반적으로 기말에 미판매된 기말재고자산을 파악해 판매가능재고와의 차이를 매출원가로 보고한다.

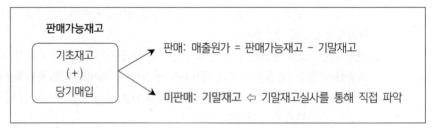

(2) 기말재고

① **기말재고자산금액**의 파악은 기말 재무상태표에 보고할 재고자산의 금액을 결정할 뿐만 아니라 직접적으로 **매출원가에 영향**을 미치며, 매출원가는 당기순이익의 계산과 관련되어 있다.

② 기말재고자산금액을 결정하는 것은 매우 중요한 절차인데, 기말재고자산금액은 재고자산의 수량을 파악하고 동 수량에 일정한 방법으로 결정된 단가를 곱하여 산정한다.

> 기말재고자산 = 기말상품수량 × 취득단가
> 　　　　　　　　계속기록법, 실사법　　개별법, 선입선출법, 후입선출법, 평균법

2. 기말재고수량에 포함할 항목

(1) 개요

① 기말재고수량은 회사 창고에 보관된 실제 수량을 확인함으로써 파악할 수 있다. 그러나 회사 소유의 재고자산이 모두 회사 창고에 보관되어 있는 것은 아니며, 반대로 회사 창고에 보관되어 있는 재고자산이 모두 회사 소유의 것은 아니다.

② 따라서 회사 창고에 보관되어 있는 재고자산이라 하더라도 다른 회사 소유의 재고자산이라면 회사의 기말재고수량에서 제외하여야 하며, 회사 창고가 아닌 다른 장소에 보관되어 있는 재고자산이라 하더라도 회사 소유의 재고자산이라면 회사의 기말재고수량에 포함하여야 한다.

③ 또한, 특정 재고를 기말재고자산금액에 포함할 것인지의 여부는 관련된 수익인식 여부에 의해 결정된다. 해당 항목에 대한 수익이 인식되었다면 해당 재고가

판매된 것으로 보아 기말재고수량에서 제외하고, 수익이 인식되지 않았다면 기말재고수량에 포함한다.

(2) 미착상품(운송 중인 상품)

① 기말 현재 운송 중인 상품은 매매계약조건에 따른 법률적인 소유권이 판매자 또는 매입자에게 있는가에 따라 회사의 재고자산에 포함될 수도 있고 포함되지 않을 수도 있다.

② FOB 선적지 인도조건으로 매입한 재고자산이 기말 현재 운송 중인 경우에는 상품을 선적한 시점에 소유권이 매입자에게 이전되므로 매입자의 기말재고자산에 포함한다. 그러나 선적지 인도조건으로 판매한 재고자산이 기말 현재 운송 중인 경우에는 판매자의 기말재고자산에 포함하지 아니한다.

③ FOB 도착지 인도조건으로 판매한 재고자산이 기말 현재 운송 중인 경우에는 상품이 도착한 시점에 소유권이 매입자에게 이전되므로 판매자의 기말재고자산에 포함한다. 그러나 도착지 인도조건으로 매입한 재고자산이 기말 현재 운송 중인 경우에는 매입자의 기말재고자산에 포함하지 아니한다.

(3) 적송품(위탁판매)

① 적송품은 위탁판매에서 위탁자가 수탁자에게 판매를 위탁하기 위해 보낸 상품이다. 위탁판매의 경우에는 수탁자가 물건을 판매하는 시점에 위탁자가 매출을 인식한다.

② 따라서 수탁자가 아직 판매하지 못한 상품은 비록 수탁자의 창고에 보관되어 있더라도 위탁자의 기말재고에 포함해야 한다.

③ 적송운임은 적송품의 취득원가에 가산한다.

(4) 시송품(시용판매)

① 시송품은 시용판매에서 회사가 고객에게 발송한 상품을 말한다. 시용판매의 경우에는 고객의 구매 의사표시가 있는 시점에 매출을 인식하므로 고객이 구매 의사표시를 한 상품은 판매자의 재고자산에 해당하지 아니한다.

② 반대로 고객의 구매 의사표시가 없는 상품은 아직 판매가 일어나기 전이므로 비록 판매자가 보관하고 있는 상품은 아니라 할지라도 판매자의 기말재고로 인식해야 한다.

(5) 반품권이 부여된 판매

① 반품권이 부여된 판매의 경우에는 판매대가 중 반품이 예상되는 금액은 수익을 인식하지 않고 환불부채로 인식한다.

② 반품이 예상되는 재고자산의 원가는 재고자산을 제거하고 반품재고회수권으로 계정을 대체하여 자산으로 인식한다.

③ 따라서 반품권이 부여된 판매의 경우에는 회사의 기말재고에 포함될 금액은 없다. 또한, 고객에게 인도되어 창고에 보관되어 있지 않은 재고자산이므로 판매자의 기말재고를 결정할 때 실사재고에 조정할 필요도 없다.

(6) 할부판매상품

① 재고자산을 구매자에게 인도하고 대금의 회수는 미래에 분할하여 회수하기로 한 경우, 판매기준을 적용하여 수익을 인식한다.

② 대금의 회수 여부에 관계없이 상품의 판매시점에서 판매자의 재고자산에서 제외한다.

(7) 특별주문품

완성 시에 판매된 것으로 보고 재고자산에서 제외된다.

(8) 저당상품

① 저당상품이란 금융기관 등으로부터 자금을 차입하고 그 담보로 제공된 상품을 말한다. 이러한 저당상품은 저당권이 실행되기 전까지는 단순히 담보만 제공한 상태이므로 담보제공자가 소유권을 가지고 있다.

② 따라서 저당권이 실행되어 소유권이 이전되기 전에는 담보제공자의 재고자산에 포함해야 하며, 담보제공자는 관련 내용을 주석으로 공시해야 한다.

사례

아래의 각 상황에서 회사가 기말재고자산에 포함시켜야 하는지 여부를 결정하시오.

상황	기말재고
선적지 인도조건으로 외국으로부터 매입하고 있는 상품이 결산일 현재 운송 중에 있음	포함
도착지 인도조건으로 외국으로부터 매입하고 있는 상품이 결산일 현재 운송 중에 있음	불포함
선적지 인도조건으로 외국에 판매하고 있는 상품이 결산일 현재 운송 중에 있음	불포함
도착지 인도조건으로 외국에 판매하고 있는 상품이 결산일 현재 운송 중에 있음	포함
위탁판매를 위하여 수탁자에게 발송한 상품 ₩10,000 중 수탁자가 판매한 상품이 ₩7,000임	₩3,000 포함
시용판매를 위해 고객에게 발송한 상품 ₩10,000 중 결산일 현재 구매자가 구매의사표시를 한 상품이 ₩7,000임	₩3,000 포함
거래처로부터 현금을 차입하고 담보로 제공한 상품이 현재 거래처의 창고에 보관되어 있음	포함

📋 시험문제 미리보기!

㈜한국은 재고자산의 수량결정방법으로 실지재고조사법을 사용하고 있다. 20×1년 말 실지 조사 결과 파악된 재고자산 금액은 ₩120,000이었다. 다음의 추가 자료를 결산에 반영할 경우 20×1년 매출원가를 계산하시오.

- 당기 판매가능 재고자산 금액 ₩700,000
- 적송품 ₩40,000(이 중 ₩22,000에 대한 매출계산서가 20×1년 12월 26일에 도착하였음)
- 미착상품 ₩15,000(선적지 인도조건으로 20×1년 12월 30일에 매입처리되었음)
- 시송품 ₩25,000(이 중 ₩12,000에 대해 고객이 매입의사를 표시하였음)
- 특별주문품 ₩40,000(생산이 완료되어 보관 중임)

해설　(1) 정확한 기말재고 금액: ₩120,000(실지조사 결과 파악된 재고자산) + ₩18,000(적송품)
　　　　　+ ₩15,000(미착상품) + ₩13,000(구입의사 미표시 시송품) - ₩40,000(특별주문품)
　　　　　= ₩126,000
　　　(2) 매출원가: ₩700,000(판매가능재고자산) - ₩126,000(기말재고금액) = ₩574,000

📍선생님 TIP
기말재고 포함 여부

구분	기말재고 포함
운송 중인 상품	• 선적지 인도조건으로 매입한 상품 • 도착지 인도조건으로 판매한 상품
시용판매	• 매입의사표시 없는 상품
위탁판매	• 수탁자의 미판매 상품
할부판매	• 인도 시 기말재고자산에서 제외
저당상품	• 저당권 실행 전에는 재고자산에 포함
특별주문판매	• 완성 시에 판매된 것으로 보고 제외
반품재고판매	• 반품재고회수권에 대한 계정분류

3. 기말재고수량의 산정

(1) 계속기록법

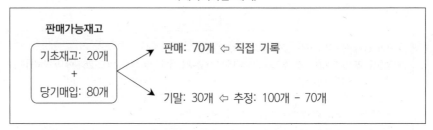

〈계속기록법 예시〉

① 계속기록법은 재고자산이 판매될 때마다 실제로 판매된 재고자산 수량을 기록하는 방법이다. 따라서 계속기록법하에서는 기중에 판매된 재고자산수량을 기록하고 판매가능재고와의 차이를 기말재고수량으로 추정하여 보고하게 된다.

② 그러나 기말의 실제 재고수량을 기준으로 재고자산 금액을 보고해야 하는 회계원칙의 입장에서 볼 때 계속기록법은 적절한 방법이라고 볼 수 없다. 따라서 일반적으로 실무에서는 실사법을 계속기록법과 함께 사용한다.

③ 계속기록법은 기말재고자산의 수량을 파악하는 방법일 뿐 회계처리방법은 아니지만 시험에서 계속기록법으로 회계처리한다고 하는 것은 상품을 판매할 때 매출원가를 동시에 인식한다는 것을 의미한다.

(2) 실사법

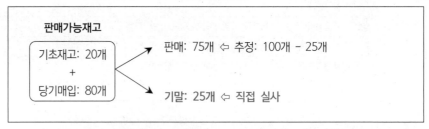

〈실사법 예시〉

① 실사법은 결산일에 창고를 실사하여 기말재고수량을 직접 파악하는 방법이다. 따라서 실사법하에서는 기말에 미판매된 재고자산수량을 파악하고 판매가능재고와의 차이를 판매된 수량으로 추정하여 보고하게 된다.

② 그러나 기말 현재 판매되지 않은 상품을 제외한 판매가능재고수량이 모두 정상적으로 판매되었다는 가정은 현실적이지 않다. 따라서 일반적으로 실무에서는 계속기록법을 실사법과 함께 사용한다.

③ 실사법은 기말재고자산의 수량을 파악하는 방법일 뿐 회계처리방법은 아니지만 시험에서 실사법으로 회계처리한다고 하는 것은 매출원가를 기말에 인식한다는 것을 의미한다.

(3) 계속기록법과 실사법의 적용

① 실무에서는 계속기록법과 실사법의 장점을 모두 살리기 위해 일반적으로 두 가지 방법을 동시에 사용한다.

② 계속기록법과 실사법을 동시에 사용하면 비정상적으로 소멸된 재고자산, 예를 들어, 재고자산 감모손실 등을 파악할 수 있다.

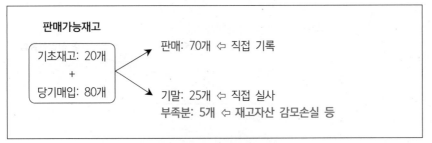

〈계속기록법과 실사법 예시〉

판매가능재고

기초재고: 20개 + 당기매입: 80개

판매: 70개 ⇐ 직접 기록

기말: 25개 ⇐ 직접 실사
부족분: 5개 ⇐ 재고자산 감모손실 등

〈계속기록법과 실사법의 분류〉

구분	수량파악방법	회계처리방법
계속기록법	실제 판매된 재고자산 수량을 파악	상품판매 시 매출원가 동시 인식
실사법	미판매된 기말재고 수량을 파악	기말에 매출원가를 인식

4. 매입단가 결정방법

(1) 개별법

① 매입상품별로 가격표 등을 붙여 매입가격을 파악함으로써 판매가능상품을 매출원가와 기말재고에 배분하는 방법이다.

② 통상적으로 상호교환될 수 없는 재고자산 항목의 원가와 특정 프로젝트별로 생산되고 분리되는 재화 또는 용역의 원가는 개별법을 사용하여 결정한다.

③ 개별법은 식별되는 재고자산별로 특정한 원가를 부과하는 방법이다. 이 방법은 외부 매입이나 자가제조를 불문하고, 특정 프로젝트를 위해 분리된 항목에 적절한 방법이다.

④ 그러나 통상적으로 상호교환 가능한 대량의 재고자산 항목에 개별법을 적용하는 것은 적절하지 아니하다. 그러한 경우에는 기말재고로 남아 있는 항목을 선택하는 방식을 이용하여 손익을 자의적으로 조정할 수도 있기 때문이다.

(2) 선입선출법(FIFO)

① 선입선출법(FIFO, first-in first-out method)은 먼저 매입 또는 생산된 재고자산이 먼저 판매되고 결과적으로 기말에 재고로 남아 있는 항목은 가장 최근에 매입 또는 생산된 항목이라고 가정하는 방법이다.

② 기업은 일반적으로 먼저 구입한 재고자산을 먼저 처분하려는 경향이 있으므로 선입선출법은 기업의 실제물량흐름과 가장 유사한 방법이라고 할 수 있다.

③ 선입선출법은 객관적인 방법으로 단가를 산정하므로 이익조작 가능성이 적고, 기말재고자산이 현행원가의 근사치를 반영한다는 점에서 좋은 방법이지만, 현행 수익에 과거 원가를 대응시키므로 수익비용대응원칙에 충실하지 못하다는 단점이 있다.

④ 한편, 선입선출법의 경우에는 기업이 기말재고수량을 결정하는 방법으로 계속기록법과 실사법 중 어떤 방법을 사용하더라도 동일한 결과를 얻을 수 있다.

〈선입선출법〉

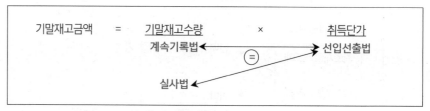

▣ 시험문제 미리보기!

㈜한국의 10월 한 달간의 상품매입과 매출에 관한 자료는 아래와 같다. 회사는 실사법에 의해 기말재고수량을 파악하고, 원가흐름에 대한 가정으로 선입선출법을 적용한다. 10월 31일 현재 실사결과 상품재고수량은 100개로 파악되었다. ㈜한국의 10월 31일 현재 상품재고액을 계산하시오.

일자별	내역	수량	매입(또는 판매)단가	금액
10월 1일	전월이월	100	₩1,000	₩100,000
10월 10일	매입	300	₩1,200	₩360,000
10월 11일	매입에누리 (10/10 매입상품)			₩30,000
10월 20일	매출	350	₩2,000	₩700,000
10월 25일	매입	50	₩1,300	₩65,000

해설　(1) 선입선출법하의 기말재고 100개는 다음과 같이 구성된다.
　　　　• 10월 25일 매입분: 50개 × ₩1,300 = ₩65,000
　　　　• 10월 10일 매입분: 50개 × ₩1,100[*1] = ₩55,000
　　　　　(*1) (₩360,000 − ₩30,000) ÷ 300개 = ₩1,100
　　　(2) 상품재고액: (1) + (2) = ₩120,000

(3) 후입선출법

① 후입선출법(LIFO, late-in, first-out method)은 가장 최근에 매입 또는 생산된 재고자산이 먼저 판매되고 결과적으로 기말에 재고로 남아 있는 항목은 과거에 매입 또는 생산된 항목이라고 가정하는 방법이다.
② 한국채택국제회계기준에서는 재고자산의 취득단가를 결정하는 방법으로 후입선출법을 인정하지 않고 있다.
③ 후입선출법은 가장 최근의 취득단가를 매출원가로 대응시키기 때문에 물가상승기에 비교적 정확한 이익을 산출할 수 있고, 수익비용대응원칙에 충실하며, 물가상승기에 당기순이익이 적게 계상되어 세금납부를 이연할 수 있다는 장점이 있다.
④ 후입선출법은 기말재고자산이 현행가치를 나타내지 못하고, 후입선출청산현상이 발생할 수 있으며, 원가흐름이 실제 물량흐름을 반영하지 못한다는 단점이 있어서 한국채택국제회계기준에서는 후입선출법을 인정하지 않는다.

⑤ 후입선출법의 경우에는 기업이 기말재고수량을 결정하는 방법으로 계속기록법과 실사법 중 어떤 방법을 사용하는지에 따라 결과가 달라진다.

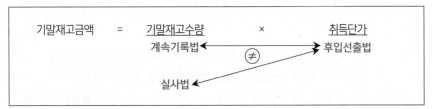

〈후입선출법〉

기말재고금액 = 기말재고수량 × 취득단가
계속기록법 ← ≠ → 후입선출법
실사법 ←

(4) 선입선출법과 후입선출법의 비교

선입선출법	• 일반적으로 실제 물량흐름과 원가흐름의 가정이 일치 • 기말재고액이 현행원가의 근사치로 표시 • 수익과 비용이 적절하게 대응하지 못함 • 물가 상승 시 이익이 과대계상되어 법인세의 증가로 현금흐름이 악화
후입선출법	• 일반적으로 실제 물량흐름과 원가흐름의 가정이 불일치 • 기말재고액이 과거 원가로 평가 • 수익과 비용이 적절하게 대응 • 물가 상승 시 이익이 과소계상되어 법인세 이연효과가 있어 현금흐름을 개선 • 재고 감소 시 이익이 과대계상(후입선출법의 청산문제) • 불건전한 구매습관

▤ 시험문제 미리보기!

한국상사의 10월 중 상품매매 거래는 다음과 같다. 계속단가기록법에 의한 후입선출법 적용 시 10월의 매출원가와 월말재고액을 계산하시오. (단, 매입에누리와 매입환출, 매입할인은 없다)

일자	적요	수량	단가	금액
10. 1	기초재고	200	₩10	₩2,000
10. 4	매입	100	₩15	₩1,500
10. 10	판매	(100)		
10. 15	매입	300	₩20	₩6,000
10. 20	판매	(200)		
10. 31	기말재고	300		

해설　(1) 매출원가: 100단위(10/4) × ₩15 + 200단위(10/20) × ₩20 = ₩5,500
　　　(2) 기말재고: 200단위(기초) × ₩10 + 100단위(10/20) × ₩20 = ₩4,000

(5) 가중평균법

① 가중평균법은 기초 재고자산과 회계기간 중에 매입 또는 생산된 재고자산의 원가를 가중평균하여 재고항목의 단위원가를 결정하는 방법이다. 이 경우 평균은 기업의 상황에 따라 주기적으로 계산하거나 매입 또는 생산할 때마다 계산할 수 있다.

② 가중평균법의 경우에는 기업이 기말재고수량을 결정하는 방법으로 **계속기록법**과 **실사법** 중 어떤 방법을 사용하는지에 따라 결과가 달라진다.

③ 계속기록법으로 기말재고수량을 결정하는 경우를 **이동평균법**이라 하고, 실사법으로 기말재고수량을 결정하는 경우를 **총평균법**이라 한다.

④ 이동평균법의 경우에는 재고자산의 판매시점마다 현재 보유하고 있는 재고자산의 평균 취득단가를 새롭게 계산하고, 총평균법에서는 기말에 한 회계기간의 전체 평균 취득단가를 계산한다.

〈가중평균법〉

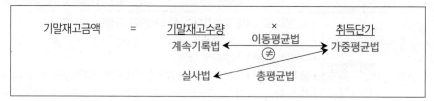

📋 시험문제 미리보기!

다음은 7월 한 달 동안 ㈜한국의 상품거래 내역이다.

거래내용	단가	매입수량	판매수량
7월 1일 재고	₩400	200	
7월 12일 매입	₩500	200	
7월 20일 매출			300
7월 24일 매입	₩600	200	
7월 30일 매출			200

㈜한국은 계속기록법으로 상품의 매매거래를 기록한다. 원가의 흐름을 총평균법과 이동평균법에 의할 때 매출원가를 계산하시오.

해설　(1) 총평균법
- 매출원가: 500개 × ₩500[*1] = ₩250,000
  (*1) (200개 × ₩400 + 200개 × ₩500 + 200개 × ₩600) ÷ 600개 = ₩500
- 월말재고: 100개 × ₩500 = ₩50,000

(2) 이동평균법
- 매출원가: 300개 × ₩450[*2] + 200개 × ₩550[*3] = ₩245,000
  (*2) (200개 × ₩400 + 200개 × ₩500) ÷ 400개 = ₩450
  (*3) (100개 × ₩450 + 200개 × ₩600) ÷ 300개 = ₩550
- 월말재고: 100개 × ₩550[*4] = ₩55,000
  (*4) (100개 × ₩450 + 200개 × ₩600) ÷ 300개 = ₩550

(6) 재고자산 평가방법의 비교

① 개별법을 적용하지 않는 경우, 재고자산의 단위원가는 선입선출법이나 가중평균법을 사용하여 결정한다. 성격과 용도 면에서 유사한 재고자산에는 동일한 단위원가 결정방법을 적용하여야 하며, 성격이나 용도 면에서 차이가 있는 재고자산에는 서로 다른 단위원가 결정방법을 적용할 수 있다.

② 물가가 지속적으로 상승하고 기말재고수량이 기초재고수량보다 증가하는 경우 선입선출법, 후입선출법 및 가중평균법에 의한 기말재고자산금액과 매출원가의 크기는 일정한 상관관계를 갖는다.

③ 물가가 지속적으로 상승하는 경우 기말재고금액은 '선입선출법 > 이동평균법 > 총평균법 > 후입선출법'의 순서임을 알 수 있다.

④ 매출원가는 판매가능재고에서 기말재고금액을 차감한 잔액이므로 매출원가의 순서는 기말재고금액의 순서와 정확히 반대로 나타난다. 또한, 매출총이익(또는 당기순이익)의 순서는 매출원가의 순서와 반대로 나타날 것이다.

〈원가흐름가정에 따른 금액 비교〉

구분	크기 비교
기말재고금액	선입선출법 > 이동평균법 > 총평균법 > 후입선출법
매출원가	선입선출법 < 이동평균법 < 총평균법 < 후입선출법
매출총이익	선입선출법 > 이동평균법 > 총평균법 > 후입선출법
세전현금흐름	선입선출법 = 이동평균법 = 총평균법 = 후입선출법
법인세	선입선출법 > 이동평균법 > 총평균법 > 후입선출법
세후현금흐름	선입선출법 < 이동평균법 < 총평균법 < 후입선출법

03 재고자산의 추정   출제빈도 ★★

1. 매출총이익률법

화재나 도난 등 부득이한 경우에는 매출총이익률을 사용하여 당기 매출원가와 기말재고자산 금액을 추정할 수 있다. 매출총이익률법은 재고자산 추정을 위한 방법으로서 재무보고목적으로 사용되는 방법은 아니다.

(1) 매출총이익률법 적용순서

① 과거의 매출총이익률(매출총이익 ÷ 매출액)을 이용하여 판매가능상품원가(기초재고액 + 당기순매입액)를 매출원가와 기말재고에 배분하는 방법이며, 취득원가주의에 위배되어 한국채택국제회계기준에서는 인정하지 않는다.

② 이 방법은 과거 매출원가율이 현재에도 유효하다는 가정에서 매출원가 및 기말재고자산 금액을 추정하는 것이므로 그 결과를 재무보고 용도로 사용할 수는 없다.

(2) 매출총이익률법 적용

① 당기판매가능상품계산: 기초재고 + 당기(순)매입액
② 매출원가(추정): (순)매출액 × (1 − 매출총이익률)

$\qquad$ or (순)매출액 × 1/(1 + 원가이익가산율)

③ 기말재고(추정): 당기판매가능상품 − 매출원가(추정)
④ 화재손실액: 기말재고(추정) − 화재를 면한 재고자산

(3) 재고자산 T−계정을 이용한 풀이

재고자산		
기초재고	① 추정매출원가	⇦ 당기순매출액 × 과거매출원가율
순매입액	② 추정기말재고	⇦ 대차잔액

📋 시험문제 미리보기!

20×1년 9월 1일에 ㈜한국의 창고에서 화재가 발생하여 재고자산이 일부 소실되었다. 남아 있는 재고자산의 순실현가능가치는 ₩3,600이다. 다음의 자료를 이용하여 화재로 인한 재고 자산손실액을 계산하시오.

• 20×1년 초 기초 재고자산	₩25,000
• 20×1년 8월 말까지 재고자산 매입액	₩39,000
• 20×1년 8월 말까지 매입환출 금액	₩4,000
• 20×1년 8월 말까지 총매출액	₩55,000
• 20×1년 8월 말까지 매출할인액	₩3,000
• 매출총이익률	30%

해설　매출총이익률법은 과거의 매출총이익률을 이용하여 판매가능상품을 매출원가와 기말재고에 배분하는 방법으로 한국채택국제회계기준에서 인정하고 있지 않다.

(1) 판매가능상품 = 기초재고 + 당기순매입액
　: ₩25,000 + (₩39,000 − ₩4,000) = ₩60,000
(2) 추정매출원가 = 순매출액 × (1 − 매출총이익률)
　: (₩55,000 − ₩3,000) × (1 − 0.3) = ₩36,400
(3) 추정기말재고
　: ₩60,000 − ₩36,400 = ₩23,600

상품			
기초재고	₩25,000	매출원가	₩36,400
순매입액	35,000	기말재고	23,600
합계	₩60,000	합계	₩60,000

(4) 화재손실액

추정기말재고	₩23,600
남아있는 재고의 순실현가능가치	(3,600)
화재손실액	₩20,000

2. 소매재고법(매출가격환원법)

소매가(판매가)로 표시된 기말재고액에 원가율을 곱하여 기말재고(원가)와 매출원가를 구하는 방법으로, 모든 기업에 허용되는 것은 아니며 사용이 제한적이다. 이익률이 유사하고 품종변화가 심한 다품종상품을 취급하는 유통업에서 실무적으로 다른 원가측정방법을 사용할 수 없는 경우에 주로 사용하는 방법으로 한국채택국제회계기준에서 인정하는 방법이다.

상품					
	원가	매가		원가	매가
기초재고	×××	×××	매출	?	×××
당기매입	×××	×××	매출환입	?	(×××)
매입운임	×××		매출에누리	?	(×××)
매입할인	(×××)		종업원할인	?	×××
매입에누리	(×××)		정상파손	?	×××
매입환출	(×××)	(×××)			
순인상액		×××			
순인하액		(×××)			
비정상파손	(×××)	(×××)	기말재고	?	×××
합계	×××	×××	합계	×××	×××

(1) 원가율 산정

① 당기 구입한 상품 등의 원가와 매가의 비율로서 원가율(원가 ÷ 매가)을 산정한다.

② 원가율 적용은 기업 전체 수준이 아니라 판매부문별 등과 같이 세분된 단위로 적용해야 한다.

③ 원가율 산정 시 가중평균(기초재고 포함), 선입선출(기초재고 제외), 저가기준(순인하액 제외) 방법이 있다.

④ 순인상액(또는 순인하액)은 최초 정한 기존 판매가격보다 인상(또는 인하)된 금액을 말한다. 구체적으로 다음과 같다.

• 순인상액 = 기존가격에서 인상액 − 인상취소액
• 순인하액 = 기존가격에서 인하액 − 인하취소액

⑤ 평균원가 소매재고법은 기초상품과 당기매입상품이 평균적으로 판매된다고 가정하므로 판매가격의 변동(순인상, 순인하 등)이 당기 중에 판매된 상품과 기말재고에 동일하게 영향을 미친다는 가정에서 원가율을 산정한다.

$$원가율 = \frac{기초재고원가 + 당기매입원가}{기초재고매가 + 당기매입매가 + 순인상 − 순인하}$$

⑥ 선입선출 소매재고법은 먼저 구입한 상품은 판매되었고 기말상품은 당기구입에서 남은 것으로 가정하므로 원가율 산정에 기초상품은 고려하지 않는다.

$$원가율 = \frac{당기매입원가}{당기매입매가 + 순인상 − 순인하}$$

⑦ 저가기준 평균원가 소매재고법은 원가율을 산정할 경우 분모에 순인하를 고려하지 않아 원가율을 낮춤으로써 상대적으로 기말재고는 낮게 매출원가는 높게 계상되어 당기순이익을 감소시키는 효과가 있다.

$$원가율 = \frac{기초재고원가 + 당기매입원가}{기초재고매가 + 당기매입매가 + 순인상}$$

⑧ 저가기준 선입선출 소매재고법은 선입선출 소매재고법의 원가율에서 순인하를 고려하지 않는 방법이다.

$$원가율 = \frac{당기매입원가}{당기매입매가 + 순인상}$$

(2) 기말상품(매가) 산정

① 판매가능액(매가)에 매출액을 차감하여 기말상품(매가)을 산정한다.
② 판매가능액(매가) = 기초재고(매가) + 당기매입(매가) + 순인상액 − 순인하액
③ 기말상품(매가) = 판매가능액(매가) − 매출 등(종업원 할인, 정상파손)

(3) 기말상품(원가)

기말상품(매가)에 원가율을 곱하여 기말상품(원가)을 계산한다.

(4) 매출원가

판매가능상품(원가)에 기말상품(원가)을 차감하여 계산한다.

(5) 기타 고려사항

종업원이나 단골고객에 대한 할인은 매출과소계상액이며, 비정상파손은 원가율 산정 시 제외한다.

㈜한국은 재고자산평가방법으로 소매재고법을 적용하고 있다. 다음 자료를 이용한 ㈜한국의 20×1년 매출원가를 계산하시오. (단, 단위원가 결정방법으로 가중평균법을 적용한다)

	원가	매가
2021년 기초재고	₩250,000	₩400,000
2021년 순매입액	₩1,250,000	₩1,600,000
2021년 매입운임	₩100,000	−
2021년 순매출액	−	₩1,800,000

해설

	원가	매가		원가	매가
기초재고	₩250,000	₩400,000	판매분	(4)	₩1,800,000
당기매입액	₩1,250,000	₩1,600,000			
매입운임	₩100,000		기말재고	(3) = (1) × (2)	(1)
합계	₩1,600,000	₩2,000,000	합계	₩1,600,000	₩2,000,000

(1) 기말재고(매가): ₩2,000,000 − ₩1,800,000 = ₩200,000
(2) 원가율: ₩1,600,000 ÷ ₩2,000,000 = 0.80(80%)
(3) 기말재고(원가): ₩200,000 × 0.80 = ₩160,000
(4) 매출원가: ₩1,600,000 − ₩160,000 = ₩1,440,000

> ♀선생님 TIP
>
> T계정을 이용하여 풀이
>
> | | 원가 | 매가 | | 원가 | 매가 |
> |---|---|---|---|---|---|
> | 기초재고 | ××× | ××× | 판매분 | (4) | ××× |
> | 당기매입액 | ××× | ××× | | | |
> | 순인상액 | | ××× | | | |
> | 순인하액 | | (×××) | 기말재고 | (3) = (1) × (2) | (1) |
> | 합계 | ××× | ××× | 합계 | ××× | ××× |
>
> 소매재고법의 문제의 경우에는 항상 원가와 매가를 같이 표시하는 T계정을 그린 다음 (1) 기말재고(매가) ⇨ (2) 원가율 계산 ⇨ (3) 기말재고(원가) ⇨ (4) 매출원가를 순차적으로 계산하면서 문제를 풀어야 한다.

㈜한국의 재고자산 관련자료는 다음과 같다. ㈜한국이 선입선출법에 의한 저가기준 소매재고법을 이용하여 재고자산을 평가하고 있을 때 매출원가를 계산하시오.

	원가	판매가
기초재고액	₩1,400,000	₩2,100,000
당기매입액	₩6,000,000	₩9,800,000
매입운임	₩200,000	
매입할인	₩400,000	
당기매출액		₩10,000,000
종업원할인		₩500,000
순인상액		₩200,000
순인하액		₩100,000

해설

	원가	매가		원가	매가
기초재고	₩1,400,000	₩2,100,000	판매분	(4)	₩10,000,000
당기매입액	₩6,000,000	₩9,800,000	종업원할인		₩500,000
매입운임	₩200,000				
매입할인	₩(400,000)				
순인상액		200,000			
순인하액		(100,000)	기말재고	(3) = (1) × (2)	(1)
합계	₩7,200,000	₩12,000,000	합계	₩7,200,000	₩12,000,000

(1) 기말재고(매가): ₩12,000,000 − ₩10,500,000 = ₩1,500,000
(2) 원가율: ₩5,800,000 ÷ ₩10,000,000[*1] = 0.58(58%)
   (*1) ₩12,000,000 − ₩2,100,000 + ₩100,000 = ₩10,000,000
(3) 기말재고(원가): ₩1,500,000 × 0.58 = ₩870,000
(4) 매출원가: ₩7,200,000 − ₩870,000 = ₩6,330,000

04 재고자산 감모손실과 평가손실 출제빈도 ★★

재고자산은 분실 등으로 수량감소가 발생하거나 장부금액 미만으로 가치 하락이 발생할 수 있는데 이를 제외한 금액으로 재무상태표에 표시되어야 한다. 이에 재무상태표에 표시되는 기말재고자산은 재고자산 감모손실과 재고자산 평가손실을 반영하여야 한다. 재고자산에 대한 감모손실을 먼저 인식하고, 실지재고수량을 기초로 재고자산의 순실현가능가치를 구하여 평가손실을 인식한다.

1. 기말재고자산 수량부족(재고자산 감모손실)

(1) 재고자산 감모손실의 인식

① 계속기록법으로 산정된 기말재고수량은 판매가능재고수량에서 판매된 수량을 차감한 값이다. 이는 장부상 기말재고수량이므로 실제 창고에 보관되어 있는 재고수량과는 다를 수 있다.

② 외부보고목적의 재무제표에는 실제수량에 근거한 금액을 재고자산으로 보고해야 하므로 회사는 실사법을 동시에 적용해 실제 존재하는 기말재고수량을 파악한다.

③ 이때 실제 존재하는 기말재고수량이 계속기록법으로 파악한 장부상 수량에 미달할 수 있는데 이러한 수량 부족분을 재고자산 감모손실이라 한다.

> 재고자산 감모손실 = 감모수량(장부상 수량 – 실제수량) × 장부상 매입단가[*1]
>
> (*1) 원가흐름의 가정에 따라 산정한 단위당 원가

(2) 기능별비용 인식방법

원가성이 있는 경우(정상감모손실)는 매출원가에 포함하고 원가성이 없는 경우(비정상감모손실)는 영업외비용으로 인식하는 것이 타당하다.

(3) 회계처리

재고자산 감모손실은 실제수량이 부족한 것이므로 재고자산에서 직접 차감하여 당기비용으로 처리한다. 재고자산 감모손실은 수량부족분에 장부상 취득단가를 곱하여 계산할 수 있다.

> (차) 재고자산감모손실(비용) ××× (대) 재고자산 ×××

다음은 도·소매 기업인 ㈜한국의 상품과 관련된 자료이다. 정상적 원인에 의한 재고 감모손실은 매출원가로, 비정상적 감모손실은 기타비용으로 보고하는 경우 ㈜한국이 당기에 인식해야 할 매출원가를 계산하시오. (단, 재고 감모손실의 30%는 비정상적 원인, 나머지는 정상적 원인에 의해 발생되었다)

• 기초상품재고액	₩100,000
• 당기상품매입액	₩900,000
• 기말상품재고액(장부금액)	₩220,000
• 기말상품재고액(실사금액)	₩200,000

해설   ₩100,000 + ₩900,000 − ₩200,000 − ₩20,000 × 0.3(비정상감모손실) = ₩794,000

다음은 ㈜한국의 재고자산 관련 자료로서 재고자산 감모손실은 장부상 수량과 실지재고 수량과의 차이에 의해 발생한다. 기말상품의 실지재고 수량을 계산하시오.

• 기초상품재고액	₩120,000
• 당기매입액	₩900,000
• 장부상 기말상품재고액(단위당 원가 ₩1,000)	₩200,000
• 재고자산 감모손실	₩30,000

해설   (1) 장부상의 재고수량: ₩200,000 ÷ ₩1,000 = 200개
        (2) 재고자산 감모수량: ₩30,000 ÷ ₩1,000 = 30개
        (3) 상품의 실지재고 수량: 200개 − 30개 = 170개

2. 기말재고자산의 저가주의에 의한 평가(재고자산 평가손실)

보고기간 말의 재고자산의 가치가 하락한 상황에서 장부금액을 수정하지 아니하고 재무상태표가 작성된다면 자산이 과대표시되므로 장부금액을 수정해야 한다. 이와 같이 재고자산의 장부금액보다 순실현가능가치가 낮은 경우에 순실현가능가치로 재고자산을 측정하는 방법을 저가법이라 한다.

(1) 손상징후

다음의 경우 재고자산의 원가를 회수하기 어려울 수 있다.
① 물리적으로 손상된 경우
② 완전히 또는 부분적으로 진부화된 경우
③ 판매가격이 하락한 경우
④ 완성하거나 판매하는 데 필요한 원가가 상승한 경우

(2) 저가평가의 적용

취득원가와 순실현가능가치를 비교하여 낮은 금액으로 측정하는 방법으로, 재고자산평가손실은 일반적으로 매출원가로 인식한다.

> 저가법에 의한 재고자산 = Min[취득원가, 순실현가능가치[*1]]
>
> (*1) 순실현가능가치 = 예상판매가격 − 추가완성원가 − 판매비용

① 원재료·소모품 등을 투입하여 생산될 제품이 원가 이상으로 판매될 것으로 예상되는 경우에는 원재료·소모품 등에 대하여 저가법을 적용하지 않는다.

② 원재료의 현행원가(현행대체원가)는 순실현가능가치에 대한 최선의 이용가능한 측정치가 될 수 있다.

③ 확정판매계약이나 용역계약을 이행하기 위하여 보유하는 재고자산의 순실현가능가치는 계약가격에 기초한다. (예 원가 ₩100의 상품을 ₩120에 판매하기로 계약 체결한 경우 판매가격이 ₩90으로 하락했다 하더라도 순실현가능가치(NRV)는 ₩120임)

④ 보유하고 있는 재고자산의 수량이 확정판매계약의 이행에 필요한 수량을 초과하였다면 그 초과수량의 순실현가능가치는 일반 판매가격에 기초한다.

⑤ 순실현가능가치의 측정

목적	구분	순실현가능가치
판매	상품·제품·재공품	예상판매가격 − 추가완성원가 − 판매비용
확정판매계약	상품·제품	계약가격에 기초하여 추정
사용	원재료·소모품	현행대체원가(단, 제품이 원가 이상으로 판매되는 경우에는 저가법 적용하지 아니함)

(3) 저가평가의 적용범위

항목별로 저가법을 적용하는 것이 원칙(가장 보수적인 평가)이나, 유사하거나 관련 있는 재고자산집단에 대해서는 조별기준을 적용하는 것이 적절할 수 있다. 그러나 재고자산 전체의 순실현가능가치와 취득원가를 비교하여 평가하는 총계기준은 불가능하다.

(4) 재고자산 평가손실의 회계처리

① 재고자산에서 직접 차감하였던 재고자산 감모손실과는 달리 재고자산 평가손실은 나중에 재고자산 평가손실환입이 발생할 수 있으므로 재고자산을 직접 감액하지 않고 재고자산평가충당금으로 보고하며, 재고자산 평가손실충당금으로 재고자산의 차감계정으로 표시한다.

> (차) 매출원가 ×××　　(대) 재고자산평가충당금 ×××

② 재고자산을 순실현가능가치로 감액하여 인식한 평가손실에 대해서는 당기비용(매출원가)으로 처리한다.

③ 국제회계기준에서는 재고자산 평가손실의 포괄손익계산서상 분류에 대한 언급이 없지만 재고자산 평가손실은 매출원가로 분류하는 것이 타당하다.

④ 평가손실 및 감모손실은 기준서에서는 비용처리한다고만 규정하고 있다. 한편, 순실현가능가치의 하락은 기업의 판단에 따라 별도의 비용항목인 재고자산 평가손실로 보고하거나 영업활동의 일부로 판단하면 매출원가로 보고할 수도 있다.

⑤ 이러한 재고자산 평가손실 또는 매출원가 등은 비용의 기능별분류에서만 등장한다.

(5) 재고자산 평가손실환입

① 재고자산 감액을 초래했던 상황이 해소되거나 경제상황의 변동으로 순실현가능가치가 상승한 명백한 증거가 있는 경우 재고자산의 **최초 장부금액(취득원가)**을 초과하지 않는 범위 내에서 평가손실을 환입한다.

② 기준서에서는 순실현가능가치의 회복에 따라 발생한 재고자산 평가손실환입은 환입이 발생한 기간의 비용으로 인식된 재고자산 금액의 차감액으로 인식한다고 규정되어 있다.

③ 비용을 기능별로 분류하는 경우 평가손실환입은 매출원가에서 차감하는 게 타당하다.

(차) 재고자산평가충당금	×××	(대) 매출원가	×××

📋 시험문제 미리보기!

12월 결산법인인 ㈜한국은 의약품과 화장품 두 가지 제품을 생산하고 있으며 20×1년 말에 이들 두 제품과 관련된 자료는 다음과 같다. 한국채택기업회계기준서를 적용할 경우 20×1년 말 재무상태표에 계상할 재고자산 장부가액의 총액을 계산하시오. (단, 원재료는 각각의 공정과정에 투입되어 해당 제품을 구성하게 된다)

제품	재고자산	취득원가	순실현가능가치	현행대체원가
의약품	원재료	₩15,000	₩14,000	₩13,000
	재공품	₩32,000	₩30,000	₩31,000
	제품	₩50,000	₩60,000	₩55,000
화장품	원재료	₩10,000	₩9,000	₩8,000
	재공품	₩28,000	₩30,000	₩27,000
	제품	₩35,000	₩33,000	₩34,000

해설 (1) 기말재고: ₩15,000 + ₩30,000 + ₩50,000 + ₩8,000 + ₩28,000 + ₩33,000
= ₩164,000
(2) 재고자산을 저가법으로 평가하는 경우 제품과 상품 및 재공품의 경우에는 순실현가능가치를 공정가치로 보며, 원재료의 경우에는 현행원가는 순실현가능가치에 대한 최선의 이용가능한 측정치가 될 수 있고, 원재료 등을 투입하여 완성할 제품의 공정가치가 원가 이상으로 판매될 것으로 예상하는 경우에는 원재료 등에 대하여 저가법을 적용하지 않는다.

다음은 ㈜한국의 상품과 관련된 자료이다. ㈜한국이 당기에 인식해야 할 총비용을 계산하시오. (단, 비정상적인 감모손실은 없다)

• 기초상품재고액	₩100,000
• 당기상품매입액	₩700,000
• 장부상 기말상품재고액(220개, 단가 ₩1,100)	₩242,000
• 기말상품 실제재고수량	200개
• 기말상품 개당 순실현가능가치	₩1,000

해설   당기에 인식할 총비용은 당기 중 상품감소액과 동일하므로 판매가능재고액에서 기말재고액을 차감한 금액이다. 즉, 판매가능재고액 ₩800,000에서 기말재고액 ₩200,000(₩1,000 × 200개)을 차감한 ₩600,000이다.

상품

기초상품	₩100,000	판매목적소비	₩558,000	
당기매입액	700,000	정상감모손실	22,000*1	} 매출원가
		평가손실	20,000*2	
		기말상품	200,000*3	
	₩800,000		₩800,000	

(*1) (220개 − 200개) × ₩1,100 = ₩22,000
(*2) 200개 × (₩1,100 − ₩1,000) = ₩20,000
(*3) 200개 × ₩1,000 = ₩200,000

♥선생님 TIP

비용으로 인식되는 재고자산을 구하는 계산문제의 경우에는 T-계정을 그려서 문제에서 주어지는 (1), (2)의 자료를 적고 (3)의 B/S상에 계상되는 기말재고실제재고수량 × Min[취득원가(장부가액), 시가(순실현가능가치)]를 구하고 (4) 비용으로 인식되는 재고자산의 금액은 대차차액을 통해서 구한다.

상품

(1) 기초재고	×××	(4) 비용	×××
(2) 순매입액	×××	(3) 기말재고	×××
합계	×××	합계	×××

출제빈도: ★★☆

01 기말재고자산에 포함되지 않는 것은?

① 고객이 구매의사를 표시하지 아니하고, 반환금액을 신뢰성 있게 추정할 수 없는 시용판매 상품

② 위탁판매를 하기 위하여 발송한 후, 수탁자가 창고에 보관 중인 적송품

③ 판매대금을 일정기간에 걸쳐 분할하여 회수하는 조건으로 판매 인도한 상품

④ 판매자의 도착지 인도조건으로 선적되어 운송 중인 미착상품

⑤ 매입자의 선적지 인도조건으로 선적되어 운송 중인 미착상품

출제빈도: ★★☆

02 다음은 20×1년 12월 31일 현재 ㈜한국의 재고자산과 관련한 자료이다. 재무상태표에 표시되는 재고자산의 금액은?

- 매입을 위해 운송 중인 상품 ₩250(FOB 선적지기준 ₩150, FOB 도착지기준 ₩100)
- 시송품 중 매입의사가 표시되지 않은 상품: 판매가 ₩260(원가에 대한 이익률 30%)
- 적송품 중 판매되지 않은 상품 ₩300
- 창고재고 ₩1,000(수탁상품 ₩100 포함)

① ₩1,550 ② ₩1,610 ③ ₩1,710

④ ₩1,750 ⑤ ₩1,820

출제빈도: ★★☆ 대표출제기업: 한국중부발전

03 ㈜한국은 재고자산의 수량결정방법으로 실지재고조사법을 사용하고 있다. 20×1년 말 실지조사 결과 파악된 재고 자산금액은 ₩120,000이었다. 다음의 추가 자료를 결산에 반영할 경우 20×1년 매출원가는?

> • 당기 판매가능 재고자산금액 ₩700,000
> • 적송품 ₩40,000(이 중 ₩22,000에 대한 매출계산서가 20×1년 12월 26일에 도착하였음)
> • 미착상품 ₩15,000(FOB 선적지 인도조건으로 20×1년 12월 30일에 매입처리되었음)
> • 시송품 ₩25,000(이 중 ₩12,000에 대해 고객이 매입의사를 표시하였음)
> • 특별주문품 ₩40,000(생산이 완료되어 보관 중)

① ₩494,000　　　　　② ₩534,000　　　　　③ ₩574,000
④ ₩592,000　　　　　⑤ ₩604,000

정답 및 해설

01 ③
할부판매의 경우 대금회수 여부와 관계없이 재고자산의 인도시점에 수익을 인식하므로 이미 인도가 이루어진 상품은 판매자의 기말재고에 포함하지 아니한다.

02 ①
₩150(선적지기준) + ₩260 × $\frac{100}{130}$ (시송품) + ₩300(적송품) + ₩900(창고재고) = ₩1,550

03 ③
(1) 특별주문품은 진행기준을 적용하여 수익을 인식하므로 생산이 완료된 경우 수익을 전액 인식하였다. 따라서 회사의 기말재고에 포함해서 는 안 된다. 그러나 회사가 보관하고 있어 기말재고실사에 포함되었을 것이므로 별도로 기말재고실사액에서 차감하여야 한다.
(2) 정확한 기말재고금액: 실사액(₩120,000) + 적송품(₩18,000) + 미착상품(₩15,000) + 시송품(₩13,000) - 특별주문품(₩40,000)
= ₩126,000
(3) 매출원가: 판매가능재고(₩700,000) - 기말재고(₩126,000) = ₩574,000

출제빈도: ★★☆

04 ㈜한국의 20×1년 재고자산 관련 현황이 다음과 같을 때, 20×1년 말 재무상태표의 재고자산은?

- 20×1년 말 재고실사를 한 결과 ㈜한국의 창고에 보관 중인 재고자산의 원가는 ₩100,000이다.
- 20×1년도 중 고객에게 원가 ₩80,000 상당의 시송품을 인도하였으나, 기말 현재까지 매입의사를 표시하지 않았다.
- 20×1년도 중 운영자금 차입목적으로 은행에 원가 ₩80,000의 재고자산을 담보로 인도하였으며, 해당 재고자산은 재고실사 목록에 포함되지 않았다.
- ㈜대한과 위탁판매계약을 체결하고 20×1년도 중 원가 ₩100,000 상당의 재고자산을 ㈜대한으로 운송하였으며, 이 중 기말 현재 미판매되어 ㈜대한이 보유하고 있는 재고자산의 원가는 ₩40,000이다.
- ㈜민국으로부터 원가 ₩65,000의 재고자산을 도착지인도조건으로 매입하였으나 20×1년 말 현재 운송 중이다.

① ₩220,000　　　　② ₩260,000　　　　③ ₩300,000

④ ₩320,000　　　　⑤ ₩340,000

출제빈도: ★★☆

05 ㈜한국은 20×1년 결산완료 직전 재고자산 실사로 다음 사항을 발견하였다.

- 외부 회사로부터 판매위탁을 받아 보관하고 있는 상품 ₩16,000을 기말재고자산에 포함시켰다.
- F.O.B. 도착지기준으로 12월 27일에 ₩25,000의 상품구매계약을 체결하였으나, 그 상품이 기말까지 도착하지 않아 기말 재고자산에 포함하지 않았다.
- 외부 창고에 보관하고 있는 ㈜한국의 상품 ₩22,000을 기말재고자산에 포함하지 않았다.
- 기말재고자산의 매입운임 ₩10,000을 영업비용으로 처리하였다.
- 중복 실사로 인해 상품 ₩8,000이 기말재고자산에 두 번 포함되었다.

위의 사항이 ㈜한국의 20×1년 매출총이익에 미치는 영향은? (단, 재고자산은 실지재고조사법을 적용한다)

① 매출총이익 ₩8,000 감소

② 매출총이익 ₩33,000 증가

③ 매출총이익 ₩18,000 감소

④ 매출총이익 ₩24,000 감소

⑤ 매출총이익 ₩8,000 증가

출제빈도: ★★☆

06 ㈜한국의 20×1년 재고자산을 실사한 결과 다음과 같은 오류가 발견되었다. 이러한 오류가 20×1년 매출원가에 미치는 영향은? (단, ㈜한국은 실지재고조사법을 사용하고 있다)

> • ㈜한국이 시용판매를 위하여 거래처에 발송한 시송품 ₩1,300,000(판매가격)에 대하여 거래처의 매입의사가 있었으나, 상품의 원가가 ㈜한국의 재고자산에 포함되어 있다. 판매가격은 원가에 30% 이익을 가산하여 결정한다.
> • 20×1년 중 ㈜한국은 선적지 인도기준으로 상품을 ₩1,000,000에 구입하고 운임 ₩100,000을 지급하였는데, 해당 상품이 선적은 되었으나 아직 도착하지 않아 재고자산 실사에 누락되었다.
> • 20×1년 중 ㈜한국은 도착지 인도기준으로 상품을 ₩1,000,000에 구입하고, 판매자가 부담한 운임은 ₩100,000이다. 이 상품은 회사 창고에 입고되었으나, 기말재고자산 실사에 누락되었다.

① ₩1,000,000 과대계상

② ₩1,200,000 과대계상

③ ₩1,100,000 과소계상

④ ₩1,200,000 과소계상

⑤ ₩1,100,000 과대계상

정답 및 해설

04 ③
₩100,000 + ₩80,000 + ₩80,000 + ₩40,000 = ₩300,000

05 ⑤
(1) 기말재고: (-)₩16,000 + ₩22,000 + ₩10,000 - ₩8,000 = ₩8,000(증가)
(2) 기말재고 ₩8,000 증가 ⇨ 매출원가 감소 ⇨ 매출총이익 증가

06 ⑤
(1) 시송품: 기말재고 ₩1,000,000 과대계상(원가: ₩1,300,000 × $\frac{100}{130}$ = ₩1,000,000)

(2) 선적지 인도기준 미착상품: 기말재고 ₩1,100,000 과소계상

(3) 도착지 인도기준 상품: 기말재고 ₩1,000,000 과소계상

(4) 기말재고: ₩1,000,000(과대) + ₩1,100,000(과소) + ₩1,000,000(과소) = ₩1,100,000(과소)

기초재고	(+)	당기매입	=	매출원가	(+)	기말재고
				1,100,000 과대		1,100,000 과소

출제빈도: ★★★

07 재고자산에 대한 설명으로 옳은 것은?

① 기초재고자산 금액과 당기매입액이 일정할 때, 기말재고자산 금액이 과대계상될 경우 당기순이익은 과소계상된다.

② 선입선출법은 기말에 재고로 남아있는 항목은 가장 최근에 매입 또는 생산된 항목이라고 가정하는 방법이다.

③ 실지재고조사법을 적용하면 기록유지가 복잡하고 번거롭지만 특정시점의 재고자산 잔액과 그 시점까지 발생한 매출원가를 적시에 파악할 수 있는 장점이 있다.

④ 도착지 인도기준에 의해서 매입이 이루어질 경우, 발생하는 운임은 매입자의 취득원가에 산입하여야 한다.

⑤ 위탁자가 수탁자에게 인도 시 발생하는 적송운임은 발생 시 비용처리한다.

출제빈도: ★★★ 대표출제기업: KDB산업은행

08 재고자산의 회계처리에 대한 설명으로 옳지 않은 것은?

① 재고자산의 취득 시 구매자가 인수운임, 하역비, 운송기간 동안의 보험료 등을 지불하였다면, 이는 구매자의 재고자산의 취득원가에 포함된다.

② 위탁상품은 수탁기업의 판매시점에서 위탁기업이 수익으로 인식한다.

③ 재고자산의 매입단가가 지속적으로 하락하는 경우, 선입선출법을 적용하였을 경우의 매출총이익이 평균법을 적용하였을 경우의 매출총이익보다 더 높게 보고된다.

④ 재고자산의 매입단가가 지속적으로 상승하는 경우, 계속기록법하에서 선입선출법을 사용할 경우와 실지재고조사법하에서 선입선출법을 사용할 경우의 매출원가는 동일하다.

⑤ 재고자산의 매입단가가 지속적으로 상승하는 경우, 이동평균법을 적용하였을 경우의 기말재고금액이 총평균법을 적용하였을 경우의 기말재고금액보다 더 높게 보고된다.

출제빈도: ★★★

09 다음은 ㈜한국의 20×1년 1월의 재고자산 입고 및 판매와 관련된 자료이다. 실지재고조사법을 사용하고 평균법을 적용할 경우 기말재고액과 매출원가는?

일자	입고		판매량
	수량	단가	
1월 1일	1,000개	₩11	−
1월 5일	1,000개	₩13	−
1월 10일	1,000개	₩15	−
1월 15일	−	−	2,500개
1월 25일	1,000개	₩17	−

	기말재고액	매출원가
①	₩21,000	₩31,500
②	₩21,000	₩35,000
③	₩24,500	₩31,500
④	₩24,500	₩35,000
⑤	₩25,000	₩35,000

정답 및 해설

07 ②
선입선출법은 기말에 재고로 남아있는 항목은 가장 최근에 매입 또는 생산된 항목이라고 가정하는 방법이다.

오답노트
① 기초재고자산 금액과 당기매입액이 일정할 때, 기말재고자산 금액이 과대계상될 경우 매출원가가 과소계상되므로 당기순이익은 과대계상 된다.
③ 계속기록법을 적용하면 기록유지가 복잡하고 번거롭지만 특정시점의 재고자산 잔액과 그 시점까지 발생한 매출원가를 적시에 파악할 수 있는 장점이 있다.
④ 구매자가 운임을 부담하는 경우는 매입운임으로 매입에 가산하고, 판매자가 운임을 부담하는 경우에는 매출운임으로 기간비용으로 인식한다.
⑤ 위탁자가 수탁자에게 인도 시 발생하는 적송운임은 적송품의 취득원가에 포함한다.

08 ③
재고자산의 매입단가가 지속적으로 하락하는 경우, 선입선출법을 적용하였을 경우의 매출총이익이 평균법을 적용하였을 경우의 매출총이익보다 더 낮게 보고된다.

09 ②
(1) 총평균단가: (₩11,000 + ₩13,000 + ₩15,000 + ₩17,000) ÷ 4,000개 = ₩14
(2) 매출원가: 2,500개 × ₩14 = ₩35,000
(3) 기말재고: 1,500개 × ₩14 = ₩21,000

출제빈도: ★★★ 대표출제기업: 한국가스공사

10 ㈜한국의 20×1년 중 상품매매 내역은 다음과 같고, 상품의 회계처리는 실지재고조사법에 따르고 있다. ㈜한국의 20×1년 상품매출원가는 선입선출법과 평균법의 경우 각각 얼마인가?

일자	거래	수량	1개당 매입단가	금액
20×1년 초	–	50개	₩100	₩5,000
3월 1일	매입	100개	₩110	₩11,000
5월 1일	매출	60개	–	–
9월 1일	매입	50개	₩120	₩6,000
10월 1일	매출	90개	–	–

	선입선출법	평균법
①	₩15,000	₩15,500
②	₩15,500	₩15,000
③	₩16,000	₩16,500
④	₩16,500	₩16,000
⑤	₩17,500	₩16,500

출제빈도: ★★★

11 ㈜한국은 재고자산에 대해 가중평균법을 적용하고 있으며, 20×1년 상품거래 내역은 다음과 같다. 상품거래와 관련하여 실지재고조사법과 계속기록법을 각각 적용할 경우, 20×1년도 매출원가는? (단, 상품과 관련된 감모손실과 평가손실은 발생하지 않았다)

일자	적요	수량	단가	금액
1/1	월초재고	100개	₩8	₩800
3/4	매입	300개	₩9	₩2,700
6/20	매출	(200개)	–	–
9/25	매입	100개	₩10	₩1,000
12/31	기말재고	300개	–	–

	실지재고조사법	계속기록법
①	₩1,800	₩1,700
②	₩1,750	₩1,700
③	₩1,700	₩1,750
④	₩1,750	₩1,750
⑤	₩1,800	₩1,750

정답 및 해설

10 ③
(1) 선입선출법: ₩5,000 + ₩11,000 = ₩16,000
(2) 평균법: 150개 × ₩110[*1] = ₩16,500
   [*1] 총평균단가: ₩22,000 ÷ 200개 = ₩110

11 ⑤
(1) 실지재고조사법(총평균법)
   • 기말 평균매입단가: ₩9
   • 매출원가: 200개 × ₩9 = ₩1,800
(2) 계속기록법(이동평균법)
   • 6/20까지 평균매입단가: $₩8 × \frac{1}{4} + ₩9 × \frac{3}{4} = ₩8.75$
   • 매출원가: 200개 × ₩8.75 = ₩1,750

출제빈도: ★★☆ 대표출제기업: 한국공항공사

12 ㈜한국의 6월 중 재고자산 거래가 다음과 같을 때 이에 대한 설명으로 옳지 않은 것은?

일자	거래	수량	단가
6월 1일	월초재고	100개	₩10
6월 9일	매입	300개	₩15
6월 16일	매출	200개	₩25
6월 20일	매입	100개	₩20
6월 28일	매출	200개	₩30

① 회사가 총평균법을 사용할 경우 매출원가는 ₩6,000이다.

② 회사가 선입선출법을 사용할 경우 월말재고자산금액은 ₩2,000이다.

③ 총평균법을 사용할 경우보다 이동평균법을 사용할 경우에 순이익이 더 크다.

④ 계속기록법과 선입선출법을 사용할 경우보다 실지재고조사법과 선입선출법을 사용할 경우에 매출원가가 더 크다.

⑤ 계속기록법과 평균법을 사용할 경우보다 실지재고조사법과 평균법을 사용할 경우에 매출원가가 더 크다.

출제빈도: ★★☆

13 ㈜한국은 상품을 매매하는 도매업자이다. ㈜한국은 기초재고자산에 비하여 기말재고자산을 일정 규모로 증가시켜 유지하는 재고자산 관리정책을 갖고 있다. 다음 중 ㈜한국이 채택하고자 하는 재고자산 단위원가 결정방법에 따라 기대되는 효과를 옳게 기술하고 있는 것은? (단, 재고자산의 매입단가는 지속적으로 상승하고 있으며, ㈜한국이 채택하고자 하는 모든 재고자산의 원가흐름에 대하여 세법이 유효하게 적용된다)

① 판매가능재고: 선입선출법 < 가중평균법

② 순현금흐름: 가중평균법 > 선입선출법

③ 당기순이익: 선입선출법 < 가중평균법

④ 매출원가: 선입선출법 > 가중평균법

⑤ 법인세비용: 선입선출법 < 가중평균법

출제빈도: ★★★ 대표출제기업: 한국중부발전

14 ㈜한국은 20×1년 2월 1일 창고에 화재가 발생하여 재고자산의 대부분이 소실되었다. 실사 결과, 화재 후 남은 재고자산이 ₩100,000으로 평가되었다. 회사는 재고자산 수량파악을 위해 실지재고조사법을 사용하고 있으며 20×1년 2월 1일까지 관련 장부기록을 통해 확인된 자료는 다음과 같다. 아래의 자료를 이용하여 계산한 화재로 인한 재고자산의 손실금액은 얼마인가?

• 기초재고자산 재고액	₩400,000	• 당기매입액	₩1,600,000
• 매입환출 및 에누리액	₩200,000	• 매입할인액	₩100,000
• 당기매출액	₩2,150,000	• 매출환입 및 에누리액	₩150,000
• 매출할인액	₩200,000	• 매출총이익률	25%

① ₩100,000　　　　　　② ₩150,000　　　　　　③ ₩200,000

④ ₩250,000　　　　　　⑤ ₩300,000

정답 및 해설

12 ④
선입선출법은 계속기록법과 실지재고조사법 중 어떤 방법과 결합하든지 결과가 동일하다.

오답노트
① • 총평균법하의 평균단가: (100개 × ₩10 + 300개 × ₩15 + 100개 × ₩20) ÷ 500개 = ₩15
　• 매출원가: ₩15 × 400개 = ₩6,000
② 선입선출법하의 기말재고: 100개 × ₩20 = ₩2,000
③ 재고자산의 매입단가가 증가하고 재고수량이 증가할 경우, 당기순이익의 크기는 '선입선출법 > 이동평균법 > 총평균법 > 후입선출법'이다.
⑤ 재고자산의 매입단가가 증가하고 재고수량이 증가할 경우, 기말재고의 크기는 '이동평균법 > 총평균법'이다. 따라서 매출원가의 크기는 '총평균법 > 이동평균법'이다.

13 ②
선입선출법에서는 평균법에 비해 당기순이익이 크게 나타나므로 법인세비용이 커진다. 따라서 순현금흐름은 평균법에 비해 작게 나타난다.

오답노트
① 선입선출법과 평균법의 매입은 동일하나 기초재고자산의 금액이 선입선출법이 더 크게 나타나므로 판매가능재고는 선입선출법 쪽이 더 크다.
③ 선입선출법은 평균법에 비해 매출원가가 작으므로 당기순이익은 크게 나타난다.
④ 선입선출법은 처음에 매입한 단가가 싼 재고자산들이 먼저 판매된다고 가정하므로 평균법에 비해 매출원가가 작게 나타난다.
⑤ 선입선출법은 평균법에 비해 당기순이익은 크게 나타나므로 법인세비용이 크게 나타난다.

14 ④
(1) 판매가능재고: ₩400,000 + (₩1,600,000 - ₩200,000 - ₩100,000) = ₩1,700,000
(2) 매출원가: (₩2,150,000 - ₩150,000 - ₩200,000) × 75% = ₩1,350,000
(3) 기말재고 추정액: ₩1,700,000 - ₩1,350,000 = ₩350,000
(4) 재고자산 손실금액: ₩350,000 - ₩100,000 = ₩250,000

출제빈도: ★★★

15 12월 1일 화재로 인하여 창고에 남아있던 ㈜한국의 재고자산이 전부 소실되었다. ㈜한국은 모든 매입과 매출을 외상으로 하고 있으며 이용 가능한 자료는 다음과 같다. 매출총이익률이 30%라고 가정할 때 화재로 인한 추정재고손실액은?

> (1) 기초 재고자산: ₩1,000
> (2) 기초 매출채권: ₩2,000, 12월 1일 매출채권: ₩4,000
> (3) 기초부터 12월 1일까지 거래
> • 매입액: ₩80,000(FOB 선적지 인도조건으로 매입하여 12월 1일 현재 운송 중인 상품 ₩1,000 포함)
> • 매출채권 현금 회수액: ₩98,000
> • 매출할인: ₩500

① ₩9,000   ② ₩10,000   ③ ₩11,000

④ ₩12,000   ⑤ ₩14,000

출제빈도: ★★★ 대표출제기업: 한국전력기술

16 ㈜한국은 평균원가 소매재고법으로 재고자산을 평가하고 있으며, 모든 상품에 대하여 동일한 이익률을 적용하고 있다. 최근 도난 사건이 빈발하자, 재고관리 차원에서 재고조사를 실시한 결과 기말재고는 판매가격기준으로 ₩12,000이었다. 다음 자료를 이용할 때, 당기 도난 상품의 원가 추정액은?

구분	원가	판매가격
기초재고	₩4,000	₩5,000
당기매입	₩32,000	₩40,000
당기매출		₩30,000

① ₩2,400   ② ₩2,600   ③ ₩2,800

④ ₩3,000   ⑤ ₩3,200

출제빈도: ★☆☆

17 ㈜한국은 재고자산평가방법으로 저가기준 선입선출 소매재고법을 사용하고 있다. 아래의 자료를 근거로 계산한 기말재고자산의 원가는?

항목	원가	판매가
기초재고자산	₩800	₩1,000
당기매입	₩4,200	₩6,400
매입운임	₩900	–
매출액	–	₩4,000
인상액	–	₩500
인상취소액	–	₩100
인하액	–	₩400
인하취소액	–	₩200

① ₩2,223 ② ₩2,290 ③ ₩2,320

④ ₩2,500 ⑤ ₩2,700

정답 및 해설

15 ②
 (1) 판매가능상품: ₩1,000 + ₩80,000 = ₩81,000
 (2) 순외상매출액: ₩100,000

매출채권			
기초	₩2,000	현금회수	₩98,000
순매출	100,000	12/1	4,000
합계	₩102,000	합계	₩102,000

 (3) 추정매출원가: ₩100,000 × (1 – 0.3) = ₩70,000
 (4) 추정재고손실액: ₩81,000 – ₩70,000 – ₩1,000 = ₩10,000

16 ①
 (1) 도난 상품 매가액: (₩5,000 + ₩40,000 – ₩30,000) – ₩12,000 = ₩3,000
 (2) 도난 상품 원가액: $₩3,000 × \dfrac{(₩4,000 + ₩32,000)}{(₩5,000 + ₩40,000)} = ₩2,400$

17 ⑤
 (1) 기말재고의 매가: ₩1,000 + ₩6,400 – ₩4,000 + ₩400 – ₩200 = ₩3,600
 (2) 원가율: ₩5,100 ÷ (₩6,400 + ₩400) = 75%
 (3) 기말재고의 원가: ₩3,600 × 75% = ₩2,700

출제빈도: ★★☆　대표출제기업: KDB산업은행

18 재고자산 평가손실과 정상적 원인에 의한 재고 감모손실은 매출원가로, 비정상적인 감모손실은 기타비용으로 보고하는 경우 다음 자료를 토대로 계산한 매출원가는?

- 판매가능원가(= 기초재고원가 + 당기매입원가): ₩78,000
- 계속기록법에 의한 장부상 수량: 100개
- 실지재고조사에 의해 파악된 기말재고 수량: 90개
- 재고부족수량: 40%는 비정상적 원인, 나머지는 정상적 원인에 의해 발생됨
- 기말재고자산의 원가: ₩100
- 기말재고자산의 순실현가능가치: ₩90

① ₩69,500　　　　② ₩69,300　　　　③ ₩68,600

④ ₩68,400　　　　⑤ ₩67,400

출제빈도: ★★★　대표출제기업: 인천도시공사

19 ㈜한국의 20×1년 기말상품재고원가는 ₩100,000, 순실현가능가치는 ₩95,000이다. 20×2년 당기매입액은 ₩850,000이고, 기말재고자산 평가와 관련된 자료는 다음과 같다. ㈜한국은 재고자산 감모손실을 제외한 금액을 매출원가로 인식할 때, 20×2년 매출원가는 얼마인가? (단, 20×1년 말 재고자산은 20×2년도에 모두 판매되었다)

장부수량	실지재고수량	취득원가	단위당 순실현가능가치
100개	95개	₩1,100	₩1,000

① ₩844,500　　　　② ₩849,500　　　　③ ₩850,000

④ ₩855,000　　　　⑤ ₩860,000

출제빈도: ★★★

20 재고자산 회계처리에 대한 설명으로 옳지 않은 것은?

① 완성될 제품이 원가 이상으로 판매될 것으로 예상되더라도 생산에 투입하기 위해 보유한 원재료 가격이 현행대체원가보다 하락한다면 평가손실을 인식한다.

② 후속 생산단계에 투입하기 전에 보관이 필요한 경우 이외의 보관원가는 재고자산의 취득원가에 포함할 수 없으며 발생기간의 비용으로 인식한다.

③ 재고자산을 후불조건으로 취득하는 경우 계약이 실질적으로 금융요소를 포함하고 있다면, 해당 금융요소는 금융이 이루어지는 기간 동안 이자비용으로 인식한다.

④ 재고자산을 순실현가능가치로 감액한 평가손실과 모든 감모손실은 감액이나 감모가 발생한 기간에 비용으로 인식한다.

⑤ 당기에 비용으로 인식하는 재고자산 금액은 일반적으로 매출원가로 불리우며, 판매된 재고자산의 원가와 배분되지 않은 제조간접원가 및 제조원가 중 비정상적인 부분의 금액으로 구성된다.

출제빈도: ★★★ 대표출제기업: 한국도로공사

21 ㈜한국의 20×1년 기초상품재고는 ₩50,000이고 당기매입원가는 ₩80,000이다. 20×1년 말 기말상품재고는 ₩30,000이며 순실현가능가치는 ₩23,000이다. 재고자산 평가손실을 인식하기 전 재고자산평가충당금 잔액으로 ₩2,000이 있는 경우, 20×1년 말에 인식할 재고자산 평가손실은?

① ₩3,000 ② ₩5,000 ③ ₩7,000

④ ₩9,000 ⑤ ₩11,000

정답 및 해설

18 ①
판매가능재고   ₩78,000
                      (계속기록법) ₩68,000 ⇨ 매출원가
장부상 재고   100개 × ₩100 = ₩10,000
                                          ₩1,000 ⇨ 재고자산 감모손실
                  90개 × ₩100 = ₩9,000
                                          ₩900 ⇨ 재고자산 평가손실
기말재고실사   90개 × ₩90 = ₩8,100
∴ 매출원가: ₩68,000 + ₩1,000 × 60% + ₩900 = ₩69,500

19 ①
(1) 계속기록법에 의한 매출원가: ₩95,000 + ₩850,000 − 100개 × ₩1,100 = ₩835,000
(2) 재고자산 평가손실: 95개 × (₩1,100 − ₩1,000) = ₩9,500
(3) 매출원가: ₩835,000 + ₩9,500 = ₩844,500

20 ①
완성될 제품이 원가 이상으로 판매될 것으로 예상되면 원재료에 대해서는 저가법을 적용하지 않는다.

21 ②
(1) 기말 재고자산평가충당금 누계액: ₩30,000 − ₩23,000 = ₩7,000
(2) 당기 말 재고자산평가충당금 적립액: ₩7,000 − ₩2,000(전기까지 적립액) = ₩5,000

출제빈도: ★★★

22 다음은 ㈜한국의 20×1년 기말상품과 관련된 자료이다. ㈜한국은 재고자산 정상감모손실과 재고자산 평가손실(환입)을 매출원가에서 조정한다. 재고자산평가충당금 기초잔액이 ₩200 존재할 때, 20×1년 재고자산 감모손실과 재고자산 평가손실(환입)이 매출원가에 미치는 순영향은? (단, 정상감모손실의 경우 감모손실의 50%이다)

장부재고	실지재고	단위당 원가	단위당 순실현가능가치
200개	190개	₩10	₩8

① ₩50 증가   ② ₩180 증가   ③ ₩230 증가

④ ₩280 증가   ⑤ ₩300 증가

출제빈도: ★★☆ 대표출제기업: 인천국제공항공사

23 ㈜한국은 단일상품을 판매하는 기업으로, 20×1년 결산이전 재고자산의 정상적인 수량부족과 평가손실을 반영하지 않은 매출원가는 ₩989,400이다. 재고와 관련된 자료가 다음과 같을 때, 20×1년 기초재고자산은? (단, 재고자산의 정상적인 수량부족과 평가손실은 매출원가로 처리하고, 비정상적인 수량부족은 기타비용으로 처리한다)

> (1) 당기매입 관련 자료
>   • 당기상품매입액: ₩800,000
>   • 매입운임: ₩60,000
>   • 관세환급금: ₩10,000
> (2) 기말재고 실사자료
>   • 기말재고 장부상 수량: 500개
>   • 기말재고 실제 수량: 480개(14개는 정상적인 수량부족임)
>   • 단위당 취득원가: ₩900
>   • 단위당 순실현가능가치: ₩800

① ₩584,000   ② ₩586,000   ③ ₩587,400

④ ₩588,400   ⑤ ₩589,400

정답 및 해설

22 ③
  (1) 재고자산 정상감모손실: (200개 – 190개) × ₩10 × 0.5 = ₩50
  (2) 재고자산 평가충당금 기말잔액: 190개 × ₩2 = ₩380
  (3) 재고자산 평가손실: ₩380 – ₩200(기초) = ₩180
  (4) 매출원가: ₩50 + ₩180 = ₩230

23 ⑤
  (1) 기초재고: X
  (2) 당기매입: ₩800,000 + ₩60,000(매입운임) – ₩10,000(관세환급금) = ₩850,000
  (3) 장부상 기말재고 원가: 500개 × ₩900 = ₩450,000
  (4) 매출원가: ₩989,400
  (5) X + ₩850,000 = ₩989,400 + ₩450,000 ⇨ X = ₩589,400

01 유형자산의 최초인식과 측정　　　　출제빈도 ★★★

1. 유형자산의 개요

(1) 정의

유형자산은 재화나 용역의 생산이나 제공, 타인에 대한 임대 또는 관리활동에 사용할 목적으로 보유하는 즉, 영업활동에 사용할 목적으로 한 회계기간을 초과하여 사용할 것이 예상되는 물리적 형태가 있는 자산이다.

(2) 특징

① 유형자산은 생산, 임대 또는 관리활동에 사용할 목적으로 취득한 자산이다.
  • 생산을 위한 공장의 토지, 건물, 구축물, 기계장치 등은 유형자산이다.
  • 기업의 관리활동을 위한 본사의 토지, 건물, 구축물, 영업사원의 차량 등도 유형자산이다.
  • 기계장치나 차량을 임대에 사용한다면 유형자산에 해당한다. 한편, 부동산(토지, 건물)의 경우는 시세차익 또는 임대수익을 목적으로 보유하면 투자부동산 기준서에 따라 투자부동산으로 분류하고, 동 기준서에서 규정하고 있는 일정한 상황에서만 유형자산으로 분류한다.

- 즉, 부동산매매업을 목적으로 하는 법인이 소유한 부동산은 재고자산으로 분류 하고 임대수익, 시세차익을 목적으로 보유하는 부동산은 투자부동산으로 분류 한다.

② 유형자산은 물리적 형태를 가지고 있는 자산이다.
- 사용목적으로 보유하더라도 물리적인 형태가 없는 자산(예 특허권, 산업재산권 등)은 유형자산이 아니라 무형자산으로 분류한다.
- 컴퓨터 소프트웨어의 경우는 유형의 요소와 무형의 요소 중에 무엇이 더 유의 적인지를 고려하여야 한다.
- 컴퓨터나 기계장치 등의 운영시스템에 필수적인 소프트웨어는 유형자산으로 회 계처리한다.
- 한글이나 엑셀 같은 하드웨어 가동에 필수적이지 아니한 소프트웨어는 무형자 산으로 회계처리한다.

③ 유형자산은 장기간에 걸쳐 영업활동에 사용하여야 한다.
- 예비부품, 대기성장비 및 수선용구와 같은 항목은 일반적으로 한 회계기간 이내 에 사용되므로 재고자산(예 소모품, 저장품 등)으로 인식하고, 사용하는 시점에 당기비용으로 인식한다.
- 그러나 한 회계기간을 초과하여 사용할 것으로 예상되면 유형자산으로 인식하 여 회계처리한다.

(3) 유형별 분류

① 토지, 건물, 구축물, 기계장치, 차량운반구, 건설 중인 자산(취득 중인 모든 유형 자산), 생산용식물, 기타유형자산(선박, 항공기, 사무용비품 등)이다.
② 유형자산은 상각자산과 비상각자산으로 구분된다.
③ 토지와 건설 중인 자산은 상각하지 않는다.
④ 위 항목 중 생산용 식물의 예로는 야자나무, 고무나무, 포도나무, 사과나무 등이 있다.
⑤ 이러한 자산은 수확물을 생산하는 데 사용되고, 한 회계기간을 초과하여 생산하 며, 그 자체가 수확물로 판매될 가능성이 희박하다는 특징이 있어 유형자산으로 분류한다. 그러나 생산용 식물에서 생산되는 수확물은 유형자산이 아니다.

〈유형자산의 금액과 관련한 용어〉

원가	자산을 취득하기 위하여 자산의 취득시점이나 건설시점에서 지급한 현금 또는 현금성자산이나 제공한 기타대가의 공정가치
공정가치	측정일에 시장참여자 사이의 정상거래에서 자산을 매도할 때 받거나 부채를 이전할 때 지급하게 될 가격
장부금액	취득원가 − 감가상각누계액 − 손상차손누계액
잔존가치	내용연수종료시점의 추정 처분금액에서 추정 처분부대원가를 차감한 금액
감가상각	자산의 감가상각대상금액을 그 자산의 내용연수 동안 체계적으로 배분 하는 것
감가상각대상금액	자산의 취득원가 − 잔존가치

2. 유형자산의 인식

유형자산으로 인식되기 위해서는 다음의 인식기준을 모두 충족하여야 한다. 자산으로부터 발생하는 미래경제적효익이 기업에 유입될 가능성이 높고, 자산의 원가를 신뢰성 있게 측정할 수 있다.

(1) 최초원가

① 유형자산의 정의를 충족하고, 인식기준을 충족하면 유형자산을 인식한다.

② 유형자산은 인식시점의 원가(취득원가)로 측정하는 것을 원칙으로 한다.

③ 원가는 자산을 취득하기 위하여 자산의 취득시점이나 건설시점에서 지급한 현금 또는 현금성자산이나 제공한 기타 대가의 공정가치를 말한다. 즉, 유형자산의 취득원가는 유형자산 취득을 위해 지출한 금액(역사적원가)으로 장부에 기록한다는 의미이다.

(2) 외부구입 시 유형자산의 취득원가에 포함되는 항목

① 유형자산을 취득하기 위하여 제공한 모든 자산의 공정가치를 유형자산의 취득원가로 한다.

② 유형자산의 취득 또는 사용가능상태로 준비하는 과정과 직접 관련된 지출이 모두 취득원가를 구성한다.

원본 구입가격	• 관세 및 환급 불가능한 취득 관련 세금을 가산하고 매입할인과 리베이트 등을 차감한 구입가격
경영진이 의도하는 방식으로 자산을 가동하는 데 필요한 장소와 상태에 이르게 하는 데 직접 관련된 원가	• 유형자산의 매입 또는 건설과 직접적으로 관련되어 발생한 종업원급여 • 최초의 운송 및 취급관련 원가와 설치장소 준비원가 • 설치원가 및 조립원가 • 유형자산이 정상적으로 작동되는지 여부를 시험하는 과정에서 발생한 원가(시운전비용). 단, 시제품순매각액은 당기손익으로 인식함 • 전문가에게 지급하는 수수료
복구원가 등	• 유형자산을 해체, 제거하거나 부지를 복구하는 데 소요될 것으로 최초에 추정되는 원가의 현재가치. 해당 항목은 유형자산의 취득원가에 가산함

(3) 취득원가에 포함되지 않는 항목(유형자산의 취득과 직접 관련이 없는 원가인 경우로서 비용처리)

① 새로운 시설을 개설하는 데 소요되는 원가(예 개업비)

② 새로운 상품과 서비스를 소개하는 데 소요되는 원가(예 광고 및 판촉 관련원가)

③ 새로운 지역이나 고객층을 상대로 영업을 하는 데 소요되는 원가(예 직원 교육훈련비)

④ 관리 및 기타 일반간접원가

(4) 취득 완료 후(가동될 수 있는 장소와 상태에 이른 후) 원가

① 취득이 완료되어 경영진이 의도하는 방식으로 가동될 수 있는 장소와 상태에 이른 후 발생하는 원가도 유형자산의 원가에 포함하지 않는다. 따라서 유형자산을 사용하거나 이전하는 과정에서 발생하는 원가는 당해 유형자산의 장부금액에 포함하여 인식하지 않는다.

② 유형자산이 경영진이 의도하는 방식으로 가동될 수 있으나 아직 실제로 사용되지는 않고 있는 경우 또는 가동수준이 완전조업도 수준에 미치지 못하는 경우에 발생하는 원가

③ 유형자산과 관련된 산출물에 대한 수요가 형성되는 과정에서 발생하는 초기 가동손실

④ 기업의 영업 전부 또는 일부를 재배치하거나 재편성하는 과정에서 발생하는 원가

(5) 부수적인 영업활동에서의 손익

① 유형자산의 건설 또는 개발과 관련하여 영업활동이 이루어질 수 있다. 이러한 부수적인 영업활동은 건설이나 개발이 진행되는 동안 또는 그 이전단계에서 이루어질 수 있다.

② 부수적인 영업은 유형자산을 경영진이 의도하는 방식으로 가동하는 데 필요한 장소와 상태에 이르게 하기 위해 필요한 활동이 아니므로 그러한 수익과 관련 비용은 당기손익으로 인식하고 각각 수익과 비용항목으로 구분하여 표시한다. 즉, 유형자산의 원가에 가감하지 않음을 유의해야 한다.

③ 예를 들어 건설이 시작되기 전에 건설용지를 주차장 용도로 사용하는 활동은 건설용지의 취득을 위해 꼭 필요한 활동이 아니다. 따라서 관련 수익은(건설용지의 취득원가에서 차감하지 않고) 별도의 수익으로 인식한다.

㈜한국은 재화의 생산을 위하여 기계장치를 취득하였으며, 관련 자료는 다음과 같다. 동 기계장치의 취득원가를 계산하시오.

• 구입가격(매입할인 미반영)	₩1,000,000
• 매입할인	₩15,000
• 설치장소 준비원가	₩25,000
• 정상작동 여부 시험과정에서 발생한 원가	₩10,000
• 정상작동 여부 시험과정에서 생산된 시제품 순매각금액	₩5,000
• 신제품을 소개하는 데 소요되는 원가	₩3,000
• 신제품 영업을 위한 직원 교육훈련비	₩2,000
• 기계 구입과 직접적으로 관련되어 발생한 종업원 급여	₩2,000

해설

구입가격(매입할인 미반영)	₩1,000,000
매입할인	(15,000)
설치장소 준비원가	25,000
정상작동 여부 시험과정에서 발생한 원가	10,000
기계 구입과 직접적으로 관련되어 발생한 종업원 급여	2,000
취득원가 합계	₩1,022,000

3. 유형별 원가의 측정

(1) 구입

① 토지의 취득

취득원가	구입가격	• 취득관련 제세금(보유와 관련하여 납부한 재산세 등의 세금은 당기비용처리하고 이전 소유자가 체납한 재산세를 대납한 경우의 재산세는 토지의 원가에 가산) • 강제 매입한 국공채 매입가액과 공정가치와의 차액
	상태변화를 위한 지출	• 토지 매입과 직접 관련된 종업원급여 • 토지측량원가 • 토지정지원가 • 토지취득을 위한 각종 부담금(예 하수처리장 부담금) • 전문가 수수료
	복구원가	• 복구의무를 이행하는 데 소요될 것으로 추정되는 원가

② 토지 부대시설공사
- 비교적 **영구적 내용연수를** 가지는 것들, 예를 들어 배수공사비 및 조경공사 등은 **토지에 포함**한다.
- 도로포장, 가로등, 하수관 및 배수시설 등을 회사가 공사하고 **정부(지방자치단체 등 포함)가 사후관리하는 경우, 회사는 관련 원가를 토지의 원가에 포함**한다. 그러나 이것들을 회사가 공사하고 회사가 사후관리하는 경우에는 구축물로 분류하여 추정 내용연수 동안에 상각한다.

〈토지부대시설공사〉

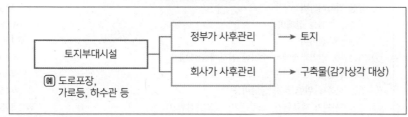

- **유한 내용연수를** 가지는 것들, 가령 사도, 울타리 및 주차장 등의 공사원가는 **구축물로 분류**하여 추정 내용연수 동안에 감가상각한다.
③ 건물의 취득

자가건설	건물의 건설에 소요된 재료원가, 노무원가 및 제조간접원가의 합계
외부구입	구입가격에 취득과 관련된 직접원가(취득부대비용)를 가산

(2) 토지와 건물의 일괄구입

① 일괄구입이란 여러 종류의 자산을 정해진 하나의 가격에 한번에 구입하는 것을 말하는데 주로 토지와 건물은 일괄로 구입하는 것이 일반적이다.
② 토지와 건물을 모두 사용하는 경우에는 일괄구입가격을 각 자산의 **상대적 공정가치에 의해 일괄구입 대금을 안분**하여 토지와 건물의 금액을 결정한다. 이 경우에 공통되는 부대비용, 예를 들어 중개인 수수료 등도 안분하여 토지와 건물에 포함해야 할 것이다. 한편, 공정가치가 한쪽뿐이라면 그 자산만 공정가치로 원가를 결정하고 나머지 자산은 잔액으로 한다.
③ 토지만 사용하는 경우(건물이 있는 토지를 구입하여 건물을 철거하고 새로운 건물을 짓는 경우)에는 **취득금액은 전액 토지의 원가에 포함**하며, 구 건물의 철거비용(잔존폐물의 매각수익 차감)과 토지정지비용을 토지의 취득원가에 가산한다. 이는 토지만 사용할 목적으로 토지와 건물을 일괄 구입하는 경우, 건물의 취득은 토지 취득을 위한 불가피한 지출이므로 토지의 매입부대비용과 같은 성격이다.
④ 건물을 신축하기 위하여 기존 건물을 사용하던 중에 건물을 철거하는 경우에는 기존 건물의 장부금액을 처분손실로 계상하고 **철거비용은 당기비용으로 처리**한다.

한국회사는 당해 연도 초에 설립된 후 영업활동을 위하여 유형자산(설비자산)과 관련하여 다음과 같은 항목을 지출하였다. 이 자료를 이용하여 기말 재무상태표에 계상할 토지와 건물의 취득원가를 각각 계산하시오. (단, 건물은 당기 중에 완공되었다)

① 낡은 건물이 있는 토지의 구입대금	₩1,000,000
② 토지 취득 중개 수수료	₩50,000
③ 토지의 취득 및 등록세	₩80,000
④ 공장 건축허가비	₩5,000
⑤ 신축공장 건물 설계비	₩63,000
⑥ 기존건물 철거비	₩150,000
⑦ 기존건물 철거과정에서 수거한 건자재 판매대금	₩30,000
⑧ 토지의 정지 및 측량비	₩35,000
⑨ 건물 신축을 위한 토지 굴착비용	₩45,000
⑩ 건물공사원가(재료원가, 노무원가, 제조간접원가)	₩2,875,000
⑪ 건물 완공 후 조경공사비(내용연수 - 영구적)	₩25,000
⑫ 배수시설 공사비(내용연수 - 영구적)	₩12,000
⑬ 진입도로 포장공사비와 상·하수도 공사비(유지관리는 시청에서 수행)	₩28,000
⑭ 울타리 주차장 공사비(내용연수 - 제한적)	₩14,000
⑮ 건물 신축용 차입금의 지급이자(자본화기간 동안 발생함)	₩20,000

해설   (1) 토지의 원가
        : ① + ② + ③ + ⑥ - ⑦ + ⑧ + ⑪ + ⑫ + ⑬ = ₩1,350,000
    (2) 건물의 원가
        : ④ + ⑤ + ⑨ + ⑩ + ⑮ = ₩3,008,000
    (3) 진입도로, 포장, 조경공사비용 등은 유지보수책임이 회사에 있거나 내용연수가 한정된 경우에는 구축물로 계상하여 감가상각하고, 유지보수책임이 회사에 없거나 내용연수가 영구적인 경우에는 감가상각을 할 수 없으므로 토지원가에 가산해야 한다.

(3) 유형자산과 국·공채의 일괄구입

① 토지, 건물, 차량운반구의 경우 토지와 건물의 소유권을 등기하거나 차량운반구의 소유권을 등록할 때 중앙정부나 지방자치단체에서 발행한 국·공채를 의무적으로 구입해야 한다.
② 국·공채의 현재가치(공정가치)를 금융자산으로 인식하고 국·공채의 **매입금액과 현재가치와의 차액**은 취득에 직접 소요된 지출액이므로 해당 유형자산의 취득원가에 가산한다.

(4) 장기할부구입

① 유형자산의 원가는 인식시점의 **현금가격상당액**(현재가치)이다.
② 대금지급이 일반적인 신용기간을 초과하여 이연되는 경우, **현금가격상당액과 실제 총지급액의 차액**은 차입원가에 따라 자본화하지 않는 한 신용기간에 걸쳐 **이자비용**으로 인식한다.

(5) 자가건설

① 기업이 유형자산을 외부로부터 구입하지 않고 직접 건설하는 경우를 자가건설이라고 한다. 자가건설한 경우 유형자산의 취득원가는 직접재료원가, 직접노무원가와 변동제조간접원가 및 고정제조간접원가 배부액으로 구성된다.

② 따라서 건설이 완료되기 전 건설원가가 발생하였을 때 건설 중인 자산으로 처리했다가 건설완료 시 해당 유형자산계정(건물, 토지, 기계장치 등)으로 대체한다.

③ 자가건설 시 **내부이익**과 자가건설 시 발생한 **비정상적인 원가**는 자산의 원가에 포함하지 않는다. 이는 내부이익을 원가에 포함하면 원가가 아닌 원가에 이익이 가산된 일종의 공정가치로 원가를 인식하게 되므로 내부이익을 포함하지 않는다.

(6) 교환거래

① 교환거래란 하나 이상의 비화폐성자산 또는 화폐성자산과 비화폐성자산이 결합된 대가와 교환하여 하나 이상의 유형자산을 취득하는 경우를 말한다.

② 교환거래로 인하여 취득한 비화폐성자산의 취득원가는 **상업적 실질이 있는지 여부에 따라** 달라진다.

③ 상업적 실질은 교환거래의 결과 미래현금흐름이 유의적으로 변동되는 경우를 말하는 것이고, 상업적 실질이 결여되었다는 것은 교환거래의 결과 미래현금흐름이 크게 변동되지 아니한다는 것이다.

④ **상업적 실질이 있는 교환거래의 경우** 교환으로 인하여 기업의 실질 변화가 있고 구자산을 처분하여 신자산을 구입한 거래로 볼 수 있으므로 교환거래로 인한 처분손익을 인식한다.

⑤ 또한, **신자산의 취득원가는 제공한 자산의 공정가치를 원칙으로 하나, 취득한 자산의 공정가치가 더 명백하다면 취득한 자산의 공정가치를 취득원가로 한다.** 이때 취득한 자산이나 제공한 자산의 공정가치를 신뢰성 있게 측정할 수 없는 경우에는 제공한 자산의 장부금액을 유형자산의 취득원가로 한다.

⑥ 상업적 실질이 결여된 교환거래의 경우 법률상으로는 교환거래이지만 경제적 실질의 변화가 없으므로 구자산의 처분을 인정하지 않기 때문에 처분손익을 인식하지 않는다. 또한, 신자산의 취득원가는 제공한 자산의 장부금액이다.

상업적 실질이 있는 경우	공정가치 측정 가능	• 일반적으로 제공한 자산의 공정가치로 측정 • 취득한 자산의 공정가치가 더 명백한 경우: 취득한 자산의 공정가치로 측정(현금수수액 고려하지 않음)
	공정가치 측정 불가능	• 제공한 자산의 장부금액으로 측정
교환거래에 상업적 실질이 결여된 경우		• 제공한 자산의 장부금액으로 측정
현금수수액이 있는 경우		• 현금지급액은 취득원가에 가산하고 현금수취액은 차감함

㈜한국은 보유 중인 장부가액 ₩2,400,000(취득원가 ₩3,000,000, 감가상각누계액 ₩600,000)의 차량운반구를 ㈜대한에 제공하고, 대신 ㈜대한으로부터 기계장치를 취득하였다. 교환시점에 차량운반구와 기계장치의 공정가액이 각각 ₩2,000,000과 ₩2,300,000이며 ㈜한국은 ㈜대한에게 현금 ₩200,000을 지급하였다. ㈜한국의 입장에서 위 교환거래의 회계처리를 하시오. (단, 위 교환거래는 상업적 실질이 있는 교환거래로 분류한다)

해설
(차) 기계장치(④)	2,200,000[*1]	(대) 차량운반구(①)	3,000,000
감가상각누계액(①)	600,000	현금(③)	200,000
유형자산처분손실(②)	400,000[*2]		

회계처리순서: ① ⇨ ② ⇨ ③ ⇨ ④

[*1] 기계장치 취득원가: ₩2,000,000 + ₩200,000 = ₩2,200,000

[*2] 유형자산처분손실: ₩2,000,000 − ₩2,400,000 = ₩400,000

> ♥ **선생님 TIP**
>
> 자산의 교환거래 문제는 상업적 실질 여부를 가장 먼저 파악하고 각 상황에 따라 문제를 접근한다.
> (1) 상업적 실질이 있는 교환거래
>   ① 제공한 자산의 공정가치가 명백한 경우: 자산의 처분과 취득이 동시에 이루어지는 거래로 파악해서 접근한다.
>   • 유형자산의 처분손익 = 제공한 자산의 공정가치 − 제공한 자산의 장부금액
>   • 유형자산의 취득원가 = 제공한 자산의 공정가치 + 현금지급액 − 현금수취액
>   ② 제공한 자산의 공정가치보다 취득한 자산의 공정가치가 더 명백한 경우: 제공받은 자산의 공정가치와 현금수취액을 고려해서 제공한 자산의 공정가치를 추정하여 처분손익과 취득원가를 계산한다.
>   ③ 둘 다 알 수 없는 경우: 제공한 자산의 장부금액으로 한다.
> (2) 상업적 실질이 없는 교환거래
>   ① 유형자산의 처분손익 = 제공한 자산의 장부금액 − 제공한 자산의 장부금액 = 처분손익 X
>   ② 유형자산의 취득원가 = 제공한 자산의 장부금액 + 현금지급액 − 현금수취액

(7) 복구의무 부담부 취득

① 기업은 유형자산의 내용연수가 종료되는 시점에 당해 유형자산을 해체, 제거하거나 부지를 원상회복해야 하는 **복구의무를 부담하면서 유형자산을 취득**하는 경우가 있다.

② 복구원가란 자산을 해체, 제거하거나 부지를 복구하는 데 소요될 것으로 최초에 추정되는 원가를 말한다.

③ 환경오염 또는 훼손과 관련 있는 시설물은 사용을 종료하는 시점에 유형자산을 해체, 제거하고 복구할 의무를 부담한다. 이와 같은 경우를 예를 들면 다음과 같다.

• 핵발전소의 수명이 끝난 이후 사후처리

• 광산, 원유 등의 채취 및 저장시설의 사용 후 복구

• 장래에 생산설비를 폐쇄

• 점포를 임차하여 내부 시설이나 인테리어를 한 경우 임차기간 종료시점에는 원상 회복하기로 약정한 경우

④ 복구의무를 부담함에 따라 인식하는 부채를 **복구충당부채**라 하고 유형자산의 원가에는 유형자산의 취득시점에 예상되는 복구비용을 포함하므로, 복구의무에 따라 인식한 복구충당부채는 유형자산의 원가에 가산한다.

⑤ 복구충당부채는 장래에 자산을 해체, 제거하거나 그 자산이 위치한 부지를 복구하는 데 소요될 것으로 예상되는 미래복구원가를 적정한 이자율로 할인한 현재가치이다.

〈복구충당부채〉

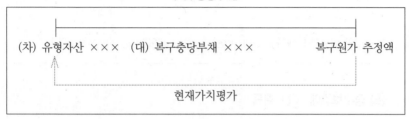

〈복구충당부채 인식〉

⑥ 매 결산일에 취득원가에 근거하여 감가상각비를 인식하고 복구충당부채로 인식한 금액에 대해서는 유효이자율에 의한 시간가치 증가를 **이자비용**으로 인식하면서 복구충당부채를 증가시킨다. 이때 유효이자율은 복구충당부채를 인식할 때 적용한 할인율이다.

〈이자비용 인식〉

⑦ 당초 추정한 충당부채의 유출금액 또는 할인율은 매 보고기간 말에 재검토되어야 하며, 최선의 현행 추정치를 반영하여 조정되어야 한다.

📋 시험문제 미리보기!

㈜한국은 20×1년 초 ₩720,000에 구축물을 취득(내용연수 5년, 잔존가치 ₩20,000, 정액법 상각)하였으며, 내용연수 종료 시점에 이를 해체하여 원상복구해야 할 의무가 있다. 20×1년 초 복구비용의 현재가치는 ₩124,180으로 추정되며 이는 충당부채의 요건을 충족한다. 복구비용의 현재가치 계산에 적용한 할인율은 10%이다. (단, 소수점 발생 시 소수점 아래 첫째 자리에서 반올림한다)

(1) 구축물의 취득원가를 구하시오.
(2) 20×1년 회계처리를 하시오.
(3) 20×1년 포괄손익계산서상의 비용총액을 구하시오.

해설 (1) 구축물의 취득원가: ₩720,000 + ₩124,180 = ₩844,180
    (2) [20×1년 초 회계처리]

(차) 구축물	844,180	(대) 현금	720,000
		복구충당부채	124,180

       [20×1년 말 회계처리]

(차) 이자비용	12,418[*1]	(대) 복구충당부채	12,418[*1]
감가상각비	164,836[*2]	감가상각누계액	164,836[*2]

      (*1) ₩124,180 × 10% = ₩12,418

      (*2) $(₩844,180 - ₩20,000) \times \dfrac{1}{5} = ₩164,836$

    (3) 비용총액: ₩12,418(이자비용) + ₩164,836(감가상각비) = ₩177,254

(8) 정부보조에 의한 취득

① 정부보조금이란 기업의 영업활동과 관련하여 과거나 미래에 일정한 조건을 충족하였거나 충족할 경우 기업에게 자원을 이전하는 형식의 정부지원을 말한다.

② K-IFRS에서는 자산관련 보조금의 회계처리 방법으로 유형자산의 정부보조금은 다음의 두 가지 방법 중 하나를 선택하여 회계처리한다.

- 정부보조금을 이연수익(부채)으로 인식하는 방법(이연수익법)
- 유형자산의 장부금액에서 차감하는 방법(자산차감법)

③ 정부보조금은 유형자산의 내용연수에 걸쳐 수익으로 인식하거나 감가상각비와 상계하여 당기손익에 반영한다.

④ 감가상각비 = 정부보조금 × 감가상각비/감가상각대상금액(취득원가 - 감가상각누계액)

⑤ 때로 정부는 특정산업에 저리자금을 대여하기도 한다. 이 경우 기업 입장에서 시장이자율보다 낮은 정부대여금의 효익은 정부보조금으로 처리한다. 여기서 정부보조금은 차입금의 공정가치와 수취한 대가의 차이로써 측정한다.

〈정부보조금의 표시〉

구분	재무상태표에 표시	손익에 반영
이연수익법	이연수익(부채)으로 표시	자산의 내용연수에 걸쳐 수익으로 인식
자산차감법	자산의 장부금액을 결정할 때 차감하여 표시 (자산의 차감적 평가계정)	자산의 내용연수에 걸쳐 감가상각비와 상계

▦| 시험문제 미리보기!

㈜한국은 20×1년 초에 건물을 ₩50,000에 취득하였고, 잔존가치 없이 10년 동안 정액법으로 상각할 예정이다. ㈜한국은 정부로부터 건물 취득과 관련하여 정부보조금 ₩30,000을 지원받았다. ㈜한국이 정부보조금을 (1) 이연수익법으로 표시할 경우, (2) 자산차감법으로 표시할 경우, 각각의 상황에서 20×1년 말에 수행할 분개와 20×1년 말의 부분재무상태표를 표시하시오.

해설 (1) 이연수익법
    [건물의 구입]
    (차) 건물   50,000   (대) 현금   50,000
    [정부보조금의 수령]
    (차) 현금   30,000   (대) 이연정부보조금수익   30,000
    [결산 - 감가상각]
    (차) 감가상각비   5,000   (대) 감가상각누계액   5,000
       이연정부보조금수익   3,000*1   정부보조금수익   3,000

    (*1) $₩30,000 \times \dfrac{5,000}{50,000} = ₩3,000$

부분재무상태표

㈜한국	20×1년 12월 31일 현재		(단위: 원)
유형자산		부채	
건물	₩50,000	이연정부보조금수익	₩27,000
감가상각누계액	(5,000)		
	₩45,000		

  (2) 자산차감법
    [건물의 구입]
    (차) 건물   50,000   (대) 현금   50,000
    [정부보조금의 수령]
    (차) 현금   30,000   (대) 정부보조금   30,000
    [결산 - 감가상각]
    (차) 정부보조금   3,000*2   (대) 감가상각누계액   5,000
       감가상각비   2,000

    (*2) $₩30,000 \times \dfrac{5,000}{50,000} = ₩3,000$

부분재무상태표

㈜한국	20×1년 12월 31일 현재		(단위: 원)
유형자산			
건물	₩50,000		
감가상각누계액	(5,000)		
정부보조금	(27,000)		
	₩18,000		

(9) 저가구입·고가구입·무상취득

① 거래상대방으로부터 저가 또는 고가로 구입하거나 무상으로 취득하는 경우 유형자산의 공정가치를 취득원가로 기록하고 차액은 자산수증이익(수익)이나 기부금(비용)으로 처리한다.

② 주주로부터 증여받은 경우 자본잉여금, 제3자로부터 증여받은 경우 당기이익으로 계상한다.

(10) 현물출자

① 현물출자란 신주발행의 대가로 현금이 납입되는 것이 아니라 유형자산 등의 비화폐성자산이 납입되는 것을 말한다.

② 현물출자인 경우에 우선적으로 유형자산의 공정가치로 거래를 측정한다.

③ 다만, 유형자산의 공정가치를 신뢰성 있게 추정할 수 없다면, 제공받는 유형자산과 그에 상응하는 자본의 증가는 부여한 주식의 공정가치에 기초하여 측정한다.

---

02 유형자산의 후속적 인식과 측정　　　　출제빈도 ★

1. 후속원가

(1) 인식기준

① 유형자산 최초 취득 이후에 동 자산에 대한 증설, 대체, 수선·유지 등의 후속원가가 발생할 수 있다. 이러한 후속원가도 자산 인식기준을 충족하는 경우에는 자산의 취득원가로 인식하고 인식기준을 충족하지 못하면 발생시점에 당기비용으로 인식한다.

② 후속지출이 인식기준을 충족한다는 것은 후속지출로 인해 미래에 추가적인 수익이 창출된다는 것을 의미한다. 따라서 이러한 후속지출은 자산으로 인식하였다가 수익이 창출되는 기간에 걸쳐 비용으로 인식하는 것이 수익·비용대응이 적절하다.

(2) 자본적 지출

① 미래의 경제적효익을 증가시키는 지출은 해당 자산의 장부금액에 가산하여 그 지출의 효익이 지속되는 기간 동안 감가상각을 통해 비용으로 인식한다.

② 내용연수 증가, 유형자산이 제공할 서비스의 양·질 증대 등이 자본적 지출의 대표적인 사례이다.

(3) 수익적 지출

① 일상적인 수선·유지와 관련하여 발생하는 원가이다.

② 미래의 경제적효익을 증가시키지 않은 지출(예 원상회복, 능력유지, 소액지출 등)은 발생시점에서 비용으로 인식한다.

2. 유형별 회계처리

(1) 증설

자본적 지출로 처리하여 장부금액에 포함한다.

(2) 일상적인 수선 및 유지

유형자산의 인식기준에 따르면, 일상적인 수선·유지와 관련하여 발생하는 원가는 해당 유형자산의 장부금액에 포함하여 인식하지 아니한다. 즉, 수익적 지출로 처리하여 당기손익으로 인식한다.

(3) 정기적인 교체

① 유형자산의 일부를 대체할 때 발생하는 원가가 인식기준을 충족하는 경우에는 이를 해당 유형자산의 장부금액에 포함(자본적 지출)하여 인식한다.

② 주요 부품이나 구성요소의 정기적인 교체를 위한 지출이 자산인식요건을 충족하는 경우에는 해당 유형자산의 장부금액에 포함하여 인식하고 교체된 부분의 장부금액은 이를 분리하여 인식했는지 여부와 관계없이 유형자산의 장부금액에서 제거한다.

[구부품 제거 시]			
(차) 감가상각누계액	×××	(대) 유형자산	×××
유형자산처분손실	×××		
[신부품 대체 시]			
(차) 유형자산	×××	(대) 현금	×××

(4) 정기적인 종합검사

① 항공기와 같은 유형자산을 계속적으로 가동하기 위해서는 당해 유형자산의 일부가 대체되는지 여부와 관계없이 결함에 대한 정기적인 종합검사가 필요할 수 있다.

② 정기적인 **종합검사** 과정에서 발생하는 원가가 **자산인식기준을 충족**하는 경우에는 유형자산의 일부가 대체되는 것으로 보아 해당 유형자산의 장부금액에 포함하여 인식한다.

③ 이 경우 직전의 종합검사와 관련되어 남아 있는 장부금액은 이를 분리하여 인식했는지 여부와 관계없이 무조건 장부에서 제거한다.

④ 항공기에 정기적인 종합검사는 5년마다 필요하며 비용은 5백만 원이 소요된다고 하면, 이를 매년 1백만 원씩 5년간 비용과 충당부채로 인식할 것인지의 논란이 있을 수 있다. 장래 정기적인 종합검사 등에 대한 지출은 지금 항공기를 매각하여 회피할 수 있으므로 충당부채 기준서에 따르면 이와 같이 회피할 수 있는 지출은 현재의무가 아닌 것으로서 충당부채가 될 수 없다.

㈜한국은 20×1년 초에 기계장치를 ₩5,000,000에 구입하였으며 이 기계장치의 잔존가치는 없고 내용연수는 10년이며, 감가상각은 정액법에 의한다. 이 기계장치를 5년간 사용한 후 20×6년 초에 ₩1,500,000을 들여 대폭적인 수선을 한 결과 내용연수가 3년 더 연장되었으며 잔존가치도 ₩800,000으로 증가하였다.

(1) 기계장치와 관련하여 20×6년 말의 감가상각비를 계산하시오.
(2) 기계장치와 관련하여 20×6년 초와 20×6년 말에 수행할 회계처리를 제시하시오.

해설　(1) 20×6년 말의 감가상각비

- 20×5년 말의 감가상각누계액: $(₩5,000,000 - ₩0) \times \frac{5}{10} = ₩2,500,000$

- 후속원가 지출 후 장부금액
  : ₩5,000,000 − ₩2,500,000 + ₩1,500,000 = ₩4,000,000
- 20×6년 말의 감가상각비
  : (₩4,000,000 − ₩800,000) ÷ 8년(13년 − 5년) = ₩400,000

(2) 20×6년 초와 20×6년 말에 수행할 회계처리

- 20×6년 초: (차) 기계장치　　　1,500,000　　　(대) 현금　　　　　　1,500,000
- 20×6년 말: (차) 감가상각비　　　400,000　　　(대) 감가상각누계액　400,000

> **♥ 선생님 TIP**
> 자본적 지출 관련 문제의 경우에는 자본적 지출시점의 감가상각비를 계산하는 문제로 출제되므로 자본적 지출시점의 장부금액을 계산하여 취득원가로 간주하고 자본적 지출로 인한 감가상각요소의 추정치 변경은 회계추정치의 변경으로 전진적용하여 계산해야 한다.

03　유형자산의 감가상각　　　　　출제빈도 ★★

1. 최초 인식 이후 후속적 회계처리

기업은 유형자산의 최초 인식시점 이후에 유형자산 분류별로 원가모형이나 재평가모형을 선택해야 한다. 그리고 유형자산은 최초 인식 이후에 감가상각, 자산손상, 재평가 등의 측정 및 인식의 회계처리가 있다. 따라서 원가모형을 선택한 경우에는 감가상각, 자산손상을 적용해야 하며, 재평가 모형의 경우에는 감가상각, 자산손상, 재평가 회계처리를 적용한다.

(1) 감가상각

① 자산이 사용되는 기간 동안에 발생한 수익에 대응되는 비용을 인식하기 위해, 자산의 가치를 내용연수 동안에 배분하는 과정이다.
② 감가상각은 유형자산의 평가과정이 아니고 유형자산의 평가는 재평가모형에서 수행한다.

(2) 자산손상

① K-IFRS에서는 매 보고기간 말마다 자산손상 징후가 있는지를 검토하고 그러한 징후가 있다면 해당 자산의 회수가능액을 추정하도록 규정하고 있다.

② 자산의 회수가능액보다 장부금액이 더 크다면 자산손상이 발생한 것으로 장부금액을 회수가능액으로 감액하고 해당 감소금액을 손상차손 과목의 당기손익으로 인식하는데, 이를 자산손상이라 한다.

(3) 재평가

① 유형자산은 사용목적의 자산이므로 취득원가에 기반한 원가모형으로 평가하는 것이 일반적이지만 IFRS는 공정가치의 평가를 중요시하기 때문에 유형자산에 대한 재평가모형을 인정하고 있다.

② 재평가모형은 최초 인식 후에 공정가치를 신뢰성 있게 측정할 수 있는 유형자산을 재평가일의 공정가치로 측정하는 방법을 말한다.

2. 감가상각

일반적으로 유형자산의 가치는 시간의 경과에 따라 소멸하는데 소멸되는 가치의 수익비용 대응을 위해 유형자산의 감가상각대상금액(취득원가 -잔존가치)을 그 자산의 경제적 효익이 발생하는 기간(내용연수) 동안 체계적이고 합리적으로 배분하는 과정이다. 즉, 감가상각의 본질은 원가배분이지 자산평가가 목적은 아니다.

(1) 감가상각의 의의

① 감가상각이란 자산의 감가상각대상금액을 내용연수에 걸쳐 체계적인 방법으로 배분하는 과정이다.

② 예를 들어 제조설비의 감가상각액은 재고자산의 가공원가로서 제조원가를 구성하고, 개발활동에 사용되는 유형자산의 감가상각액은 해당 무형자산의 원가에 포함될 수 있다.

③ 각 기간의 감가상각액은 다른 자산의 장부금액에 포함되는 경우가 아니면 당기손익으로 인식한다.

④ 토지와 건물을 동시에 취득하는 경우에도 이들은 분리가능한 자산이므로 별개의 자산으로 회계처리한다. 채석장이나 매립지 등을 제외하고는 토지는 내용연수가 무한하므로 감가상각하지 아니한다.

⑤ 토지의 원가에 해체, 제거 및 복구원가가 포함된 경우에는 그러한 원가를 관련 경제적효익이 유입되는 기간에 감가상각한다. 경우에 따라 토지의 내용연수가 한정되는 경우에는 관련 경제적효익이 유입되는 형태를 반영하는 방법으로 토지를 감가상각한다.

⑥ 유형자산을 구성하는 일부의 원가가 당해 유형자산의 전체원가에 비교하여 유의적이라면, 해당 유형자산을 감가상각할 때 그 부분은 별도로 구분하여 감가상각한다. 또한, 유형자산의 전체원가에 비교하여 해당 원가가 유의적이지 않은 부분도 별도로 분리하여 감가상각할 수 있다.

(2) 감가상각요소 및 감가상각 관련 회계처리

① 감가상각대상금액이란 유형자산의 취득원가에서 잔존가치를 차감한 금액을 말한다.

② 잔존가치란 내용연수 종료시점에 도달하였다는 가정하에 자산의 처분으로부터 현재 획득할 금액에서 추정 부대원가를 차감한 금액의 추정치를 말한다.

③ 내용연수는 기업이 자산을 사용할 수 있을 것으로 예상하는 기간이나 자산에서 얻을 것으로 예상하는 생산량 또는 이와 비슷한 수량을 의미한다.

④ 유형자산의 미래경제적효익은 주로 사용함으로써 소비하는 것이 일반적이다. 그러나 자산을 사용하지 않더라도 기술적 또는 상업적 진부화와 마모 또는 손상 등의 다른 요인으로 인하여 자산에서 얻을 것으로 예상하였던 경제적효익이 감소될 수 있으므로 자산의 내용연수를 결정할 때에는 다른 요인들을 고려해야 한다.

⑤ 유형자산의 잔존가치와 내용연수는 적어도 매 회계연도 말에 재검토한다. 재검토 결과 추정치가 종전 추정치와 다르다면 그 차이는 회계추정의 변경(전진적용)으로 회계처리한다.

⑥ 유형자산의 공정가치가 장부금액을 초과하더라도 잔존가치가 장부금액을 초과하지 않는 한 감가상각액을 계속 인식한다.

⑦ 유형자산의 잔존가치가 해당자산의 장부금액 이상으로 증가하는 경우에는 유형자산의 감가상각액은 영(0)이 된다.

⑧ 유형자산의 감가상각은 자산이 사용가능한 때부터 시작된다.

⑨ 감가상각은 자산이 매각예정자산으로 분류되는 날과 자산이 제거되는 날 중 이른 날에 중지한다.

〈유형자산의 감가상각〉

감가상각방법	미래경제적효익의 예상소비형태를 가장 잘 반영하는 방법 선택
감가상각요소의 변경	회계추정변경으로 전진법으로 회계처리
감가상각 개시	사용가능한 때
감가상각 중지	매각예정으로 분류되는 날과 제거되는 날 중 이른 날
공정가치 > 장부금액	감가상각액을 계속 인식
잔존가치 > 장부금액	감가상각액은 영(0)

3. 감가상각계산방법

정액법은 잔존가치가 변동하지 않는다고 가정할 때 자산의 내용연수 동안 매 기간 일정액의 감가상각액을 계상하는 방법이다. 한편, **체감잔액법**은 자산의 내용연수 동안 감가상각액이 매 기간 감소하는 방법이다. **생산량비례법**은 자산의 예상조업도 또는 예상생산량에 기초하여 감가상각액을 계상하는 방법이다.

(1) 정액법

① 매기 감가상각액

> 감가상각대상금액(취득원가 − 잔존가치) × 1/내용연수

② 정액법은 자산의 가치는 **시간의 경과에 따라 감소**하며, 수익 및 수선유지비는 매기 일정하다고 가정한다.

③ 조업도(가동률, 유형자산의 사용 정도)의 영향을 무시하는 방법이며, 투자수익률(투자이익 ÷ 장부금액)이 후반기로 갈수록 증가한다.

(2) 체감잔액법

① 매기 감가상각액

> • 정률법: 매기 감가상각액 = 기초장부금액 × 상각률[*1]
>
> $(*1)$ 상각률 = $1 - \sqrt[n]{\dfrac{\text{취득원가}}{\text{잔존가치}}}$ (n은 감가상각계산의 횟수)
>
> • 이중체감법: 매기 감가상각액 = 기초장부금액 × 2/내용연수
>
> • 연수합계법: 매기 감가상각액 = 감가상각대상금액 × $\dfrac{\text{내용연수의 역순}}{\text{내용연수의 합계}}$

② 수익과 가동률은 체감하고 **수선유지비는 체증**하며, 내용연수 결정에 **진부화를 중요**시한다고 가정한다.

③ 수익·비용대응이 합리적이다.

(3) 생산량비례법

① 매기 감가상각액

> 감가상각대상금액 × $\dfrac{\text{당기생산량}}{\text{총생산가능량}}$

② 수익 및 수선유지비는 자산의 사용에 비례하며, 내용연수 결정에 자산의 물리적인 사용을 중요시한다고 가정한다.

③ 수익과 비용을 가장 합리적으로 대응시키는 방법이다.

④ 시간의 경과에 따라 자산의 가치가 감소하고, 감가상각의 원인이 경제적 원인(진부화)인 경우 적절하지 못하다.

(4) 감가상각방법의 비교

① 내용연수 초기에 감가상각을 가장 많이 인식하는 방법의 순서는 다음과 같다.

> 이중체감법 > 정률법 > 연수합계법 > 정액법

② 이중체감법과 정률법은 장부금액을 기준으로 상각하고 정액법과 연수합계법은 감가상각대상금액을 기준으로 상각한다.

해커스공기업 쉽게 끝내는 회계학 기본서

〈감가상각방법의 분류〉

계산식	감가상각방법
감가상각대상금액 × 상각률	정액법, 연수합계법
기초장부금액 × 상각률	정률법, 이중체감법

4. 감가상각과 관련된 기타 문제

(1) 기중취득의 감가상각

① 유형자산을 회계연도 중에 취득하는 경우, 1년치 감가상각비를 계상하는 것은 합리적이지 않다.
② 따라서 기중 취득자산의 경우에는 1년 중 사용기간에 해당하는 만큼만 감가상각을 하여야 하는데 특별한 언급이 없는 경우에는 월할상각이 타당한 것으로 간주하면 된다.

(2) 운휴 중인 유형자산

① 유형자산이 운휴 중이거나 적극적인 사용상태가 아니어도, 감가상각이 완전히 이루어지기 전까지는 감가상각을 중단하지 않는다.
② 유형자산의 사용정도에 따라 감가상각을 하는 경우(생산량비례법)에는 생산활동이 이루어지지 않을 때 감가상각액을 인식하지 않을 수 있다.

(3) 감가상각의 중단사유

① 해당 유형자산의 제거
② 해당 유형자산이 매각예정비유동자산으로 분류되는 경우
③ 유형자산의 잔존가치가 해당 자산의 장부금액과 같거나 큰 금액으로 증가되는 경우(향후 자산의 잔존가치가 장부금액보다 작은 금액으로 감소되면 감가상각을 다시 수행함)

(4) 감가상각의 재검토

① 감가상각방법은 해당 자산에 내재되어 있는 미래경제적효익의 예상 소비형태를 가장 잘 반영하는 방법을 선택하고, 예상 소비형태가 달라지지 않는 한 매 회계기간에 일관성 있게 적용해야 한다.
② 유형자산의 잔존가치, 내용연수 및 감가상각방법은 적어도 매 회계연도 말에 재검토한다. 자산에 내재된 미래경제적효익의 예상되는 소비형태가 유의적으로 달라졌다면, 달라진 소비형태를 반영하기 위하여 감가상각방법을 변경하고 회계추정의 변경으로 회계처리한다.
③ 감가상각방법이 변경되었다는 것은 자산의 미래경제적효익의 예상 소비형태에 대한 추정이 변경되었다는 것이다. 따라서 감가상각방법의 변경도 회계정책의 변경이 아닌 회계추정의 변경으로 보아 전진법으로 회계처리함에 유의한다.

시험문제 미리보기!

㈜한국은 20×1년 1월 1일 내용연수 4년, 잔존가치 ₩10,000의 기계장치를 ₩100,000에 취득하였다. 다음의 각 방법에 따라 기계장치의 연도별 감가상각비와 장부금액을 계산하시오.

(1) 정액법
(2) 연수합계법
(3) 정률법(상각률 40% 가정)
(4) 이중체감법

해설 (1) 정액법

연도	감가상각대상금액	상각률	감가상각비	감가상각누계액	장부금액
20×1년 초	−	−	−	−	100,000
20×1년 말	90,000	1/4	22,500	22,500	77,500
20×2년 말	90,000	1/4	22,500	45,000	55,000
20×3년 말	90,000	1/4	22,500	67,500	32,500
20×4년 말	90,000	1/4	22,500	90,000	10,000

(2) 연수합계법

연도	감가상각대상금액	상각률	감가상각비	감가상각누계액	장부금액
20×1년 초	−	−	−	−	100,000
20×1년 말	90,000	4/10	36,000	36,000	64,000
20×2년 말	90,000	3/10	27,000	63,000	37,000
20×3년 말	90,000	2/10	18,000	81,000	19,000
20×4년 말	90,000	1/10	9,000	90,000	10,000

(3) 정률법(상각률 40% 가정)

연도	기초장부금액	상각률	감가상각비	감가상각누계액	장부금액
20×1년 초	−	−	−	−	100,000
20×1년 말	100,000	0.4	40,000	40,000	60,000
20×2년 말	60,000	0.4	24,000	63,000	36,000
20×3년 말	36,000	0.4	14,400	78,400	21,600
20×4년 말	21,600	0.4	11,600	90,000	10,000

(4) 이중체감법

연도	기초장부금액	상각률	감가상각비	감가상각누계액	장부금액
20×1년 초	−	−	−	−	100,000
20×1년 말	100,000	0.5	50,000	50,000	50,000
20×2년 말	50,000	0.5	25,000	75,000	25,000
20×3년 말	25,000	0.5	12,500	87,500	12,500
20×4년 말	12,500	0.5	2,500	90,000	10,000

㈜한국은 20×1년 4월 1일 내용연수 5년, 잔존가치 ₩100,000의 기계장치를 ₩1,000,000에 취득하였다. 다음의 각 방법에 따라 20×1년과 20×2년의 감가상각비를 계산하시오. (단, 감가상각비는 월할계산한다)

(1) 정액법
(2) 연수합계법
(3) 정률법(상각률 35% 가정)
(4) 이중체감법

해설　(1) 정액법
　　　　• 20×1년: (₩1,000,000 − ₩100,000) × 1/5 × 9/12 = ₩135,000
　　　　• 20×2년: (₩1,000,000 − ₩100,000) × 1/5 = ₩180,000
　　　(2) 연수합계법
　　　　• 20×1년: (₩1,000,000 − ₩100,000) × 5/15 × 9/12 = ₩225,000
　　　　• 20×2년: (₩1,000,000 − ₩100,000) × 5/15 × 3/12 + (₩1,000,000 − ₩100,000)
　　　　　　　　 × 4/15 × 9/12 = ₩255,000
　　　(3) 정률법
　　　　• 20×1년: (₩1,000,000 − ₩0) × 0.35 × 9/12 = ₩262,500
　　　　• 20×2년: (₩1,000,000 − ₩262,500) × 0.35 = ₩258,125
　　　(4) 이중체감법
　　　　• 20×1년: (₩1,000,000 − ₩0) × 0.4 × 9/12 = ₩300,000
　　　　• 20×2년: (₩1,000,000 − ₩300,000) × 0.4 = ₩280,000

04　유형자산의 재평가모형　　출제빈도 ★★★

1. 유형자산 회계처리

(1) 개요

① 유형자산과 관련하여 기말에 감가상각, 재평가, 손상회계를 순서대로 수행하여야 한다. 그러나 감가상각 대상이 아닌 유형자산이 있고, 회사의 선택에 따라 재평가를 수행하지 않을 수도 있으므로 회계처리는 다음과 같은 다양한 유형으로 나타날 수 있다.

② 여기서 재평가를 수행하지 않는 경우를 원가모형, 재평가를 수행하는 경우를 재평가모형이라 한다.

(2) 유형

① 비상각자산의 원가모형

② 감가상각자산의 원가모형

③ 비상각자산의 재평가모형

④ 감가상각자산의 재평가모형

2. 재평가모형

(1) 의의

① K-IFRS에서는 유형자산을 원가모형이나 재평가모형 중 하나를 회계정책으로 선택하여 유형자산의 분류별로 동일하게 적용할 수 있다.

② 원가모형은 최초 인식 후에 원가에서 감가상각누계액과 손상차손누계액을 차감한 금액으로 장부금액에 기록하는 방법이고 재평가모형은 재평가일의 공정가치에서 감가상각누계액과 손상차손누계액을 차감한 금액으로 장부금액에 기록하는 방법이다.

(2) 동일분류별로 동시에 재평가 수행

① 동일분류(토지, 토지와 건물, 기계장치, 선박, 항공기, 차량운반구, 집기, 사무용비품 등)별로 재평가하며, 동일한 분류 내의 유형자산은 **동시**에 재평가한다.

② 유형 전체를 재평가한다. 예를 들어, 토지에 대해 재평가 모형을 채택한다면 회사가 보유한 모든 토지를 재평가한다. (예 모든 토지 – 재평가 모형 적용, 모든 기계장치 – 원가모형 적용)

③ 동일한 유형 내의 유형자산을 동시에 재평가한다. 그러나 재평가가 단기간에 수행되며 계속적으로 갱신된다면, 동일한 유형에 속하는 자산을 순차적으로 재평가할 수 있다.

(3) 공정가치의 측정

① 토지와 건물: 전문적 자격이 있는 평가인의 감정가격으로 한다.

② 설비장치와 기계장치: 사용정도를 반영한 감정에 의한 시장가격으로 한다.

(4) 재평가 빈도

① 재평가는 보고기간 말에 자산의 장부금액이 공정가치와 중요하게 차이가 나지 않도록 주기적으로 수행하여야 한다. 재평가의 빈도는 재평가되는 유형자산의 공정가치 변동에 따라 달라진다.

② 재평가된 자산의 공정가치가 장부금액과 중요하게 차이가 나는 경우에는 추가적인 재평가가 필요하다.

3. 재평가의 회계처리

(1) 재평가 시 감가상각누계액의 처리

① 비례수정법이나 전액제거법이 가능하다.
② 전액제거법은 총장부금액에서 기존의 감가상각누계액을 제거하여 순장부금액이 재평가금액이 되도록 수정(제거법)한다.
③ 비례수정법은 재평가금액과 장부금액이 일치하도록, 총장부금액과 감가상각누계액을 동일한 비율로 증감시킨다.
④ 장부금액의 조정방법에 따라 해당 유형자산의 장부금액이나 당기손익(또는 기타포괄손익)이 달라지는 것은 아니고, 단지 재무상태표상 유형자산 취득원가와 감가상각누계액의 표시방법만 차이가 있을 뿐이다.

▤▎ 시험문제 미리보기!

㈜한국은 장부금액 ₩60,000(취득원가 ₩100,000, 감가상각누계액 ₩40,000)인 건물을 재평가한 결과 ₩150,000으로 공정가치가 상승한 것으로 나타났다. 이것은 전체 원가가 ₩150,000으로 상승한 결과이다. ㈜한국은 동 건물에 대하여 재평가모형으로 회계처리하고자 한다. 재평가차액의 회계처리와 재평가 후 장부금액을 나타내시오.

해설　(1) 회계처리
　　　• 제거법

(차) 건물	50,000	(대) 재평가잉여금	90,000
감가상각누계액	40,000	(기타포괄손익)	

　　　• 비례법

(차) 건물	150,000	(대) 감가상각누계액	60,000
		재평가잉여금	90,000
		(기타포괄손익)	

　　　(2) 장부금액
　　　• 제거법

재무상태표

유형자산		기타포괄손익누계액	
건물	₩150,000	재평가잉여금	₩90,000

　　　• 비례법

재무상태표

유형자산		기타포괄손익누계액	
건물	₩250,000	재평가잉여금	₩90,000
감가상각누계액	(100,000)		
	₩150,000		

(2) 재평가증가액

① 최초로 재평가모형을 적용할 때 장부금액보다 재평가금액이 **증가한 경우**에 그 증가액은 기타포괄손익(재평가잉여금)으로 인식한다. 동 금액은 자본(재평가잉여금)에 가산한다.

② 그 후에 평가감이 발생한 경우에 그 자산에 대한 재평가잉여금의 잔액(자본 잔액)을 한도로 재평가감소액을 기타포괄손익으로 인식한다. 그리고 동 금액의 자본(재평가잉여금)을 감소시킨다. 그런데 재평가잉여금을 초과하는 평가감은 당기손익(재평가손실)으로 인식한다.

(3) 재평가감소액

① 최초로 재평가모형을 적용할 때 장부금액보다 재평가금액이 감소한 경우에 평가감은 당기손익(재평가손실)으로 인식한다.

② 재평가손실을 인식한 후에 재평가금액이 증가한 경우에는 전기 이전에 인식한 재평가손실만큼 당기손익(재평가이익)을 인식한다. 그리고 초과액은 기타포괄손익(예 재평가잉여금)으로 인식하고 동 금액은 자본에 가산한다.

(4) 재평가잉여금의 처리방법

① 재평가잉여금은 당해 자산을 제거 시에 일괄적으로 이익잉여금으로 직접 대체하거나, 당해 자산을 사용하면서 재평가잉여금의 일부를 이익잉여금으로 직접 대체 가능하다.

② 재평가잉여금을 이익잉여금으로 대체하는 경우 이를 포괄손익계산서의 기타포괄손익이나 당기손익(재분류조정방식)으로 인식하지 않는다.

〈평가증 및 평가손 회계처리〉

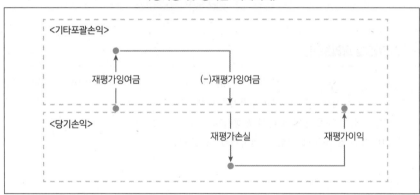

〈재평가손익의 인식〉

구분	내용
최초 재평가	• 재평가이익: 전액 기타포괄이익(재평가잉여금) • 재평가손실: 전액 당기손실(재평가손실)
후속평가	• 재평가이익 인식 후 재평가손실: 재무상태표(자본)에 남아있는 재평가잉여금 잔액을 포괄손익계산서상에 기타포괄손실로 우선적으로 상계하고 초과하는 금액은 재평가손실의 과목으로 포괄손익계산서상에 당기손실로 인식함 • 재평가손실 인식 후 재평가이익: 전기 이전에 당기손실로 인식한 재평가손실에 해당하는 금액까지는 재평가이익으로 포괄손익계산서상에 당기이익으로 인식한 이후 초과하는 금액은 재평가잉여금의 과목으로 포괄손익계산서상에 기타포괄이익으로 인식함

📋 시험문제 미리보기!

㈜한국은 20×1년 중에 토지를 ₩100,000에 취득하였으며, 매 보고기간마다 재평가모형을 적용하기로 하였다. 20×1년 말과 20×2년 말 현재 토지의 공정가치가 각각 ₩120,000과 ₩90,000이라고 할 때, 20×1년 말과 20×2년 말 매 시점의 회계처리를 하시오.

해설   (1) 20×1년 말

(차) 토지	20,000	(대) 재평가잉여금	20,000
		(기타포괄이익)	

(2) 20×2년 말

(차) 재평가잉여금	20,000	(대) 토지	30,000
재평가손실(당기비용)	10,000		

📋 시험문제 미리보기!

㈜한국은 20×1년 초 취득원가 ₩50,000의 토지를 매입하였으며, 재평가모형을 적용하고 있다. 해당 토지의 20×1년 말 공정가치는 ₩45,000으로 추정되어 ₩5,000의 당기손실을 인식하였다. 20×2년 말 토지의 공정가치는 ₩52,000으로 추정된다. ㈜한국의 20×1년 말과 20×2년 말 토지에 대한 회계처리를 나타내시오.

해설   (1) 20×1년 말

(차) 재평가손실(당기비용)	5,000	(대) 토지	5,000

(2) 20×2년 말

(차) 토지	7,000	(대) 재평가이익(당기수익)	5,000
		재평가잉여금(기타포괄이익)	2,000

시험문제 미리보기!

이어서 토지를 20×3년 6월 30일에 ₩55,000에 처분하였다고 가정할 경우 20×3년 6월 30일의 회계처리를 나타내시오.

해설	(차) 현금	55,000	(대) 토지	52,000
			토지처분이익	3,000
	(차) 재평가잉여금	2,000	(대) 이익잉여금	2,000

시험문제 미리보기!

㈜한국은 토지를 취득한 후 재평가모형에 의하여 토지에 대한 회계처리를 한다. 토지의 취득원가와 각 회기 말 토지의 공정가치는 아래와 같다. 토지의 재평가와 관련하여 ㈜한국이 매년 인식할 당기손익과 총포괄손익을 계산하시오. (단, 법인세효과는 고려하지 않는다)

구분	취득원가	20×1년 말 공정가치	20×2년 말 공정가치	20×3년 말 공정가치
토지	₩2,500	₩3,000	₩2,700	₩2,300

해설　(1) 20×1년
- 기타포괄이익: ₩3,000 − ₩2,500 = ₩500 (재평가잉여금의 증가)
- 당기손익: 영향 없음
- 총포괄이익: ₩500

(2) 20×2년
- 기타포괄손실: ₩2,700 − ₩3,000 = (₩300) (재평가잉여금의 감소)
- 당기손익: 영향 없음
- 총포괄손실: (₩300)

(3) 20×3년
- 기타포괄손실: ₩2,700 − ₩2,500 = (₩200) (재평가잉여금의 감소)
- 당기손실: ₩2,500 − ₩2,300 = (₩200) (재평가손실)
- 총포괄손실: (₩200) + (₩200) = (₩400)

(5) 상각자산의 재평가

상각자산의 경우 재평가잉여금을 2가지 방법 중 한 가지 방법을 선택하여 처리할 수 있다.

① 처분 시 재평가잉여금을 이익잉여금으로 대체하는 경우에는 유형자산을 보유하는 기간 동안 재평가잉여금을 이익잉여금으로 대체하지 않고, 처분시점에 재평가잉여금 잔액 존재 시 이익잉여금으로 대체한다.

② 내용연수에 걸쳐 재평가잉여금을 이익잉여금으로 대체하는 경우에는 유형자산을 보유하는 기간 동안 감가상각이 이루어지는 비율만큼 재평가잉여금을 이익잉여금으로 대체한다.

③ 기업이 그 자산을 사용함에 따라 재평가잉여금의 일부를 대체할 수도 있다. 이 경우 이익잉여금으로 대체되는 금액은 재평가된 금액에 근거한 감가상각비와 최초원가에 근거한 감가상각비와의 차이이다.

㈜한국은 건물을 20×1년 초에 ₩200,000(내용연수 5년, 잔존가치 없음, 정액법)에 취득하여 사용하고 있으며, 재평가모형을 적용하고 있다. ㈜한국은 재평가모형 적용 시 기존의 감가상각누계액을 전부 제거하는 방법을 적용하고 있다. 20×1년 말과 20×2년 말 건물의 공정가치는 각각 ₩240,000과 ₩80,000이었다.

(1) 재평가잉여금을 이익잉여금으로 대체하지 않는 경우 ㈜한국의 각 연도별 회계처리를 나타내시오.
(2) 내용연수에 걸쳐 재평가잉여금을 이익잉여금으로 대체하는 경우 ㈜한국의 각 연도별 회계처리를 나타내시오.

해설　(1) 재평가잉여금을 이익잉여금으로 대체하지 않는 경우
　　　① 20×1년 초
　　　　• 취득 시: (차) 건물　　　　　　　　200,000　　　(대) 현금　　　　　　　　200,000
　　　② 20×1년 말
　　　　• 감가상각: (차) 감가상각비　　　　　40,000　　　(대) 감가상각누계액　　　40,000
　　　　• 재평가: 　(차) 감가상각누계액　　　40,000　　　(대) 재평가잉여금　　　　80,000
　　　　　　　　　　　　 건물　　　　　　　　40,000
　　　③ 20×2년 말
　　　　• 감가상각: (차) 감가상각비　　　　　60,000　　　(대) 감가상각누계액　　　60,000
　　　　• 차이조정 분개 없음
　　　　• 재평가: 　(차) 감가상각누계액　　　60,000　　　(대) 건물　　　　　　　　160,000
　　　　　　　　　　　　 재평가잉여금　　　　80,000
　　　　　　　　　　　　 (기타포괄손실)
　　　　　　　　　　　　 재평가손실　　　　　20,000
　　　　　　　　　　　　 (당기비용)

　　　(2) 내용연수에 걸쳐 재평가잉여금을 이익잉여금으로 대체하는 경우
　　　　① 20×1년 초
　　　　　• 취득 시: (차) 건물　　　　　　　　200,000　　　(대) 현금　　　　　　　　200,000
　　　　② 20×1년 말
　　　　　• 감가상각: (차) 감가상각비　　　　　40,000　　　(대) 감가상각누계액　　　40,000
　　　　　• 재평가: 　(차) 감가상각누계액　　　40,000　　　(대) 재평가잉여금　　　　80,000
　　　　　　　　　　　　 건물　　　　　　　　40,000　　　　　(기타포괄손익)
　　　　③ 20×2년 말
　　　　　• 감가상각: (차) 감가상각비　　　　　60,000　　　(대) 감가상각누계액　　　60,000
　　　　　• 차이조정: (차) 재평가잉여금　　　　20,000[*1]　(대) 이익잉여금　　　　　20,000
　　　　　　(*1) 재평가된 금액기준 감가상각비: ₩240,000 ÷ 4 = ₩60,000
　　　　　　　　최초취득원가 금액기준 감가상각비: ₩200,000 ÷ 5 = ₩40,000
　　　　　　　　차이조정 금액: ₩60,000 - ₩40,000 = ₩20,000
　　　　　• 재평가: 　(차) 감가상각누계액　　　60,000　　　(대) 건물　　　　　　　　160,000
　　　　　　　　　　　　 재평가잉여금　　　　60,000
　　　　　　　　　　　　 (기타포괄손실)
　　　　　　　　　　　　 재평가손실　　　　　40,000
　　　　　　　　　　　　 (당기비용)

📋 시험문제 미리보기!

㈜한국은 20×1년 초 ₩100,000인 건물(내용연수 10년, 잔존가치 ₩0, 정액법 상각)을 취득하였다. ㈜한국은 동 건물에 대하여 재평가모형을 적용하며, 20×1년 말과 20×2년 말 현재 건물의 공정가치는 각각 ₩99,000과 ₩75,000이다. 동 건물 관련 회계처리가 ㈜한국의 20×1년과 20×2년도 당기순이익 및 기타포괄손익에 미치는 영향을 계산하시오. (단, 건물을 사용함에 따라 재평가잉여금의 일부를 이익잉여금으로 대체하지 않는다)

해설 (1) 20×1년
- 20×1년도 감가상각비: ₩100,000 ÷ 10년 = ₩10,000
- 20×1년도 재평가잉여금: ₩99,000 − ₩90,000 = ₩9,000(기타포괄이익)
- 20×1년도 당기순이익에 미치는 영향: ₩10,000(감소)

(2) 20×2년
- 20×2년도 감가상각비: ₩99,000 ÷ 9년 = ₩11,000
- 20×2년도 재평가손실: ₩88,000 − ₩75,000 − ₩9,000 = ₩4,000(당기비용)
- 20×2년도 당기순이익에 미치는 영향: ₩11,000 + ₩4,000 = ₩15,000(감소)
- 20×2년도 기타포괄손익에 미치는 영향: ₩9,000(감소)

> **📍선생님 TIP**
>
> 상각자산의 재평가 문제에서 재평가잉여금을 두 가지 방법 중 선택하는 문제의 경우 재평가 이후 재평가손실 또는 손상차손 인식 시 재평가잉여금 감소 후 재평가손실 또는 손상차손 금액이 대체 여부 선택에 따라 달라지므로 이 부분을 특히 주의해야 한다.
> (1) 처분 시 재평가잉여금을 이익잉여금으로 대체하는 경우: 유형자산을 보유하는 기간 동안 재평가잉여금을 이익잉여금으로 대체하지 않고, 처분시점에 재평가잉여금 잔액 존재 시 이익잉여금으로 대체한다.
> (2) 내용연수에 걸쳐 재평가잉여금을 이익잉여금으로 대체하는 경우: 유형자산을 보유하는 기간 동안 감가상각이 이루어지는 비율만큼 재평가잉여금을 이익잉여금으로 대체한다.

05 | 유형자산의 제거 및 손상

출제빈도 ★★

1. 유형자산의 제거

(1) 제거시기

① 처분하는 때

② 사용이나 처분을 통하여 미래경제적효익이 기대되지 않을 때

(2) 타인에게 임대할 목적으로 보유하던 유형자산의 판매

① 통상적인 활동과정에서 타인에게 임대할 목적으로 보유하던 유형자산을 판매하는 기업은, 유형자산의 임대가 중단되고 판매목적으로 보유하게 되는 시점에 이러한 자산의 장부금액을 재고자산으로 대체하여야 한다.

② 이러한 자산의 판매 대가는 기업회계기준서 제1018호 '수익'에 따라 수익으로 인식해야 한다.

(3) 제거 시 회계처리

① 유형자산의 제거로 발생하는 손익은 순매각금액과 장부금액의 차이로 결정하며, 자산을 제거할 때 당기손익(유형자산처분손익)으로 인식한다. 이때 유의할 점은 유형자산처분이익은 수익(매출액)으로 분류하지 않고 기타수익으로 분류해야 한다는 것이다.

② 유형자산의 처분금액은 최초에 공정가치로 인식한다. 따라서 유형자산의 처분금액에 대한 지급이 지연되는 경우 처분금액은 최초에 현금가격상당액(현재가치)으로 인식하고 처분금액의 명목금액과 현금가격상당액의 차이는 처분으로 인하여 받을 금액에 유효이자율을 반영하여 이자수익으로 인식한다.

③ 보고기간 중에 처분이 이루어진 경우 처분시점의 장부금액은 기초시점부터 처분일까지의 감가상각비를 고려한 후의 금액이어야 한다. 즉, 처분일까지의 감가상각비를 먼저 계상한 후에 처분에 관한 회계처리를 해야 한다.

▤ 시험문제 미리보기!

한국회사는 취득원가 ₩2,000,000, 내용연수 3년, 잔존가치 ₩200,000의 기계장치를 20×1년 초에 취득하여 정액법으로 감가상각해 오던 중 20×2년 7월 1일에 처분하였다. 처분금액은 1년 후에 ₩1,100,000을 받기로 하였는데, 이의 현재가치는 ₩1,000,000이다. 처분 시 회계처리를 나타내시오.

해설　(차) 감가상각비　　　　　　300,000[*1]　(대) 감가상각누계액　　　　300,000

　　(*1) (₩2,000,000 − ₩200,000) ÷ 3년 × 6/12 = ₩300,000
　　　　 20×2년 초부터 20×2년 7월 1일까지의 감가상각비 인식

　　(차) 미수금　　　　　　　　1,000,000[*2]　(대) 기계장치　　　　　　2,000,000
　　　　감가상각누계액　　　　900,000[*3]
　　　　유형자산처분손실　　　100,000

　　(*2) 처분대가의 현재가치이다.
　　(*3) 취득 시부터 처분일까지의 감가상각누계액이다.

2. 유형자산의 손상

유형자산의 가치가 중요하게 하락한 경우 회수가능금액을 한도로 손상차손을 인식해야 한다. 감가상각을 먼저 인식하고 손상을 인식하며, 손상 인식 후 회수가능액으로 추정된 장부금액을 기준으로 잔존내용연수에 걸쳐서 감가상각비를 인식한다.

(1) 회수가능액의 추정

① 자산이 손상되었다는 것은 자산의 장부금액이 회수가능액을 초과하는 경우를 말한다. 기업은 매 보고기간 말마다 자산손상 징후가 있는지를 검토한다. 그러한 징후가 있다면 해당 자산의 회수가능액을 추정한다.

② 회수가능액은 자산의 순공정가치와 사용가치 중 더 많은 금액으로 사용가치와 순공정가치는 다음과 같이 정의된다.

$$\text{회수가능액: Max[순공정가치, 사용가치]}$$

- 순공정가치: 측정일에 시장참여자 사이의 정상거래에서 자산을 매도할 때 받거나 부채를 이전할 때 지급하게 될 가격(공정가치) − 처분부대원가
- 사용가치: 유형자산에서 창출될 것으로 기대되는 미래현금흐름의 현재가치

(2) 원가모형 시 손상

① 손상차손을 당기손실(유형자산손상차손)로 인식하고, 회수가능액이 회복되는 경우 당기이익(유형자산손상차손환입)으로 인식한다.

② 감가상각을 먼저 인식하고 손상을 인식한다.

$$\text{손상차손} = \text{장부금액} - \text{회수가능액}$$

③ 손상 인식 후 회수가능액으로 추정된 장부금액을 기준으로 잔존내용연수에 걸쳐서 감가상각비를 인식한다.

④ 손상차손을 인식한 후 회수가능금액이 증가한 경우 유형자산손상차손환입으로 당기손익을 인식한다.

$$\text{손상차손환입} = \text{회수가능액}^{*1} - \text{장부금액}$$

$(^{*}1)$ 한도: 손상차손을 인식하지 않았을 경우의 장부금액

📋 시험문제 미리보기!

다음은 ㈜한국의 유형자산과 관련된 자료이다. ㈜한국은 유형자산을 원가모형으로 기록하고 있으며, 감가상각방법은 정액법이다.

- ㈜한국은 20×1년 초에 내용연수 10년, 잔존가치가 없는 기계장치를 ₩10,000,000에 구입하였다.
- ㈜한국은 20×2년 말에 기계장치의 진부화로 인하여 동 기계장치의 순공정가치가 ₩2,000,000, 사용가치가 ₩1,800,000으로 급격히 하락하였음을 발견하였다.

(1) 20×2년 말에 행할 회계처리를 하고 20×2년 말 재무상태표에 표시될 기계장치의 장부금액을 나타내시오.

(2) 20×4년 말에 기계장치의 회수가능액이 각각 ₩4,000,000과 ₩8,000,000으로 증가하였다고 가정할 경우 각각에 따른 20×4년 말에 행할 회계처리와 20×4년 말 재무상태표에 표시될 기계장치의 장부금액을 나타내시오.

해설   (1) 20×2년 말

① 회계처리

(차) 감가상각비   1,000,000^{*1} (대) 감가상각누계액   1,000,000

(*1) ₩10,000,000 ÷ 10년 = ₩1,000,000

(차) 유형자산손상차손   6,000,000^{*2} (대) 손상차손누계액   6,000,000

(*2) 장부금액 ₩10,000,000 − ₩10,000,000 × 2/10 = ₩8,000,000
회수가능액 Max[₩2,000,000, ₩1,800,000]   = (2,000,000)
손상차손   ₩6,000,000

② 장부금액

기계장치^{*3}	₩10,000,000
감가상각누계액	(2,000,000)
손상차손누계액	(6,000,000) ₩2,000,000

(*3) 재무상태표에는 장부금액 ₩2,000,000으로 표시하고 관련내용은 주석으로 공시한다.

(2) 20×4년 말

① 회수가능액이 ₩4,000,000으로 증가한 경우

• 회계처리

(차) 감가상각비   250,000^{*4} (대) 감가상각누계액   250,000

(*4) ₩2,000,000 ÷ 8년 = ₩250,000

(차) 손상차손누계액   2,500,000^{*5} (대) 유형자산손상차손환입   2,500,000

(*5) 회수가능액의 한도: 손상되지 않았을 경우의 장부금액 ₩10,000,000 × 6/10
= ₩6,000,000
회수가능액: Min[₩4,000,000, ₩6,000,000]   = ₩4,000,000
장부금액: ₩2,000,000 − ₩2,000,000 × 2/8 = (1,500,000)
손상차손환입   ₩2,500,000

• 장부금액

기계장치^{*6}	₩10,000,000
감가상각누계액	(2,500,000)
손상차손누계액	(3,500,000) ₩4,000,000

(*6) 재무상태표에는 장부금액 ₩4,000,000으로 표시하고 관련내용은 주석으로 공시한다.

② 회수가능액이 ₩8,000,000으로 증가한 경우

• 회계처리

(차) 감가상각비   250,000   (대) 감가상각누계액   250,000

(차) 손상차손누계액   4,500,000^{*7} (대) 유형자산손상차손환입   4,500,000

(*7) 회수가능액의 한도: 손상되지 않았을 경우의 장부금액 ₩10,000,000 × 6/10
= ₩6,000,000
회수가능액 Min[₩8,000,000, ₩6,000,000]   = ₩6,000,000
장부금액   (1,500,000)
손상차손환입   ₩4,500,000

• 장부금액

기계장치^{*8}	₩10,000,000
감가상각누계액	(2,500,000)
손상차손누계액	(1,500,000) ₩6,000,000

(*8) 재무상태표에는 장부금액 ₩6,000,000으로 표시하고 관련내용은 주석으로 공시한다.

(3) 재평가모형 시 손상

① 재평가자산의 손상차손은 해당 자산에서 생긴 **재평가잉여금에 해당하는 금액까지**는 기타포괄손익으로 인식한다. 기타포괄손익으로 인식하는 재평가자산의 손상차손은 그 자산의 재평가잉여금을 감액한다.

> 손상차손 = 장부금액(공정가치) − 회수가능액[*1]
>
> (*1) Max[순공정가치, 사용가치]

② 재평가잉여금을 우선 상계하고 추가 손상분을 당기비용으로 인식한다.

> 당기손실로 인식될 손상차손 = 손상차손금액 − 재평가잉여금

③ 자산의 손상차손환입은 곧바로 당기손익으로 인식한다. 다만 재평가금액을 장부금액으로 하는 경우에는 재평가자산의 손상차손환입은 재평가증가액으로 처리한다.

④ 재평가자산의 손상차손환입은 기타포괄손익으로 인식하고 그만큼 해당 자산의 재평가잉여금을 증액한다. 그러나 해당 재평가자산의 손상차손을 과거에 당기손익으로 인식한 부분까지는 그 손상차손환입도 당기손익으로 인식한다.

📖 시험문제 미리보기!

토지에 대해 재평가모형을 적용하고 있는 ㈜한국은 20×1년 초 영업에 사용할 목적으로 토지를 ₩500,000에 구입하였다. 20×1년 말 토지의 공정가치는 ₩600,000이었으며, 20×2년 말의 공정가치는 ₩550,000이었다. 특히 20×2년 말에는 토지의 순공정가치와 사용가치가 각각 ₩450,000과 ₩430,000으로 토지에 손상이 발생하였다고 판단하였다. 이 토지와 관련하여 ㈜한국의 20×1년도에서 20×2년까지의 일련의 회계처리를 하시오.

해설   (1) 20×1년 초

(차) 토지	500,000	(대) 현금	500,000

(2) 20×1년 말

(차) 토지	100,000	(대) 재평가잉여금	100,000

(3) 20×2년 말

(차) 재평가잉여금	100,000	(대) 토지	150,000
재평가손실	50,000[*1]		

(*1) 당기비용: ₩600,000 − ₩450,000 − ₩100,000(재평가잉여금) = ₩50,000

회수가능액(순공정가치와 사용가치 중 큰 금액): Max[₩450,000, ₩430,000] = ₩450,000

㈜한국은 20×1년 초 기계장치를 취득(취득원가 ₩1,000,000, 내용연수 5년, 잔존가치 ₩0, 정액법 상각)하였으며, 재평가모형의 적용과 동시에 손상징후가 있을 경우 자산손상 기준을 적용하고 있다. 공정가치와 회수가능액이 다음과 같을 때, 20×3년 말 감가상각액을 제외한 당기이익을 계산하시오. (단, 처분부대비용은 무시할 수 없을 정도이며, 재평가잉여금은 이익잉여금으로 대체하지 않는다)

구분	20×1년 말	20×2년 말	20×3년 말
공정가치	₩900,000	₩650,000	₩460,000
회수가능액	₩900,000	₩510,000	₩450,000

해설 (1) 20×1년 말 재평가잉여금: ₩900,000 − ₩800,000[*1] = ₩100,000
     (*1) ₩1,000,000 − ₩1,000,000 × 1/5 = ₩800,000
  (2) 20×2년 유형자산손상차손: ₩675,000[*2] − ₩510,000 − ₩100,000 = ₩65,000
     (*2) ₩900,000 − ₩900,000 × 1/4 = ₩675,000
  (3) 20×3년 손상차손환입: ₩450,000 − ₩340,000[*3] = ₩110,000(한도 ₩65,000)
     (*3) ₩510,000 − ₩510,000 × 1/3 = ₩340,000
  (4) 20×3년 손상차손환입액: Min[₩110,000, ₩65,000] = ₩65,000
  (5) 20×3년 손상차손환입 후 재평가증가액: ₩120,000 − ₩65,000 = ₩55,000
  (6) 각 연도별 포괄손익계산서

포괄손익계산서	20×1년	20×2년	20×3년
수익	−	−	−
손상차손환입	−	−	₩65,000
비용	−	−	−
감가상각비	(₩200,000)	(₩225,000)	(₩170,000)
손상차손	−	(₩65,000)	−
당기순이익	(₩200,000)	(₩290,000)	(₩105,000)
기타포괄손익	₩100,000	(₩100,000)	₩55,000
총포괄손익	(₩100,000)	(₩390,000)	(₩50,000)

06 차입원가의 자본화

출제빈도 ★

1. 적격자산과 자본화가능차입원가

차입원가는 자금의 차입과 관련하여 발생하는 이자 및 기타원가를 말한다. 따라서 차입원가는 이자비용 과목의 당기비용으로 인식하는 것이 일반적이다. 그러나 의도된 용도로 사용하거나 판매가능한 상태에 이르게 하는 데 상당한 기간을 필요로 하는 적격자산의 취득, 건설 또는 생산과 직접 관련된 차입원가는 당해 자산의 원가의 일부로 인식하는데 이를 '차입원가 자본화'라고 한다.

(1) 적격자산

① 적격자산이란 의도된 용도로 사용하거나 판매가능상태에 이르게 하는 데 상당한 기간을 필요로 하는 자산을 말한다.
- 재고자산
- 제조설비자산
- 전력생산자산
- 무형자산
- 투자부동산

② 금융자산과 생물자산 및 단기간 내에 제조되거나 다른 방법으로 생산되는 재고자산은 적격자산에서 제외된다.

(2) 자본화가능 차입원가

① 적격자산의 취득, 건설 또는 제조와 관련된 차입원가는 당해 자산의 일부로 자본화하도록 규정하고 있으며, 적격자산과 관련이 없는 기타 차입원가는 발생기간의 비용으로 인식하도록 규정하고 있다.

② 금융자산처분손익, 차입금에 대한 연체이자 및 복구충당부채전입액은 자본화가능 차입원가에서 제외된다.

2. 자본화기간

(1) 자본화의 개시

① 차입원가는 자본화 개시일부터 적격자산의 일부로 자본화한다.

② 적격자산을 의도된 용도로 사용하거나 판매가능한 상태에 이르게 하는 데 필요한 활동은 당해 자산의 물리적인 제작뿐만 아니라 그 이전단계에서 이루어진 기술 및 관리상의 활동도 포함한다. 예를 들어, 물리적인 제작 전에 각종 인허가를 얻기 위한 활동 등을 들 수 있다.

③ 그러나 자산의 상태에 변화를 가져오는 생산 또는 개발이 이루어지지 아니하는 상황에서 단지 당해 자산의 보유는 필요한 활동으로 보지 않는다.

💡 **회계학 전문가의 TIP**

K-IFRS 제1023호 '차입원가' 관련 문단

'적격자산을 취득하기 위한 목적으로 특정하여 차입한 자금에 한하여, 회계기간 동안 그 차입금으로부터 실제 발생한 차입원가에서 당해 차입금의 일시적 운용에서 생긴 투자수익을 차감한 금액을 자본화가능 차입원가로 결정한다.'

위 기준서 조문에서 특정차입금에 대한 '회계기간 동안'이라는 문구는 '자본화기간 동안'이라고 해야 정확한 문장이나 시험에서 출제되면 옳은 문장으로 봅니다.

---

(2) 자본화 중단기간

① 적격자산에 대한 적극적인 개발활동을 중단한 기간에는 자본화를 중단해야 한다.

② 이 기간 동안 발생된 차입원가는 당기비용으로 처리한다.

(3) 자본화의 종료

적격자산을 의도된 용도로 사용하거나 판매가능한 상태에 이르게 하는 데 필요한 대부분의 활동이 완료된 시점에 차입원가의 자본화를 종료한다.

3. 자본화가능 차입원가의 산정방법

(1) 1단계

① 적격자산을 취득하기 위하여 소요된 평균지출액(회계기간 동안의 누적지출액에 대한 평균)을 파악한다.

② 적격자산과 관련하여 수취하는 정부보조금과 건설 등의 진행에 따라 수취하는 금액은 적격자산에 대한 가중평균지출액에서 차감한다.

③ 공사기간이 여러 회계기간에 걸쳐있는 경우 당기 이전 지출액에 대하여도 당기에 차입원가가 발생하므로 가중평균지출액에 가산한다.

④ 전기에 자본화한 차입원가의 경우 원칙적으로 가중평균지출액에 가산하지 않으며, 예외적으로 가중평균지출액에 가산 가능하다.

〈연평균지출액의 사용〉

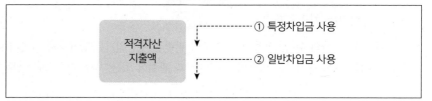

(2) 2단계

① 일반차입금에 대한 자본화이자율을 계산한다.

$$\text{일반차입금에 대한 자본화이자율} = \frac{\text{일반차입금 총차입원가}}{\text{연평균 일반차입금}}$$

② 일반차입금은 일반적인 목적으로 차입한 차입금 중 적격자산의 취득에 소요되었다고 볼 수 있는 자금을 의미한다.

③ 회계연도 중에 자산의 취득이 시작되거나 취득이 완료된 경우, 또는 자본화중단기간이 있는 경우에도 당해 연도 전체를 기준으로 자본화이자율을 산정한다.

(3) 3단계

자본화대상 차입원가를 산정한다.

① 특정차입금에 대한 차입원가
- 특정차입금은 적격자산을 취득할 목적으로 직접 차입한 자금이다.
- 자본화기간 동안 발생한 차입원가를 한도 없이 전액 자본화한다.
- 특정차입금의 일시적 **운용에서** **발생한** 수익은 자본화가능차입원가에서 차감한다.
- **특정차입금에서 발생한 차입원가**를 우선 자본화하고 일반차입금에서 발생한 차입원가를 다음으로 자본화한다.

② 일반차입금에 대한 차입원가

> (평균지출액 − 특정차입금 평균잔액[*1]) × 자본화이자율
>
> (*1) 특정차입금 중 일시적 운용에 사용된 부분은 제외

- 한도: 일반차입금 당기차입원가
- 일반차입금의 자본화할 차입원가는 회계기간 동안 실제 발생한 차입원가를 초과할 수 없으며 일시적인 운용으로 발생한 수익은 자본화할 차입원가에서 차감하지 아니한다.

〈특정차입금에 대한 차입원가 자본화, 투자수익 제외〉

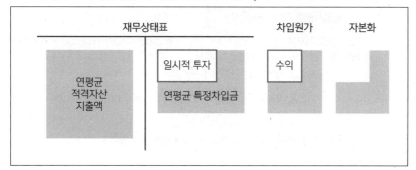

〈차입원가 자본화 개요〉

재무상태표		차입원가	회계처리
연평균 적격자산 지출액 ₩1,000	연평균 특정차입금 ₩700	₩70	자본화 ₩70 ₩30
	연평균 일반차입금 ₩800	₩80	이자비용 ₩50

㈜한국은 20×1년 1월 1일에 자가사용을 목적으로 공장을 착공하여 20×2년 9월 30일 완공하였다. 공사관련 지출과 차입금에 대한 자료는 다음과 같다. (단, 차입금의 일시적인 운용수익은 없으며 기간은 월할계산한다)

〈공사관련 지출〉

일자	금액
20×1년 1월 1일	₩3,000
20×1년 10월 1일	₩2,000

〈차입금 내역〉

구분	금액	이자율(연)	기간
특정차입금	₩1,000	4%	20×1년 1월 1일~20×3년 12월 31일
일반차입금 A	₩1,000	5%	20×1년 1월 1일~20×2년 11월 30일
일반차입금 B	₩2,000	8%	20×0년 7월 1일~20×3년 6월 30일

(1) 20×1년 평균지출액을 계산하시오.

(2) 20×1년 일반차입금에 대한 자본화이자율을 계산하시오.

(3) 20×1년 자본화대상 차입원가를 산정하시오.

해설

(1) 평균지출액 계산: $₩3,000 × \dfrac{12}{12} + ₩2,000 × \dfrac{3}{12} = ₩3,500$

(2) 자본화이자율 계산: $(₩1,000 × 0.05 + ₩2,000 × 0.08)/(₩1,000 + ₩2,000) = 7\%$

(3) 20×1년 자본화대상 차입원가 계산
- 특정차입금 자본화가능차입원가: $₩1,000 × 4\% = ₩40$
- 일반차입금 자본화가능차입원가: $(₩3,500 - ₩1,000 × \dfrac{12}{12}) × 7\% = ₩175^{*1}$

  (*1) Min[₩210, ₩175] = ₩175
- 20×1년 자본화대상 차입원가: ₩40 + ₩175 = ₩215

▦ 시험문제 미리보기!

㈜한국은 20×1년 초 공장건물을 신축하기 시작하여 20×1년 말에 완공하였다. 다음은 공장 건물의 신축을 위한 ㈜한국의 지출액과 특정차입금 및 일반차입금에 대한 자료이다.

구분	연평균금액	이자비용
공장건물에 대한 지출액	₩320,000	–
특정차입금	₩160,000	₩18,400
일반차입금	₩100,000	₩12,000

20×1년 공장건물과 관련하여 자본화할 차입원가를 계산하시오. (단, 이자비용은 20×1년 중에 발생한 금액이며, 공장건물은 차입원가를 자본화하는 적격자산에 해당된다)

해설　(자본화기간 동안) 특정차입금 자본화 차입원가 ⇨ 평균지출액계산(월할계산) ⇨ 일반차입금 자본화차입원가(한도고려) 순서로 계산한다.
　　(1) 특정차입금 자본화 차입원가: ₩18,400
　　(2) 일반차입금 자본화 차입원가
　　　: (₩320,000 – ₩160,000) × 0.12 = ₩19,200(한도 ₩12,000)
　　(3) 자본화할 차입원가: ₩18,400 + ₩12,000 = ₩30,400

> ♀선생님 TIP
>
> 차입원가 자본화 문제의 경우에는 문제 접근순서를 (자본화기간 동안 발생한) 특정차입금에 대한 차입원가계산 ⇨ 평균지출액계산 ⇨ 일반차입금에 대한 차입원가 계산순서로 한다. 특히, 일반차입금의 차입원가 자본화계산 시에는 일반차입금의 평균이자율인 자본화이자율계산과 일시운용수익 및 차입원가 한도에 주의해서 문제를 풀어야 한다.

출제빈도: ★★★

01 유형자산 취득원가를 인식할 때, 경영진이 의도하는 방식으로 자산을 가동하기 위해 필요한 장소와 상태에 이르게 하는 데 직접 관련되는 원가의 예로 옳지 않은 것은?

① 설치장소 준비 원가

② 최초의 운송 및 취급 관련 원가

③ 새로운 시설을 개설하는 데 소요되는 원가

④ 전문가에게 지급하는 수수료

⑤ 유형자산이 정상적으로 작동되는지 여부를 시험하는 과정에서 발생하는 원가

출제빈도: ★★★

02 유형자산에 대한 설명으로 옳은 것은?

① 유형자산은 다른 자산의 미래경제적효익을 얻기 위해 필요하더라도, 그 자체로의 직접적인 미래경제적 효익을 얻을 수 없다면 인식할 수 없다.

② 유형자산이 경영진이 의도하는 방식으로 가동될 수 있으나 가동수준이 완전조업도 수준에 미치지 못하는 경우에 발생하는 원가는 유형자산 원가에 포함한다.

③ 유형자산의 원가는 경영진이 의도하는 방식으로 자산을 가동하는 데 필요한 장소와 상태에 이르게 하는 데 직접 관련되는 원가를 포함하며, 해당 자산의 시험과정에서 생산된 시제품의 순매각금액은 당기손익으로 인식한다.

④ 건설이 시작되기 전에 건설용지를 주차장 용도로 사용함에 따라 획득한 수익은 유형자산의 원가에서 차감한다.

⑤ 유형자산 취득 시 발생하는 전문가에게 지급하는 수수료는 당기 비용처리한다.

출제빈도: ★★★ 대표출제기업: 한국지역난방공사

03 유형자산의 취득원가에 대한 설명으로 옳지 않은 것은?

① 지상 건물이 있는 토지를 일괄취득하여 구 건물을 계속 사용할 경우 일괄구입가격을 토지와 건물의 공정가액에 따라 배분한다.

② 토지의 취득 시 중개수수료, 취득세, 등록세와 같은 소유권 이전비용은 토지의 취득원가에 포함한다.

③ 기계장치를 취득하여 기계장치를 의도한 용도로 사용하기 적합한 상태로 만들기 위해서 지출한 시운전비는 기계장치의 취득원가에 포함한다.

④ 건물 신축을 목적으로 건물이 있는 토지를 일괄취득한 경우, 구 건물의 철거비용은 신축 건물의 취득원가에 가산한다.

⑤ 토지 보유 시 발생하는 재산세는 당기비용으로 처리하나 토지 취득 시 이전 소유자가 체납한 재산세 등을 대납하는 경우에는 토지의 취득원가에 포함한다.

정답 및 해설

01 ③
새로운 시설을 개설하는 데 소요되는 원가는 유형자산의 원가가 아닌 예에 해당한다.
경영진이 의도한 방식으로 자산을 가동하는 데 필요한 장소와 상태에 이르게 하는 데 직접 관련되는 원가는 다음과 같다.
• 유형자산의 매입 또는 건설과 직접적으로 관련되어 발생한 종업원급여
• 설치장소 준비 원가
• 최초의 운송 및 취급 관련 원가
• 설치원가 및 조립원가
• 유형자산이 정상적으로 작동되는지 여부를 시험하는 과정에서 발생하는 원가
• 전문가에게 지급하는 수수료

02 ③
유형자산의 원가는 경영진이 의도하는 방식으로 자산을 가동하는 데 필요한 장소와 상태에 이르게 하는 데 직접 관련되는 원가를 포함하며, 해당 자산의 시험과정에서 생산된 시제품의 순매각금액은 당기손익으로 인식한다.

오답노트
① 유형자산의 경제적효익은 다른 자산의 효익을 증가시키거나, 비용을 절감시키는 형태 등으로도 나타날 수 있다.
② 초기가동손실은 유형자산의 취득원가에 포함하지 않는다.
④ 건설용지를 일시적으로 주차장으로 활용하는 경우의 수익금액은 토지의 취득과정과 관련이 없으므로 토지의 취득원가에서 차감하지 않고 별도의 수익으로 인식한다.
⑤ 유형자산 취득 시 발생하는 전문가에게 지급하는 수수료는 취득원가에 가산한다.

03 ④
건물 신축을 목적으로 건물이 있는 토지를 일괄취득한 경우, 구 건물의 철거비용은 토지의 취득원가에 가산한다.

출제빈도: ★★★ 대표출제기업: 한국남부발전

04 ㈜한국은 다음 자료와 같이 기계장치를 취득하였다. 기계장치의 취득원가는?

• 기계장치 구입대금	₩20,000
• 운반비	₩1,000
• 설치비	₩3,000
• 시운전비	₩2,000
• 구입 후 수선비	₩2,000

① ₩21,000   ② ₩25,000   ③ ₩26,000

④ ₩28,000   ⑤ ₩30,000

출제빈도: ★★☆

05 다음 자료의 토지 취득원가는?

- 토지구입비 ₩500,000, 취득세 ₩20,000을 지급하였다.
- 토지구입을 위한 조사비용 ₩15,000, 감정평가 비용 ₩20,000을 지급하였다.
- 토지 정지작업 중에 발견된 폐기물을 몰래 투기하여 범칙금 ₩5,000을 지급하였다.

① ₩500,000　　　　　② ₩530,000　　　　　③ ₩555,000
④ ₩560,000　　　　　⑤ ₩570,000

정답 및 해설

04 ③
(1) 구입 후 수선비는 유형자산을 사용가능한 상태로 만드는 데 필요한 원가가 아니므로 취득원가에 가산하지 않는다.
(2) 취득원가: ₩20,000 + ₩1,000 + ₩3,000 + ₩2,000 = ₩26,000

05 ③
₩500,000 + ₩20,000 + ₩15,000 + ₩20,000 = ₩555,000

출제빈도: ★★☆   대표출제기업: 서울주택도시공사

06 ㈜한국은 당해 연도 초에 설립한 후 유형자산과 관련하여 다음과 같은 지출을 하였다.

• 건물이 있는 토지 구입대금	₩2,000,000
• 토지 취득 중개수수료	₩80,000
• 토지 취득세	₩160,000
• 공장건축허가비	₩10,000
• 신축공장건물 설계비	₩50,000
• 기존건물 철거비	₩150,000
• 기존건물 철거 중 수거한 폐건축자재 판매대금	₩100,000
• 토지 정지비	₩30,000
• 건물신축을 위한 토지굴착비용	₩50,000
• 건물 신축원가	₩3,000,000
• 건물 신축용 차입금의 차입원가(전액 자본화기간에 발생)	₩10,000

위 자료를 이용할 때 토지와 건물 각각의 취득원가는? (단, 건물은 당기 중 완성되었다)

	토지	건물
①	₩2,220,000	₩3,020,000
②	₩2,320,000	₩3,110,000
③	₩2,320,000	₩3,120,000
④	₩2,420,000	₩3,120,000
⑤	₩2,440,000	₩3,120,000

출제빈도: ★★★

07 ㈜한국은 본사 사옥을 신축하기 위하여 토지를 취득하였는데 이 토지에는 철거예정인 창고가 있었다. 다음 자료를 고려할 때, 토지의 취득원가는?

• 토지 구입대금	₩1,000,000
• 사옥 신축 개시 이전까지 토지 임대를 통한 수익	₩25,000
• 토지 취득세 및 등기수수료	₩70,000
• 창고 철거비	₩10,000
• 창고 철거 시 발생한 폐자재 처분 수입	₩5,000
• 본사 사옥 설계비	₩30,000
• 본사 사옥 공사대금	₩800,000

① ₩1,050,000　　　　　② ₩1,075,000　　　　　③ ₩1,080,000

④ ₩1,100,000　　　　　⑤ ₩1,125,000

정답 및 해설

06 ③

	토지	건물(신축공장)
일괄구입대금	₩2,000,000	
토지 취득 중개수수료	80,000	
토지 취득세	160,000	
공장건축허가비		₩10,000
신축공장건물 설계비		50,000
기존건물 철거비	150,000	
폐건축자재 판매대금	(100,000)	
토지 정지비	30,000	
토지굴착비용		50,000
건물 신축원가		3,000,000
차입원가		10,000
합계	₩2,320,000	₩3,120,000

07 ②

₩1,000,000 + ₩70,000 + ₩10,000 - ₩5,000 = ₩1,075,000

♀선생님 TIP

토지 취득과 관련해서는 먼저 상황을 정확하게 판단하고 문제를 풀어야 된다.

(1) 일괄구입의 경우 토지와 건물을 둘 다 사용하는 경우: 일괄구입가격을 각 자산의 상대적 공정가치에 의해 개별자산에 배분한다.

(2) 일괄구입의 경우 토지만 사용하는 경우: 취득금액은 전액 토지의 원가에 포함하며, 구건물의 철거비용(잔존폐물의 매각수익 차감)과 토지정지 비용을 토지의 취득원가에 가산한다.

(3) 사용 중인 건물을 철거하는 경우: 구건물의 장부금액을 처분손실로 계상하고 철거비용은 당기비용으로 처리한다.

출제빈도: ★★☆ 대표출제기업: 경기주택도시공사

08 ㈜한국은 20×1년 초 가건물이 있던 공장부지를 취득하여 기존의 가건물을 철거하고 건물을 신축하였다. 관련 자료가 다음과 같을 때, 토지의 취득원가는?

• 토지구입대금	₩200,000	• 토지소유권 이전비	₩3,000
• 토지의 정지 및 측량비	₩50,000	• 진입로 공사비	₩30,000
• 건물신축 허가비	₩25,000	• 가건물 철거비	₩18,000
• 신축건물 공사원가	₩150,000	• 가건물 철거 부산물 매각수입	₩5,000
• 건축설계비	₩15,000	• 토지분 재산세	₩4,000
• 건물등록비	₩20,000	• 울타리 설치공사	₩13,000

① ₩210,000 ② ₩246,000 ③ ₩266,000

④ ₩278,000 ⑤ ₩296,000

출제빈도: ★★★ 대표출제기업: KDB산업은행

09 20×1년 1월 1일 ㈜한국은 당사의 기계장치 X를 ㈜대한의 기계장치 Y와 교환하고, ㈜한국은 ㈜대한으로부터 현금 ₩100,000을 수령하였다. 각 회사의 기계장치의 장부가액과 공정가치에 대한 정보는 다음과 같다.

구분	기계장치 X	기계장치 Y
장부가액	₩400,000	₩300,000
공정가치	₩700,000	₩600,000

기계장치 X와 기계장치 Y의 교환거래가 상업적 실질이 있는 경우와 상업적 실질이 없는 경우 각각에 대하여 ㈜한국이 교환으로 취득한 기계장치 Y의 취득원가를 계산하면?

	상업적 실질이 있는 경우	상업적 실질이 없는 경우
①	₩300,000	₩600,000
②	₩500,000	₩200,000
③	₩600,000	₩500,000
④	₩700,000	₩400,000
⑤	₩600,000	₩300,000

출제빈도: ★★★

10 ㈜한국은 취득원가 ₩500,000, 감가상각누계액 ₩300,000인 기계장치를 보유하고 있다. ㈜한국은 해당 기계장치를 제공함과 동시에 현금 ₩50,000을 수취하고 새로운 기계장치와 교환하였다. ㈜한국이 보유하고 있던 기계장치의 공정가치가 ₩300,000으로 추정될 때, 교환에 의한 회계처리로 옳지 않은 것은?

① 상업적 실질이 있는 경우 새로운 기계장치의 취득원가는 ₩250,000으로 인식한다.

② 상업적 실질이 있는 경우 제공한 기계장치의 처분이익은 ₩50,000으로 인식한다.

③ 상업적 실질이 결여된 경우 새로운 기계장치의 취득원가는 ₩150,000으로 인식한다.

④ 상업적 실질이 결여된 경우 제공한 기계장치의 처분손익은 인식하지 않는다.

⑤ 상업적 실질이 있는 경우이든 상업적 실질이 결여된 경우이든 현금수취액은 취득원가에서 차감한다.

정답 및 해설

08 ⑤

지출내역	토지	건물	기타
토지구입대금	200,000		
토지소유권 이전비	3,000		
토지의 정지 및 측량비	50,000		
진입로 공사비	30,000		
건물신축 허가비		25,000	
가건물 철거비	18,000		
신축건물 공사원가		150,000	
가건물 철거 부산물 매각수입	(5,000)		
건축설계비		15,000	
토지분 재산세			당기비용 4,000
건물등록비		20,000	
울타리 설치공사			구축물 13,000
합계	296,000	210,000	17,000

09 ⑤
(1) 상업적 실질이 있는 경우: ₩700,000(X의 공정가치) − ₩100,000 = ₩600,000
(2) 상업적 실질이 없는 경우: ₩400,000(X의 장부가액) − ₩100,000 = ₩300,000

10 ②
(1) 상업적 실질이 있는 경우

(차) 감가상각누계액	300,000	(대) 기계장치(구)	500,000
현금	50,000	유형자산처분이익	100,000
기계장치(신)	250,000		

(2) 상업적 실질이 결여된 경우

(차) 감가상각누계액	300,000	(대) 기계장치(구)	500,000
현금	50,000		
기계장치(신)	150,000		

출제빈도: ★★☆   대표출제기업: 한국도로공사

11 ㈜한국은 당국의 허가를 받아서 자연보호구역 내의 소유토지에 주차장을 설치하였다. 이때 당국의 주차장 설치 허가조건은 3년 후 주차장을 철거하고 토지를 원상복구하는 것이다. 주차장은 20×1년 1월 1일 ₩5,000,000에 설치가 완료되어 사용하기 시작하였으며, 동 일자에 3년 후 복구비용으로 지출될 것으로 예상되는 금액은 ₩1,000,000으로 추정되었다. 이런 복구의무는 충당부채에 해당한다. 주차장(구축물)은 원가모형을 적용하며, 내용연수 3년, 잔존가치 ₩0, 정액법으로 감가상각한다. 20×1년도 주차장(구축물)의 감가상각비는? (단, 복구공사 소요액의 현재가치 계산에 적용할 유효이자율은 연 10%이며, 3년 후 ₩1의 현재가치는 0.7513이다)

① ₩1,917,100   ② ₩1,932,100   ③ ₩1,992,230

④ ₩2,000,000   ⑤ ₩2,100,000

출제빈도: ★★☆   대표출제기업: 한국전력기술

12 ㈜한국은 20×1년 초에 구축물을 ₩100,000에 설치하였는데, 관련 법에 따르면 내용연수 5년 경과 후 환경오염을 막기 위해서 원상회복을 해야 한다. 회사는 5년 후 원상회복에 소요될 원가를 ₩10,000으로 추정하였으며, 이 금액의 현재가치는 ₩7,000이다. 구축물을 잔존가치 없이 정액법으로 감가상각할 때 구축물의 회계처리에 대한 설명으로 옳지 않은 것은?

① 구축물의 최초 인식금액은 ₩107,000이다.

② 원상회복에 소요되는 원가의 명목금액과 현재가치의 차이 ₩3,000은 5년 동안 금융수익으로 인식한다.

③ 구축물 취득시점에서 원상회복 의무 ₩7,000을 충당부채로 인식한다.

④ 20×1년 말 감가상각비는 ₩21,400이다.

⑤ 복구충당부채로 인식한 금액은 이후 이자비용이 발생하고 동 금액을 충당부채의 금액에 가산한다.

출제빈도: ★★★   대표출제기업: 한국지역난방공사

13 ㈜한국은 20×1년 10월 1일 ₩100,000의 정부보조금을 받아 ₩1,000,000의 설비자산을 취득(내용연수 5년, 잔존가치 ₩0, 정액법 상각)하였다. 정부보조금은 설비자산을 6개월 이상 사용한다면 정부에 상환할 의무가 없다. 20×3년 4월 1일 동 자산을 ₩620,000에 처분한다면 이때 처분손익은? (단, 원가모형을 적용하며 손상차손은 없는 것으로 가정한다)

① 처분손실 ₩10,000   ② 처분이익 ₩10,000   ③ 처분손실 ₩40,000

④ 처분이익 ₩40,000   ⑤ 처분이익 ₩80,000

출제빈도: ★★★ 대표출제기업: 한국중부발전

14 유형자산의 감가상각에 대한 설명으로 옳지 않은 것은?

① 유형자산의 기말 공정가치 변동을 반영하기 위해 감가상각한다.

② 감가상각방법은 자산의 미래경제적효익이 소비될 것으로 예상되는 형태를 반영한다.

③ 각 기간의 감가상각액은 다른 자산의 장부금액에 포함되는 경우가 아니라면 당기손익으로 인식한다.

④ 잔존가치, 내용연수, 감가상각방법은 적어도 매 회계연도 말에 재검토한다.

⑤ 감가상각방법의 변경은 회계추정변경으로 본다.

정답 및 해설

11 ①

(1) 구축물의 취득원가: ₩5,000,000 + ₩1,000,000 × 0.7513 = ₩5,751,300

(2) 20×1년 감가상각비: ₩5,751,300 × $\frac{1}{3}$ = ₩1,917,100

12 ②

원상회복에 소요되는 원가의 명목금액과 현재가치의 차이 ₩3,000은 5년 동안 금융비용(이자비용)으로 인식한다.

오답노트

①, ③ 구축물의 취득원가: 구축물 구입대금 + 복구충당부채의 현재가치 = ₩100,000 + ₩7,000 = ₩107,000

④ 20×1년 말 감가상각비: ₩107,000 ÷ 5 = ₩21,400

13 ①

(1) 20×3년 4월 1일 순장부금액: ₩900,000 − ₩900,000 × $\frac{1}{5}$ × 1.5년 = ₩630,000

(2) 처분손익: ₩620,000 − ₩630,000 = (−)₩10,000(손실)

14 ①

감가상각은 유형자산을 재평가하는 과정이 아니므로 공정가치 변동과는 무관하다.

출제빈도: ★★☆

15 자산의 회계처리에 대한 내용으로 옳지 않은 것은?

① 1년 이내에 소멸되는 소모품은 유동자산이다.

② 자동차 회사가 제조한 자동차를 운송하기 위하여 보유하는 차량은 유형자산이고 감가상각을 한다.

③ 커피숍에서 판매를 위해 전시한 커피잔은 재고자산이다.

④ 자체 사용목적으로 건설 중인 건물은 비유동자산이고 감가상각을 한다.

⑤ 판매목적으로 보유하고 있는 토지는 재고자산으로 분류한다.

출제빈도: ★★★   대표출제기업: 한국전력기술

16 자산의 감가상각 및 상각에 대한 설명으로 옳지 않은 것은?

① 유형자산을 구성하는 일부의 원가가 당해 유형자산의 전체원가에 비교하여 유의적이라면, 해당 유형자산을 감가상각할 때 그 부분은 별도로 구분하여 감가상각한다.

② 내용연수가 유한한 무형자산의 상각기간과 상각방법은 적어도 매 회계연도 말에 검토한다.

③ 내용연수가 비한정적인 무형자산에 대해 상각비를 인식하지 않는다.

④ 매각예정인 비유동자산에 대해서는 감가상각을 하지 않는다.

⑤ 정액법을 적용하여 상각하던 기계장치가 유휴상태가 되면 감가상각비를 인식하지 않는다.

출제빈도: ★★★

17 ㈜한국은 20×1년 4월 1일 기계장치를 ₩80,000에 취득하였다. 이 기계장치는 내용연수가 5년이고 잔존가치가 ₩5,000이며, 연수합계법에 의해 월할로 감가상각한다. ㈜한국이 이 기계장치를 20×2년 10월 1일 ₩43,000에 처분한 경우 기계장치 처분손익은? (단, ㈜한국은 원가모형을 적용한다)

① 처분손실 ₩2,000   ② 처분이익 ₩2,000   ③ 처분손실 ₩3,000

④ 처분이익 ₩3,000   ⑤ 처분이익 ₩5,000

출제빈도: ★★★ 대표출제기업: KDB산업은행

18 12월 결산법인 ㈜한국은 20×1년 10월 1일에 건물과 기계를 ₩90,000에 일괄 구입하였다. 구입 당시 건물과 기계의 공정가치는 각각 ₩80,000과 ₩20,000이다. 기계의 내용연수는 10년, 잔존가치는 ₩1,000이다. 20×1년 기계의 감가상각비는 얼마인가? (단, 기계에 대해 원가모형을 적용하고, 정액법으로 감가상각하며, 기중 취득한 자산은 월할계산한다)

① ₩425
② ₩450
③ ₩475
④ ₩500
⑤ ₩525

정답 및 해설

15 ④
건설 중인 자산은 감가상각을 하지 않는다.

16 ⑤
감가상각은 자산이 매각예정자산으로 분류되는(또는 매각예정으로 분류되는 처분자산집단에 포함되는) 날과 자산이 제거되는 날 중 이른 날에 중지한다. 따라서 유형자산이 운휴 중이거나 적극적인 사용상태가 아니어도, 감가상각이 완전히 이루어지기 전까지는 감가상각을 중단하지 않는다.

17 ①
(1) 20×2년 10월 1일 장부금액: ₩80,000 − ₩75,000 × $(\frac{5}{15} + \frac{4}{15} × \frac{6}{12})$ = ₩45,000

(2) 처분손익: ₩43,000 − ₩45,000 = (−)₩2,000(손실)

18 ①
(1) 기계의 취득원가: ₩90,000 × $\frac{2}{10}$ = ₩18,000

(2) 20×1년 기계의 감가상각비: (₩18,000 − ₩1,000) × $\frac{1}{10}$ × $\frac{3}{12}$ = ₩425

19 20×1년 7월 1일 ㈜한국은 항공기 A를 해외로부터 취득 후 즉시 영업활동에 사용하였다. ㈜한국이 항공기 A에 대해 원가모형을 적용할 때, 항공기 A의 20×2년 말 장부금액은 얼마인가? (단, 손상은 발생하지 않았으며, 감가상각은 월할계산한다)

• 내용연수	3년
• 매입대금	₩150,000
• 잔존가치	₩0
• 관세	₩10,000
• 당기 재산세	₩10,000
• 취득 직후 해당 항공기의 성능개선을 위한 지출	₩50,000
• 감가상각방법	연수합계법

① ₩70,000　　　　② ₩87,500　　　　③ ₩105,000

④ ₩140,000　　　　⑤ ₩150,000

20 다음은 ㈜한국의 기계장치와 관련된 자료이다. 20×3년도 감가상각비는?

㈜한국은 20×1년 1월 1일에 기계장치를 ₩100,000(내용연수 4년, 잔존가액 ₩20,000)에 취득하여 정액법으로 상각하였다. 20×3년 1월 1일에 이 기계에 부속장치를 설치하기 위하여 ₩40,000을 추가 지출하였으며, 이로 인하여 기계의 잔존 내용연수가 2년 증가하였고 20×3년도부터 연수합계법을 적용하기로 하였다(단, 감가상각방법 변경은 전진법으로 회계처리한다).

① ₩20,000　　　　② ₩24,000　　　　③ ₩28,000

④ ₩32,000　　　　⑤ ₩34,000

출제빈도: ★★☆

21 ㈜한국은 20×1년 1월 1일에 생산용 기계 1대를 ₩100,000에 구입하였다. 이 기계의 내용연수는 4년, 잔존가액은 ₩20,000으로 추정되었으며 정액법에 의해 감가상각하고 있었다. ㈜한국은 20×3년도 초에 동 기계의 성능을 현저히 개선하여 사용할 수 있게 하는 대규모의 수선을 시행하여 ₩16,000을 지출하였다. 동 수선으로 내용연수는 2년이 연장되었으나 잔존가치는 변동이 없을 것으로 추정된다. 이 기계와 관련하여 20×3년도에 인식될 감가상각비는?

① ₩28,000 ② ₩24,000 ③ ₩20,000
④ ₩16,000 ⑤ ₩14,000

정답 및 해설

19 ①
(1) 항공기의 취득원가는 다음과 같다. (재산세는 자산의 취득이 아닌 자산의 보유와 관련된 세금이므로 취득원가에 가산하지 않는다)

매입대금	₩150,000
관세	10,000
성능개선	50,000
합계	₩210,000

(2) 연수합계법에 의해 20×2년 말까지 감가상각비를 계산하면 다음과 같다.

20×1. 7. 1 ~ 20×2. 6. 30   ₩210,000 × 3/6 =   ₩105,000
20×2. 7. 1 ~ 20×2. 12. 31   ₩210,000 × 2/6 × 1/2 =   35,000
합계   ₩140,000

(3) 20×2년 말 항공기의 장부금액 = ₩210,000 − ₩140,000 = ₩70,000

20 ④

20×1년 초 (100,000) (4년, ₩20,000, 정액법)   (100,000) (4년, ₩20,000, 연수)
20×3년 초
(60,000) ⇐ 100,000 − 80,000 × $\frac{2}{4}$

∴ 20×3년 감가상각비: (₩100,000 − ₩20,000) × $\frac{4}{10}$ = ₩32,000

21 ⑤
(1) 20×3년 초 장부금액: ₩100,000 − ₩80,000 × $\frac{2}{4}$ = ₩60,000
(2) 20×3년 감가상각비: (₩76,000 − ₩20,000) × $\frac{1}{4}$ = ₩14,000

출제빈도: ★★☆   대표출제기업: 한국중부발전

22 ㈜한국은 20×0년 1월 1일 건물을 ₩1,000,000에 구입하여 20×5년 12월 31일까지 정액법(내용연수 10년, 잔존가치 ₩100,000)으로 감가상각하였다. 20×6년 1월 1일 동 건물에 대해 감가상각방법을 정액법에서 연수합계법으로 변경하였으며, 잔존가치는 ₩40,000으로 재추정하였고 향후 5년을 더 사용할 수 있을 것으로 예상하였다. 20×6년 말에 인식해야 할 동 건물의 감가상각비는? (단, 유형자산에 대해 원가모형을 적용한다)

① ₩84,000　　　　　　② ₩90,000　　　　　　③ ₩96,000

④ ₩120,000　　　　　　⑤ ₩140,000

출제빈도: ★★☆

23 ㈜한국은 20×1년 1월 1일 기계장치를 ₩100,000에 취득하여 원가모형(잔존가치 ₩10,000, 내용연수 6년, 정액법 월할상각)으로 평가하고 있다. 20×2년 1월 1일 ㈜한국은 기계장치의 생산능력증대를 위해 ₩5,000을 지출하였고, 이러한 지출로 인해 기계장치의 잔존내용연수와 잔존가치 변동은 없다. ㈜한국이 20×3년 4월 1일 기계장치를 ₩65,000에 처분하였다면, 동 기계장치와 관련하여 인식할 기계장치처분손익은?

① 기계장치처분이익 ₩1,250

② 기계장치처분손실 ₩1,250

③ 기계장치처분손실 ₩5,000

④ 기계장치처분손실 ₩9,000

⑤ 기계장치처분이익 ₩5,000

출제빈도: ★★★

24 ㈜한국은 토지를 취득한 후 재평가모형에 의하여 토지에 대한 회계처리를 한다. 토지의 취득원가와 각 회계연도 말 토지의 공정가치는 아래와 같다. 토지의 재평가와 관련하여 ㈜한국이 20×3년에 인식할 당기손실과 총포괄손실은? (단, 법인세효과는 고려하지 않는다)

구분	취득원가	20×1년 말 공정가치	20×2년 말 공정가치	20×3년 말 공정가치
토지	₩2,500	₩3,000	₩2,700	₩2,300

① 당기손실 ₩400, 총포괄손실 ₩0

② 당기손실 ₩300, 총포괄손실 ₩100

③ 당기손실 ₩300, 총포괄손실 ₩400

④ 당기손실 ₩200, 총포괄손실 ₩400

⑤ 당기손실 ₩300, 총포괄손실 ₩500

출제빈도: ★★★　대표출제기업: 한국전력기술

25 20×1년 초에 설립된 ㈜한국은 사옥 건설을 위하여 현금 ₩95,000을 지급하고 건물(공정가치 ₩10,000)이 있는 토지(공정가치 ₩90,000)를 구입하였다. 건물을 철거하면서 철거비용 ₩16,000을 지불하였다. 20×1년 말과 20×2년 말 토지의 공정가치는 각각 ₩120,000과 ₩85,000이고, 재평가모형을 적용하고 있다. 20×2년 포괄손익계산서에 당기비용으로 인식할 토지재평가손실은?

① ₩2,500　　　　　　② ₩18,000　　　　　　③ ₩21,000

④ ₩23,000　　　　　　⑤ ₩26,000

정답 및 해설

22 ⑤

(1) 20×5년 말 장부금액: ₩1,000,000 − ₩900,000 × $\frac{6}{10}$ = ₩460,000

(2) 20×6년 감가상각비: (₩460,000 − ₩40,000) × $\frac{5}{15}$ = ₩140,000

23 ③

(1) 20×2년 초 장부금액: ₩100,000 − ₩90,000 × $\frac{1}{6}$ = ₩85,000

(2) 20×3년 4월 초 장부금액: ₩90,000 − ₩80,000 × ($\frac{1}{5}$ + $\frac{1}{5}$ × $\frac{3}{12}$) = ₩70,000

(3) 처분손익: ₩65,000 − ₩70,000 = (−)₩5,000(손실)

24 ④

(1) 기타포괄손실: ₩2,700 − ₩2,500 = ₩200

(2) 당기손실: ₩2,500 − ₩2,300 = ₩200

(3) 총포괄손실: ₩200 + ₩200 = ₩400

25 ⑤

(1) 토지 취득원가: ₩95,000 + ₩16,000 = ₩111,000

(2) 20×2년 당기손익에 반영할 재평가손실: ₩111,000 − ₩85,000 = ₩26,000

출제빈도: ★★☆

26 ㈜한국은 20×1년 초 기계장치를 ₩5,000(내용연수 5년, 잔존가치 ₩0, 정액법 상각)에 취득하였다. 20×1년 말과 20×2년 말 기계장치에 대한 공정가치는 각각 ₩7,000과 ₩5,000이다. ㈜한국은 동 기계장치에 대해 공정가치로 재평가하고 있으며, 기계장치를 사용함에 따라 재평가잉여금 중 실현된 부분을 이익잉여금으로 직접 대체하는 정책을 채택하고 있다. 20×2년에 재평가잉여금 중 이익잉여금으로 대체되는 금액은?

① ₩500 　　　　　② ₩750 　　　　　③ ₩1,500

④ ₩1,750 　　　　　⑤ ₩1,800

출제빈도: ★★☆

27 ㈜한국은 20×1년 초에 ₩15,000을 지급하고 항공기를 구입하였다. 20×1년 말 항공기의 감가상각누계액은 ₩1,000이며, 공정가치는 ₩16,000이다. 감가상각누계액을 전액 제거하는 방법인 재평가모형을 적용하고 있으며 매년 말 재평가를 실시하고 있다. 20×2년 말 항공기의 감가상각누계액은 ₩2,000이며, 공정가치는 ₩11,000이다. 상기의 자료만을 근거로 도출된 설명으로 옳지 않은 것은? (단, 재평가잉여금을 당해 자산을 사용하면서 이익잉여금으로 대체하는 방법은 선택하고 있지 않다)

① 20×1년 말 재평가잉여금은 ₩2,000이다.

② 20×1년 말 항공기의 장부금액은 ₩16,000이다.

③ 20×2년에 인식하는 재평가손실은 ₩3,000이다.

④ 20×2년에 재평가감소 시 재평가잉여금을 먼저 감소하고 초과하는 금액은 재평가손실로 인식한다.

⑤ 20×2년에 인식하는 재평가손실은 포괄손익계산서의 비용항목으로 당기순이익이 감소한다.

출제빈도: ★★★ 대표출제기업: 한국가스공사

28 ㈜한국은 20×1년 1월 1일에 기계장치 1대를 ₩600,000에 취득하고 해당 기계장치에 대해 재평가모형을 적용하기로 하였다. 동 기계장치의 내용연수는 5년, 잔존가치는 ₩50,000이며 정액법을 사용하여 감가상각한다. ㈜한국은 동 기계장치에 대해 매년 말 감가상각 후 재평가를 실시하고 있다. 동 기계장치의 20×1년 말 공정가치는 ₩510,000이며, 20×2년 말 공정가치는 ₩365,000이다. 동 기계장치와 관련한 ㈜한국의 20×1년도 및 20×2년도 자본의 연도별 증감액은 각각 얼마인가? (단, 재평가잉여금을 이익잉여금으로 대체하지 않으며, 손상차손은 고려하지 않는다. 또한 재평가모형을 선택하여 장부금액을 조정하는 경우 기존의 감가상각누계액은 전부를 제거하는 방법을 사용한다)

	20×1년	20×2년
①	₩20,000 증가	₩20,000 감소
②	₩20,000 증가	₩30,000 감소
③	₩90,000 감소	₩125,000 감소
④	₩90,000 감소	₩140,000 감소
⑤	₩90,000 감소	₩145,000 감소

정답 및 해설

26 ②
재평가증가 이후 재평가손실이 나는 경우(재평가잉여금을 대체하는 경우)
(1) 20×1년 말 재평가잉여금: ₩7,000 − ₩4,000 = ₩3,000
(2) 20×2년에 재평가잉여금 중 이익잉여금으로 대체분: ₩3,000 ÷ 4 = ₩750

27 ③
20×2년 재평가손실액: ₩14,000 − ₩11,000 − ₩2,000(재평가잉여금) = ₩1,000
재평가감소 시 재평가잉여금을 먼저 감소하고 초과하는 금액은 재평가손실로 인식한다.

28 ⑤
자본의 증감은 곧 자산/부채의 증감과 동일하다. 따라서 20×1년 자본증감은 기초자산 취득원가 ₩600,000이 기말 재평가로 ₩510,000으로 측정되는 효과 즉, (−)₩90,000이며, 20×2년 자본증감은 기초 자산측정액 ₩510,000이 기말 재평가로 ₩365,000이 된 효과 즉, (−)₩145,000이다.

출제빈도: ★★★

29 ㈜한국은 20×1년 1월 1일에 기계장치를 ₩200,000에 취득하고 원가모형을 적용하였다(내용연수 5년, 잔존가치 ₩0, 정액법 상각). 20×1년 말 기계장치의 순공정가치와 사용가치는 각각 ₩120,000, ₩100,000이었고, 20×2년 7월 1일에 ₩90,000의 현금을 받고 처분하였다. ㈜한국이 인식할 유형자산처분손익은? (단, 감가상각비는 월할 상각한다)

① 처분이익 ₩50,000   ② 처분이익 ₩30,000   ③ 처분손실 ₩15,000

④ 처분손실 ₩12,000   ⑤ 처분손실 ₩10,000

출제빈도: ★★★   대표출제기업: 한국공항공사

30 ㈜한국은 20×1년 초 기계장치(취득원가 ₩50,000, 내용연수 4년, 잔존가치 ₩0)를 취득하여 연수합계법으로 감가상각하고 있다. ㈜한국은 20×1년 말 동 자산에 손상징후가 존재하여 회수가능액을 추정하였다. 그 결과 기계장치의 처분공정가치는 ₩25,000, 처분부대원가는 ₩3,000, 그리고 사용가치는 ₩23,000으로 확인되었다. ㈜한국이 원가모형을 채택할 때, 동 기계장치와 관련하여 20×1년도에 인식할 손상차손은?

① ₩4,000   ② ₩5,000   ③ ₩6,000

④ ₩7,000   ⑤ ₩8,000

출제빈도: ★★☆

31 ㈜한국은 20×3년 초 건물을 ₩41,500에 취득(내용연수 10년, 잔존가치 ₩1,500, 정액법 상각)하여 사용하고 있으며, 20×5년 중 손상이 발생하여 20×5년 말 회수가능액은 ₩22,500으로 추정되었다. 20×6년 말 건물의 회수가능액은 ₩26,000인 것으로 추정되었다. 동 건물에 대해 원가모형을 적용하는 경우 다음 설명 중 옳지 않은 것은?

① 20×5년 말 손상을 인식하기 전의 건물의 장부금액은 ₩29,500이다.

② 20×5년 건물의 손상차손은 ₩7,000이다.

③ 20×6년 건물의 감가상각비는 ₩3,000이다.

④ 20×6년 건물의 손상차손환입액은 ₩6,500이다.

⑤ 20×6년 당기손익에 미치는 효과는 ₩3,000이 증가한다.

출제빈도: ★★★ 대표출제기업: 한국관광공사

32 토지에 대해 재평가모형을 적용하고 있는 ㈜한국은 20×1년 초 영업에 사용할 목적으로 토지를 ₩500,000에 구입하였다. 20×1년 말 토지의 공정가치는 ₩600,000이었으며, 20×2년 말의 공정가치는 ₩550,000이었다. 특히 20×2년 말에는 토지의 순공정가치와 사용가치가 각각 ₩450,000과 ₩430,000으로 토지에 손상이 발생하였다고 판단하였다. 이 토지와 관련하여 ㈜한국이 20×2년도에 손상차손(당기손익)으로 인식할 금액은?

① ₩50,000 ② ₩100,000 ③ ₩150,000
④ ₩200,000 ⑤ ₩250,000

정답 및 해설

29 ③
(1) 20×1년 말 장부금액: ₩120,000(순공정가치와 사용가치 중 큰 금액인 ₩120,000이 회수가능액이므로, 동 금액으로 장부금액을 감액함)
(2) 20×2년 7월 1일 장부금액: ₩120,000 − ₩120,000 × $\frac{1}{4}$ × $\frac{6}{12}$ = ₩105,000
(3) 처분손익: ₩90,000 − ₩105,000 = (−)₩15,000(손실)

30 ④
(1) 20×1년 말 장부금액: ₩50,000 − ₩50,000 × 4/10 = ₩30,000
(2) 회수가능액: Max[₩22,000, ₩23,000] = ₩23,000
(3) 20×1년 말 손상차손: ₩30,000 − ₩23,000 = ₩7,000

> **♀선생님 TIP**
> 유형자산손상차손 계산문제의 경우에는 원가모형, 재평가모형을 먼저 확인하는 습관을 갖고, 손상차손계산 시에는 손상직전 장부금액과 회수가능액을 구할 수 있는 자료를 먼저 파악하려는 습관을 갖는다.

31 ④
20×6년 건물의 손상차손환입액: ₩25,500 − ₩19,500 = ₩6,000

오답노트
① 20×5년 말 손상인식 전 장부금액: ₩41,500 − (₩41,500 − ₩1,500) × 1/10 × 3 = ₩29,500
② 20×5년 건물의 손상차손: ₩29,500 − ₩22,500 = ₩7,000
③ 20×6년 건물의 감가상각비: (₩22,500 − ₩1,500) × 1/7 = ₩3,000
⑤ 20×6년 당기손익에 미치는 효과: ₩6,000 − ₩3,000 = ₩3,000(증가)

32 ①
(1) 회수가능액(순공정가치와 사용가치 중 큰 금액): ₩450,000
(2) 당기비용: ₩500,000 − ₩450,000 = ₩50,000

출제빈도: ★★☆

33 ㈜한국은 20×1년 1월 1일 기계장치를 ₩1,000,000에 취득하여 정액법(내용연수 5년, 잔존가치 ₩0)으로 감가상각하고 있다. 동 기계장치에 대하여 감가상각누계액을 전액 제거하는 방법으로 재평가모형을 적용하고 있으며, 공정가치는 다음과 같다. 20×2년 말 기계장치의 회수가능액이 ₩420,000인 경우, 20×2년 말 포괄손익계산서에 인식할 당기비용은? (단, 20×2년 말 기계장치에 대해 손상차손을 인식해야 할 객관적인 증거가 있고 재평가잉여금은 이익잉여금으로 대체하지 않는다)

구분	20×1년 말	20×2년 말
공정가치	₩920,000	₩580,000

① ₩150,000   ② ₩280,000   ③ ₩330,000

④ ₩360,000   ⑤ ₩380,000

출제빈도: ★★☆ 　대표출제기업: 인천국제공항공사

34 ㈜한국은 본사건물로 사용하기 위해 건물 A의 소유주와 20×1년 초 매매계약 체결과 함께 계약금 ₩200,000을 지급하고, 20×1년 말 취득완료하였다. ㈜한국은 기업회계기준에 따라 자산취득 관련 금융비용을 자본화한다. 다음 자료를 이용하여 건물 A의 취득원가를 구하면?

• 건물주에게 지급한 총매입대금	₩1,000,000
• 취득 및 등록세	₩100,000
• 건물 A의 당기분 재산세	₩50,000
• ㈜한국의 건물 A 취득 관련 평균지출액	₩500,000
• ㈜한국의 총차입금	₩1,000,000
• ㈜한국의 건물 A 취득 관련 특정차입금(20×1년 초 차입, 이자율 15%, 20×3년 일시상환조건)	₩200,000
• ㈜한국의 일반차입금 자본화이자율	10%
• ㈜한국의 20×1년에 발생한 일반차입금 이자비용	₩50,000

① ₩1,110,000　　　　② ₩1,130,000　　　　③ ₩1,150,000
④ ₩1,160,000　　　　⑤ ₩1,180,000

정답 및 해설

33 ⑤

(1) 20×1년 말 재평가잉여금: ₩920,000 − ₩1,000,000 × $\frac{4}{5}$ = ₩120,000

(2) 20×2년 말 재평가 전 장부금액: ₩920,000 − ₩920,000 × $\frac{1}{4}$ = ₩690,000

(3) 20×2년 말 재평가 및 손상: ₩690,000 − ₩420,000 = ₩270,000
　　(전기 말 재평가잉여금 ₩120,000을 상각하고, ₩150,000을 손상차손으로 인식)

(4) 20×2년 당기비용: ₩920,000 × $\frac{1}{4}$(감가상각비) + ₩150,000(손상차손) = ₩380,000

34 ④

(1) 계약금은 총매입대금에 포함되어 있으므로 별도로 반영하지 않고, 재산세는 취득원가에 포함하지 않는다.

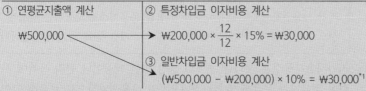

① 연평균지출액 계산	② 특정차입금 이자비용 계산
₩500,000	₩200,000 × $\frac{12}{12}$ × 15% = ₩30,000
	③ 일반차입금 이자비용 계산
	(₩500,000 − ₩200,000) × 10% = ₩30,000*1

⇨ 자본화할 총차입원가: ₩30,000 + ₩30,000 = ₩60,000
(*1) 한도(실제 발생한 차입원가) ₩50,000을 넘지 않으므로 전액 자본화한다.

(2) 건물 원가: ₩1,000,000(매입원가) + ₩100,000(취득등록세) + ₩60,000(차입원가) = ₩1,160,000

✓ 핵심 포인트

투자부동산과 자가사용 부동산(유형자산)의 분류	• 투자부동산에 속하는 항목 • 투자부동산이 아닌 항목
투자부동산과 자가사용 부동산(유형자산)의 식별	• 부동산 중 일부는 투자목적, 나머지는 자가사용목적 • 부동산소유자가 부수적인 용역을 제공하는 경우 • 지배기업 또는 다른 종속기업에게 부동산을 리스하는 경우
투자부동산의 최초인식 및 측정	• 인식기준과 후속원가 • 투자부동산의 취득원가 • 유형별 취득원가
투자부동산의 후속측정	• 평가방법의 선택 • 원가모형 • 공정가치모형

01 투자부동산의 의의

출제빈도 ★

1. 투자부동산의 일반론

(1) 정의

① 투자부동산은 임대수익이나 시세차익 또는 두 가지 모두를 얻기 위하여 소유자가 보유하거나 부동산에 대한 **리스이용자가 사용권자산으로** 보유하고 있는 부동산을 말한다.

> 기업회계기준서 제1116호 '리스'에 의하면, 리스이용자는 리스제공자에게 지급 할 리스료의 현재가치 등을 리스부채와 사용권자산으로 각각 인식한다. 여기서 사용권자산은 리스기간 동안에 기초자산을 사용할 권리를 나타내는데 리스이용 자가 사용권자산으로 보유하는 건물 등을 운용리스로 제공하는 경우에 투자부동 산으로 인식한다. 한편, 사용권자산은 리스기간 등에 걸쳐 감가상각한다.

② 자가사용부동산은 재화나 용역의 생산 또는 제공이나 관리 목적에 사용하기 위 하여 소유자가 보유하거나 리스이용자가 사용권자산으로 보유하고 있는 부동산 을 말하며 이는 유형자산으로 분류하고 통상적인 영업과정에서의 판매를 위하여 보유하고 있는 토지와 건물은 재고자산으로 분류한다.

(2) 투자부동산으로 분류하는 사례

① 장기 시세차익을 얻기 위하여 보유하고 있는 토지
② 장래 사용 목적을 결정하지 못한 채로 보유하고 있는 토지
③ 직접 소유하고 운용리스로 제공하고 있는 건물이나 보유하는 건물에 관련되고 운용리스로 제공하는 사용권자산
④ 운용리스로 제공하기 위하여 보유하고 있는 미사용 건물
⑤ 미래에 투자부동산으로 사용하기 위하여 건설 또는 개발 중인 부동산

(3) 투자부동산이 아닌 항목의 사례

① 정상적인 영업과정에서 판매하기 위한 부동산이나 이를 위하여 건설 또는 개발 중인 부동산은 재고자산으로 분류된다.
② 제3자를 위하여 건설 또는 개발 중인 부동산은 재고자산으로 분류된다.
③ 자가사용부동산은 유형자산으로 분류된다.
④ 금융리스로 제공한 부동산은 장부에 나타나지 않는다.

▦ 시험문제 미리보기!

다음 중 투자부동산에 해당하는 것을 고르시오.

> ㄱ. 장래 사용목적을 결정하지 못한 채로 보유하고 있는 토지
> ㄴ. 직접 소유(또는 금융리스를 통해 보유)하고 운용리스로 제공하고 있는 건물
> ㄷ. 제3자를 위하여 건설 또는 개발 중인 부동산
> ㄹ. 자가사용부동산
> ㅁ. 처분 예정인 자가사용부동산
> ㅂ. 금융리스로 제공한 부동산
> ㅅ. 운용리스로 제공하기 위하여 보유하고 있는 미사용 건물
> ㅇ. 미래에 투자부동산으로 사용하기 위하여 건설 또는 개발 중인 부동산

해설   ㄱ, ㄴ, ㅅ, ㅇ은 투자부동산에 해당된다.

오답노트
ㄷ. 제3자를 위하여 건설 또는 개발 중인 부동산은 재고자산으로 분류한다.
ㄹ. 자가사용부동산은 유형자산으로 분류한다.
ㅁ. 처분 예정인 자가사용부동산은 매각예정비유동자산으로 분류한다.
ㅂ. 금융리스로 제공한 부동산은 재무제표에서 제거한다.

2. 투자부동산의 식별

(1) 투자부동산과 자가사용부동산(유형자산)의 분류

① 부동산 중 일부분은 투자목적(투자부동산)으로, 나머지 부분은 자가사용목적(유형자산)으로 사용하기 위하여 보유할 수 있다.

② 부분별로 분리 매각이 가능한 경우에는 투자부동산과 유형자산으로 **각각 분리**하여 회계처리한다.

③ 부분별로 분리 매각이 불가능한 경우에는 유형자산으로 사용하기 위하여 **보유하는 부분이 경미한 경우**에만 당해 부동산을 **투자부동산으로 분류**한다.

(2) 부동산 소유자가 부동산 사용자에게 부수적인 용역을 제공하는 경우

① 부동산 사용자에게 제공용역이 **경미한 경우**: 임대가 주된 거래인 상황으로 **투자부동산**으로 인식한다. (예 건물 관리용역 제공)

② 부동산 사용자에게 제공용역이 **유의적인 경우**: 용역이 주된 거래인 상황으로 **유형자산**으로 인식한다. (예 호텔경영)

(3) 지배기업 또는 다른 종속기업에게 부동산을 리스하는 경우

① 부동산을 소유하고 있는 **개별기업** 관점에서는 **투자부동산**으로 분류한다.

② **연결재무제표**에서는 투자부동산으로 분류할 수 없으며, **유형자산**으로 분류한다.

---

02 | 투자부동산의 인식과 후속측정   출제빈도 ★★

1. 투자부동산의 최초인식

(1) 인식기준

① 소유 투자부동산은 다음의 조건을 모두 충족할 때, 자산으로 인식한다.
- 투자부동산에서 생기는 미래경제적효익의 유입 가능성이 높다.
- 투자부동산의 원가를 신뢰성 있게 측정할 수 있다.

② 투자부동산의 원가는 이 인식기준에 따라 발생시점에 평가한다. 한편, 리스이용자가 사용권자산으로 보유하는 투자부동산은 K-IFRS 제1116호 '리스'에 따라 인식한다.

(2) 후속원가

① 투자부동산의 원가에는 취득하기 위하여 최초로 발생한 원가와 후속적으로 발생한 추가원가, 대체원가 또는 유지원가를 포함한다.

② 일상적인 수선·유지와 관련하여 발생하는 원가는 해당 투자부동산의 장부금액에 포함하여 인식하지 아니한다.

③ 대체하는 데 소요되는 원가가 인식기준을 충족한다면 원가발생 시점에 투자부동산의 장부금액에 인식하고, 대체되는 장부금액은 제거한다.

2. 투자부동산의 최초측정

재무상태표에 인식하는 투자부동산은 원가로 측정하며, 거래원가는 최초 측정치에 포함한다. 여기서 원가는 자산을 취득하기 위하여 자산의 취득시점이나 건설시점에서 지급한 현금 또는 현금성자산이나 제공한 기타 대가의 공정가치를 말한다.

(1) 취득원가

① 투자부동산은 최초 인식시점에 구입금액과 구입에 직접관련이 있는 지출로 구성한다.

② 투자부동산을 최초로 인식한 후 당해 자산에 대하여 공정가치모형과 원가모형 중 하나를 선택하여 모든 투자부동산에 적용한다.

(2) 유형별 취득원가

① 투자부동산을 후불조건으로 취득하는 경우의 원가는 취득시점의 현금가격상당액으로 한다. 현금가격상당액과 실제 총지급액의 차액은 신용기간 동안의 이자비용으로 인식한다.

② 교환거래란 하나 이상의 비화폐성자산 또는 화폐성자산과 비화폐성자산이 결합된 대가와 교환하여 하나 이상의 투자부동산을 취득하는 경우를 말하는데 제7장 유형자산에서 살펴본 내용과 동일하다.

③ 리스이용자가 사용권자산으로 보유하는 투자부동산은 최초 인식시점에 K-IFRS 제1116호 '리스'에 따라 원가로 측정한다.

3. 투자부동산의 후속측정

기업은 투자부동산을 최초로 인식한 후에는 당해 자산에 대하여 원가모형 또는 공정가치모형 중 하나를 회계정책으로 선택하여 모든 투자부동산에 적용한다.

(1) 원가모형

① 원가모형 투자부동산은 감가상각 및 손상 회계처리 등의 대상이며, 투자부동산 장부금액은 취득원가에서 감가상각누계액 및 손상차손누계액을 차감한 금액이다.

② 투자부동산의 공정가치는 주석으로 공시해야 한다.

(2) 공정가치모형

① 최초 인식 후 모든 투자부동산을 공정가치로 평가하여 측정하고, 공정가치 변동으로 발생하는 손익은 발생한 기간의 당기손익에 반영한다.

② 공정가치모형을 적용할 경우 모든 투자부동산에 대하여 감가상각을 수행하지 않고 공정가치로 평가하여 측정한다.

㈜한국은 20×1년 1월 1일에 투자 목적으로 건물을 ₩10,000(내용연수 10년, 잔존가치 ₩0, 정액법 상각)에 취득하였다. 회사는 유형자산을 정액법으로 감가상각한다. 20×1년 결산일과 20×2년 결산일의 동 건물의 공정가치는 각각 ₩8,000과 ₩9,500이다. 20×3년 6월 30일 ₩11,000에 처분하였다.

(1) 회사가 투자부동산에 대하여 원가모형을 적용할 경우 취득시점부터 처분시점까지의 회계처리를 하시오.
(2) 회사가 투자부동산에 대하여 공정가치모형을 적용할 경우 취득시점부터 처분시점까지의 회계처리를 하시오.

해설   (1) 원가모형을 적용하는 경우 감가상각을 하며 공정가치 평가는 하지 않는다.

20×1년 1월 1일	(차) 투자부동산	10,000	(대) 현금	10,000
20×1년 12월 31일	(차) 감가상각비	1,000	(대) 감가상각누계액	1,000
20×2년 12월 31일	(차) 감가상각비	1,000	(대) 감가상각누계액	1,000
20×3년 6월 30일	(차) 감가상각비	500	(대) 감가상각누계액	500
	(차) 현금	11,000	(대) 투자부동산	10,000
	감가상각누계액	2,500	처분이익	3,500

(2) 공정가치모형을 적용하는 경우 감가상각을 하지 않으며, 공정가치를 평가하여 당기손익에 반영한다.

20×1년 1월 1일	(차) 투자부동산	10,000	(대) 현금	10,000
20×1년 12월 31일	(차) 평가손실	2,000	(대) 투자부동산	2,000
20×2년 12월 31일	(차) 투자부동산	1,500	(대) 평가이익	1,500
20×3년 6월 30일	(차) 현금	11,000	(대) 투자부동산	9,500
			처분이익	1,500

㈜한국은 20×1년 초 건물을 취득(취득원가 ₩1,050,000, 잔존가치 ₩50,000, 내용연수 10년, 정액법 상각)하고, 이를 투자부동산으로 분류하였다. 동 건물의 공정가치를 신뢰성 있게 측정가능하여 공정가치모형을 적용하였으며, 20×1년 말 공정가치는 ₩1,080,000이다. 20×1년에 인식할 감가상각비와 공정가치 변동에 따른 당기이익을 계산하시오. (단, 동 건물은 투자부동산 분류요건을 만족하고, 손상차손은 없다)

해설   투자부동산을 공정가치모형으로 평가할 경우에는 감가상각을 하지 않는다.
∴ 평가이익: ₩1,080,000 − ₩1,050,000 = ₩30,000

ejob.Hackers.com

출제빈도: ★★☆

01 투자부동산에 관한 설명으로 옳지 않은 것은?

① 미래에 투자부동산으로 사용하기 위하여 건설 또는 개발 중인 부동산은 투자부동산에 해당한다.

② 투자부동산에 대하여 공정가치모형을 선택한 경우, 투자부동산의 공정가치 변동으로 발생하는 손익은 발생한 기간의 당기손익에 반영한다.

③ 통상적인 영업과정에서 판매하기 위한 부동산이나 이를 위하여 건설 또는 개발 중인 부동산은 투자부동산에 해당하지 않는다.

④ 투자부동산을 개발하지 않고 처분하기로 결정하는 경우에는 재고자산으로 재분류한다.

⑤ 직접 소유하고 운용리스로 제공하고 있는 건물은 투자부동산으로 분류한다.

출제빈도: ★★★　대표출제기업: 한국가스공사

02 다음 중 투자부동산으로 분류되지 않는 것은 어느 것인가?

① 금융리스로 제공한 부동산

② 장래사용목적을 결정하지 못한 채로 보유하고 있는 토지

③ 직접소유하고 운용리스로 제공하고 있는 건물

④ 운용리스로 제공하기 위하여 보유하고 있는 미사용건물

⑤ 미래에 투자부동산으로 사용하기 위하여 건설 또는 개발 중인 부동산

출제빈도: ★★☆　대표출제기업: KDB산업은행

03 ㈜한국은 20×1년 1월 1일에 투자 목적으로 건물을 ₩10,000(내용연수 10년, 잔존가치 ₩0, 정액법 상각)에 취득하였다. 회사는 투자부동산을 공정가치모형으로 평가하고 있으며, 20×1년 결산일과 20×2년 결산일의 동 건물의 공정가치는 각각 ₩8,000과 ₩9,500이다. 이 경우 20×1년과 20×2년의 포괄손익계산서에 미치는 영향은?

	20×1년		20×2년	
①	감가상각비	₩1,000	감가상각비	₩1,000
②	투자부동산평가손실	₩2,000	투자부동산평가이익	₩1,500
③	투자부동산평가손실	₩2,000	투자부동산평가손실	₩500
④	투자부동산평가손실	₩1,000	투자부동산평가이익	₩500
⑤	감가상각비	₩1,000	투자부동산평가이익	₩2,000

출제빈도: ★★☆ 대표출제기업: 한국지역난방공사

04 ㈜한국은 20×1년 초에 ₩100,000에 3층 건물을 취득하여 임대목적으로 사용하기 시작하였다. 건물의 내용연수는 10년이며, ㈜한국은 보유하는 모든 건물에 대해서 잔존가치 없이 정액법으로 감가상각한다. ㈜한국이 20×1년 초에 취득한 임대목적 건물에 대해 공정가치모형을 적용할 경우 20×1년에 건물에 대해서 인식할 총비용은 얼마인가? (단, 20×1년 말 현재 건물의 공정가치는 ₩94,000이다)

① ₩0   ② ₩4,000   ③ ₩6,000
④ ₩10,000   ⑤ ₩12,000

정답 및 해설

01 ④
투자부동산을 개발하지 않고 처분하기로 결정하는 경우에는 그 부동산이 제거될 때까지 투자부동산으로 계속 분류한다.

02 ①
금융리스로 제공한 부동산은 장기할부판매로 회계처리하므로 재무제표에 나타나지 않는다.

03 ②
(1) 투자부동산은 원가모형 또는 공정가치모형으로 회계처리한다.
(2) 원가모형: 일반유형자산과 동일하게 매기 말 감가상각비를 인식한다.
(3) 공정가치모형: 감가상각비는 인식하지 않고 매기 말 공정가치평가를 한다. 공정가치평가에 따른 손익은 당기손익으로 인식한다.
(4) 주어진 문제는 공정가치모형이므로 20×1년에 평가손실 ₩2,000, 20×2년에 평가이익 ₩1,500을 각각 인식한다.

04 ③
투자부동산 평가손실: ₩100,000 - ₩94,000 = ₩6,000

출제빈도: ★★☆

05 ㈜한국은 20×1년 1월 1일 임대수익과 시세차익을 목적으로 건물을 ₩100,000,000(내용연수 10년, 잔존가치 ₩0, 정액법)에 구입하고, 해당 건물에 대해서 공정가치모형을 적용하기로 하였다. 20×1년 말 해당 건물의 공정가치가 ₩80,000,000일 경우 ㈜한국이 인식해야 할 평가손실은?

① 기타포괄손실 ₩10,000,000

② 당기손실 ₩10,000,000

③ 기타포괄손실 ₩20,000,000

④ 당기손실 ₩20,000,000

⑤ 당기손실 ₩30,000,000

출제빈도: ★★☆

06 ㈜한국은 투자부동산에 대하여는 공정가치모형을, 유형자산에 대하여는 재평가모형을 사용하여 후속측정을 하고 있다. 다음의 자료에 의하여 20×2년에 후속측정과 관련하여 당기손익과 기타포괄손익으로 계상할 금액은?

구분	20×1년 초 취득원가	20×1년 말 공정가치	20×2년 말 공정가치
건물(투자부동산)	₩1,000,000	₩1,200,000	₩1,100,000
토지(유형자산)	₩5,000,000	₩4,750,000	₩5,050,000

	당기손익	기타포괄손익
①	₩50,000 손실	₩0
②	₩150,000 이익	₩50,000 손실
③	₩150,000 이익	₩50,000 이익
④	₩150,000 이익	₩0
⑤	₩0	₩0

정답 및 해설

05 ④
  투자부동산 평가손실: ₩100,000,000 − ₩80,000,000 = ₩20,000,000

06 ③
  (1) 건물은 공정가치로 평가하는 투자부동산이므로 평가손익은 전액 당기손익에 반영한다.
    ⇨ 건물로 인한 손익: 당기순손실 ₩100,000
  (2) 토지는 재평가모형을 적용하는 유형자산이다. 공정가치 증가분 ₩300,000 중 ₩250,000은 당기이익으로 인식하고 ₩50,000은 기타포괄이익으로 인식한다.

✓ **핵심 포인트**

무형자산의 일반론	• 정의: 식별가능성, 통제, 미래경제적효익 • 식별: 유형의 요소와 무형의 요소를 포함하고 있는 자산, 연구와 개발활동에서의 유의사항	
무형자산의 최초인식과 측정	인식기준	• 인식기준 • 유의사항
	개별취득	• 구입가격 • 자산취득에 직접 관련되는 원가 • 무형자산의 원가에 포함하지 않는 지출의 예 • 무형자산의 원가에 포함하지 아니하는 예
	유형별 무형자산의 취득원가	• 장기할부구입 • 사업결합으로 인한 취득 • 정부보조에 의한 취득 • 교환에 의한 취득 • 내부적으로 창출된 영업권
내부적으로 창출한 무형자산	연구단계	• 활동 • 회계처리
	개발단계	• 활동 • 회계처리
	유의사항	• 연구단계와 개발단계로 구분할 수 없는 경우 • 내부창출 브랜드·제호·출판표제·고객목록 • 내부창출무형자산의 원가
무형자산의 상각·손상·재평가	무형자산의 상각	• 내용연수가 유한한 무형자산 • 내용연수가 비한정인 무형자산
	무형자산의 손상	• 내용연수가 유한한 무형자산 • 내용연수가 비한정인 무형자산 • 회계처리: 유형자산과 동일
	무형자산의 재평가	• 유형별 재평가 • 회계처리: 유형자산과 동일
영업권	• 영업권의 정의 • 영업권의 발생 • 계산방법 • 사업결합으로 취득한 영업권 • 내부적으로 창출된 영업권 • 영업권의 상각 및 손상 회계처리	

01 무형자산의 일반론

기업은 지속가능한 성장을 위하여 과학적·기술적 지식, 새로운 공정이나 시스템, 라이선스, 지적재산권, 시장에 대한 지식, 브랜드와 같은 다양한 무형의 자원에 투자한다. 이러한 투자원가는 무형자산의 인식기준을 충족하는 경우를 제외하고는 발생시점에 비용으로 인식한다. 단, 사업결합에 있어 식별가능하지 않은 자원에 대한 투자가 있는 경우, 비용으로 인식하는 것이 아니라 영업권으로 인식한다.

1. 무형자산의 정의

무형자산이란 물리적 형태가 없지만 **식별가능**하고, 기업이 **통제**하고 있으며, **미래경제적효익**이 유입될 것으로 기대되는 비화폐성자산이다.

(1) 식별가능성

① 자산은 다음 ㉠과 ㉡ 중 하나에 해당하는 경우에 식별가능하다.
  ㉠ **분리가능한 자산:** 자산이 분리가능하다. 기업의 의도와는 무관하게 기업에서 분리하거나 분할할 수 있고, 개별적으로 또는 관련된 계약, 식별가능한 자산이나 부채와 함께 매각, 이전, 라이선스, 임대나 교환의 가능성을 의미한다.
  ㉡ **권리로부터 발생한 자산:** 자산이 계약상 권리 또는 기타 법적 권리로부터 발생한다. 권리가능성을 충족하는 경우 분리가능성 여부는 고려하지 아니한다.
② 사업결합으로 인식하는 **영업권**은 개별적으로 식별하여 별도로 인식할 수 없으나, 사업결합에서 획득한 그 밖의 자산에서 발생하는 미래경제적효익을 나타내는 자산이다.

(2) 통제가능성

① 자원에서 유입되는 미래경제적효익을 확보할 수 있고 그 효익에 대한 제3자에 대한 접근 제한이 가능한 경우 통제가능성이 있다고 판단된다.
② 무형자산의 미래경제적효익에 대한 통제능력은 일반적으로 법에서 강제할 수 있는 법적 권리에서 나오며 법적 권리가 없는 경우에는 통제를 제시하기 어렵다. 그러나 다른 방법으로도 미래경제적효익을 통제할 수 있기 때문에 권리의 법적 집행가능성이 통제의 필요조건은 아니다. 즉, 법적으로 보호받지 않아도 다른 방법에 의해 실질적으로 통제할 수 있다면 통제요건을 충족한다는 의미이다.
③ 시장에 대한 지식과 기술적 지식이 계약상의 제약이나 법에 의한 종업원의 기밀유지의무 등과 같은 법적 권리에 의해 보호된다면, 기업은 그러한 지식에서 얻을 수 있는 미래경제적효익을 통제하고 있는 것이다.
④ 일반적으로 숙련된 종업원이나 특정 경영능력이나 기술적 재능과 같은 자산은 무형자산을 인식하기에 충분한 통제를 가지고 있다고 볼 수 없으므로 무형자산의 **정의를 충족할 수 없다.**

⑤ 고객관계나 고객충성도를 지속할 수 있는 법적 권리나 그것을 통제할 기타 방법이 없다면 일반적으로 고객관계나 고객충성도에서 창출될 미래경제적효익에 대해서는 그러한 항목(예 고객구성, 시장점유율, 고객관계와 고객충성도)이 무형자산의 정의를 충족하지 않는다.

⑥ 그러나 고객관계를 보호할 법적 권리가 없는 경우에도, 동일하거나 유사한, **비계약적 고객관계를 교환하는 거래는** 고객관계로부터 기대되는 미래경제적효익을 통제할 수 있다는 증거를 제공한다. 그러한 **교환거래는 고객관계가 분리가능하다는 증거를 제공하므로 그러한 고객관계는 무형자산의 정의를 충족**한다.

⑦ 비계약적 고객관계의 교환거래는 예를 들면 백화점으로부터 VIP 고객명단을 구매하는 경우이다. 이러한 교환거래는 해당 항목이 기업으로부터 분리가능할 뿐만 아니라 기업이 그러한 관계로부터 유입이 기대되는 미래경제적효익을 통제할 수 있다는 증거를 제공한다. 다만, 사업결합과정에서 발생한 것이 아닌 교환거래에만 적용된다.

(3) 미래경제적효익

① 무형자산의 미래경제적효익은 제품의 매출, 용역수익, 원가절감 또는 자산 사용에 따른 기타 효익 등 **다양한 형태로** 발생한다.

② 예를 들면, 제조과정에서 지적재산을 사용하면 미래 수익을 증가시키기보다는 미래 제조원가를 감소시킬 수 있다.

③ 미래경제적효익을 얻기 위해 지출이 발생하더라도 인식할 수 있는 무형자산이나 다른 자산이 획득 또는 창출되지 않는 경우에는 관련지출을 비용으로 인식한다.

④ 예를 들면, 창업이나 개업, 신규영업준비 등의 사업개시활동에 대한 지출, 교육훈련을 위한 지출, 기업의 전부나 일부의 이전 또는 조직 개편에 관련된 지출은 비용으로 인식한다.

2. 무형자산의 식별

(1) 식별

① 일부 무형자산은 컴팩트디스크(컴퓨터소프트웨어의 경우), 법적서류(라이선스나 특허권의 경우)나 필름과 같은 물리적 형체에 담겨 있을 수 있다.

② **유형의 요소와 무형의 요소를 모두 포함하고 있는** 자산을 유형자산에 따라서 회계처리하는지 아니면 무형자산으로 회계처리하는지를 결정해야 할 때에는, **어떤 요소가 더 유의적인지를 판단한다.**

③ 컴퓨터로 제어되는 기계장치가 특정 컴퓨터소프트웨어가 없으면 가동이 불가능한 경우에는 그 소프트웨어를 관련된 **하드웨어의 일부로 보아 유형자산으로 분류**한다.

④ 관련된 하드웨어의 일부가 아닌 소프트웨어는 무형자산으로 분할하여 인식한다.

(2) 연구개발활동에서 유의사항

① 무형자산의 회계처리는 광고, 교육훈련, 사업개시, 연구와 개발활동 등에 대한 지출에 적용된다.

② 연구와 개발활동의 목적은 지식의 개발에 있으므로, 이러한 활동으로 인하여 물리적 형체(예 시제품)가 있는 자산이 만들어지더라도, 그 자산의 물리적 요소는 무형자산 요소로 본다. 즉, 그 자산이 갖는 지식이 부수적인 것으로 보아 무형자산으로 인식한다.

02 무형자산의 최초인식과 측정   출제빈도 ★★

1. 무형자산의 최초인식

무형자산으로 재무상태표에 인식되기 위해서는 그 항목이 다음의 조건을 모두 충족한다는 사실을 기업이 제시하여야 한다.

(1) 인식기준

① 무형자산의 정의를 충족해야 한다.
② 자산으로부터 발생하는 미래경제적효익이 기업에 유입될 가능성이 높다.
③ 자산의 원가를 신뢰성 있게 측정할 수 있다.

(2) 유의사항

① 미래경제적효익을 얻기 위해 지출이 발생하더라도 인식할 수 있는 무형자산이나 다른 자산이 획득 또는 창출되지 않는다면 그러한 지출은 발생시점에 즉시 비용으로 인식해야 한다. 이러한 예는 다음과 같다.
  • 사업개시활동에 대한 지출
  • 교육훈련을 위한 지출
  • 광고 및 판매촉진 활동을 위한 지출
  • 기업의 전부나 일부의 이전 또는 조직 개편에 관련된 지출
② 최초에 비용으로 인식한 무형항목에 대한 지출은 그 이후에 무형자산의 원가로 인식할 수 없다.

2. 무형자산의 최초측정

재무상태표에 인식하는 무형자산은 원가로 측정한다. 여기서 원가는 자산을 취득하기 위하여 자산의 취득시점이나 건설시점에서 지급한 현금 또는 현금성자산이나 제공한 기타 대가의 공정가치를 말한다.

(1) 개별취득

① 일반적으로 무형자산 취득을 위해 지급하는 가격은 그 자산이 갖는 기대 미래경제적효익이 기업에 유입될 확률에 대한 기대를 반영하고 있다.

② 즉, 개별취득하는 무형자산은 미래경제적효익이 유입될 시기와 금액이 불확실하더라도 기업에 미래경제적효익의 유입이 있을 것으로 기대하고 있어, 미래경제적효익이 유입될 가능성이 높다는 인식기준을 항상 충족하는 것으로 본다.

③ 개별취득하는 무형자산의 원가는 다음 항목으로 구성된다.
- 구입가격인 관세 및 환급불가능한 취득 관련 세금을 가산하고 매입할인과 리베이트 등을 차감한 구입가격
- 자산 취득에 직접관련되는 원가인 자산을 의도한 목적에 사용할 수 있도록 준비하는 데 직접관련되는 원가(취득부대비용)
  - 사용가능한 상태로 만드는 데 직접 발생하는 종업원급여 및 전문가 수수료
  - 그 자산이 적절하게 기능을 발휘하는지 검사하는 데 발생하는 원가(시운전비용)

④ 새로운 제품이나 용역의 홍보원가(광고와 판매촉진활동원가를 포함), 새로운 지역에서 또는 새로운 계층의 고객을 대상으로 사업을 수행하는 데서 발생하는 원가(교육훈련비를 포함), 관리원가와 기타 일반경비원가는 직접관련원가가 아닌 지출이므로 무형자산의 원가에 포함하지 않는 지출이다.

⑤ 경영자가 의도하는 방식으로 운용될 수 있으나 아직 사용하지 않고 있는 기간에 발생한 원가, 자산의 산출물에 대한 수요가 확립되기 전까지 발생하는 손실과 같은 초기 영업손실, 무형자산을 사용하거나 재배치하는 데 발생하는 원가는 취득완료일 이후의 지출이므로 무형자산의 장부금액에 포함하지 아니한다.

⑥ 또한, 무형자산의 개발과 관련하여 부수적인 영업활동이 이루어질 수 있다. 이러한 부수적인 영업에서 발생하는 수익과 관련비용은 해당 무형자산의 취득과 직접 관련된 활동이 아니므로 무형자산의 취득원가에 가감하지 않고 당기손익으로 인식한다.

⑦ 무형자산의 취득일 이후 후속지출은 무형자산의 정의와 인식기준을 충족하기보다는 기존 무형자산이 갖는 기대 미래경제적효익을 유지하는 것이 대부분이다. 그러므로 후속지출이 무형자산의 장부금액으로 인식되는 경우는 매우 드물다.

⑧ 무형자산의 취득원가의 인식은 그 자산을 경영자가 의도하는 방식으로 운용될 수 있는 상태에 이르면 중단한다.

(2) 정부보조에 의한 취득

① 정부보조로 무형자산을 무상이나 낮은 대가로 취득하는 경우에 무형자산과 정부보조금 모두를 최초에 공정가치로 인식할 수 있다.

② 최초에 자산을 공정가치로 인식하지 않기로 선택하는 경우에는, 자산을 명목상 금액과 자산을 의도한 용도로 사용할 수 있도록 준비하는 데 직접 관련되는 지출을 합한 금액으로 인식한다.

(3) 내부적으로 창출된 영업권

① 내부적으로 창출한 영업권은 자산으로 인식하지 아니한다.

② 내부적으로 창출한 영업권은 원가를 신뢰성 있게 측정할 수 없고 기업이 통제하고 있는 식별가능한 자원이 아니기 때문에 자산으로 인식하지 아니한다.

(4) 사업결합으로 인한 취득

① 사업결합으로 취득하는 무형자산의 원가는 취득일의 공정가치로 한다.

② 사업결합으로 취득하는 자산이 식별가능하다면 그 자산의 공정가치를 신뢰성 있게 측정하기에 충분한 증거가 존재한다. 따라서 사업결합으로 취득하는 무형자산은 신뢰성 있는 측정기준을 항상 충족하는 것으로 간주된다.

③ 사업결합 전에 그 자산을 피취득자가 인식하였는지 여부와 관계없이, 취득자는 취득일에 무형자산을 영업권과 분리하여 인식한다. 이것은 피취득자가 진행하고 있는 연구·개발 프로젝트가 무형자산의 정의를 충족한다면 취득자가 영업권과 분리하여 별도의 자산으로 인식하는 것을 의미한다.

3. 내부적으로 창출한 무형자산

내부적으로 창출한 무형자산의 경우에는 무형자산이 자산의 인식기준에 부합하는지를 평가하기가 쉽지 않다. 따라서 내부적으로 창출한 무형자산이 자산의 인식기준에 부합하는지 평가하기 위해서는 무형자산의 발생과정을 연구단계와 개발단계로 구분해야 한다.

(1) 연구단계와 개발단계

① 내부 프로젝트의 연구단계에서 발생한 지출은 발생시점에 비용으로 인식한다.

② 개발단계는 연구단계보다 훨씬 더 진전되어 있는 상태이기 때문에 내부 프로젝트의 개발단계에서는 무형자산을 식별할 수 있으며, 해당 무형자산이 미래경제적효익을 창출할 것임을 제시할 수 있다.

③ 무형자산을 창출하기 위한 내부 프로젝트를 연구단계와 개발단계로 구분할 수 없는 경우에는 발생 지출을 모두 연구단계에서 발생한 것으로 본다.

④ 개발단계에서 발생한 지출은 자산인식요건을 모두 충족한 경우에만 개발비의 과목으로 하여 무형자산으로 인식하고, 그 외의 경우에는 발생한 기간의 비용(경상개발비)으로 인식한다.

〈연구단계와 개발단계의 구분과 회계처리〉

구분	연구단계	개발단계
예시	• 새로운 지식을 얻고자 하는 활동	• 생산이나 사용 전의 시제품과 모형을 설계, 제작, 시험하는 활동
	• 연구결과나 기타 지식을 탐색, 평가, 최종선택, 응용하는 활동	• 새로운 기술과 관련된 공구, 주형, 금형 등을 설계하는 활동
	• 재료, 장치, 제품, 공정, 시스템이나 용역에 대한 여러 가지 대체안을 탐색하는 활동	• 상업적 생산목적으로 실현가능한 경제적 규모가 아닌 시험공장을 설계, 건설, 가동하는 활동
	• 새롭거나 개선된 재료, 장치, 제품, 공정, 시스템이나 용역에 대한 여러 가지 대체안을 제안, 설계, 평가, 최종선택하는 활동	• 신규 또는 개선된 재료, 장치, 제품, 공정, 시스템이나 용역에 대하여 최종적으로 선정된 안을 설계, 제작, 시험하는 활동
인식	• 비용(연구비)	• 인식기준 충족: 무형자산(개발비) • 인식기준 불충족: 비용

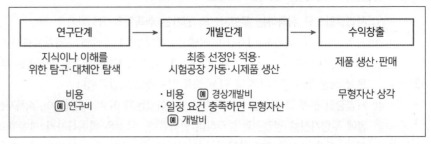
〈내부적으로 창출한 무형자산〉

시험문제 미리보기!

다음은 ㈜한국이 20×1년 12월 31일에 지출한 연구 및 개발 활동 내역이다. ㈜한국의 20×1년에 비용으로 인식되는 금액을 계산하시오. (단, 개발활동으로 분류되는 항목에 대해서는 지출금액의 50%가 자산인식요건을 충족했다고 가정한다)

• 새로운 지식을 얻고자 하는 활동: ₩100,000
• 생산이나 사용 전의 시제품과 모형을 제작하는 활동: ₩250,000
• 상업적 생산 목적으로 실현가능한 경제적 규모가 아닌 시험공장을 건설하는 활동: ₩150,000
• 연구결과나 기타 지식을 탐색, 평가, 응용하는 활동: ₩300,000
• 재료, 장치, 제품, 공정, 시스템이나 용역에 대한 여러 가지 대체안을 탐색하는 활동: ₩50,000

해설   (1) 연구단계: 비용으로 인식할 항목
　　　　① 새로운 지식을 얻고자 하는 활동　　　　　　　　　　　₩100,000
　　　　② 연구결과나 기타 지식을 탐색, 평가, 응용하는 활동　　　300,000
　　　　③ 재료·장치 등 여러 대체안을 탐색하는 활동　　　　　　　50,000
　　　　　　　　　　　　　　　　　　　　　　　　　　　　　　₩450,000

　　　(2) 개발단계: 경상개발비
　　　　① 시제품·모형제작활동　　　　　　　　　　　　　　　₩250,000
　　　　② 시험공장건설활동　　　　　　　　　　　　　　　　　150,000
　　　　　　　　　　　　　　　　　　　　　　　　　　　　　　₩400,000

　　　(3) 비용인식금액: ₩450,000 + ₩400,000 × 50% = ₩650,000

(2) 내부적으로 창출한 무형자산의 원가

① 인식기준을 최초로 충족시킨 이후에 발생한 지출금액만 자산으로 인식하며, 최초에 이미 비용으로 인식한 무형자산에 대한 지출은 그 이후에 무형자산의 원가로 인식할 수 없다.

② 판매비, 관리비 및 기타 일반경비지출, 계획된 성과를 달성하기 전에 발생한 명백한 비효율로 인한 손실과 초기 영업손실, 자산을 운용하는 직원의 교육훈련과 관련된 지출은 지출시점에 비용으로 인식한다.

③ 한편, 연구와 개발활동의 목적은 지식의 개발에 있다. 따라서 이러한 활동으로 인하여 물리적 형체가 있는 자산(예 시제품 등)이 만들어지더라도, 그 자산의 물리적 요소는 무형자산 요소에 부수적인 것으로 보아 유형자산이 아닌 무형자산으로 인식한다.

④ 개발비에 대한 법적권리가 확보되어 산업재산권(예 특허권)을 내부창출로 취득한 경우 산업재산권의 취득을 위하여 지출된 금액(예 특허출원관련 등록비용)만을 산업재산권의 취득원가로 인식하며 **개발비 미상각잔액을 산업재산권으로 대체할 수 없다.**

4. 무형자산 인식 후의 측정

무형자산은 회계정책으로 원가모형이나 재평가모형을 선택할 수 있다. 원가모형이나 재평가모형 중 하나를 선택하여 무형자산의 분류별로 동일하게 적용하며, 재평가의 회계처리와 관련된 내용은 유형자산의 재평가 회계처리와 동일하다.

03 무형자산의 상각 · 손상 · 재평가 출제빈도 ★★

1. 무형자산의 상각

무형자산은 내용연수에 걸쳐 상각을 하여 비용으로 인식하여야 한다. 무형자산은 내용연수가 한정적인 내용연수와 비한정적인 내용연수로 구분할 수 있다.

(1) 내용연수가 비한정인(유한한) 무형자산

① 무형자산은 내용연수가 유한한지 또는 비한정한지 평가하는데, 관련된 모든 요소의 분석에 근거하여, 그 자산이 순현금유입을 창출할 것으로 기대되는 기간에 대하여 예측가능한 제한이 없을 경우, 무형자산의 내용연수가 비한정인 것으로 본다.

② 여기서 '비한정'이라는 용어는 '무한'을 의미하지 않고 내용연수가 비한정인 무형자산은 상각하지 아니한다.

③ 무형자산의 내용연수는 경제적 요인과 법적 요인의 영향을 받고 무형자산의 내용연수는 경제적 요인에 의해 결정된 기간(경제적 내용연수)과 법적 요인에 의해 결정된 기간(법적 내용연수) 중 짧은 기간으로 한다.

④ 내용연수가 비한정인 무형자산은 매년 그리고 무형자산의 손상을 시사하는 징후가 있을 때마다 손상검사를 수행한다.

⑤ 상각하지 않는 무형자산은 내용연수가 비한정이라는 평가를 계속하여 정당화하는지를 매 회계기간에 검토해야 한다.

⑥ 향후에 발생한 사건과 상황으로 인하여 내용연수가 비한정이라는 평가가 정당화되지 않는 경우에 비한정 내용연수를 유한내용연수로 변경해야 하며, 이를 회계추정의 변경으로 회계처리한다.

⑦ 비한정 내용연수를 유한 내용연수로 재평가하는 것은 그 자산의 손상을 시사하는 하나의 징후가 된다. 따라서 회수가능액과 장부금액을 비교하여 그 자산에 대한 손상검사를 하고, 회수가능액을 초과하는 장부금액을 손상차손으로 인식한다.

(2) 내용연수가 한정인 무형자산

① 내용연수가 한정인 무형자산은 자산이 **사용가능한 때부터 상각**하고, 상각비는 비용 또는 재고자산의 원가 등에 포함한다.

② 내용연수가 한정인 무형자산의 잔존가치는 일반적으로 영(0)으로 본다. 단, 내용연수 종료 시점에 제3자가 자산을 구입하기로 한 약정이 있는 경우 또는 활성시장이 존재하여 잔존가치를 활성시장에 기초하여 결정할 수 있거나 내용연수 종료시점에 존재할 가능성이 높은 경우에는 예외로 한다.

③ 상각방법은 자산이 소비되는 형태를 반영해야 하며, 상각방법은 정액법, 체감잔액법 및 생산량비례법 등이 있다. 다만, 무형자산이 **미래경제적효익이 소비되는 형태를 신뢰성 있게 결정할 수 없는 경우**에는 정액법을 사용한다.

④ 무형자산의 상각 중지는 자산이 매각예정자산으로 분류되는 날과 자산이 재무제표에서 제거되는 날 중 이른 날까지로 한다.

⑤ 무형자산의 내용연수 및 상각방법은 적어도 매 회계연도 말에 검토한다. 검토결과 내용연수가 종전 추정치와 다르거나, 자산의 예상되는 소비행태에 유의적인 변동이 있는 경우에는, 회계추정의 변경으로 회계처리한다.

⑥ 한편, 무형자산의 잔존가치는 해당 자산의 장부금액과 같거나 큰 금액으로 증가할 수도 있다. 이 경우 자산의 잔존가치가 이후에 장부금액보다 작은 금액으로 감소될 때 무형자산의 상각액은 영(0)이 된다.

〈유형자산의 감가상각과 무형자산의 상각〉

구분	유형자산	무형자산
(감가)상각방법	경제적효익의 소비형태에 따라 선택	경제적효익의 소비형태에 따라 선택 (단, 결정할 수 없는 경우 정액법)
잔존가치	추정	원칙적으로 영(0) (단, 예외 있음)
내용연수	경제적 내용연수 추정	경제적 내용연수와 법적 내용연수 중 짧은 기간 (단, 비한정 가능)
(감가)상각 개시	사용가능한 때	사용가능한 때
(감가)상각 중지	매각예정으로 분류되는 날과 제거되는 날 중 이른 날	매각예정으로 분류되는 날과 제거되는 날 중 이른 날
공정가치 > 장부금액	감가상각액을 계속 인식	상각액을 계속 인식
잔존가치 > 장부금액	감가상각액은 영(0)	상각액은 영(0)

2. 무형자산의 손상과 제거

(1) 무형자산의 손상

① K-IFRS에서는 매 보고기간 말마다 자산손상을 시사하는 징후가 있는지 검토하고 그러한 징후가 있다면 해당 무형자산의 회수가능액을 추정하여 손상검사를 수행한다.

② 내용연수가 비한정인 무형자산 또는 아직 사용할 수 없는 무형자산에 대해서는 자산손상을 시사하는 징후가 있는지에 관계없이 매년 회수가능액을 추정하여 손상검사를 한다.

③ 사업결합으로 취득한 영업권은 일 년에 한 번은 손상검사를 수행해야 한다.

(2) 무형자산의 제거

① 무형자산을 처분하는 때 또는 사용이나 처분을 통하여 미래경제적효익이 기대되지 않을 때 자산의 장부금액을 장부에서 제거하는 것을 말한다.

② 무형자산의 제거로 인하여 발생하는 손익은 순매각금액과 장부금액의 차이로 결정하며, 무형자산의 제거로 인하여 발생하는 손익은 제거할 때 당기손익으로 인식한다.

3. 무형자산의 재평가모형

유형자산과 동일하게 무형자산도 회계정책으로 원가모형이나 재평가모형을 선택할 수 있으며, 재평가모형을 적용하는 경우에는 재평가 목적상 공정가치는 활성시장을 기초로 하여 결정한다. 따라서 해당 무형자산의 활성시장이 없는 경우에는 재평가모형을 적용할 수 없으며, 원가에서 상각누계액과 손상차손누계액을 차감하여 측정한다.

04 무형자산의 기타사항 출제빈도 ★★

1. 브랜드, 고객목록 등

(1) 최초인식

① 내부적으로 창출한 브랜드, 제호, 출판표제, 고객목록과 이와 실질이 유사한 항목은 사업을 전체적으로 개발하는 데 발생한 원가와 구별할 수 없으므로 무형자산으로 인식하지 않는 것을 유의해야 한다.

② 브랜드, 고객목록 등을 외부에서 개별취득하는 경우에는 무형자산으로 인식한다.

(2) 후속지출

① 브랜드, 고객목록 등에 대한 취득이나 완성 후의 지출(후속지출)은 브랜드, 고객목록 등을 외부에서 취득하였는지 또는 내부적으로 창출하였는지에 관계없이 발생시점에 항상 당기손익으로 인식한다.

② 그 이유는 브랜드, 고객목록 등에 대한 후속지출도 사업을 전체적으로 개발하기 위한 지출과 구분할 수 없기 때문이다.

〈브랜드, 고객목록 등〉

구분	최초인식	후속지출
내부창출	당기비용	당기비용
외부구입	자산인식	

2. 영업권의 정의

영업권이란 개별적으로 식별하여 별도로 인식할 수 없으나, 사업결합에서 획득한 그 밖의 자산에서 생기는 미래경제적효익을 나타내는 자산을 말한다. 즉, 지급한 이전대가가 사업결합에 따라 인식한 취득일의 식별할 수 있는 취득자산에서 인수부채를 차감한 순액을 초과하는 금액을 의미한다. 영업권은 개별적으로 식별이 불가능하고 기업과 분리되어 거래될 수 없으므로 무형자산의 정의를 충족하지 않는다. 따라서 영업권은 무형자산기준서가 아닌 사업결합기준서를 적용하여 자산으로 인식하는 것이다.

3. 사업결합으로 취득하는 영업권

(1) 영업권의 측정

① 사업결합에 참여하는 취득자는 취득일 현재 현금이나 주식 등의 이전대가를 지급하고 피합병법인의 식별가능한 자산과 부채를 공정가치로 인수하게 된다.
② 식별가능한 순자산 공정가치보다 이전대가가 더 클 경우 이를 영업권으로 인식하며, 식별가능한 순자산 공정가치보다 이전대가가 더 작을 경우에는 염가매수차익이 발생하며 당기이익으로 계상한다.
③ 내부적으로 창출한 영업권은 자산으로 인식하지 않는다. 내부적으로 창출한 영업권은 원가를 신뢰성 있게 측정할 수 없고 기업이 통제하고 있는 식별가능한 자원이 아니기 때문에 자산으로 인식하지 아니한다.

(2) 영업권의 측정방법

① 초과수익력법에서는 기업이 정상이익을 초과하여 이익을 얻을 수 있는 능력으로 영업권을 정의한다. 이때, 기업이 정상이익을 초과하여 얻는 이익을 초과이익이라고 하는데 초과이익은 기업의 미래예상이익에서 정상이익을 차감하여 계산할 수 있다.
② 정상이익은 기업의 자산이 속한 업종에서 평균적으로 획득할 수 있는 이익을 말한다. 정상이익은 기업이 투자한 순자산 공정가치에 업종평균이익률인 정상이익률을 곱한 금액으로 계산된다.

> • 초과이익 = 미래예상이익 − 정상이익
> • 정상이익 = 순자산공정가치 × 정상이익률(업종평균이익률)

③ 영업권은 초과이익이 일정 기간 동안 지속적으로 발생한다고 가정하고, 일정 기간 동안 발생하는 초과이익의 현재가치로 계산된다.

④ 종합평가계정법은 합병대가에서 식별가능한 순자산의 공정가치를 차감한 금액을 영업권으로 측정한다.

$$영업권 = 합병대가 - 순자산공정가치$$

(3) 영업권의 회계처리

① 영업권은 내용연수가 비한정인 것으로 보고 상각하지 않는다.

② 사업결합으로 취득한 영업권은 상각하지 않으며, 매 보고기간마다 손상검사를 수행한다.

③ 영업권에 대해 인식한 손상차손은 후속기간에 환입할 수 없다.

④ 영업권에 대해 손상차손을 인식하고 난 후 후속기간에 증가된 회수가능액은 사업결합으로 취득한 영업권의 손상차손 환입액이 아니라 내부적으로 창출된 영업권으로 간주한다.

〈개별취득과 사업결합취득〉

구분		개별취득	사업결합취득
인식 요건	무형자산의 정의	충족함을 별도 입증필요	충족함을 별도 입증필요
	미래효익의 유입가능성	항상 충족 간주	항상 충족 간주
	금액의 신뢰성 있는 측정	일반적으로 충족	항상 충족 간주
인식금액		지급한 대가의 공정가치	취득한 무형자산의 공정가치

📋 시험문제 미리보기!

㈜한국은 20×1년 초 ㈜강남을 흡수합병하였다. 합병시점의 ㈜강남의 자산과 부채의 공정가치와 장부가치는 다음과 같다. 재무상태표에 나타난 자산, 부채 이외에 식별가능한 자산, 부채는 없다고 가정한다.

재무상태표					
	장부금액	공정가치		장부금액	공정가치
재고자산	₩3,000	₩4,000	차입금	₩8,000	₩8,000
투자자산	₩4,000	₩5,000	자본금	₩5,000	
유형자산	₩8,000	₩10,000	이익잉여금	₩2,000	
계	₩15,000		계	₩15,000	

(1) ㈜한국이 합병대가로 현금 ₩15,000을 지급한 경우 회계처리를 하시오

(2) ㈜한국이 합병대가로 현금 ₩10,000을 지급한 경우 회계처리를 하시오.

해설   (1) 식별가능한 순자산 공정가치보다 이전대가가 더 클 경우

(차)	재고자산	4,000	(대)	현금	15,000
	투자자산	5,000		차입금	8,000
	유형자산	10,000			
	영업권(무형자산)	4,000			

(2) 식별가능한 순자산 공정가치보다 이전대가가 더 작을 경우

(차)	재고자산	4,000	(대)	현금	10,000
	투자자산	5,000		차입금	8,000
	유형자산	10,000		염가매수차익(당기이익)	1,000

📑 시험문제 미리보기!

㈜한국은 20×1년 초 ㈜대한을 합병하면서 이전대가로 현금 ₩1,500,000과 ㈜한국이 보유한 토지(장부금액 ₩200,000, 공정가치 ₩150,000)를 ㈜대한의 주주에게 지급하였다. 합병일 현재 ㈜대한의 식별가능한 자산의 공정가치는 ₩3,000,000, 부채의 공정가치는 ₩1,500,000이며, 주석으로 공시한 우발부채는 현재의무이고 신뢰성 있는 공정가치는 ₩100,000이다. 합병 시 ㈜한국이 인식할 영업권을 계산하시오.

해설   영업권: ₩1,650,000 − (₩3,000,000 − ₩1,600,000) = ₩250,000

> **📍 선생님 TIP**
>
> 합병법인은 합병 시 현금이나 주식 등의 이전대가를 지급하고 피합병법인의 식별가능한 자산과 부채를 공정가치로 인수하게 된다. 이때 식별가능한 순자산 공정가치보다 이전대가가 더 클 경우 영업권이라는 무형자산이 발생한다. 따라서 영업권계산을 위해서는 문제에서 이전대가와 식별가능한 순자산의 공정가치를 먼저 파악해야 한다.

ejob.Hackers.com

출제빈도: ★★★ 대표출제기업: 한국중부발전

01 무형자산의 정의 및 인식기준에 대한 설명으로 옳지 않은 것은?

① 무형자산을 최초로 인식할 때에는 원가로 측정한다.

② 미래경제적효익에 대한 통제능력은 법에서 강제할 수 있는 법적권리에서 나오지만, 권리의 법적 집행가능성이 통제의 필요조건은 아니다.

③ 계약상 권리 또는 기타 법적 권리는 그러한 권리가 이전 가능하거나 또는 기업에서 분리 가능한 경우 무형자산의 정의의 식별가능성 조건을 충족한 것으로 본다.

④ 무형자산의 미래경제적효익은 제품의 매출, 용역수익, 원가절감 또는 자산 사용에 따른 기타 효익의 형태로 발생한다.

⑤ 무형자산으로부터의 미래경제적효익은 제품의 매출, 용역수익, 원가절감 또는 자산의 사용에 따른 기대효익의 형태로 발생할 수 있다.

출제빈도: ★★★ 대표출제기업: 한국원자력환경공단

02 개발활동과 관련된 지출에 해당하는 것은?

① 생산이나 사용 전의 시제품과 모형을 설계, 제작 및 시험하는 활동과 관련된 지출

② 새롭거나 개선된 재료, 장치, 제품, 공정, 시스템, 용역 등에 대한 여러 가지 대체안을 제안, 설계, 평가하는 활동과 관련된 지출

③ 새로운 지식을 얻고자 하는 활동과 관련된 지출

④ 재료, 장치, 제품 공정, 시스템, 용역 등에 대한 여러 가지 대체안을 탐색하는 활동과 관련된 지출

⑤ 연구결과가 기타 지식을 탐색, 평가, 최종선택, 응용하는 활동과 관련된 지출

출제빈도: ★★☆

03 다음은 ㈜한국의 20×1년도 연구 및 개발활동 지출내역이다. ㈜한국의 20×1년 말 재무제표에서 당기비용으로 인식될 금액은 얼마인가? (단, 개발단계에 포함되는 활동은 식별가능성과 통제가능성 및 미래경제적효익의 제공가능성이 확인되는 것으로 가정한다)

• 새로운 과학적·기술적 지식을 얻고자 탐구하는 활동	₩500,000
• 생산이나 사용 전의 시제품과 모형을 제작하는 활동	₩550,000
• 상업적 생산 목적으로 실현 가능한 경제적 규모가 아닌 시험 공장을 설계하는 활동	₩600,000
• 연구결과나 기타지식을 이용하여 신기술 개발가능성을 연구하는 활동	₩450,000

① ₩950,000　　　　② ₩1,050,000　　　　③ ₩1,150,000

④ ₩1,100,000　　　　⑤ ₩1,650,000

정답 및 해설

01 ③
자산은 계약상 권리 또는 기타 법적 권리로부터 발생한다. 권리가능성을 충족하는 경우 분리가능성 여부는 고려하지 아니한다.

02 ①

연구단계	• 새로운 지식을 얻고자 하는 활동 • 연구결과가 기타 지식을 탐색, 평가, 최종선택, 응용하는 활동 • 재료, 장치, 제품, 공정 시스템이나 용역에 대한 여러 가지 대체안을 탐색하는 활동 • 새롭거나 개선된 재료, 장치, 제품, 공정, 시스템이나 용역에 대한 여러 가지 대체안을 제안, 설계, 평가, 최종 선택하는 활동
개발단계	• 생산이나 사용 전의 시제품과 모형을 설계, 제작, 시험하는 활동 • 새로운 기술과 관련된 공구, 지그, 주형, 금형 등을 설계하는 활동 • 상업적 생산 목적으로 실현가능한 경제적 규모가 아닌 시험공장을 설계, 건설, 가동하는 활동 • 신규 또는 개선된 재료, 장치, 제품, 공정, 시스템이나 용역에 대하여 최종적으로 선정된 안을 설계, 제작, 시험하는 활동

03 ①
₩500,000 + ₩450,000 = ₩950,000

출제빈도: ★★★ 대표출제기업: KDB산업은행

04 무형자산의 회계처리에 대한 설명으로 옳지 않은 것은?

① 무형자산을 최초로 인식할 때에는 원가로 측정한다.

② 무형자산이란 물리적 실체는 없지만 식별할 수 있는 비화폐성자산이다.

③ 내부적으로 창출한 영업권은 자산으로 인식하지 아니한다.

④ 무형자산의 회계정책으로 원가모형이나 재평가모형을 선택할 수 있다.

⑤ 연구(또는 내부 프로젝트의 연구단계)에 대한 지출은 무형자산으로 인식한다.

출제빈도: ★★★

05 무형자산의 인식에 대한 설명으로 옳은 것은?

① 내부 프로젝트의 연구단계에 대한 지출은 자산의 요건을 충족하는지를 합리적으로 판단하여 무형자산으로 인식할 수 있다.

② 개발단계에서 발생한 지출은 모두 무형자산으로 인식한다.

③ 사업결합으로 취득하는 무형자산의 취득원가는 취득일의 공정가치로 인식하고, 내부적으로 창출한 영업권은 무형자산으로 인식하지 아니한다.

④ 내부적으로 창출한 브랜드, 출판표제, 고객목록과 이와 실질이 유사한 항목은 무형자산으로 인식한다.

⑤ 무형자산을 최초로 인식할 때에는 공정가치로 측정한다.

출제빈도: ★★☆

06 재무상태표 작성 시 무형자산으로 분류표시되는 항목에 대한 설명으로 옳지 않은 것은?

① 내부적으로 창출한 영업권은 무형자산으로 인식하지 않는다.

② 무형자산을 상각하는 경우 상각방법은 자산의 경제적효익이 소비되는 방법을 반영하여 정액법, 체감잔액법, 생산량비례법 등을 선택하여 적용할 수 있다.

③ 숙련된 종업원은 미래경제적효익에 대한 충분한 통제능력을 갖고 있지 않으므로 무형자산의 정의를 충족시키지 못하여 재무상태표에 표시하지 않는다.

④ 영업권을 제외한 모든 무형자산은 보유기간 동안 상각하여 비용 또는 기타자산의 원가로 인식한다.

⑤ 새로운 지역에서 또는 새로운 계층의 고객을 대상으로 사업을 수행하는 데서 발생하는 원가는 당기비용처리한다.

출제빈도: ★★★   대표출제기업: 한국가스공사

07 무형자산의 회계처리에 대한 설명으로 옳지 않은 것은?

① 무형자산의 회계정책으로 원가모형이나 재평가모형을 선택할 수 있으며, 재평가모형을 적용하는 경우 공정가치는 활성시장을 기초로 하여 결정한다.

② 내부적으로 창출한 영업권은 원가를 신뢰성 있게 측정할 수 없고 기업이 통제하고 있는 식별가능한 자원이 아니기 때문에 자산으로 인식하지 아니한다.

③ 내부 프로젝트의 연구단계에서는 미래경제적효익을 창출할 무형자산이 존재한다는 것을 제시할 수 있기 때문에, 내부 프로젝트의 연구단계에서 발생한 지출은 무형자산으로 인식할 수 있다.

④ 내용연수가 유한한 무형자산의 상각은 자산을 사용할 수 있는 때부터 시작하며, 상각대상금액은 내용연수 동안 체계적인 방법으로 배분하여야 한다.

⑤ 사업결합으로 취득한 연구·개발 프로젝트의 경우 사업결합 전에 그 자산을 피취득자가 인식하였는지 여부에 관계 없이 취득일에 무형자산의 정의를 충족한다면 영업권과 분리하여 별도의 무형자산으로 인식한다.

정답 및 해설

04 ⑤
연구에 대한 지출은 당기비용으로 인식한다.

05 ③
사업결합으로 취득하는 무형자산의 취득원가는 취득일의 공정가치로 인식하고, 내부적으로 창출한 영업권은 무형자산으로 인식하지 아니한다.

[오답노트]
① 내부 프로젝트의 연구단계에 대한 지출은 비용으로 인식한다.
② 개발단계에서 발생한 지출은 자산인식요건을 모두 충족하는 경우에만 개발비의 과목으로 하여 무형자산으로 인식하고, 그 외의 경우에는 발생한 기간의 비용으로 인식한다.
④ 내부적으로 창출한 브랜드, 출판표제, 고객목록과 이와 실질이 유사한 항목은 무형자산으로 인식하지 아니한다.
⑤ 무형자산을 최초로 인식할 때에는 원가로 측정한다.

06 ④
관련된 모든 요소의 분석에 근거하여 그 자산이 순현금유입을 창출할 것으로 기대되는 기간에 대하여 예측 가능한 제한이 없을 경우 무형자산의 내용연수는 비한정인 것으로 본다. 내용연수가 비한정인 경우에는 상각하지 아니하고 정기적인 손상평가를 하여야 한다.

07 ③
내부 프로젝트의 연구단계에서는 미래경제적효익을 창출할 무형자산이 존재한다는 것을 제시할 수 없는 것이 일반적이므로 내부 프로젝트의 연구단계에서 발생한 지출은 비용으로 인식한다.

출제빈도: ★★★

08 무형자산에 관한 설명으로 옳지 않은 것은?

① 새로운 계층의 고객을 대상으로 사업을 수행하는 데에서 발생하는 원가는 무형자산으로 인식하지 아니한다.

② 내부적으로 창출한 영업권은 무형자산으로 인식하지 않는다.

③ 무형자산을 최초로 인식할 때에는 원가로 측정한다.

④ 무형자산 취득원가의 인식은 그 자산이 경영자가 의도하는 방식으로 운용될 수 있는 상태에 이르면 중지한다.

⑤ 연구 결과를 최종선택, 응용하는 활동과 관련된 지출은 내부적으로 창출한 무형자산의 취득원가에 포함한다.

출제빈도: ★★☆

09 무형자산에 대한 설명으로 옳지 않은 것은?

① 개별 취득하는 무형자산과 사업결합으로 취득하는 무형자산은 인식 조건 중 미래경제적효익의 유입가능성은 항상 충족되는 것으로 본다.

② 무형자산의 종류로는 물리적 실체는 없지만 식별가능한 비화폐성자산과 사업결합으로 인해 발생하는 영업권이 있다.

③ 최초에 비용을 인식한 무형항목에 대한 지출은 그 이후에 기업의 회계정책변경의 경우에 한하여 무형자산의 원가로 인식할 수 있다.

④ 내부적으로 창출된 브랜드, 제호, 출판표제, 고객목록과 이와 실질이 유사한 항목은 사업을 전체적으로 개발하는 데 발생한 원가와 구별할 수 없으므로 무형자산으로 인식하지 않고 발생시점에 항상 당기손익으로 인식한다.

⑤ 정부보조로 무형자산을 무상이나 낮은 대가로 취득하는 경우에는 무형자산과 정부보조금 모두를 공정가치로 인식할 수도 있고, 무형자산의 취득과 관련된 지출을 합한 금액(원가)으로 인식할 수도 있다.

출제빈도: ★★★ 대표출제기업: 인천국제공항공사

10 무형자산에 대한 설명으로 옳은 것은?

① 무형자산은 유형자산과 달리 재평가모형을 사용할 수 없다.

② 라이선스는 특정 기술이나 지식을 일정지역 내에서 이용하기로 한 권리를 말하며, 취득원가로 인식하고 일정기간 동안 상각한다.

③ 내부적으로 창출한 상호, 상표와 같은 브랜드 네임은 그 경제적 가치를 측정하여 재무제표에 자산으로 기록하여 상각한다.

④ 영업권은 내용연수가 비한정이므로 상각하지 않는다.

⑤ 정부보조로 무형자산을 무상이나 낮은 대가로 취득하는 경우에는 무형자산을 원가로 인식할 수 없고 공정가치로 인식한다.

출제빈도: ★★★   대표출제기업: 한국관광공사

11   무형자산에 대한 설명으로 옳지 않은 것은?

① 무형자산으로 정의되기 위해서는 식별가능성, 자원에 대한 통제 및 미래경제적효익의 존재라는 조건을 모두 충족하여야 한다.

② 무형자산에는 특허권, 상표권, 저작권 등이 있다.

③ 사업결합으로 취득한 식별가능 무형자산의 취득원가는 취득일의 공정가치로 평가한다.

④ 내용연수가 비한정인 무형자산은 상각하지 아니하지만, 내용연수가 유한한 무형자산은 상각하고 상각기간과 상각방법은 적어도 매 보고기간 말에 검토한다.

⑤ 비한정내용연수를 가지는 것으로 분류되었던 무형자산이 이후에 유한한 내용연수를 가지는 것으로 변경된 경우에도 상각을 하지 않는다.

정답 및 해설

08 ⑤
연구 결과를 최종선택, 응용하는 활동과 관련된 지출은 연구단계에서의 지출이므로 당기비용처리한다.

09 ③
최초에 비용으로 인식한 무형항목에 대한 지출은 그 이후에 무형자산의 원가로 인식할 수 없다.

10 ④
영업권은 내용연수가 비한정이므로 상각하지 않는다.

오답노트
① 무형자산에도 재평가모형을 사용할 수 있다.
② 라이선스의 내용연수가 비한정이라면 상각하지 않는다.
③ 내부적으로 창출한 브랜드, 제호, 출판표제, 고객목록 등은 자산으로 인식하지 않는다.
⑤ 정부보조로 무형자산을 무상이나 낮은 대가로 취득하는 경우에는 최초인식금액으로 공정가치와 원가 중 선택 가능하다.

11 ⑤
비한정내용연수를 가지는 것으로 분류되었던 무형자산이 이후에 유한한 내용연수를 가지는 것으로 변경된 경우에는 변경된 시점부터 해당 무형자산을 상각한다.

출제빈도: ★★☆ 대표출제기업: 한국에너지공단

12 무형자산의 상각 및 손상회계에 대한 설명으로 옳지 않은 것은?

① 내용연수가 비한정인 무형자산의 내용연수를 유한으로 변경하는 것은 회계추정의 변경으로 회계처리한다.

② 내용연수가 비한정인 무형자산은 상각하지 아니하며, 자산손상을 시사하는 징후가 있을 때에 한하여 손상검사를 수행한다.

③ 내용연수가 유한한 무형자산의 상각은 자산이 사용가능한 때부터 시작하며, 상각기간과 상각방법은 적어도 매 회계연도 말에 검토한다.

④ 무형자산의 잔존가치는 해당 자산의 장부금액과 같거나 큰 금액으로 증가할 수도 있다.

⑤ 내용연수가 유한한 무형자산의 상각방법은 자산의 미래경제적효익이 소비되는 형태를 반영한다.

출제빈도: ★★★

13 무형자산의 회계처리에 관한 설명으로 옳지 않은 것은?

① 사업결합 과정에서 피취득자가 진행하고 있는 연구·개발 프로젝트가 무형자산의 정의를 충족한다면 사업결합 전에 그 자산을 피취득자가 인식하였는지 여부에 관계없이, 피취득자는 취득일에 피취득자의 무형자산을 영업권과 분리하여 인식한다.

② 내부적으로 창출한 브랜드, 제호, 출판표제, 고객목록과 이와 실질이 유사한 항목은 무형자산으로 인식하지 않는다.

③ 내용연수가 비한정인 무형자산을 유한 내용연수로 재평가하는 것은 그 자산의 손상을 시사하는 징후에 해당하지 않으므로 손상차손을 인식하지 않는다.

④ 상각하지 않는 무형자산에 대하여 사건과 상황이 그 자산의 내용연수가 비한정이라는 평가를 계속하여 정당화하는지를 매 회계기간에 검토하여, 사건과 상황이 그러한 평가를 정당화하지 않는 경우에 비한정 내용연수를 유한 내용연수로 변경하는 것은 회계추정의 변경으로 회계처리한다.

⑤ 내용연수가 비한정인 무형자산이나 아직 사용할 수 없는 무형자산은 일 년에 한 번은 손상검사를 한다. 손상검사를 매년 같은 시기에 수행한다면 연차 회계기간 중 어느 때에라도 할 수 있다.

출제빈도: ★★★

14 ㈜한국은 내용연수가 유한한 무형자산에 대하여 정액법(내용연수 5년, 잔존가치 ₩0)으로 상각하여 비용처리한다. ㈜한국의 20×1년 무형자산 관련 자료가 다음과 같을 때, 20×1년에 인식할 무형자산상각비는? (단, 20×1년 이전에 인식한 무형자산은 없으며, 무형자산상각비는 월할상각한다)

> - 1월 1일: 새로운 제품의 홍보를 위해 ₩10,000을 지출하였다.
> - 4월 1일: 회계법인에 의뢰하여 평가한 '내부적으로 창출한 영업권'의 가치는 ₩200,000이었다.
> - 7월 1일: 라이선스를 취득하기 위하여 ₩5,000을 지출하였다.

① ₩500 ② ₩2,500 ③ ₩3,500
④ ₩30,000 ⑤ ₩40,000

정답 및 해설

12 ②
내용연수가 비한정인 무형자산은 상각을 하지 아니하며, 매년 또는 손상징후가 있을 경우 손상검사를 실시하여 손상인식여부를 검토한다.

13 ③
비한정 내용연수를 유한 내용연수로 재평가하는 것은 그 자산의 손상을 시사하는 하나의 징후가 된다. 따라서 회수가능액과 장부금액을 비교하여 그 자산에 대한 손상검사를 하고, 회수가능액을 초과하는 장부금액을 손상차손으로 인식한다.

14 ①
(1) 홍보비와 내부적으로 창출한 영업권은 무형자산으로 인식하지 않는다.
(2) 무형자산(라이선스)상각비: $₩5,000 \times \dfrac{1}{5} \times \dfrac{6}{12} = ₩500$

출제빈도: ★★★ 대표출제기업: 한국전력기술

15 영업권의 상각 또는 손상에 대한 한국채택국제회계기준의 입장을 가장 잘 나타낸 것은?

① 초과이익이 지속되는 기간을 결정하기 곤란하다.

② 내부적으로 창출된 영업권과 사업결합으로 인하여 발생된 영업권은 동일한 회계처리가 이루어져야 한다.

③ 초과이익은 기업이 노력하는 한 무한히 지속된다.

④ 영업권의 회수가능액이 장부금액에 미달하는 경우에는 손상차손을 인식하고, 향후에 회수가능액이 회복된 경우에는 손상되기 전 장부금액의 상각 후 잔액을 한도로 하여 그 초과액을 손상차손환입으로 처리한다.

⑤ 사업결합으로 취득한 영업권은 20년 이내의 기간 내에 정액법으로 상각한다.

출제빈도: ★★★ 대표출제기업: 인천도시공사

16 ㈜한국은 20×1년 1월 1일에 ㈜민국을 흡수합병하였다. 합병시점에 ㈜한국과 ㈜민국의 식별가능한 자산과 부채의 장부금액 및 공정가치는 다음과 같다. ㈜한국이 합병대가로 보통주(액면금액 ₩3,000, 공정가치 ₩3,500)를 ㈜민국에 발행교부하였을 경우, 영업권으로 인식할 금액은?

구분	㈜한국		㈜민국	
	장부금액	공정가치	장부금액	공정가치
유동자산	₩2,000	₩1,900	₩1,800	₩1,300
유형자산	₩3,000	₩2,700	₩2,100	₩1,600
특허권	₩300	₩0	₩100	₩200
유동부채	₩400	₩400	₩200	₩200
장기차입금	₩600	₩600	₩660	₩660

① ₩760 ② ₩960 ③ ₩1,260
④ ₩1,360 ⑤ ₩1,400

정답 및 해설

15 ①
영업권의 상각 또는 손상에 대한 한국채택국제회계기준의 입장을 가장 잘 나타낸 것은 ①이다.

오답노트
② 자가창설영업권은 인식하지 않는다.
③ 초과이익은 일정기간 후에는 사라진다. 그러나 그 기간을 결정하기 어렵기 때문에 상각은 하지 않고 손상검사를 통하여 비용으로 인식한다.
④ 영업권은 손상차손을 인식한 후 회복할 수 없다.
⑤ 사업결합으로 취득한 영업권은 상각하지 아니한다.

16 ③
식별가능한 순자산공정가치보다 이전대가가 더 클 경우 영업권이 발생한다.
(1) 합병대가: ₩3,500
(2) 순자산공정가치: ₩1,300 + ₩1,600 + ₩200 − ₩200 − ₩660 = ₩2,240
(3) 영업권: (1) − (2) = ₩1,260

출제빈도: ★★☆

17 20×1년 초에 ㈜한국은 ㈜한양에게 보통주 50주(주당 액면금액 ₩5,000, 주당 공정가치 ₩7,000)를 교부하고 ㈜한양을 흡수합병하였다. 합병 직전에 ㈜한양의 식별가능한 순자산 장부금액과 공정가치가 다음과 같을 때 합병 시 ㈜한국이 인식할 영업권 또는 염가매수차익은 얼마인가?

합병 직전 ㈜한양의 재무상태표

	장부금액	공정가치		장부금액	공정가치
재고자산	₩200,000	₩250,000	비유동부채	₩100,000	₩100,000
비유동자산	₩300,000	₩300,000	자본금	₩350,000	
			이익잉여금	₩50,000	
합계	₩500,000		합계	₩500,000	

① 영업권 ₩50,000

② 영업권 ₩100,000

③ 염가매수차익 ₩150,000

④ 염가매수차익 ₩100,000

⑤ 영업권 ₩150,000

출제빈도: ★★☆

18 ㈜한국은 차세대 통신기술 연구개발을 위해 다음과 같이 지출하였다.

구분	20×1년	20×2년
연구단계	₩100,000	₩100,000
개발단계	−	₩600,000

20×2년 개발단계 지출액 ₩600,000은 무형자산 인식기준을 충족하였으며, 동년 7월 1일에 개발이 완료되어 사용하기 시작하였다. 동 무형자산은 원가모형을 적용하며, 정액법(내용연수 10년, 잔존가치 ₩0)으로 상각한다. 회수가능액이 20×2년 말 ₩500,000이라고 할 때, 결산 시 인식할 손상차손은? (단, 상각비는 월할계산한다)

① ₩40,000
② ₩70,000
③ ₩100,000
④ ₩260,000
⑤ ₩570,000

정답 및 해설

17 ④
　50주 × ₩7,000(합병대가) − ₩450,000(순자산공정가치) = (−)₩100,000(염가매수차익)

18 ②
　(1) 20×2년 말 상각후원가: ₩600,000 − ₩600,000 × $\frac{1}{10}$ × $\frac{6}{12}$ = ₩570,000
　(2) 20×2년 말 손상차손: ₩570,000 − ₩500,000 = ₩70,000

✓**핵심 포인트**

충당부채의 일반론	• 충당부채의 정의 • 인식: 현재의무, 과거사건, 경제적효익이 있는 자원의 유출가능성, 의무에 대한 신뢰성 있는 추정
우발부채	• 우발부채의 정의 • 우발부채의 회계처리
우발자산	• 우발자산의 정의 • 우발자산의 회계처리
충당부채의 측정	• 최선의 추정치 • 위험과 불확실성 • 현재가치 • 예상되는 자산처분이익
충당부채의 변제	• 변제의 정의 • 변제의 회계처리
충당부채의 사용과 변동	• 충당부채의 사용 • 충당부채의 변동

유형별 충당부채	미래의 예상 영업손실	• 충당부채 인식 안 함 • 자산의 손상검사수행
	손실부담계약	• 정의 • 측정
	구조조정	• 정의 • 인식 • 측정
	제품보증 충당부채	• 정의 • 측정
	타인채무 등에 대한 보증	• 정의 • 회계처리

보고기간 후 사건	의의	• 정의 • 유형 • 재무제표의 발행승인일
	유형	• 수정을 요하는 보고기간 후 사건의 예 • 수정을 요하지 않는 보고기간 후 사건의 예
	계속기업	• 계속기업의 가정

1. 충당부채의 개요

부채의 정의는 '과거사건의 결과로 기업이 경제적자원을 이전해야 하는 현재의무'이다. 한편 부채는 관련계약이나 법률에 따라 지출의 시기 또는 금액이 확실한 확정부채와 불확실한 충당부채로 구분된다. 예를 들어 매입채무, 미지급금, 차입금이나 사채는 확정부채이며 제품보증충당부채, 손실부담계약충당부채, 구조조정충당부채, 복구충당부채, 손해배상충당부채 등은 충당부채에 해당한다.

(1) 정의

① 충당부채는 지출하는 시기 또는 금액이 불확실하지만 부채의 인식요건을 충족하여 재무상태표에 인식하는 부채이다.

② 반면에 우발부채는 충당부채와 마찬가지로 지출의 시기와 금액이 불확실하지만, 충당부채보다 불확실성의 정도가 높아서 부채의 인식요건을 충족하지 못하여 재무상태표에 부채로 인식할 수 없는 의무를 말한다.

(2) 인식

① 충당부채는 부채의 일부이므로 충당부채의 인식기준은 부채의 인식기준과 동일하다.

② 충당부채라 하면 과거 사건에 의해서 발생한 현재의 의무로 지출하는 시기 또는 금액이 불확실한 부채로서 다음의 인식기준을 모두 충족한 경우 부채로 인식한다.
   • 과거사건의 결과로 현재의무(법적의무 또는 의제의무)가 존재한다.
   • 해당 의무를 이행하기 위하여 경제적효익이 내재된 자원이 유출될 가능성이 높아야 한다. (일반적으로 발생확률이 50%를 초과하는 경우를 의미)
   • 해당 의무의 이행에 소요되는 금액을 신뢰성 있게 추정할 수 있다.

2. 충당부채의 요건

(1) 현재의무

① 의무를 이행하는 것 외에 다른 대안이 없는 사건을 의무발생사건이라고 한다. 다음과 같은 법적의무 또는 의제의무 등은 그 사건으로부터 발생된 의무를 이행하는 것 외에는 다른 대안이 없는 의무발생사건에 해당한다.

② 법적의무는 명시적 또는 묵시적 조항에 따른 계약, 법률, 기타 법적효력에 의하여 발생하는 의무이다.

③ 의제의무는 과거의 실무관행, 발표된 경영방침 또는 구체적이고 유용한 약속 등을 통하여 기업이 특정 책임을 부담하겠다는 것을 상대방에게 표명하고 그것의 결과로 기업이 당해 책임을 이행할 것이라는 정당한 기대를 상대방이 갖도록 하는 의무이다.

④ 의무는 반드시 상대방이 존재한다. 다만, 상대방이 누구인지 반드시 알아야 하는 것은 아니다.

⑤ 재무제표는 미래 시점의 예상 재무상태가 아니라 보고기간 말의 재무상태를 표시하는 것이므로, 미래영업을 위하여 발생하게 될 원가 또는 손실에 대하여는 **충당부채를 인식하지 아니한다.** 재무상태표에 인식되는 부채는 보고기간 말에 존재하는 부채에 국한한다.

⑥ 과거사건에 의하여 **충당부채를 인식하기** 위해서는 그 사건이 기업의 **미래행위와 독립적이어야** 한다. 즉, 과거사건에 대해 기업의 미래행위에도 의무부담이 회피불가능한 경우에 충당부채를 인식한다. 예를 들어, 불법적인 환경오염으로 인한 범칙금이나 환경정화비용의 경우에는 기업의 미래 행위에 관계없이 당해 의무를 이행하기 위하여 경제적효익이 내재된 자원의 유출이 수반되므로 충당부채를 인식한다.

⑦ 기업의 미래행위와 독립적이지 않은 의무를 잠재적 의무라고 한다. 즉, 회피할 수 있는 경우에는 현재의무가 아닌 것으로서 충당부채가 될 수 없다. 예를 들어, 5년마다 선박을 수리해야 하는 경우, 언제나 선박을 매각하여 회피할 수 있으므로 장래 선박수리 관련 지출은 현재의무가 아니며 충당부채를 인식하지 아니한다. 다른 예로 환경기준을 충족시키기 위해서 또는 상업적 압력 때문에 공장에 환경오염 방지장치의 설치 등과 같이 공장운영방식을 바꾸는 경우에는 미래의 지출을 피할 수 있으므로 충당부채의 인식대상이 아니다.

구분	회피 가능 여부	충당부채 여부
독립적으로 존재하는 경우	회피불가능한 미래 지출	충당부채 인식
의존적으로 존재하는 경우	회피가능한 미래 지출	충당부채 인식불가

⑧ 어떤 사건은 발생 당시에는 현재의무를 생기게 하지 않지만 **나중에** 의무를 생기게 할 수 있다. 예를 들어, 발생한 환경오염에 대하여 당장 복구할 의무가 없는 경우에도 추후 새로운 법규가 환경오염을 복구하도록 강제하거나 기업이 환경오염 복구의무를 의제의무로서 공식적으로 수용한다면, 당해 법규의 제·개정시점 또는 기업의 공식적인 수용시점에 그 환경오염은 현재의무(오염시킨 환경의 정화의무)를 발생시키는 의무발생사건(과거사건)이 된다.

⑨ 그리고 입법 예고된 법규의 세부사항이 아직 확정되지 않은 경우에는 해당 법안대로 제정될 것이 거의 확실한 때에만 의무가 생긴 것으로 본다.

⑩ 제3자와 연대하여 의무를 지는 경우 채무자가 부채를 상환하지 못할 경우 부담할 것으로 예상되는 금액을 충당부채로 인식하며 **제3자가 부담할 부분은 우발부채**(유출가능성이 높은 경우에는 충당부채)로 처리한다.

〈충당부채의 현재의무〉

사건	기업의 미래행위	충당부채 여부
불법적인 환경오염으로 인한 범칙금	범칙금 회피 불가능	충당부채 O
주기적인 선박수리 비용	선박매각으로 회피 가능	충당부채 X
환경오염방지 정화장치 설치비용	공장운영변경으로 회피 가능	충당부채 X

(2) 경제적자원의 유출가능성

① 충당부채로 인식하기 위해서는 해당 의무를 이행하기 위하여 경제적효익이 있는 자원의 유출가능성이 높아야 한다. 여기서, 자원의 유출가능성이 높다는 것은 확률 50% 초과를 말한다. 즉, 특정 사건이 발생할 가능성이 발생하지 아니할 가능성보다 높은 경우를 말한다.

② 한편, 현재의무와 자원의 유출가능성이 높지 아니한 경우에는 우발부채를 공시한다. 다만, 당해 의무의 이행을 위한 자원의 유출가능성이 아주 낮은 경우에는 공시하지 아니한다.

③ 제품보증 또는 이와 유사한 계약 등 다수의 유사한 의무가 있는 경우 의무이행에 필요한 자원의 유출가능성은 당해 유사한 의무 전체를 고려하여 결정한다. 비록 개별항목의 의무이행에 필요한 자원의 유출가능성이 높지 않더라도 전체적인 의무이행을 위하여 필요한 자원의 유출가능성이 높을 경우에는 충당부채를 인식한다.

(3) 의무에 대한 신뢰성 있는 추정

① 추정치를 사용하는 것은 재무제표의 작성의 필수적인 과정이며 재무제표의 신뢰성을 손상시키지 아니한다. 충당부채의 성격상 다른 재무상태표 항목에 비하여 불확실성이 더 크기 때문에 그에 대한 추정치의 사용은 필수적이다.

② 극히 드문 경우를 제외하고는 가능한 결과의 범위를 결정할 수 있으므로 충당부채를 인식할 때 충분히 신뢰성 있는 금액을 추정할 수 있다.

③ 극히 드문 경우로 신뢰성 있는 금액의 추정이 불가능한 경우에는 부채로 인식할 수 없으며 우발부채로 공시한다.

---

02 우발부채와 우발자산 출제빈도 ★★

1. 우발부채

과거 사건으로 생겼으나, 기업이 전적으로 통제할 수 없는 하나 이상의 불확실한 미래 사건의 발생 여부로만 그 존재 유무를 확인할 수 있는 잠재적 의무이다.

(1) 우발부채의 정의

① 현재의무가 있는지의 여부가 아직 확인되지 아니한 잠재적인 의무이다.

② 현재의무이지만 당해 의무를 이행하기 위하여 자원이 유출될 가능성이 높지 않다.

③ 당해 의무를 이행하기 위하여 필요한 금액을 신뢰성 있게 추정할 수 없다.

(2) 우발부채의 회계처리

① 현재의무이지만 당해 의무를 이행하기 위하여 자원이 유출될 가능성이 높지 않거나 해당 금액을 신뢰성 있게 추정할 수 없으므로 충당부채의 인식기준을 충족하지 못하므로 재무제표에 부채로 인식하지 않는다. 즉, 우발부채에 해당하는 상황은 부채의 인식요건을 충족하지 못하는 경우이다.

② 우발부채는 처음에 예상하지 못한 상황에 따라 변할 수 있으므로, 경제적효익이 있는 자원의 유출가능성이 높아졌는지를 판단하기 위하여 우발부채를 지속적으로 평가한다.

③ 과거에 우발부채로 처리하였더라도 미래경제적효익의 유출 가능성이 높아진 경우에는 그러한 가능성의 변화가 생긴 기간의 재무제표에 충당부채로 인식한다. (신뢰성 있게 추정할 수 없는 극히 드문 경우는 제외)

〈충당부채와 우발부채의 비교〉

금액추정 가능 여부 / 자원유출 가능성	신뢰성 있게 추정 가능	추정 불가능
가능성이 높음(확률 50% 초과)	충당부채로 인식	우발부채로 주석공시
가능성이 높지 않음	우발부채로 주석공시	우발부채로 주석공시
가능성이 아주 낮음	공시하지 않음	공시하지 않음

2. 우발자산

(1) 우발자산의 정의

① 우발자산이란 과거 사건으로 생겼으나, 기업이 전적으로 통제할 수 없는 하나 이상의 불확실한 미래 사건의 발생 여부로만 그 존재 유무를 확인할 수 있는 잠재적 자산이다. 즉, 우발자산이란 미래 불확실한 이익, 즉, 예상이익을 말한다.

② 예를 들어 진행 중인 소송에서 승소하여 배상금이 유입될 가능성이 있는 경우나 이미 납부한 세금에 대한 정부와 다툼으로 환급받을 가능성이 있는 경우가 있다.

(2) 우발자산의 회계처리

① 자원의 유입가능성이 높은 경우(확률 50% 초과)에는 우발자산을 주석으로 기재한다.

② 우발자산은 재무제표에 인식하지 않는다. 왜냐하면 미래에 전혀 실현되지 않을 수도 있는 결과를 가져올 수 있기 때문이다.

③ 자원의 유입가능성이 거의 확실하게 된다면 관련 자산은 더 이상 우발자산이 아니며, 관련 자산을 재무제표에 인식하는 것이 타당하다.

〈우발자산〉

자원의 유입가능성	회계처리
가능성이 높지 않은 경우	공시하지 않음
가능성이 높은 경우(확률 50% 초과)	우발자산으로 주석공시
가능성이 거의 확실한 경우	재무상태표에 자산, 포괄손익계산서에 이익

▣ 시험문제 미리보기!

20×1년에 제품의 결함으로 인하여 피해를 입었다고 주장하는 고객이 ㈜한국을 상대로 손해
배상청구 소송을 제기하였다. 법률전문가는 20×1년 재무제표가 승인되는 시점까지는 회사
의 책임이 밝혀지지 않을 가능성이 높다고 조언하였다. 그러나 20×2년 말 현재 ㈜한국에 소
송이 불리하게 진행 중이며, 법률전문가는 ㈜한국이 배상금을 지급하게 될 가능성이 높다고
조언하였다. ㈜한국의 충당부채 또는 우발부채 인식과 관련하여 분류하시오.

(1) 20×1년의 경우 현재의 의무가 없고, 배상금을 지급할 가능성이 아주 낮을 경우
(2) 20×2년 말에 현재 의무가 존재하고 배상금에 대한 지급가능성이 높으므로, 배상금을
    신뢰성 있게 추정할 수 있는 경우
(3) 20×2년 말에 배상금을 신뢰성 있게 추정할 수 없는 경우

해설   (1) 20×1년의 경우 현재의 의무가 없고, 배상금을 지급할 가능성이 아주 낮으므로 우발부채로도
          공시할 필요가 없다.
      (2) 20×2년 말에는 현재 의무가 존재하고 배상금에 대한 지급가능성이 높으므로, 배상금을 신뢰
          성 있게 추정할 수 있다면 충당부채를 인식해야 한다.
      (3) 20×2년 말에는 배상금을 신뢰성 있게 추정할 수 없다면 이를 충당부채로 인식하지 않고 우
          발부채로 공시한다.

---

03 충당부채의 측정 및 후속측정   출제빈도 ★

1. 측정

(1) 최선의 추정치

① 충당부채로 인식하는 금액은 현재의무를 보고기간 말에 이행하기 위하여 소요되
   는 지출에 대한 최선의 추정치이어야 한다.
② 현재의무를 이행하기 위하여 필요한 지출에 대한 최선의 추정치는 보고기간 말
   에 의무를 이행하거나 제3자에게 이전하는 경우에 합리적으로 지급하여야 하는
   금액이다.
③ 충당부채의 법인세효과와 그 변동은 K-IFRS 제1012호 '법인세'에 따라 회계처
   리하므로 충당부채는 세전금액으로 측정한다.

(2) 위험과 불확실성

① 충당부채에 대한 최선의 추정치를 구할 때에는 관련된 여러 사건과 상황에 따르는
   불가피한 위험과 불확실성을 고려한다.
② 위험은 결과의 변동성을 의미하며, 위험조정으로 부채의 측정금액이 증가할 수
   있다.
③ 불확실성을 이유로 충당부채를 과도하게 인식하거나 부채를 의도적으로 과대표
   시하는 것은 정당화 될 수 없다.

④ 충당부채로 인식해야 하는 금액과 관련된 불확실성은 상황에 따라 판단한다. 다수의 항목과 관련되는 충당부채를 측정하는 경우 해당 의무는 가능한 모든 결과에 관련된 확률을 가중평균하여 추정한다. 이러한 통계적 방법을 '기댓값'이라 한다.

⑤ 만약, 가능한 결과가 연속적인 범위에 분포하고 각각의 발생 확률이 같을 경우에는 해당 범위의 중간값을 사용한다.

⑥ 하나의 의무를 측정하는 경우에는 가장 가능성이 높은 단일의 결과가 당해 부채의 최선의 추정치가 될 수 있으나 그러한 경우에도 다른 가능한 결과들이 더 높거나 낮음으로 인하여 가장 가능성이 높은 단일의 결과가 편향될 가능성도 고려한다.

📋 시험문제 미리보기!

구입 후 첫 6개월 이내에 제조상 결함으로 생기는 수선비용을 보장하는 보증을 재화에 포함하여 판매하는 기업이 있다. 판매한 모든 생산품에서 사소한 결함이 확인될 경우에는 ₩1,000,000의 수선비용이 발생한다. 판매한 모든 생산품에서 중요한 결함이 확인될 경우에는 ₩4,000,000의 수선비용이 발생한다. 기업의 과거경험과 미래 예상에 따르면 내년에 판매할 재화 중에서 75%는 전혀 결함이 없지만, 20%는 사소한 결함이 있고, 나머지 5%는 중요한 결함이 있을 것으로 예상한다. 이 경우에 해당 의무에 대한 최선의 추정치를 계산하시오.

해설　기업은 보증의무와 관련된 자원의 유출가능성을 해당 의무 전체에 대해 평가한다.
　　∴ 수선비용의 기댓값 = ₩0 × 0.75 + ₩1,000,000 × 0.2 + ₩4,000,000 × 0.05 = ₩400,000

(3) 현재가치

① 충당부채의 측정에 화폐의 시간가치 영향이 중요한 경우에 충당부채는 의무를 이행하기 위하여 예상되는 지출액의 현재가치로 평가한다. 예를 들어, 유형자산 사용 후 복구와 관련한 지출 예상액의 현재가치를 유형자산 취득원가에 포함하고 충당부채를 인식한다.

② 할인율은 부채의 특유한 위험과 화폐의 시간가치에 대한 현행시장의 평가를 반영한 세전 이자율을 사용한다.

③ 이 할인율에는 미래현금흐름을 추정할 때 고려한 위험을 반영하지 아니한다. 즉, 미래현금흐름 추정도 위험을 고려하고, 할인율에도 위험을 고려하는 것은 위험을 이중으로 반영하는 모순이다.

(4) 미래 사건

① 현재의무를 이행하기 위하여 필요한 지출금액에 영향을 미치는 미래 사건이 일어날 것이라는 충분하고 객관적인 증거가 있는 경우에는 그 미래 사건을 고려하여 충당부채 금액을 추정한다.

② 예를 들어, 내용연수 종료 후에 부담하여야 하는 오염지역의 정화를 위한 복구원가는 미래의 기술변화에 따라 감소할 수 있다. 이때 복구충당부채 인식금액은 정화시점에 이용할 수 있는 기술에 대하여 독립된 전문가의 합리적인 예측을 반영하여 추정한다.

(5) 자산의 예상 처분이익

① 예상되는 자산처분이 충당부채를 발생시킨 사건과 밀접하게 관련되었더라도 당해 자산의 예상처분이익은 충당부채를 측정하는 데 고려하지 아니한다.

② 예를 들어, 공장 폐쇄로 종업원에 대한 충당부채를 계상하는 경우, 공장의 유형자산 처분으로 인한 예상처분이익을 미리 고려하지 아니한다.

③ 즉, 관련된 자산의 예상처분이익(우발자산)은 충당부채에서 차감하지 않고 추후 이익의 실현가능성이 거의 확실하게 될 때 재무제표에 인식한다.

2. 후속측정

(1) 충당부채의 변동

① 보고기간 말마다 충당부채의 잔액을 검토하고, 보고기간 말 현재 최선의 추정치를 반영하여 조정한다.

② 만일 의무를 이행하기 위하여 경제적효익이 있는 자원을 유출할 가능성이 높지 않게 된 경우에는 관련 충당부채를 환입한다.

③ 충당부채를 현재가치로 평가하여 표시하는 경우에는 장부금액을 기간 경과에 따라 증액하고 해당 증가 금액은 차입원가로 인식한다. 그리고 할인율이 변동되는 경우에는 할인율의 변동분도 반영하여 충당부채 금액을 조정한다.

(2) 충당부채의 사용

① 충당부채는 최초 인식과 관련 있는 지출에만 사용한다.

② 예를 들어, 손해배상충당부채는 손해배상비용 지출에만 사용하며, 복구충당부채는 복구비용 지출에만 사용해야 한다. 왜냐하면 당초에 다른 목적으로 인식된 충당부채를 그 목적이 아닌 지출에 사용하면 서로 다른 두 사건의 영향이 적절하게 표시되지 않기 때문이다.

(3) 충당부채의 변제

① 기업이 의무를 이행하기 위하여 지급한 금액을 보험약정이나 보증계약 등에 따라 제3자가 보전하거나, 기업이 지급할 금액을 제3자가 직접 지급하는 경우가 있는데 이를 변제라고 한다.

② 충당부채를 결제하기 위하여 필요한 지출액의 일부나 전부를 제3자가 변제할 것으로 예상되는 경우에는 기업이 의무를 이행한다면 변제를 받을 것이 거의 확실하게 되는 때에만 변제금액을 인식하고 별도의 자산으로 인식하여 회계처리한다. 다만 자산으로 인식하는 금액은 관련 충당부채 금액을 초과할 수 없다.

③ 충당부채와 관련하여 포괄손익계산서에 인식된 비용은 제3자의 변제와 관련하여 인식한 금액과 상계하여 표시할 수 있다.

㈜한국이 판매한 제품에 하자가 있어 ㈜한국은 고객으로부터 손해배상청구소송을 당하였다. 20×1년 말 현재 소송이 진행 중이며 ㈜한국에 책임이 있다고 밝혀질 가능성이 높으며, 손해 배상금액은 ₩100,000,000으로 신뢰성 있게 추정된다. ㈜한국은 제품하자보증과 관련하여 보험에 가입하였으며, 보험회사로부터 ₩80,000,000을 수령할 수 있음이 거의 확실하다. 20×1년 말의 회계처리를 하시오.

해설	(차) 손해배상비용	100,000,000	(대) 손해배상충당부채	100,000,000
	(차) 미수금	80,000,000	(대) 손해배상비용	80,000,000

04 유형별 충당부채 및 보고기간 후 사건

출제빈도 ★

1. 충당부채의 종류

(1) 미래의 예상 영업손실

① 미래의 예상 영업손실은 충당부채로 인식하지 아니한다.

② 미래에 영업손실이 예상되는 경우에는 영업과 관련된 자산이 손상되었을 가능성이 있으므로 기업회계기준서 제1036호 '자산손상'에 따라 손상검사를 수행한다.

(2) 손실부담계약

① 손실부담계약이란 계약상 의무의 이행에 필요한 회피 불가능 원가가 그 계약에서 받을 것으로 예상되는 경제적효익을 초과하는 계약을 의미한다.

② 회피 불가능 원가는 계약을 해지하기 위한 최소 순원가로서 다음의 ㉠과 ㉡ 중에서 적은 금액을 말한다.

㉠ 계약을 이행하기 위하여 필요한 원가

㉡ 계약을 이행하지 못하였을 때 지급하여야 할 보상금이나 위약금

③ 손실부담계약을 체결하고 있는 경우에는 관련된 현재의무를 충당부채로 인식하고 측정한다.

④ 손실부담계약에 대한 충당부채를 인식하기 전에 해당 손실부담계약을 이행하기 위하여 사용하는 자산에서 생긴 손상차손을 먼저 인식한다.

(3) 구조조정충당부채

① 구조조정이란 경영진의 계획과 통제에 따라 기업의 사업범위나 사업수행방식을 중요하게 바꾸는 일련의 절차를 의미한다.

② 구조조정에 대한 공식적이며 구체적인 계획이 존재하고 계획의 실행에 착수하였거나 계획의 공표를 통해 구조조정의 영향을 받을 당사자가 기업이 구조조정을 이행할 것이라는 정당한 기대를 가지는 시점에서 인식한다.

③ 구조조정충당부채로 인식할 수 있는 지출은 구조조정과 관련하여 직접 발생하는 지출과 기업의 계속적인 활동과 관련 없는 지출에 대하여는 충당부채의 인식이 가능하다.

④ 구조조정을 완료하는 날까지 발생할 것으로 예상되는 영업손실은 충당부채로 인식하지 아니한다. 다만 손실부담계약과 관련된 예상 영업손실은 충당부채로 인식한다.

⑤ 구조조정의 일환으로 자산의 매각을 계획하는 경우라도 구조조정과 관련된 자산의 예상처분이익은 구조조정충당부채를 측정하는 데 반영하지 아니한다.

(4) 제품보증충당부채

① 제품보증이란 제품의 판매와 용역의 제공 후에 결함이 있을 경우에 그것을 보증하여 수선이나 교환해주겠다는 구매자와 판매자 사이의 계약을 말한다.

② 제품보증의 유형은 두 가지 형태로 구분될 수 있다.

확신유형의 보증	제품이 합의된 규격에 부합하므로 당사들이 의도한 대로 작동할 것이라는 확신을 고객에게 제공하는 유형
용역유형의 보증	제품이 합의된 규격에 부합한다는 확신에 더하여 고객에게 용역을 제공하는 유형

③ 확신유형의 보증
- 제품보증이 확신유형의 보증인 경우 보증의무는 판매한 제품의 결함을 보상해주는 개념으로서 이 경우 제품보증은 제품 판매에 부수적으로 제공되는 것이다.
- 제품 판매로 받은 대가는 모두 제품 판매 대가로 보아 제품 판매시점에 수익을 인식하고, 제품보증과 관련하여 향후에 예상되는 보증비용은 충당부채로 인식한다.

④ 확신유형의 보증인 경우 재무제표에 미치는 영향

제품보증비용 (포괄손익계산서)	제품보증비용 발생예상액(당기 매출액 × 발생비율)
제품보증충당부채 (재무상태표)	보고기간 말 현재 보증의무가 있는 매출에 대한 제품보증비 예상액 − 이미 실제로 발생한 제품보증비

(5) 경품충당부채

① 기업은 고객에게 경품권을 제공할 때 해당 경품권과 교환하여 경품을 제공하는 현재의무가 발생하므로 추후 제공할 경품금액을 추정하여 충당부채로 인식한다.

② 재무제표에 미치는 영향
- 경품비(포괄손익계산서): 제공한 경품권 매수 × 회수 예상비율 × 경품권 1매당 경품원가
- 경품충당부채(재무상태표): 경품제공예상액(원가) − 실제 경품제공액(원가)

📋 시험문제 미리보기!

㈜한국은 제품 구입 후 1년 이내에 발생하는 제품의 결함에 대하여 제품보증을 실시하고 있다. 20×3년에 판매된 제품에 대하여 중요하지 않은 결함이 발생한다면 ₩50,000의 수리비용이 발생하고, 치명적인 결함이 발생하면 ₩200,000의 수리비용이 발생한다. 과거경험률에 따르면 70%는 결함이 없으며, 20%는 중요하지 않은 결함이 발생하며, 10%는 치명적인 결함이 발생한다고 할 때 20×3년 말에 제품보증충당부채로 인식할 금액을 계산하시오. (단, 20×3년 말까지 발생한 수리비용은 ₩10,000이다)

해설　(1) 제품보증비용: ₩50,000 × 0.2 + ₩200,000 × 0.1 = ₩30,000
　　　(2) 보증비용 지출액: ₩10,000
　　　(3) 기말 제품보증충당부채금액: ₩30,000 − ₩10,000 = ₩20,000

📋 시험문제 미리보기!

㈜한국은 20×1년에 영업을 개시하여 20×1년 5월 1일 제품을 ₩100,000에 판매하였다. 이 제품은 1년 동안 제품의 하자를 보증하며, 동종업계의 과거의 경험에 의하면 제품보증기간 중에 매출액의 10%에 해당하는 제품보증비용이 발생할 것으로 추정된다. 20×1년에 실제로 제품보증비용으로 ₩7,000이 지출되었다. 결산일 현재 재무상태표에 계상할 제품보증충당부채를 계산하시오.

해설　제품보증충당부채: ₩100,000 × 10% − ₩7,000 = ₩3,000

📋 시험문제 미리보기!

㈜한국은 20×1년에 새로 출시된 건강음료의 판매를 촉진하기 위하여 제품 상자당 1장의 쿠폰을 인쇄하여 판매하고 있다. 고객은 쿠폰 10장과 원가 ₩2,500인 운동기구를 교환할 수 있으며 회사는 쿠폰의 회수율이 40%일 것으로 추정하고 있다. 20×1년 동안 회사가 판매한 건강음료는 총 4,200상자이고, 교환이 청구된 쿠폰 수는 1,080장이다. ㈜한국이 20×1년 결산 시 계상하여야 할 경품충당부채를 계산하시오.

해설　경품충당부채: 4,200상자 × 0.4 × 1/10 × ₩2,500 − 1,080장 × 1/10 × ₩2,500 = ₩150,000

(6) 타인의 채무 등에 대한 보증

① 기업이 타 기업 등을 위해 지급보증을 제공한 경우 보증인으로서 채무를 대신 변제할 가능성이 높고 금액 추정이 가능한 경우에는 충당부채로 인식하고 대신 지급할 가능성이 높지 아니한 채무보증의 경우에는 우발부채에 해당하므로 주석으로 공시한다.

② 보증을 제공한 회사가 보험가입 등으로 제3자(보험회사 등)의 변제를 받는 경우가 있다. 이와 같이 충당부채를 결제하기 위하여 필요한 지출액의 일부나 전부를 제3자가 변제할 것으로 예상되는 경우에는 기업이 의무를 이행한다면 변제를 받을 것이 거의 확실하게 되는 때에만 변제금액을 별도의 자산으로 인식하고 회계처리한다. 다만, 자산으로 인식하는 금액은 충당부채 금액을 초과할 수 없다.

③ 충당부채와 관련하여 포괄손익계산서에 인식된 비용은 제3자의 변제와 관련하여 인식한 금액과 상계하여 표시할 수 있다.

④ 일부를 제3자가 변제할 경우 회계처리

(차) 지급보증손실	×××	(대) 지급보증충당부채	×××
(차) 미수금(변제자산)	×××	(대) 지급보증손실	×××

⑤ 어떤 의무에 대해 제3자와 연대하여 의무를 지는 경우에 이행해야 하는 전체의무 중에서 제3자가 이행할 것으로 기대되는 부분을 우발부채로 처리한다.

2. 보고기간 후 사건

(1) 보고기간 후 사건의 의의

① 보고기간 후 사건이란 보고기간 말과 재무제표 발행승인일 사이에 발생한 유리하거나 불리한 사건을 말한다.

② 재무제표 발행승인일은 정기주주총회 제출을 위한 재무제표의 발행을 이사회에서 승인한 날을 의미한다.

(2) 수정을 요하는 보고기간 후 사건

① 수정을 요하는 보고기간 후 사건은 보고기간 말 현재 존재하였던 상황에 대한 추가적인 증거를 제공하는 사건으로서 재무제표상의 금액에 영향을 주는 사건을 말한다.

② 수정을 요하는 보고기간 후 사건이 되기 위해서는 사건의 원인이 보고기간 말 이전에 존재하고 보고기간 후 사건의 발생으로 인하여 새로운 추정치가 제공되어야 한다.

(3) 수정을 요하는 사건의 사례

① 보고기간 말에 존재하였던 현재의무가 보고기간 후에 소송사건의 확정에 의해 확인되는 경우에 이전에 인식하였던 충당부채 장부금액을 수정하거나 새로운 충당부채를 인식한다.

② 보고기간 말에 이미 자산손상차손이 발생되었음을 나타내는 정보를 보고기간 후에 입수하는 경우나 이미 손상차손을 인식한 자산에 대하여 **손상차손금액의 수정**이 필요한 정보를 입수하는 경우로 **보고기간 후의 매출처의 파산**으로 인한 매출채권 장부금액의 수정 및 **보고기간 후의 재고자산의 판매**로 보고기간 말의 재고자산의 순실현가능가치의 증거제공을 예로 들 수 있다.

③ 보고기간 말 이전에 구입한 자산의 취득원가나 매각한 자산의 대가를 보고기간 후에 결정하는 경우

④ 보고기간 말 이전 사건의 결과로서 보고기간 말에 종업원에게 지급하여야 할 법적 의무나 의제의무가 있는 이익분배나 상여금지급 금액을 보고기간 후에 확정하는 경우

⑤ 재무제표가 부정확하다는 것을 보여주는 부정이나 오류를 발견한 경우

(4) 수정을 요하지 않는 보고기간 후 사건

① 수정을 요하지 않는 보고기간 후 사건은 **보고기간 말 현재 존재하지 않았으나 보고기간 말 이후에 발생한 상황에 대한 증거를 제공하는 사건**을 말한다.

② 수정을 요하지 않는 보고기간 후 사건을 반영하기 위하여 재무제표에 인식된 금액을 수정하지 아니한다. 수정을 요하지 않는 보고기간 후 사건의 예를 들면 다음과 같다.

- 보고기간 말과 재무제표 발행승인일 사이에 **투자자산의 공정가치 하락**을 들 수 있다.
- 보고기간 후에 지분상품에 대해 배당을 선언한 경우 그 배당금은 보고기간 말의 부채로 인식하지 않는다.

ejob.Hackers.com

출제빈도: ★★★　대표출제기업: 한국가스공사

01 충당부채의 인식에 대한 설명으로 옳지 않은 것은?

① 의무에는 언제나 해당 의무의 이행 대상이 되는 상대방이 존재해야 하므로 상대방이 누구인지 알 수 없는 일반대중에 대한 충당부채는 인식될 수 없다.

② 개별항목의 의무이행에 필요한 자원의 유출가능성은 높지 않더라도 전체적인 의무이행을 위하여 필요한 자원의 유출가능성이 높을 경우에는 충당부채를 인식한다.

③ 충당부채로 인식되기 위해서는 과거사건으로 인한 의무가 기업의 미래행위와 독립적이어야 한다.

④ 충당부채를 재무제표에 부채로 인식하기 위해서는 신뢰성 있는 추정이 반드시 필요하며, 추정치를 사용하는 것 자체가 재무제표의 신뢰성을 손상시키지는 않는다.

⑤ 입법 예고된 법규의 세부사항이 아직 확정되지 않은 경우에는 당해 법규안대로 제정될 것이 거의 확실한 때에만 의무가 발생한 것으로 본다.

출제빈도: ★★★　대표출제기업: 한국공항공사

02 충당부채에 대한 설명으로 옳지 않은 것은?

① 충당부채를 인식하기 위해서는 과거사건의 결과로 현재의무가 존재하여야 한다.

② 충당부채를 인식하기 위한 현재의 의무는 법적의무로서 의제의무는 제외된다.

③ 충당부채의 인식요건 중 경제적효익이 있는 자원의 유출가능성이 높다는 것은 발생할 가능성이 발생하지 않을 가능성보다 더 높다는 것을 의미한다.

④ 충당부채를 인식하기 위해서는 과거사건으로 인한 의무가 기업의 미래행위와 독립적이어야 한다.

⑤ 충당부채로 인식하기 위해서는 현재의무가 존재하여야 할 뿐만 아니라 당해 의무를 이행하기 위한 경제적효익이 내재된 자원의 유출가능성이 높아야 한다.

출제빈도: ★★★ 대표출제기업: KDB산업은행

03 충당부채와 우발부채에 대한 설명으로 옳지 않은 것은?

① 제3자와 연대하여 의무를 지는 경우에는 이행할 전체의무 중 제3자가 이행할 것으로 예상되는 부분을 우발부채로 인식한다.

② 충당부채로 인식되기 위해서는 과거사건의 결과로 현재의무가 존재하여야 한다.

③ 충당부채와 관련하여 포괄손익계산서에 인식한 비용은 제3자의 변제와 관련하여 인식한 금액과 상계하여 표시할 수 있다.

④ 현재의무를 이행하기 위한 자원의 유출가능성은 높으나 신뢰성 있는 금액의 추정이 불가능한 경우에는 우발부채로 공시한다.

⑤ 과거에 우발부채로 처리하였다면 이후 충당부채의 인식조건을 충족하더라도 재무제표의 신뢰성 제고를 위해서 충당부채로 인식하지 않는다.

출제빈도: ★★☆

04 TV를 제조하여 판매하는 ㈜한국은 보증기간 내에 제조상 결함이 발견된 경우, 제품을 수선하거나 새 제품으로 교환해주는 제품보증정책을 취하고 있다. 이에 대한 회계처리방법으로 옳지 않은 것은?

① 경제적효익을 갖는 자원의 유출가능성이 높고 금액을 신뢰성 있게 추정할 수 있는 경우, 충당부채로 인식한다.

② 경제적효익을 갖는 자원의 유출가능성이 높으나 금액을 신뢰성 있게 추정할 수 없는 경우, 충당부채로 인식한다.

③ 경제적효익을 갖는 자원의 유출가능성이 높지 않으나 아주 낮지도 않은 경우, 우발부채로 공시한다.

④ 경제적효익을 갖는 자원의 유출가능성이 아주 낮은 경우, 공시하지 아니한다.

⑤ 경제적효익을 갖는 자원의 유출가능성이 높지 않고 금액을 신뢰성 있게 추정할 수 있는 경우, 우발부채로 공시한다.

정답 및 해설

01 ①
의무는 반드시 상대방이 존재한다. 다만, 상대방이 누구인지 반드시 알아야 하는 것은 아니다.

02 ②
충당부채를 인식하기 위한 현재의 의무에는 법적의무와 의제의무가 모두 포함된다.

03 ⑤
과거에 우발부채로 처리하였더라도 미래경제적효익의 유출가능성이 높아진 경우에는 그러한 가능성의 변화가 생긴 기간의 재무제표에 충당부채로 인식한다.

04 ②
경제적효익을 갖는 자원의 유출가능성이 높으나 금액을 신뢰성 있게 추정할 수 없는 경우, 우발부채로 주석공시한다.

출제빈도: ★★☆　대표출제기업: 한국중부발전

05 우발부채 및 우발자산에 대한 설명으로 옳지 않은 것은?

① 우발부채와 우발자산은 재무상태표에 자산이나 부채로 인식하지 않는다.

② 제3자와 연대하여 의무를 지는 경우, 이행할 전체 의무 중 제3자가 이행할 것으로 예상되는 부분에 대해서는 우발부채로 처리한다.

③ 과거에 우발부채로 처리한 항목에 대해서는, 미래경제적효익의 유출가능성이 높아지고 해당 금액을 신뢰성 있게 추정할 수 있는 경우라 하더라도, 재무제표에 충당부채로 인식할 수 없다.

④ 기업은 관련 상황의 변화가 적절하게 재무제표에 반영될 수 있도록 우발자산을 지속적으로 평가하여야 한다.

⑤ 우발자산은 경제적효익의 유입가능성이 높은 경우에 주석으로 공시한다.

출제빈도: ★★★

06 충당부채, 우발부채, 우발자산에 대한 설명으로 옳지 않은 것은?

① 우발자산은 경제적효익의 유입가능성이 높지 않은 경우에 주석으로 공시한다.

② 의무를 이행하기 위하여 경제적효익이 있는 자원을 유출할 가능성이 높지 않은 경우 우발부채를 주석으로 공시한다.

③ 우발부채와 우발자산은 재무제표에 인식하지 아니한다.

④ 현재의무를 이행하기 위하여 해당 금액을 신뢰성 있게 추정할 수 있고 경제적효익이 있는 자원을 유출할 가능성이 높은 경우 충당부채로 인식한다.

⑤ 충당부채로 인식하는 금액은 현재의무를 보고기간 말에 이행하기 위하여 소요되는 지출에 대한 최선의 추정치이어야 한다.

출제빈도: ★★☆

07 다음 중 충당부채 및 우발부채에 대한 회계처리 내용으로 옳지 않은 것은?

① 충당부채로 인식되기 위해서는 과거사건으로 인한 의무가 기업의 미래행위와 관련 있어야 한다.

② 충당부채에 대한 화폐의 시간가치가 중요한 경우에는 현재가치로 평가하며, 장부금액을 기간 경과에 따라 증가시키고 해당 금액은 차입원가로 인식한다.

③ 어떤 의무에 대하여 제3자와 연대하여 의무를 지는 경우에 이행하여야 하는 전체 의무 중에서 제3자가 이행할 것으로 기대되는 부분에 한하여 우발부채로 처리한다.

④ 충당부채를 결제하기 위하여 필요한 지출의 일부 또는 전부를 제3자가 변제할 것이 예상되는 경우 기업이 의무를 이행한다면 변제를 받을 것이 거의 확실하게 되는 때에 한하여 변제금액을 인식하고 별도의 자산으로 회계처리한다.

⑤ 불법적인 환경오염으로 인한 환경정화비용의 경우에는 기업의 미래행위에 관계없이 그 의무의 이행에 경제적효익을 갖는 자원의 유출이 수반되므로 충당부채로 인식한다.

출제빈도: ★★★ 대표출제기업: KDB산업은행

08 다음 중 충당부채, 우발부채 및 우발자산에 대한 설명으로 옳지 않은 것은?

① 충당부채로 인식되기 위해서는 과거사건으로 인한 의무가 기업의 미래행위와 독립적이어야 한다. 따라서 불법적인 환경오염으로 인한 범칙금이나 환경정화비용의 경우에는 충당부채로 인식한다.

② 충당부채는 부채로 인식하는 반면, 우발부채와 우발자산은 부채와 자산으로 인식하지 않는다.

③ 재무제표는 재무제표이용자들의 현재 및 미래 의사결정에 유용한 정보를 제공하는 데에 그 목적이 있다. 따라서 미래영업을 위하여 발생하게 될 원가에 대해서 충당부채로 인식한다.

④ 의무발생사건이 되기 위해서는 당해 사건으로부터 발생된 의무를 이행하는 것 외에는 실질적인 대안이 없어야 한다. 이러한 경우는 의무의 이행을 법적으로 강제할 수 있거나 기업이 당해 의무를 이행할 것이라는 정당한 기대를 상대방이 가지는 경우에만 해당한다.

⑤ 의무를 이행하기 위하여 경제적효익이 있는 자원을 유출할 가능성이 희박하지 않다면, 우발부채를 주석으로 공시한다.

정답 및 해설

05 ③
과거에 우발부채로 처리한 항목에 대해서는, 미래경제적효익의 유출가능성이 높아지고 해당 금액을 신뢰성 있게 추정할 수 있는 경우면 재무제표에 충당부채로 인식할 수 있다.

06 ①
경제적효익의 유입가능성이 높은 우발자산에 대해서는 보고기간 말에 우발자산의 특성에 대해 간결하게 설명을 공시하고, 실무적으로 적용할 수 있는 경우에는 재무적 영향의 추정 금액을 공시한다.

07 ①
기업의 미래행위와 상관없이 과거의무로 인해 경제적효익의 유출가능성이 높고, 그 금액을 신뢰성 있게 측정할 수 있다면 충당부채로 인식한다.

08 ③
미래 예상 영업손실은 과거사건의 결과가 아니므로 충당부채로 인식할 수 없다.

출제빈도: ★★☆

09 다음 사례는 ㈜한국의 20×1년과 20×2년에 발생한 사건으로, 금액은 신뢰성 있게 추정이 가능하다고 가정한다.

사례 A	석유산업에 속한 ㈜한국은 오염을 일으키고 있지만 사업을 영위하는 특정 국가의 법률에서 요구하는 경우에만 오염된 토지를 정화한다. ㈜한국은 20×1년부터 토지를 오염시켰으나, 이러한 사업이 운영되는 어떤 국가에서도 오염된 토지를 정화하도록 요구하는 법률이 20×1년 말까지 제정되지 않았다. 20×2년 말 현재 ㈜한국이 사업을 영위하는 국가에서 이미 오염된 토지를 정화하도록 요구하는 법안이 연말 후에 곧 제정될 것이 거의 확실하다.
사례 B	20×1년 초 새로운 법률에 따라 ㈜한국은 20×1년 말까지 매연여과장치를 공장에 설치해야 하고, 해당 법률을 위반할 경우 벌과금이 부과될 가능성이 매우 높다. ㈜한국은 20×2년 말까지 매연 여과장치를 설치하지 않아 20×2년 말 관계 당국으로부터 벌과금 납부서(납부기한: 20×3년 2월 말)를 통지받았으나 아직 납부하지 않았다.
사례 C	20×1년 12월 12일 해외사업부를 폐쇄하기 위한 구체적인 계획에 대하여 이사회 동의를 받았다. 20×1년 말이 되기 전에 이러한 의사결정의 영향을 받는 대상자들에게 그 결정을 알리지 않았고 실행을 위한 어떠한 절차도 착수하지 않았다. 20×2년 말이 되어서야 해당 사업부의 종업원들에게 감원을 통보하였다.

위 사례 중 ㈜한국의 20×1년 말과 20×2년 말 재무상태표에 충당부채로 인식해야 할 사항을 모두 고른 것은?

	20×1년 말	20×2년 말
①	A, B	B, C
②	B, C	A, B, C
③	B	A, C
④	B	A, B, C
⑤	B, C	A

출제빈도: ★★☆

10 다음 중 충당부채에 대한 설명으로 옳지 않은 것은?

① 예상되는 자산처분이 충당부채를 발생시킨 사건과 밀접하게 관련되어도 그 자산의 예상처분이익은 충당부채에서 차감하지 아니한다.

② 충당부채로 인식하는 금액은 현재의무를 보고기간 말에 이행하기 위하여 소요되는 지출에 대한 최선의 추정치이어야 한다.

③ 불법적인 환경오염으로 인한 환경정화비용의 경우에는 기업의 미래행위에 관계없이 그 의무의 이행에 경제적효익을 갖는 자원의 유출이 수반되므로 충당부채로 인식한다.

④ 화폐의 시간가치가 중요한 경우, 충당부채는 의무를 이행하기 위해 예상되는 지출액의 현재가치로 평가한다. 현재가치 평가 시 적용할 할인율은 부채의 특유위험과 화폐의 시간가치에 대한 현행시장의 평가를 반영한 세전 이자율이다.

⑤ 현재의무를 이행하기 위하여 필요한 지출 금액에 영향을 미치는 미래 사건이 일어날 것이라는 충분하고 객관적인 증거가 있는 경우에도, 그 미래 사건을 고려하여 충당부채 금액을 추정하지 않는다.

출제빈도: ★★☆

11 충당부채의 변동과 변제에 관한 설명으로 옳지 않은 것은?

① 어떤 의무를 제삼자와 연대하여 부담하는 경우에 이행하여야 하는 전체 의무 중에서 제삼자가 이행할 것으로 예상되는 정도까지만 충당부채로 처리한다.

② 의무를 이행하기 위하여 경제적효익이 있는 자원을 유출할 가능성이 높지 않게 된 경우에는 관련 충당부채를 환입한다.

③ 보고기간 말마다 충당부채의 잔액을 검토하고, 보고기간 말 현재 최선의 추정치를 반영하여 조정한다.

④ 충당부채를 결제하기 위하여 필요한 지출액의 일부나 전부를 제삼자가 변제할 것으로 예상되는 경우에는 기업이 의무를 이행한다면 변제를 받을 것이 거의 확실하게 되는 때에만 변제금액을 별도의 자산으로 인식하고 회계처리한다.

⑤ 충당부채와 관련하여 포괄손익계산서에 인식할 비용은 제3자의 대리변제와 관련하여 인식한 금액과 상계하여 표시할 수 있다.

정답 및 해설

09 ③
  (1) 사례 A
    • 20×1년: 법적의무(토지정화 법률) 또는 의제의무(기업의 토지정화 정책)가 없으므로 충당부채를 인식하지 않는다.
    • 20×2년: 법적의무(법안 통과 확실)가 있으므로 충당부채를 인식한다.
  (2) 사례 B
    • 20×1년: 법률에 따른 여과장치의 설치 의무기한은 20×1년 말이며, 회사는 설치를 수행하지 않았으므로 부과될 벌과금에 납부에 대한 법적의무가 존재한다. 따라서 충당부채를 인식한다.
      cf. 매연여과장치 설치원가에 대한 의무는 여전히 없다.
    • 20×2년: 벌과금 납부서를 통지받았으므로 해당 의무의 이행은 추정이 아닌 확정이다. 따라서 충당부채가 아닌 확정부채(예 미지급벌과금)를 인식한다.
  (3) 사례 C
    • 20×1년: 의무발생사건이 일어나지 않아서 의무가 없으므로 충당부채를 인식하지 않는다. (이 경우 의무발생사건은 결정을 고객과 종업원 등에게 알리는 것임)
    • 20×2년: 의무발생사건이 일어났으므로 충당부채를 인식한다.

10 ⑤
  현재의무를 이행하기 위하여 필요한 지출 금액에 영향을 미치는 미래 사건이 일어날 것이라는 충분하고 객관적인 증거가 있는 경우에는, 그 미래 사건을 고려하여 충당부채 금액을 추정한다.

11 ①
  제삼자가 이행할 것으로 예상되는 정도까지는 우발부채로 주석공시한다.

출제빈도: ★★★ 대표출제기업: 경기주택도시공사

12 ㈜한국은 20×1년부터 제품을 판매하기 시작하고 3년간 품질을 보증하며, 품질보증기간이 지나면 보증의무는 사라진다. 과거의 경험에 의하면 제품 1단위당 ₩200의 제품보증비가 발생하며, 판매량의 5%에 대하여 품질보증요청이 있을 것으로 추정된다. 20×3년 말 현재 20×1년에 판매한 제품 중 4%만 실제 제품보증활동을 수행하였다. 20×1년부터 20×3년까지의 판매량과 보증비용 지출액 자료는 다음과 같다.

연도	판매량(대)	보증비용 지출액
20×1년	3,000	₩20,000
20×2년	4,000	₩30,000
20×3년	6,000	₩40,000

㈜한국이 제품보증과 관련하여 충당부채를 설정한다고 할 때, 20×3년 말 제품보증충당부채는? (단, 모든 보증활동은 현금지출로 이루어진다)

① ₩40,000 ② ₩34,000 ③ ₩20,000

④ ₩10,000 ⑤ ₩6,000

출제빈도: ★☆☆

13 보고기간 후 사건은 보고기간 말과 재무제표 발행승인일 사이에 발생한 유리하거나 불리한 사건을 말한다. 특정 보고기간 후 사건의 내용에 따라 재무제표는 수정될 수도 있고, 수정되지 않고 주석으로만 관련 사건의 내용을 공시할 수도 있다. 다음은 한국채택국제회계기준서 제1010호 '보고기간 후 사건'과 관련된 설명이다. 기준서의 내용과 일치하지 않는 설명은 무엇인가?

① 재무제표를 발행한 이후에 주주에게 승인을 받기 위하여 제출하는 경우가 있다. 이 경우 재무제표 발행승인일은 주주가 재무제표를 승인한 날이 아니라 이사회에서 정기주주총회 제출용 재무제표를 발행승인한 날이다.

② 보고기간 말에 존재하였던 현재의무가 보고기간 후에 소송사건의 확정에 의해 확인되는 경우에는 소송사건과 관련하여 이전에 인식하였던 충당부채를 수정하거나 새로운 충당부채를 인식한다.

③ 유가증권의 시장가격이 보고기간 말과 재무제표 발행승인일 사이에 하락한 경우에는 당해 하락을 반영하여 보고기간 말의 재무제표를 수정하지 아니한다.

④ 보고기간 후에 지분상품의 보유자에 대해 배당을 선언한 경우, 그 배당금을 보고기간 말의 부채로 인식한다.

⑤ 보고기간 말 이전 사건의 결과로서 보고기간 말에 종업원에게 지급하여야 할 법적의무나 의제의무가 있는 이익분배나 상여금지급 금액을 보고기간 후에 확정하는 경우는 보고기간 후 수정을 요하는 사건이다.

출제빈도: ★☆☆

14 다음은 각각 독립적인 사건으로 '재무제표에 인식된 금액의 수정을 요하는 보고기간 후 사건'에 해당하는 것을 모두 고른 것은?

> ㄱ. 보고기간 말에 존재하였던 현재의무가 보고기간 후에 소송사건의 확정에 의해 확인되는 경우
> ㄴ. 보고기간 말과 재무제표 발행승인일 사이에 투자자산의 공정가치가 하락하는 경우
> ㄷ. 보고기간 말 이전에 구입한 자산의 취득원가나 매각한 자산의 대가를 보고기간 후에 결정하는 경우

① ㄱ   ② ㄴ   ③ ㄴ, ㄷ

④ ㄱ, ㄴ   ⑤ ㄱ, ㄷ

정답 및 해설

12 ①
(1) 품질비용 추정치: 13,000대 × 0.05 × ₩200 = ₩130,000
(2) 실제보증 지출액: ₩20,000 + ₩30,000 + ₩40,000 = ₩90,000
(3) 충당부채 잔액(20×3년 말): ₩130,000 - ₩90,000 = ₩40,000

13 ④
보고기간 후에 지분상품 보유자에 대한 배당을 선언한 경우, 그 배당금을 보고기간 말의 부채로 인식하지 아니한다. 즉, 보고기간 후부터 재무제표 발행승인일 전 사이에 배당을 선언한 경우는 수정을 요하는 보고기간 후 사건이 아니다.

14 ⑤
수정을 요하는 사건의 사례는 다음과 같다.
• 소송사건
• 자산손상
• 자산의 취득원가나 매각한 자산의 대가
• 종업원 이익분배나 상여금 지급
• 재무제표의 부정이나 오류

제11장 | 자본

✓핵심 포인트

자본의 의의	• 자본의 정의 • 자본의 특성		
자본거래와 손익거래	• 자본거래 • 손익거래		
자본의 분류	• 자본의 분류 • 자본의 세부항목		
이익배당우선주 구분	• 누적적 · 비누적적 우선주 • 참가적 · 비참가적 우선주		
자본거래	자본금의 증가 (증자거래)	• 유상증자(실질적 증자) • 현물출자 • 출자전환 • 무상증자(형식적 증자)	
	자본금의 감소 (감자거래)	• 유상감자(실질적 감자) • 무상감자(형식적 감자)	
	자기주식의 회계처리	• 자기주식의 취득 • 자기주식의 발행 • 자기주식의 소각 • 자기주식의 무상수증	
	기타 자본거래	• 주식배당 • 주식분할 • 주식병합	
이익잉여금	• 이익잉여금의 분류 • 이익잉여금의 처분		
자본항목	• 자본잉여금 • 자본조정		
기타포괄손익누계액	• 후속적으로 당기손익으로 재분류되지 않는 항목 • 후속적으로 당기손익으로 재분류되는 항목		
자본총계의 증감분석	• 자본총계를 증가시키는 거래 • 자본총계를 감소시키는 거래 • 자본총계에 영향이 없는 거래		
자본유지접근법에 의한 이익산정	• 기초순자산 ± 기중순자산변동 = 기말순자산		

01 자본의 의의 및 주식의 종류

1. 자본의 의의

자본은 기업의 순자산에 대한 지분을 나타낸다. 즉, 자본은 회사의 자산을 처분하여 채권자들에게 우선 변제하고 남은 잔여재산에 대한 권리이다. 그런 의미에서 자본은 자산에서 모든 부채를 차감한 후의 잔여지분으로 정의한다. 자본은 경제적 자원에 대한 주주의 청구권을 나타내기 때문에 주주지분 또는 소유주지분이라고 하며, 채권자의 지분인 부채를 차감한 이후의 지분이라는 의미에서 잔여지분이라고 한다. 투자자 입장에서는 기업의 자산에서 모든 부채를 차감한 후의 잔여지분을 나타내는 모든 계약(즉, 자본)을 지분상품이라고 부른다.

(1) 납입자본

주주에 의해 납입된 자본부분이다.

① 자본금이란 액면주식 제도에서 회사의 자본금은 발행주식의 액면금액을 모두 합한 금액이다. 주주가 납입한 자본 중 상법의 규정(발행주식수 × 액면금액)에 따라 계상한 부분이다.

② 자본잉여금이란 주주와의 자본거래에서 발생한 잉여금으로서 주식발행 시 액면가액을 초과한 부분 또는 자본감소의 경우 감소액의 반환액을 초과한 금액 등을 들 수 있다.

(2) 기타자본구성요소

납입자본과 이익잉여금 이외의 자본부분이다.

① 자본조정은 당해 항목의 성격으로 보아 자본거래에 해당하나 최종 납입된 자본으로 볼 수 없거나 자본의 가감 성격으로 자본금이나 자본잉여금으로 분류할 수 없는 항목이다.

② 기타포괄손익누계액은 당기나 과거기간에 포괄손익계산서에 보고된 기타포괄손익의 잔액(누계액)이다.

(3) 이익잉여금

이익잉여금(또는 결손금)은 포괄손익계산서에 보고된 당기순손익과 다른 자본항목에서 이입된 금액의 합계액에서 주주에 대한 배당, 자본금으로의 전입 및 자본조정 항목의 상각 등으로 처분된 금액을 차감한 잔액이다.

2. 자본의 분류

IFRS에는 자본관련 기준서가 별도로 존재하지 아니하고, 자본의 분류도 정형화된 형식이 존재하지 않는다. 자본은 관점에 따라 다양하게 구분될 수 있는데, 자본은 주주와의 거래(자본거래)로 인한 결과와 손익거래로 인한 결과로 구분할 수도 있다.

① 한국채택국제회계기준(K-IFRS)에서 자본은 납입자본과 이익잉여금 및 기타자본구성요소로 구분하고 있으나 그 구체적인 포함항목에 대해서는 규정하고 있지 않다. 그러나 일반기업회계기준에서는 자본을 자본금, 자본잉여금, 자본조정, 기타포괄손익누계액, 이익잉여금으로 분류하고 있다.

② 자산과 부채는 유동성에 따라 재무상태표에 표시하지만, 자본은 순자산의 변동원천에 따라 크게 자본거래와 손익거래로 구분된다.

③ 자본거래와 손익거래
  - 보고기간 동안의 자본의 총변동은 당해 기간의 순자산 증가 또는 감소를 반영한다. 자본의 변동원인은 자본거래로 인한 변동과 손익거래로 인한 변동으로 구분할 수 있다.
  - 자본거래는 해당 거래의 결과가 포괄손익계산서에 영향을 주지 않고 직접 재무상태표에 반영되지만, 손익거래의 결과는 포괄손익계산서에 수익과 비용으로 인식될 수 있으며, 결과적으로 재무상태표에 반영된다.

〈자본(순자산)의 변동〉

자본거래로 인한 변동	• 자본거래는 소유주로서의 자격을 행사하는 소유주와의 거래(예 출자, 기업자신의 지분상품의 재취득 및 배당)를 의미함. 즉, 보고기업과 주주로서의 자격을 행사하는 주주와의 거래를 의미함 • 자본거래로 인해 보고기업이 이익을 볼 경우에는 자본잉여금에 반영되며, 자본거래로 인해 보고기업이 손실을 볼 경우에는 자본조정에 반영됨 • 자본거래의 경우에는 직접 불입자본(자본)을 증가 또는 감소시키고 기업의 손익에는 영향을 주지 않음
손익거래로 인한 변동	• 소유주(주주)와의 자본거래를 제외한 나머지 모든 거래를 의미함 • 자본의 총변동에서 자본거래로 인한 변동을 차감하면 손익거래로 인한 변동이 됨 • 손익거래로 인해 발생한 자본의 총변동은 포괄손익계산서에 표시되는 총수익에서 총비용을 차감한 금액과 일치함. 즉, 당해 보고기간 동안에 발생한 당기순손익 및 기타포괄손익을 합한 금액과 일치함 • 손익거래의 경우에는 기업의 손익에 미치는 영향이 일단은 포괄손익계산서에 반영되고 반영된 손익의 결과가 최종적으로 기업의 유보이익(자본)에 반영됨

  - 총포괄손익은 다음과 같이 표현할 수 있다.

$$
\begin{aligned}
\text{총포괄손익} &= \text{손익거래로 인한 자본의 총변동} \\
&= \text{수익} - \text{비용} \\
&= \text{당기순손익} + \text{기타포괄손익} \\
&= \text{자본의 총변동} - \text{자본거래로 인한 변동}
\end{aligned}
$$

- 재무상태표의 이익잉여금과 기타포괄손익누계액은 포괄손익계산서와 연계되어 있는데 포괄손익계산서의 당기순손익은 결산을 통해 재무상태표의 이익잉여금으로 대체되고, 기타포괄손익은 결산을 통해 재무상태표의 기타포괄손익누계액으로 대체된다.

포괄손익계산서		재무상태(자본)
수익	×××	
비용	×××	
당기순손익	×××	→ 이익잉여금
수익	×××	
비용	×××	
기타포괄손익	×××	→ 기타포괄손익누계액
총포괄손익	×××	

④ 자본 분류의 예시

구분	일반기업회계기준	K-IFRS	비고
자본 거래	자본금	납입자본금	보통주자본금, 우선주자본금
	자본잉여금		주식발행초과금, 감자차익, 자기주식처분이익 등
	자본조정(자본감소)		자기주식, 주식할인발행차금, 감자차손, 자기주식 처분손실
	자본조정(자본증가)		신주청약증거금, 전환권대가, 주식선택권 등
손익 거래	기타포괄손익누계액	기타자본 구성요소	후속적으로 당기손익으로 재분류가 금지된 항목
	기타포괄손익누계액		후속적으로 당기손익으로 재분류가 가능한 항목
	이익잉여금(기처분)	이익잉여금	법정적립금, 임의적립금
	이익잉여금(미처분)		미처분이익잉여금

재무상태표상의 모든 자본은 동일한 유형끼리 상계하여 표시하는 게 일반적인데 다음의 항목은 같은 성격의 양수와 음수이므로 서로 상계하여 어느 한쪽의 잔액만 유지한다.

- 주식발행초과금 ⇨ (−)주식할인발행차금
- 감자차익 ⇨ (−)감자차손
- 자기주식처분이익 ⇨ (−)자기주식처분손실
- 기타포괄손익−공정가치 측정 금융자산의 평가이익 ⇨ (−)기타포괄손익−공정가치 측정 금융자산의 평가손실

3. 주식의 종류

(1) 보통주

① 보통주는 회사가 발행한 여러 종류의 주식 중 상대적인 의미에서 권리와 의무의 표준이 되는 주식이다.

② 기업이 발행한 보통주를 보유하고 있는 자를 보통주주라 하는데, 보통주주는 기본적으로 의결권과 신주인수권을 가진다.

③ 한편, 기업이 보통주와 우선주를 모두 발행한 경우, 우선주주가 보통주주에 비해 이익배당이나 잔여재산 분배에 대한 우선적 권리를 가지는 것이 일반적이다.

(2) 이익배당우선주

① 우선주는 보통주와 구분되는 다른 주식이며 특정한 권리에 대해서 우선적 지위를 갖는 주식이며 일반적으로 보통주에 기본적으로 내재되어 있는 의결권과 신주인수권이 배제된다.

② 누적적우선주란 특정 연도에 배당을 받지 못하거나 미달되었을 경우 차후 연도의 이익에서 그 부족액(연체배당금)을 우선적으로 배당받을 수 있는 우선주를 말한다. 반면에, 그렇지 못한 우선주를 비누적적 우선주라고 한다.

③ 참가적우선주란 보통주에 기본 배당을 지불한 후에도 잔여이익이 있을 때 그 잔여분에 대해서 보통주와 함께 이익배당에 참가할 수 있는 우선주를 말한다. 반면에, 그렇지 못한 우선주를 비참가적 우선주라고 한다.

(3) 전환우선주

① 우선주 주주의 전환청구에 따라 보통주로 전환할 수 있는 권리를 부여받은 우선주를 말한다. 우선주 주주가 전환권을 행사하면 우선주는 소멸하고 대신 보통주를 교부받는다.

② 회계처리

[전환우선주 발행 시]			
(차) 현금	×××	(대) 우선주자본금	×××
[전환우선주 전환 시]			
(차) 우선주자본금	×××	(대) 보통주자본금	×××

(4) 상환우선주

① 상환우선주는 상환권이 부여된 우선주인데, 상환권을 누가 보유하는지에 따라 지분상품 또는 금융부채로 분류한다.

② 상환우선주에 대해 발행회사가 상환을 결정할 수 있는 경우에는 발행회사에게 상환에 대한 계약상 의무가 없으므로 이 상환우선주는 지분상품으로 분류한다.

③ 상환우선주를 발행회사가 의무적으로 상환해야 하거나 상환우선주의 보유자가 상환청구권 행사에 의해 상환해야 하는 경우, 이러한 우선주는 금융부채로 분류한다.

④ 회계처리

[상환우선주 발행 시]

| (차) 현금 | ××× | (대) 우선주자본금 | ××× |

[상환우선주 상환 시]

| (차) 우선주자본금 | ××× | (대) 현금 | ××× |

📋 시험문제 미리보기!

다음은 20×1년 12월 31일 ㈜한국의 자본계정에 관한 정보이다. 보통주 1주당 배당액을 계산하시오.

(1) 자본금내역
- 보통주 ₩10,000,000
- 우선주 A(배당률 5%, 비누적적·비참가적) ₩5,000,000
- 우선주 B(배당률 5%, 누적적·완전참가적) ₩5,000,000

(2) 모든 주식은 개업 시 발행하였으며 발행한 모든 주식의 주당 액면금액은 ₩5,000이다.

(3) 우선주에 대한 1년분 배당이 연체되었다.

(4) 정관에 의하여 이사회는 ₩1,550,000의 현금배당을 결의하였다.

해설

	우선주 A	우선주 B	보통주
연체배당	–	₩250,000[*1]	–
당기배당	₩250,000[*1]	250,000[*1]	
기본배당			₩500,000[*2]
잔여배당	–	100,000[*3]	200,000[*4]
계	₩250,000	₩600,000	₩700,000

(*1) ₩5,000,000 × 0.05 = ₩250,000

(*2) ₩10,000,000 × 0.05 = ₩500,000

(*3) $(1,550,000 - 250,000 \times 3 - 500,000) \times \frac{1}{3} = ₩100,000$

(*4) $300,000 \times \frac{2}{3} = ₩200,000$

1. 증자거래

주식을 발행하여 기업의 자본금을 증가시키는 거래를 증자거래라 하고 주금의 납입 여부에 따라 유상증자와 무상증자로 구분할 수 있다.

(1) 유상증자(실질적 증자)

① 유상증자는 회사가 주주로부터 주금을 납입받고 신주를 발행하는 자본거래이다. 유상증자 시 기업의 **자본금이 증가**하고 동시에 **순자산이 증가**하게 되므로 실질적 증자라고도 한다.

② 현금출자와 현물출자는 대표적인 유상증자이다.

③ 자본금은 액면금액으로 기록하고 발행금액이 액면금액을 초과하여 발행하는 것을 할증발행이라 하고 액면가액 초과분은 **주식발행초과금(자본잉여금)**으로 자본의 가산항목 처리하고, 액면금액에 미달하여 발행하는 것은 할인발행이라 하고 액면가액 미달분은 **주식할인발행차금(자본조정)**으로 자본의 차감항목으로 표시한다.

④ 주식할인발행차금은 주식발행초과금 범위 내에서 **상계처리**하고 잔액이 남을 경우 **이익잉여금의 처분**으로 상각한다. (반대의 경우에도 상계처리)

⑤ 주식발행의 회계처리

할증발행	(차) 현금	×××	(대) 자본금	×××
			주식발행초과금	×××
할인발행	(차) 현금	×××	(대) 자본금	×××
	주식발행초과금	×××		
	주식할인발행차금	×××		
주총일	(차) 미처분이익잉여금	×××	(대) 주식할인발행차금	×××

⑥ 주식발행과 관련하여 **직접적으로 발생한 신주발행비용**은 주식의 발행금액에서 차감한다.

⑦ 주식청약 시에 계약금만 수령하고 청약대금이 완전히 납입된 때 주식을 발행하는 것을 말하며, 주식청약과 관련하여 수령한 주식청약대금은 **신주청약증거금(자본조정)**의 계정에 기록하고 잔액이 완납되어 주식이 발행되는 시점에 주식의 발행금액으로 대체한다.

청약일	(차) 현금	×××	(대) 신주청약증거금	×××
주식발행일	(차) 신주청약증거금	×××	(대) 자본금	×××
	현금	×××	주식발행초과금	×××

⑧ 현물출자란 주식의 대금을 현금 이외의 자산으로 납입하는 것으로, 취득한 자산의 공정가치와 발행한 주식의 공정가치 중 보다 명확한 것을 주식의 발행금액으로 처리한다.

(차) 토지	×××	(대) 자본금	×××
		주식발행초과금	×××

📋 시험문제 미리보기!

다음은 주당 액면금액이 ₩5,000인 ㈜한국의 주식발행과 관련한 자본거래 내역이다.

- 20×1년 말: 보통주 1주를 주당 ₩6,000에 발행하였다.
- 20×2년 말: 보통주 1주를 주당 ₩3,000에 발행하였다.
- 20×3년 말: 보통주 1주를 주당 ₩8,000에 발행하였다.

(1) 각 연도별로 주식발행과 관련한 회계처리를 하시오.
(2) 각 연도별로 재무상태표에 자본이 어떻게 표시되는지 분석하시오.
(3) 각 연도별로 자본 총계의 증감 금액을 계산하시오.

해설　(1) 회계처리
　　　• 20×1년 말

(차) 현금	6,000	(대) 자본금	5,000
		주식발행초과금	1,000

　　　• 20×2년 말

(차) 현금	3,000	(대) 자본금	5,000
주식발행초과금	1,000		
주식할인발행차금	1,000		

　　　• 20×3년 말

(차) 현금	8,000	(대) 자본금	5,000
		주식할인발행차금	1,000
		주식발행초과금	2,000

(2) 재무상태표 표시

구분	20×1년 말	20×2년 말	20×3년 말
자본금	₩5,000	₩10,000	₩15,000
자본잉여금: 주식발행초과금	1,000	–	2,000
자본조정: 주식할인발행차금	–	(1,000)	–
자본총계	₩6,000	₩9,000	₩17,000

(3) 자본총계에 미치는 영향
　　　• 20×1년 말: ₩6,000 증가
　　　　[∴ 자산(현금) ₩6,000 증가 ⇨ 자본 ₩6,000 증가]
　　　• 20×2년 말: ₩3,000 증가
　　　　[∴ 자산(현금) ₩3,000 증가 ⇨ 자본 ₩3,000 증가]
　　　• 20×3년 말: ₩8,000 증가
　　　　[∴ 자산(현금) ₩8,000 증가 ⇨ 자본 ₩8,000 증가]

㈜한국은 주당 액면금액 ₩5,000인 보통주 500주를 주당 ₩15,000에 발행하였다. 발행대금은 전액 당좌예금에 입금되었으며, 주식인쇄비 등 주식발행과 직접 관련된 비용 ₩100,000이 지급되었다. 유상증자 직전에 주식할인발행차금 미상각잔액 ₩800,000이 존재할 때, ㈜한국의 유상증자로 인한 자본의 증가액을 계산하시오.

해설　(1) 자본증가액: 500주 × ₩15,000 − ₩100,000 = ₩7,400,000
　　　(2) 관련된 회계처리(주식발행일)

(차) 현금	7,400,000	(대) 자본금	2,500,000
		주식할인발행차금	800,000
		주식발행초과금	4,100,000

(2) 무상증자

① 무상증자는 주금의 납입 없이 자본잉여금이나 이익준비금을 자본에 전입하고 증가된 자본금만큼 신주를 발행하는 방법이다.

(차) 자본잉여금	×××	(대) 자본금	×××
법정적립금	×××		

② 무상증자에서는 자본(순자산)총계에 변함이 없으므로 형식적 증자라고도 한다.

㈜한국은 주식발행초과금을 자본에 전입시키는 방식으로 무상증자를 실시하였다. 주식의 액면금액은 ₩5,000이며 무상증자를 통해 신주 200주가 발행되었다. 무상증자에 대해 회계처리를 하시오.

해설　(차) 주식발행초과금　1,000,000　(대) 자본금　1,000,000
　　　무상증자 시 자본금이 증가하는 만큼 주식발행초과금이 감소하므로 자본총계는 변함이 없다.

(3) 출자전환

금융부채의 전부 또는 일부를 소멸시키기 위하여 채권자에게 발행한 지분상품을 최초에 인식하는 경우 발행된 지분상품의 공정가치로 측정하여 출자전환손익을 인식한다.

(차) 금융부채	×××	(대) 자본금	×××
		주식발행초과금	×××
		채무조정이익[1]	×××

(*1) 금융부채의 공정가치 − 발행주식 공정가치

2. 감자거래

감자거래는 자본금을 감소시키는 자본거래이다. 주주에게 주식을 반환받고 대가를 지불하는 거래를 유상감자라 하며, 주식을 주주에게 대가를 지불하지 않고 자본금을 감소시키는 것을 무상감자라 한다.

(1) 유상감자

① 주식소각의 대가로 현금 등을 지급함으로써 회사의 자산이 감소하게 되며, 액면금액과 주주에게 지급하는 감자대가가 액면금액에 미달하여 이익이 발생한 경우 감자차익(자본잉여금)으로 회계처리한다.

② 반대로 주주에게 지급하는 감자대가가 액면금액에 초과하여 손실이 발생한 경우에는 감자차익에서 우선 상계하고 나머지는 감자차손(자본조정)으로 처리한 후 이익잉여금처분으로 상각하는 것이 타당하다.

③ 유상감자로 인한 자본의 변동은 감자대가만큼 자본이 감소한다.

▤ 시험문제 미리보기!

다음은 주당 액면금액이 ₩5,000인 ㈜한국의 자본거래 내역이다.

- 20×1년 말: 보통주 3주를 주당 ₩8,000에 발행하였다.
- 20×2년 말: 보통주 1주를 주당 ₩4,000에 매입하여 소각하였다.
- 20×3년 말: 보통주 1주를 주당 ₩9,000에 매입하여 소각하였다.

(1) 각 연도별로 주식과 관련한 회계처리를 하시오.
(2) 각 연도별로 재무상태표에 자본이 어떻게 표시되는지 분석하시오.
(3) 각 연도별로 자본 총계의 증감 금액을 계산하시오.

해설 (1) 회계처리
- 20×1년 말

| (차) 현금 | 24,000 | (대) 자본금 | 15,000 |
| | | 주식발행초과금 | 9,000 |

- 20×2년 말

| (차) 자본금 | 5,000 | (대) 현금 | 4,000 |
| | | 감자차익 | 1,000 |

- 20×3년 말

(차) 자본금	5,000	(대) 현금	9,000
감자차익	1,000		
감자차손	3,000		

(2) 재무상태표 표시

구분	20×1년 말	20×2년 말	20×3년 말
자본금	₩15,000	₩10,000	₩5,000
자본잉여금: 주식발행초과금	9,000	9,000	9,000
감자차익	–	1,000	–
자본조정: 감자차손	–	–	(3,000)
자본총계	₩24,000	₩20,000	₩11,000

(3) 자본총계에 미치는 영향
- 20×1년 말: ₩24,000 증가
  (∴ 자산(현금) ₩24,000 증가 ⇨ 자본 ₩24,000 증가)
- 20×2년 말: ₩4,000 감소
  (∴ 자산(현금) ₩4,000 감소 ⇨ 자본 ₩4,000 감소)
- 20×3년 말: ₩9,000 감소
  (∴ 자산(현금) ₩9,000 감소 ⇨ 자본 ₩9,000 감소)

📋 시험문제 미리보기!

㈜한국의 주식의 액면가액은 ₩5,000이며 유상감자를 실시하였다. 다음 각 상황별로 회계처리를 하시오.

(1) 발행주식 100주를 주당 감자대가 ₩4,000을 지급하고 주식을 소각하였다.
(2) 발행주식 100주를 주당 감자대가 ₩8,000을 지급하고 주식을 소각하였다. (단, 해당 감자거래 전 감자차익이 ₩200,000 존재한다)

해설 (1) 주당 감자대가 ₩4,000을 지급하고 주식을 소각한 경우

| (차) 자본금 | 500,000 | (대) 현금 | 400,000 |
| | | 감자차익 | 100,000 |

(2) 주당 감자대가 ₩8,000을 지급하고 주식을 소각한 경우

(차) 자본금	500,000	(대) 현금	800,000
감자차익	200,000		
감자차손	100,000		

유상감자 거래에서도 자본총계의 감소액은 현금의 유출액과 일치함을 알 수 있다.

(2) 무상감자

① 무상감자란 회사가 누적된 결손금을 보전하기 위해서 자본금을 감소시키는 것을 말하는데, 자본의 감소로 회사의 순자산에 아무런 변화가 없기 때문에 형식적 감자라고도 한다.

② 회계처리

(차) 자본금	×××	(대) 결손금	×××
		감자차익	×××

③ 이익잉여금은 대변잔액이지만 결손금은 회사의 누적된 손실을 의미하므로 차변잔액이다. 따라서 결손금을 보전하기 위해서는 대변으로 대체시켜야 한다.

④ 무상감자의 경우 감자차익은 발생할 수 있지만 **감자차손은 발생할 수 없다.**

3. 자기주식거래

자기주식이란 회사가 이미 발행하여 유통되고 있는 주식을 매입소각하거나 재발행할 목적으로 매입 또는 증여에 의하여 재취득한 주식으로서 공식적으로 소각되지 않은 주식을 말한다.

(1) 취득 시

① 기업이 자기지분상품을 재취득하는 경우에는 취득원가를 자기주식의 계정과목으로 하여 자본조정으로 회계처리한다. 즉 자기주식은 자본에서 차감한다.

② 회계처리

(차) 자기주식	×××	(대) 현금	×××

(2) 매각 시

① 처분이익이 발생한 경우 자기주식처분이익(자본잉여금)으로 처리하고, 처분손실이 발생한 경우 자기주식처분이익에서 우선 차감하고 남은 잔액은 자기주식처분손실(자본조정)로 처리한다.

② 회계처리

(차) 현금	×××	(대) 자기주식	×××
		자기주식처분이익	×××
(차) 현금	×××	(대) 자기주식	×××
자기주식처분이익	×××		
자기주식처분손실	×××		

(3) 소각 시

① 실질적 감자에 해당하므로 소각으로 인한 이익이 발생한 경우 감자차익(자본잉여금)으로 처리하고, 손실이 발생한 경우 감자차익에서 우선 차감하고 남은 잔액은 감자차손(자본조정)으로 처리한다.

② 회계처리

(차) 자본금	×××	(대) 자기주식	×××
		감자차익	×××
(차) 자본금	×××	(대) 자기주식	×××
감자차익	×××		
감자차손	×××		

(4) 자기주식의 무상수증

① 자기주식을 무상으로 수증받은 경우에 어떻게 회계처리할지에 대해서는 논란의 여지가 있다.

② 자본은 자산에서 부채를 차감한 잔여지분이며, 직접적인 측정의 대상이 아니다. 따라서 자기주식을 무상으로 수증받은 경우에는 별도의 회계처리를 하지 않는 것이 타당하다.

③ 무상으로 수증받은 자기주식을 처분하는 경우에는 처분금액이 전액 자기주식처분이익으로 회계처리되며, 소각하는 경우에는 주식의 액면금액이 전액 감자차익으로 회계처리된다.

④ 회계처리

[무상으로 수증받은 자기주식의 처분]			
(차) 현금	×××	(대) 자기주식처분이익	×××
[무상으로 수증받은 자기주식의 소각]			
(차) 자본금	×××	(대) 감자차익	×××

(5) 재무상태표 표시

① 자기주식을 미발행주식으로 보아 자기주식의 취득원가를 자본의 차감항목으로 표시한다.

② 자기주식에 대하여는 배당을 지급하지 않고 주주총회에서의 의결권 및 신주인수권도 없다.

시험문제 미리보기!

㈜한국의 20×1년 초 주주지분과 20×1년 자기주식거래에 대한 자료는 다음과 같다. ㈜한국
의 보고기간은 매년 1월 1일부터 12월 31일까지이다.

(1)	20×1년 1월 1일 현재 주주지분		
	납입자본		₩1,500,000
	자본금: 보통주자본금(액면 ₩5,000)	₩1,000,000	
	자본잉여금: 주식발행초과금	500,000	
	이익잉여금		500,000
	계		₩2,000,000

(2) 2월 10일: 자기주식 4주를 주당 ₩7,200에 취득하였다.

(3) 3월 14일: 위 주식 중 1주를 ₩7,800에 처분하였다.

(4) 5월 19일: 위 주식 중 1주를 ₩6,500에 처분하였다.

(5) 7월 15일: 위 주식 중 1주를 소각하였다.

(6) 8월 9일: 대주주로부터 자본을 충실히 할 목적으로 보통주 2주를 증여받았다. 증여 당시 주식
의 공정가치는 주당 ₩8,000이었다.

(7) 20×1년의 당기순이익은 ₩200,000(기타포괄손익은 없었음)이었으며, 이익처분은 없었다.

각 일자별 회계처리를 행하고 20×1년 말 재무상태표에 표시될 주주지분을 나타내시오.

해설　(1) 회계처리

일자	회계처리				
2월 10일	(차) 자기주식	28,800*1	(대) 현금		28,800
	(*1) ₩7,200 × 4주 = ₩28,800				
3월 14일	(차) 현금	7,800	(대) 자기주식		7,200
				자기주식처분이익	600
5월 19일	(차) 현금	6,500	(대) 자기주식		7,200
	자기주식처분이익	600			
	자기주식처분손실	100			
7월 15일	(차) 자본금	5,000	(대) 자기주식		7,200
	감자차손	2,200			
8월 9일	회계처리 없음				
12월 31일	(차) 집합손익	200,000	(대) 이익잉여금		200,000

자기주식 거래에서도 자본총계의 변동액은 현금의 유출입액과 일치함을 알 수 있다.

(2) 주주지분

납입자본

자본금:	보통주자본금		₩995,000
자본잉여금:	주식발행초과금		₩500,000
자본조정:	자기주식처분손실	(100)	
감자차손		(2,200)	
자기주식		(7,200)	₩1,485,500
이익잉여금			700,000
자본총계			₩2,185,500

재무상태표에는 납입자본 ₩1,485,500, 이익잉여금 ₩700,000으로 표시하고 관련내용은 주석으로 공시한다.

♀ 선생님 TIP

(1) 자본거래에서의 자본변동사항을 파악할 경우에는 자본계정과목의 변동으로 파악하기보다는 상대계정과목인 자산 및 부채계정과목의 변동으로 파악하는 것이 타당하다. 특히, 자본거래 문제의 경우에는 현금의 증가 또는 감소로 파악하면 된다.
(2) 손익거래의 자본변동사항은 당기순이익과 기타포괄손익의 보고금액을 고려하면 된다.

---

4. 기타의 자본거래 및 자본변동사항 분석

(1) 주식배당

① 주식배당은 회사의 미처분이익잉여금을 재원으로 주식을 발행하여 교부하는 자본거래를 말한다.

② 회계처리

[배당결의일]			
(차) 미처분이익잉여금	×××	(대) 미교부주식배당금	×××
[배당지급일]			
(차) 미교부주식배당금	×××	(대) 자본금	×××

(2) 주식분할

① 주식분할은 주식의 액면금액을 감소시켜 하나의 주식을 여러 개의 주식으로 분할하는 자본거래이다.

② 주식을 분할하면 주당 액면금액은 감소하지만 주식수가 증가하여 **자본금 총액 및 자본(순자산) 총계는 변동하지 않는다.**

(3) 주식병합

① 주식병합은 여러 개의 주식을 병합하여 액면금액을 증가시키는 자본거래이다.

② 주식을 병합하면 주당 액면금액은 증가하지만 주식수가 감소하여 **자본금 총액 및 자본 총계(순자산)는 변동하지 않는다.**

(4) 자본변동 사항 분석요약

구분	주식분할	주식배당	무상증자	주식병합
유통보통주식수	증가	증가	증가	감소
미처분이익잉여금	변동 없음	감소	변동 없음	변동 없음
총자본(순자산)	변동 없음	변동 없음	변동 없음	변동 없음
주당액면가액(보통주)	감소	변동 없음	변동 없음	증가

📋 시험문제 미리보기!

• 다음은 ㈜한국의 20×1년 초 자본의 내역이다.

구분	20×1년 말
자본금(1주당 액면금액 ₩1,000)	₩5,000
자본잉여금: 주식발행초과금	1,000
이익잉여금: 이익준비금	1,000
미처분이익잉여금	3,000
자본총계	₩10,000

• 20×1년 1월 말: 주식배당 ₩2,000을 실시하였다.
• 20×1년 2월 말: 주식발행초과금 ₩1,000과 이익준비금 ₩1,000을 재원으로 무상증자를 실시하였다.
• 20×1년 3월 말: 1 대 2의 비율로 주식분할을 실시하였다.

(1) 각 연도별로 주식과 관련한 회계처리를 하시오.
(2) 각 연도별로 재무상태표에 자본이 어떻게 표시되는지 분석하시오.

해설　(1) 회계처리
　　　• 1월 말
　　　(차) 미처분이익잉여금　　2,000　　(대) 자본금　　2,000
　　　• 2월 말
　　　(차) 주식발행초과금　　1,000　　(대) 자본금　　2,000
　　　　　이익준비금　　　　1,000
　　　• 3월 말
　　　회계처리 없음: 액면금액 ₩1,000, 10주 ⇨ 액면금액 ₩500, 20주
　　　(2) 재무상태표 표시

구분	20×1년 초	1월 말	2월 말	3월 말
자본금	₩5,000	₩7,000	₩9,000	₩9,000
자본잉여금: 주식발행초과금	1,000	1,000	–	–
이익잉여금: 이익준비금	1,000	1,000	–	–
미처분이익잉여금	3,000	1,000	1,000	1,000
자본총계	₩10,000	₩10,000	₩10,000	₩10,000

다음은 ㈜한국의 2015년 12월 31일 자본 내역이다.

자본	
자본금(액면금액 ₩500)	₩3,000,000
주식발행초과금	₩1,500,000
이익준비금	₩2,000,000
미처분이익잉여금	₩5,500,000
합계	₩12,000,000

㈜한국은 주권상장법인이며, 2016년 2월 주주총회에서 2,000주의 주식배당과 이익준비금을 재원으로 한 2,000주의 무상증자를 실시하기로 하였다. 주식배당과 무상증자를 실시하여 주식을 교부하였을 때, ㈜한국의 자본금과 관련된 회계처리를 나타내시오.

해설　(1) ₩3,000,000(기초) + ₩500 × 4,000주 = ₩5,000,000
　　　(2) 회계처리

(차) 미처분이익잉여금	1,000,000	(대) 자본금	2,000,000
이익준비금	1,000,000		

03　이익잉여금

출제빈도 ★★

1. 이익잉여금의 분류

(1) 기처분이익잉여금

① 법정적립금은 법률에 의하여 강제적으로 적립한 것으로 **이익준비금**이 대표적인 법정적립금이다. 이익준비금은 상법규정에 따라 **자본금의 1/2**에 달할 때까지 금전에 의한 이익배당액의 1/10 이상을 적립하여야 한다.

② 법정적립금은 배당이 영구적으로 불가능하며, 무상증자를 통해 자본에 전입할 수 있다.

③ 임의적립금은 기업이 임의로 적립한 이익잉여금이다. 임의적립금의 대표적인 예로는 감채기금적립금, 사업확장적립금, 결손보전적립금, 배당평균적립금 등이 있다.

④ 미처분이익잉여금을 법정적립금 및 임의적립금으로 대체하는 것을 적립이라고 하며, 임의적립금을 다시 미처분이익잉여금으로 대체하는 것을 이입이라고 한다.

⑤ 임의적립금은 미처분이익잉여금으로 이입하면 다시 배당의 재원으로 사용할 수 있다.

⑥ 법정적립금은 적립은 할 수 있지만, 미처분이익잉여금으로 이입할 수 없다.

⑦ 적립금의 적립 및 이입은 이익잉여금 계정 내에서 대체되는 것이기 때문에, 이익잉여금 및 자본총계를 변동시키지 않는다.

(2) 미처분이익잉여금(미처리결손금)

① 미처분이익잉여금은 기업이 창출한 당기순이익 중 배당, 자본조정 상각, 법정적립금 및 임의적립금으로 대체되지 않고 남아있는 이익잉여금을 의미한다.

② 미처분이익잉여금은 배당의 재원으로 사용될 수 있다.

③ 미처리결손금은 기업이 결손을 보고한 경우 다른 잉여금으로 보전되지 않고 이월된 부분이다.

2. 배당

(1) 연차배당(정기배당)과 중간배당

연차배당 (정기배당)	• 정기주주총회에서 결의한 배당을 의미함 • 정기배당은 현금배당 및 현물배당, 주식배당이 모두 가능함
중간배당	• 이사회에서 결의한 배당을 의미함 • 중간배당은 현금배당 및 현물배당만 가능하며, 주식배당은 할 수 없음

(2) 배당기준일, 배당선언일, 배당지급일

배당기준일	• 배당을 받을 권리가 있는 주주가 결정되는 날을 의미함 • 정기배당의 경우에는 보고기간 말이 배당기준일이 됨
배당선언일	• 배당의 지급을 결의한 날을 의미함 • 정기배당의 경우에는 정기주주총회일이 배당선언일이 됨
배당지급일	• 실제로 배당금을 지급하는 날을 의미함

(3) 배당금의 계산

① 자기주식에 대해서는 배당금이 지급되지 않는다. 따라서 배당금은 다음과 같이 계산된다.

> 배당금 = (발행주식수 - 자기주식수) × 주당 액면금액 × 배당률

② 만약 자기주식이 없다면 배당금은 자본금에 배당률을 곱하여 계산할 수 있다.

> 배당금 = 발행주식수 × 주당 액면금액 × 배당률 = 자본금 × 배당률

3. 이익잉여금의 처분과 변동

(1) 수정 후 기초잔액

기초 미처분이익잉여금에 회계정책변경누적효과와 전기오류수정을 소급적용하여 수정된 이익잉여금이다.

(2) 전기 이익처분

① 임의적립금의 이입: 전기 이전에 적립한 임의적립금을 감소시키고 이익잉여금으로 대체

(차) 임의적립금	×××	(대) 미처분이익잉여금	×××

② 이익잉여금처분: 연차배당, 법정적립금 및 임의적립금 적립, 자본조정 상각

(차) 미처분이익잉여금	×××	(대) 미지급배당금	×××
		미교부주식배당금	×××
		법정적립금	×××
		임의적립금	×××
		주식할인발행차금	×××
		감자차손	×××
		자기주식처분손실	×××

③ 배당금지급

(차) 미지급배당금	×××	(대) 현금	×××
(차) 미교부주식배당금	×××	(대) 자본금	×××

(3) 기타변동사항

전기 이익처분을 제외한 이익잉여금 변동사항을 의미한다.

① 중간배당: 이사회의 결의에 의하여 보고기간 중에 금전에 의한 중간배당을 실시할 수 있다. (중간배당에 대한 이익준비금은 차기 이익잉여금처분 시 적립)

(차) 미처분이익잉여금	×××	(대) 현금	×××

② 기타포괄손익누계액의 대체: 재평가잉여금과 재측정요소 등 기타포괄손익누계액을 이익잉여금으로 대체하는 것이다.

(차) 재평가잉여금	×××	(대) 미처분이익잉여금	×××
재측정요소	×××		

③ 당기순손익: 회계연도 말에 당기순손익을 이익잉여금으로 대체하는 것이다.

(차) 집합손익	×××	(대) 미처분이익잉여금	×××

(4) 미처리결손금의 처리

미처리결손금은 이익잉여금이 차변잔액인 경우에 발생하는 것으로 임의적립금, 법정적립금 및 자본잉여금 등으로 보전한다.

(차) 임의적립금	×××	(대) 미처리결손금	×××
법정적립금	×××		
자본잉여금	×××		

㈜한국의 20×1년 12월 31일 재무상태표에 표시된 이익잉여금은 ₩300,000으로 이에 대한 세부항목은 이익준비금 ₩30,000과 임의적립금 ₩60,000 그리고 미처분이익잉여금 ₩210,000이다. ㈜한국은 20×2년 2월 27일에 개최한 정기주주총회에서 20×1년도 재무 제표에 대해 다음과 같이 결산승인하였다.

• 임의적립금 이입액	₩20,000
• 이익준비금 적립액	₩10,000
• 자기주식처분손실 상각액	₩10,000
• 현금 배당액	₩100,000

㈜한국이 20×2년 2월 27일의 결산승인사항을 반영한 후의 이익잉여금을 계산하시오. (단, 이익준비금은 자본금의 1/2에 미달한다고 가정한다)

해설　(1) 미처분이익잉여금
　　　　: ₩210,000 + ₩20,000 − ₩10,000 − ₩10,000 − ₩100,000 = ₩110,000
　　(2) 이익준비금: ₩30,000 + ₩10,000 = ₩40,000
　　(3) 임의적립금: ₩60,000 − ₩20,000 = ₩40,000
　　(4) 이익잉여금 합계액: ₩110,000 + ₩40,000 + ₩40,000 = ₩190,000

04　기타의 자본항목과 자본변동표　　출제빈도 ★★

1. 자본잉여금

(1) 주식발행초과금

주식회사가 액면금액을 초과하여 주식을 발행한 경우에 주주의 납입자본 중 자본금 의 초과분이다.

(2) 감자차익

자본감소 시 소각된 주식의 액면금액보다 주주에게 환급되는 금액이 더 적은 경우 그 차액이다.

(3) 자기주식처분이익

자기주식매각 시 처분금액이 취득원가보다 많은 경우에 그 차액이다.

(4) 자산수증이익

주주에게 자산을 증여받은 경우에 증여받은 자산의 공정가치이다.

2. 자본조정

(1) 주식할인발행차금

주식회사가 액면금액에 미달하여 주식을 발행한 경우에 액면금액과 발행금액의 차액을 의미하는데, 이는 발행순서에 관계없이 주식발행초과금과 상계하고 잔액이 남을 경우 이익잉여금처분으로 상각한다.

(2) 자기주식

회사가 매입 또는 증여에 의하여 재취득한 주식으로서 공식적으로 소각되지 않은 주식이다.

(3) 감자차손

자본감소 시 소각된 주식의 액면금액보다 주주에게 환급되는 금액이 더 많은 경우, 감자차익과 상계하고 부족한 경우에 그 차액이다.

(4) 자기주식처분손실

자기주식매각 시 처분금액이 취득원가보다 적은 경우, 자기주식처분이익과 상계하고 부족한 경우에 그 차액이다.

(5) 미교부주식배당금

자본변동표상의 주식배당액을 의미하며, 주식교부 시 자본금으로 대체된다.

(6) 신주청약증거금

청약에 의한 주식발행 시 계약금으로 받은 금액을 말하는데, 이는 주식을 발행하는 시점에서 자본금으로 대체된다.

(7) 주식선택권

기업이 재화나 용역을 제공받는 대가로 기업의 지분상품 등을 부여하는 주식결제형 주식기준보상거래에서 보상원가를 가득기간에 안분하여 계상한 금액이다.

(8) 전환권대가

전환사채의 발행가액과 전환사채의 현재가치의 차액으로서 전환사채에 부여된 전환권의 가치이다.

(9) 신주인수권대가

신주인수권부사채의 발행가액과 신주인수권부사채의 현재가치의 차액으로서 신주인수권부사채에 부여된 신주인수권의 가치이다.

3. 기타포괄손익누계액

(1) 후속적으로 당기손익으로 재분류되는 항목

① 관련 자산(또는 부채)이 실현되는 시점에 포괄손익계산서의 당기손익으로 대체하는 방식으로 이익잉여금으로 대체한다.

② 과거에 기타포괄손익으로 인식하였으나 후속적으로 당기손익으로 대체하는 회계처리를 재분류조정이라고 한다.

③ 재분류조정 대상인 기타포괄손익 항목
- **파생상품평가손익**: 현금흐름위험회피를 목적으로 투자한 파생상품에서 발생하는 평가손익으로서, 이는 관련 손익인식시점에 재분류조정으로 당기손익에 반영된다.
- **해외사업장의 재무제표 환산으로 인한 손익(해외사업환산손익)**: 해외지점, 해외사무소 또는 해외소재 지분법 적용대상 회사의 외화표시 자산·부채를 현행환율법에 의하여 원화로 환산하는 경우에 발생하는 환산손익으로서, 해외사업장을 처분하는 시점에 재분류조정으로 당기손익에 반영된다.
- **기타포괄손익 - 공정가치측정 금융자산평가손익(채무상품)**: 기타포괄손익 - 공정가치측정 금융자산평가손익으로 분류된 금융상품을 공정가치로 평가함에 따라 발생하는 평가손익을 말한다. 채무상품은 당기손익으로 재분류될 수 있다.

(2) 후속적으로 당기손익으로 재분류되지 않는 항목

① 재분류조정의 방법에 의하지 않고 포괄손익계산서의 당기순이익을 통하지 않고 이익잉여금으로 직접 대체한다.

② 재분류조정 대상이 아닌 기타포괄손익 항목
- **재평가잉여금**: 유형자산과 무형자산을 재평가모형으로 평가함에 따라 발생한 재평가이익을 말하며, 이는 그 이후에 발생하는 재평가손실 등과 상계하거나 당해 자산의 사용에 따라 또는 제거시점에 직접 이익잉여금으로 대체할 수 있다.
- **확정급여제도의 재측정요소**: 순확정급여부채의 구성요소인 확정급여채무와 사외적립자산의 기간별 변동을 의미하는데, 이는 후속기간에 당기손익으로 재분류할 수 없으나 자본 내에서는 대체할 수 있다.
- **기타포괄손익 - 공정가치측정 금융자산평가손익(지분상품)**: 기타포괄손익 - 공정가치측정 금융자산평가손익으로 분류된 금융상품을 공정가치로 평가함에 따라 발생하는 평가손익을 말한다. 지분상품은 당기손익으로 재분류될 수 없으나 자본 내에서 대체할 수 있다.

1. 자산과 부채가 자본총계에 미치는 영향

① 자본의 총계는 자본거래와 손익거래를 통해 증감하게 된다. 손익거래의 경우 총포괄
　이익만큼 자본총계가 증가하게 되며, 자본거래는 대부분의 경우 현금의 유입액과 유
　출액만큼 자본총계가 증감하게 된다.
② 수험목적상 자본총계의 변동을 파악하는 경우에는 자본의 세부 항목별의 증감을 파
　악하는 것보다 현금의 유출입을 파악하여 자본거래로 인한 자본총계의 변동을 파악
　하는 것이 더 효과적인 방법이다.

2. 자본총계의 증가, 감소, 불변

(1) 자본총계를 증가시키는 거래

　① 당기순이익
　② 기타포괄이익
　③ 유상증자(현금출자, 현물출자)
　④ 자기주식의 처분 등

(2) 자본총계를 감소시키는 거래

　① 당기순손실
　② 기타포괄손실
　③ 유상감자
　④ 자기주식의 취득
　⑤ 현금배당 등

(3) 자본총계에 영향이 없는 거래

　① 자기주식의 소각
　② 자기주식 무상수증
　③ 무상증자
　④ 무상감자
　⑤ 주식분할, 주식병합
　⑥ 일반적립금의 적립
　⑦ 주식배당
　⑧ 주식할인발행차금, 감자차손, 자가주식처분손실의 상각 등

3. 자본유지접근법에 의한 이익산정

$$
\begin{aligned}
\text{총포괄손익} &= \text{자본의 총 변동} - \text{자본거래로 인한 변동} \\
&= (\text{기말자본} - \text{기초자본}) - \text{자본거래로 인한 변동} \\
&= \{(\text{기말자산} - \text{기말부채}) - (\text{기초자산} - \text{기초부채})\} - \text{자본거래로 인한 변동} \\
&= \text{당기순손익} + \text{기타포괄손익}
\end{aligned}
$$

📋 시험문제 미리보기!

㈜한국의 기초자산은 ₩120,000이고, 기말자산은 ₩270,000이다. 또한 기초부채는 ₩70,000이고, 기말부채는 기초부채보다 ₩40,000이 증가하였다. 당기 중 현금출자로 인해 납입자본은 ₩42,000 증가하였고, 기타포괄이익은 ₩50,000(법인세효과 차감 후 금액) 증가하였으며, 현금배당(당기에 선언한 것임)으로 ₩20,000을 지급하였을 때 당기순이익을 계산하시오. (단, 주어진 자료 이외의 사항은 고려하지 않는다)

해설   (1) 기초순자산: ₩120,000 - ₩70,000 = ₩50,000
        (2) 기말순자산: ₩270,000 - ₩110,000 = ₩160,000
        (3) 당기순이익: ₩110,000 - ₩42,000 - ₩50,000 + ₩20,000 = ₩38,000

📋 시험문제 미리보기!

㈜한국의 자본은 납입자본, 이익잉여금 및 기타자본요소로 구성되어 있으며 20×1년 기초와 기말의 자산과 부채 총계는 다음과 같다.

구분	20×1년 초	20×1년 말
자산 총계	₩100,000	₩200,000
부채 총계	₩70,000	₩130,000

㈜한국은 20×1년 중 유상증자 ₩10,000을 실시하고 이익처분으로 현금배당 ₩5,000, 주식배당 ₩8,000을 실시하였으며 ₩1,000을 이익준비금(법정적립금)으로 적립하였다. 20×1년에 다른 거래는 없었다고 가정할 때, ㈜한국의 2015년 포괄손익계산서상 당기순이익을 계산하시오.

해설   기초자본 + 유상증자 - 현금배당 + 당기순이익 = 기말자본
       ⇨ ₩30,000 + ₩10,000 - ₩5,000 + x = ₩70,000
       ∴ 당기순이익(x) = ₩35,000

1. 상환우선주의 의의

상환우선주는 특정기간 동안 우선주의 성격을 가지고 있다가 일정기간 이후에 발행회사에서 이를 상환하기로 하는 조건이 포함된 우선주를 말하며, 조건에 따라 자본 또는 부채로 인식한다.

2. 금융부채로 분류되는 상환우선주

① 다음과 같은 조건으로 발행된 상환우선주는 발행자가 우선주식을 재매입하면서 현금 등을 이전해야 할 의무가 있으므로 상환금액의 현재가치에 해당하는 금액을 부채로 인식한다.
  • 우선주의 발행자가 보유자에게 확정되었거나 결정가능한 미래의 시점에 확정되었거나 결정가능한 금액을 **상환해야 할 의무**를 가지고 있다.
  • 우선주의 보유자가 발행자에게 특정일이나 그 이후에 확정되거나 결정가능한 금액의 **상환을 청구할 수 있는 권리**를 보유하고 있다.
② 발행자가 상환을 요구할 권리가 있는 상환우선주는 발행자가 현금 등을 지급할 의무가 없기 때문에 부채로 인식하지 않고 자본으로 인식한다.

3. 부채로 인식하는 상환우선주의 금액

상환우선주의 배당금 지급조건에 따라 부채로 인식할 상환우선주의 범위는 다음과 같다.

(1) 누적적 상환우선주

상환우선주의 배당조건이 누적적이라면 배당은 투자자에게 현금을 지급할 의무가 있으므로 배당을 포함한 **금융상품을 부채**로 인식하고 배당은 **이자비용**으로 인식한다.

(2) 비누적적 상환우선주

상환우선주의 배당조건이 비누적적이라면 배당으로 인한 현금 지급 의무가 없으므로 배당을 제외한 **금융상품을 부채**로 인식하고 배당은 **이익잉여금의 처분**으로 인식한다.

ejob.Hackers.com

출제빈도: ★★☆

01 다음은 ㈜한국의 기말 현재 각 계정과목에 대한 잔액이다. 괄호 안에 들어갈 금액은?

• 현금	₩180	• 단기대여금	₩120
• 매출채권	₩267	• 대손충당금	₩2
• 상품	₩85	• 건물	₩400
• 매입채무	₩80	• 사채	₩100
• 자본금	( )	• 이익잉여금	₩250

① ₩380 ② ₩620 ③ ₩870

④ ₩1,050 ⑤ ₩1,100

출제빈도: ★★★ 대표출제기업: 한국가스공사

02 자본에 관한 설명으로 옳지 않은 것은?

① 자본조정은 당해 항목의 성격상 자본거래에 해당하지만, 자본의 차감 성격을 가지는 것으로 자본금이나 자본잉여금으로 처리할 수 없는 누적적 적립금의 성격을 갖는 계정이다.

② 상환우선주의 보유자가 발행자에게 상환을 청구할 수 있는 권리를 보유하고 있는 경우, 이 상환우선주는 자본으로 분류하지 않는다.

③ 자본잉여금은 납입된 자본 중에서 액면금액을 초과하는 금액 또는 주주와의 자본거래에서 발생하는 잉여금을 처리하는 계정이다.

④ 기타포괄손익누계액 중 일부는 당기손익으로의 재분류조정 과정을 거치지 않고 직접 이익잉여금으로 대체할 수 있다.

⑤ 주식할인발행차금, 감자차손, 자기주식 등은 자본조정항목 중 자본차감계정이다.

출제빈도: ★★☆

03 포괄손익계산서에서 당기순손익과 총포괄손익 간에 차이를 발생시키는 항목은?

① 확정급여제도 재측정요소

② 감자차손

③ 자기주식처분이익

④ 사채상환손실

⑤ 매출원가

정답 및 해설

01 ②
  (1) 기말자산: 현금(₩180) + 단기대여금(₩120) + 매출채권(₩267) − 대손충당금(₩2) + 상품(₩85) + 건물(₩400) = ₩1,050
  (2) 기말부채와 자본: 매입채무(₩80) + 사채(₩100) + 자본금(X) + 이익잉여금(₩250) = ₩1,050
    ∴ 자본금(X) = ₩620

02 ①
  자본조정은 당해 항목의 성격상 자본에서 가산 또는 감소되어야 하거나 자본금이나 자본잉여금으로 처리하기 전의 미확정인 임시자본계정부분이다.

03 ①
  기타포괄손익을 묻고 있다.
  오답노트
  ② 자본조정, ③ 자본잉여금, ④, ⑤ 당기비용에 해당한다.

출제빈도: ★★☆ 대표출제기업: 한국관광공사

04 ㈜한국은 20×1년 1월 1일 영업을 시작하였으며, 20×2년 말 현재 자본금 계정은 다음과 같다.

> • 보통주(주당 액면가액 ₩5,000, 발행주식수 80주): ₩400,000
> • 우선주 A(배당률 10%, 비누적적·비참가적: 주당 액면가액 ₩5,000, 발행주식수 40주): ₩200,000
> • 우선주 B(배당률 5%, 누적적·완전참가적: 주당 액면가액 ₩5,000, 발행주식수 80주): ₩400,000

모든 주식은 영업개시와 동시에 발행하였으며, 그 이후 아직 배당을 한 적이 없다. 20×3년 초 ₩100,000의 배당을 선언하였다면 배당금 배분과 관련하여 옳은 것은?

① 보통주 소유주에게 배당금 ₩20,000 지급
② 보통주 소유주에게 배당금 우선 지급 후 우선주 A 소유주에게 배당금 지급
③ 우선주 A 소유주에게 배당금 ₩30,000 지급
④ 우선주 B 소유주에게 배당금 ₩30,000 지급
⑤ 우선주 B 소유주에게 배당금 ₩50,000 지급

출제빈도: ★★☆

05 20×1년 초 설립된 ㈜한국의 20×3년 말 자본계정은 다음과 같으며, 설립 후 현재까지 자본금 변동은 없었다. 그동안 배당가능이익의 부족으로 어떠한 형태의 배당도 없었으나, 20×3년 말 배당재원의 확보로 20×4년 3월 10일 정기 주주총회에서 ₩7,500,000의 현금배당을 선언할 예정이다. ㈜한국이 우선주에 배분할 배당금은?

구분	액면금액	발행주식수	자본금총계	비고
보통주자본금	₩5,000	12,000주	₩60,000,000	배당률 3%
우선주자본금	₩10,000	3,000주	₩30,000,000	배당률 5%(누적적, 완전참가적)

① ₩2,600,000   ② ₩3,900,000   ③ ₩4,740,000

④ ₩4,900,000   ⑤ ₩5,200,000

정답 및 해설

04 ⑤
(1) 우선주 A 배당금: ₩200,000 × 10% = ₩20,000
(2) 우선주 B 배당금(추가 전): ₩400,000 × 5% × 2년 = ₩40,000
(3) 보통주 배당금(추가 전): ₩400,000 × 5% = ₩20,000
(4) 잔여배당금 ₩20,000(₩100,000 − ₩80,000)을 우선주 B와 보통주에 1 : 1로 분배
(5) 우선주 B 배당금(최종): ₩40,000 + ₩10,000 = ₩50,000
(6) 보통주 배당금(최종): ₩20,000 + ₩10,000 = ₩30,000

05 ④

	우선주배당금	보통주배당금
연체배당금	₩3,000,000[*1]	
당기배당금	1,500,000	
기본배당금		₩1,800,000[*2]
잔여배당금	400,000[*3]	800,000[*4]
	₩4,900,000	₩2,600,000

(*1) ₩30,000,000 × 0.05 × 2 = ₩300,000
(*2) ₩60,000,000 × 0.03 = ₩1,800,000
(*3) (₩7,500,000 − ₩3,000,000 − ₩1,500,000 − ₩1,800,000) × 3/9 = ₩400,000
(*4) ₩1,200,000 − ₩400,000 = ₩800,000

출제빈도: ★★☆

06 ㈜한국은 20×1년 초 보통주와 우선주(누적적, 완전참가)를 발행하여 영업을 개시하였으며, 영업 개시 이후 자본금의 변동은 없었다. 20×3년 기말 현재 발행된 주식과 배당 관련 자료는 다음과 같다.

보통주	액면금액	₩1,000
	발행주식수	3,000주
	배당률	4%
우선주(누적적, 완전참가)	액면금액	₩1,000
	발행주식수	2,000주
	배당률	6%

20×4년 3월 말 주주총회에서 ₩1,000,000의 현금배당을 결의하였을 경우, 보통주 주주에게 지급할 배당금은? (단, 과거에 현금배당을 실시하지 않았고, 배당가능이익은 충분하다)

① ₩432,000   ② ₩568,000   ③ ₩576,000
④ ₩640,000   ⑤ ₩660,000

출제빈도: ★★★   대표출제기업: 한국중부발전

07 ㈜한국은 주식할인발행차금 잔액 ₩500,000이 있는 상태에서 주당 액면금액 ₩5,000인 보통주 1,000주를 주당 ₩10,000에 발행하였다. 주식발행과 관련한 직접적인 총비용은 ₩800,000이 발생하였다. 주식발행으로 인한 자본 증가액과 회계처리를 할 경우 다음 중 옳은 것은? (단, 모든 거래는 현금거래이다)

① 주식발행 관련 비용 ₩800,000은 비용처리된다.
② 자본 증가액은 ₩9,200,000이다.
③ 주식할인발행차금 잔액은 ₩500,000이다.
④ 주식발행초과금 잔액은 ₩4,500,000이다.
⑤ 주식할인발행차금과 주식발행초과금은 상계하지 아니한다.

출제빈도: ★★☆

08 ㈜한국은 액면가액 ₩5,000인 보통주 100주를 주당 ₩15,000에 발행하였다. 발행대금은 전액 당좌예금에 입금하였으며, 주식인쇄 등 주식발행과 직접 관련된 비용 ₩20,000을 현금으로 지급하였다. 유상증자 이전에 주식할인발행차금 미상각잔액 ₩400,000이 존재할 때 동 유상증자 후 주식발행초과금의 잔액은?

① ₩100,000　　　　　　② ₩500,000　　　　　　③ ₩580,000

④ ₩980,000　　　　　　⑤ ₩1,000,000

정답 및 해설

06 ①

구분	우선주	보통주	합계
연체배당	₩240,000[*1]		₩240,000
당기배당	₩120,000	₩120,000[*2]	₩240,000
잔여배당	₩208,000[*3]	₩312,000[*4]	₩520,000
합계	₩568,000	₩432,000	₩1,000,000

(*1) 2,000주 × ₩1,000 × 0.06 × 2 = ₩240,000
(*2) 3,000주 × ₩1,000 × 0.04 = ₩120,000
(*3) ₩520,000 × 0.4 = ₩208,000
(*4) ₩520,000 × 0.6 = ₩312,000

07 ②
(1) 주식발행으로 인한 현금 증가액이 자본 증가액이다.
(2) 1,000주 × ₩10,000 - ₩800,000 = ₩9,200,000

08 ③
주식발행초과금: (₩15,000 - ₩5,000) × 100주 - ₩20,000 - ₩400,000 = ₩580,000

출제빈도: ★★★ 대표출제기업: 한국전력기술

09 ㈜한국은 20×1년 초 보통주 200주(주당 액면금액 ₩5,000, 주당 발행금액 ₩6,000)를 발행하였으며, 주식 발행과 관련된 직접원가 ₩80,000과 간접원가 ₩10,000이 발생하였다. ㈜한국의 주식 발행에 대한 설명으로 옳은 것은? (단, 기초 주식할인발행차금은 없다고 가정한다)

① 자본의 증가는 ₩1,200,000이다.

② 자본잉여금의 증가는 ₩120,000이다.

③ 주식발행초과금의 증가는 ₩110,000이다.

④ 주식발행과 관련된 직·간접원가 ₩90,000은 비용으로 인식한다.

⑤ 자본금의 증가는 ₩1,200,000이다.

출제빈도: ★★☆

10 다음은 ㈜한국의 20×0년 12월 31일 자본 내역이다.

자본	
자본금(액면금액 ₩500)	₩3,000,000
주식발행초과금	₩1,500,000
이익준비금	₩2,000,000
미처분이익잉여금	₩5,500,000
합계	₩12,000,000

㈜한국은 주권상장법인이며, 20×1년 2월 주주총회에서 2,000주의 주식배당과 이익준비금을 재원으로 한 2,000주의 무상증자를 실시하기로 하였다. 주식배당과 무상증자를 실시하여 주식을 교부하였다면, ㈜한국의 자본금은?

① ₩3,000,000 ② ₩4,000,000 ③ ₩5,000,000

④ ₩6,000,000 ⑤ ₩7,000,000

정답 및 해설

09 ②

(차) 현금	1,200,000	(대) 자본금	1,000,000
		주식발행초과금	200,000
(차) 주식발행초과금	80,000	(대) 현금	90,000
주식발행비용	10,000		

∴ 위 분개의 결과 주식발행초과금(자본잉여금)은 ₩120,000 증가한다.

10 ③

₩3,000,000(기초) + ₩500 × 4,000주 = ₩5,000,000

출제빈도: ★★☆   대표출제기업: 인천도시공사

11 ㈜한국은 액면가액 ₩5,000인 주식 10,000주를 주당 ₩5,000에 발행하였다. ㈜한국은 유통주식수의 과다로 인한 주가관리 차원에서 20×1년에 1,000주를 매입소각하기로 주주총회에서 결의하였다. ㈜한국은 두 번에 걸쳐 유통주식을 매입하여 소각하였는데 20×1년 6월 1일 주당 ₩4,000에 500주를 매입한 후 소각했고, 20×1년 9월 1일에 주당 ₩7,000에 500주를 매입한 후 소각했다고 한다면 20×1년 9월 1일의 감자차손 잔액은?

① 감자차익 ₩500,000

② 감자차손 ₩1,000,000

③ 감자차손 ₩500,000

④ 감자차익 ₩1,000,000

⑤ 감자차익 ₩1,500,000

출제빈도: ★★★   대표출제기업: 한국공항공사

12 다음은 당기 중에 발생한 ㈜한국의 자기주식 관련 거래이다. 12월 31일에 ㈜한국이 인식해야 할 감자차손과 자기주식처분손실은 각각 얼마인가?

- 3월 1일: ㈜한국이 발행한 보통주(주당 액면금액 ₩2,000) 중 100주를 주당 ₩5,000에 취득하였다.
- 6월 1일: 자기주식 중 30주를 주당 ₩7,000에 매각하였다.
- 8월 1일: 자기주식 중 30주를 주당 ₩2,000에 매각하였다.
- 12월 1일: 자기주식 중 나머지 40주를 소각하였다.

	감자차손	자기주식처분손실
①	₩120,000	₩30,000
②	₩150,000	₩30,000
③	₩160,000	₩20,000
④	₩160,000	₩40,000
⑤	₩120,000	₩20,000

출제빈도: ★★☆

13 ㈜한국은 20×1년 1월 1일에 주당 액면금액 ₩5,000인 보통주 1,000주를 주당 ₩15,000에 발행하여 설립되었다. 20×2년 중 다음과 같은 자기주식 거래가 발생하였다.

3월 1일	100주의 보통주를 주당 ₩14,000에 재취득
6월 1일	60주의 자기주식을 주당 ₩18,000에 재발행
9월 1일	40주의 보통주를 주당 ₩16,000에 재취득
12월 1일	60주의 자기주식을 주당 ₩10,000에 재발행
12월 31일	20주의 자기주식을 소각

20×1년 중 자기주식 거래는 없었으며, ㈜한국은 자기주식의 회계처리에 선입선출법에 따른 원가법을 적용하고 있다. 20×2년도 위 거래의 회계처리 결과로 옳은 설명은?

① 자본 총계 ₩360,000이 감소한다.

② 포괄손익계산서에 자기주식처분손실 ₩40,000을 보고한다.

③ 감자차손 ₩320,000을 보고한다.

④ 20×2년 말 자본금 ₩5,000,000을 보고한다.

⑤ 자기주식 소각 시 자본금 감소액만큼 자본이 감소한다.

정답 및 해설

11 ③
(1) 6월 1일의 감자차익: (₩5,000 - ₩4,000) × 500주 = ₩500,000
(2) 9월 1일의 감자차손: (₩7,000 - ₩5,000) × 500주 = ₩1,000,000
(3) 감자차익과 감자차손은 서로 상계하므로 감자차손 잔액은 ₩500,000이다.

12 ①
(1) 감자차손익은 액면금액과 취득금액의 차액으로 결정한다.
(2) 감자차손: (₩5,000 - ₩2,000) × 40주 = ₩120,000
(3) 자기주식처분손실: (₩5,000 - ₩7,000) × 30주 + (₩5,000 - ₩2,000) × 30주 = ₩30,000

13 ①
자기주식거래로 인한 자본총계 변동은 다음과 같다.

3월 1일	100주 × 14,000 =	(-)1,400,000
6월 1일	60주 × 18,000 =	1,080,000
9월 1일	40주 × 16,000 =	(-)640,000
12월 1일	60주 × 10,000 =	600,000
12월 31일	20주 소각	-
합계		(-)360,000

출제빈도: ★★★　대표출제기업: 서울주택도시공사

14 ㈜한국의 20×1년 중 자본 관련 자료가 다음과 같을 때, 20×1년도 자본 증가액은? (단, ㈜한국은 주당 액면금액이 ₩1,000인 보통주만을 발행하고 있다)

- 2월 1일: 보통주 200주를 주당 ₩1,500에 유상증자
- 3월 31일: 자기주식 50주를 주당 ₩1,000에 취득
- 5월 10일: 3월 31일에 취득한 자기주식 중 20주를 소각
- 7월 1일: 상장기업 A사 주식 150주를 주당 ₩1,500에 취득하여 기타포괄손익 − 공정가치측정금융자산으로 분류
- 8월 25일: 보통주 50주를 무상감자
- 9월 1일: 보통주 100주를 주당 ₩800에 유상감자
- 12월 31일: 당기순이익으로 ₩100,000을 보고, 상장기업 A사 주식 공정가치 주당 ₩1,200

① ₩55,000 　　　　　　② ₩105,000 　　　　　　③ ₩125,000

④ ₩165,000 　　　　　　⑤ ₩225,000

출제빈도: ★★★　대표출제기업: KDB산업은행

15 무상증자, 주식배당, 주식분할 및 주식병합 간의 비교로 옳지 않은 것은?

① 무상증자, 주식배당 및 주식병합의 경우 총자본은 변하지 않지만 주식분할의 경우 총자본은 증가한다.

② 무상증자와 주식배당의 경우 자본금은 증가한다.

③ 주식배당과 주식분할의 경우 자본잉여금은 변하지 않는다.

④ 무상증자, 주식배당 및 주식분할의 경우 발행주식수가 증가하지만 주식병합의 경우 발행주식수가 감소한다.

⑤ 주식배당의 경우에는 미처분이익잉여금이 감소한다.

출제빈도: ★★★

16 주식배당, 무상증자, 주식분할 및 주식병합 간의 비교로 옳지 않은 것은?

① 주식병합의 경우 발행주식수가 감소하지만 주식배당, 무상증자, 주식분할의 경우 발행주식수가 증가한다.

② 주식분할의 경우 주당 액면금액이 감소하지만 주식배당, 무상증자의 경우 주당 액면금액이 변하지 않는다.

③ 주식배당, 무상증자, 주식분할의 경우 총자본은 변하지 않는다.

④ 주식배당, 무상증자, 주식분할의 경우 자본금이 증가한다.

⑤ 주식분할과 주식병합의 경우 자본과 자본금은 변하지 않는다.

정답 및 해설

14 ⑤

		금액	
2월 1일	유상증자	₩300,000	200주 × ₩1,500
3월 31일	자기주식 취득	(-)50,000	50주 × ₩1,000
5월 10일	자기주식 소각	-	
7월 1일	금융자산 취득	-	
8월 25일	무상감자	-	
9월 1일	유상감자	(-)80,000	100주 × ₩800
12월 31일	당기순이익보고	100,000	
	금융자산 평가	(-)45,000	150주 × (₩1,200 - ₩1,500)
	합계	₩225,000	

15 ①
주식분할의 경우 총자본은 변동하지 않는다.

16 ④
주식배당과 무상증자는 자본금이 증가하지만, 주식분할의 경우 자본금이 변동하지 않는다.

출제빈도: ★★★

17 자본에 관한 다음 설명으로 옳은 것을 모두 고르면?

> ㄱ. 이익잉여금은 당기순이익의 발생으로 증가하고 다른 요인으로는 증가하지 않는다.
> ㄴ. 주식배당을 실시하면 자본금은 증가하지만 이익잉여금은 감소한다.
> ㄷ. 무상증자를 실시하면 발행주식수는 증가하지만 자본총액은 변동하지 않는다.
> ㄹ. 주식분할을 실시하면 발행주식수는 증가하지만 이익잉여금과 자본금은 변동하지 않는다.

① ㄱ, ㄴ, ㄷ   ② ㄱ, ㄴ, ㄹ   ③ ㄱ, ㄷ, ㄹ

④ ㄴ, ㄷ, ㄹ   ⑤ ㄱ, ㄴ, ㄷ, ㄹ

출제빈도: ★★☆

18 다음은 여행서비스를 주된 영업으로 하는 ㈜한국의 20×1년 3월 회계상 거래이다. 각 거래의 발생시점에 자본총액에 영향을 미치지 않는 거래를 모두 고른 것은?

> ㄱ. 3월 1일: 보통주(액면금액 ₩500) 60주를 주당 ₩600에 현금발행하였다.
> ㄴ. 3월 5일: 은행에서 연 이자율 5%로 1년 동안 현금 ₩15,000을 차입하였으며, 이자는 전액 만기에 지급하기로 하였다.
> ㄷ. 3월 10일: 고객에게 외상으로 여행상품을 ₩20,000에 제공하고 대금은 한 달 후에 받기로 하였다.
> ㄹ. 3월 20일: 주주총회에서 주주들에게 10%의 주식배당을 실시하기로 선언하였다.
> ㅁ. 3월 31일: 4월 10일 지급 예정인 3월분 직원 급여 ₩10,000을 인식하였다.

① ㄱ, ㄹ   ② ㄴ, ㄷ   ③ ㄴ, ㅁ

④ ㄴ, ㄹ   ⑤ ㄱ, ㅁ

출제빈도: ★★★ 대표출제기업: 인천국제공항공사

19 자본에 미치는 영향에 관한 설명으로 옳은 것은? (단, 거래는 독립적이다)

① 액면금액 ₩500인 보통주 30주를 주당 ₩700에 발행하면 보통주자본금은 ₩21,000 증가한다.

② 보통주주식발행초과금 중 ₩10,000을 자본전입하여 액면금액 ₩500인 보통주 20주를 발행하면 자본총액은 증가한다.

③ 이월결손금 ₩80,000을 보전하기 위하여 액면금액과 발행금액이 ₩500으로 동일한 발행주식 400주를 2주당 1주의 비율로 감소시키면 자본잉여금 ₩20,000이 증가된다.

④ 주주총회에서 유통보통주 1,000주에 대해 ₩20,000의 현금배당이 선언되면 자본은 불변한다.

⑤ 주식분할로 인하여 주식수가 증가하므로 자본금도 증가한다.

정답 및 해설

17 ④

자본에 관한 옳은 설명은 ㄴ, ㄷ, ㄹ이다.

오답노트

ㄱ. 이익잉여금은 당기순이익 외에 회계정책변경의 누적효과 등 여러 가지 요인에 의해 증가할 수 있다.

18 ④

| ㄴ. 자본 불변: (차) 현금(자산의 증가) | 15,000 | (대) 차입금(부채의 증가) | 15,000 |
| ㄹ. 자본 불변: (차) 미처분이익잉여금(자본의 감소) | | (대) 미교부주식배당금(자본의 증가) | |

오답노트

ㄱ. 자본 증가: (차) 현금(자산의 증가)	36,000	(대) 자본금(자본의 증가)	30,000
		주식발행초과금(자본의 증가)	6,000
ㄷ. 자본 증가: (차) 매출채권(자산의 증가)	20,000	(대) 매출(수익의 발생)	20,000
ㅁ. 자본 감소: (차) 종업원급여(비용의 발생)	10,000	(대) 미지급급여(부채의 증가)	10,000

19 ③

| (차) 자본금 | 100,000 | (대) 이월결손금 | 80,000 |
| | | 감자차익 | 20,000 |

오답노트

① 보통주자본금은 ₩15,000 증가한다.
② 무상증자의 경우 자본은 변동하지 않는다.
④ 자본은 ₩20,000 감소한다.
⑤ 주식분할의 경우 주식수는 증가하지만 액면금액의 감소로 인하여 자본금은 불변이다.

출제빈도: ★★☆

20 ㈜한국의 20×1년 12월 31일 재무상태표에 표시된 이익잉여금은 ₩300,000으로 이에 대한 세부항목은 이익준비금 ₩30,000과 임의적립금 ₩60,000 그리고 미처분이익잉여금 ₩210,000이다. ㈜한국은 20×2년 2월 27일에 개최한 정기주주총회에서 20×1년도 재무제표에 대해 다음과 같이 결산승인하였다.

• 임의적립금 이입액	₩20,000	• 이익준비금 적립액	₩10,000
• 자기주식처분손실 상각액	₩10,000	• 현금배당액	₩100,000

㈜한국이 20×2년 2월 27일의 결산승인사항을 반영한 후 이익잉여금은? (단, 이익준비금은 자본금의 1/2에 미달한다고 가정한다)

① ₩180,000   ② ₩190,000   ③ ₩200,000

④ ₩210,000   ⑤ ₩230,000

출제빈도: ★★☆

21 20×1년 자본과 관련한 다음 정보를 이용할 때, 20×1년 말 재무상태표에 표시될 이익잉여금은?

- 20×1년 기초 이익잉여금 ₩200
- 2월 25일: 주주총회에서 현금 ₩100 배당 결의와 함께 이익준비금 ₩10과 배당평균적립금 ₩20 적립 결의
- 6월 30일: 전기 이전부터 보유하던 장부금액 ₩30의 자기주식을 ₩32에 매각
- 20×1년 당기순이익 ₩250

① ₩320   ② ₩350   ③ ₩352

④ ₩450   ⑤ ₩550

출제빈도: ★★★ 대표출제기업: 한국도로교통공단

22 다음에서 제시되는 A~C의 세 가지 거래는 독립적인 거래이다. 빈칸에 들어가야 하는 (가), (나), (다)의 금액을 올바르게 나열한 것은?

거래	기초자산	기초부채	기말부채	기말자본	총수익	총비용	현금배당금
A	(가)	₩9,000	₩24,000	₩27,000	₩27,000	₩30,000	₩6,000
B	₩30,000	₩18,000	₩20,000	(나)	₩20,000	₩14,000	₩6,000
C	₩30,000	₩22,500	₩13,500	₩10,500	(다)	₩12,000	₩6,000

	(가)	(나)	(다)
①	₩27,000	₩12,000	₩21,000
②	₩27,000	₩24,000	₩16,500
③	₩45,000	₩12,000	₩21,000
④	₩45,000	₩24,000	₩28,500
⑤	₩50,000	₩24,000	₩21,000

정답 및 해설

20 ②
(1) 미처분이익잉여금: ₩210,000 + ₩20,000 - ₩10,000 - ₩10,000 - ₩100,000 = ₩110,000
(2) 이익준비금: ₩30,000 + ₩10,000 = ₩40,000
(3) 임의적립금: ₩60,000 - ₩20,000 = ₩40,000
(4) 이익잉여금 합계액: ₩110,000 + ₩40,000 + ₩40,000 = ₩190,000

21 ②
(1) 법정적립금 및 임의적립금의 적립은 이익잉여금 총액을 변동시키지 않고, 자기주식의 처분은 이익잉여금과 무관하다.
(2) ₩200 - ₩100 + ₩250 = ₩350

22 ③
(1) 거래 A: 기초자본 - ₩3,000(당기순손실) - ₩6,000(배당) = ₩27,000(기말자본)
  ⇨ 기초자본 = ₩36,000
  ⇨ 거래 A 기초자산: ₩9,000(기초부채) + ₩36,000(기초자본) = ₩45,000
(2) 거래 B 기말자본: ₩12,000(기초자본) + ₩6,000(당기순이익) - ₩6,000(배당) = ₩12,000
(3) 거래 C: ₩7,500(기초자본) + (총수익 - ₩12,000) - ₩6,000(배당) = ₩10,500(기말자본)
  ⇨ 총수익 = ₩21,000

출제빈도: ★★★ 대표출제기업: 한국지역난방공사

23 ㈜한국의 20×1년 초와 20×1년 말의 총자산은 각각 ₩150,000과 ₩270,000이며, 20×1년 초와 20×1년 말의 총부채는 각각 ₩80,000과 ₩120,000이다. ㈜한국은 20×1년 중 ₩50,000의 유상증자를 실시하고 현금배당 ₩10,000과 주식배당 ₩7,000을 실시하였다. ㈜한국의 20×1년 기타포괄손익이 ₩10,000인 경우 20×1년 포괄손익계산서의 당기순이익은?

① ₩30,000   ② ₩37,000   ③ ₩40,000

④ ₩47,000   ⑤ ₩50,000

출제빈도: ★★★

24 ㈜한국의 당기 포괄손익계산서에 보고할 당기순이익은?

- 기초자본은 자본금과 이익잉여금으로만 구성되어 있다.
- 기말자산은 기초자산에 비해 ₩500,000 증가하였고, 기말부채는 기초부채에 비해 ₩200,000 증가하였다.
- 당기 중 유상증자 ₩100,000이 있었다.
- 당기 중 기타포괄손익－공정가치측정금융자산의 평가손실 ₩10,000을 인식하였다.
- 당기 중 재평가모형을 적용하는 유형자산의 재평가이익 ₩20,000을 인식하였다. (단, 전기 재평가손실은 없다)

① ₩180,000　　　　　　② ₩190,000　　　　　　③ ₩200,000

④ ₩300,000　　　　　　⑤ ₩320,000

정답 및 해설

23 ①
₩70,000(기초자본) + ₩50,000(유상증자) − ₩10,000(현금배당) + ₩10,000(기타포괄이익) + 당기순이익 = ₩150,000(기말자본)
∴ 당기순이익 = ₩30,000

24 ②
당기 자본 증가액: ₩100,000(유상증자) − ₩10,000(평가손실) + ₩20,000(평가이익) + 당기순이익 = ₩300,000(증가)
∴ 당기순이익 = ₩190,000

제**12**장 | 금융자산(Ⅰ)_현금 및 매출채권

✓**핵심 포인트**

금융자산, 금융부채 및 지분상품의 관계	거래당사자 일방(A) - 금융자산	계약	거래상대방(B) - 지분상품, 금융자산
	다른 기업의 지분상품 - 금융자산 예 투자주식	계약	지분상품 - 자본 예 자본금, 주식발행초과금
	계약상 권리 - 금융자산 예 매출채권, 대여금, 투자사채	계약	계약상 의무 - 금융부채 예 매입채무, 지급어음, 차입금, 사채
	자기지분상품 결제 계약 - 금융자산	계약	자기지분상품 결제 계약 - 금융부채

금융자산의 분류	구분	계약상 현금흐름	사업모형	금융자산 계정 분류
	채무상품	원리금지급만으로 구성	현금흐름 수취목적	AC 측정 금융자산
			현금흐름 수취와 매도목적	FVOCI 측정 금융자산
			매도 등 기타의 목적	FVPL 측정 금융자산
		원리금지급만으로 구성되지 않음	매도 등 기타의 목적	FVPL 측정 금융자산
	지분상품	원리금지급만으로 구성되지 않음	매도 등 기타의 목적	FVPL 측정 금융자산

현금및현금성자산	• 현금및현금성자산으로 분류되는 예와 분류되지 않는 예 • 현금성자산
은행계정조정표	• 은행계정(당좌예금)의 조정방법 • 은행계정조정표 양식
매출채권의 손상 (대손회계)	• 매출채권손상의 의의 • 대손회계처리 • 대손회계의 재무제표 영향
어음의 할인	• 무이자부어음 • 이자부어음

1. 금융상품의 정의

(1) 정의

① 금융상품은 거래당사자 일방에게 금융자산을 발생시키고 동시에 다른 거래상대방에게 금융부채나 지분상품을 발생시키는 모든 계약을 말한다.

② 금융상품은 보유자와 발행자로 구분할 수 있는데, 보유자의 입장에서는 금융자산으로 인식하고 발행자 입장에서는 금융부채 또는 지분상품으로 인식하게 된다.

(2) 특징

① 금융상품 기준서에서 '계약'은 명확한 경제적 결과를 가지고 있고, 법적 구속력이 있기 때문에 당사자가 그러한 경제적 결과를 자의적으로 회피할 여지가 적은 둘 이상의 당사자 간의 합의를 말한다. 한편 계약은 반드시 서류로 작성되어야 하는 것은 아니다.

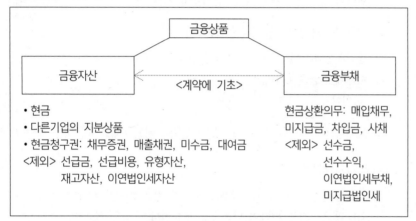

② 금융상품은 현금 등의 금융자산을 수취하거나 인도할 권리 또는 의무이다. 한편, 금융상품은 당사자 간에 양면성이 있는데, 금융상품 보유자에게는 금융자산으로, 발행자에게는 금융부채 또는 지분상품이 된다.

〈금융상품의 예시〉

금융자산	금융부채	지분상품
매출채권	매입채무	
대여금	차입금	
투자증권(회사채)	사채	
투자증권(주식)		보통주, 우선주

③ 한편, 위 설명과 달리 계약이 부재하거나 현금 등의 금융자산을 수취 또는 인도하지 아니하는, 다음 예시는 금융상품(금융자산, 금융부채 또는 지분상품)에 해당하지 아니한다.

〈금융상품 아닌 예시〉

법인세 관련 채권·채무	미지급법인세 등은 계약이 아니라 법적 요구에 따른 것임
의제의무	의제의무(예 관례적으로 연초에 지급하는 성과급 보너스)는 계약이 존재하지 아니함
재고자산, 유형자산, 무형자산	그 자체로서는 현금 등의 금융자산을 수취할 권리가 아님
선수금, 선급금	선수금이나 선급금 등은 최종적으로 현금 등의 금융자산을 수취할 권리 또는 의무가 아님

2. 금융자산의 분류

(1) 현금및현금성자산

현금과 유동성이 매우 높은 단기투자자산이다.

(2) 현금 등 금융자산을 수취할 계약적 권리

영업활동과정에서 재화나 용역을 외상으로 판매하거나 자금을 대여하고 그 대가로 미래에 현금을 수취할 권리를 획득하는 경우 발생한 채권(매출채권, 미수금, 대여금 등)이다.

(3) 잠재적으로 유리한 조건으로 금융자산이나 금융부채를 교환하는 계약(파생상품자산)

(4) 투자지분상품

기업이 다른 기업의 지분상품에 투자한 경우(종속기업, 관계기업, 공동기업 등 제외), 후속측정을 위하여 다음으로 분류한다.
① 당기손익공정가치(FVPL)측정금융자산
② 기타포괄손익공정가치(FVOCI)측정 금융자산: 투자지분상품은 원칙적으로 당기손익공정가치(FVPL)측정 금융자산으로 분류하나 경영자가 **공정가치 변동손익을 기타포괄손익으로 인식하기**를 원하는 경우 기타포괄손익공정가치(FVOCI)측정 금융자산으로 선택할 수 있다. 이러한 **선택은 최초 인식시점에만 가능**하며 이후에 취소할 수 없다.

(5) 투자채무상품

투자채무상품은 계약상 현금흐름 특성과 사업모형에 근거하여 다음으로 분류한다.
① 상각후원가(AC)측정 금융자산: 사업모형이 수취인 경우
② 기타포괄손익공정가치(FVOCI)측정 금융자산: 사업모형이 수취와 매도인 경우
③ 당기손익공정가치(FVPL)측정 금융자산: 매도 및 그 외의 목적

(6) 금융자산의 계정분류

구분	계약상 현금흐름	사업모형	금융자산 계정분류
채무상품	원리금으로만 구성	현금흐름 수취목적	AC측정 금융자산
		현금흐름 수취와 매도목적	FVOCI측정 금융자산
		매도 등 기타의 목적	FVPL측정 금융자산
	원리금 이외	매도 등 기타의 목적	FVPL측정 금융자산
지분상품	원리금 이외	매도 등 기타의 목적	FVPL측정 금융자산

① 계약상 현금흐름의 특성에서 기본대여계약과 관련 없는 계약상 현금흐름의 위험이나 변동성에 노출시키는 계약조건은 원리금 지급만으로 구성되는 계약상 현금흐름으로 볼 수 없다.

② 사업모형이 계약상 현금흐름을 수취하기 위해 금융자산을 보유하는 것이더라도 금융상품을 만기까지 보유할 필요는 없으며, 부수적으로 매도할 수 있다.

③ 사업모형이 매도 등 기타의 목적인 경우에도 부수적으로 계약상 현금흐름을 수취할 수 있다.

〈금융자산 분류〉

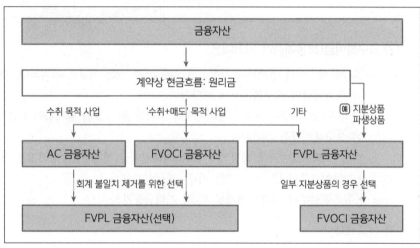

1. 현금·예금의 의의

(1) 현금(통화 및 통화대용증권)

① 통화란 동전 및 지폐를 의미한다. 지점 전도금은 지점이 보유하는 현금으로 보유 현금에 해당한다.

② 통화대용증권이란 통화는 아니지만 통화와 같은 효력으로 사용되는 것을 의미한다.

통화대용증권의 예	통화대용증권이 아닌 것들의 예
• 각종 수표: 은행발행 자기앞수표, 타인발행 당좌수표, 타인발행 가계수표, 송금수표, 여행자수표 등 • 기일이 도래한 회사채·국공채 이자표 • 배당금지급통지표 • 우편환증서	• 선일자수표: 실제 발행일보다 앞선 날짜로 발행된 수표 ⇨ 받을어음과 동일하게 수취채권으로 분류함 • 우표 ⇨ 소모품 • 수입인지 ⇨ 소모품 • 차용증서 ⇨ 대여금(수취채권) • 직원가불금 ⇨ 선급급여

(2) 요구불예금(보통예금과 당좌예금)

① 요구불예금이란 언제든지 자유롭게 인출할 수 있는 예금을 의미하며, 보통예금과 당좌예금이 요구불예금에 해당한다.

② 당좌예금은 기업이 은행과 당좌계약을 체결한 후 수표를 발행하여 인출할 수 있는 요구불예금을 의미한다.

③ 다음은 요구불예금에 해당되지 않는 저축성예금(정기예금, 정기적금 등)이다.
  • 취득일로부터 만기가 3개월 이내: 현금성자산
  • 취득일로부터 만기가 3개월 이후: 기타금융자산

(3) 현금성자산

① 유동성이 매우 높은 단기투자자산으로 확정된 현금흐름의 전환이 용이하며 가치변동의 위험이 중요하지 않은 자산이다.

② 일반적으로 취득일로부터 만기가 3개월 이내인 단기투자자산은 현금성자산으로 분류한다.

③ 현금성자산은 취득일을 기준으로 판단한다. (결산일을 기준으로 판단하지 않음)

④ 예를 들면, 최초 취득일로부터 만기가 3개월 이내인 양도성예금증서, 환매조건부채권, 기업어음 등이다.

⑤ 지분상품은 현금성자산에서 제외한다. 다만 상환일이 정해져 있고 취득일로부터 상환일까지의 기간이 단기인 우선주와 같이 실질적인 현금성자산인 경우에는 예외로 한다.

현금성자산의 예	현금성자산이 아닌 예
• 취득일부터 만기일이 3개월 이내인 단기 투자자산 　- 양도성예금증서 　- 정기예금, 정기적금 　- 환매채 　- 상환우선주	• 취득일부터 만기일까지 기간이 3개월을 초과하는 단기투자자산 • 취득일부터 만기일이 3개월 이내인 받을어음

(4) 가상통화

가상통화(예 비트코인)는 다음과 같이 회계처리한다.

① 통상적인 영업과정 판매 목적으로 보유하거나, 중개기업으로서 매매하는 경우: 재고자산

② ① 이외의 경우 무형자산

③ 가상통화는 **금융자산**으로 **분류할 수 없다.**

(5) 현금으로 분류할 수 없는 자산

① 부도수표, 선일자수표는 매출채권 또는 미수금 등의 채권으로 분류한다. 선일자수표는 미래의 특정일자를 발행일로 하여 발행된 수표로서 발행일 전에는 실질적으로 지급제시를 할 수 없다. 따라서 선일자수표의 형식은 수표지만, 실질은 발행일을 만기로 하여 발행된 어음이라고 볼 수 있다.

② 차용증서, 직원 가불금은 대여금으로 분류한다.

③ 현금및현금성자산에 속하지 아니하는 예금은 사용 제한 기간을 반영하여 기타금융자산 등의 과목(경우에 따라 유동자산 또는 비유동자산)으로 분류한다. 즉, 사용이 제한된 예금이나 적금은 현금으로 분류할 수 없는 자산이다.

④ 받을어음은 현금성자산으로 분류할 수 없고 매출채권으로 분류한다.

2. 은행계정조정표

은행의 당좌예금계좌를 이용하는 경우에, 은행의 계좌 잔액과 회사의 당좌예금 장부잔액은 차이가 나타날 수 있다. 은행계정조정표는 특정일자에 당좌예금 은행잔액과 회사의 당좌예금 장부잔액을 비교하고 그 차이를 조정하는 표이다. 양쪽의 차이는 ① 은행과 회사의 기록 시점에 차이가 발생하거나, ② 오류 또는 부정에 의한 것이다.

은행계정조정표

	회사 측 잔액	은행 측 잔액
조정 전 잔액	×××	×××
조정사항		
은행미기입예금		×××
기발행미인출수표		(×××)
은행입금의 회사미기록	×××	
은행출금의 회사미기록	(×××)	
오류 또는 부정	××× (×××)	××× (×××)
	⋮	⋮
정확한 잔액	×××	×××

▦ 시험문제 미리보기!

다음은 ㈜한국의 20×1년 12월 31일 현재 은행계정조정표를 작성하기 위한 자료이다. 은행에서 보내온 20×1년 12월 31일 현재 수정 전 예금잔액증명서상의 잔액이 ₩30,000일 경우, ㈜한국의 20×1년 12월 31일 현재 수정 전 당좌예금계정 잔액을 계산하시오.

- 20×1년 12월 중 ㈜한국에서 기발행되었으나, 기말 현재 은행에서 미인출된 수표는 ₩8,000이다.
- 20×1년 12월 31일 현재 은행의 예금잔액증명서에 반영된 부도수표 ₩9,000이 ㈜한국의 당좌예금계정에는 반영되어 있지 않았다.
- ㈜한국이 20×1년 12월 31일 입금했으나, 은행에서는 20×2년 1월 3일 입금처리된 금액은 ₩6,000이다.
- 20×1년 12월 말까지 ㈜한국에 통보되지 않은 매출채권추심액은 ₩12,000이다.

해설	은행 측	회사 측
수정 전 잔액	₩30,000	?
기발행미인출수표	(8,000)	
부도수표		(₩9,000)
은행미기입예금	6,000	
매출채권 추심액		12,000
정확한 잔액	₩28,000	₩28,000

∴ 회사 측 수정 전 잔액: ₩28,000 + ₩9,000 − ₩12,000 = ₩25,000

♥ 선생님 TIP

은행계정조정표 문제의 경우에는 회사 측 잔액(장부)과 은행 측 잔액(통장)의 차이를 조정하는 표에서 서로 간의 기록의 불일치로 발생한다. 즉 어느 한편은 입금 또는 출금기록이 이루어지고 다른 한편은 기록이 이루어지지 않은 것이므로 기록이 이루어지지 않은 편을 조정하면 되고 오류의 경우에는 오류가 발생한 쪽을 수정하면 된다.

㈜한국은 20×1년 12월 31일 주거래은행으로부터 당좌예금잔액증명서상 잔액이 ₩7,810,000이라는 통지를 받았으나, 회사의 12월 31일 현재 총계정원장상 당좌예금 잔액과 불일치하였다. ㈜한국이 이러한 불일치의 원인을 조사한 결과 다음과 같은 사항을 발견하였다. 이들 자료를 활용하여 ㈜한국의 수정 전 당좌예금계정 잔액(A)과 수정 후 재무상태표에 당좌예금으로 계상할 금액(B)을 계산하시오.

- ㈜한국이 발행하고 인출 기록한 수표 ₩2,100,000이 은행에서 아직 지급되지 않았다.
- 매출거래처로부터 받아 예금한 수표 ₩1,500,000이 부도 처리되었으나, ㈜한국의 장부에 기록되지 않았다.
- 주거래은행에 추심의뢰한 받을어음 ₩500,000이 ㈜한국의 당좌예금 계좌로 입금 처리되었으나, 통보받지 못하였다.
- 지난 달 주거래은행에 현금 ₩190,000을 당좌예입하면서 회계직원의 실수로 장부상 ₩910,000으로 잘못 기장된 것이 확인되었다.

해설

	은행계정조정표	
	은행 측 잔액	회사 측 잔액
수정 전 잔액	₩7,810,000	A
조정항목		
① 기발행미인출수표	(2,100,000)	
② 부도수표		(₩1,500,000)
③ 미통지입금		500,000
④ 회사 측 오류		(720,000)
수정 후 잔액	₩5,710,000	B

∴ B = ₩5,710,000

A = ₩5,710,000 + ₩720,000 − ₩500,000 + ₩1,500,000 = ₩7,430,000

3. 현금예금의 공시

내용	재무상태표에 표시

• 현금(통화 및 통화대용증권), 요구불예금(당좌예금, 보통예금), 현금성자산 (취득 당시 만기가 3개월 이내에 도래하는 단기투자자산)
 • 금융기관이 취급하는 정기예금, 정기적금 및 기타 정형화된 상품으로서 만기가 재무상태표일로부터 12개월 이내에 도래하는 금융상품
 • 금융기관이 취급하는 금융상품으로서 단기간 내에 매도할 목적으로 보유하는 금융상품
	유동자산
	  현금및현금성자산
	  기타금융자산

• 금융기관이 취급하는 정기예금, 정기적금 및 기타 정형화된 상품으로서 만기가 재무상태표일로부터 12개월 이후에 도래하는 금융상품	비유동자산 기타금융자산

당좌차월은 차입금에 해당되므로 유동부채에 차입금으로 표시해야 하며, 다른 은행의 당좌예금과 상계하지 않는다.

다음은 20×1년 12월 31일 현재 ㈜한국이 보유하고 있는 항목들이다. ㈜한국이 20×1년 12월 31일의 재무상태표에 현금및현금성자산으로 표시할 금액을 계산하시오.

• 지급기일이 도래한 공채이자표	₩5,000
• 당좌거래개설보증금	₩3,000
• 당좌차월	₩1,000
• 수입인지	₩4,000
• 선일자수표(20×2년 3월 1일 이후 통용)	₩2,000
• 지폐와 동전 합계	₩50,000
• 20×1년 12월 20일에 취득한 만기 20×2년 2월 20일인 양도성예금증서	₩2,000
• 20×1년 10월 1일에 취득한 만기 20×2년 3월 31일인 환매채	₩1,000

해설   지급기일이 도래한 공채이자표 + 지폐와 동전 + 취득일로부터 3개월 미만인 양도성 예금증서
: ₩5,000 + ₩50,000 + ₩2,000 = ₩57,000

㈜한국이 20×1년 말 다음과 같은 항목들을 보유하고 있을 때 재무상태표에 현금및현금성자산 계정으로 보고할 금액을 계산하시오. (단, 20×1년 말 환율은 €1 = ₩1,300, $1 = ₩1,200이다)

• 국내통화	₩1,200	• 외국환 통화	€1	• 외국환 통화	$1
• 보통예금	₩1,800	• 수입인지	₩100	• 우편환 증서	₩200
• 선일자수표	₩200	• 급여가불증	₩250	• 받을어음	₩1,000
• 20×1년 10월 초 가입한 1년 만기 정기예금		₩150			
• 20×1년 12월 초 취득한 2개월 만기 환매채		₩400			
• 20×1년 12월 초 취득한 2개월 만기 양도성예금증서		₩300(단, 사용이 제한됨)			

해설   현금및현금성자산: ₩1,200 + ₩1,300 + ₩1,200 + ₩1,800 + ₩200 + ₩400 = ₩6,100

1. 매출채권

(1) 매출채권의 의의

매출채권 및 기타채권은 기업이 영업활동을 수행하는 과정에서 재화나 용역을 신용
으로 판매하거나 자금을 대여하는 대가로 미래에 현금을 수취할 권리를 획득하거나
어음 등을 수취하는 경우에 발생하는 수취채권으로 대여금 및 수취채권으로 분류되
는 금융자산이다.

(2) 매출채권의 측정

① 매출에누리와 환입(매입에누리와 환출): 매출에누리(매입에누리)란 판매(구입)
한 제품이나 상품에 파손이나 결함이 있어 값을 깎아주는 것을 말하며, 매출환
입(매입환출)이란 판매(구입)된 제품이나 상품에 파손이나 결함이 있어 판매(구
입)된 제품이나 상품이 반환되는 것을 말한다. 그리고 일정기간의 거래수량이나
거래금액에 따라 수익(매입액)을 감액하는 것도 매출에누리(매입에누리)에 포함
한다.

[매출에누리]			
(차) 매출채권	1,000	(대) 매출	1,000
매출에누리	100	매출채권	100
[매출환입]			
(차) 매출채권	1,000	(대) 매출	1,000
매출환입	100	매출채권	100

② 포괄손익계산서에 매출액과 매입액을 공시할 때에는 총매출액(총매입액)에서 매
출에누리와 환입(매입에누리와 환출)을 차감한 금액으로 표시하면 된다.

③ 매출할인(sales discounts)이란 상품판매에 따른 현금의 회수를 촉진시키기 위
하여 상품의 구입자가 할인기간 내에 상품대금을 지급할 경우 상품의 판매자가
상품판매대금의 일부를 할인해주는 것을 말한다.

상품 ₩1,000을 2/10, n/30의 신용조건으로 회계처리하는 경우(30일 이내에는 전액을 지급해야 하며, 만약 10일 이내에 외상대금을 지급하면 총외상대금의 2%를 할인해주겠다는 의미)

[상품매출 시]

(차) 매출채권	1,000	(대) 매출	1,000

[10일 이내 대금을 지급하여 매출할인을 한 경우]

(차) 현금	980	(대) 매출채권	1,000
매출할인	20		

[10일 이후 대금을 지급하여 매출할인이 없는 경우]

(차) 현금	1,000	(대) 매출채권	1,000

2. 최초 인식

금융자산이나 금융부채는 원칙적으로 최초 인식시점에 공정가치로 인식하는데, 이에 따라 매출채권은 최초 인식시점에 공정가치로 측정한다. 다만, 기업회계기준에서는 실무 편의를 위해 예외규정을 두고 있는데, 다음의 경우에는 거래가격으로 측정한다.

① 최초 인식시점에 매출채권이 유의적인 금융요소를 포함하지 않는 경우

② 재화나 용역의 이전시점과 대가 지급시점이 1년 이내인 거래로서 금융요소를 조정하지 아니하는 실무적 간편법을 선택하는 경우

3. 손상

(1) 매출채권의 손상

① 매출채권 등의 자산은 거래 상대방의 신용위험이 높아짐에 따라 채무불이행이 발생할 수 있는데, 이러한 채무불이행을 손상이라 하며 손상차손으로 비용 인식한다.

② 유의적인 금융요소를 포함하고 있지 않은 매출채권은 전체기간 기대신용손실에 해당하는 금액으로 손실충당금(대손충당금)을 측정한다.

③ 한편, 채권에 대한 손상 회계처리는 **기대신용손실**에 대해 손실충당금을 설정하고 장래 채무 불이행이 발생하면 채권과 손실충당금을 상계하는 방법(충당금설정법)을 사용한다.

④ 신용위험이 있는 매출채권을 그대로 재무상태표에 보고하면 매출채권이 과대 표시되고 장래에 실제 손상이 발생해야 손실을 인식하는 문제가 발생한다.

⑤ 따라서 K-IFRS 제1109호에서는 금융자산의 손상에 대하여 미래 전망적 손상 모형에 따라 기대신용손실을 평가하여 손상을 인식한다.

⑥ 보고기간 말에 매출채권은 최초 금액에서 현재가치 조정금액 및 기대신용손실에 의한 손실충당금을 차감한 금액으로 공시하는데 이를 **상각후원가**라 한다.

```
                      매출채권
             (±) 현재가치 조정금액
             (−) 손실충당금          ⇐ 기대신용손실
             (=) 공시금액            ⇐ 상각후원가
```

(2) 매출채권 손상 – 간편법

① 손실충당금 측정에서 간편법은 해당 금융자산의 전체기간을 대상으로 손실충당금을 측정하는 방법인데, K-IFRS 제1109호에서는 간편법의 예시로 충당금 설정률표에 의한 손실충당금 측정을 소개하고 있다.

② 충당금 설정률표는 충당금 설정률을 달리하는 표인데, 이 표는 과거에 매출채권의 기대존속기간에 관측된 채무불이행률에 기초하여 작성하며 미래전망적인 추정을 반영하여 조정한다. 이를 위해 매 보고기간 말에 과거에 관측된 채무불이행을 갱신하며 미래전망 추정치의 변동을 분석한다.

(3) 회계처리

① 충당금설정법에서 재무제표 작성 시 매출채권에서 신용위험으로 회수불가능할 것으로 기대되는 금액, 즉 기대신용손실액을 손실충당금으로 표시하기 위해 채권에 대한 손실충당금을 추가로 설정하거나 환입한다.

• 손실충당금 설정: 기말채권에 대한 손상추정액 > 손실충당금잔액

(차) 손상차손	×××	(대) 손실충당금	×××

• 손실충당금 환입: 기말채권에 대한 손상추정액 < 손실충당금잔액

(차) 손실충당금	×××	(대) 손상차손환입	×××

② 채무불이행 발생: 매출채권에 대한 채무불이행이 발생하면 그 채권과 손실충당금을 제거한다. 만약 손실충당금이 부족한 경우에는 추가적인 손상차손을 인식한다.

(차) 손실충당금	×××	(대) 매출채권	×××
손상차손	×××		

③ 손상 회복 시(드문 경우): 신용위험의 해소와 더불어 과거에 제거한 매출채권이 정상화되는 경우가 있다. 이 경우에는 매출채권을 다시 인식한다(현금을 회수한 경우라면 현금을 인식함).

(차) 현금	×××	(대) 대손충당금	×××
(또는 매출채권)			

20×1년 중 매출채권과 관련된 자료는 다음과 같다.

- 1월 1일: 기초의 대손충당금은 ₩4,000이다.
- 3월 1일: ₩5,000의 매출채권이 대손처리되었다.
- 5월 1일: 전년도에 대손처리된 매출채권 ₩3,000이 회수되었다.
- 12월 31일: 기말 매출채권 잔액 ₩400,000에 대하여 2%를 대손으로 추정한다.

(1) 위 거래와 관련하여 20×1년 대손관련 회계처리를 나타내시오.
(2) 만약 대손율을 0.5%로 추정하였을 경우 20×1년 말 회계처리를 하시오.

해설 　(1) 매 시점의 회계처리

일자	회계처리			
3월 1일	(차) 대손충당금 대손상각비	4,000 1,000	(대) 매출채권	5,000
5월 1일	(차) 현금	3,000	(대) 대손충당금	3,000
12월 31일	(차) 대손상각비	5,000	(대) 대손충당금	5,000[*1]

(*1) ₩8,000 − (₩4,000 − ₩4,000 + ₩3,000) = ₩5,000

(2) 대손율을 0.5%로 추정했을 경우의 기말결산 회계처리
　(차) 대손충당금　　　　　　　1,000　　(대) 대손충당금환입　　　　　1,000[*2]

(*2) ₩2,000 − (₩4,000 − ₩4,000 + ₩3,000) = (₩1,000)

20×1년 설립된 ㈜한국의 매출채권과 대손에 관한 자료가 다음과 같을 때, ㈜한국의 20×2
년도 포괄손익계산서에 표시될 대손상각비(손상차손)를 계산하시오.

- 20×1년 12월 31일의 매출채권 잔액은 ₩1,000,000이고, 이 금액 중 ₩100,000이 회수불가능
  하다고 추정되었다.
- 20×2년 6월 29일에 전기에 매출한 ₩250,000의 매출채권이 회수불가능하다고 판명되었다.
- 20×2년 8월 16일에는 6월 29일에 대손확정된 ₩250,000 중 ₩70,000이 현금으로 회수되었다.
- 20×2년 12월 31일의 매출채권 잔액은 ₩700,000이며, 이 금액 중 ₩85,000이 회수불가능하다
  고 추정되었다.

해설　T-계정을 이용해서 대차차액을 통하여 대손상각비를 계산한다.

대손충당금

(2) 대손확정	₩250,000	(1) 기초	₩100,000
		(3) 상각채권회수	70,000
(4) 기말	85,000	(5) 설정	165,000
합계	₩335,000	합계	₩335,000

∴ 대손상각비: ₩165,000

♀ 선생님 TIP

매출채권에 대한 대손상각비 계산문제는 대손충당금 T-계정을 통한 풀이방법이 가장 효율적인 풀
이방법이다. (1) ~ (5) 순차적으로 T-계정을 완성하면서 (5)를 대차차액으로 구하고 (5) 설정 또는
환입금액이 포괄손익계산서상의 대손상각비 또는 대손충당금환입(당기수익)금액이 된다. 이처럼 매
출채권관련 추정문제는 매출채권과 대손충당금의 T-계정을 통한 풀이방법이 가장 좋은 방법이다.

대손충당금

(2) 대손확정	×××	(1) 기초	×××
(5) 환입	×××	(3) 상각채권회수	×××
(4) 기말	×××	(5) 설정	×××
합계	×××	합계	×××

4. 어음의 할인

(1) 어음할인의 회계처리

① 어음할인이란 받을어음(매출채권)을 만기일 전에 금융기관에 양도하고 자금을 조달하는 것을 의미한다.

② 어음할인(금융자산의 양도)이 제거요건을 충족할 경우에는 받을어음(매출채권)을 제거하고 매출채권처분손실을 당기비용으로 인식한다.

③ 어음할인(금융자산의 양도)이 제거요건을 충족하지 못할 경우에는 받을어음(매출채권)을 계속 인식한다. 금융기관에서 수취한 현금은 금융부채(차입금)로 인식하며 매출채권처분손실 대신에 이자비용을 당기비용으로 인식한다.

(2) 무이자부어음

① 어음할인으로 수취할 현금은 만기금액에서 할인료를 차감한 금액이다.

② 할인료는 만기금액에 할인기간과 할인율을 곱하여 계산된다.

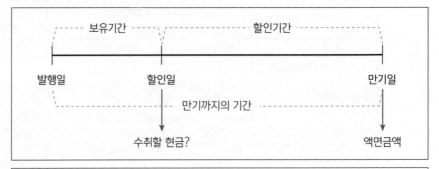

- 만기금액 = 액면금액
- 할인료 = 만기금액 × 할인기간 × 할인율
- 수취할 현금 = 만기금액 − 할인료
- 할인시점 장부금액 = 액면금액
- 매출채권처분손실(이자비용) = 수취할 현금 − 할인시점 장부금액

(3) 이자부어음

① 어음할인으로 수취할 현금은 만기금액에서 할인료를 차감한 금액이다.

② 이자부어음의 경우에는 만기금액에 표시이자가 포함된다.

③ 할인료는 만기금액에 할인기간과 할인율을 곱하여 계산된다.

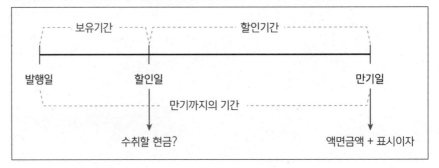

- 만기금액 = 액면금액 + 표시이자

  = 액면금액 + (액면금액 × 만기까지의 기간 × 표시이자율)
- 할인료 = 만기금액 × 할인기간 × 할인율
- 수취할 현금 = 만기금액 − 할인료
- 할인시점 장부금액 = 액면금액 + (액면금액 × 보유기간 × 표시이자율)
- 매출채권처분손실(이자비용) = 수취할 현금 − 할인시점 장부금액

📋 시험문제 미리보기!

㈜한국은 20×1년 3월 1일에 상품판매대금 ₩400,000을 만기 3개월의 어음(액면이자율 연 9%)으로 수령하였다. ㈜한국은 5월 1일에 대한은행에서 연 12% 이자율로 동 어음을 할인하였다. 이 받을어음의 할인이 금융자산 제거조건을 충족할 때 다음 물음에 답하시오. (단, 이자는 월할 계산한다)

(1) 어음의 만기금액을 구하시오.
(2) 어음의 할인액을 계산하시오.
(3) 어음할인 시 현금 수령액을 계산하시오.
(4) 20×1년 5월 1일 자의 회계처리를 나타내시오.
(5) 만약 어음상의 액면이자가 없을 경우 20×1년 5월 1일 자의 회계처리를 나타내시오.

해설　(1) 어음의 만기금액: ₩400,000 + ₩400,000 × 0.09 × 3/12 = ₩409,000
　　　(2) 어음의 할인액: ₩409,000 × 0.12 × 1/12 = ₩4,090
　　　(3) 현금수령액: (1) − (2) = ₩404,910
　　　(4) 회계처리

(차) 현금	404,910	(대) 매출채권	400,000
금융자산처분손실	1,090	이자수익	6,000[*1]

　　　　(*1) ₩400,000 × 0.09 × 2/12 = ₩6,000

　　　(5) 회계처리

(차) 현금	396,000	(대) 매출채권	400,000
금융자산처분손실	4,000		

> **♀선생님 TIP**
>
> 어음의 할인문제의 경우에는 다음과 같은 순서로 접근한다.
> (1) 만기금액(액면금액 + 보유기간 액면이자발생액[*2]) ××× ⇐ 회사가 양도한 자산
> 　　(*2) 이자부어음일 경우 계산
> (2) 현금수령액(만기금액[*3] − 만기금액 × 할인율 × 할인기간) (×××) ⇐ 은행이 지급할 금액
> 　　(*3) 만기금액: 액면금액 + 만기시점의 표시이자
> (3) 매출채권(금융자산)처분손실 ××× (회계처리를 통한 대차차액으로 계산)

출제빈도: ★★☆

01 다음 중 금융상품으로 옳은 것을 모두 고른 것은?

ㄱ. 선급비용	ㄴ. 투자사채
ㄷ. 매출채권	ㄹ. 대여금
ㅁ. 이연법인세자산	

① ㄱ, ㄴ, ㄷ   ② ㄱ, ㄹ, ㅁ   ③ ㄴ, ㄷ, ㄹ

④ ㄷ, ㄹ, ㅁ   ⑤ ㄱ, ㄴ, ㅁ

출제빈도: ★★☆

02 금융부채에 해당하지 않는 것을 아래에서 모두 고른 것은?

ㄱ. 미지급금	ㄴ. 사채
ㄷ. 미지급법인세	ㄹ. 차입금
ㅁ. 선수금	ㅂ. 매입채무

① ㄱ, ㄴ   ② ㄴ, ㄹ   ③ ㄷ, ㅁ

④ ㄹ, ㅂ   ⑤ ㄱ, ㅁ

출제빈도: ★★☆

03 현금및현금성자산에 대한 설명으로 옳지 않은 것은?

① 선일자수표는 매출채권 등으로 분류하며, 수표권면상의 발행일이 도래하면 현금으로 분류할 수 있다.

② 보통예금에 담보 설정 등으로 사용제한이 설정된다면 현금으로 분류할 수 없다.

③ 당좌차월은 유동부채로 분류된다.

④ 요구불예금은 금융기관 예치금 중 예금자의 청구에 따라 언제든지 입금 및 출금이 자유로운 예금으로 대표적으로 보통예금과 당좌예금이 있다.

⑤ 상환우선주와 같은 지분상품은 현금성자산의 요건을 충족하더라도 현금성자산으로 분류할 수 없다.

출제빈도: ★★★ 대표출제기업: 한국중부발전

04 20×1년 12월 31일 결산일 현재 ㈜한국이 보유하고 있는 자산 중 재무상태표에 계상할 현금및현금성자산은?

• 통화	₩1,500
• 수입인지	₩100
• 만기가 도래한 국채이자표	₩300
• 송금환	₩400
• 배당금지급통지표	₩50
• 만기가 1개월 후인 타인발행 약속어음	₩200
• 20×1년 12월 1일에 취득한 환매채(만기 20×2. 1. 31)	₩500

① ₩1,500   ② ₩2,250   ③ ₩2,750

④ ₩2,950   ⑤ ₩3,050

정답 및 해설

01 ③
금융상품으로 옳은 것은 ㄴ, ㄷ, ㄹ이다.

오답노트
ㄱ. 선급비용은 거래상대방으로부터 현금이 아닌 재화나 용역을 제공받을 것이므로 금융자산에 해당하지 않는다.
ㅁ. 이연법인세자산은 계약에 기초하지 않으므로 금융자산에 해당하지 않는다.

02 ③
미지급법인세(ㄷ)는 계약에 기초한 거래가 아니고, 선수금(ㅁ)은 현금결제의무가 아니므로 금융부채에 해당하지 않는다.

03 ⑤
회계는 법적형식이 아닌 경제적 실질을 따른다. 상환우선주도 현금성자산의 인식요건을 충족하여 경제적 실질이 현금성자산이라면 현금성자산으로 분류한다.

04 ③
(1) 수입인지는 소모품으로 분류하고 약속어음은 매출채권으로 분류한다.
(2) 통화(₩1,500) + 국채이자표(₩300) + 송금환(₩400) + 배당금지급통지표(₩50) + 환매채(₩500) = ₩2,750

05 다음은 ㈜한국의 20×1년 12월 31일 결산일 현재의 현금 및 예금 등의 내역이다. 이 자료를 이용하여 구한 현금 및현금성자산으로 보고해야 할 금액은?

• 지폐와 동전	₩30,000
• 수입인지	₩10,000
• 당좌개설보증금	₩80,000
• 당좌차월	₩50,000
• 타인발행수표	₩30,000
• 배당금지급통지서	₩20,000
• 만기가 2개월 이내인 채권(20×1년 12월 1일 취득)	₩150,000
• 양도성 예금증서(120일 만기)	₩500,000
• 기일이 도래한 공채이자표	₩10,000
• 일반적 상거래상의 선일자수표	₩200,000
• 환매채(20×1년 11월 1일 취득한 90일 환매조건)	₩300,000
• 정기적금(2년 후 만기도래)	₩400,000
• 정기적금(1년 이내 만기도래)	₩300,000

① ₩540,000　　　　② ₩550,000　　　　③ ₩740,000

④ ₩750,000　　　　⑤ ₩800,000

06 ㈜한국의 20×1년 12월 31일 현재 당좌예금계정잔액은 ₩200,000이고, 은행의 잔액증명서상 잔액은 ₩150,000으로 그 차이의 원인은 다음과 같다. 20×1년 12월 31일 현재 재무상태표에 보고되어야 할 정확한 당좌예금 잔액은?

(1) 12월 31일 회사는 현금 ₩150,000을 당좌예입하였으나, 은행에서는 입금처리되지 않았다.

(2) 12월 10일 발행된 수표 중 지급제시되지 않은 수표 ₩50,000이 있다.

(3) 12월 30일 거래처인 ㈜충청이 ₩200,000을 ㈜한국의 당좌예금계좌에 입금하였으나, 회사에는 통보되지 않았다.

(4) 12월 31일 은행은 차입금에 대한 이자 ₩50,000을 회사의 당좌예금계좌에서 차감하였지만 회사는 이에 대한 회계처리를 하지 않았다.

(5) 12월 25일 외상매출금을 회수하여 당좌예입한 수표 ₩100,000을 ₩150,000으로 기록하였다.

(6) 12월 27일 비품을 처분한 대가로 받은 수표 ₩50,000을 당좌예입하였으나 부도처리되었다.

① ₩150,000　　　　② ₩200,000　　　　③ ₩250,000

④ ₩300,000　　　　⑤ ₩320,000

정답 및 해설

05 ①

	현금및현금성자산	단기예치금	장기예치금
지폐와 동전	₩30,000	–	–
당좌차월	–	–	–
수입인지	–	–	–
타인발행수표	30,000	–	–
당좌개설보증금	–	–	₩80,000
배당금지급통지서	20,000	–	–
만기 2개월인 채권	150,000	–	–
양도성예금증서	–	₩500,000	–
기일도래 공채이자표	10,000	–	–
선일자수표	–	–	–
환매채(3월 이내 환매)	300,000	–	–
정기적금	–	300,000	400,000
계	₩540,000	₩800,000	₩480,000

06 ③

은행계정조정표			
수정 전 회사 측 잔액	₩200,000	수정 전 은행 측 잔액	₩150,000
미착예금	200,000	미기입예금	150,000
이자비용	(50,000)	미결제수표	(50,000)
오류	(50,000)		
부도수표	(50,000)		
올바른 잔액	₩250,000		₩250,000

> **📍선생님 TIP**
>
> 은행계정조정표 문제의 경우에는 회사 측 잔액(장부)과 은행 측 잔액(통장)의 차이를 조정하는 표에서 서로 간의 기록의 불일치로 발생한다. 즉, 어느 한편은 입금 또는 출금기록이 이루어지고 다른 한편은 기록이 이루어지지 않은 것이므로 기록이 이루어지지 않은 편을 조정하면 되고 오류의 경우에는 오류가 발생한 쪽을 수정하면 된다.

출제빈도: ★★★　대표출제기업: KDB산업은행

07 ㈜한국의 매출채권과 그에 대한 미래현금흐름 추정액은 다음과 같다. 충당금설정법을 사용할 경우, 기말에 인식하여야 하는 대손상각비는? (단, 할인효과가 중요하지 않은 단기매출채권이며, 기중 대손충당금의 변동은 없다)

	기초	기말
매출채권	₩26,000	₩30,000
추정 미래현금흐름	₩24,500	₩26,500

① ₩2,000　　　　　　　② ₩3,000　　　　　　　③ ₩4,000

④ ₩5,000　　　　　　　⑤ ₩6,000

출제빈도: ★★★　대표출제기업: 한국가스공사

08 ㈜한국의 매출채권과 관련된 다음의 자료를 이용하여 20×1년의 대손상각비를 구하면 얼마인가?

- 20×1년 초의 매출채권 잔액은 ₩1,000,000이고, 대손충당금 잔액은 ₩40,000이다.
- 20×1년 4월에 회수불가능 매출채권 ₩30,000을 대손처리하였다.
- 20×0년에 대손처리하였던 매출채권 ₩15,000을 20×1년 7월에 현금으로 회수하였다.
- 20×1년 말의 매출채권 잔액은 ₩900,000이며, 이 중에서 5%는 미래에 회수가 불가능한 것으로 추정된다.

① ₩0　　　　　　　　② ₩15,000　　　　　　　③ ₩20,000

④ ₩35,000　　　　　　⑤ ₩40,000

출제빈도: ★★★

09 다음은 ㈜한국의 재무상태표 중 매출채권과 대손충당금에 관한 부분이다.

	20×1년 12월 31일	20×2년 12월 31일
매출채권	₩40,000	₩52,000
대손충당금	(₩4,000)	(₩2,800)

㈜한국은 20×2년도 포괄손익계산서에 대손상각비(손상차손)로 ₩2,000을 보고하였다. 만약 20×2년 중에 ㈜한국이 현금으로 회수한 매출채권액이 ₩200,000이라면, 동년 중에 외상으로 매출한 금액은?

① ₩52,000
② ₩206,000
③ ₩212,000
④ ₩215,200
⑤ ₩224,200

정답 및 해설

07 ①
(1) 기초 대손충당금: ₩26,000 − ₩24,500 = ₩1,500
(2) 기말 대손충당금: ₩30,000 − ₩26,500 = ₩3,500
(3) 기말 대손상각비: ₩3,500 − ₩1,500 = ₩2,000

08 ③
(1) 결산 전 대손충당금: ₩40,000 − ₩30,000 + ₩15,000 = ₩25,000
(2) 대손상각비(대손충당금 추가 설정액): ₩900,000 × 5% − ₩25,000 = ₩20,000

09 ④
주어진 자료를 바탕으로 매출채권과 대손충당금의 증감내역을 T-계정을 통해서 파악하면 다음과 같다.

매출채권

(1) 기초	₩40,000	(8) 현금회수액	₩200,000
(9) 외상매출	₩215,200	(7) 대손발생액	₩3,200
		(2) 기말	₩52,000
합계	₩255,200	합계	₩255,200

대손충당금

(6) 대손발생액	₩3,200	(3) 기초	₩4,000
(4) 기말	₩2,800	(5) 설정	₩2,000
합계	₩6,000	합계	₩6,000

위와 같이, 매출채권과 대손충당금의 증감내역을 T-계정을 통해서 순차적으로 (1) ~ (9)로 계산하면 당기 외상매출액은 ₩215,200이다.

출제빈도: ★★☆   대표출제기업: 신용보증기금

10 ㈜한국은 고객에게 60일을 신용기간으로 외상매출을 하고 있으며, 연령분석법을 사용하여 기대신용손실을 산정하고 있다. 20×1년 말 현재 ㈜한국은 매출채권의 기대신용손실을 산정하기 위해 다음과 같은 충당금설정률표를 작성하였다. 20×1년 말 매출채권에 대한 손실충당금(대손충당금) 대변잔액 ₩20,000이 있을 때, 결산 시 인식할 손상차손(대손상각비)은?

구분	매출채권금액	기대신용손실률
신용기간 이내	₩1,000,000	1.0%
1~30일 연체	₩400,000	4.0%
31~60일 연체	₩200,000	20.0%
60일 초과 연체	₩100,000	30.0%

① ₩66,000   ② ₩76,000   ③ ₩86,000

④ ₩96,000   ⑤ ₩106,000

출제빈도: ★★☆ 대표출제기업: KDB산업은행

11 ㈜한국은 20×1년 5월 1일 상품을 판매하고 약속어음(액면금액 ₩200,000, 연 이자율 8%, 6개월 만기)을 수취하였다. ㈜한국이 어음을 3개월간 보유한 후 거래은행에 연 12%의 이자율로 할인하였을 경우 당기순이익에 미치는 영향은? (단, 어음의 할인은 월할계산하며 위험과 보상의 대부분을 이전하였다고 가정한다)

① ₩1,760 감소   ② ₩2,240 감소   ③ ₩1,760 증가

④ ₩2,240 증가   ⑤ ₩2,640 감소

정답 및 해설

10 ②
  (1) 기말대손예상액: (₩1,000,000 × 1%) + (₩400,000 × 4%) + (₩200,000 × 20%) + (₩100,000 × 30%) = ₩96,000
  (2) 대손상각비: ₩96,000 − ₩20,000 = ₩76,000

11 ③
  (1) 어음상의 만기가액: ₩200,000 + ₩200,000 × 0.08 × 6/12 = ₩208,000
  (2) 어음의 할인액: ₩208,000 × 0.12 × 3/12 = ₩6,240
  (3) 현금수령액: (1) − (2) = ₩201,760
  (4) 회계처리: 대차차액으로 매출채권처분손실계산

(차) 현금	201,760	(대) 매출채권	200,000
매출채권처분손실	2,240	이자수익	4,000

  (5) 당기순이익에 미치는 영향: ₩4,000 − ₩2,240 = ₩1,760(증가)

♀선생님 TIP
어음의 할인문제의 경우에는 다음과 같은 순서로 접근한다.
(1) 만기금액(액면금액 + 보유기간 액면이자발생액[*1]) ××× ⇦ 회사가 양도한 자산
    [*1] 이자부어음일 경우 계산
(2) 현금수령액(만기금액[*2] − 만기금액 × 할인율 × 할인기간) (×××) ⇦ 은행이 지급할 금액
    [*2] 만기금액: 액면금액 + 만기시점의 표시이자
(3) 매출채권(금융자산)처분손실 ××× (회계처리를 통한 대차차액으로 계산)

제13장 | 금융부채

금융부채의 의의	• 금융상품의 정의 • 금융부채의 정의
금융부채의 분류	• 상각후원가측정금융부채 • 당기손익공정가치측정금융부채
사채발행의 형태	• 액면발행 • 할인발행 • 할증발행
사채발행 발행유형별 이후의 회계처리	• 장부금액의 변동 • 이자비용의 변동 • 상각액의 변동

01 금융부채의 정의 · 분류 · 인식 출제빈도 ★

1. 금융부채의 정의

금융부채는 현금이나 다른 금융자산을 지급해야 할 계약상의 의무를 포함하고 있는 금융상품으로 다음의 부채를 말한다.

(1) 다음 중 하나에 해당하는 계약상 의무

① 거래상대방에게서 현금 등 금융자산을 인도하기로 한 계약상 의무

② 잠재적으로 불리한 조건으로 거래상대방과 금융자산이나 금융부채를 교환하기로 한 계약상의 의무

(2) 자기지분상품으로 결제하거나 결제할 수 있는 다음 중 하나의 계약

① 인도할 자기지분상품의 수량이 확정되지 않은 비파생상품

② 확정 수량이 자기지분상품에 대하여 확정금액의 현금 등 금융자산을 교환하여 결제하는 방법이 아닌 방법으로 결제될 수 있는 파생상품

③ 자기지분상품으로 결제되는 계약의 경우, 비파생상품의 경우 수량이 확정되면 지분상품, 수량이 확정되지 않으면 금융부채로 분류한다. 반면에 파생상품의 경우 수량과 금액이 모두 확정되면 지분상품, 수량과 금액 모두 확정되지 않으면 금융부채로 분류한다.

2. 금융부채의 분류

① 금융부채는 당기손익인식금융부채와 기타금융부채로 분류한다.
  - 단기간 내에 매각하거나 재매입할 목적으로 취득하거나 부담한 경우 당기손익인식 금융부채로 구분된다.
  - 당기손익인식금융부채 이외의 금융부채는 상각후원가로 측정하는 기타금융부채로 구분한다.
② 일정요건을 충족하는 상환우선주는 금융부채로 분류한다.

3. 금융부채의 인식

① 당기손익인식금융부채는 공정가치로 측정하고 공정가치측정으로 발생하는 손익은 당기손익으로 인식한다.
② 그 외의 기타금융부채는 상각후원가로 측정한다.

02 사채

출제빈도 ★★★

1. 사채의 일반적인 회계처리

(1) 사채발행금액의 결정

금융부채는 최초 인식 시 공정가치로 측정하므로 약정된 원리금을 발행시점의 이자율로 할인한 현재가치가 공정가치에 해당한다. 이를 사채의 발행가액이라 한다. 사채의 발행가액은 시장이자율과 액면이자율과의 비교에 따라 다음의 형태로 구분된다.

(2) 사채 발행의 형태

① 시장이자율은 사채의 투자자들이 발행 회사에 요구하는 이자율로 사채 발행자는 시장이자율을 부담해야만 사채 발행이 가능하다. 그렇지만 기업들은 일반적으로 기업에서 현금이 유출되는 것을 꺼려하므로 기업들이 매 기간 말 지급하는 액면(표시)이자율은 시장이자율보다 낮은 것이 일반적이다.
  - 시장이자율이란 자본시장에서 사채를 발행하여 자금을 조달할 경우 기업이 부담하는 이자율을 의미한다.

> 시장이자율 = 무위험이자율(기준금리) + 신용가산이자율

  - 시장에서 평가된 기업의 신용이 나쁠수록 신용가산이자율이 증가하여 시장이자율이 높아진다.

② 이렇게 시장이자율에 비해 액면이자율이 낮다면, 다시 말해서 시장에서 요구하는 이자만큼을 사채 발행기업이 지불하지 않는다면 사채는 액면금액보다 낮은 금액에 발행될 수밖에 없는데 이를 **사채의 할인발행**이라고 한다. 이 경우에는 액면금액보다 작은 금액으로 할인발행함으로써 시장에서 요구하는 이자율을 맞춰 준다.

③ 반대로 시장이자율보다 더 높은 액면이자를 지급한다면 기업은 사채의 액면금액보다 더 높은 금액에 사채를 발행할 수 있는데 이를 **사채의 할증발행**이라고 한다. 이 경우에는 액면금액보다 큰 금액으로 할증발행함으로써 시장에서 요구하는 이자율을 맞춰준다.

④ 시장이자율과 액면이자율이 일치한다면 사채는 액면금액대로 발행되는데 이를 **사채의 액면발행**이라고 한다.

〈사채발행 형태〉

구분	이자율	발행금액과 액면금액
액면발행	액면이자율 = 시장이자율	발행금액 = 액면금액
할인발행	액면이자율 < 시장이자율	발행금액 < 액면금액
할증발행	액면이자율 > 시장이자율	발행금액 > 액면금액

(3) 시장이자율과 유효이자율의 비교

① 시장이자율과 공정가치
- 시장이자율: 미래현금흐름의 현재가치와 공정가치를 일치시키는 할인율
- 공정가치: 미래현금흐름을 시장이자율로 할인한 금액

② 유효이자율과 발행금액
- 유효이자율: 미래현금흐름의 현재가치와 발행금액을 일치시키는 할인율
- 발행금액: 사채를 발행하여 조달한 금액

(4) 거래원가(사채발행비)

① 최초 인식하는 공정가치(사채발행금액)에서 차감한다.

② **사채발행비가 존재**하는 경우 유효이자율은 사채 발행 당시의 시장이자율보다 높아진다.

(5) 사채발행 이후 회계처리

① 사채 발행 이후 유효이자율법을 적용하여 **상각후원가로 측정**한다.

② 사채의 액면금액과 발행가액의 차액은 사채의 만기까지 이자비용으로 인식하므로 사채기간 중 인식할 총이자비용은 액면이자에 할인액을 가산하거나 할증액을 차감한 금액으로 인식된다.

③ 사채발행 형태의 비교

구분	할인발행	액면발행	할증발행
장부금액	매기 증가	일정	매기 감소
이자비용	매기 증가	일정	매기 감소
할인(할증)액 상각액	매기 증가	해당사항 없음	매기 증가

2. 사채발행자의 회계처리

(1) 액면발행

사례

(1) 사채발행일 20×1년 초, 액면 ₩1,000, 표시이자율 10%(매년 말 후급), 만기 20×2년 말, 시장이자율 10%, (2년 10% 연금현가계수) = 1.745, (2년 10% 현가계수) = 0.826

(2) 사채발행금액: ₩100 × 1.745 + ₩1,000 × 0.826 = ₩1,000

(3) 유효이자율법에 의한 상각표

일자	장부금액	유효이자(10%)	액면이자(10%)	상각액
20×1년 초	₩1,000			
20×1년 말	₩1,000	₩100	₩100	₩0
20×2년 말	₩1,000	₩100	₩100	₩0
계		₩200	₩200	₩0

(4) 회계처리
- 20×1. 1. 1

  (차) 현금   1,000   (대) 사채   1,000
- 20×1. 12. 31

  (차) 이자비용   100   (대) 현금   100
- 20×2. 12. 31

  (차) 이자비용   100   (대) 현금   100

  (차) 사채   1,000   (대) 현금   1,000

(2) 할인발행

(1) 사채발행일 20×1년 초, 액면 ₩1,000, 표시이자율 10%(매년 말 후급), 만기 20×2년 말, 시장이자율 12%, (2년 12% 연금현가계수) = 1.690, (2년 12% 현가계수) = 0.797

(2) 사채발행금액: ₩100 × 1.690 + ₩1,000 × 0.797 = ₩966

(3) 유효이자율법에 의한 상각표

일자	장부금액	유효이자(12%)	액면이자(10%)	상각액
20×1년 초	₩966			
20×1년 말	₩982	₩116	₩100	₩16
20×2년 말	₩1,000	₩118	₩100	₩18
계		₩234	₩200	₩34

(4) 할인발행 시 상각표 작성방법
   ① 일자: 발행일과 이자지급일을 기록
   ② 유효이자 = 직전 이자지급일(또는 발행일)의 장부금액 × 유효이자율
              = 포괄손익계산서에 표시되는 이자비용
   ③ 액면이자(표시이자) = 액면금액 × 액면이자율
   ④ 상각액 = 유효이자 – 액면이자(표시이자)
   ⑤ 장부금액 = 직전 이자지급일(또는 발행일)의 장부금액 + 상각액
              = 재무상태표에 표시되는 장부금액으로 '상각후원가'

(5) 회계처리
   • 20×1. 1. 1

(차) 현금	966	(대) 사채	1,000
사채할인발행차금	34		

   • 20×1. 12. 31

(차) 이자비용	116	(대) 현금	100
		사채할인발행차금	16

   • 20×2. 12. 31

(차) 이자비용	118	(대) 현금	100
		사채할인발행차금	18
(차) 사채	1,000	(대) 현금	1,000

(3) 할증발행

(1) 사채발행일 20×1년 초, 액면 ₩1,000, 표시이자율 10%(매년 말 후급), 만기 20×2년 말, 시장이자율 8%, (2년 8% 연금현가계수) = 1.783, (2년 8% 현가계수) = 0.857

(2) 사채발행금액: ₩100 × 1.784 + ₩1,000 × 0.857 = ₩1,036

(3) 유효이자율법에 의한 상각표

일자	장부금액	유효이자(8%)	액면이자(10%)	상각액
20×1년 초	₩1,036			
20×1년 말	₩1,019	₩83	₩100	₩17
20×2년 말	₩1,000	₩81	₩100	₩19
계		₩164	₩200	₩36

(4) 할증발행 시 상각표 작성방법
  ① 일자: 발행일과 이자지급일을 기록
  ② 유효이자 = 직전 이자지급일(또는 발행일)의 장부금액 × 유효이자율
         = 포괄손익계산서에 표시되는 이자비용
  ③ 액면이자(표시이자) = 액면금액 × 액면이자율
  ④ 상각액 = 액면이자(표시이자) − 유효이자
  ⑤ 장부금액 = 직전 이자지급일(또는 발행일)의 장부금액 − 상각액
         = 재무상태표에 표시되는 장부금액으로 '상각후원가'

(5) 회계처리
  • 20×1. 1. 1
    (차) 현금   1,036   (대) 사채   1,000
                                    사채할증발행차금   36
  • 20×1. 12. 31
    (차) 이자비용   83   (대) 현금   100
      사채할증발행차금   17
  • 20×2. 12. 31
    (차) 이자비용   81   (대) 현금   100
      사채할증발행차금   19
    (차) 사채   1,000   (대) 현금   1,000

㈜한국은 20×1년 1월 1일 액면가액이 ₩10,000이고 표시(액면)이자율이 연 8%이며, 매년 12월 31일에 이자를 지급하는 만기 3년의 사채를 ₩9,503에 발행하였다. 이 사채의 발행당시 시장이자율은 10%이며, 시장이자율과 유효이자율은 같다. (단, 사채할인발행차금은 유효이자율법으로 상각한다)

(1) 20×2년 말까지의 일련의 회계처리를 나타내시오.
(2) ㈜한국의 20×2 회계연도(20×2. 1. 1 ~ 12. 31) 포괄손익계산서상의 사채이자비용과 20×2년 말 재무상태표상의 사채장부가액의 합계액을 계산하시오. (단, 금액계산 시 원 단위 미만은 반올림한다)

해설　(1) 각 연도별 회계처리
　　　　• 20×1년 1월 1일

| (차) 현금 | 9,503 | (대) 사채 | 10,000 |
| 사채할인발행차금 | 497 | | |

　　　　• 20×1년 12월 31일

| (차) 이자비용 | 950 | (대) 현금 | 800 |
| | | 사채할인발행차금 | 150 |

　　　　• 20×2년 12월 31일

| (차) 이자비용 | 965 | (대) 현금 | 800 |
| | | 사채할인발행차금 | 165 |

　　　(2) 이자비용과 장부금액 계산
　　　　• 20×2년 초 장부금액: ₩9,503 + (₩9,503 × 10% - ₩800) = ₩9,653
　　　　• 20×2년 사채이자비용: ₩9,653 × 10% = ₩965
　　　　• 20×2년 말 장부금액: ₩9,653 + (₩965 - ₩800) = ₩9,818
　　　　• 합계액: ₩965 + ₩9,818 = ₩10,783

> ♀ 선생님 TIP
>
> 사채문제 풀이 시 산식 정리(매년 말 1회 이자지급 시 이용)
>
> (1) 기말 이자비용 = 기초 장부금액 × 유효이자율
> (2) 기말 장부금액 = 기초 장부금액 - 상각액
> 　　　　　　　　 = 기초 장부금액 + 유효이자 - 액면이자
> 　　　　　　　　 = 기초 장부금액 × (1 + 유효이자율) - 액면이자
> 　　　　　　　　 = 남은 미래현금흐름을 최초 유효이자율로 할인한 현재가치
> (3) 당기 말 상각액 = 전기 말 상각액 × (1 + 유효이자율)

03 사채상환 회계처리   출제빈도 ★★

1. 사채의 상환

상환시점에 사채관련 장부금액[직전이자지급일의 장부금액 + 발생이자(유효이자)]과 상환금액의 차액을 당기손익(사채상환손익)으로 인식한다.

2. 사채상환손익이 발생하는 이유

사채상환손익은 사채발행(취득)일 이후에 **시장이자율이 변동**하기 때문에 발생한다.

구분	사채 실질가치	사채발행자	사채투자자
시장이자율이 상승하는 경우	감소	사채상환이익	금융자산처분손실
시장이자율이 하락하는 경우	증가	사채상환손실	금융자산처분이익

📋 시험문제 미리보기!

㈜한국은 20×1년 1월 1일 액면금액 ₩10,000인 사채(3년 만기, 표시이자율 5%)를 할인발행하였다. 20×2년 1월 1일 동 사채의 장부금액은 ₩9,600이고, 20×2년도에 발생한 이자비용은 ₩600이다. ㈜한국은 20×3년 1월 1일 해당 사채를 ₩9,800에 조기상환하였다.

(1) 20×2년 말 회계처리를 나타내시오.
(2) 20×3년 1월 1일 사채상환에 대한 회계처리를 나타내시오.

해설   (1) 20×2년 12월 31일 회계처리

(차) 이자비용	600	(대) 현금	500
		사채할인발행차금	100

(2) 20×3년 1월 1일 사채상환에 대한 회계처리

(차) 사채	10,000	(대) 현금	9,800
사채상환손실	100	사채할인발행차금	300

📋 시험문제 미리보기!

㈜한국은 액면 ₩1,000,000의 사채를 2015년 초에 ₩950,260으로 발행하였다. 발행 당시 사채의 유효이자율은 10%, 표시이자율은 8%, 이자는 매년 말 후급, 만기일은 2017년 말이다. ㈜한국이 해당 사채 전액을 2016년 초에 ₩960,000의 현금을 지급하고 상환할 경우 사채상환이익(손실)을 계산하시오.

해설   (1) 2016년 초에 상환하므로 사채만 상환하는 경우에 해당한다.
        (2) 2015년 말 차금상각액: ₩950,260 × 10% − ₩80,000 = ₩15,026
        (3) 2015년 말 장부금액: ₩950,260 + ₩15,026 = ₩965,286
        (4) 2016년 초 상환손익: ₩965,286 − ₩960,000 = ₩5,286(이익)

01 사채발행차금을 유효이자율법에 따라 상각할 때의 설명으로 옳지 않은 것은? (단, 이자율은 0보다 크다)

① 할증발행 시 상각액은 매기 감소한다.

② 할인발행 시 이자비용은 매기 증가한다.

③ 할인발행 시 상각액은 매기 증가한다.

④ 할증발행 시 이자비용은 매기 감소한다.

⑤ 할인발행 시 장부금액은 매기 증가한다.

02 사채의 발행에 관한 설명으로 옳지 않은 것은?

① 할인발행은 유효이자율이 표시이자율보다 큰 경우이다.

② 할증발행의 경우 발행연도의 현금지급이자는 사채이자비용보다 크다.

③ 할인발행의 경우 만기가 가까워질수록 사채의 이자비용이 감소한다.

④ 할증발행과 할인발행은 사채의 만기금액이 동일하다.

⑤ 할증발행의 경우 만기가 가까워질수록 사채의 장부금액이 감소한다.

03 사채의 할증발행에 대한 설명으로 옳은 것은?

① 표시이자율보다 시장에서 요구하는 수익률이 높은 경제 상황에서 발생한다.

② 유효이자율법에 의해 상각할 경우 기간경과에 따라 할증발행차금 상각액은 매기 감소한다.

③ 기간경과에 따른 이자비용은 매기 증가한다.

④ 매기 현금이자지급액보다 낮은 이자비용이 인식된다.

⑤ 만기 시에 사채의 장부금액은 액면금액보다 크다.

출제빈도: ★★☆ 대표출제기업: 한국가스공사

04 상각후원가로 후속 측정하는 일반사채에 대한 설명으로 옳지 않은 것은?

① 사채를 할인발행하고 중도상환 없이 만기까지 보유한 경우, 발행자가 사채발행시점부터 사채만기까지 포괄손익계산서에 인식한 이자비용의 총합은 발행시점의 사채할인발행차금과 연간 액면이자 합계를 모두 더한 값과 일치한다.

② 사채발행비가 존재하는 경우, 발행시점의 발행자의 유효이자율은 발행시점의 시장이자율보다 낮다.

③ 사채를 할증발행한 경우, 중도상환이 없다면 발행자가 포괄손익계산서에 인식하는 사채 관련 이자비용은 매년 감소한다.

④ 사채를 할인발행한 경우, 중도상환이 없다면 발행자가 재무상태표에 인식하는 사채의 장부금액은 매년 체증적으로 증가한다.

⑤ 사채를 할증발행한 경우, 중도상환이 없다면 발행자가 재무상태표에 인식하는 사채의 장부금액은 매년 체증적으로 감소한다.

정답 및 해설

01 ①
할인발행 및 할증발행 모두 상각액은 매기 증가한다.

02 ③
할인발행의 경우 만기가 가까워질수록 사채의 이자비용이 증가한다.

03 ④
매년 액면이자보다 낮은 이자비용이 인식된다.

오답노트
① 표시이자율이 시장에서 요구하는 수익률보다 높은 경제 상황에서 발생한다.
② 할증발행차금 상각액은 매년 증가한다.
③ 매기 이자비용은 감소한다.
⑤ 만기 시에 사채의 장부금액은 액면금액과 일치한다.

04 ②
사채발행비가 존재하는 경우, 발행시점의 발행자의 유효이자율은 발행시점의 시장이자율보다 높다.

출제빈도: ★★☆

05 사채의 발행 및 발행 후 회계처리에 대한 설명으로 옳지 않은 것은?

① 상각후원가로 측정하는 사채의 경우 사채발행비가 발생한다면 액면발행, 할인발행, 할증발행 등 모든 상황에서 유효이자율은 사채발행비가 발생하지 않는 경우보다 높다.

② 사채를 할증발행한 경우 사채이자비용은 현금이자지급액에 사채할증발행차금 상각액을 가산하여 인식한다.

③ 사채의 할증발행 시 유효이자율법에 의해 상각하는 경우 기간 경과에 따라 매기 인식하는 할증발행차금의 상각액은 증가한다.

④ 사채의 할인발행 시 유효이자율법에 의해 상각하는 경우 기간 경과에 따라 매기 인식하는 할인발행차금의 상각액은 증가한다.

⑤ 사채의 할인발행 시 유효이자율법에 의해 상각하는 경우 기간 경과에 따라 매기 인식하는 이자비용은 증가한다.

출제빈도: ★★★ 대표출제기업: KDB산업은행

06 유효이자율법에 의한 사채할인발행차금 또는 사채할증발행차금에 대한 설명으로 옳은 것은?

① 사채를 할증발행할 경우, 인식하게 될 이자비용은 사채할증발행차금에서 현금이자지급액을 차감한 금액이다.

② 사채를 할인발행할 경우, 사채할인발행차금 상각액은 점차 감소한다.

③ 사채를 할인발행 또는 할증발행할 경우 마지막 기간 상각 완료 후 장부가액은 사채의 액면금액이 된다.

④ 사채할인발행차금의 총발생액과 각 기간 상각액의 합계금액은 같고, 사채할증발행차금의 총발생액과 각 기간 상각액의 합계금액은 다르다.

⑤ 사채를 할인발행한 경우 이자비용은 매기 감소하고, 사채를 할증발행한 경우 이자비용은 매기 증가한다.

출제빈도: ★★☆

07 ㈜한국은 20×1년도 초에 3년 만기, 액면가 ₩1,000,000인 사채를 발행하였다. 액면이자율은 6%이고, 발행 당시 유효이자율은 5%이며, 이자는 매년 말에 지급하기로 하였다. ㈜한국이 사채발행차금을 매 회계연도 말에 유효이 자율법으로 상각할 경우, 옳지 않은 것은? (단, 회계기간은 1월 1일부터 12월 31일까지이다)

① ㈜한국의 20×1년 초 사채의 발행가액은 20×3년도 말 사채의 상환가액보다 크다.

② ㈜한국의 20×2년도 말 사채의 장부가액은 20×1년도 말 사채의 장부가액보다 작다.

③ ㈜한국의 20×2년도 사채이자비용은 20×1년도 사채이자비용보다 작다.

④ ㈜한국의 20×2년도 사채액면이자는 20×1년도 사채액면이자와 동일하다.

⑤ ㈜한국의 20×2년도 사채이자비용은 20×2년도 현금이자지급액보다 크다.

출제빈도: ★★☆ 대표출제기업: 경기주택도시공사

08 ㈜한국은 20×1년 1월 1일에 표시이자율 8%, 액면금액 ₩100,000인 3년 만기 사채를 ₩95,030에 발행하였다. 이자는 매년 12월 31일에 지급되며, 발생이자와 관련된 회계처리는 유효이자율법에 따르고 있다. 유효이자율이 10%일 때, 20×2년 12월 31일 이 사채의 장부금액은?

① ₩85,527 ② ₩93,527 ③ ₩96,533

④ ₩98,186 ⑤ ₩100,000

정답 및 해설

05 ②

사채할증발행차금은 이자수익의 성격이므로 현금이자지급액에서 사채할증발행차금을 차감하여 이자비용을 계산한다.

06 ③

사채를 할인발행 또는 할증발행할 경우 마지막 기간 상각 완료 후 장부가액은 사채의 액면금액이 된다.

오답노트

① 사채를 할증발행할 경우, 인식하게 될 이자비용은 현금이자지급액에서 사채할증발행차금을 차감한 금액이다.
② 사채를 할인발행할 경우, 사채할인발행차금 상각액은 점차 증가한다.
④ 사채할인발행차금의 총발생액과 각 기간 상각액의 합계금액은 같고, 사채할증발행차금의 총발생액과 각 기간 상각액의 합계금액은 같다.
⑤ 사채를 할인발행한 경우 이자비용은 매기 증가하고, 사채를 할증발행한 경우 이자비용은 매기 감소한다.

07 ⑤

문제의 사례는 액면이자율이 유효이자율보다 크므로 할증발행의 경우이다. 할증발행의 경우 실질이자보다 액면이자가 더 크다.

오답노트

① 할증발행의 경우 발행금액이 만기 상환금액(액면금액)보다 크다.
② 할증발행의 경우 사채의 장부금액은 매년 감소한다.
③ 할증발행의 경우 이자비용은 매년 감소한다.
④ 사채의 액면이자는 매년 동일하다.

08 ④

(1) 20×1년 차금상각액: ₩95,030 × 10% − ₩8,000 = ₩1,503
(2) 20×2년 말 장부금액: ₩95,030 + ₩1,503 + ₩1,503 × 1.1 = ₩98,186

📍선생님 TIP

사채의 장부금액은 언제나 미래현금흐름의 현재가치이다. 20×2년 말에는 20×3년의 현금흐름이 유일한 미래현금흐름이므로 이 금액을 현재가치로 평가하면 20×2년 말 사채의 장부금액이 된다.
∴ ₩100,000 × (1 + 0.08)(20×3년 현금흐름) ÷ (1 + 0.1) = ₩98,182(단수차이 존재)

출제빈도: ★★☆

09 ㈜한국은 20×1년 1월 1일에 사채를 발행하여 매년 말 액면이자를 지급하고 유효이자율법에 의하여 상각한다. 20×2년 말 이자와 관련된 회계처리는 다음과 같다.

| (차) 이자비용 | 6,000 | (대) 사채할인발행차금 | 3,000 |
| | | 현금 | 3,000 |

위 거래가 반영된 20×2년 말 사채의 장부금액이 ₩43,000으로 표시되었다면, 사채의 유효이자율은? (단, 사채의 만기는 20×3년 12월 31일이다)

① 연 11% ② 연 12% ③ 연 14%

④ 연 15% ⑤ 연 16%

출제빈도: ★★☆

10 ㈜한국은 20×1년 1월 1일에 액면금액 ₩100,000, 액면이자율 연 8%, 5년 만기의 사채를 ₩92,416에 발행하였다. 이자는 매년 12월 31일에 지급하기로 되어 있고 20×1년 1월 1일 시장이자율은 연 10%이다. 동 사채의 회계처리에 대한 설명으로 옳지 않은 것은? (단, 계산결과는 소수점 아래 첫째 자리에서 반올림한다)

① 사채발행 시 차변에 현금 ₩92,416과 사채할인발행차금 ₩7,584을 기록하고, 대변에 사채 ₩100,000을 기록한다.

② 20×1년 12월 31일 이자지급 시 차변에 사채이자비용 ₩9,242을 기록하고 대변에 현금 ₩8,000과 사채할인발행차금 ₩1,242을 기록한다.

③ 20×1년 12월 31일 사채의 장부금액은 ₩91,174이다.

④ 사채만기까지 인식할 총 사채이자비용은 액면이자 합계액과 사채할인발행차금을 합한 금액이다.

⑤ 사채발행비가 존재하는 경우에는 사채의 유효이자율은 시장이자율보다 크게 된다.

출제빈도: ★★☆

11 ㈜한국은 20×1년 1월 1일에 액면금액 ₩120,000, 만기 2년, 이자지급일이 매년 12월 31일인 사채를 발행하였다. ㈜한국의 회계담당자가 다음과 같은 유효이자율법에 의한 상각표를 작성하였을 때, ㈜한국의 동 사채에 대한 설명으로 옳은 것은?

날짜	이자지급	유효이자	상각액	장부금액
20×1. 1. 1				₩115,890
20×1. 12. 31	₩10,800	₩12,748	₩1,948	₩117,838
20×2. 12. 31	₩10,800	₩12,962	₩2,162	₩120,000

① 사채의 표시이자율은 연 8%이다.

② 20×1년 말 사채할인발행차금 상각액은 ₩2,162이다.

③ 20×2년 말 사채 관련 유효이자비용은 ₩12,962이다.

④ 사채의 유효이자율은 연 12%이다.

⑤ 동 사채는 할증발행된 사채이다.

정답 및 해설

09 ④
유효이자율법에 의한 상각표를 이용하여 추정계산한다.
(1) 20×2년 초 사채의 장부금액: ₩43,000 − ₩3,000 = ₩40,000
(2) 유효이자율: ₩6,000 ÷ ₩40,000 = 15%

10 ③
(1) 할인발행의 경우 상각액은 기초장부금액에 가산한다.
(2) 20×1년 12월 31일 사채의 장부금액: ₩92,416 + (₩9,242 − ₩8,000) = ₩93,658

⦿선생님 TIP
(1) 기말 이자비용 = 기초 장부금액 × 유효이자율
(2) 기말 장부금액 = 기초 장부금액 − 상각액 = 기초 장부금액 + 유효이자 − 액면이자 = 기초 장부금액 × (1 + 유효이자율) − 액면이자
= 남은 미래현금흐름을 최초 유효이자율로 할인한 현재가치
(3) 당기 말 상각액 = 전기 말 상각액 × (1 + 유효이자율)

11 ③
20×2년 말 사채 관련 유효이자비용은 ₩12,962이다.

오답노트
① 사채의 표시이자율은 연 9%이다. (₩10,800 ÷ ₩120,000)
② 20×1년 말 사채할인발행차금 상각액은 ₩1,948이다.
④ 사채의 유효이자율은 연 11%이다. (₩12,748 ÷ ₩115,890)
⑤ 사채의 유효이자율이 액면이자율보다 크므로 할인발행된 경우이다.

출제빈도: ★★★　대표출제기업: 서울주택도시공사

12 ㈜한국은 20×1년 4월 1일 사채(표시이자율 10%, 만기 3년, 액면금액 ₩100,000)를 ₩95,200에 발행하였다. 한편, 사채의 발행과 관련된 사채발행비 ₩2,000이 발생하였다면, ㈜한국이 사채발행으로 만기까지 인식해야 할 이자비용 총액은?

① ₩30,000　　　　　② ₩34,800　　　　　③ ₩35,200

④ ₩36,800　　　　　⑤ ₩38,800

출제빈도: ★★☆

13 ㈜한국은 20×1년 1월 1일 액면가액 ₩1,000,000(표시이자율 연 10%, 이자지급일 매년 말 후급, 만기일 20×3년 12월 31일)의 사채를 발행하였으며 발행 당시 유효이자율은 연 12%였다. 이 사채를 20×2년 1월 1일에 ₩1,000,000에 상환하였다면, 상환 당시의 분개는?

	차변		대변	
①	사채	×××	현금	×××
	사채상환손실	×××	사채할증발행차금	×××
②	사채	×××	현금	×××
	사채할증발행차금	×××	사채상환이익	×××
③	사채	×××	현금	×××
	사채상환손실	×××	사채할인발행차금	×××
④	사채	×××	현금	×××
	사채할인발행차금	×××	사채상환이익	×××
⑤	사채	×××	현금	×××

출제빈도: ★★☆

14 ㈜한국은 20×1년 1월 1일 액면금액 ₩10,000인 사채(3년 만기, 표시이자율 5%)를 할인발행하였다. 20×2년 1월 1일 동 사채의 장부금액은 ₩9,600이고, 20×2년도에 발생한 이자비용은 ₩600이다. ㈜한국이 20×3년 1월 1일 해당 사채를 ₩9,800에 조기상환하였다면, 이에 대한 분개로 옳은 것은?

	차변			대변	
①	사채	10,000	현금		9,800
			사채상환이익		200
②	사채	10,000	현금		9,800
	사채상환손실	100	사채할인발행차금		300
③	사채	10,000	현금		9,800
	사채상환손실	700	사채할인발행차금		900
④	사채	10,000	현금		9,800
	사채상환손실	800	사채할인발행차금		1,000
⑤	사채	10,000	현금		10,000

정답 및 해설

12 ④

₩10,000 × 3년 + (₩100,000 − ₩93,200) = ₩36,800

13 ③

발행 당시 유효이자율이 표시이자율보다 높았으므로 사채는 할인발행되었을 것이다. 할인발행의 경우, 사채의 장부금액은 만기 이전에는 액면금액보다 낮은 금액이므로 이 사채를 액면금액에 상환하면 사채상환손실이 발생한다.

14 ②

(1) 20×2년 말 사채의 장부금액: ₩9,600 + {₩600(실질이자) − ₩500(액면이자)} = ₩9,700

(2) 사채상환손익: ₩9,700 − ₩9,800 = (−)₩100(상환손실)

출제빈도: ★★★ 대표출제기업: 신용보증기금

15 ㈜한국은 액면 ₩1,000,000의 사채를 20×1년 초에 ₩950,260으로 발행하였다. 발행 당시 사채의 유효이자율은 10%, 표시이자율은 8%, 이자는 매년 말 후급, 만기일은 20×3년 말이다. ㈜한국이 해당 사채 전액을 20×2년 초에 ₩960,000의 현금을 지급하고 상환할 경우 사채상환이익(손실)은?

① ₩5,286 손실

② ₩5,286 이익

③ ₩6,436 손실

④ ₩6,436 이익

⑤ ₩9,740 손실

출제빈도: ★★☆

16 ㈜한국은 20×1년 1월 1일 사채(액면금액 ₩1,000,000, 표시이자율 연 8%, 매년 말 이자지급, 만기 3년)를 ₩950,263에 발행하였다. ㈜한국은 동 사채를 20×3년 1월 1일에 전액 상환하였으며 발행시점부터 상환 직전까지 인식한 총이자비용은 ₩191,555이었다. 사채상환 시 사채상환이익이 ₩1,818인 경우 ㈜한국이 지급한 현금은?

① ₩960,000   ② ₩970,000   ③ ₩980,000

④ ₩990,000   ⑤ ₩1,000,000

정답 및 해설

15 ②
(1) 20×2년 초에 상환하므로 사채만 상환하는 경우에 해당한다.
(2) 20×1년 말 차금상각액: ₩950,260 × 10% - ₩80,000 = ₩15,026
(3) 20×1년 말 장부금액: ₩950,260 + ₩15,026 = ₩965,286
(4) 20×2년 초 상환손익: ₩965,286 - ₩960,000 = ₩5,286(이익)

16 ③
(1) 상환 직전 장부금액: ₩950,263 + ₩191,555 - ₩160,000(2년간 액면이자) = ₩981,818
(2) 상환가액을 X라 하면, X - ₩981,818 = (₩1,818)
∴ X = ₩980,000

투자지분상품	당기손익공정가치측정 금융자산(지분상품)의 인식과 측정	• 최초측정 • 보유손익(배당) • 후속측정(기말평가) • 제거(처분)
	기타포괄손익공정가치측정 금융자산(지분상품)의 인식과 측정	• 최초측정 • 보유손익(배당) • 후속측정(기말평가) • 제거(처분)
투자채무상품	당기손익공정가치측정 금융자산(채무상품)의 인식과 측정	• 최초측정 • 후속측정(기말평가) • 제거(처분)
	상각후원가측정금융자산 (채무상품)의 인식과 측정	• 최초측정 • 후속측정(기말평가) • 제거(처분)
	기타포괄손익공정가치측정 금융자산(채무상품)의 인식과 측정	• 최초측정 • 후속측정(기말평가) • 제거(처분)

01 투자지분상품

출제빈도 ★★

1. 투자지분상품의 분류

기업이 다른 기업의 지분상품에 투자한 경우(종속기업, 관계기업, 공동기업 등 제외), 후속측정을 위하여 다음으로 분류한다.

① 당기손익 – 공정가치측정금융자산(FVPL)

② 기타포괄손익 – 공정가치측정금융자산(FVOCI)

③ 한편, '단기매매 목적 등이 아닌 지분상품'은 최초 인식시점에 회계처리를 기타포괄손익–공정가치(FVOCI) 금융자산으로 선택(지정)할 수 있다. 다만 한 번 선택하면 이를 취소할 수 없다. 이와 같이 지분상품에 대해 기타포괄손익–공정가치(FVOCI) 금융자산으로 선택할 수 있도록 허용한 것은, 전략적인 이유로 타회사 지분을 장기간 보유하는 경우가 있는데, 이를 공정가치로 평가하고 장기 미실현손익을 당기손익에 반영하는 것이 기업의 성과를 왜곡할 수 있기 때문이다.

2. 최초 인식과 측정

(1) 투자지분상품의 취득원가

금융자산은 최초인식 시 공정가치로 측정한다.

(2) 거래원가

① 금융자산의 취득에 직접 관련된 거래원가는 당기손익－공정가치측정금융자산(FVPL)인 경우에는 즉시 비용으로 인식한다.

② 기타포괄손익－공정가치측정금융자산(FVOCI)은 공정가치에 가산한다.

③ 거래원가의 회계처리

• FVPL 금융자산

(차) FVPL금융자산	10,000	(대) 현금	10,000
(차) 수수료 비용	100	(대) 현금	100

• FVOCI 금융자산

(차) FVOCI금융자산	10,000	(대) 현금	10,000
(차) FVOCI금융자산	100	(대) 현금	100

3. 후속 측정(보유 시)

(1) 배당수취

① 현금배당금 수취 시에는 배당을 받을 권리가 확정되는 시점에 당기수익으로 인식한다.

② 주식배당 수취 시에는 배당금수익을 인식하지 않는다. 다만, 주식수가 증가하기 때문에 1주당 장부금액만 낮아진다.

(2) 기말평가

① 투자지분상품은 최초 인식 후 공정가치로 측정하는 것이 원칙이다. 당기손익－공정가치측정금융자산(FVPL)의 공정가치평가에 따른 평가손익은 당기손익에 반영한다.

② 기타포괄손익－공정가치측정금융자산(FVOCI)의 공정가치평가에 따른 평가손익은 기타포괄손익에 반영한다.

(3) 손상검사

투자지분상품은 공정가치로 평가하는 자산이므로 별도의 손상검사를 수행하지 않는다.

4. 제거

투자지분상품을 처분한 경우에는 금융자산을 제거하고 손익을 인식한다.

(1) 당기손익 - 공정가치측정금융자산(FVPL)의 처분

① 당기손익 - 공정가치측정금융자산(FVPL)의 처분 시 처분대가와 장부금액의 차이는 당기손익 - 공정가치측정금융자산(FVPL)처분손익이라는 계정으로 당기손익에 반영한다.

② 정상적인 경우라면 처분대가는 처분일의 공정가치이다. 처분과 직접 관련된 거래원가는 처분대가에서 차감한다.

(2) 기타포괄손익 - 공정가치측정금융자산(FVOCI)의 처분

① 기타포괄손익 - 공정가치측정금융자산(FVOCI)을 처분하는 경우에는 일반적으로 처분손익이 발생하지 않는다.

② 기타포괄손익 - 공정가치측정금융자산(FVOCI)으로 분류되는 지분상품을 처분하는 경우 처분시점까지 공정가치로 재측정하여 공정가치변동분을 기타포괄손익으로 인식하여 자본항목에 계상한다.

③ 자본항목에 계상된 기타포괄손익 - 공정가치측정금융자산평가손익은 재분류조정으로 당기손익으로 재분류가 금지된다. 단, 자본 내에서 다른 항목으로의 대체는 가능하다. 즉, 처분 관련 거래원가(중개수수료 등)가 없는 경우에는 처분손익이 발생하지 않는다.

📘 시험문제 미리보기!

㈜한국은 20×1년 초에 ㈜민국의 주식 10주를 ₩10,000에 취득하고 수수료 ₩5,000을 별도로 지급하였다. 1주당 공정가치의 변동은 다음과 같다.

구분	20×1. 12. 31	20×2. 12. 31	20×3. 3. 8
1주당 공정가치	₩12,000	₩8,000	₩13,000

㈜한국은 20×3년 3월 8일에 해당 지분상품 전부를 공정가치로 처분하였다.

(1) 회사가 투자지분상품을 FVPL금융자산으로 분류한 경우의 회계처리를 하시오.
(2) 회사가 투자지분상품을 FVOCI금융자산으로 분류한 경우의 회계처리를 하시오.

해설　(1) FVPL금융자산으로 분류한 경우

20×1 초	(차)	FVPL금융자산	100,000	(대)	현금	105,000
		수수료비용	5,000			
20×1. 12. 31	(차)	FVPL금융자산	20,000	(대)	FVPL평가이익	20,000
20×2. 12. 31	(차)	FVPL평가손실	40,000	(대)	FVPL금융자산	40,000
20×3. 3. 8	(차)	현금	130,000	(대)	FVPL금융자산	80,000
					FVPL처분이익	50,000

(2) FVOCI금융자산으로 분류한 경우

20×1 초	(차)	FVOCI금융자산	105,000	(대)	현금	105,000
20×1. 12. 31	(차)	FVOCI금융자산	15,000	(대)	FVOCI평가이익	15,000
20×2. 12. 31	(차)	FVOCI평가이익	15,000	(대)	FVOCI금융자산	40,000
		FVOCI평가손실	25,000			
20×3. 3. 8	(차)	FVOCI금융자산	50,000	(대)	FVOCI평가손실	25,000
					FVOCI평가이익	25,000
	(차)	현금	130,000	(대)	FVOCI금융자산	130,000
	(차)	FVOCI평가이익	25,000	(대)	이익잉여금	25,000

📋 시험문제 미리보기!

다음은 ㈜한국이 보유하고 있는 지분증권과 관련된 거래내역이다.

- ㈜한국은 20×1년 1월 15일 ㈜민국의 주식을 ₩1,000,000에 취득하면서 기타포괄손익－공정가치측정금융자산으로 분류하였다.
- ㈜민국 주식의 공정가치는 20×1년 12월 31일 ₩900,000이고 20×2년 12월 31일 ₩1,200,000이다.
- 20×3년 1월 10일에 ㈜민국 주식을 ₩1,200,000에 처분하였다.

위 거래의 일련의 회계처리를 나타내시오.

해설   (1) 20×1. 1. 15

(차)	FVOCI금융자산	1,000,000	(대)	현금 등	1,000,000

(2) 20×1. 12. 31

(차)	FVOCI금융자산평가손실	100,000	(대)	FVOCI금융자산	100,000

(3) 20×2. 12. 31

(차)	FVOCI금융자산	300,000	(대)	FVOCI금융자산평가손실	100,000
				FVOCI금융자산평가이익	200,000

(4) 20×3. 1. 10

(차)	현금	1,200,000	(대)	FVOCI금융자산	1,200,000
(차)	FVOCI금융자산평가이익	200,000	(대)	이익잉여금	200,000

㈜한국은 20×1년 초 지분상품을 거래원가 ₩2,000을 포함하여 ₩52,000에 구입하였고, 이 지분상품의 20×1년 말 공정가치는 ₩49,000이다. ㈜한국은 20×2년 4월 초 공정가치인 ₩51,000에 지분상품을 처분하였다. 이 지분상품을 (1) 당기손익 – 공정가치측정금융자산으로 인식했을 때와 (2) 기타포괄손익 – 공정가치측정금융자산으로 최초 선택하여 인식했을 때 처분으로 인한 당기손익을 계산하시오. (단, 처분 시 거래원가는 발생하지 않았다)

해설　(1) FVPL금융자산 처분이익: ₩51,000 – ₩49,000 = ₩2,000
　　　(2) FVOCI금융자산 처분이익: ₩0

📋**시험문제 미리보기!**

㈜한국은 20×1년 중에 지분상품을 ₩101,000의 현금을 지급하고 취득하였다. 취득 시 지급한 현금에는 ₩1,000의 취득관련 거래원가가 포함되어 있으며, ㈜한국은 지분상품을 기타포괄손익 – 공정가치측정금융자산으로 분류하는 것을 선택하였다. ㈜한국은 20×2년 2월 초에 지분상품 전부를 처분하였다. ㈜한국의 20×1년도 재무제표와 20×2년도 재무제표에 상기 지분상품과 관련하여 인식할 기타포괄손익의 변동을 나타내시오. (단, 20×1년 말과 20×2년 2월 초 지분상품의 공정가치는 각각 ₩120,000과 ₩125,000이며, 처분 시 거래원가는 고려하지 않는다)

해설　(1) 20×1년: ₩120,000 – ₩101,000 = ₩19,000(평가이익: 기타포괄이익)
　　　(2) 20×2년: ₩125,000 – ₩120,000 = ₩5,000(평가이익: 기타포괄이익)

02 투자채무상품　　　　출제빈도 ★

1. 투자채무상품의 분류

① 투자채무상품은 국공채나 회사채에 투자한 경우를 말하며, 보유목적에 따라 상각후원가 측정 금융자산, 기타포괄손익 – 공정가치측정금융자산, 당기손익 – 공정가치측정금융자산으로 분류한다.
② 투자채무상품은 계약상 현금흐름 특성과 사업모형에 근거하여 다음으로 분류한다.

상각후원가(AC)측정금융자산	사업모형이 수취인 경우
기타포괄손익 – 공정가치(FVOCI)측정금융자산	사업모형이 수취와 매도인 경우
당기손익 – 공정가치(FVPL)측정금융자산	단기매매목적인 경우 등

2. 당기손익 – 공정가치(FVPL)측정금융자산

(1) 최초 인식과 측정

① 최초 인식 시 공정가치로 측정한다.
② 취득에 직접 관련된 거래원가는 당기비용으로 처리한다.
③ 이자 지급일 사이에 채무상품을 구입한 경우 최종이자지급일 이후 구입일 현재까지 발생한 미수이자는 채무상품의 취득원가와 별도로 구분하여 인식해야 한다.

(2) 후속 측정

① 기말평가는 공정가치로 측정하며, 공정가치 변동분은 당기손익에 반영한다.
② 처분 시 금융자산처분손익은 처분금액(매각관련 수수료 차감)에서 처분직전 장부금액을 차감하여 처분손익을 인식한다.
③ 채무상품을 이자지급일 사이에 처분하는 경우에는 처분일까지의 이자수익을 인식한 후 처분금액과 직전이자지급일의 장부금액에 처분일까지의 미수이자를 합한 금액의 차액을 처분손익으로 인식한다.

3. 상각후원가(AC)측정금융자산

(1) 최초 인식과 측정

① 최초 인식 시 공정가치로 측정하며, 취득에 직접 관련된 거래원가는 취득원가에 가산한다.
② 이자지급일 사이에 채무상품을 구입한 경우 직전 최종이자지급일 이후 구입일 현재까지 발생한 미수이자는 상각후원가측정금융자산의 취득원가와 별도로 구분하여야 한다.

(2) 후속 측정

① 기말에는 유효이자율법을 적용하여 상각후원가로 측정한다.
② 처분 시 처분일까지 유효이자율법을 적용하여 상각후원가로 재측정한 후 재측정된 장부금액(처분직전 상각후원가)과 처분금액의 차액을 처분손익으로 인식한다.

4. 기타포괄손익 – 공정가치측정금융자산(채무상품)

(1) 최초 인식과 측정

최초 인식 시 공정가치로 측정하며, 취득과 직접 관련된 거래원가는 취득원가에 가산한다.

(2) 후속 측정

① 기말평가 시에는 유효이자율법에 의한 이자수익을 당기손익으로 인식하여 할인 (할증)액 상각액을 장부금액에 가산(차감)한 후 공정가치평가에 의하여 발생한 **평가손익을 기타포괄손익으로 처리하여 자본항목(기타포괄손익누계액)으로 계상**한다.

② 처분 시에는 처분시점의 공정가치로 재측정하여 공정가치변동분을 기타포괄손익으로 인식하여 자본항목에 계상한 후, 자본항목에 계상된 기타포괄손익─공정가치측정금융자산평가손익을 재분류조정으로 당기손익(금융자산처분손익)으로 반영하고 당기손익에 반영되어 제거되는 기타포괄손익누계액을 기타포괄손익에 반영한다.

> 처분손익
> = 수취한 대가 ─ [장부금액[*1](처분시점의 공정가치) ± 기타포괄손익누계액]
> [*1] 상각후원가와 동일한 금액

③ 기타포괄손익─공정가치측정금융자산(채무상품)의 기타포괄손익누계액(재분류조정항목): 기타포괄손익─공정가치측정금융자산(채무상품)은 제거시점에 인식한 누적기타포괄손익누계액을 당기손익으로 재분류조정한다. 이때 처분일까지의 공정가치 변동을 기타포괄손익으로 인식하여야 하나 실익이 없으므로 그 과정은 생략한다.

📑 시험문제 미리보기!

㈜한국은 20×1년 1월 1일에 3년 원리금만을 수취할 목적으로 ㈜강남의 사채(액면가액 ₩5,000,000)를 ₩4,800,000에 취득하였다. 사채의 이자지급일은 매년 말이며, 액면이자율은 8%이고, 유효이자율은 계산편의상 10%로 가정한다. 그러나 회사사정에 의하여 20×1년 12월 31일에 보유하고 있는 사채를 액면이자 수취 후 ₩5,200,000에 매각하였다. (단, 회계처리는 유효이자율법에 따른다)

(1) 위 거래와 관련된 20×1년도 회계처리를 나타내시오.
(2) 위 거래와 관련하여 20×1년도의 포괄손익계산서상에 미치는 영향을 구하시오.

해설　(1) 20×1년도 회계처리

		차		대		
20×1 초	(차)	AC금융자산	4,800,000	(대)	현금	4,800,000
20×1. 12. 31	(차)	현금	400,000	(대)	이자수익	480,000
		AC금융자산	80,000			
	(차)	현금	5,200,000	(대)	AC금융자산	4,880,000
					AC금융자산처분이익	320,000

(2) 20×1년도의 포괄손익계산서상에 미치는 영향
- 이자수익: ₩4,800,000 × 0.1 = ₩480,000
- 처분이익: ₩5,200,000 ─ ₩4,880,000 = ₩320,000
- 당기순이익: ₩800,000 증가

㈜한국은 20×1년 1월 1일 액면금액이 ₩1,000,000(액면이자율은 10%이고 유효이자율이 12%이며 매년 말 이자 지급)이고 만기가 3년인 시장성 있는 사채를 투자목적으로 취득하였다. 20×1년 12월 31일 이 사채의 공정가치는 ₩970,000이었고 20×2년 1월 1일 ₩974,000에 처분하였다. 취득 시 기타포괄손익 – 공정가치측정금융자산으로 분류할 경우 이에 대한 일련의 회계처리를 나타내시오. (단, 현재가치 이자요소는 다음 표를 이용한다)

〈현재가치 이자요소〉

기간	이자율(10%)	이자율(12%)
1년	0.91	0.89
2년	0.83	0.80
3년	0.75	0.71
계	2.49	2.40

해설　(1) 20×1년 초

(차) FVOCI금융자산	950,000[*1]	(대) 현금	950,000

(2) 20×1년 말

(차) 현금	100,000	(대) 이자수익	114,000[*2]
FVOCI금융자산	14,000		
(차) FVOCI금융자산	6,000	(대) FVOCI금융자산평가이익	6,000[*3]

(3) 20×2년 초

(차) FVOCI금융자산	4,000	(대) FVOCI금융자산평가이익	4,000
(차) 현금	974,000	(대) FVOCI금융자산	974,000
FVOCI금융자산평가이익	10,000	금융자산처분이익[*4]	10,000

(*1) ₩100,000 × 2.4 + ₩1,000,000 × 0.71 = ₩950,000
(*2) ₩950,000 × 0.12 = ₩114,000
(*3) ₩970,000 − ₩964,000 = ₩6,000
(*4) ₩974,000 − ₩964,000 = ₩10,000

출제빈도: ★★★ 대표출제기업: 신용보증기금

01 금융자산의 분류에 관한 설명으로 적절하지 않은 것은?

① 투자지분상품을 기타포괄손익－공정가치 측정금융자산으로 선택한 경우 이를 취소할 수 없다.

② 단기매매항목에 해당하는 경우, 투자지분상품은 기타포괄손익－공정가치 측정금융자산으로 선택할 수 없다.

③ 투자지분상품은 상각후원가 측정금융자산으로 분류할 수 있다.

④ 당기손익－공정가치 측정금융자산으로 지정된 금융자산은 이를 취소할 수 없다.

⑤ 지분상품은 원리금을 수취하지 않으므로 당기손익－공정가치 측정금융자산으로만 분류하는 것이 원칙이다.

출제빈도: ★★☆

02 금융자산 관리를 위한 사업모형에 대한 설명으로 옳지 않은 것은?

① 계약상 현금흐름 수취목적은 계약상 현금흐름만을 수취하기 위하여 금융자산을 보유하는 것이 목적이다.

② 수취 및 매도 목적 보유 사업모형에서는 계약상 현금흐름의 수취와 금융자산의 매도 둘 다가 사업모형의 목적을 이루는 데 필수적이라고 결정한다.

③ 금융자산을 당기손익－공정가치로 측정하는 사업모형에서는 일반적으로 자산의 매도를 통해 현금흐름을 실현할 목적으로 금융자산을 보유한다.

④ 금융자산을 당기손익－공정가치로 측정하는 사업모형에서는 계약상 현금흐름의 수취가 사업모형의 목적을 이루는 데에 필수적인 것이 아니라 부수적이다.

⑤ 금융자산을 관리하는 사업모형은 개별 상품에 대한 경영진의 의도와는 무관하며, 반드시 보고실체 수준에서 결정되어야 한다.

출제빈도: ★★★

03 ㈜한국은 20×1년 초에 ㈜민국의 주식 10주를 ₩300,000(주당 ₩30,000)에 취득하고 수수료 ₩20,000을 별도로 지급하였으며, 동 주식을 당기손익인식금융자산으로 분류하였다. 20×1년 말 동 주식의 공정가치가 주당 ₩34,000일 때, ㈜한국이 동 주식에 대하여 인식해야 할 평가이익은?

① ₩10,000   ② ₩20,000   ③ ₩30,000

④ ₩40,000   ⑤ ₩50,000

출제빈도: ★★★ 대표출제기업: KDB산업은행

04

㈜한국은 12월 결산법인이다. ㈜한국은 20×1년 4월 1일 ㈜대한의 주식 20주를 주당 ₩5,000에 취득하였다. 20×1년 12월 31일 ㈜대한 주식 1주당 공정가액은 ₩6,000이며, 20×2년 1월 1일 ㈜한국은 보유 중인 ㈜대한 주식의 절반인 10주를 1주당 ₩7,000에 처분하였다. 20×2년 ㈜대한 주식의 처분에 따른 금융자산처분손익에 대하여 ㈜한국이 ㈜대한 주식을 당기손익인식금융자산으로 분류한 경우와 기타포괄손익 – 공정가치 측정금융자산으로 분류한 경우, 각각의 처분이익으로 가장 옳은 것은?

	당기손익인식금융자산	기타포괄손익 – 공정가치 측정금융자산
①	₩10,000	₩20,000
②	₩10,000	₩0
③	₩20,000	₩20,000
④	₩20,000	₩0
⑤	₩10,000	₩10,000

정답 및 해설

01 ③
투자지분상품은 원리금 지급이라는 현금흐름 특성을 가지지 않으므로 상각후원가 측정범주로 분류할 수 없다.

02 ⑤
하나의 기업은 둘 이상의 금융상품을 관리하는 사업모형을 가질 수 있으며, 분류가 보고실체 수준에서 결정될 필요는 없다.

03 ④
₩34,000 × 10주 – ₩300,000 = ₩40,000

04 ②
(1) 당기손익인식금융자산(처분이익): (₩7,000 – ₩6,000) × 10주 = ₩10,000
(2) 기타포괄손익 – 공정가치 측정금융자산(처분이익): 없음

출제빈도: ★★★ 대표출제기업: 인천국제공항공사

05 ㈜한국은 다음과 같이 다른 회사인 ㈜일산과 ㈜분당의 발행 주식을 20×1년 중에 취득하였다.

주식 종류	취득원가	20×1년 말 공정가치
㈜일산	₩19,000	₩11,000
㈜분당	₩29,000	₩20,000

주식 취득에 따른 매매수수료로 ㈜일산 주식 취득 시 ₩1,000과 ㈜분당 주식 취득 시 ₩1,000을 현금으로 지급하였으며, 위의 취득원가는 매매수수료가 포함되지 않은 금액이다. ㈜한국은 ㈜일산 주식을 당기손익 – 공정가치 측정금융자산으로 분류하고, ㈜분당 주식은 기타포괄손익 – 공정가치 측정금융자산으로 분류하였다. ㈜한국이 ㈜일산 주식과 ㈜분당 주식과 관련하여 20×1년에 포괄손익계산서에 인식할 금액은 각각 얼마인가?

	당기손익	기타포괄손익
①	(₩8,000)	(₩10,000)
②	(₩8,000)	(₩19,000)
③	(₩8,000)	(₩18,000)
④	(₩9,000)	(₩19,000)
⑤	(₩9,000)	(₩10,000)

출제빈도: ★★★ 대표출제기업: 한국전력기술

06 ㈜한국은 20×1년 중에 지분증권을 ₩6,000에 현금으로 취득하였으며, 이 가격은 취득시점의 공정가치와 동일하다. 지분증권 취득 시 매매수수료 ₩100을 추가로 지급하였다. 동 지분증권의 20×1년 말 공정가치는 ₩7,000이며, ㈜한국은 20×2년 초에 지분증권 전부를 ₩7,200에 처분하였다. ㈜한국이 지분증권을 취득 시 기타포괄손익 −공정가치측정금융자산으로 분류한 경우 20×1년과 20×2년 당기순이익에 미치는 영향은?

	20×1년 당기순이익에 미치는 영향	20×2년 당기순이익에 미치는 영향
①	₩900 증가	₩1,100 증가
②	₩1,000 증가	₩1,100 증가
③	영향 없음	₩900 증가
④	₩1,000 증가	영향 없음
⑤	영향 없음	영향 없음

정답 및 해설

05 ⑤
(1) 당기손익 인식액: 거래원가 (−)₩1,000 − 평가손실 ₩8,000 = (−)₩9,000
(2) 기타포괄손익 인식액: 평가손실 (₩29,000 + ₩1,000) − ₩20,000 = (−)₩10,000

06 ⑤
기타포괄손익 −공정가치측정금융자산으로 분류한 경우에는 처분 시 처분수수료가 존재하지 않는 경우를 제외하고는 당기손익에 영향을 미치지 아니한다. 단, 처분 시 수수료가 존재하는 경우에는 처분수수료가 당기비용으로 계상된다.

출제빈도: ★★☆

07 ㈜한국은 20×1년 1월 1일에 액면금액 ₩1,000,000(액면이자율 연 8%, 유효이자율 연 10%, 이자지급일 매년 12월 31일, 만기 3년)의 사채를 ₩950,258에 발행하였다. ㈜민국은 이 사채를 발행과 동시에 전액 매입하여 상각후원가 측정 금융자산으로 분류하였다. 다음 설명 중 옳지 않은 것은? (단, 거래비용은 없고 유효이자율법을 적용하며, 소수점 발생 시 소수점 아래 첫째 자리에서 반올림한다)

① ㈜한국의 20×1년 12월 31일 재무상태표상 사채할인발행차금 잔액은 ₩34,716이다.

② ㈜민국이 20×2년 1월 1일에 현금 ₩970,000에 동 사채 전부를 처분할 경우 금융자산처분이익 ₩19,742을 인식한다.

③ ㈜민국은 20×1년 12월 31일 인식할 이자수익 중 ₩15,026을 상각후원가 측정 금융자산으로 인식한다.

④ ㈜한국이 20×1년 12월 31일 인식할 이자비용은 ₩95,026이다.

⑤ ㈜민국의 20×1년 12월 31일 상각후원가 측정 금융자산의 장부금액은 ₩965,284이다.

출제빈도: ★★☆

08 ㈜한국은 20×1년 1월 1일 ㈜민국이 발행한 사채를 ₩952,000에 취득하여 기타포괄손익 – 공정가치측정금융자산으로 분류하였다. ㈜민국이 발행한 사채는 액면금액 ₩1,000,000, 만기 3년, 액면이자율 연 10%, 이자는 매년 12월 31일에 지급한다. 20×1년 12월 31일 사채의 공정가치는 ₩960,000이었다. ㈜한국은 사채의 가치가 더 하락할 것을 우려하여 20×2년 1월 1일 해당 사채를 ₩920,000에 처분하였다. 위의 거래가 ㈜한국의 20×1년도 당기순이익에 미치는 영향과 20×2년 1월 1일에 인식할 처분손익으로 옳은 것은? (단, 발행 당시 해당 사채의 유효이자율은 12%이며 법인세효과는 없다고 가정한다)

① 당기순이익 ₩114,240 증가, 처분손실 ₩46,240

② 당기순이익 ₩114,240 증가, 처분손실 ₩40,000

③ 당기순이익 ₩108,000 증가, 처분손실 ₩46,240

④ 당기순이익 ₩108,000 증가, 처분손실 ₩40,000

⑤ 당기순이익 ₩108,000 증가, 처분이익 ₩40,000

정답 및 해설

07 ②
(1) 20×1년 말 이자비용(수익)(④): ₩950,258 × 10% = ₩95,026
(2) 20×1년 말 차금상각액(③): ₩950,258 × 10% − ₩80,000 = ₩15,026
(3) 20×1년 말 상각후원가(⑤): ₩950,258 + ₩15,026 = ₩965,284
(4) 20×1년 말 사채할인발행차금(①): ₩1,000,000 − ₩965,284 = ₩34,716
(5) 20×2년 초 금융자산처분이익: ₩970,000 − ₩965,284 = ₩4,716

08 ①

구분	회계처리					
20×1년 초	(차)	FVOCI금융자산	952,000	(대)	현금 등	952,000
20×1년 말	(차)	현금	100,000	(대)	이자수익	114,240[*1]
		FVOCI금융자산	14,240			
	(차)	FVOCI평가손실	6,240[*2]	(대)	FVOCI금융자산	6,240
	(*1) ₩952,000 × 0.12 = ₩114,240					
	(*2) ₩960,000 − ₩966,240 = (₩6,240)					
20×2년 초	(차)	현금	920,000	(대)	FVOCI금융자산	960,000
		FVOCI처분손실	46,240		FVOCI평가손실	6,240

✓ **핵심 포인트**

수익인식의 5단계	1단계	고객과의 계약의 식별	(수익의 인식)
	2단계	수행의무의 식별	(수익의 인식)
	3단계	거래가격의 산정	(수익의 측정)
	4단계	거래가격을 계약 내 수행의무에 배분	(수익의 측정)
	5단계	수행의무를 이행할 때 수익을 인식	(수익의 인식)

인식	계약의 식별	• 정의 • 고객과의 계약 • 계약 개시시점에 계약의 식별기준을 충족하는 경우 • 고객과의 계약이 식별기준을 충족하지 못하지만 고객에게서 대가를 받는 경우 • 고객에게서 미리 받은 대가
	수행의무의 의의	• 수행의무의 식별기준 • 구별되는 재화와 용역 • 구별되지 않는 재화나 용역 • 일련의 구별되는 재화나 용역
	수행의무의 종류	• 기간에 걸쳐 이행하는 수행의무 • 한 시점에 이행하는 수행의무

측정	거래가격의 산정	• 변동대가 • 환불부채 • 계약에 있는 유의적인 금융요소 • 비현금 대가 • 고객에게 지급할 대가
	거래가격을 수행의무에 배분	• 개별 판매가격에 기초한 배분 • 할인액의 배분 • 변동대가의 배분 • 거래가격의 변동
	수행의무를 이행할 때 수익의 인식	• 한 시점에 이행하는 수행의무 • 기간에 걸쳐 이행하는 수행의무 • 진행률의 측정 • 진행률의 측정방법

수익인식의 사례	• 위탁판매(본인과 대리인) • 시용판매 • 반품권이 있는 판매 • 보증 • 상품권의 발행 • 판매 후 재매입약정 • 고객충성제도 • 라이선스 • 프랜차이즈 수익 • 기타거래의 수익인식
건설계약 일반론	• 의의 • 계약수익과 계약원가
건설계약의 회계처리	• 진행기준에 따른 수익인식 • 재무제표의 효과 • 잔여계약에서 손실이 예상되는 경우

01 수익의 인식   출제빈도 ★★★

1. 수익의 의의

(1) 수익의 정의

① 자산의 증가 또는 부채의 감소에 따라 자본의 증가를 초래하는 특정 회계기간 동안 발생한 경제적효익의 증가로서, 지분참여자에 의한 출연과 관련된 것은 제외한다.

② 광의의 수익의 정의에는 수익과 차익이 모두 포함된다. 따라서 개념체계에서는 수익과 차익을 별개의 요소로 보지 않는다.

(2) 수익의 측정

① 수행의무는 고객과의 계약에서 고객에게 제공하기로 약속한 구별되는 재화나 용역을 말한다.

② 거래가격은 고객에게 약속한 재화나 용역을 이전하고 그 대가로 기업이 받을 권리를 갖게 될 것으로 예상하는 금액이다. 즉, 수익은 고객으로부터 받은 또는 받을 대가를 먼저 인식하고 그 금액으로 수익금액을 측정한다.

③ 기업은 수행의무에 배분된 거래가격을 수익으로 인식한다.

회계학 전문가의 TIP

'협의의 수익'은 기업의 정상영업활동의 일환으로 발생하며, 매출액, 수수료수익, 이자수익, 배당수익, 로열티수익 및 임대료수익 등 기업이 영위하는 업종에 따라 다양한 명칭으로 구분됩니다.
'차익'은 기업의 정상영업활동의 일환이나 그 이외의 활동에서 발생할 수 있으며, 흔히 관련비용을 차감한 수익으로 보고됩니다. 차익의 예로 유형자산처분이익, 금융자산평가이익 등이 있습니다.

(3) 수익의 인식시점

① 기업은 수행의무에 배분된 거래가격을 해당 **수행의무를 이행하는 시점**에 수익으로 인식한다.

② 수행의무를 한 시점에 이행하는 경우에는 **한 시점**에 수익을 인식하고, 수행의무를 기간에 걸쳐 이행하는 경우에는 기간에 걸쳐 수익을 인식한다. 예를 들어 재화의 판매는 한 시점에 수익을 인식하고 용역의 제공은 기간에 걸쳐 수익을 인식한다.

2. 국제회계기준에 의한 수익인식

기준서 제1115호에서 수익은 제조업의 제품매출액, 유통업의 상품매출액, 건설업의 공사수익 등 기업의 통상적인 활동에서 생기는 협의의 수익(revenue)을 의미하며, 포괄손익계산서에서 매출액 또는 영업수익으로 표시된다. 그리고 수익은 기준서 제1115호 및 재무보고를 위한 개념체계에서 공통적으로 자산·부채 접근법에 의해 정의한다.

(1) 수익인식의 핵심원칙

기업이 고객에게 약속한 재화나 용역의 이전을 나타내도록 해당 재화나 용역의 대가로 받을 권리를 갖게 될 것으로 예상하는 대가를 반영한 금액으로 수익을 인식해야 한다는 것이다.

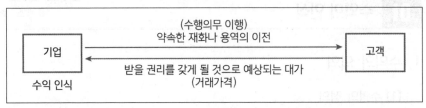

(2) 수익인식의 5단계 절차

① 1단계 – **계약의 식별**: 고객과의 계약을 식별함
② 2단계 – **수행의무의 식별**: 고객에게 수행할 의무를 식별함
③ 3단계 – **거래가격의 산정**: 의무이행에 대한 대가로 받을 권리 측정
④ 4단계 – **거래가격의 배분**: 거래가격을 계약 내 수행의무에 배분
⑤ 5단계 – **수익인식**: 고객에 대한 수행의무를 이행할 때 수익인식

(3) 계약관련 수익인식의 5단계

[1단계] **고객과의 계약을 식별**	• 계약은 둘 이상의 당사자 사이에 집행 가능한 권리와 의무가 생기게 하는 합의 • 고객과의 계약이 실질적으로 유효한 경우에만 5단계 수익인식모형을 적용 • 어떤 경우에는 이 기준서에서 여러 계약을 결합하여 하나의 계약으로 회계처리할 것을 요구하기도 함 • 1단계는 고객과의 계약이 실질적으로 유효한 계약인지 여부를 판단하는 단계

[2단계] 수행의무를 식별	• 하나의 계약은 고객에게 재화나 용역을 이전하는 여러 약속을 포함함 • 그 재화나 용역들이 구별된다면 약속은 수행의무이고 별도로 회계처리함. 고객이 재화나 용역 그 자체에서나 쉽게 구할 수 있는 다른 자원과 함께하여 효익을 얻을 수 있고, 그 약속을 계약 내의 다른 약속과 별도로 식별해 낼 수 있다면 재화나 용역은 구별됨 • 2단계는 고객과의 계약에서 기업의 수행의무가 무엇인지를 파악하는 단계
[3단계] 거래가격을 산정	• 거래가격은 고객에게 약속한 재화나 용역을 이전하고 그 대가로 기업이 받을 권리를 갖게 될 것으로 예상하는 금액 • 거래가격은 고객이 지급하는 고정된 금액일 수도 있으나, 어떤 경우에는 변동대가를 포함하거나 현금 외의 형태로 지급될 수도 있음 • 거래가격은 계약에 유의적인 금융요소가 포함된다면 화폐의 시간가치 영향을 조정하며, 고객에게 지급하는 대가가 있는 경우에도 거래가격에서 조정함 • 대가가 변동된다면, 고객에게 약속한 재화나 용역을 이전하고 그 대가로 받을 권리를 갖게 될 것으로 예상하는 금액을 추정함 • 변동대가는 변동대가와 관련된 불확실성이 나중에 해소될 때, 인식된 누적 수익 금액 중 유의적인 부분을 되돌리지(환원하지) 않을 가능성이 매우 높은 정도까지만 거래가격에 포함함 • 3단계는 기업이 수익으로 인식할 금액인 거래가격을 산정하는 단계
[4단계] 거래가격을 계약 내 수행의무에 배분	• 기업은 수행의무별로 수익을 인식함. 따라서 만일 계약에 포함된 수행의무가 둘 이상인 경우에는 거래가격을 각 수행의무에 배분해야 함 • 거래가격은 일반적으로 계약에서 약속한 각 구별되는 재화나 용역의 상대적 개별 판매가격을 기준으로 배분함 • 개별 판매가격을 관측할 수 없다면 추정해야 하고 추정방법에는 시장평가조정 접근법, 예상원가 이윤 가산 접근법, 잔여접근법 등이 있음 • 거래가격에 계약의 일부분에만 관련되는 할인액이나 변동대가(금액)가 포함되는 경우가 있음 • 이 기준서에서는 할인액이나 변동대가를 일부 수행의무에만 배분하는 경우를 구체적으로 규정하고 있음 • 4단계는 수행의무별로 수익을 인식하기 위해 거래가격을 각 수행의무에 배분하는 단계
[5단계] 수행의무를 이행할 때 (또는 기간에 걸쳐 이행하는 대로) 수익을 인식	• 기업이 약속한 재화나 용역을 고객에게 이전하여 수행의무를 이행할 때(이행하는 대로)(고객이 재화나 용역을 통제하게 되는 때) 수익을 인식함 • 인식하는 수익 금액은 이행한 수행의무에 배분된 금액 • 수행의무는 한 시점에 이행하거나(일반적으로 고객에게 재화를 이전하는 약속의 경우), 기간에 걸쳐 이행함(일반적으로 고객에게 용역을 이전하는 약속의 경우) • 기간에 걸쳐 이행하는 수행의무의 수익은 그 수행의무의 진행률을 적절하게 측정하는 방법을 선택하여 기간에 걸쳐 인식함 • 5단계는 각 수행의무에 배분된 거래가격을 언제 수익으로 인식할지 즉, 수익의 인식시점을 결정하는 단계

㈜한국은 골프클럽과 골프의류를 판매하는 회사이다. 골프클럽의 개별 판매가격은 ₩700,000, 골프의류의 판매가격은 ₩300,000이다. 단, 골프클럽과 골프의류를 함께 구매하는 경우 ₩900,000에 판매한다. 20×1년 12월 25일 골프클럽과 골프의류 주문을 받으면서 ₩900,000을 수취하였다. 골프클럽은 20×1년 12월 30일, 골프의류는 20×2년 1월 5일 인도되었다.

(1) 위 사례를 수익인식 5단계법에 따라 분석하시오.
(2) 위 사례에 대한 일련의 회계처리를 하시오.

해설　(1) 수익인식 5단계법
　　　　① 1단계: 계약의 식별
　　　　　　20×1년 12월 25일 주문접수를 통하여 계약이 발생하였음을 식별할 수 있다.
　　　　② 2단계: 수행의무를 식별
　　　　　　골프클럽을 인도하는 수행의무와 골프의류를 인도하는 수행의무로 구성된다.
　　　　③ 3단계: 거래가격을 산정
　　　　　　거래가격은 ₩900,000이다.
　　　　④ 4단계: 거래가격을 수행의무에 배분
　　　　　　• 골프클럽에 배분될 거래가격 = ₩900,000 × ₩700,000/₩1,000,000 = ₩630,000
　　　　　　• 골프의류에 배분될 거래가격 = ₩900,000 − ₩630,000 = ₩270,000[*1]
　　　　　　(*1) ₩900,000 × ₩300,000/₩1,000,000 = ₩270,000
　　　　⑤ 5단계: 수행의무를 이행할 때 수익인식
　　　　　　골프클럽 판매는 20×1년 12월 30일, 골프의류 판매는 20×2년 1월 5일에 인식한다.
　　　(2) 회계처리
　　　　　20×1년 12월 25일　(차) 현금　　　　　900,000　　(대) 계약부채　　　　900,000
　　　　　20×1년 12월 30일　(차) 계약부채　　630,000　　(대) 매출　　　　　　630,000
　　　　　20×2년 1월 5일　　(차) 계약부채　　270,000　　(대) 매출　　　　　　270,000

㈜한국은 드론을 수입하여 판매하며 3년 동안 정비용역을 제공한다. 20×1년 9월 1일 드론 판매계약을 체결하였으며 20×1년 10월 1일 고객에게 드론을 인도하고 ₩120,000,000을 수취하였다. 드론의 개별 판매가격은 ₩80,000,000, 정비용역의 개별 판매가격은 ₩20,000,000이다. 드론의 수입원가는 ₩70,000,000이며, 20×1년 중 정비용역 제공과 관련하여 지출된 금액은 ₩1,000,000이다.

(1) 위의 사례를 수익인식 5단계법에 따라 분석하시오.
(2) 위 사례에 대한 20×1년도의 일련의 회계처리를 하시오.

해설 (1) 수익인식 5단계법
   ① 1단계: 계약의 식별
      20×1년 9월 1일 판매계약 체결에 따라 계약을 식별할 수 있다.
   ② 2단계: 수행의무를 식별
      드론을 인도하는 수행의무와 3년간 정비용역을 제공하는 수행의무로 구성된다.
   ③ 3단계: 거래가격을 산정
      거래가격은 ₩120,000,000이다.
   ④ 4단계: 거래가격을 수행의무에 배분
      • 드론에 배분될 거래가격 = ₩120,000,000 × ₩80,000,000/₩100,000,000
        = ₩96,000,000
      • 정비용역에 배분될 거래가격 = ₩24,000,000[*1] × 3/36 = ₩2,000,000
        (*1) 120,000,000 × ₩20,000,000/₩100,000,000 = ₩24,000,000
   ⑤ 5단계: 수행의무를 이행할 때 수익인식
      드론의 판매는 20×1년 10월 1일, 정비용역은 20×1년 10월 1일부터 20×4년 9월 30일 까지 3년 동안 인식한다.
   (2) 회계처리
      20×1년 10월 1일   (차) 현금   96,000,000   (대) 매출   96,000,000
                       (차) 매출원가   70,000,000   (대) 상품   70,000,000
                       (차) 현금   24,000,000   (대) 계약부채   24,000,000
      20×1년 12월 31일 (차) 계약부채   2,000,000   (대) 용역매출   2,000,000
                       (차) 용역원가   1,000,000   (대) 현금   1,000,000

1. 고객과의 계약을 식별(1단계)

(1) 고객(적용범위)

① 이 기준서는 계약 상대방이 고객인 경우에만 그 계약에 적용한다.

② 고객이란 기업의 통상적인 활동의 산출물인 재화나 용역을 대가와 교환하여 획득하기로 그 기업과 계약한 당사자를 말한다.

③ 계약상대방이 기업의 통상적인 활동의 산출물을 취득하기 위해서가 아니라 어떤 활동이나 과정(예 협업약정에 따른 자산 개발)에 참여하기 위해 기업과 계약하였고, 그 계약 당사자들이 그 활동이나 과정에서 생기는 위험과 효익을 공유한다면, 그 계약상대방은 고객이 아니므로 수익을 인식하지 않는다.

④ 고객이나 잠재적 고객에게 판매를 쉽게 하기 위해 행하는 같은 사업 영역에 있는 기업 사이의 비화폐성 교환은 고객과의 거래가 아니므로 수익을 인식하지 않는다.

(2) 계약식별

① 계약은 둘 이상의 당사자 사이에 집행 가능한 권리와 의무가 생기게 하는 합의이다.

② 다음 기준을 모두 충족하는 때에만, 이 기준서의 적용범위에 포함되는 고객과의 계약으로 회계처리 한다. (계약의 성립요건)

• 계약 당사자들이 계약을 (서면으로, 구두로, 그 밖의 사업 관행에 따라) 승인하고 각자의 의무를 수행하기로 확약한다. 한편, 계약은 서면으로, 구두로, 기업의 사업관행에 따라 암묵적으로 체결할 수 있다.

• 이전할 재화나 용역과 관련된 각 당사자의 권리를 식별할 수 있다. 이로 인해 재화나 용역의 이전 의무를 판단할 수 있게 한다.

• 이전할 재화나 용역의 지급조건을 식별할 수 있다. 만약, 지급조건이 식별되지 않는다면, 거래가격을 산정할 수 없으므로 포함된 기준이다.

• 계약에 상업적 실질이 존재하여, 계약의 결과로 기업의 미래 현금흐름의 위험, 시기, 금액이 변동될 것으로 예상된다. 이 규정이 없다면 기업은 수익을 인위적으로 부풀리기 위하여 재화나 용역을 교환하는 경우가 발생할 수 있다.

• 고객에게 이전할 재화나 용역에 대하여 받을 권리를 갖게 될 대가의 회수 가능성이 높다. 다만, 대가의 회수 가능성이 높은지를 평가할 때에는 지급기일에 고객이 대가(금액)를 지급할 수 있는 능력과 지급할 의도만을 고려한다.

③ 요약하면, 승인 및 확약된 상업적 실질이 있는 계약으로서 권리 및 지급조건이 식별되고 대가의 회수가능성이 높을 때, 고객과의 계약으로 식별한다.

④ 5가지 충족 여부는 계약 개시시점에 확인하며, 유의적인 변동 징후가 없는 한 이러한 기준을 재검토하지 않는다.

⑤ 계약의 각 당사자가 전혀 수행되지 않은 계약에 대해 상대방에게 보상하지 않고 종료할 수 있는 일방적이고 집행 가능한 권리를 갖는다면, 그 계약은 존재하지 않는다고 본다.

⑥ 5가지 기준을 충족하지 못하는 경우(계약의 성립요건을 충족하지 못하는 경우), 나중에 충족되는지 판단하기 위해 그 계약을 지속적으로 검토하고 고객에게서 대가를 받으면 받은 대가를 부채로 인식한다. 단, 다음 사건 중 어느 하나가 일어난 경우에는 받은 대가를 수익으로 인식한다.

• 고객에게 재화나 용역을 이전해야 하는 의무가 남아있지 않고, 고객이 약속한 대가를 모두(또는 대부분) 받았으며 그 대가는 환불되지 않는다.
• 계약이 종료되었고 고객에게서 받은 대가는 환불되지 않는다.

〈고객과의 계약〉

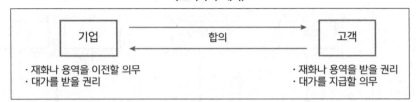

(3) 계약결합

① 수익인식모형은 고객과의 계약에서 식별된 계약별로 적용한다.
② 동일한 고객(특수관계자 포함)과 동시에(또는 가까운 시기) 체결한 계약은 다음 중 하나 이상을 충족하면 계약을 결합하여 단일 계약으로 회계처리한다.
• 복수의 계약을 하나의 상업적 목적으로 일괄 협상한다.
• 한 계약에서 지급하는 대가(금액)는 다른 계약의 가격이나 수행에 따라 달라진다. 즉 계약들의 대가 관계가 상호 의존적이다. 예로서, 한 계약의 대가가 다른 계약의 수행 여부에 따라 달라지는 경우이다.
• 복수의 계약에서 약속한 재화나 용역이 단일 수행의무에 해당한다.

2. 수행의무의 식별(2단계)

수행의무는 기업이 고객에게 재화나 용역을 이전하기로 한 약속을 의미하며, 수익 인식에서 회계처리의 최소 단위가 된다. 따라서 계약 개시시점에 고객과의 계약에서 약속한 재화나 용역을 검토하여 고객에게 다음 중 어느 하나를 이전하기로 한 각 약속을 하나의 수행의무로 식별한다.
① 구별되는 재화나 용역(또는 재화나 용역의 묶음)
② 실질적으로 서로 같고 고객에게 이전하는 방식도 같은 일련의 구별되는 재화나 용역

(1) 구별되는 재화나 용역의 이전에 대한 수행의무

① 하나의 계약 내에서 수행의무를 다른 약속과 분리하여 식별할 수 있으며, 분리된 약속을 통해 고객이 효익을 얻을 수 있으면 구별되는 수행의무이다.
② 하나의 계약에 여러 개의 구별되는 수행의무가 존재할 수 있다.
③ 계약에서 식별되는 수행의무는 계약에 기재한 재화나 용역에만 한정되지 않을 수 있으며, 정당한 기대에 의한 약속도 계약상 수행의무에 포함된다.

④ 계약을 이행하기 위해 해야 하지만 고객에게 재화나 용역을 이전하는 활동이 아니라면 그 활동은 수행의무에 포함되지 않는다. 예를 들면 계약을 수행하기 위한 준비활동과 관리활동은 업무를 수행함에 따라 고객에게 용역이 이전되지 않으므로 수행의무가 아니다.

⑤ 약속한 재화나 용역이 구별되지 않는다면, 구별되는 재화나 용역의 묶음을 식별할 수 있을 때까지 그 재화나 용역을 약속한 다른 재화나 용역과 결합한다.

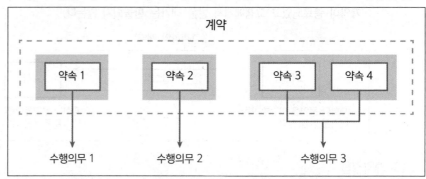

(2) 일련(연속적인)의 구별되는 재화나 용역의 이전에 대한 수행의무

① 기간에 걸쳐 이행하는 수행의무이고, 진행률을 사용하여 수행의무를 측정하는 경우에는 재화나 용역을 구분하지 않고 하나의 수행의무로 보아 기간에 걸쳐 수익으로 인식한다.

② 예를 들어, 3년 동안 실질적으로 같은 청소용역을 반복적으로 제공하는 경우, 진행기준 수익인식 적용기준을 충족하고, 진행률 측정방법이 동일하다면 연도별로 계약이 구별되더라도 하나의 수행의무로 식별한다.

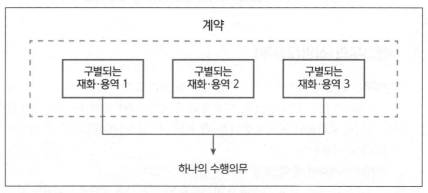

03 측정

1. 거래가격의 산정(3단계)

거래가격은 고객에게 약속한 재화나 용역을 이전하고 그 대가로 기업이 받을 권리를 갖게 될 것으로 예상하는 금액이며, 제3자를 대신해서 회수한 금액(예 부가가치세예수금)은 제외한다. 한편 일반적으로 거래가격은 계약에 의하여 표시된 가격이 될 것이나, 다음의 경우에는 추가적으로 고려할 사항이 있다.
① 변동대가
② 변동대가 추정치의 제약
③ 계약에 유의적인 금융요소가 있는 경우
④ 대가를 현금 외의 형태로 받는 경우
⑤ 고객에게 지급할 대가가 있는 경우

(1) 변동대가

① 계약에서 약속한 대가(금액)에는 가격할인(price concession), 장려금 (incentives), 위약금, 성과보너스, 환불(반품권이 있는 경우) 등의 변동대가가 포함 될 수 있다.

② 예를 들어 특정 단계에 도달해야 성과보너스를 주기로 약속한 경우에 대가는 변동될 것이다. 이렇게 변동금액이 포함된 경우에는 대가로 받을 권리를 갖게 될 금액을 추정하여야 한다.

③ 변동대가(금액)는 다음의 추정방법 중 기업이 받을 대가(금액)를 더 잘 예측할 것으로 예상하는 방법으로 추정한다.
- **기댓값**: 기댓값은 가능한 대가의 범위에 있는 모든 금액에 각 확률을 곱한 (probability-weighted) 금액의 합이다.
- **가능성이 가장 높은 금액**: 가능성이 가장 높은 금액은 가능한 대가의 범위에서 가능성이 가장 높은 단일 금액(계약에서 가능성이 가장 높은 단일 결과치)이다.

④ 기업에 특성이 비슷한 계약이 많은 경우 기댓값이 최선의 추정치일 수 있다.

⑤ 계약에서 가능한 결과치가 두 가지뿐일 경우에는 두 가지 중에 하나를 확실하게 받을 수 있으므로 기댓값보다는 가능성이 높은 금액이 최선의 추정치일 수 있다.

⑥ 변동대가 추정에서는 불확실성이 매우 높은 경우, 변동대가와 관련된 불확실성이 나중에 해소될 때 이미 인식한 누적 수익 금액 중 유의적으로 수익을 되돌리지 않을 가능성이 매우 높은 정도까지만 변동대가 추정치의 일부나 거래가격에 포함해야 한다. 즉, 추후 불확실성이 해소될 때 유의적인 부분을 되돌릴(환원할) 것으로 예상되는 금액이 있다면 이를 처음부터 거래가격에 포함하지 말라는 의미이다.

⑦ 각 보고기간 말의 상황과 보고기간의 상황변동을 충실하게 표현하기 위하여 보고기간 말마다 추정 거래가격을 새로 수정한다. (변동대가 추정치가 제약되는지를 다시 평가하는 것을 포함)

추정방법	방법	적용
기댓값	Σ가능한 금액 × 각 확률	기업에 특성이 비슷한 계약이 많은 경우 기댓값이 최선의 추정치일 수 있음
가능성이 높은 금액	가능성이 가장 높은 단일 금액으로 추정	계약에서 가능한 결과치가 두 가지뿐인 경우에는 두 가지 중에 하나를 확실하게 받을 수 있으므로 기댓값보다 가능성이 높은 금액이 최선의 추정치일 수 있음

〈변동대가 추정치의 제약〉

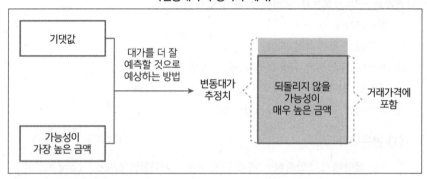

📋 시험문제 미리보기!

㈜한국은 ㈜민국에 기계장치를 ₩10,000에 판매하였다. ㈜한국이 해당 기계장치의 성능에 따라 다음과 같은 추가대가를 지급하기로 하였다.

상황	상급	중급	하급
금액	₩3,000	₩2,000	₩1,000
확률	20%	50%	30%

(1) 기댓값으로 변동대가를 추정하는 경우 거래가격을 구하시오.
(2) 가능성이 가장 높은 금액으로 변동대가를 추정하는 경우 거래가격을 구하시오.

해설 (1) 기댓값으로 변동대가를 추정하는 경우
   • 변동대가의 기댓값: ₩3,000 × 0.2 + ₩2,000 × 0.5 + ₩1,000 × 0.3 = ₩1,900
   • 거래가격: ₩10,000 + ₩1,900 = ₩11,900
  (2) 가능성이 가장 높은 금액으로 변동대가를 추정하는 경우
   • 변동대가의 기댓값: ₩2,000
   • 거래가격: ₩10,000 + ₩2,000 = ₩12,000

(2) 계약에 있는 유의적인 금융요소가 있는 경우

① 고객에게 재화나 용역을 이전하며 지급시기로 인해 유의적인 금융효익(또는 금융비용)이 고객이나 기업에 제공되는 경우에는 화폐의 시간가치가 미치는 영향을 반영하여 약속한 대가를 조정한다.

② 유의적인 금융요소가 포함된 경우, 금융요소를 분리하는 목적은, 재화나 용역거래에서 수익(매출액)은 현금판매가격으로 인식하고, 금융효과(이자수익 또는 이자비용)는 별도 항목으로 인식하기 위해서이다. 따라서 포괄손익계산서에는 금융효과(이자수익 또는 이자비용)와 '고객과의 계약에서 생기는 수익'이 구분되어 표시된다.

③ 실무적 간편법으로서 이전시점과 지급시점이 1년 이내인 것으로 예상한다면, 유의적인 금융요소를 조정하지 않을 수 있다.

④ 유의적인 금융요소를 반영하여 약속한 대가(금액)를 조정할 때에는 계약개시시점에 기업과 해당 고객이 별도 금융거래를 한다면 반영하게 될 할인율(시장이자율)을 사용한다.

⑤ 계약 개시 후에는 이자율이나 그 밖의 상황이 달라져도(예 고객의 신용위험 평가의 변동) 그 할인율을 새로 수정하지 않는다.

📋 시험문제 미리보기!

㈜한국은 20×1년 7월 1일에 판매가격이 ₩600,000인 상품을 아래와 같은 대금지급 조건으로 장기할부로 판매하였다. ㈜한국이 20×1년에 당해 할부매출과 관련하여 인식할 총수익의 합계액을 계산하시오.

(1) 장기채권에 적용되는 내재이자율은 10%이며, 채권의 미래 현금흐름은 다음과 같다.

20×1년 7월 1일	20×2년 6월 30일	20×3년 6월 30일	20×4년 6월 30일
₩300,000	₩100,000	₩100,000	₩100,000

(2) 3기간 10%의 일시금현가계수와 연금현가계수는 0.75와 2.5이다.

해설   (1) 매출액: ₩300,000 + ₩100,000 × 2.5 = ₩550,000
      (2) 이자수익: (₩550,000 − ₩300,000) × 0.1 × 6/12 = ₩12,500
      (3) 총수익: (1) + (2) = ₩562,500

(3) 비현금 대가를 받는 경우

① 고객이 현금 외의 형태로 대가(주식 또는 유형자산 등으로서 '비현금 대가'라 함)를 지급하기로 약속한 계약의 경우 거래가격을 산정하기 위하여 비현금 대가(공정가치)로 측정한다.

② 비현금 대가의 공정가치를 추정하기 어려운 경우에는 고객(또는 고객층)에게 약속한 재화나 용역의 개별 판매가격을 참조하여 대가를 측정한다.

③ 비현금대가의 공정가치는 대가의 형태 때문에 변동될 수 있는데(예 대가로 주식을 받는 경우 주식 가격 변동), 기업이 받았거나 받을 대가의 후속적인 공정가치 변동은 수익에 반영하지 않는다.

📖 시험문제 미리보기!

> ㈜한국은 20×1년 초 현금판매가격 ₩1,000,000의 상품(원가 ₩800,000)을 ㈜정의에 판매하고 ㈜정의의 보통주 100주를 받았다. 20×1년 초 ㈜정의의 보통주 1주의 공정가치는 ₩9,000이다. ㈜한국은 ㈜정의의 보통주를 당기손익-공정가치측정금융자산으로 분류하였다. 20×1년 말 ㈜정의의 보통주의 공정가치는 주당 ₩12,000이다. ㈜한국의 20×1년 회계처리를 나타내시오.
>
> 해설   20×1년 1월 1일 (차) FVPL금융자산 900,000 (대) 매출   900,000
>   (차) 매출원가   800,000 (대) 상품   800,000
>   20×1년 12월 31일 (차) FVPL금융자산 300,000 (대) FVPL금융자산평가이익 300,000

(4) 고객에게 지급할 대가

① 기업은 할인, 리베이트, 환불 등을 위해 고객에게 대가를 지급하는 경우가 있다. 또는 고객의 고객에게 대가를 지급하는 경우가 있다(예 기업은 유통업자에게 상품을 판매하고, 그 유통업자의 고객에게 대가를 지급하는 경우).

② 이런 경우 고객(또는 고객의 고객)에게 지급한 대가는 거래가격(수익)에서 차감한다.

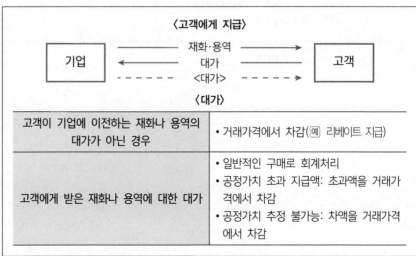

〈대가〉	
고객이 기업에 이전하는 재화나 용역의 대가가 아닌 경우	• 거래가격에서 차감(예 리베이트 지급)
고객에게 받은 재화나 용역에 대한 대가	• 일반적인 구매로 회계처리 • 공정가치 초과 지급액: 초과액을 거래가격에서 차감 • 공정가치 추정 불가능: 차액을 거래가격에서 차감

2. 거래가격을 수행의무에 배분(4단계)

수행의무가 둘 이상이라면 고객으로부터 받을 거래가격을 각각의 수행의무에 배분해야한다. 이와 관련하여 기준서는 다음과 같이 구분하여 규정하고 있다.

① 거래가격 배분 원칙: 개별 판매가격에 기초한 배분
② 할인액의 배분
③ 변동대가의 배분
④ 거래가격의 변동

(1) 개별 판매가격에 기초한 배분

① 하나의 계약에 여러 개의 수행의무가 식별된 경우 상대적 개별 판매가격을 기준으로 각 수행의무에 거래가격을 배분한다.

② 개별 판매가격은 기업이 고객에게 약속한 재화나 용역을 별도 판매할 경우의 가격이다.

③ 개별 판매가격을 직접 관측할 수 없다면 다음 방법으로 개별 판매가격을 추정할 수 있다.

- 시장평가 조정 접근법은 기업이 재화나 용역을 판매하는 시장을 평가하여 그 시장에서 고객이 그 재화나 용역에 대해 지급하려는 가격을 추정하는 방법이다.
- 예상원가 이윤 가산 접근법은 수행의무를 이행하기 위한 예상원가를 예측하고 여기에 그 재화나 용역에 대한 적절한 이윤을 더하는 방법이다.
- 잔여접근법은 재화나 용역의 개별 판매가격은 총 거래가격에서 계약에서 약속한 그 밖의 재화나 용역의 관측 가능한 개별 판매가격의 합계를 차감하여 추정하는 방법이다.

④ 한편 잔여접근법을 사용하더라도 그 결과가 합리적인 가격범위 내에 있다면 개별 판매가격으로 인정하나, 합리적인 가격범위 밖에 있는 경우에는 개별 판매가격으로 인정될 수 없다.

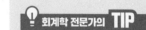
(2) 할인액의 배분

① 할인액 전체가 계약상 하나 이상의 일부 수행의무에만 관련된다는 관측 가능한 증거가 있는 때 외에는, 할인액을 계약상 모든 수행의무에 비례하여 배분한다.

② 할인액 전체가 계약상 하나 이상의 일부 수행의무에만 관련된다는 관측 가능한 증거가 있는 때에는, 할인액 전체를 일부 수행의무들에만 배분한다.

(3) 변동대가의 배분

① 계약에서 약속한 변동대가가 계약 전체에 기인한다면 계약상 모든 수행의무에 배분한다.

② 한편, 다음 기준을 모두 충족하면, 변동금액과 후속 변동액을 일부 수행의무에만 배분한다.

- 일부 수행의무와 변동 지급조건이 명백하게 관련되어 있다.
- 변동대가를 일부에만 배분한 가격이 거래가격을 합리적으로 반영한다.

(4) 거래가격의 변동

① 계약을 개시한 다음에 거래가격은 여러 가지 이유로 변동될 수 있다.

② 거래가격의 후속 변동은 계약 개시시점의 배분방법과 일관된 방식(계약 개시시점의 개별 판매가격을 기준으로 배분)으로 배분해야 한다.

③ 따라서 계약을 개시한 후의 개별 판매가격을 반영하기 위하여 거래가격을 다시 배분하지는 않는다.

(5) 계약변경

① 계약변경이란 계약 당사자들이 계약의 범위나 계약가격(또는 둘 다)을 변경하는 것을 의미한다.

② 한편 계약변경도 반드시 계약 당사자들의 승인이 이루어져야 하므로, 계약변경을 승인하지 않았다면 승인하기 전까지 기존 계약에 의존한다.

3. 수익의 인식(5단계)

(1) 수익인식 시기 결정

① 수익은 고객이 요구한 재화나 용역을 이전하여 **수행의무를 이행한 때**(또는 기간에 걸쳐 이행하는 대로) 인식하는데, 수행의무이행 시기는 재화나 용역을 통제하게 되는 때로 판단한다. 즉, 기업이 고객에게 재화나 용역에 대한 **통제를 이전**한 때 (또는 기간에 걸쳐 통제가 이전되는 대로) 수익을 인식한다.

② 수행의무를 기간에 걸쳐 이행하는지 아니면 한 시점에 이행하는지를 계약 개시시점에 판단하고, 수행의무가 기간에 걸쳐 이행되지 않는다면, 그 수행의무는 **한 시점에 이행**되는 것으로 판단한다.

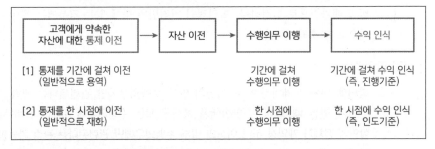

(2) 기간에 걸쳐 이행되는 수행의무(진행기준)

① 다음 기준 중 어느 하나를 충족하면, 기업은 재화나 용역에 대한 **통제를 기간에 걸쳐 이전**하므로, 기간에 걸쳐 수행의무를 이행하는 것이고 기간에 걸쳐 수익을 인식한다.

- 고객은 기업이 수행하는 대로 기업의 수행에서 제공하는 **효익**을 동시에 얻고 소비한다.

- 기업이 수행하여 만들어지거나 가치가 높아지는 대로 **고객이 통제하는 자산을 기업이 만들거나** 그 자산 가치를 높인다.

- 기업이 수행하여 만든 자산이 기업 자체에는 **대체 용도가 없고**, 지금까지 수행을 완료한 부분에 대해 **집행 가능한 지급청구권**이 기업에 있다.

② 기간에 걸쳐 이행하는 수행의무 각각에 대하여, 그 수행의무 완료까지의 진행률을 측정하여 기간에 걸쳐 수익을 인식한다. (진행기준)

③ 기간에 걸쳐 이행하는 각 수행의무에는 하나의 진행률 측정방법을 적용하며 비슷한 상황에서의 비슷한 수행의무에는 그 방법을 일관되게 적용한다. 기간에 걸쳐 이행하는 수행의무의 진행률은 보고기간 말마다 다시 측정한다. 이러한 진행률의 변동은 회계추정의 변경으로 회계처리한다.

④ 진행률의 산정

- 산출법: $\dfrac{\text{누적이전가치}}{\text{약속된 재화나 용역의 가치}}$

  간편법: $\dfrac{\text{누적청구금액}}{\text{총청구예정금액}}$

- 투입법: $\dfrac{\text{수행의무이행을 위한 누적투입물}}{\text{총예정투입일수}}$

  간편법: $\dfrac{\text{누적투입량일수}}{\text{총예정투입일수}}$

- 진행률 산정이 불가능할 경우: 발생원가의 범위 내에서 회수가능한 금액을 수익으로 인식

(3) 한 시점에 이행되는 수행의무(인도기준)

① '기간에 걸쳐 이행하는 수행의무 기준'을 충족하지 못하는 모든 수행의무는 한 시점에 이행하는 수행의무로 회계처리한다.

② 수행의무가 이행되는 시점을 판단하기 위해, 다음과 같은 통제이전 지표를 참고한다. 이는 예로서 하나를 만족하거나 여러 개를 만족할 수도 있다.

- 기업은 자산에 대해 현재 지급청구권이 있다.
- 고객에게 자산의 법적 소유권이 있다.
- 기업이 자산의 물리적 점유를 이전하였다.
- 자산의 소유에 따른 유의적인 위험과 보상이 고객에게 있다.
- 고객이 자산을 인수하였다.

04 수익인식 적용사례

출제빈도 ★★

1. 위탁판매(본인과 대리인)

위탁판매(consignment sales)란 자기(위탁자)의 상품을 타인(수탁자)에게 위탁하여 판매하는 것을 말한다. 이를 구체적으로 살펴보면 다음과 같다.

① 위탁판매한 상품을 적송품이라고 하는데, 적송품은 수탁자가 점유하게 되지만 수탁자가 고객에게 위탁품을 판매하기 전까지는 위탁품에 대한 소유권이 위탁자에게 있다. 위탁자가 수탁자에게 재화를 적송할 때 발생하는 적송운임은 재고자산을 판매가능한 상태로 만들기 위한 원가이므로 재고자산(적송품)에 포함한다.

② 위탁판매의 경우 수익은 수탁자가 적송품을 판매한 시점에 인식하도록 규정하고 있으므로 수탁자가 적송품을 판매하기 전까지는 위탁자의 재고자산에 포함시켜야 한다. 따라서 위탁자 입장에서는 결산일까지 판매되지 않은 위탁품은 창고에 없다 할지라도 기말재고자산에 포함시켜야 한다.

▤ 시험문제 미리보기!

㈜한국은 20×1년 12월 초 위탁판매를 위해 ㈜민국에게 단위당 원가 ₩1,200인 상품 500개를 적송하면서 운임 ₩30,000을 현금 지급하였다. 20×2년 1월 초 위탁판매와 관련하여 ㈜한국은 ㈜민국에서 다음과 같은 판매현황을 보고받았다.

매출액	400개 × ₩1,500	=	₩600,000
판매수수료	₩18,000		
운임 및 보관료	12,000		(₩30,000)
㈜한국에게 송금한 금액			₩570,000

㈜한국의 위탁판매와 관련하여 일련의 회계처리를 나타내시오. (단, ㈜한국은 계속기록법을 채택하고 있다)

해설 (1) 상품적송 시

(차) 적송품	630,000	(대) 상품	600,000
		현금	30,000

(2) 수탁자판매 시

(차) 매출채권	600,000	(대) 매출	600,000
(차) 매출원가	504,000	(대) 적송품	504,000
(차) 판매관리비	30,000	(대) 미지급판관비	30,000

2. 시용판매

상품의 발송시점에서 회계처리하지 않고, 고객이 매입의사표시를 한 시점에서 이전대가 총액을 수익인식하며, 고객의 매입의사표시가 없는 고객보유재고는 기말재고로 인식한다.

3. 반품권이 있는 판매

일부 계약에서 기업이 고객에게 제품에 대한 통제를 이전하고, 다양한 이유로 제품을 반품할 권리와 함께 환불, 공제, 교환과 같은 사항을 조합하여 받을 권리를 고객에게 부여한다. 반품기간에는 언제라도 반품을 받기로 하는 기업의 약속은 환불할 의무에 더하여 수행의무로 회계처리하지 않는다. 반품권이 있는 판매의 경우에는 반품금액을 예상할 수 없는 경우와 예상할 수 있는 경우로 구분하여 회계처리해야 하고 구체적인 내용은 다음과 같다.

(1) 반품금액(반품가능성)을 예측할 수 있는 경우

① 반품이 예상되지 않는 부분에 대하여는 고객에게 수행의무를 이행한 것으로 볼 수 있으므로 수익을 인식한다. 그러나 반품이 예상되는 제품에 대해서는 수익을 인식하지 않는다.

② 반품이 예상되는 금액만큼은 환불부채를 인식한다.

③ 환불부채를 결제할 때, 고객에게서 제품을 회수할 기업의 권리에 대하여 자산을 인식하고 이에 상응하는 매출원가를 조정한다.

(2) 반품금액(반품가능성)을 예측할 수 없는 경우

① 반품을 예상할 수 없다면 제품을 이전할 때 수익으로 인식하지 않는다.

② 반품권과 관련된 불확실성이 해소되는 시점에 수익을 인식하고 기업은 받은 대가를 전액 환불부채로 인식해야 한다.

③ 고객에게 제품을 이전할 때 고객에게서 제품을 회수할 기업의 권리에 대해서 반품재고회수권의 과목으로 별도의 자산을 인식한다.

📋 시험문제 미리보기!

㈜한국은 20×1년 초 단위당 원가 ₩8,000인 제품을 ㈜민국에게 단위당 ₩10,000에 100단위 판매하였다. ㈜민국은 해당 제품을 3개월 이내에 환불할 수 있다. ㈜한국은 해당 재고자산의 10%가 반품될 것으로 추정하였으며 재고자산이 반환될 때 회수비용이 단위당 ₩1,000이 발생하고 재고자산의 가치가 단위당 ₩500 감소할 것으로 예상한다. 20×1년 초 회계처리를 나타내시오.

해설	(차) 현금	1,000,000	(대) 매출	900,000
			환불부채	100,000
	(차) 매출원가	720,000	(대) 제품	800,000
	반품재고회수권	80,000		
	(차) 반품비용	15,000[*1]	(대) 반품재고회수권	15,000

(*1) 반품비용 = (₩1,000 + ₩500) × 10단위 = ₩15,000

📋 시험문제 미리보기!

㈜한국은 20×1년 초 단위당 원가 ₩8,000인 제품을 ㈜민국에게 단위당 ₩10,000에 100단위 판매하였다. ㈜민국은 해당 제품을 3개월 이내에 환불할 수 있다. ㈜한국은 해당 재고자산의 반품률을 합리적으로 추정할 수 없다. 20×1년 초 회계처리를 하시오.

해설	(차) 현금	1,000,000	(대) 환불부채	1,000,000
	(차) 반품재고회수권	800,000	(대) 제품	800,000

4. 보증

기업은 제품의 판매와 관련하여 계약, 법률, 기업의 사업 관행에 따라 보증을 제공하는 것이 일반적이다. 보증은 고객이 별도로 구매할 수 있는 선택권을 가지고 있는지 여부에 따라 달라진다.

(1) 보증의 유형

① **확신유형의 보증**은 관련 제품이 합의된 규격에 부합하므로 당사자들이 의도한 대로 작동할 것이라는 확신을 고객에게 제공하는 보증이다.

② **용역유형의 보증**은 제품이 합의된 규격에 부합한다는 확신에 더하여 고객에게 용역을 제공하는 보증이다.

(2) 보증에 대한 별도구매선택권이 있는 경우

① 보증을 별도로 구매할 수 있는 선택권이 있다면, 그 보증은 **구별되는 용역**이다.

② 약속한 보증은 수행의무이므로 그 수행의무에 거래가격의 일부를 배분한다.

(3) 보증에 대한 별도구매선택권이 없는 경우

① **확신유형의 보증**: 약속한 보증이 합의된 규격에 부합한다는 확신에 더하여 고객에게 용역을 제공하는 것이 아니라면 보증이 수행의무가 아니므로 예상원가를 **충당부채로 인식**한다.

② **용역유형의 보증**: 약속한 보증이 제품의 합의된 규격에 부합한다는 확신에 더하여 고객에게 용역을 제공한다면 해당 보증은 **수행의무이므로 거래가격을 제품과 용역에 배분**한다.

5. 상품권의 발행(고객이 행사한 권리와 행사하지 않은 권리)

(1) 수익의 인식

① 상품권 발행 시: 할인액을 반영한 순현금유입액을 **계약부채(선수금)로 인식**한다.

② 상품권 회수 후 재화를 이전하는 경우: 회수된 상품권의 순발행금액에 추가 현금수령액(지급액)을 가감하여 수익을 인식한다.

(2) 회계처리

[상품권발행]			
(차) 현금	×××	(대) 선수금(총액)	×××
[상품권회수]			
(차) 선수금(순액)	×××	(대) 매출	×××
		현금	
[고객미행사 권리반환]			
(차) 선수금(순액)	×××	(대) 미지급금	×××
		기타수익	

㈜한국은 20×1년 12월 1일 액면금액 ₩10,000의 상품권 10매를 고객에게 판매하였다. 상품권은 10%를 할인하여 매당 ₩9,000에 판매하였다. 20×1년 12월 5일, 고객은 상품권 6매를 제시하고 상품을 구입하였으며, A사는 판매금액과 상품권 액면금액과의 차액 ₩5,000을 현금으로 환불하였다. 회계처리를 하시오.

해설　(1) 20×1. 12. 1

(차) 현금	90,000	(대) 계약부채	100,000
상품권할인액	10,000		

(2) 20×1. 12. 5

(차) 계약부채	60,000	(대) 매출	55,000
		현금	5,000
(차) 매출에누리	6,000	(대) 상품권할인액	6,000

05 건설계약의 수익인식　　출제빈도 ★★

1. 일반사항

① 건설계약이란 단일 자산 또는 밀접하게 관련된 복수 자산의 건설을 위해 구체적으로 협의된 계약을 의미한다.

② 종전에는 기업회계기준서 제1011호 '건설계약'에 따라 회계처리하였으나, 기업회계기준서 제1115호 '고객과의 계약에서 생기는 수익'이 제정됨에 따라 기업회계기준서 제1011호 '건설계약'은 폐지되었다.

③ 기업회계기준서 제1115호 '고객과의 계약에서 생기는 수익'에 의할 경우 건설계약은 기간에 걸쳐 이행하는 수행의무에 해당하기 때문에 진행률을 측정하여 기간에 걸쳐 수익을 인식하여야 한다.

2. 계약수익과 계약원가

(1) 계약수익

① 계약금액과 공사변경, 보상금 및 장려금에 따라 추가되는 금액으로서 수령하였거나 수령할 대가의 공정가치로 측정한다.

② 공사변경은 계약상 수행하는 공사의 범위를 발주자의 지시에 따라 변경하는 것을 말한다.

③ 보상금은 건설업자가 계약금액에 포함되어 있지 않은 원가를 발주자나 다른 당사자에게서 보상받으려는 금액이다.

④ 장려금은 특정 성과기준을 충족하거나 초과하는 경우 건설사업자에게 지급되는 추가금액이다.

(2) 계약원가

① 계약체결일로부터 계약의 최종완료일까지의 기간에 당해 계약에 귀속될 수 있는 원가를 포함한다.

② 특정계약에 직접 관련된 원가, 배분할 수 있는 **공통원가** 및 발주자에게 청구할 수 있는 **기타원가**로서 공사계약체결 전에 발생한 원가도 계약원가의 일부로 포함될 수 있다.

3. 진행기준에 따른 수익인식

(1) 진행기준의 적용

① 건설계약의 결과를 신뢰성 있게 추정할 수 있는 경우 진행률을 기준으로 수익과 비용을 인식한다.

> 누적진행률 = 누적발생원가/추정총계약원가
> = (전기누적발생원가 + 당기발생원가)/(당기누적발생원가 + 추가 예정원가)

② 다음의 원가는 진행률 산정 시 누적발생계약원가에서 제외한다.
- 계약상 미래 활동과 관련된 계약원가(예 계약공사에 사용되지 않은 원재료 등)
- 하도급계약에 따라 하도급자에게 선급한 금액

(2) 포괄손익계산서의 누적효과

① 누적계약수익: 당기 말 총예정계약수익 × 당기 말 누적진행률
② 누적계약원가: 당기 말 총예정계약원가 × 당기 말 누적진행률
③ 누적계약이익: 당기 말 총예정계약이익 × 당기 말 누적진행률
④ 진행기준은 매 회계기간마다 누적기준으로 계약수익과 계약원가의 현행 추정치에 적용한다.
⑤ 따라서 계약수익이나 계약원가의 추정치 변경의 효과나 계약결과의 추정치 변경의 효과는 회계추정의 변경으로 회계처리한다.

(3) 재무상태표의 누적효과

① 계약자산(계약부채)
- 계약자산(계약부채) = 누적계약수익 − 누적대금청구액
- 누적계약수익: 진행률에 따라 기간에 걸쳐 인식한 누적수익으로서 대가를 받을 권리를 가지고 있다.
- 누적대금청구액: 고객에게 청구된 금액으로서 무조건적인 권리를 갖기 때문에 수취채권(계약미수금, 공사미수금)으로 인식한다.
② 계약자산(미청구공사)
- 고객이 대가를 지급하기 전이나 지급기일 전에 기업이 고객에게 재화나 용역의 이전을 수행하는 경우에, 그 계약에 대해 수취채권으로 표시한 금액이 있다면 이를 제외하고 계약자산으로 표시한다.

- 누적계약수익이 누적대금청구액보다 클 경우에는 계약자산을 인식한다.

수취채권(누적대금청구액)	누적계약수익
계약자산(미청구공사)	

③ 계약부채(초과청구공사)
- 계약부채는 기업이 고객에게서 받은 대가 또는 지급받을 권리가 있는 대가에 상응하여 고객에게 재화나 용역을 이전하여야 하는 기업의 의무이다.
- 누적계약수익이 누적대금청구액보다 작을 경우에는 계약부채를 인식한다.

수취채권(누적대금청구액)	누적계약수익
	계약부채(초과청구공사)

(4) 건설계약의 회계처리

투입원가 시	(차) 미성공사	×××	(대) 현금 등	×××
수익인식 시	(차) 계약자산	×××	(대) 계약수익	×××
	계약원가	×××	미성공사	×××
대금청구 시	(차) 수취채권	×××	(대) 계약자산	×××
대금회수 시	(차) 현금	×××	(대) 수취채권	×××

한국건설은 20×1년 1월 1일에 교량건설을 위하여 서울시와 총도급금액 ₩6,000,000에 계약을 체결하였다. 동 건설계약의 수익인식은 진행기준을 사용하며, 계약의 진행률은 누적발생계약원가를 기준으로 한다. 동 건설공사계약과 관련된 연도별 자료는 다음과 같다.

구분	20×1년	20×2년	20×3년
실제계약원가발생액	₩2,000,000	₩1,300,000	₩2,200,000
연도 말 추가예상원가	₩3,000,000	₩2,200,000	–
계약대금 청구액	₩1,400,000	₩1,600,000	₩3,000,000
계약대금 회수액	₩1,000,000	₩1,800,000	₩3,200,000

이 건설공사계약과 관련하여, 20×1년 12월 31일과 20×2년 12월 31일 현재 한국건설의 계약자산의 잔액을 각각 계산하시오.

해설 (1) 공사진행률과 공사손익계산

	20×1년	20×2년
공사진행률	40%[*1]	60%[*2]
누적계약수익	₩2,400,000	₩3,600,000
누적계약원가	₩2,000,000	₩3,300,000
계약이익(손실)	₩400,000	₩300,000

(*1) ₩2,000,000 ÷ ₩5,000,000 = 40%
(*2) ₩3,300,000 ÷ ₩5,500,000 = 60%

(2) 계약자산의 계산
- 20×1년 말: ₩2,400,000 - ₩1,400,000 = ₩1,000,000
- 20×2년 말: ₩3,600,000 - ₩3,000,000 = ₩600,000

4. 잔여계약에서 손실이 예상되는 경우

① 예상손실의 금액

의무이행으로 예상되는 경제적효익 − 의무이행에 필요한 원가

- 예상되는 경제적효익: 총계약금액 × 잔여진행률
- 의무이행에 필요한 원가: 총예정원가 × 잔여진행률

② 예상손실은 충당부채기준서 규정에 따라 **손실충당부채**로 인식한다.

③ 회계처리

손실 예상 시	(차) 계약원가	×××	(대) 계약손실충당부채	×××
손실 확정 시	(차) 계약손실충당부채	×××	(대) 계약원가	×××

📋 시험문제 미리보기!

한국건설은 20×1년 3월 1일에 교량건설을 위하여 서울시와 총도급금액 ₩5,000,000에 계약을 수주하였으며, 20×3년 3월 1일에 완공되었다. 관련정보는 아래와 같으며, 동 건설계약의 수익인식은 진행기준을 적용하여 수익과 비용을 인식한다. 동 건설공사계약과 관련된 연도별 자료는 다음과 같다.

구분	20×1년	20×2년	20×3년
총공사예정원가	₩4,500,000	₩5,100,000	₩4,800,000
당기공사원가	₩900,000	₩3,180,000	₩720,000
공사대금청구	₩800,000	₩2,500,000	₩1,000,000

이 건설공사계약과 관련하여, 20×2년과 20×3년도의 계약손익을 각각 계산하시오.

해설　(1) 20×1년 진행률: ₩900,000 ÷ ₩4,500,000 = 20%
　　　(2) 20×2년 진행률: ₩4,080,000 ÷ ₩5,100,000 = 80%
　　　(3) 20×1년 누적계약이익: ₩5,000,000 × 0.2 − ₩4,500,000 × 0.2 = ₩100,000
　　　(4) 20×2년 누적계약손실
　　　　　: ₩5,000,000 × 0.8 − ₩5,100,000 × 0.8 − ₩100,000 × 0.2 = (₩100,000)
　　　(5) 20×3년 누적계약이익: ₩5,000,000 − ₩4,800,000 = ₩200,000
　　　(6) 20×2년 공사손실: (₩100,000) − ₩100,000 = (₩200,000)
　　　(7) 20×3년 공사이익: ₩200,000 − (₩100,000) = ₩300,000

출제빈도: ★★★　　대표출제기업: KDB산업은행

01 '고객과의 계약에서 생기는 수익'에서 언급하고 있는 수익인식의 5단계 순서로 옳은 것은?

> ㄱ. 고객과의 계약식별
> ㄴ. 수행의무의 식별
> ㄷ. 거래가격 산정
> ㄹ. 거래가격을 계약 내 수행의무에 배분
> ㅁ. 수행의무 충족 시 수익인식

① ㄱ ⇨ ㄴ ⇨ ㄷ ⇨ ㄹ ⇨ ㅁ
② ㄱ ⇨ ㄷ ⇨ ㄴ ⇨ ㄹ ⇨ ㅁ
③ ㄴ ⇨ ㄱ ⇨ ㄷ ⇨ ㄹ ⇨ ㅁ
④ ㄴ ⇨ ㄷ ⇨ ㄱ ⇨ ㄹ ⇨ ㅁ
⑤ ㅁ ⇨ ㄱ ⇨ ㄷ ⇨ ㄹ ⇨ ㄴ

출제빈도: ★★☆

02 한국채택국제회계기준 제1115호 '고객과의 계약에서 생기는 수익'에 의하면 기업이 고객에 대해 수익을 인식하기 위해서는 해당 계약이 고객과의 계약으로 식별가능해야 한다. 해당 계약이 식별 불가능하다면 고객과의 거래인 경우에도 수익을 인식할 수 없다. 다음의 사례 중에 고객과의 계약으로 식별하기 위해 충족해야 할 조건으로 옳은 것을 모두 고른 것은?

> ㄱ. 계약 당사자들이 계약을(서면으로, 구두로, 그 밖의 사업 관행에 따라) 승인하고 각자의 의무를 수행하기로 확약한다.
> ㄴ. 이전할 재화나 용역과 관련된 각 당사자의 권리를 식별할 수 있다.
> ㄷ. 이전할 재화나 용역의 지급조건을 식별할 수 있다.
> ㄹ. 계약에 상업적 실질이 존재하여, 계약의 결과로 기업의 미래 현금흐름의 위험, 시기, 금액이 변동될 것으로 예상된다.
> ㅁ. 고객에게 이전할 재화나 용역에 대하여 받을 권리를 갖게 될 대가의 회수 가능성이 높다. 다만, 기업이 고객에게 가격할인을 제공할 수 있기 때문에 대가가 변동될 수 있다면, 기업이 받을 권리를 갖게 될 대가는 계약에 표시된 가격보다 적을 수 있다.
> ㅂ. 수행되지 않은 계약에 대해 상대방에게 보상하지 않고 종료할 수 있는 일방적이고 집행 가능한 권리를 갖는다.

① ㄱ, ㄴ, ㄷ
② ㄱ, ㄴ, ㅂ
③ ㄱ, ㄴ, ㄷ, ㄹ
④ ㄱ, ㄴ, ㅁ, ㅂ
⑤ ㄱ, ㄴ, ㄷ, ㄹ, ㅁ

출제빈도: ★★☆

03 '고객과의 계약에서 생기는 수익'에 제시된 고객과의 계약을 식별하기 위한 기준과 일치하는 내용은?

① 계약 당사자들이 계약을 서면으로만 승인해야 하며, 각자의 의무를 수행하기로 확약한다.

② 이전할 재화나 용역에 대한 각 당사자의 권리를 식별할 수 있다면, 재화나 용역의 대가로 받는 지급조건은 식별할 수 없어도 된다.

③ 계약에 상업적 실질 없이 재화나 용역을 서로 주고받을 수 있다.

④ 고객에게 이전할 재화나 용역에 대하여 받을 권리를 갖게 될 대가의 회수 가능성이 높다.

⑤ 계약에 상업적 실질이 있고 권리와 지급조건을 식별할 수만 있으면 고객과의 계약으로 회계처리한다.

정답 및 해설

01 ①
수익인식의 5단계 절차는 다음과 같다.
- 1단계 – 계약의 식별: 고객과의 계약을 식별함
- 2단계 – 수행의무의 식별: 고객에게 수행할 의무를 식별함
- 3단계 – 거래가격의 산정: 의무이행에 대한 대가로 받을 권리 측정
- 4단계 – 거래가격의 배분: 거래가격을 계약 내 수행의무에 배분
- 5단계 – 수익인식: 고객에 대한 수행의무를 이행할 때 수익인식

02 ⑤
고객과의 계약으로 식별하기 위해 충족해야 할 조건으로 옳은 것은 ㄱ, ㄴ, ㄷ, ㄹ, ㅁ이다.

오답노트
ㅂ. 수행되지 않은 계약에 대해 상대방에게 보상하지 않고 종료할 수 있는 일방적이고 집행 가능한 권리를 갖는다면 해당 계약은 존재하지 않는다.

03 ④
다음 기준을 모두 충족하는 때에만, 고객과의 계약으로 회계처리한다.
- 계약 당사자들이 계약을 (서면으로, 구두로, 그 밖의 사업 관행에 따라) 승인하고 각자의 의무를 수행하기로 확약한다.
- 이전할 재화나 용역과 관련된 각 당사자의 권리를 식별할 수 있다.
- 이전할 재화나 용역의 지급조건을 식별할 수 있다.
- 계약에 상업적 실질이 있다. (계약의 결과로 기업의 미래 현금흐름의 위험, 시기, 금액이 변동될 것으로 예상된다)
- 고객에게 이전할 재화나 용역에 대하여 받을 권리를 갖게 될 대가의 회수 가능성이 높다.

출제빈도: ★★☆

04 수익인식 단계에 대한 설명으로 옳은 것은?

① 수익인식 5단계 순서는 '수행의무식별 ⇨ 계약식별 ⇨ 거래가격 산정 ⇨ 거래가격 배분 ⇨ 수행의무별 수익인식'이다.

② 계약 개시시점에 고객과의 계약에서 약속한 재화나 용역을 검토하여 고객에게 구별되는 재화나 용역을 이전하기로 한 약속을 하나의 수행의무로 식별한다.

③ 고객에게 이전할 재화나 용역에 대하여 받을 권리를 갖게 될 대가의 회수 가능성이 높지 않더라도, 계약에 상업적 실질이 존재하고 이전할 재화나 용역의 지급조건을 식별할 수 있으면 고객과의 계약으로 회계처리한다.

④ 계약 당사자들이 계약을 승인하고 각자의 의무를 수행하기로 확약하거나, 이전할 재화나 용역과 관련된 각 당사자의 권리를 식별할 수만 있으면 계약을 식별할 수 있다.

⑤ 고객에게 약속한 자산을 이전하여 수행의무를 이행할 때 수익을 인식하며, 자산은 고객의 통제 여부와는 상관없다.

출제빈도: ★★☆

05 고객과의 계약에서 생기는 수익에 대한 설명으로 옳지 않은 것은?

① 기댓값으로 변동대가를 추정하는 경우 가능한 대가의 범위에서 가능성이 가장 높은 단일 금액으로 추정한다.

② 변동대가와 관련된 불확실성이 나중에 해소될 때, 이미 인식한 누적 수익 금액 중 유의적인 부분을 되돌리지 않을 가능성이 매우 높을지를 평가할 때는 수익의 환원가능성 및 크기를 모두 고려한다.

③ 비현금 대가의 공정가치를 합리적으로 추정할 수 없는 경우에는, 그 대가와 교환하여 고객에게 약속한 재화나 용역의 개별 판매가격을 참조하여 간접적으로 그 대가를 측정한다.

④ 고객에게 약속한 재화나 용역, 즉 자산을 이전하여 수행의무를 이행할 때 수익을 인식한다.

⑤ 거래가격 산정 시 제삼자를 대신해서 회수한 금액은 제외하며, 변동대가, 비현금 대가, 고객에게 지급할 대가 등이 미치는 영향을 고려한다.

출제빈도: ★★☆

06 고객과의 계약에서 생기는 수익에 관한 설명으로 옳지 않은 것은?

① 거래가격을 산정하기 위해서는 계약 조건과 기업의 사업관행을 참고하며, 거래가격에는 제삼자를 대신해서 회수한 금액은 제외한다.

② 고객과의 계약에서 약속한 대가는 고정금액, 변동금액 또는 둘 다를 포함할 수 있다.

③ 변동대가의 추정이 가능한 경우, 계약에서 가능한 결과치가 두 가지뿐일 경우에는 기댓값이 변동대가의 적절한 추정치가 될 수 있다.

④ 기업이 받을 권리를 갖게 될 변동대가(금액)에 미치는 불확실성의 영향을 추정할 때에는 그 계약 전체에 하나의 방법을 일관되게 적용한다.

⑤ 비현금 대가의 공정가치가 대가의 형태만이 아닌 이유로 변동된다면, 변동대가 추정치의 제약규정을 적용한다.

정답 및 해설

04 ②

수행의무는 기업이 고객에게 재화나 용역을 이전하기로 한 약속을 의미하며, 수익인식에서 회계처리의 최소 단위가 된다. 따라서 계약 개시시점에 고객과의 계약에서 약속한 재화나 용역을 검토하여 고객에게 다음 중 어느 하나를 이전하기로 한 각 약속을 하나의 수행의무로 식별한다.
- 구별되는 재화나 용역(또는 재화나 용역의 묶음)
- 실질적으로 서로 같고 고객에게 이전하는 방식도 같은 일련의 구별되는 재화나 용역

오답노트

① 수익인식 5단계: 계약식별 ⇨ 수행의무식별 ⇨ 거래가격 산정 ⇨ 거래가격 배분 ⇨ 수행의무별 수익인식

③ 고객에게 이전할 재화나 용역에 대하여 받을 권리를 갖게 될 대가의 회수 가능성이 높고, 계약에 상업적 실질이 존재하고 이전할 재화나 용역의 지급조건을 식별할 수 있으면 고객과의 계약으로 회계처리한다.

④ 다음 기준을 모두 충족하는 때에만 고객과의 계약을 식별할 수 있다.
- 계약 당사자들이 계약을 승인하고 각자의 의무를 수행하기로 확약한다.
- 이전할 재화나 용역과 관련된 각 당사자의 권리를 식별할 수 있다.
- 이전할 재화나 용역의 지급조건을 식별할 수 있다.
- 계약에 상업적 실질이 있다.
- 고객에게 이전할 재화나 용역에 대하여 받을 권리를 갖게 될 대가의 회수 가능성이 높다.

⑤ 고객에게 약속한 자산을 이전하여 수행의무를 이행할 때 수익을 인식하며, 자산은 고객이 그 자산을 통제할 때 이전된다.

05 ①

변동대가(금액)는 다음 중에서 기업이 받을 권리를 갖게 될 대가(금액)를 더 잘 예측할 것으로 예상하는 방법을 사용하여 추정한다.
- 기댓값: 기댓값은 가능한 대가의 범위에 있는 모든 금액에 각 확률을 곱한 금액의 합이다. 기업에 특성이 비슷한 계약이 많은 경우에 기댓값은 변동대가(금액)의 적절한 추정일 수 있다.
- 가능성이 가장 높은 금액: 가능성이 가장 높은 금액은 가능한 대가의 범위에서 가능성이 가장 높은 단일 금액이다. 계약에서 가능한 결과치가 두 가지뿐일 경우에는 가능성이 가장 높은 금액이 변동대가의 적절한 추정치가 될 수 있다.

06 ③

변동대가의 추정이 가능한 경우, 계약에서 가능한 결과치가 두 가지뿐일 경우에는 가능성이 가장 높은 금액이 변동대가의 적절한 추정치가 될 수 있다.

출제빈도: ★★★　대표출제기업: 한국가스공사

07 기업회계기준서 제1115호 '고객과의 계약에서 생기는 수익'의 측정에 대한 설명으로 옳은 것은?

① 거래가격의 후속변동은 계약 개시시점과 같은 기준으로 계약상 수행의무에 배분한다. 따라서, 계약을 개시한 후의 개별 판매가격 변동을 반영하기 위해 거래가격을 다시 배분해야 한다. 이행된 수행의무에 배분되는 금액은 거래가격이 변동되는 기간에 수익으로 인식하거나 수익에서 차감한다.

② 계약을 개시할 때 기업이 고객에게 약속한 재화나 용역을 이전하는 시점과 고객이 그에 대한 대가를 지급하는 시점 간의 기간이 1년 이내일 것이라고 예상한다면 유의적인 금융요소의 영향을 반영하여 약속한 대가를 조정하지 않는 실무적 간편법을 쓸 수 없다.

③ 고객이 현금 외의 형태의 대가를 약속한 계약의 경우, 거래가격은 그 대가와 교환하여 고객에게 약속한 재화나 용역의 개별 판매가격으로 측정하는 것을 원칙으로 한다.

④ 변동대가는 가능한 대가의 범위 중 가능성이 가장 높은 금액으로 측정하며 기댓값 방식은 적용할 수 없다.

⑤ 고객이 현금 외의 형태로 대가를 약속한 계약의 경우에 거래가격을 산정하기 위하여 비현금 대가를 공정가치로 측정한다.

출제빈도: ★★☆

08 다음 중 K-IFRS에 의한 수익의 인식에 대한 설명으로 옳지 않은 것은?

① 고객에게 약속한 재화나 용역, 즉 자산을 이전하여 수행의무를 이행할 때 또는 기간에 걸쳐 이행하는 대로 수익을 인식한다. 이 경우 자산은 고객이 그 자산을 통제할 때 또는 기간에 걸쳐 통제하게 되는 대로 이전된다.

② 수행의무가 한 시점에 이행되지 않는다면, 그 수행의무는 기간에 걸쳐 이행되는 것이다.

③ 고객이 자산을 통제하는지를 판단할 때에는 그 자산을 재매입하는 약정을 고려해야 하며, 고객이 자산을 통제하고 기업이 수행의무를 이행하는 시점을 판단하기 위해서는 법적소유권, 물리적 점유, 고객의 인수 등의 통제이전의 지표를 참고하여야 한다.

④ 고객이 기업이 수행하는 대로 기업의 수행에서 제공하는 효익을 동시에 얻고 소비한다면, 그 수행의무는 기간에 걸쳐 이행되는 것이다.

⑤ 변동대가와 관련된 불확실성이 나중에 해소될 때, 이미 인식한 누적 수익 금액 중 유의적인 부분을 되돌리지 않을 가능성이 매우 높을지를 평가할 때는 수익의 환원가능성 및 크기를 모두 고려한다.

정답 및 해설

07 ⑤
고객이 현금 외의 형태로 대가를 약속한 계약의 경우에 거래가격을 산정하기 위하여 비현금 대가를 공정가치로 측정한다.

오답노트
① 거래가격의 후속변동은 계약 개시시점과 같은 기준으로 계약상 수행의무에 배분한다. 따라서, 계약을 개시한 후의 개별 판매가격 변동을 반영하기 위해 거래가격을 다시 배분하지는 않는다. 이행된 수행의무에 배분되는 금액은 거래가격이 변동되는 기간에 수익으로 인식하거나 수익에서 차감한다.
② 계약을 개시할 때 기업이 고객에게 약속한 재화나 용역을 이전하는 시점과 고객이 그에 대한 대가를 지급하는 시점 간의 기간이 1년 이내일 것이라고 예상한다면 유의적인 금융요소의 영향을 반영하여 약속한 대가를 조정하지 않는 실무적 간편법을 쓸 수 있다.
③ 고객이 현금 외의 형태의 대가를 약속한 계약의 경우에 거래가격을 산정하기 위하여 비현금 대가(또는 비현금 대가의 약속)를 공정가치로 측정한다.
④ 변동대가는 다음 중에서 기업이 받을 권리를 갖게 될 대가(금액)를 더 잘 예측할 것으로 예상하는 방법을 사용하여 추정한다.
• 기댓값
• (가능한 대가의 범위 중) 가능성이 가장 높은 금액

08 ②
수행의무가 기간에 걸쳐 이행되지 않는다면, 그 수행의무는 한 시점에 이행되는 것이다.

출제빈도: ★★★

09 ㈜한국은 대형 옥외전광판을 단위당 ₩30,000,000에 판매하고, 옥외전광판에 대한 연간 유지서비스를 단위당 ₩20,000,000에 제공하고 있다. 옥외전광판의 매출원가는 단위당 ₩20,000,000이며, 연간 유지서비스 원가는 단위당 ₩10,000,000이 발생한다. ㈜한국은 20×1년 7월 1일에 옥외전광판 1단위와 이에 대한 1년간 유지서비스를 묶어서 ₩40,000,000에 판매하고 설치완료하였다. 이와 관련한 설명으로 옳지 않은 것은? (단, 기간은 월할 계산한다)

① 20×1년 7월 1일에 인식한 매출액은 ₩24,000,000이다.

② 20×1년의 매출액은 ₩32,000,000이다.

③ 20×1년의 매출총이익은 ₩7,000,000이다.

④ 20×2년의 매출액은 ₩8,000,000이다.

⑤ 20×2년의 매출총이익은 ₩6,000,000이다.

출제빈도: ★★☆

10 ㈜한국은 20×1년 12월 초 위탁판매를 위해 ㈜민국에게 단위당 원가 ₩1,200인 상품 500개를 적송하면서 운임 ₩30,000을 현금 지급하였다. 20×2년 1월 초 위탁판매와 관련하여 ㈜한국은 ㈜민국에서 다음과 같은 판매현황을 보고받았다.

매출액	400개 × ₩1,500 =	₩600,000
판매수수료	₩18,000	
운임 및 보관료	₩12,000	(₩30,000)
㈜한국에게 송금한 금액		₩570,000

㈜한국의 위탁판매와 관련하여 20×1년 재무제표에 인식할 매출액과 적송품 금액은? (단, ㈜한국은 계속기록법을 채택하고 있다)

	매출액	적송품 금액
①	₩570,000	₩120,000
②	₩570,000	₩126,000
③	₩600,000	₩120,000
④	₩600,000	₩126,000
⑤	₩600,000	₩136,000

출제빈도: ★★★

11 ㈜한국은 20×1년부터 상품 A(단위당 판매가 ₩100,000, 단위당 매입원가 ₩60,000)의 위탁판매를 시작하면서, 수탁자에게 단위당 ₩10,000의 판매수수료를 지급하기로 하였다. 20×1년 ㈜한국이 수탁자에게 적송한 상품 A는 100개이며, 적송운임 ₩40,000은 ㈜한국이 부담하였다. 수탁자는 이 중 50개를 20×1년에 판매하였다. 20×1년 ㈜한국의 상품 A의 위탁판매와 관련하여 인식할 당기이익은?

① ₩1,460,000   ② ₩1,480,000   ③ ₩1,500,000

④ ₩2,960,000   ⑤ ₩3,080,000

정답 및 해설

09 ⑤
20×2년의 매출총이익: ₩8,000,000 − ₩5,000,000 = ₩3,000,000
(1) 계약의 식별: 20×1년 7월 1일 판매계약의 체결에 따라 계약을 식별할 수 있다.
(2) 수행의무의 식별: 옥외전광판을 인도하는 수행의무와 유지서비스를 제공하는 수행의무로 구성된다.
(3) 거래가격의 산정: ₩40,000,000
(4) 거래가격을 수행의무에 배분
  • 옥외전광판에 배부될 거래가격: ₩40,000,000 × ₩30,000,000/₩50,000,000 = ₩24,000,000
  • 유지서비스에 배부될 거래가격: ₩40,000,000 × ₩20,000,000/₩50,000,000 = ₩16,000,000
(5) 수행의무를 이행할 때 수익인식
  • 20×1년도의 매출액: ₩24,000,000 + ₩16,000,000 × 6/12 = ₩32,000,000
  • 20×2년도의 매출액: ₩16,000,000 × 6/12 = ₩8,000,000
  • 20×2년의 매출총이익: ₩8,000,000 − ₩5,000,000 = ₩3,000,000

10 ④
(1) 매출액: ₩600,000
(2) 기말 적송품: (₩1,200 × 500개 + ₩30,000) ×1/5 = ₩126,000

11 ②
(1) 이익을 구하는 것이므로 수익(매출)에서 관련 비용(매출원가 및 판매비)을 차감하여야 한다.
(2) ₩100,000 × 50개 − ₩6,040,000 × 0.5(매출원가) − 50개 × ₩10,000(판매수수료) = ₩1,480,000

출제빈도: ★★☆

12 ㈜한국은 20×1년 6월 1일에 원가 ₩300,000의 상품을 ₩500,000에 판매하였다. 판매대금은 20×1년 6월 말부터 매월 말 ₩50,000씩 10회에 걸쳐 회수하기로 하였다. 당해 거래에서 할부매출의 명목금액과 현재가치의 차이가 중요하지 않은 경우, 20×1년의 매출총이익은? (단, 당해 거래 이외의 매출거래는 없다)

① ₩140,000   ② ₩200,000   ③ ₩250,000

④ ₩350,000   ⑤ ₩400,000

출제빈도: ★★☆   대표출제기업: 한국에너지공단

13 ㈜한국은 20×1년 7월 1일 원가 ₩100,000의 재고자산을 판매하고 계약금으로 현금 ₩20,000을 수령한 후 다음과 같이 대금을 수령하기로 하였다. 재고자산 판매일 현재 할인율이 연 10%일 때 동 거래로 인하여 발생되는 ㈜한국의 20×1년의 당기순이익에 미치는 영향은? (단, 명목가치와 현재가치의 차이는 중요하고, 정상연금 ₩1의 현재가치는 2.5(3기간, 10%)이다)

20×2년 6월 30일	20×3년 6월 30일	20×4년 6월 30일
₩40,000	₩40,000	₩40,000

① ₩10,000 증가   ② ₩20,000 증가   ③ ₩25,000 증가

④ ₩30,000 증가   ⑤ ₩35,000 증가

출제빈도: ★★☆

14 ㈜한국은 소프트웨어 판매 및 서비스 공급회사이다. 이 회사는 20×1년 1월 1일 ㈜민국에 원가 ₩700,000인 ERP 소프트웨어를 판매하고, 원가 ₩800,000으로 예상되는 ERP 운용과 관련된 용역을 2년 동안 제공하기로 약정하였다. 총판매가격은 ₩2,200,000이지만, 소프트웨어 운용용역을 개별적으로 판매하는 경우 판매가격은 각 각 ₩1,100,000과 ₩1,320,000이다. 운용용역과 관련하여 20×1년도에 실제 발생한 원가는 ₩600,000이다. 수익인식에 관한 기업회계기준서에 근거할 때 20×1년의 회계처리로 타당하지 않은 것은?

① 소프트웨어와 용역이 별개로 취급되어 그 제공이 각각 총거래가격에 영향을 미치므로 소프트웨어매출과 용역매출은 구분하여 별도로 회계처리한다.

② ERP 소프트웨어 판매와 관련하여 ₩1,000,000은 소프트웨어 인도시점인 20×1년 1월 1일 모두 수익으로 인식한다.

③ ERP 소프트웨어 원가 ₩700,000은 관련 용역이 제공되는 2년에 걸쳐 상각된다.

④ 용역제공거래는 진행기준에 의하여 수익을 인식한다. 따라서 용역제공과 관련하여 20×1년에 인식할 수익은 ₩900,000이다.

⑤ 20×1년도에 당기순이익에 미치는 영향은 ₩600,000 증가이다.

정답 및 해설

12 ②
(1) 상품 판매의 경우 판매기준을 적용하므로 현금회수와 관계없이 판매시점에 전액 매출을 인식한다.
(2) 매출총이익: ₩500,000 - ₩300,000 = ₩200,000

13 ③
(1) 매출액: ₩20,000 + ₩40,000 × 2.5 = ₩120,000
(2) 매출원가: ₩100,000
(3) 매출총이익: ₩120,000 - ₩100,000 = ₩20,000
(4) 이자수익: ₩100,000 × 0.1 × 6/12 = ₩5,000
(5) 당기순이익에 미치는 영향: ₩20,000 + ₩5,000 = ₩25,000

14 ③
(1) 소프트웨어 판매가: ₩2,200,000 × ₩1,100,000/₩2,420,000 = ₩1,000,000
(2) 운용용역의 판매가: ₩2,200,000 × ₩1,320,000/₩2,420,000 = ₩1,200,000
(3) ERP 소프트웨어 원가는 ERP 소프트웨어의 인도시점에 비용으로 인식한다.
(4) ERP 운영과 관련된 용역제공거래는 진행기준으로 수익을 인식한다.
(5) 진행기준에 의한 용역매출: ₩1,200,000 × (₩600,000/₩800,000) = ₩900,000
(6) 20×1년 당기순이익: ₩1,000,000 + ₩900,000 - ₩700,000 - ₩600,000 = ₩600,000

출제빈도: ★★★

15 ㈜한국은 20×1년 중 ㈜민국이 주문한 맞춤형 특수기계를 ₩10,000에 제작하는 계약을 체결하였다. 20×1년에 발생한 제작원가는 ₩2,000이고, 추정 총원가는 ₩8,000이다. 20×2년에 설계변경이 있었고, 이로 인한 원가상승을 반영하여 계약금액을 ₩12,000으로 변경하였다. 20×2년에 발생한 제작원가는 ₩4,000이고, 추정 총원가는 ₩10,000이다. 이 기계는 20×3년 3월 31일에 완성되었다. 원가기준 투입법으로 진행률을 측정할 때, ㈜한국이 동 계약과 관련하여 20×2년도에 인식할 이익은?

① ₩300   ② ₩400   ③ ₩500

④ ₩700   ⑤ ₩900

출제빈도: ★★☆

16 ㈜한국은 20×1년 초 장기건설계약(건설기간 4년)을 체결하였다. 총공사계약액은 ₩10,000이고 공사원가 관련 자료는 다음과 같다. ㈜한국이 발생원가에 기초하여 진행률을 계산하는 경우 20×3년도에 인식할 공사손익은?

구분	20×1년	20×2년	20×3년	20×4년
당기발생 공사원가	₩1,200	₩2,300	₩2,500	₩2,000
완성에 소요될 추가공사원가 예상액	₩4,800	₩3,500	₩2,000	–

① ₩1,500 손실   ② ₩700 손실   ③ ₩0

④ ₩700 이익   ⑤ ₩900 이익

출제빈도: ★★☆

17 다음은 ㈜한국이 20×1년 수주하여 20×3년 완공한 건설공사에 관한 자료이다.

구분	20×1년	20×2년	20×3년
당기발생계약원가	₩20억	₩40억	₩60억
총계약원가추정액	₩80억	₩100억	₩120억
계약대금청구	₩30억	₩40억	₩50억
계약대금회수	₩20억	₩30억	₩70억

이 건설계약의 최초 계약금액은 ₩100억이었으나, 20×2년 중 설계변경과 건설원가 상승으로 인해 계약금액이 ₩120억으로 변경되었다. ㈜한국이 20×2년에 인식할 계약손익은? (단, 진행률은 누적발생계약원가를 총계약원가추정액으로 나누어 계산한다)

① ₩5억 손실   ② ₩3억 손실   ③ ₩3억 이익

④ ₩5억 이익   ⑤ ₩7억 이익

출제빈도: ★★☆

18 ㈜한국은 20×1년 1월 1일 총계약금액 ₩60,000의 건설공사를 수주하였다. ㈜한국이 진행기준을 사용하여 해당 건설공사를 회계처리하는 경우, 20×2년 말 재무상태표에 표시할 계약자산(미청구공사)금액은?

항목	20×1년	20×2년	20×3년
발생 누적계약원가	₩8,000	₩35,000	₩50,000
총계약예정원가	₩40,000	₩50,000	₩50,000
계약대금청구	₩10,000	₩30,000	₩20,000
계약대금회수	₩7,000	₩28,000	₩25,000

① ₩2,000   ② ₩3,000   ③ ₩40,000
④ ₩42,000   ⑤ ₩52,000

정답 및 해설

15 ④

	20×1년	20×2년
용역진행률	25%(₩2,000/₩8,000)	60%(₩6,000/₩10,000)
용역수익	₩2,500	₩4,700[*1]
용역원가	(2,000)	(4,000)
용역이익	₩500	₩700

(*1) ₩12,000 × 0.6 − ₩2,500 = ₩4,700

16 ③

(1) 20×2년 공사진행률: (₩1,200 + ₩2,300) ÷ (₩1,200 + ₩2,300 + ₩3,500) = 0.5(50%)

(2) 20×3년 공사진행률: (₩3,500 + ₩2,500) ÷ (₩3,500 + ₩2,500 + ₩2,000) = 0.75(75%)

(3) 20×3년 공사손익: ₩10,000 × (0.75 − 0.5) − ₩2,500 = ₩0

17 ⑤

(1) 20×1년 이익: (₩100억 − ₩80억) × $\dfrac{20}{80}$ = ₩5억

(2) 20×2년 이익: (₩120억 − ₩100억) × $\dfrac{60}{100}$ − ₩5억 = ₩7억

18 ①

(1) 미성공사(누적계약수익): ₩60,000 × $\dfrac{35}{50}$ = ₩42,000

(2) 진행청구액: ₩10,000 + ₩30,000 = ₩40,000

(3) 계약자산(미청구공사): ₩42,000 − ₩40,000 = ₩2,000

회계정책의 의의	• 회계정책의 정의 • 회계정책의 개발 및 적용 • 회계정책의 일관성
회계정책변경의 적용	• 소급적용 • 소급적용의 한계 • 재무제표공시
회계추정	• 회계추정의 정의 • 회계추정이 필요할 수 있는 항목의 예 • 회계추정의 의의
회계추정변경의 회계처리	• 전진적용 • 유의사항
오류수정의 회계처리	• 소급적용 • 소급적용의 예외
오류의 유형	• 자동조정오류 • 비자동조정오류

01 │ 회계정책의 변경

출제빈도 ★★

1. 회계정책변경의 의의

① 회계정책이란 기업이 재무제표를 작성·표시하기 위하여 적용하는 구체적인 원칙, 근거, 관행, 규칙 및 실무를 말한다.

- 대부분의 기업은 특정 거래, 기타 사건 또는 상황에 당해 국가에서 인정하는 회계기준을 적용하여 재무제표를 작성·표시하는데, 이와 같이 기업이 재무제표를 작성·표시하기 위하여 적용하는 회계기준을 회계정책이라고 한다.
- 우리나라의 경우 한국회계기준원의 회계기준위원회가 국제회계기준에 따라 제정한 한국채택국제회계기준(K-IFRS), 기업회계기준해석서 및 실무지침(이하 'K-IFRS'라고 한다)이 회계정책이라고 할 수 있다.

② 다음 중 하나의 경우에 회계정책을 변경할 수 있다.
- 한국채택국제회계기준(K-IFRS)에서 회계정책의 변경을 요구하는 경우
- 회계정책의 변경을 반영한 재무제표가 재무상태, 재무성과 또는 현금흐름에 미치는 영향에 대하여 신뢰성 있고 더 목적적합한 정보를 제공하는 경우

③ 회계정책변경의 요건을 충족하여 회계정책을 변경하는 예는 다음과 같다.
- 재고자산의 단가결정방법을 변경하는 경우: 선입선출법 ⇔ 가중평균법
- 유형·무형자산의 평가방법을 변경하는 경우: 원가모형 ⇔ 재평가모형
- 투자부동산의 평가방법을 변경하는 경우: 원가모형 ⇔ 공정가치모형
- 측정기준을 변경하는 경우: 진행률 측정기준으로 원가기준 ⇔ 측량기준

④ 다음의 경우에는 회계정책의 변경에 해당하지 않는다.
- 과거에 발생한 거래와 실질이 다른 거래, 기타 사건 또는 상황에 대하여 다른 회계정책을 적용하는 경우
- 과거에 발생하지 않았거나 발생하였어도 중요하지 않았던 거래, 기타 사건 또는 상황에 대하여 새로운 회계정책을 적용하는 경우
- 과거에 잘못된 정책을 적용하다가 기업회계기준의 정책으로 변경하는 경우

2. 회계정책의 소급적용

(1) 회계정책의 변경의 회계처리

① 경과규정이 있는 한국채택국제회계기준을 최초 적용하는 경우에 발생하는 회계정책의 변경은 해당 경과규정에 따라 회계처리한다.

② 경과규정이 없는 한국채택국제회계기준을 최초 적용하는 경우에 발생하는 회계정책의 변경이나 자발적인 회계정책의 변경은 소급적용한다.

③ 회계정책의 변경을 소급적용하는 경우, 비교표시되는 가장 이른 과거기간의 영향을 받는 자본의 각 구성요소의 기초 금액과 비교 공시되는 각 과거기간의 기타 대응금액을 새로운 회계정책이 처음부터 적용된 것처럼 조정한다.

④ 유형자산과 무형자산에 대하여 재평가하는 회계정책을 최초로 적용하는 경우에는 회계정책을 소급적용하지 아니한다.

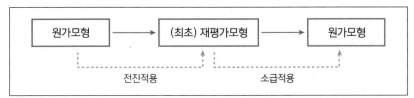

(2) 소급적용의 한계

① 회계정책의 변경은 특정기간에 미치는 영향이나 누적효과를 실무적으로 결정할 수 없는 경우를 제외하고는 소급적용한다.

② 비교표시되는 하나 이상의 과거기간의 비교정보에 대해 **특정기간에 미치는 회계정책 변경의 영향을 실무적으로 결정할 수 없는 경우**, 실무적으로 **소급적용할 수 있는 가장 이른 회계기간**의 자산 및 부채의 기초장부금액에 새로운 회계정책을 적용하고, 그에 따라 변동하는 자본 구성요소의 기초금액을 조정한다. 실무적으로 적용할 수 있는 가장 이른 회계기간은 당기일 수도 있다.

③ 당기 기초시점에 과거기간 전체에 대한 새로운 회계정책 적용의 **누적효과를 실무적으로 결정할 수 없는 경우**, 실무적으로 적용할 수 있는 가장 이른 날부터 새로운 회계정책을 전진적용하여 비교정보를 재작성한다.

3. 회계정책변경과 재무제표 공시

재무제표를 비교형식으로 공시하는 경우에는 회계정책의 변경사항을 모두 반영하여 과거의 재무제표를 수정하여 공시해야 한다.

▤ 시험문제 미리보기!

㈜한국은 20×2년 중 보유 중인 토지를 원가모형에서 재평가모형으로 측정기준을 변경하기로 하였다. ㈜한국은 재평가모형을 최초로 적용하는 것이 아니다. ㈜한국이 보유 중인 토지의 취득원가는 ₩10,000이며, 20×1년 말의 공정가치는 ₩8,000, 20×2년 말의 공정가치는 ₩13,000이다. ㈜한국의 토지와 관련하여 20×2년에 수행해야 할 회계처리를 보이시오.

해설	20×2. 1. 1	(차) 이월이익잉여금	2,000	(대) 토지	2,000
	20×2. 12. 31	(차) 토지	5,000	(대) 재평가이익(당기손익)	2,000
				재평가잉여금	3,000

㈜한국은 20×3년도부터 재고자산 평가방법을 선입선출법에서 가중평균법으로 변경하였다. 이러한 회계정책의 변경은 한국채택국제회계기준에서 제시하는 조건을 충족하며, ㈜한국은 이러한 변경에 대한 소급효과를 모두 결정할 수 있다. 다음은 ㈜한국의 재고자산평가방법별 기말재고와 선입선출법에 의한 당기순이익이다.

구분	20×1년	20×2년	20×3년
기말 재고자산			
선입선출법	₩1,100	₩1,400	₩2,000
가중평균법	₩1,250	₩1,600	₩1,700
당기순이익	₩21,000	₩21,500	₩24,000

회계변경 후 20×3년도 당기순이익을 계산하시오. (단, 20×3년도 장부는 마감 전이다)

해설　(1) 회계정책 변경에 따른 소급수정표

구분	20×1년	20×2년	20×3년
변경 전 당기순이익	₩21,000	₩21,500	₩24,000
20×1년	₩150	(₩150)	
20×2년		₩200	(₩200)
20×3년			(₩300)
변경 후 당기순이익	₩21,150	₩21,550	₩23,500

　(2) 회계변경 후 20×3년도 당기순이익: ₩24,000 − ₩200 − ₩300 = ₩23,500

1. 회계추정의 의의

① 회계추정의 변경은 자산과 부채의 현재 상태를 평가하거나 자산과 부채와 관련된 예상되는 미래효익과 의무를 평가한 결과에 따라 자산이나 부채의 장부금액 또는 기간별 자산의 소비액을 조정하는 것이다.

② 회계추정의 변경은 새로운 정보의 획득, 새로운 상황의 전개 등에 따라 지금까지 사용해오던 회계적 추정치를 바꾸는 것이며, 따라서 이는 오류수정에 해당하지 아니한다.

③ 오류수정은 원래의 추정이 이루어질 당시 이용할 수 있었던 정보를 누락 또는 잘못 사용하거나 추정치를 잘못 측정하여 수정하는 것을 말한다.

④ 추정이 필요할 수 있는 항목
- 감가상각: 내용연수·잔존가치·감가상각방법의 변경
- 기대신용손실: 채무불이행관련 발생확률의 변경
- 재고자산: 순실현가능가치 변경
- 판매보증: 미래 보증원가에 대한 변경
- 건설계약: 미래 추정공사원가의 변경

⑤ 측정기준의 변경은 회계추정의 변경이 아니라 **회계정책의 변경**에 해당한다.

⑥ 회계정책의 변경과 회계추정의 변경을 구분하는 것이 어려운 경우 회계추정의 변경으로 본다.

2. 전진적용

① 회계추정의 변경효과는 다음의 회계기간의 당기손익에 포함하여 **전진적으로 인식**한다.
- 변경이 발생한 기간에만 영향을 미치는 경우에는 변경이 발생한 기간
- 변경이 발생한 기간과 미래기간에 모두 영향을 미치는 경우에는 변경이 발생한 기간과 미래기간

② 회계정책 변경과 회계추정 변경효과 인식의 전진적용은 각각 다음을 말한다.
- 회계정책 변경의 전진적용: 새로운 회계정책을 변경일 이후에 발생하는 거래, 기타 사건 상황에 적용하는 것
- 회계추정 변경효과 인식의 전진적용: 회계추정의 변경효과를 당기 및 그 후의 회계기간에 인식하는 것

③ 회계추정의 변경이 자산 및 부채의 장부금액을 변경하거나 자본의 구성요소에 관련되는 경우, 회계추정을 변경한 기간에 관련 자산, 부채 또는 자본 구성요소의 장부금액을 조정하여 회계추정의 변경효과를 인식한다.

④ 당기에 영향을 미치거나 미래기간에 영향을 미칠 것으로 예상되는 회계추정의 변경에 대하여 변경내용과 변경효과의 금액을 공시한다. 다만 미래기간에 미치는 영향을 실무적으로 추정할 수 없는 경우에는 공시하지 아니할 수 있다. 미래기간에 미치는 영향을 실무적으로 추정할 수 없기 때문에 공시하지 아니한 경우에는 그 사실을 공시한다.

㈜한국은 20×1년 초에 비품을 ₩3,200,000에 구입하였으며, 동 비품의 감가상각 관련 자료는 다음과 같다.

> • 내용연수: 4년
> • 잔존가치: ₩200,000
> • 감가상각방법: 정액법

해당 비품을 2년간 사용한 후 20×3년 초에 다음과 같이 회계변경하였다.

> • 잔존내용연수: 3년
> • 잔존가치: ₩50,000
> • 감가상각방법: 연수합계법

회계변경 시점인 20×3년도, 20×4년도 감가상각비를 계산하시오.

해설   감가상각대상자산의 내용연수, 잔존가치, 감가상각방법의 변경은 회계추정의 변경으로 보며, 회계추정의 변경은 전진법으로 회계처리한다. 따라서 20×3년의 전기이월이익잉여금은 변동하지 않는다.
(1) 20×3년 감가상각비: (₩3,200,000 − ₩1,500,000 − ₩50,000) × 3/6 = ₩825,000
(2) 20×4년 감가상각비: (₩3,200,000 − ₩1,500,000 − ₩50,000) × 2/6 = ₩550,000

> **♀선생님 TIP**
> 유형자산의 회계추정변경 이후 감가상각비 계산문제의 경우에는 변경이 이루어지는 연도의 기초장부금액을 구하고 그 금액을 새로운 취득원가로 간주하고 변경시점에서의 변경된 추정치를 사용하여 감가상각하면 된다. 이때 주의할 점은 감가상각방법의 변경도 회계추정변경으로 본다는 것이다.

1. 오류수정의 회계처리

(1) 중요한 전기오류의 수정

① 오류는 재무제표 구성요소의 인식, 측정, 표시 또는 공시와 관련하여 발생할 수 있다. 기업의 재무상태, 재무성과 또는 현금흐름을 특정한 의도대로 표시하기 위하여 중요하거나 중요하지 않은 오류를 포함하여 작성된 재무제표는 한국채택국 제회계기준에 따라 작성되었다고 할 수 없다.

② 당기 중에 발견한 당기의 잠재적 오류는 재무제표의 발행승인일 전에 수정한다. 그러나 **중요한 오류를 후속기간에 발견**하는 경우, 이러한 전기오류는 해당 후속기간의 재무제표에 비교표시된 재무정보를 **재작성하여 수정**한다.

③ 중요한 전기오류가 발견된 이후 최초로 발행을 승인하는 재무제표에 다음의 방법으로 전기오류를 소급하여 수정한다.
- 오류가 발생한 과거기간의 재무제표가 비교표시되는 경우에는 그 재무정보를 재작성한다.
- 오류가 비교표시되는 가장 이른 과거기간 이전에 발생한 경우에는 비교표시되는 가장 이른 과거기간의 자산, 부채 및 자본의 기초금액을 재작성한다.

(2) 소급재작성의 한계

① 전기오류는 특정기간에 미치는 오류의 영향이나 오류의 누적효과를 실무적으로 결정할 수 없는 경우를 제외하고는 소급재작성에 의하여 수정한다.

② 비교표시되는 하나 이상의 과거기간의 비교정보에 대해 **특정 기간에 미치는 오류의 영향을 실무적으로 결정할 수 없는 경우**, 실무적으로 소급재작성할 수 있는 가장 이른 회계기간의 자산, 부채 및 자본의 기초금액을 재작성한다. (실무적으로 소급재작성할 수 있는 가장 이른 회계기간은 당기일 수도 있음)

③ 당기 기초시점에 과거기간 전체에 대한 오류의 누적효과를 실무적으로 결정할 수 없는 경우, 실무적으로 적용할 수 있는 가장 이른 날부터 **전진적으로 오류를 수정**하여 비교정보를 재작성한다.

2. 오류의 유형

(1) 순이익에 영향을 미치지 않는 오류

① 재무상태표 오류(재무상태표 계정과목 분류의 오류)
② 포괄손익계산서 오류(포괄손익계산서 계정과목 분류의 오류)

(2) 순이익에 영향을 미치는 오류

① 재무상태표와 포괄손익계산서 모두에 영향을 미치는 오류를 말하며, 전기 이전의 손익이 잘못된 경우 비교공시되는 전기재무제표는 오류수정을 반영하여 재작성해야 한다.

[이익과대(자산과대 · 부채과소) 오류의 수정]

(차) 이익잉여금   ×××   (대) 관련자산 · 부채   ×××
    수익 · 비용   ×××

[이익과소(자산과소 · 부채과대) 오류의 수정]

(차) 관련자산 · 부채   ×××   (대) 이익잉여금   ×××
                                   수익 · 비용   ×××

이익잉여금은 오류에 의한 과거기간의 누적효과를 수정하는 것이며, 수익 · 비용은 당기의 손익을 수정하는 것이다.

---

② 순이익에 영향을 미치는 오류는 자동조정적 오류와 비자동조정적 오류로 분류된다.

3. 자동조정적 오류

(1) 두 회계기간을 통하여 오류의 효과가 자동적으로 조정되는 오류

① 선급비용, 선수수익의 오류(이연계정과목의 오류)
② 미수수익, 미지급비용의 오류(발생계정과목의 오류)
③ 재고자산의 과소 · 과대평가
④ 매입 · 매출의 기간 구분 오류

(2) 자동조정적 오류가 순이익에 미치는 효과

① 순자산의 오류가 순이익에 미치는 영향

자산 과대계상 ⎫
부채 과소계상 ⎭ ⇨ 당기순이익(이익잉여금) 과대계상

자산 과소계상 ⎫
부채 과대계상 ⎭ ⇨ 당기순이익(이익잉여금) 과소계상

---

② 재무상태표상에서의 오류의 효과

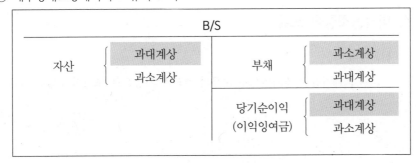

B/S			
자산	과대계상	부채	과소계상
	과소계상		과대계상
		당기순이익 (이익잉여금)	과대계상
			과소계상

㈜한국의 20×1년 회계오류 수정 전 법인세비용차감전순이익은 ₩300,000이다. 회계오류가 다음과 같을 때, 회계오류 수정 후 20×1년도 법인세비용차감전순이익을 계산하시오.

회계오류 사항	20×0년	20×1년
기말재고자산 오류	₩8,000 과소계상	₩4,000 과대계상
선급비용을 당기비용으로 처리	₩3,000	₩2,000

해설 (1) 오류수정 소급수정표

구분	20×0년	20×1년
수정전 당기순이익		₩300,000
20×1년 기말재고	₩8,000	₩(8,000)
20×1년 선급비용	₩3,000	₩(3,000)
20×2년 기말재고		₩(4,000)
20×2년 선급비용		₩2,000
수정후 당기순이익		₩287,000

(2) 수정후 당기순이익: ₩300,000 – ₩12,000 – ₩3,000 + ₩2,000 = ₩287,000

다음은 ㈜한국이 20×1년도 재무제표 작성 시 누락한 거래들이다. 이를 반영할 경우 20×1년도에 증가하는 당기순이익을 계산하시오.

- 토지 최초 재평가로 인한 기말 평가이익   ₩30,000
- 사업결합과정에서 발생한 염가매수차익   ₩15,000
- 공정가치모형 적용 투자부동산의 기말 평가이익   ₩14,000
- 주식 취득 시 발생한 거래원가(단, 주식은 FVPL측정 금융자산으로 분류)   ₩10,000

해설 (1) 토지의 재평가잉여금은 기타포괄손익에 해당한다.
(2) ₩15,000 + ₩14,000 – ₩10,000 = ₩19,000

4. 비자동조정적 오류

(1) 정의

두 회계기간의 경과만으로 오류의 효과가 자동으로 조정되지 않는 오류이다.

(2) 오류수정분개

① 오류발견시점의 회사의 재무제표와 올바른 재무제표를 비교한다.
② 재무상태표계정의 차이를 조정한다. (오류로 인한 순자산 왜곡부분을 조정)
③ 포괄손익계산서계정의 차이를 조정한다. (당기순이익의 왜곡부분을 조정)
④ 대차차액을 이익잉여금으로 처리한다. (전기 이전의 순이익의 왜곡부분을 조정)
⑤ 위 ③, ④는 오류로 인한 순자산 왜곡부분을 조정하는 단계로 순이익의 왜곡을 당기분과 전기 이전분으로 구분해야 한다. 왜냐하면 전기 이전의 순이익의 왜곡분은 기초 이익잉여금에 영향을 미치기 때문이다.

📑 시험문제 미리보기!

다음은 ㈜한국의 비품과 관련된 내용이다.

㈜한국은 20×1년 1월 1일 비품에 대해 수선비 ₩10,000을 비용으로 회계처리했어야 하나 이를 비품의 장부가액에 가산하여 정액법으로 상각하였다. 20×1년 1월 1일 수선비 지출 시 비품의 잔여 내용연수는 5년이고 잔존가치는 없다. 20×3년도 재무제표 마감 전 수선비 지출에 대한 오류가 발견되었다. 단, 법인세효과는 무시하며 해당 비품의 최초 취득원가는 ₩500,000이다.

(1) 회사의 분개를 나타내시오.
(2) 올바른 분개를 나타내시오.
(3) 오류수정분개를 나타내시오.

해설　(1) 회사의 분개(오류분개)

20×1년 1월 1일	(차) 비품	10,000	(대) 현금	10,000
20×1년 12월 31일	(차) 감가상각비	2,000	(대) 감가상각누계액	2,000
20×2년 12월 31일	(차) 감가상각비	2,000	(대) 감가상각누계액	2,000
20×3년 12월 31일	(차) 감가상각비	2,000	(대) 감가상각누계액	2,000

(2) 올바른 분개

20×1년 1월 1일	(차) 수선유지비	10,000	(대) 현금	10,000

(3) 수정분개
① 회계처리

(차) 감가상각누계액	6,000	(대) 비품	10,000
이익잉여금	6,000	감가상각비	2,000

② 수정분개의 요령
  • 재무상태표 계정과목을 조정한다.
  • 당기손익 계정과목을 조정한다.
  • 대차차액을 이익잉여금으로 조정한다.

5. 오류수정과 재무제표 공시

재무제표를 비교형식으로 공시하는 경우에는 오류사항을 모두 수정하여 과거의 재무제표를 수정하여 공시해야 한다.

출제빈도: ★★★　대표출제기업: 한국남동발전

01 다음 회계변경 중 그 성격이 다른 하나는?

① 감가상각방법을 정액법에서 정률법으로 변경
② 금융자산에 대한 대손가능성 추정의 변경
③ 재고자산의 단가결정방법을 선입선출법에서 평균법으로 변경
④ 재고자산의 진부화에 대한 판단 변경
⑤ 진행률 계산 시 미래 추정공사원가의 변경

출제빈도: ★★★

02 회계변경을 회계정책의 변경과 회계추정치의 변경으로 분류할 때, 그 분류가 다른 것은?

① 감가상각자산의 감가상각방법을 정률법에서 정액법으로 변경
② 감가상각자산의 내용연수를 10년에서 15년으로 변경
③ 감가상각자산의 잔존가치를 취득원가의 10%에서 5%로 변경
④ 감가상각자산의 감가상각방법을 정률법에서 정액법으로 변경과 동시에 내용연수를 10년에서 15년으로 변경
⑤ 감가상각자산의 측정모형을 원가모형에서 재평가모형으로 변경

출제빈도: ★★★

03 회계정책의 변경에 해당하지 않는 것은?

① 유형자산 감가상각방법을 정액법에서 정률법으로 변경
② 투자부동산 평가방법을 원가모형에서 공정가치모형으로 변경
③ 재고자산 측정방법을 선입선출법에서 평균법으로 변경
④ 영업권에 대해 정액법 상각에서 손상모형으로 변경
⑤ 진행률 측정기준을 원가기준에서 측량기준으로 변경

출제빈도: ★★☆

04 기업회계기준서 제1008호 '회계정책, 회계추정치 변경과 오류'에 대한 설명으로 옳은 것은?

① 회계정책의 변경은 특정기간에 미치는 영향이나 누적효과를 실무적으로 결정할 수 없는 경우를 제외하고는 소급적용한다.

② 과거에 발생하지 않았거나 발생하였어도 중요하지 않았던 거래, 기타 사건 또는 상황에 대하여 새로운 회계정책을 적용하는 경우는 회계정책의 변경에 해당된다.

③ 유형자산이나 무형자산에 대하여 재평가하는 회계정책을 최초로 적용하는 경우의 회계정책 변경은 소급법을 적용한다.

④ 회계정책의 변경과 회계추정치의 변경을 구분하기가 어려운 경우에는 이를 회계정책의 변경으로 본다.

⑤ 과거에 잘못된 정책을 적용하다가 기업회계기준의 정책으로 변경하는 경우 회계정책의 변경에 해당한다.

정답 및 해설

01 ③
회계정책의 변경에 해당한다.

오답노트
①, ②, ④, ⑤ 회계추정치의 변경에 해당한다.

02 ⑤
측정기준의 변경은 회계정책의 변경에 해당한다.

03 ①
감가상각방법의 변경은 회계추정치의 변경에 해당한다.

04 ①
회계정책의 변경은 특정기간에 미치는 영향이나 누적효과를 실무적으로 결정할 수 없는 경우를 제외하고는 소급적용한다.

오답노트
② 과거에 발생하지 않았거나 발생하였어도 중요하지 않았던 거래, 기타 사건 또는 상황에 대하여 새로운 회계정책을 적용하는 경우는 회계정책의 변경에 해당하지 아니한다.
③ 유형자산이나 무형자산에 대하여 재평가하는 회계정책을 최초로 적용하는 경우의 회계정책 변경은 소급법을 적용하지 아니한다.
④ 회계정책의 변경과 회계추정치의 변경을 구분하기가 어려운 경우에는 이를 회계추정치의 변경으로 본다.
⑤ 과거에 잘못된 정책을 적용하다가 기업회계기준의 정책으로 변경하는 경우 회계정책의 변경에 해당하지 아니한다.

출제빈도: ★★☆   대표출제기업: 한국남부발전

05 회계정책, 회계추정치의 변경, 오류의 수정에 대한 설명으로 옳지 않은 것은?

① 회계정책의 변경은 특정기간에 미치는 영향이나 누적효과를 실무적으로 결정할 수 없는 경우를 제외하고는 소급적 용한다.

② 회계정책의 변경과 회계추정치의 변경을 구분하는 것이 어려운 경우에는 이를 회계정책의 변경으로 본다.

③ 측정기준의 변경은 회계추정치의 변경이 아니라 회계정책의 변경에 해당한다.

④ 전기오류는 특정기간에 미치는 오류의 영향이나 오류의 누적효과를 실무적으로 결정할 수 없는 경우를 제외하고는 소급재작성에 의하여 수정한다.

⑤ 유형자산과 무형자산에 대하여 재평가하는 회계정책을 최초로 적용하는 경우에는 회계정책을 소급적용하지 아니 한다.

출제빈도: ★★☆   대표출제기업: KDB산업은행

06 회계정책, 회계추정치 변경과 오류에 대한 설명으로 옳은 것은?

① 측정기준의 변경은 회계정책의 변경이 아니라 회계추정치의 변경에 해당한다.

② 회계추정치의 변경효과를 전진적으로 인식하는 것은 추정치의 변경을 그것이 발생한 시점 이후부터 거래, 기타 사 건 및 상황에 소급 적용하는 것을 말한다.

③ 과거에 발생한 거래와 실질이 다른 거래, 기타 사건 또는 상황에 대하여 다른 회계정책을 적용하는 경우에도 회계정 책의 변경에 해당한다.

④ 과거기간의 금액을 수정하는 경우 과거기간에 인식, 측정, 공시된 금액을 추정함에 있어 사후에 인지된 사실을 이용 할 수 있다.

⑤ 당기 기초시점에 과거기간 전체에 대한 새로운 회계정책 적용의 누적효과를 실무적으로 결정할 수 없는 경우, 실무 적으로 적용할 수 있는 가장 이른 날부터 새로운 회계정책을 전진적용하여 비교정보를 재작성한다.

출제빈도: ★★★   대표출제기업: 한국공항공사

07 회계변경과 오류수정에 대한 설명으로 옳지 않은 것은?

① 거래, 기타 사건 또는 상황에 대하여 구체적으로 적용할 수 있는 한국채택국제회계기준이 없는 경우, 경영진은 판단에 따라 회계정책을 개발 및 적용하여 회계정보를 작성할 수 있다.

② 한국채택국제회계기준에서 특정 범주별로 서로 다른 회계정책을 적용하도록 규정하거나 허용하는 경우를 제외하고는 유사한 거래, 기타 사건 및 상황에서 동일한 회계정책을 선택하여 일관성 있게 적용한다.

③ 기업은 한국채택국제회계기준에서 회계정책의 변경을 요구하는 경우에 회계정책을 변경할 수 있다.

④ 과거에 발생한 거래와 실질이 다른 거래, 기타 사건 또는 상황에 대하여 다른 회계정책을 적용하는 경우는 회계정책의 변경에 해당한다.

⑤ 경과규정이 있는 한국채택국제회계기준을 최초 적용하는 경우에 발생하는 회계정책의 변경은 해당 경과규정에 따라 회계처리한다.

정답 및 해설

05 ②
회계정책의 변경과 회계추정치의 변경을 구분하기 어려운 경우에는 이를 회계추정치의 변경으로 본다.

06 ⑤
회계추정치의 변경은 변경시점 이후에 변경된 추정치를 이용하여 회계처리하는 것을 의미한다.

오답노트
① 측정기준의 변경은 회계추정치의 변경이 아니라 회계정책의 변경에 해당한다.
② 회계추정치의 변경효과를 전진적으로 인식하는 것은 추정치의 변경을 그것이 발생한 시점 이후부터 거래, 기타 사건 및 상황에 전진 적용하는 것을 말한다.
③ 과거에 발생한 거래와 실질이 다른 거래, 기타 사건 또는 상황에 대하여 다른 회계정책을 적용하는 경우에는 회계정책의 변경에 해당하지 않는다.
④ 과거기간의 금액을 수정하는 경우 과거기간에 인식, 측정, 공시된 금액을 추정함에 있어 사후에 인지된 사실을 이용할 수 없다.

07 ④
과거에 발생한 거래와 실질이 다른 거래, 기타 사건 또는 상황에 대하여 다른 회계정책을 적용하는 경우는 회계정책의 변경에 해당하지 아니한다.

[08 ~ 09] ㈜한국은 20×1년 설립이후 재고자산 단위원가 결정방법으로 가중평균법을 사용하여 왔다. 그러나 선입선출법이 보다 목적적합하고 신뢰성 있는 정보를 제공할 수 있다고 판단하여, 20×4년 초에 단위원가 결정방법을 선입선출법으로 변경하였다. ㈜한국이 재고자산 단위원가 결정방법을 선입선출법으로 변경하는 경우, 다음 자료를 이용해서 답하시오.

구분	20×1년	20×2년	20×3년
가중평균법 적용 기말재고자산	₩10,000	₩11,000	₩12,000
선입선출법 적용 기말재고자산	₩12,000	₩14,000	₩16,000
회계정책 변경 전 매출원가	₩50,000	₩60,000	₩70,000
회계정책 변경 전 기말이익잉여금	₩100,000	₩300,000	₩600,000

출제빈도: ★★☆

08 20×4년도 재무제표에 비교정보로 공시될 20×3년 매출원가는?

① ₩61,000 ② ₩63,000 ③ ₩69,000

④ ₩71,000 ⑤ ₩81,000

출제빈도: ★★☆

09 20×4년도 재무제표에 비교정보로 공시될 20×3년 기말이익잉여금은?

① ₩607,000 ② ₩604,000 ③ ₩599,000

④ ₩597,000 ⑤ ₩589,000

출제빈도: ★★★ 대표출제기업: 한국가스공사

10 ㈜한국은 20×1년 기말재고자산을 ₩50,000만큼 과소계상하였고, 20×2년 기말재고자산을 ₩30,000만큼 과대계상하였음을 20×2년 말 장부마감 전에 발견하였다. 20×2년 오류수정 전 당기순이익이 ₩200,000이라면, 오류수정 후 당기순이익은?

① ₩120,000
② ₩170,000
③ ₩230,000
④ ₩250,000
⑤ ₩270,000

정답 및 해설

08 ③
(1) 회계정책 변경에 따른 소급수정표

구분	20×1년	20×2년	20×3년
변경 전 매출원가	₩50,000	₩60,000	₩70,000
20×1년	(₩2,000)	₩2,000	
20×2년		(₩3,000)	₩3,000
20×3년			(₩4,000)
변경 후 매출원가	₩48,000	₩59,000	₩69,000

(2) 20×3년 매출원가: (₩70,000) − 3,000 + 4,000 = (₩69,000)

09 ②
20×3년 기말이익잉여금: ₩600,000 + ₩4,000(소급수정 후 매출원가 감소분) = ₩604,000

10 ①
오류수정 후 당기순이익: ₩200,000 − ₩80,000 = ₩120,000

출제빈도: ★★★

11 ㈜한국의 20×1년도 회계오류 수정 전 법인세비용차감전순이익은 ₩500,000이다. 오류수정과 관련된 자료는 다음과 같다.

구분	20×0년	20×1년
기말재고자산 과대(과소)계상	₩12,000 과소	₩5,000 과대
선급비용을 당기비용으로 처리	₩4,000	₩3,000

회계오류 수정 후 ㈜한국의 20×1년도 법인세비용차감전순이익은?

① ₩476,000   ② ₩482,000   ③ ₩486,000

④ ₩488,000   ⑤ ₩492,000

출제빈도: ★★☆

12 결산과정에서 아래의 수정사항을 반영하기 전 법인세비용차감전순이익이 ₩100,000인 경우, 수정사항을 반영한 후의 법인세비용차감전순이익은? (단, 수정전시산표상 재평가잉여금과 기타포괄손익 – 공정가치 측정 금융자산평가이익의 잔액은 없다)

- 선급보험료 ₩30,000 중 1/3의 기간이 경과하였다.
- 대여금에 대한 이자발생액은 ₩20,000이다.
- 미지급급여 ₩4,000이 누락되었다.
- 자산재평가손실 ₩50,000이 누락되었다.
- 기타포괄손익 – 공정가치 측정 금융자산평가이익 ₩16,000이 누락되었다.
- 자기주식처분이익 ₩30,000이 누락되었다.

① ₩56,000　　　　　　② ₩72,000　　　　　　③ ₩102,000
④ ₩106,000　　　　　　⑤ ₩120,000

정답 및 해설

11 ②

(1) 오류수정정산표

	20×0년	20×1년
재고자산오류 20×0년	₩12,000	(₩12,000)
20×1년		(₩5,000)
선급비용오류 20×0년	₩4,000	(₩4,000)
20×1년		₩3,000
오류수정효과	₩16,000	(₩18,000)

(2) 20×1년도 수정 후 법인세비용차감전순이익: ₩500,000 – ₩18,000 = ₩482,000

12 ①

(1) 법인세비용차감전순이익: ₩100,000 – ₩10,000 + ₩20,000 – ₩4,000 – ₩50,000 = ₩56,000

(2) 기타포괄손익 – 공정가치 측정 금융자산평가이익은 기타포괄손익, 자기주식처분이익은 자본잉여금이므로 당기손익에 영향을 미치지 않는다.

출제빈도: ★★★

13 다음은 ㈜한국의 비품과 관련된 내용이다. 오류수정분개로 옳은 것은?

㈜한국은 20×1년 1월 1일 비품에 대해 수선비 ₩10,000을 비용으로 회계처리했어야 하나, 이를 비품의 장부가액에 가산하여 정액법으로 상각하였다. 20×1년 1월 1일 수선비 지출 시 비품의 잔여 내용연수는 5년이고 잔존가치는 없다. 20×3년 재무제표 마감 전 수선비 지출에 대한 오류가 발견되었다(단, 법인세 효과는 무시하며 해당 비품의 최초 취득원가는 ₩500,000이다).

	(차)		(대)	
①	이익잉여금	10,000	비품	10,000
	감가상각누계액	6,000	감가상각비	6,000
②	이익잉여금	10,000	비품	10,000
	감가상각누계액	2,000	감가상각비	2,000
③	이익잉여금	4,000	비품	10,000
	감가상각누계액	6,000		
④	이익잉여금	6,000	비품	10,000
	감가상각누계액	6,000	감가상각비	2,000
⑤	이익잉여금	16,000	비품	16,000

출제빈도: ★★★ 대표출제기업: 한국관광공사

14 ㈜한국은 20×1년도의 결산과정에서 다음의 중요한 오류를 발견하였다.

> - 20×0년과 20×1년의 기말재고자산을 각각 ₩8,000과 ₩3,000 과소계상하였다.
> - 20×1년 초에 연구비(당기비용)로 처리하여야 할 지출액 ₩20,000을 모두 무형자산으로 인식하고, 1년간의 무형자산상각비 (당기비용)로 ₩4,000을 인식하였다.

20×1년도의 오류수정 전 법인세비용차감전순이익이 ₩500,000인 경우, 오류수정 후 ㈜한국의 20×1년도 법인세비용차감전순이익은? (단, ㈜한국의 20×1년도 장부는 아직 마감되지 않았고, 재고자산에 대한 장부기록방법으로 실지재고조사법을 사용한다고 가정한다)

① ₩472,000   ② ₩476,000   ③ ₩479,000

④ ₩516,000   ⑤ ₩520,000

정답 및 해설

13 ④

20×3년의 오류수정분개는 다음과 같다.

(차) 감가상각누계액	6,000	(대) 비품	10,000
[1단계]		[1단계]	
이익잉여금	6,000	감가상각비	2,000
[3단계]		[2단계]	

14 ③

(1) 오류수정정산표

	20×0년	20×1년
재고자산오류 20×0년	₩8,000	(₩8,000)
20×1년		₩3,000
연구비오류 　20×1년		(₩20,000)
		₩4,000
오류수정효과	₩8,000	(₩21,000)

(2) 20×1년도 수정 후 법인세비용차감전순이익: ₩500,000 − ₩21,000 = ₩479,000

제17장 | 현금흐름표

✓ 핵심 포인트

현금흐름표의 의의와 분류	현금흐름표 기초	• 현금흐름표의 의의 • 현금흐름표 양식
	현금흐름활동의 구분	• 영업활동 • 투자활동 • 재무활동 • 활동구분의 특수항목(별도표시항목)
	발생기준과 현금기준	• 발생기준과 현금기준의 의의 • 발생기준손익과 현금기준손익과의 전환
직접법에 의한 현금흐름표 작성	영업활동	• 고객으로부터 유입된 현금 • 공급자에 대한 현금유출 • 종업원에 대한 현금유출 • 이자수취 현금유입액 • 이자지급 현금유출액 • 법인세지급 현금유출액
	투자활동	• 유형자산의 취득과 처분
	재무활동	• 사채의 발행과 상환 • 유상증자와 현금배당
간접법에 의한 현금흐름표 작성	과거 기업회계기준 (K-GAAP)에 의한 간접법	• 당기순이익 • 영업과 무관한 손익의 제거 • 영업활동과 관련된 자산·부채의 변동 • 영업활동 순현금흐름
	K-IFRS에 의한 간접법	• 법인세비용 차감전 순이익 • 영업과 무관한 손익(별도항목포함)의 제거 • 영업활동과 관련된 자산·부채(별도항목제외)의 변동 • 영업에서 창출된 현금 • 별도공시항목 • 영업활동순현금흐름

1. 현금흐름표 기초

(1) 의의

① 재무제표이용자는 기업이 현금및현금성자산을 어떻게 창출하고 사용하는지에 대하여 관심이 있다. 기업은 주요 수익창출활동이 서로 다르더라도 본질적으로 동일한 이유에서 현금을 필요로 한다.

② 기업은 영업활동을 수행하고, 채무를 상환하며, 투자자에게 투자수익을 분배하기 위하여 현금이 필요하다. 따라서 기업회계기준에서는 모든 기업이 현금흐름표를 작성·공시할 것을 요구한다.

③ 재무제표이용자는 경제적 의사결정을 하기 위하여 현금및현금성자산의 창출능력 및 현금흐름의 시기와 확실성을 평가해야 한다.

④ 기업의 현금흐름정보는 재무제표이용자에게 현금및현금성자산의 창출능력과 현금흐름의 사용 용도를 평가하는 데 유용한 기초를 제공한다.

⑤ 현금흐름표는 다른 재무제표와 같이 사용되는 경우 순자산의 변화, 재무구조(유동성과 지급능력 포함), 그리고 변화하는 상황과 기회에 적응하기 위하여 현금흐름의 금액과 시기를 조절하는 능력을 평가하는 데 유용한 정보를 제공한다.

⑥ 또한 현금흐름정보는 동일한 거래와 사건에 대하여 서로 다른 회계처리를 적용함에 따라 발생하는 영향을 제거하기 때문에 영업성과에 대한 기업 간의 비교가능성을 제고한다.

(2) 현금흐름표의 양식

① 현금흐름표는 현금흐름을 영업활동으로 인한 현금흐름, 투자활동으로 인한 현금흐름, 재무활동으로 인한 현금흐름으로 구분하며 작성방법에는 직접법과 간접법 두 가지 양식이 있다.

② 한국채택국제회계기준에서는 간접법보다 직접법을 적용하는 것이 미래현금흐름을 추정하는 데 보다 유용한 정보를 제공하므로 영업활동현금흐름을 보고하는 데 직접법을 사용할 것을 권장한다.

현금흐름표		
××회사 20×1년 1월 1일부터 20×1년 12월 31일까지		
Ⅰ. 영업활동현금흐름		×××
1. 영업활동으로 인한 현금유입액	×××	
2. 영업활동으로 인한 현금유출액	(×××)	
Ⅱ. 투자활동현금흐름		×××
1. 투자활동으로 인한 현금유입액	×××	
2. 투자활동으로 인한 현금유출액	(×××)	
Ⅲ. 재무활동현금흐름		×××
1. 재무활동으로 인한 현금유입액	×××	
2. 재무활동으로 인한 현금유출액	(×××)	
Ⅳ. 현금및현금성자산의 증가(감소)		×××
Ⅴ. 기초의 현금및현금성자산		×××
Ⅵ. 기말의 현금및현금성자산		×××

2. 현금흐름의 활동별 분류

현금흐름표는 회계기간동안 발생한 현금흐름을 영업활동, 투자활동 및 재무활동으로 분류하여 보고한다.

(1) 영업활동

① 영업활동은 기업의 주요 수익창출활동으로 투자활동이나 재무활동이 아닌 기타의 활동을 포함한다.

② 영업활동 현금흐름은 주로 기업의 **주요 수익창출활동**에서 발생한다. 따라서 영업활동 현금흐름은 일반적으로 당기순손익의 결정에 영향을 미치는 거래나 그 밖의 사건의 결과로 발생한다.

③ 영업활동 현금흐름의 예
- 재화판매 용역 제공에 따른 현금유입
- 로열티, 수수료, 중개료 및 기타수익에 따른 현금유입
- 재화와 용역의 구입에 따른 현금유출
- 종업원과 관련하여 발생하는 현금유출
- 보험회사의 경우 수입보험료, 보험금, 연금과 관련된 현금유입과 현금유출
- 법인세의 납부 또는 환급(다만, 재무활동, 투자활동에 명백히 관련된 것은 제외)
- 단기매매목적으로 보유하는 계약에서 발생하는 현금유입과 현금유출

④ 설비 매각과 같은 일부 거래에서도 인식된 당기순손익의 결정에 포함되는 처분손익이 발생할 수 있다. 그러나 그러한 거래와 관련된 현금흐름은 **투자활동** 현금흐름이다.

⑤ 기업은 **단기매매목적으로 유가증권이나 대출채권**을 보유할 수 있으며, 이때 유가증권이나 대출채권은 판매를 목적으로 취득한 재고자산과 유사하다. 따라서 단기매매목적으로 보유하는 유가증권의 취득과 판매에 따른 현금흐름은 **영업활동**으로 분류한다.

〈유가증권 취득 및 처분에 따른 현금흐름의 구분〉

구분	취득에 따른 현금유출	처분에 따른 현금유입
단기매매목적	영업활동	영업활동
수취목적 및 매도목적	투자활동	투자활동

⑥ 마찬가지로 금융회사의 현금 선지급이나 대출채권은 주요 수익창출활동과 관련되어 있으므로 일반적으로 영업활동으로 분류한다.

⑦ 은행 차입은 일반적으로 재무활동으로 간주된다. 그러나 금융회사의 요구에 따라 즉시 상환하여야 하는 당좌차월은 기업의 현금관리의 일부를 구성한다. 이때 당좌차월은 현금및현금성자산의 구성요소에 포함된다. 그러한 은행거래약정이 있는 경우 은행잔고는 예금과 차월 사이에서 자주 변동하는 특성이 있다.

⑧ 하나의 거래에는 서로 다른 활동으로 분류되는 현금흐름이 포함될 수 있다. 예를 들어 이자와 차입금을 함께 상환하는 경우, 이자지급은 영업활동으로 분류될 수 있고 원금상환은 재무활동으로 분류된다.

(2) 투자활동

① 투자활동은 **장기성 자산** 및 현금성자산에 속하지 않는 **기타 투자자산**의 취득과 처분에 관련된 활동을 말한다.

② 투자활동 현금흐름은 미래수익과 미래 현금흐름을 창출할 자원의 확보를 위하여 지출된 정도를 나타내기 때문에 현금흐름을 별도로 구분 공시하는 것이 중요하다.

③ 투자활동 현금흐름의 예
- 유형자산, 무형자산, 장기성자산의 취득에 따른 현금유출
- 유형자산, 무형자산, 장기성자산의 처분에 따른 현금유입
- 다른 기업의 지분상품 및 채무상품 취득에 따른 현금유출
- 다른 기업의 지분상품 및 채무상품 처분에 따른 현금유입
- 제3자에 대한 선급금 및 대여금 지급에 따른 현금유출(금융회사의 현금 선지급과 대출채권은 제외)
- 제3자에 대한 선급금 및 대여금 회수에 따른 현금유입
- 선물계약, 선도계약, 옵션계약 및 스왑계약에 따른 현금유출(단기매매목적, 재무활동으로 분류되는 경우 제외)
- 선물계약, 선도계약, 옵션계약 및 스왑계약에 따른 현금유입(단기매매목적, 재무활동으로 분류되는 경우 제외)

(3) 재무활동

① 재무활동은 기업의 **납입자본**과 **차입금**의 크기 및 구성내용에 변동을 가져오는 활동을 말한다.

② 재무활동 현금흐름은 미래 현금흐름에 대한 자본 제공자의 청구권을 예측하는 데 유용하기 때문에 현금흐름을 별도로 구분 공시하는 것이 중요하다.

③ 재무활동 현금흐름의 예
- 주식이나 기타 지분상품의 발행에 따른 현금유입
- 주식의 취득이나 상환에 따른 소유주에 대한 현금유출

PART 1 재무회계 일반이론

해커스공기업 쉽게 끝내는 회계학 기본서

- 사채의 발행 및 장·단기차입금에 따른 현금유입
- 사채 및 차입금의 상환에 따른 현금유출
- 리스이용자의 금융리스부채 상환에 따른 현금유출

3. 기타 유의사항

(1) 이자지급, 이자수입 및 배당금수입

① 이자지급, 이자수입 및 배당금수입은 당기순손익에 영향을 미치므로 영업활동 현금흐름으로 분류할 수 있다.
② 영업활동 현금흐름으로 분류할 경우에는 별도로 공시한다.
③ 이자지급, 이자수입 및 배당금수입은 재무활동 현금흐름과 투자활동 현금흐름으로 분류할 수도 있다.
④ 자금조달(재무활동) 시 지불하는 원가나 투자자산에 대한 수익이므로 각각 재무활동과 투자활동으로 분류가능하다.

(2) 배당금의 지급

① 배당금의 지급은 자금조달활동의 일환으로 발생하는 원가이므로 재무활동 현금흐름으로 분류할 수 있다.
② 정보이용자에게 영업활동 현금흐름에서 배당금 지급능력을 판단하는 데 도움을 주는 정보를 제공하기 위하여 영업활동 현금흐름의 구성요소로도 볼 수 있다.
③ 영업활동 현금흐름으로 분류할 경우에는 별도로 공시한다.

(3) 법인세의 지급

① 법인세는 영업활동, 투자활동, 재무활동에서 발생한다. 법인세의 지급은 각 활동에서 발생하나 실무적으로 구분이 불가능하므로 영업활동으로 분류할 수 있다.
② 영업활동 현금흐름으로 분류할 경우에는 별도로 공시한다.

(4) 단기매매목적으로 보유하는 금융자산의 취득과 처분

① 단기매매목적으로 보유하는 금융자산의 취득과 처분은 **영업활동**으로 **분류**한다.
② 금융기관의 경우 주된 영업활동이기 때문에 영업활동으로 분류한다.

(5) 비현금거래

① 현금및현금성자산을 수반하지 않는 투자활동과 재무활동 거래는 현금흐름표에서 제외한다.
② 비현금거래는 투자활동과 재무활동에 대하여 모든 목적적합한 정보를 제공할 수 있도록 재무제표의 다른 부분에 주석공시한다.
③ 비현금거래의 사례
- 자산취득 시 부채를 인수하거나 금융리스를 통하여 자산을 취득하는 경우
- 주식 발행을 통한 기업의 인수
- 채무의 지분전환

〈이자 · 배당 · 법인세〉

구분	영업활동	투자활동	재무활동	비고
이자 · 배당의 지급	O	-	O	선택
이자 · 배당의 수취	O	O	-	선택
법인세의 지급	O	O	O	원칙적으로 영업활동

〈활동의 구분〉

재무상태표			
현금및현금성자산	자산	부채	영업활동
영업활동			재무활동
투자활동		자본	재무활동

〈계정과목과 활동의 분류〉

계정과목	영업활동	투자활동	재무활동	비고
매출채권(선수금)	O			
선급비용	O			
재고자산	O			
당기손익공정가치 측정금융자산	O			
미수이자 · 미수배당금	O	O		선택 가능
비유동자산		O		
대여금 · 미수금		O		
매입채무(선급금)	O			
미지급비용 · 선수수익	O			
충당부채	O			
당좌차월			O	요구 즉시 상환의 경우 현금
유상증자 등 자본거래			O	
장 · 단기차입금			O	
미지급이자	O		O	선택 가능
배당금의 지급	O		O	선택 가능
법인세의 지급	O	O	O	영업활동으로 분류가 원칙

4. 발생기준과 현금기준

(1) 의의

① 현금기준(cash basis)은 현금이 유입되거나 유출되는 시점에 재무상태의 변동을 기록하는 회계처리기준을 말한다. 현금흐름표는 현금기준에 의한 재무제표이다.

② 발생기준(accrual basis)은 현금의 유입과 유출에 관계없이 재무상태의 변동을 가져오는 거래가 발생했을 때 기록하는 회계처리기준을 말한다. 재무상태표와 포괄손익계산서는 발생기준에 의한 재무제표이다.

③ 현금흐름표는 발생기준에 의한 재무상태표와 포괄손익계산서 자료를 이용하여 작성된다.

(2) 발생기준을 현금기준으로 변환하는 방법

① 발생기준에 의한 손익에 관련된 현금 아닌 자산 및 부채의 증감을 조정하면 현금기준에 의한 손익이 계산된다.

> 발생기준 손익 − 현금 아닌 자산 증가 + 현금 아닌 자산 감소 = 현금기준 손익
> (수익 ⊕, 비용 ⊖)   (유입 ⊕, 유출 ⊖)

> 발생기준 손익 + 부채의 증가 − 부채의 감소 = 현금기준 손익
> (수익 ⊕, 비용 ⊖)   (유입 ⊕, 유출 ⊖)

② 현금을 제외한 다른 자산의 증가는 현금을 감소시키는 효과를 가지며, 다른 자산의 감소는 현금을 증가시키는 효과를 가진다.

③ 부채의 증가는 현금을 증가시키는 효과를 가지며, 부채의 감소는 현금을 감소시키는 효과를 가진다.

④ 수익에서 비용을 차감하면 발생기준에 의한 손익이 계산된다. 위 산식을 적용할 때 수익은 부호를 (+)로 하여 계산을 하며, 비용은 부호를 (−)로 하여 계산한다. 또한 현금기준 손익을 해석할 때 계산된 값의 부호가 (+)이면 현금유입으로 해석하고, 부호가 (−)이면 현금유출로 해석한다.

⑤ 발생기준에 의한 손익에 관련된 현금 아닌 자산 및 부채의 증감을 조정하면 현금기준에 의한 손익의 계산을 분개의 추정으로 계산하는 방법도 있다.

차변항목		대변항목	
현금 아닌 자산의 증가	×××	발생기준 이익	×××
부채의 감소	×××	현금 아닌 자산의 감소	×××
현금기준 이익	×××	부채의 증가	×××

차변항목		대변항목	
발생기준 손실	×××	현금 아닌 자산의 감소	×××
현금 아닌 자산의 증가	×××	부채의 증가	×××
부채의 감소	×××	현금기준 손실	×××

시험문제 미리보기!

기술용역과 기술자문을 수행하고 있는 ㈜한국의 1개월 동안의 현금주의에 의한 당기순이익
(순현금유입액)은 ₩500,000이다. 3월 초와 말의 미수수익, 선수수익, 미지급비용 및 선급
비용 내역이 다음과 같을 때 발생기준에 의한 당기순이익을 계산하시오.

구분	3월 1일	3월 31일
미수수익(기술용역료)	₩53,000	₩48,000
선수수익(기술자문료)	₩65,000	₩35,000
미지급비용(일반관리비)	₩24,000	₩34,000
선급비용(급여)	₩21,000	₩36,000

해설	(차) 현금	500,000	(대) 미수수익	5,000
	선수수익	30,000	미지급비용	10,000
	선급비용	15,000	발생기준 수익	530,000

---

02 직접법에 의한 현금흐름표 작성   출제빈도 ★★

1. 직접법의 의의

① 현금흐름을 증가시키는 개별 수익항목의 현금유입액에서 현금흐름을 감소시키는 개
별 비용항목의 현금유출액을 차감하여 구하는 방법이다.
② 각 활동과 관련된 손익을 각 활동별로 구분한 후 구분된 각 활동 관련손익에 당해 관
련활동과 관련된 자산·부채의 증가, 감소액을 가감하여 각 활동별 현금흐름을 구하
는 방법이다.
③ 영업활동 현금흐름은 직접법 또는 간접법을 이용하여 작성할 수 있으나 한국채택국
제회계기준에서는 더욱 목적적합한 정보를 제공하는 **직접법을 사용할 것을 권장**하고
있다.
④ 투자활동 현금흐름과 재무활동 현금흐름은 직접법으로 작성한다.

2. 영업활동 현금흐름(직접법)

영업활동별 관련손익(발생기준)	관련수익	×××
	관련비용	(×××)
당해 영업활동과 관련된 자산·부채의 증감 조정		
자산의	증가	(×××)
	감소	×××
부채의	증가	×××
	감소	(×××)
영업활동별 현금흐름(현금기준)		×××

(1) 고객으로부터 수취한 현금(재화의 판매와 용역제공에 따른 현금유입액)

매출 등 수익활동으로부터의 현금유입액은 매출채권, 대손충당금 등 관련 항목의 증감분석을 통하여 현금흐름을 도출한다.

매출활동관련손익	수익(매출액)	×××
	대손상각비	(×××)
① 매출채권(순액)의	증가	(×××)
	감소	×××
② 선수금의	증가	×××
	감소	(×××)
고객으로부터 수취한 현금		×××

(2) 공급자에게 지급한 현금(재화나 용역의 구입에 따른 현금유출)

매입으로 인한 현금유출액은 매입채무, 재고자산 등 관련 항목의 증감분석을 통하여 현금흐름을 도출한다.

매입활동관련손익	매출원가	(×××)
① 상품의	증가	(×××)
	감소	×××
② 매입채무의	증가	×××
	감소	(×××)
③ 선급금의	증가	(×××)
	감소	×××
공급자에게 지급한 현금		(×××)

다음은 ㈜한국의 20×1년도 재무제표의 일부 자료이다. 직접법을 사용하여 20×1년도 현금흐름표의 영업활동 현금흐름을 구하고자 한다.

Ⅰ. 재무상태표의 일부

계정과목	기초 잔액	기말 잔액
매출채권(순액)	₩200,000	₩150,000
재고자산	₩80,000	₩50,000
매입채무	₩60,000	₩100,000
선수금	₩20,000	₩10,000

Ⅱ. 손익계산서의 일부

계정과목	금액
매출액	₩1,500,000
매출원가	(1,000,000)
재고자산감모손실	(50,000)
대손상각비	(10,000)

㈜한국은 재고자산 평가손실을 매출원가에 반영하지 않는다.

(1) 고객으로부터 유입된 현금흐름을 구하시오.
(2) 공급자에 대해 유출된 현금흐름을 구하시오.

해설   (1) 고객으로부터 수취한 현금(매출활동으로부터의 현금유입액)

매출활동관련손익 {	매출액	₩1,500,000
	대손상각비	(10,000)
매출채권의 감소		50,000
선수금의 감소		(10,000)
계		₩1,530,000

♀ 선생님 TIP

분개추정법

(차) 현금	1,530,000	(대) 매출	1,500,000
대손상각비	10,000	매출채권	50,000
선수금	10,000		

(2) 공급자에게 지급한 현금(매입활동으로부터의 현금유출액)

매출활동관련손익 {	매출원가	(₩1,000,000)
	재고자산감모손실	(50,000)
재고자산의 감소		30,000
매입채무의 증가		40,000
계		(₩980,000)

♀ 선생님 TIP

분개추정법

(차) 매출원가	1,000,000	(대) 현금	980,000
재고자산감모손실	50,000	재고자산	30,000
		매입채무	40,000

다음의 자료를 이용하여 ㈜한국의 당기 외상매출금액을 계산하시오. (단, ㈜한국의 매출은 전액 외상매출이다)

구분	기초가액	기말가액
매출채권	₩500,000	₩480,000
대손충당금	₩25,000	₩24,000

- 손익계산서상 대손상각비 계상액: ₩3,000
- 매출로부터의 현금유입액: ₩450,000

해설	I/S	매출액	X
		대손상각비	(3,000)
	B/S	매출채권의 감소	20,000
		대손충당금의 감소	(1,000)
	C/F	고객으로부터 수취한 현금	₩450,000

∴ 역산해서 풀면 매출액(X) = ₩434,000

> ♦ **선생님 TIP**
>
> **분개추정법**
>
> | (차) 현금 | 450,000 | (대) 매출 | 434,000 |
> |---|---|---|---|
> | 대손상각비 | 3,000 | 매출채권 | 20,000 |
> | 대손충당금 | 1,000 | | |

(3) 기타영업활동으로 수취한 현금

기타영업활동관련수익		×××
① 미수수익의	증가	(×××)
	감소	×××
② 선수수익의	증가	×××
	감소	(×××)
기타영업활동으로 수취한 현금		×××

▤ 시험문제 미리보기!

㈜한국의 20×1년도 발생주의에 의한 이자수익은 ₩110,000이다. 20×1년 1월 1일에 비해 20×1년 12월 31일 선수이자가 ₩10,000 증가하였고, 미수이자는 ₩20,000 증가하였다. ㈜한국의 20×1년도 이자수취액을 계산하시오.

해설

포괄손익계산서 이자수익	₩110,000
미수이자 증가	(20,000)
선수이자 증가	10,000
이자수취액	₩100,000

♥ 선생님 TIP

분개추정법

(차) 현금	100,000	(대) 선수이자	10,000
미수이자	20,000	이자수익	110,000

(4) 기타영업활동에서 지급한 현금

기타영업활동관련비용			(×××)
① 선급비용의	{	증가	(×××)
		감소	×××
② 미지급비용의	{	증가	×××
		감소	(×××)
③ 충당부채의	{	증가	×××
		감소	(×××)
기타영업활동에서 지급한 현금			(×××)

📋 시험문제 미리보기!

㈜한국의 20×1년 포괄손익계산서상 이자비용은 ₩100,000이다. 20×1년도 기초 미지급이자 ₩10,000, 기초 선급이자 ₩10,000, 기말 미지급이자 ₩25,000, 기말 선급이자 ₩5,000일 때, ㈜한국이 20×1년도에 현금으로 지급한 이자금액을 계산하시오.

해설

포괄손익계산서 이자비용	(₩100,000)
미지급이자의 증가	15,000
선급이자의 감소	5,000
이자지급액	(₩80,000)

📍 선생님 TIP

분개추정법

(차) 이자비용	100,000	(대) 미지급이자	15,000
		선급이자	5,000
		현금	80,000

📋 시험문제 미리보기!

㈜한국의 20×1년도 손익계산서는 이자비용이 ₩2,000 계상되어 있고, 현금흐름표에는 현금이자지출액이 ₩1,500 계상되어 있다. ㈜한국이 자본화한 이자비용은 없으며 20×1년 12월 31일의 선급이자비용은 20×0년 12월 31일에 비해 ₩200만큼 감소하였다. 20×0년 12월 31일의 재무상태표에 미지급이자비용이 ₩300인 경우 20×1년 12월 31일의 재무상태표에 표시되는 미지급이자비용을 계산하시오.

해설

(차) 이자비용	2,000	(대) 현금	1,500
		선급이자	200
		미지급이자	300

이자비용과 관련된 분개를 추정해보면 미지급이자 ₩300이 증가함을 알 수 있다.

∴ 20×1년 말 미지급이자비용: ₩600(₩300 + ₩300)

(5) 법인세의 납부

법인세비용			(×××)
① 선급법인세의	{	증가	(×××)
		감소	×××
② 미지급법인세의	{	증가	×××
		감소	(×××)
③ 이연법인세자산의	{	증가	(×××)
		감소	×××
④ 이연법인세부채의	{	증가	×××
		감소	(×××)
법인세지급액			(×××)

📋 시험문제 미리보기!

다음 자료를 토대로 법인세지급액을 계산하시오.

(1) 재무상태표

	기초금액	기말금액
이연법인세자산	₩15,000	₩20,000
미지급법인세	₩25,000	₩32,000

(2) 포괄손익계산서 당기발생금액
법인세비용 ₩3,000

해설	법인세비용	₩(3,000)
	이연법인세자산 증가	(5,000)
	미지급법인세 증가	7,000
	법인세지급액	₩(1,000)

📍선생님 TIP

분개추정법

(차) 이연법인세자산	5,000	(대) 미지급법인세	7,000
법인세비용	3,000	현금	1,000

3. 투자활동 및 재무활동 현금흐름

(1) 유형자산의 취득과 처분

① 유형자산을 취득하는 거래와 처분하는 거래에서 현금흐름이 발생하게 되며, 이를 각각 투자활동으로 인한 현금의 유입과 유출로 보고한다.

② 유형자산으로 인한 현금흐름은 유형자산의 취득원가와 감가상각누계액의 변동을 분석하여 구할 수 있다.

📑 **시험문제 미리보기!**

㈜한국은 20×1년도 포괄손익계산서상 기계장치와 관련하여 감가상각비 ₩35,000, 처분손실 ₩10,000을 보고하였다. 20×1년도 중 취득한 기계장치가 ₩155,000인 경우, 다음 자료를 이용하여 기계장치를 처분하고 수수한 현금액을 계산하시오. (단, 기계장치처분은 전액 현금으로 이루어지며, 법인세비용은 없는 것으로 가정한다)

	20×1년 1월 1일	20×1년 12월 31일
기계장치	₩100,000	₩200,000
감가상각누계액	(₩20,000)	(₩40,000)

해설

기계장치(취득원가)				감가상각누계액			
기초	100,000	처분	55,000	처분	15,000	기초	20,000
취득	155,000	기말	200,000	기말	40,000	상각	35,000
	255,000		255,000		55,000		55,000

기계장치의 처분금액을 x라고 하면, $x - (₩55,000 - ₩15,000) = ₩(10,000)$

∴ 기계장치 처분금액(x): ₩30,000

📍 **선생님 TIP**

분개추정법

(차) 기계장치	100,000	(대) 감가상각누계액	20,000
감가상각비	35,000	현금	125,000
처분손실	10,000		

기계장치 취득, 처분과 관련하여 순현금흐름이 ₩125,000 유출이므로 취득 시 현금유출액 ₩155,000을 고려하면 처분으로 인한 현금유입액은 ₩30,000임을 알 수 있다.

(2) 사채의 발행과 상환

① 사채의 발행과 상환에서 현금흐름이 발생하게 되며, 재무활동으로 인한 현금유입과 현금유출로 각각 표시한다.

② 사채와 사채할인발행차금을 분석하여 사채로 인한 현금흐름을 구할 수 있다.

(3) 유상증자와 현금배당 등

유상증자, 현금배당, 자기주식 취득과 처분은 재무활동 현금흐름으로 분류하며, 관련 자본계정의 증감을 분석하여 현금흐름을 구할 수 있다.

▤ 시험문제 미리보기!

㈜한국의 20×1년 납입자본과 이익잉여금의 잔액은 다음과 같다.

	기초잔액	기말잔액
납입자본	₩200,000	₩250,000
이익잉여금	₩100,000	₩140,000

당기 중 주식배당으로 증가한 납입자본은 ₩2,000, 당기순이익은 ₩60,000이며, 이외의 모든 자본항목의 변동은 유상증자와 현금배당에 의한 것일 때, 유상증자로 인한 현금유입액과 현금배당으로 인한 현금유출액을 구하시오.

해설

납입자본				이익잉여금			
		기초	200,000	주식배당	2,000	기초	100,000
		주식배당	2,000	현금배당	18,000		
기말	250,000	유상증자	48,000	기말	140,000	증가	60,000
	250,000		250,000		160,000		160,000

(1) 현금배당액: ₩18,000
(2) 유상증자: ₩48,000

1. 영업활동 현금흐름

(1) 간접법의 계산논리

① 영업활동 현금흐름을 포괄손익계산서상의 당기순이익에서 [1단계] 영업현금흐름과 관련 없는 손익을 제거하고 [2단계] 영업활동과 관련된 자산·부채의 순증감액을 가감하여 구하는 방법이다.

포괄손익계산서상의 당기순이익 (발생기준: 영업·투자·재무활동 손익)	×××
1. 영업현금흐름과 관련 없는 손익제거 $\begin{cases} 수익 \\ 비용 \end{cases}$	(×××) ×××
2. 영업활동과 관련된 자산·부채의 증감 조정	
자산의 $\begin{cases} 증가 \\ 감소 \end{cases}$	(×××) ×××
부채의 $\begin{cases} 증가 \\ 감소 \end{cases}$	××× (×××)
영업활동 현금흐름(현금기준: 영업활동 손익)	×××

② 포괄손익계산서의 당기순이익은 발생기준에 의한 수익에서 비용을 차감하여 계산된다. 즉, 당기순이익에 포함되어 있는 수익은 부호가 (+)이며, 비용은 (−)이다. 만약 당기순이익에서 특정 수익을 제거하려면 차감을 해야 하고, 특정 비용을 제거하려면 가산을 해야 한다. 또한 당기순이익은 영업활동, 투자활동, 재무활동에서 발생한 수익과 비용으로 구성되어 있다.

③ 영업활동 현금흐름은 영업활동에서 발생한 손익과 관련한 현금기준에 의한 수치이다.

(2) 영업활동 현금흐름과 관련 없는 손익제거

① 포괄손익계산서상 당기순이익은 (영업활동 수익 − 비용) + (투자활동 수익 − 비용) + (재무활동 수익 − 비용)으로 구성되어 있으므로, 영업활동손익을 산정하기 위해서는 포괄손익계산서상 당기순이익에 포함되어 있는 영업활동과 관련 없는 손익을 제거하여야 한다.

② 영업현금흐름과 관련 없는 손익
- 투자활동관련손익: 감가상각비, 유형자산처분손익, 상각후원가측정금융자산처분손익, 기타포괄손익−공정가치측정금융자산처분손익 등 투자활동 관련 자산으로부터 발생하는 손익
- 재무활동관련손익: 이자비용(현재가치할인액상각액 및 사채할인액상각액 포함), 사채상환이익 등 재무활동 관련 부채 자본으로부터 발생하는 손익
- 현금및현금성자산의 환율변동손익

③ 당기순이익에서 투자활동 및 재무활동에서 발생한 특정 수익을 차감하고, 투자활동 및 재무활동에서 발생한 특정 비용을 가산하면 발생기준에 의한 영업활동에서 발생한 수익과 비용만 남게 된다.

④ 제거방법은 수익은 차감하고 비용은 가산한다.

(3) 영업활동과 관련된 자산·부채의 증감

① 영업활동과 관련된 자산·부채: 매출채권, 선급금, 재고자산, 당기손익-공정가치측정(FVPL)금융자산, 선급비용, 미수수익, 매입채무, 선수금, 선수수익, 미지급비용, 충당부채 등

② 조정방법은 자산의 증가는 차감하고 감소는 가산하며, 부채의 증가는 가산하고 감소는 차감한다.

다음은 (1)~(3)과 관련된 자료로, ㈜한국의 20×1년 말 및 20×2년 말의 재무상태표와 20×2년 포괄손익계산서이다.

재무상태표		
	20×1년 말	20×2년 말
자산		
현금및현금성자산	₩43,000	₩15,000
매출채권	8,000	13,000
대손충당금	(1,000)	(2,000)
재고자산	10,000	16,000
유형자산	300,000	280,000
감가상각누계액	(100,000)	(48,000)
자산총액	₩260,000	₩274,000
부채		
매입채무	₩84,000	₩90,000
미지급이자	10,000	20,000
미지급법인세	16,000	14,000
차입금	10,000	12,000
자본		
자본금	100,000	100,000
이익잉여금	40,000	38,000
부채및자본총액	₩260,000	₩274,000

20×2년 포괄손익계산서	
매출액	₩100,000
매출원가	(60,000)
대손상각비	(1,000)
감가상각비	(2,000)
유형자산처분이익	7,000
이자비용	(12,000)
법인세비용	(14,000)
당기순이익	₩18,000

[추가자료]
- 당기에 현금 ₩100,000을 지급하고 유형자산을 취득하였다.
- 당기에 현금배당으로 ₩20,000을 지급하였다.

(1) ㈜한국이 이자지급, 배당금지급을 재무활동으로 분류하였다고 가정할 경우의 영업활동에 대한 현금흐름을 구하시오. (단, 법인세 지급은 영업활동으로 분류한다)
(2) ㈜한국이 이자지급 및 법인세지급을 영업활동으로 분류하고, 배당금지급만 재무활동으로 분류하였다고 가정할 경우의 영업활동에 대한 현금흐름을 구하시오.
(3) ㈜한국이 이자지급 및 법인세지급을 영업활동으로 분류하고, 배당금지급만 재무활동으로 분류하였다고 가정할 경우의 영업에서 창출된 현금을 구하시오.

해설 (1) ① 당기순이익   ₩18,000

    ② 영업활동과 무관한 손익 제거
- 유형자산처분이익   (7,000)
- 감가상각비   2,000
- 이자비용   12,000

    ③ 영업활동 관련한 자산·부채의 증감 조정
- 매출채권의 증가   (5,000)
- 대손충당금의 증가   1,000
- 재고자산의 증가   (6,000)
- 매입채무의 증가   6,000
- 미지급법인세 감소   (2,000)

    ④ 영업활동 현금흐름   ₩19,000

(2) ① 당기순이익   ₩18,000

    ② 영업활동과 무관한 손익 제거
- 유형자산처분이익   (7,000)
- 감가상각비   2,000

    ③ 영업활동 관련한 자산·부채의 증감 조정
- 매출채권의 증가   (5,000)
- 대손충당금의 증가   1,000
- 재고자산의 증가   (6,000)
- 매입채무의 증가   6,000
- 미지급이자의 증가   10,000
- 미지급법인세의 감소   (2,000)

    ④ 영업활동 현금흐름   ₩17,000

(3) ① 법인세비용 차감 전 순이익   ₩32,000

    ② 영업활동과 무관한 손익 제거
- 유형자산처분이익   (7,000)
- 감가상각비   2,000
- 이자비용   12,000

    ③ 영업활동 관련한 자산·부채의 증감 조정
- 매출채권의 증가   (5,000)
- 대손충당금의 증가   1,000
- 재고자산의 증가   (6,000)
- 매입채무의 증가   6,000

    ④ 영업에서 창출된 현금   ₩35,000
- 이자지급   (2,000)[*1]
- 법인세지급   (16,000)[*2]

    ⑤ 영업활동 현금흐름   ₩17,000

[*1] 이자지급액: (₩12,000) + ₩10,000 = (₩2,000)
[*2] 법인세지급액: (₩14,000) − ₩2,000 = (₩16,000)

2. 한국채택국제회계기준(K-IFRS)에 의한 영업활동 현금흐름

① 이자의 수취·지급, 배당금의 수취·지급 및 법인세로 인한 실제 현금유입·유출을 현금흐름표에 별도로 구분하여 공시해야 한다.

② 한국채택국제회계기준에 따른 양식

• 간접법

영업활동 현금흐름	
법인세비용차감전순이익(당기순이익 + 법인세비용)	×××
1. 영업현금흐름과 관련 없는 손익제거	
이자수익	(×××)
배당금수익	(×××)
이자비용	×××
금융자산처분손익	×××
⋮	
2. 영업활동과 관련된 자산·부채의 증감조정	
매출채권의 감소	
(미수이자, 미지급이자, 미수배당, 미지급법인세는 조정 안 함)	×××
⋮	
영업에서 창출된 현금	×××
이자수취	×××
배당수취	×××
이자지급	(×××)
배당지급	(×××)
법인세지급	(×××)
영업활동 순현금흐름	×××

• 직접법

영업활동 현금흐름	
고객으로부터 수취한 현금	×××
공급자에게 지급한 현금	(×××)
기타영업활동으로 수취한 현금	×××
임대료수취	×××
⋮	
기타영업활동에서 지급한 현금	
종업원급여	(×××)
⋮	
영업에서 창출된 현금	×××
이자수취	×××
배당수취	×××
이자지급	(×××)
배당지급	(×××)
법인세지급	(×××)
영업활동 순현금흐름	×××

- 한국채택국제회계기준(K-IFRS)에서는 현금흐름표에 이자의 수취·지급액, 배당의 수취·지급액 및 법인세지급액을 실제지급액으로 별도로 공시하고 매기 일관성 있게 영업활동, 투자활동 또는 재무활동으로 분류하도록 규정하고 있다.
  - 이자의 수취, 배당의 수취: 영업활동 또는 투자활동
  - 이자의 지급, 배당의 지급: 영업활동 또는 재무활동
  - 법인세 지급: 영업활동

📋 시험문제 미리보기!

다음에 제시된 자료만을 이용할 경우, ㈜한국의 20×1년도 현금흐름표상 영업에서 창출된 현금(영업으로부터 창출된 현금)과 영업활동 현금흐름을 각각 계산하시오. (단, 이자수익은 투자활동으로 분류하고, 이자지급 및 법인세납부는 영업활동으로 분류한다)

〈20×1년도 ㈜한국의 재무자료〉

• 이자비용	₩2,000	• 이자수익	₩2,000
• 유형자산처분손실	₩3,000	• 감가상각비	₩1,000
• 법인세비용	₩7,000	• 사채상환이익	₩2,000
• 재고자산(순액)의 증가	₩3,000	• 매출채권(순액)의 증가	₩2,000
• 매입채무의 증가	₩3,000	• 미지급법인세의 감소	₩3,000
• 미지급이자의 증가	₩1,000	• 미수이자의 증가	₩4,000
• 당기순이익	₩93,000		

해설		
	당기순이익	₩93,000
	법인세비용	7,000
	이자비용	2,000
	이자수익	(2,000)
	감가상각비	1,000
	유형자산처분손실	3,000
	사채상환이익	(2,000)
	재고자산(순액)의 증가	(3,000)
	매출채권(순액)의 증가	(2,000)
	매입채무의 증가	3,000
	영업에서 창출된 현금	**₩100,000**
	이자지급	(1,000)
	법인세지급	(10,000)
	영업활동 현금흐름	**₩89,000**

(1) 영업에서 창출된 현금 = ₩100,000
(2) 영업활동 순현금흐름 = ₩89,000
  • 문제의 가정에서 이자수익은 투자활동으로 분류되었으므로 영업활동과 무관한 손익으로 제거되어야 한다.
  • 영업활동 순현금흐름을 먼저 구한 후에 역산으로 영업에서 창출된 현금을 구해도 된다.

출제빈도: ★★★　대표출제기업: 한국중부발전

01 현금흐름표에 관한 설명으로 옳지 않은 것은?

① 간접법을 적용하여 표시한 영업활동 현금흐름은 직접법에 의한 영업활동 현금흐름에서는 파악할 수 없는 정보를 제공하기 때문에 미래현금흐름을 추정하는 데 보다 유용한 정보를 제공한다.

② 영업활동은 기업의 주요 수익창출활동, 그리고 투자활동이나 재무활동이 아닌 기타의 활동을 말한다.

③ 투자활동은 유·무형자산, 다른 기업의 지분상품이나 재무상품 등의 취득과 처분활동, 제3자에 대한 대여 및 회수활동 등을 포함한다.

④ 재무활동은 기업의 납입자본과 차입금의 크기 및 구성내용에 변동을 가져오는 활동을 말한다.

⑤ 현금흐름정보는 동일한 거래와 사건에 대하여 서로 다른 회계처리를 적용함에 따라 발생하는 영향을 제거하기 때문에 영업성과에 대한 기업 간의 비교가능성을 제고한다.

출제빈도: ★★☆

02 현금흐름표상 재무활동 현금흐름이 발생할 수 없는 거래는?

① 차입금의 상환　　　　　　② 유상증자　　　　　　③ 사채의 발행

④ 자기주식취득　　　　　　⑤ 주식배당

출제빈도: ★★★

03 영업활동 현금흐름과 관련된 항목을 모두 고르면?

ㄱ. 단기매매금융자산의 처분　　　　　ㄴ. 기계장치의 구입
ㄷ. 유상증자　　　　　　　　　　　　ㄹ. 토지의 처분
ㅁ. 사채의 발행　　　　　　　　　　　ㅂ. 로열티 수익

① ㄱ, ㄴ　　　　　　　② ㄱ, ㅂ　　　　　　　③ ㄴ, ㄹ

④ ㄷ, ㅁ　　　　　　　⑤ ㄱ, ㅁ

출제빈도: ★★☆

04 ㈜한국의 자료가 다음과 같을 때 재무활동으로 인한 현금유입액은?

• 사채의 발행	₩1,000,000
• 기계장치의 구입	₩1,300,000
• 피투자회사 주식의 처분	₩300,000
• 종업원에 대한 대여금	₩700,000
• 선수금의 수령	₩200,000
• 보통주의 발행	₩800,000
• 기계장치의 처분	₩100,000

① ₩1,800,000 ② ₩2,400,000 ③ ₩1,350,000

④ ₩2,600,000 ⑤ ₩2,800,000

정답 및 해설

01 ①
한국채택국제회계기준에서는 간접법보다 직접법을 적용하는 것이 미래현금흐름을 추정하는 데 보다 유용한 정보를 제공하므로 영업활동 현금흐름을 보고하는 경우에는 직접법을 사용할 것을 권장한다.

02 ⑤
주식배당은 현금유출입이 발생하지 않는 거래로 현금흐름표에 표시하지 않는다.

03 ②
영업활동 현금흐름과 관련된 항목은 ㄱ, ㅂ이다.

오답노트
ㄴ, ㄹ. 투자활동 현금흐름과 관련된 항목이다.
ㄷ, ㅁ. 재무활동 현금흐름과 관련된 항목이다.

04 ①
(1) 영업활동: 선수금의 수령
(2) 투자활동: 기계장치의 구입, 피투자회사 주식의 처분, 종업원에 대한 대여금, 기계장치의 처분
(3) 재무활동: 사채의 발행, 보통주의 발행 ⇨ ₩1,000,000(유입) + ₩800,000(유입) = ₩1,800,000(유입)

05 현금흐름표는 회계기간 동안 발생한 현금흐름을 영업활동, 투자활동 및 재무활동으로 분류하여 보고한다. 다음 중 현금흐름의 분류가 다른 것은?

① 리스이용자의 금융리스부채 상환에 따른 현금유출

② 판매목적으로 보유하는 재고자산을 제조하거나 취득하기 위한 현금유출

③ 보험회사의 경우 보험금과 관련된 현금유출

④ 기업이 보유한 특허권을 일정기간 사용하도록 하고 받은 수수료 관련 현금유입

⑤ 재화와 용역의 구입에 따른 현금유출

06 다음은 ㈜한국의 20×1년 11월에 발생한 거래이다.

> • 상품 ₩70,000을 외상으로 매입하다.
> • 원가 ₩70,000의 상품을 ₩100,000에 외상으로 판매하다.

㈜한국은 20×1년 12월에 상품 판매대금 ₩100,000 중 ₩50,000을 회수하였고, 상품의 매입원가 ₩70,000 중 ₩35,000을 현금으로 지급하였다. 현금기준에 의한 20×1년의 순현금유입액과 발생기준에 의한 20×1년의 순이익은?

	현금기준에 의한 20×1년 순현금유입액	발생기준에 의한 20×1년 순이익
①	₩15,000	₩15,000
②	₩15,000	₩30,000
③	₩30,000	₩15,000
④	₩30,000	₩30,000
⑤	₩30,000	₩35,000

출제빈도: ★★☆

07 당기 매출액은 ₩300,000이고 대손상각비는 ₩20,000이다. 매출채권과 대손충당금의 기초 및 기말 자료가 다음과 같을 때, 고객으로부터 유입된 현금은? (단, 매출은 모두 외상매출로만 이루어진다)

	기초	기말
매출채권	₩300,000	₩500,000
대손충당금	₩20,000	₩20,000

① ₩80,000   ② ₩100,000   ③ ₩200,000

④ ₩280,000   ⑤ ₩300,000

정답 및 해설

05 ①
리스이용자의 금융리스부채 상환에 따른 현금유출은 재무활동으로 분류한다.

06 ②
(1) 현금기준에 의한 20×1년 순현금유입액: ₩50,000 − ₩35,000 = ₩15,000
(2) 발생기준에 의한 20×1년 순이익: ₩100,000 − ₩70,000 = ₩30,000

07 ①

(차) 대손상각비	20,000	(대) 매출	300,000
매출채권	200,000		
현금	80,000		

출제빈도: ★★☆ 대표출제기업: 신용보증기금

08 다음의 자료를 이용하여 20×3년의 현금흐름표를 직접법에 의하여 작성할 경우 공급자에 대한 현금유출액은?

- 20×3년 보고기간 동안 매출원가는 ₩50,000이다.
- 20×3년 재고자산 및 매입채무 관련 자료

계정과목	20×3년 1월 1일	20×3년 12월 31일
재고자산	₩5,000	₩7,000
매입채무	₩2,000	₩3,000

① ₩49,000　　② ₩50,000　　③ ₩51,000
④ ₩52,000　　⑤ ₩53,000

출제빈도: ★★☆

09 도소매기업인 ㈜한국의 20×1년 1월 1일부터 12월 31일까지 영업활동과 관련된 자료가 다음과 같을 때, 20×1년 매출원가는? (단, 모든 매입거래는 외상 매입거래이다)

• 기초매입채무	₩43,000	• 기초재고자산	₩30,000
• 기말매입채무	₩41,000	• 기말재고자산	₩27,000
• 매입채무 현금상환	₩643,000		

① ₩642,000　　② ₩644,000　　③ ₩646,000
④ ₩647,000　　⑤ ₩650,000

10 ㈜한국의 20×2년도 포괄손익계산서에 임차료비용과 이자비용은 각각 ₩300,000과 ₩450,000으로 보고되었다. 그리고 이러한 비용과 관련된 재무상태표 계정의 기말잔액은 다음과 같다. ㈜한국이 20×2년도에 현금으로 지출한 임차료와 이자지급액으로 옳은 것은?

	20×1년 말	20×2년 말
선급임차료	₩0	₩75,000
미지급이자	₩200,000	₩0

	임차료지급액	이자지급액
①	₩225,000	₩250,000
②	₩225,000	₩650,000
③	₩375,000	₩250,000
④	₩385,000	₩600,000
⑤	₩375,000	₩650,000

정답 및 해설

08 ③

(차) 매출원가	50,000	(대) 매입채무	1,000
재고자산	2,000	현금	51,000

09 ②

(차) 매입채무	2,000	(대) 현금	643,000
매출원가	644,000	재고자산	3,000

10 ⑤

(차) 임차료	300,000	(대) 현금	375,000
선급임차료	75,000		
(차) 이자비용	450,000	(대) 현금	650,000
미지급이자	200,000		

출제빈도: ★★☆

11 경비용역을 제공하는 ㈜한국은 20×1년에 경비용역수익과 관련하여 현금 ₩1,000,000을 수령하였다. 경비용역 제공과 관련한 계정 잔액이 다음과 같을 때, ㈜한국의 20×1년 포괄손익계산서상 경비용역수익은? (단, 경비용역수익과 관련된 다른 거래는 없다)

구분	20×1년 1월 1일	20×1년 12월 31일
미수용역수익	₩700,000	₩800,000
선수용역수익	₩500,000	₩400,000

① ₩800,000　　　　② ₩1,000,000　　　　③ ₩1,100,000
④ ₩1,200,000　　　　⑤ ₩1,300,000

출제빈도: ★★☆ 　대표출제기업: 한국가스공사

12 ㈜한국의 20×1년도 미수이자와 선수임대료의 기초잔액과 기말잔액은 다음과 같다. 당기 중 현금으로 수령한 이자는 ₩7,000이고 임대료로 인식한 수익은 ₩10,000이다. ㈜한국의 이자수익과 임대수익에 대한 설명으로 옳지 않은 것은?

구분	기초잔액	기말잔액
미수이자	₩2,000	₩3,200
선수임대료	₩4,000	₩3,500

① 수익으로 인식된 이자수익은 ₩8,200이다.

② 현금으로 수령한 임대료는 ₩9,500이다.

③ 이자와 임대료로 인한 수익 증가액은 ₩17,700이다.

④ 이자와 임대료로 인한 현금 증가액은 ₩16,500이다.

⑤ 수익 증가액이 현금 증가액보다 ₩1,700 더 크다.

정답 및 해설

11 ④

(차) 현금	1,000,000	(대) 용역수익	1,200,000
미수용역수익	100,000		
선수용역수익	100,000		

12 ③

(차) 현금	7,000	(대) 이자수익	8,200
미수이자	1,200		
(차) 선수임대료	500	(대) 임대료	10,000
현금	9,500		

∴ 수익 증가액: ₩8,200 + ₩10,000 = ₩18,200

출제빈도: ★★☆

13 ㈜한국은 내부보고 목적으로 현금기준에 따라 순이익을 산출한 후 이를 발생기준으로 수정하여 외부에 공시하고 있다. ㈜한국의 현금기준 순이익이 ₩55,000일 경우, 다음 자료를 토대로 계산한 발생기준 순이익은? (단, 법인세 효과는 무시한다)

〈재무상태표〉		
구분	기초금액	기말금액
매출채권	₩15,000	₩20,000
매입채무	₩25,000	₩32,000
미수수익	₩10,000	₩8,000

〈포괄손익계산서〉
감가상각비: ₩3,000

① ₩48,000　　　　② ₩54,000　　　　③ ₩56,000

④ ₩59,000　　　　⑤ ₩61,000

출제빈도: ★★★ 대표출제기업: KDB산업은행

14 ㈜한국의 20×1회계연도 현금흐름표에 표시될 영업활동 현금흐름은? (단, 20×1회계연도 ㈜한국의 당기순이익은 ₩300,000이었다)

• 감가상각비	₩20,000
• 유상증자	₩100,000
• 유형자산처분이익	₩30,000
• 매입채무의 증가	₩40,000
• 사채의 상환	₩50,000
• 매출채권의 증가	₩60,000

① ₩220,000　　　　② ₩270,000　　　　③ ₩320,000

④ ₩370,000　　　　⑤ ₩390,000

정답 및 해설

13 ①

(차) 현금	55,000	(대) 매입채무	7,000
매출채권	5,000	미수수익	2,000
		감가상각누계액	3,000
		발생주의이익	48,000

14 ②

(1) 간접법에 의한 영업활동 현금흐름

당기순이익	₩300,000
가감	
1단계: 투자/재무활동 손익 제거	
감가상각비	20,000
유형자산처분이익	(30,000)
2단계: 영업활동 재무상태표 계정 조정	
매입채무의 증가	40,000
매출채권의 증가	(60,000)
영업활동 현금흐름	₩270,000

(2) 유상증자와 사채는 재무활동 관련 재무상태표 계정이므로 2단계 조정사항에 해당하지 않는다.

15 다음은 ㈜한국의 비교재무상태표와 20×2년도의 포괄손익계산서 항목들이다. 이 자료들을 바탕으로 ㈜한국의 20×2년 영업활동으로 인한 현금흐름액을 구하면 얼마인가?

	20×1년 말	20×2년 말
• 비교재무상태표		
매출채권	₩540,000	₩650,000
선급보험료	₩70,000	₩35,000
매입채무	₩430,000	₩550,000
장기차입금	₩880,000	₩920,000

• 20×2년도 포괄손익계산서 항목
  - 당기순이익: ₩200,000   - 건물처분손실: ₩150,000
  - 감가상각비: ₩450,000   - 기계장치처분이익: ₩60,000

① ₩695,000   ② ₩785,000   ③ ₩800,000

④ ₩825,000   ⑤ ₩830,000

16 다음은 제조기업인 ㈜한국의 20×1년도 간접법에 의한 현금흐름표를 작성하기 위한 자료이다.

• 법인세비용차감전순이익: ₩500,000
• 대손상각비: ₩30,000
• 재고자산평가손실: ₩10,000
• 건물 감가상각비: ₩40,000
• 이자비용: ₩50,000
• 법인세비용: ₩140,000
• 당기손익-공정가치 측정 금융자산 처분이익: ₩15,000
• 재무상태표 계정과목의 기초금액 대비 기말금액의 증감
  - 매출채권(순액): ₩100,000 증가
  - 매입채무: ₩50,000 감소
  - 재고자산(순액): ₩20,000 증가
  - 당기손익-공정가치 측정 금융자산: ₩50,000 감소
  - 미지급이자: ₩70,000 증가

이자지급 및 법인세납부를 영업활동으로 분류한다고 할 때, 20×1년 ㈜한국이 현금흐름표에 보고할 영업에서 창출된 현금은 얼마인가?

① ₩430,000   ② ₩456,000   ③ ₩420,000

④ ₩495,000   ⑤ ₩470,000

정답 및 해설

15 ②
간접법에 의한 영업활동 현금흐름

당기순이익	₩200,000
가감	
건물처분손실	150,000
감가상각비	450,000
기계장치처분이익	(60,000)
매출채권의 증가	(110,000)
선급보험료의 감소	35,000
매입채무의 증가	120,000
영업활동 현금흐름	₩785,000

16 ⑤
영업에서 창출된 현금이란 순수영업활동 현금흐름을 구하라는 의미이다.

법인세비용차감전순이익	₩500,000
감가상각비	40,000
이자비용	50,000
매출채권의 증가	(100,000)
매입채무의 감소	(50,000)
재고자산의 증가	(20,000)
FVPL 측정 금융자산의 감소	50,000
영업에서 창출된 현금	₩470,000

17 ㈜한국의 현금흐름표 작성을 위한 20×1년 자료가 다음과 같을 때, ㈜한국의 20×1년도 투자활동순현금흐름과 재무활동순현금흐름은? (단, ㈜한국은 이자의 지급, 이자 및 배당금의 수입은 영업활동으로, 배당금의 지급은 재무활동으로 분류하고 있다)

- 유상증자로 ₩250,000, 장기차입금으로 ₩300,000을 조달하였다.
- 20×1년 초 매출채권 잔액은 ₩300,000이었고, 여기에 대손충당금 잔액이 ₩20,000 설정되어 있다. 20×1년 말 매출채권 잔액은 ₩500,000이며, 대손추정을 통하여 기말 대손충당금 잔액이 ₩50,000으로 증가하였다.
- 20×0년 경영성과에 대해 20×1년 3월 주주총회 결의를 통해 주주들에게 배당금으로 ₩200,000을 지급하였다.
- 기초와 기말의 법인세 부채는 각각 ₩300,000과 ₩400,000이었다.
- 당기에 유형자산을 총원가 ₩1,500,000에 취득하였으며, 이 중에서 ₩900,000은 금융리스로 취득하였다. 나머지 ₩600,000은 현금으로 지급하였다. 금융리스부채의 상환은 20×2년 초부터 이루어진다.
- 취득원가가 ₩800,000이고 감가상각누계액이 ₩500,000인 공장 설비를 현금매각하고, 유형자산처분이익 ₩100,000을 인식하였다.

	투자활동순현금흐름	재무활동순현금흐름
①	₩200,000 유출	₩350,000 유입
②	₩200,000 유출	₩550,000 유입
③	₩400,000 유입	₩200,000 유출
④	₩600,000 유출	₩350,000 유입
⑤	₩400,000 유입	₩350,000 유입

출제빈도: ★★☆

18 다음은 ㈜한국의 재무상태표상 유형자산의 취득원가와 감가상각누계액 잔액이다.

구분	취득원가	감가상각누계액
20×1년 말	₩3,530,000	₩1,704,000
20×2년 말	₩3,940,000	₩1,830,000

20×2년 중 신규로 취득한 유형자산의 취득원가는 ₩1,870,000이었고, ㈜한국은 모든 유형자산에 대한 감가상각비로 ₩716,000을 인식하였다. 20×2년 중 회사는 유형자산 중 일부를 처분하여 처분이익 ₩60,000이 발생하였다. 유형자산의 처분금액은 얼마인가? (단, 이상에서 언급한 거래 이외의 다른 변동사항은 없다)

① ₩590,000 ② ₩650,000 ③ ₩870,000
④ ₩930,000 ⑤ ₩950,000

정답 및 해설

17 ①
(1) 투자활동순현금흐름 = (₩600,000) + ₩400,000 = (₩200,000)(현금유출)
(2) 재무활동순현금흐름 = ₩250,000 + ₩300,000 − ₩200,000 = ₩350,000(현금유입)

18 ④
분개를 추정하여 유형자산 순현금흐름을 구하면 다음과 같으므로, 유형자산 처분금액은 ₩1,870,000(유형자산 취득금액) − ₩940,000 = ₩930,000이다.

(차) 유형자산	410,000	(대) 감가상각누계액	126,000
감가상각비	716,000	유형자산처분이익	60,000
		현금	940,000

01 매각예정비유동자산 및 중단영업

출제빈도 ★

1. 매각예정비유동자산

① 매각예정비유동자산은 비유동자산 또는 처분자산집단이 계속사용이 아닌 매각거래 (통상 1년 이내)를 통하여 회수될 것으로 예상되는 자산을 말하며, 다른 자산과 별도로 재무상태표에 표시해야 한다.

② 매각예정으로 분류하기 위해서는 보고기간 말 현재 당해 자산이 현재의 상태에서 통상적이고 관습적인 거래조건만으로 즉시 매각가능하여야 하며, 매각될 가능성이 매우 높아야 한다.

③ 보고기간 후 요건을 충족하는 경우에는 당기의 재무제표에 매각예정으로 분류할 수 없다.

④ 폐기될 비유동자산 및 일시적으로 사용을 중단한 비유동자산은 매각예정으로 분류할 수 없다.

⑤ 매각예정비유동자산의 측정
- Min[순공정가치, 장부금액]
- 매각예정으로 분류된 비유동자산은 감가상각하지 아니한다.
- 금융상품, 투자부동산(공정가치모형), 이연법인세자산, 생물자산과 수확물 등은 매각예정비유동자산의 측정기준을 적용하지 않고 관련 기준서에 따라 측정한다.
⑥ 매각계획의 변경
매각예정으로 분류할 수 없게 된 자산은 ⊙ 매각예정으로 분류하지 않았을 경우의 장부금액과 ⓒ 매각하지 않기로 결정한 날의 회수가능액 중 적은 금액으로 측정한다.

2. 중단영업

(1) 중단영업의 요건

중단영업이란 이미 처분되었거나 처분예정으로 분류되고 다음의 하나에 해당하는 기업의 구분단위이다.
① 처분 또는 매각예정의 별도의 주요 사업이나 영업
② 매각만을 목적으로 취득한 종속기업

(2) 중단영업의 표시

① 중단영업손익: 중단영업경상손익과 중단영업직접비용(추가적인 퇴직급여, 장기임대자산의 해약으로 인한 가산금) 및 중단영업손상차손으로 구성된다.
② 포괄손익계산서 표시: 계속영업손익과 당기순손익 사이에 법인세효과를 차감한 금액으로 보고한다.
③ 과거재무제표 표시: 중단영업이 발생한 회계연도의 보고기간 말까지 모든 중단영업과 관련된 공시사항이 표시될 수 있도록 과거재무제표를 소급하여 재작성한다.

포괄손익계산서

제2기 20×2년 1월 1일부터 20×2년 12월 31일까지
제1기 20×1년 1월 1일부터 20×1년 12월 31일까지

주식회사 한국 (단위: 원)

	제2기	제1기
Ⅰ. 매출액	×××	×××
Ⅱ. 매출원가	(×××)	(×××)
Ⅲ. 매출총이익	×××	×××
Ⅳ. 판매비와관리비		
Ⅴ. 영업이익	×××	×××
1. 기타수익	×××	×××
2. 기타비용	(×××)	(×××)
Ⅵ. 법인세비용차감전계속영업이익	×××	×××
1. 법인세비용	(×××)	(×××)
Ⅶ. 계속영업이익	×××	×××
Ⅷ. 중단영업이익	×××	×××
Ⅸ. 당기순이익	×××	×××
Ⅹ. 기타포괄손익	×××	×××
Ⅺ. 총포괄손익	×××	×××

📖 시험문제 미리보기!

㈜한국은 기존에 운영해 온 A, B, C 영업부문 중 C영업 부문을 20×1년 회계기간 중에 처분한 바 있다. 아래의 내용은 ㈜한국의 20×1년 회계기간의 손익에 관한 자료이다.

항목	중단된 영업부문(C 부문)	계속 영업부문(A, B 부문)
수익총액	₩1,500,000	₩5,000,000
비용총액(법인세비용 제외)	₩800,000	₩3,000,000

C부문의 자산의 장부금액은 ₩2,000,000이며 순공정가치는 ₩1,800,000이다, 법인세율은 20%이다.

(1) ㈜한국의 20×1년 회계기간의 손익계산서를 작성할 경우, 중단영업손익으로 표시될 금액을 구하시오.

(2) ㈜한국의 20×1년 회계기간의 손익계산서를 작성하시오.

해설 (1) 중단영업이익: (₩1,500,000 − ₩800,000 − ₩200,000) × 0.8 = ₩400,000

　　　 (2) 손익계산서

수익	₩5,000,000
비용	(3,000,000)
법인세비용차감전계속영업이익	₩2,000,000
계속영업법인세비용	(400,000)
계속영업이익	₩1,600,000
중단영업이익	400,000
당기순이익	₩2,000,000

02 　중간재무보고　　　　　　　　　　　　　　　　　　　　　출제빈도 ★

1. 중간재무제표의 형식과 내용

중간재무보고서에 포함되는 전체 재무제표는 연차재무보고서의 작성기준에 따른 전체재무제표의 형식과 내용에 부합해야 한다.

2. 유의적인 사건과 거래

중간재무보고서에는 직전 연차보고기간 말 이후 발생한 재무상태와 경영성과의 변동을 이해하는 데 유의적인 거래나 사건에 대한 설명을 포함해야 한다.

3. 중간재무제표가 제시되어야 하는 기간

① 당해 중간보고기간 말과 직전 연차보고기간 말을 비교하는 형식으로 작성한 재무상태표
② 당해 중간기간과 당해 보고기간 누적기간을 직전 보고기간의 동일기간과 비교하는 형식으로 작성한 포괄손익계산서
③ 당해 보고기간 누적기간을 직전 보고기간의 동일기간과 비교하는 형식으로 작성한 자본변동표
④ 당해 보고기간 누적기간을 직전 보고기간의 동일기간과 비교하는 형식으로 작성한 현금흐름표

〈한국회사가 20×1년 6월 30일에 반기 및 분기 재무제표를 공시할 경우
재무상태표, 포괄손익계산서, 현금흐름표, 자본변동표의 비교표시일자〉

	전기	당기
재무상태표	20×0년 12월 31일	20×1년 6월 30일
포괄손익계산서	20×0년 1월 1일~20×0년 6월 30일	20×1년 1월 1일~20×1년 6월 30일
	20×0년 4월 1일~20×0년 6월 30일	20×1년 4월 1일~20×1년 6월 30일
현금흐름표	20×0년 1월 1일~20×0년 6월 30일	20×1년 1월 1일~20×1년 6월 30일
자본변동표	20×0년 1월 1일~20×0년 6월 30일	20×1년 1월 1일~20×1년 6월 30일

4. 중간재무보고 시 인식과 측정

(1) 연차기준과 동일한 회계정책

연차재무제표에 적용한 것과 동일한 회계정책을 적용하여 작성한다.

(2) 계절적, 주기적 또는 일시적인 수익

미리 예측하여 인식하거나 이연해서는 안 된다.

(3) 연중 고르지 않게 발생하는 원가

미리 예측하여 비용으로 인식하거나 이연 가능하다.

03 재무비율분석

출제빈도 ★★★

1. 유동성비율

재무비율	계산방법	의미
유동비율	$\dfrac{\text{유동자산}}{\text{유동부채}}$	단기채무의 지급능력 측정
당좌비율	$\dfrac{\text{유동자산 – 재고자산}}{\text{유동부채}}$	단기유동성 측정
방어기간	$\dfrac{\text{방어자산}^{*1}}{\text{연간현금지출비용}/365}$ (*1) 현금및현금성자산 + 당기손익인식금융 자산 + 순매출채권	현재의 방어자산으로 영업활동을 할 수 있는 기간

2. 활동성비율

재무비율	계산방법	의미
매출채권회전율	$\dfrac{\text{순외상매출액}}{\text{평균매출채권}}$	매출채권의 현금화 속도와 기간
매출채권회수기간	$\dfrac{365일}{\text{매출채권회전율}}$	매출채권의 현금화 속도와 기간
재고자산회전율	$\dfrac{\text{매출원가}}{\text{평균재고자산}}$	재고자산의 현금화 속도와 기간
재고자산회전기간	$\dfrac{365일}{\text{재고자산회전율}}$	재고자산의 현금화 속도와 기간
유형자산회전율	$\dfrac{\text{매출액}}{\text{평균유형자산}}$	유형자산의 효율적인 이용정도
총자산회전율	$\dfrac{\text{매출액}}{\text{평균총자산}}$	총자산의 효율적인 이용정도

3. 수익성비율

재무비율	계산방법	의미
매출액순이익률	$\dfrac{당기순이익}{매출액}$	매출액에 대한 순이익의 크기
자본이익률	$\dfrac{당기순이익}{평균자본}$	자본에 대한 수익성
주당이익	$\dfrac{보통주당기순이익}{유통보통주식수}$	기업의 수익력
주가수익률	$\dfrac{주당시장가격}{주당이익}$	주가와 주당이익의 상관관계
배당성향	$\dfrac{보통주배당액}{보통주당기순이익}$	순이익 중 배당으로 지급되는 비율
배당수익률	$\dfrac{주당배당액}{주당시장가격}$	주식투자에 대하여 배당으로 얻은 수익률을 측정한 비율

4. 안전성비율

재무비율	계산방법	의미
부채비율	$\dfrac{총부채}{자기자본}$	자기자본에 대한 타인자본의 크기
자기자본비율	$\dfrac{자기자본}{총자본}$	총자본 중 자기자본이 차지하는 비율
이자보상비율	$\dfrac{이자비용 + 법인세비용차감전이익}{이자비용}$	이자비용에 대한 안전도
고정장기적합률	$\dfrac{유형자산}{자기자본 + 비유동부채}$	자기자본과 비유동부채가 유형자산에 배분되는 정도

ejob.Hackers.com

출제빈도: ★☆☆ 대표출제기업: 한국토지주택공사

01 중간재무보고에 대한 설명으로 옳지 않은 것은?

① 중간재무보고는 6개월, 3개월 등으로 보고기간을 설정할 수 있다.

② 직전 연차재무보고서를 연결기준으로 작성하였다면 중간재무보고서도 연결기준으로 작성해야 한다.

③ 중간재무보고서는 당해 회계연도 누적기간을 직전 연차보고기간 말과 비교하는 형식으로 작성한 재무상태표를 포함하여야 한다.

④ 중간재무보고서는 당해 회계연도 누적기간을 직전 회계연도의 동일기간과 비교하는 형식으로 작성한 현금흐름표를 포함하여야 한다.

⑤ 중간재무보고서는 당해 회계연도 누적기간을 직전 보고기간의 동일기간과 비교하는 형식으로 작성한 자본변동표를 포함하여야 한다.

출제빈도: ★☆☆

02 중간재무보고에 관한 설명으로 옳지 않은 것은?

① 중간재무보고서는 당해 중간보고기간 말과 직전 연차보고기간 말을 비교하는 형식으로 작성한 재무상태표, 당해 중간기간과 당해 회계연도 누적기간을 직전 회계연도의 동일기간과 비교하는 형식으로 작성한 포괄손익계산서, 당해 회계연도 누적기간을 직전 회계연도의 동일기간과 비교하는 형식으로 작성한 자본변동표와 당해 회계연도 누적기간을 직전 회계연도의 동일기간과 비교하는 형식으로 작성한 현금흐름표를 포함한다.

② 계절적, 주기적 또는 일시적으로 발생하는 수익은 연차보고기간 말에 미리 예측하여 인식하거나 이연하는 것이 적절하지 않은 경우 중간보고기간 말에도 미리 예측하여 인식하거나 이연하여서는 아니 된다. 배당수익, 로열티수익 및 정부보조금 등이 예이다.

③ 중간재무보고서를 작성할 때 인식, 측정, 분류 및 공시와 관련된 중요성의 판단은 연차재무보고서의 재무자료에 근거하여 이루어져야 한다. 중요성을 평가하는 과정에서 중간기간의 측정은 연차재무자료의 측정에 비하여 추정에 의존하는 정도가 크다는 점을 고려하여야 한다.

④ 중간기간의 법인세비용은 기대총연간이익에 적용될 수 있는 법인세율, 즉 추정평균연간유효법인세율을 중간기간의 세전이익에 적용하여 계산한다. 세무상결손금의 소급공제 혜택은 관련 세무상결손금이 발생한 중간기간에 반영한다.

⑤ 연중 고르지 않게 발생하는 원가에 대해서는 미리 예측하여 비용으로 인식하거나 이연 가능하다.

출제빈도: ★★☆ 대표출제기업: KDB산업은행

03 다음은 ㈜한국의 20×1년 12월 31일 재무상태표이다.

재무상태표

㈜한국	20×1년 12월 31일 현재		(단위: 원)
현금	₩2,000	매입채무	?
매출채권	?	단기차입금	₩2,000
재고자산	?	사채	10,000
유형자산	20,000	자본금	?
		이익잉여금	5,000
자산 합계	₩50,000	부채와 자본 합계	₩50,000

20×1년 12월 31일 현재 유동비율이 300%일 때, 자본금은?

① ₩15,000　　　　　　　② ₩20,000　　　　　　　③ ₩23,000

④ ₩24,000　　　　　　　⑤ ₩25,000

정답 및 해설

01 ③
중간재무보고서의 요약재무상태표는 당해 중간보고기간 말과 직전 연차보고기간 말을 비교하는 형식으로 작성한다.

02 ③
중간재무보고서를 작성할 때 인식, 측정, 분류 및 공시와 관련된 중요성의 판단은 중간재무보고서의 재무자료에 근거하여 이루어져야 한다. 중요성을 평가하는 과정에서 중간기간의 측정은 연차재무자료의 측정에 비하여 추정에 의존하는 정도가 크다는 점을 고려하여야 한다.

03 ⑤
(1) 유동자산: ₩50,000(자산 합계) − ₩20,000(유형자산) = ₩30,000
(2) 유동비율이 300%이므로 유동부채 = ₩10,000
(3) X(매입채무) + ₩2,000(단기차입금) = ₩10,000(유동부채), X = ₩8,000
(4) ₩8,000(매입채무) + ₩2,000(단기차입금) + ₩10,000(사채) + 자본금 + ₩5,000(이익잉여금) = ₩50,000, 자본금 = ₩25,000

출제빈도: ★★★ 대표출제기업: 신용보증기금

04 ㈜한국의 유동자산은 ₩2,500이고 유동부채는 ₩1,000이며 당좌자산은 ₩2,000이다. 다음과 같은 거래가 발생하였을 경우 유동비율과 당좌비율에 미치는 영향은? (단, 상품에 대해 실지재고조사법을 적용한다)

• 상품을 ₩300에 판매하고 현금 ₩200을 수취하였다.
• 은행으로부터 3개월 후 상환하는 조건으로 ₩200을 차입하였다.

	유동비율	당좌비율
①	감소	증가
②	증가	불변
③	불변	불변
④	증가	증가
⑤	불변	증가

출제빈도: ★★☆

05 다음은 ㈜한국의 재무 관련 자료이다. 이 자료를 이용하여 당기매출총이익을 구하면 얼마인가? (단, 당기재고자산 회전율은 당기매출원가/{(기초재고자산 + 기말재고자산)/2}이다)

• 기초상품재고액	₩500,000
• 기말상품재고액	₩700,000
• 당기매출액	₩3,000,000
• 당기재고자산회전율	4회

① ₩600,000　　　　② ₩700,000　　　　③ ₩800,000

④ ₩900,000　　　　⑤ ₩1,000,000

출제빈도: ★★☆ 대표출제기업: 한국중부발전

06 다음은 ㈜한국의 제20기 재무제표분석 결과들이다. 이 자료를 이용하여 계산한 제20기의 매출액은 얼마인가?

- 당좌자산: ₩2,000,000
- 매출원가 기준 재고자산회전율: 6회
- 매출총이익률: 20%

- 유동비율: 200%
- 당좌비율: 100%

---

① ₩12,000,000

② ₩12,500,000

③ ₩14,000,000

④ ₩14,500,000

⑤ ₩15,000,000

정답 및 해설

04 ⑤
(1) 유동비율
- 변경 전 유동비율 = ₩2,500 ÷ ₩1,000 = 2.5
- 변경 후 유동비율 = (₩2,500 + ₩300 + ₩200) ÷ (₩1,000 + ₩200) = 2.5
(2) 당좌비율
- 변경 전 당좌비율 = ₩2,000 ÷ ₩1,000 = 2
- 변경 후 당좌비율 = (₩2,000 + ₩300 + ₩200) ÷ (₩1,000 + ₩200) = 2.083

05 ①
(1) 당기매출원가: (₩500,000 + ₩700,000)/2 × 4 = ₩2,400,000
(2) 매출총이익: ₩3,000,000 − ₩2,400,000 = ₩600,000

06 ⑤
(1) 유동자산/유동부채 = 2, ₩2,000,000/유동부채 = 1이므로, 유동자산 = ₩4,000,000
(2) 재고자산: ₩4,000,000 − ₩2,000,000 = ₩2,000,000
(3) 매출원가/₩2,000,000 = 6이므로, 매출원가 = ₩12,000,000
(4) 매출액: ₩12,000,000/(1 − 0.2) = ₩15,000,000

07 ㈜한국은 20×1년 회계기간 동안 매출채권 기초잔액 ₩30,000, 기말잔액 ₩50,000, 현금매출액 ₩150,000, 매출채권회전율이 5.0이다. ㈜한국의 20×1년 매출액은? (단, 매출채권회전율의 계산은 외상매출액 및 기초와 기말 매출채권 잔액의 평균을 이용한다)

① ₩150,000   ② ₩200,000   ③ ₩350,000

④ ₩400,000   ⑤ ₩500,000

08 당기 중에 ₩200,000의 재고자산을 매입하였다. 매출원가는 ₩180,000이고 기말재고자산은 ₩40,000이었다. 재고자산회전율은 얼마인가?

① 5회   ② 6회   ③ 7회

④ 8회   ⑤ 9회

09 ㈜한국의 20×8년 12월 31일 현재 유동비율, 당좌비율, 그리고 부채비율은 각각 200%, 100%, 150%이었다. 20×9년 1월 초에 재고자산 ₩100,000을 외상매입한 경우에 유동비율, 당좌비율, 그리고 부채비율에 나타나는 변화는?

① 유동비율 감소, 당좌비율 감소, 부채비율 불변

② 유동비율 불변, 당좌비율 증가, 부채비율 감소

③ 유동비율 감소, 당좌비율 감소, 부채비율 증가

④ 유동비율 증가, 당좌비율 불변, 부채비율 불변

⑤ 유동비율 불변, 당좌비율 불변, 부채비율 불변

출제빈도: ★★★

10 ㈜한국은 거래처에서 수령한 받을어음을 담보로 어음금액을 어음기간 동안 은행에서 단기차입하였다. 이 거래가 유동비율과 부채비율에 미치는 영향으로 옳은 것은? (단, 이 거래가 반영되기 전 회사의 유동비율은 100%, 부채비율은 200%이다)

① 유동비율은 증가하고, 부채비율은 감소한다.

② 유동비율은 감소하고, 부채비율은 증가한다.

③ 유동비율은 변함없고, 부채비율은 증가한다.

④ 유동비율과 부채비율이 모두 증가한다.

⑤ 유동비율과 부채비율이 모두 감소한다.

정답 및 해설

07 ③
(1) 매출채권회전율 = 순외상매출액 ÷ 평균매출채권 ⇨ 순외상매출액: 5 × ₩40,000[*1] = ₩200,000
　(*1) (₩30,000 + ₩50,000) ÷ 2 = ₩40,000
(2) 매출액: ₩150,000 + ₩200,000 = ₩350,000

08 ②
(1) 기초재고자산: ₩180,000 + ₩40,000 − ₩200,000 = ₩20,000
(2) 재고자산회전율: ₩180,000/{(₩20,000 + ₩40,000)/2} = 6회

09 ③
(1) 재고자산을 외상매입한 경우의 회계처리는 다음과 같다.
　(차) 재고자산　　　　　　　　　　　×××　　　(대) 매입채무　　　　　　　　　　　×××
(2) 동일 금액의 유동자산과 유동부채가 증가하므로 유동비율은 감소하고, 당좌비율은 당좌자산의 변화는 없으나 유동부채의 증가로 감소하고, 부채비율은 증가한다.

10 ③
동일 금액의 유동자산과 유동부채가 증가하기에 유동비율은 100%이므로 영향을 미치지 아니하나 부채비율은 200%이므로 부채비율은 증가한다.

출제빈도: ★★☆

11 ㈜한국의 현재 유동자산은 ₩100, 유동부채는 ₩200이다. 다음 거래가 ㈜한국의 유동비율에 미치는 영향으로 옳지 않은 것은?

① 토지를 ₩30에 취득하면서 취득 대금 중 ₩10은 현금으로 지급하고 나머지는 2년 후에 지급하기로 한 거래는 유동비율을 감소시킨다.

② 재고자산을 현금 ₩10에 구입한 거래는 유동비율에 영향을 미치지 않는다.

③ 단기차입금을 현금 ₩20으로 상환한 거래는 유동비율에 영향을 미치지 않는다.

④ 3년 만기 사채를 발행하고 현금 ₩30을 수령한 거래는 유동비율을 증가시킨다.

⑤ 사용하고 있던 장부금액 ₩100 기계장치를 현금 ₩130에 처분한 거래는 유동비율을 증가시킨다.

출제빈도: ★★☆

12 ㈜한국의 당기 매출은 외상 거래만 있었다고 할 때, 다음 자료를 이용한 활동성 비율분석의 해석으로 옳지 않은 것은? (단, 활동성 비율 계산 시 분모는 기초잔액과 기말잔액의 평균금액을 이용하며, 1년은 360일로 계산한다)

매출채권				재고자산			
기초	₩1,000	현금	₩47,000	기초	₩1,000	매출원가	₩25,000
매출액	₩50,000			매입채무	₩20,000		
				현금	₩8,000		

① 매출채권회전율은 20회이다.

② 재고자산회전율은 12회이다.

③ 매출채권의 평균회수기간은 18일이다.

④ 재고자산의 평균판매기간은 36일이다.

⑤ 정상영업주기는 54일이다.

13 유동비율의 증가 혹은 감소에 관한 설명으로 옳은 것은?

① 취득 이후 3년간 감가상각한 기계장치를 장부가액으로 처분하면 유동비율에 변화가 없다.

② 유동비율이 150%인 상황에서 미지급배당금을 현금으로 지급하면 유동비율이 감소한다.

③ 유동비율이 90%인 상황에서 매입채무를 현금으로 상환하면 유동비율이 증가한다.

④ 토지의 구입대금을 3년간 지급하기로 한 조건으로 외상으로 구입하면 유동비율이 증가한다.

⑤ 보통주를 액면가액보다 낮은 가액으로 발행하여 현금을 조달하면 유동비율이 증가한다.

정답 및 해설

11 ③
단기차입금을 현금 ₩20으로 상환한 거래는 유동비율을 감소시킨다.

12 ②
재고자산회전율: ₩25,000/{(₩1,000 + ₩4,000)/2} = 10회

13 ⑤
보통주를 액면가액보다 낮은 가액으로 발행하여 현금을 조달하면 현금(유동자산)이 증가하여 유동비율이 증가한다.

오답노트
① 외상으로 처분한 경우 미수금(유동자산)이 증가하여 유동비율이 증가할 수 있다.
② 유동비율이 150%인 상황에서 미지급배당금을 현금으로 지급하면 유동비율이 증가한다.
③ 유동비율이 90%인 상황에서 매입채무를 현금으로 상환하면 유동비율이 감소한다.
④ 토지를 외상으로 장기 구입하는 경우에는 비유동자산의 증가와 비유동부채의 증가이므로 유동비율에는 영향을 미치지 아니한다.

해커스공기업 쉽게 끝내는 회계학 기본서

취업강의 1위, 해커스잡 ejob.Hackers.com

출제기업

2020~2024년 필기시험 기준으로 재무회계 파트는 경기신용보증재단, 공무원연금공단, 국가철도공단, 대구교통공사, 서울주택도시공사, 신용보증기금, 한국가스공사, 한국가스기술공사, 한국공항공사, 한국국토정보공사, 한국남동발전, 한국남부발전, 한국동서발전, KDB산업은행, 한국에너지공단, 한국원자력환경공단, 한국장학재단, 한국전력기술, 한국중부발전, 한국지역난방공사, 한국환경공단 등의 기업에서 출제하고 있습니다.

PART 2

재무회계 특수분야

전환사채	• 전환권의 가치계산
	• 전환권의 행사
신주인수권부사채	• 신주인수권의 가치계산
	• 신주인수권의 행사

01 전환사채

출제빈도 ★★

1. 전환사채의 의의

사채권자가 전환을 청구하면 해당 사채를 보통주로 전환할 수 있는 권리(전환권)를 부여한 사채를 말한다. 전환사채의 투자자가 전환권을 행사함으로써 사채가 소멸되며 신주가 발행된다.

2. 전환사채의 발행

전환사채는 일반사채(부채요소)에 사채를 보통주로 전환할 수 있는 전환권(자본요소)이 결합되어 있는 금융상품이다. 전환사채의 발행가액에는 사채에 대한 대가와 전환권에 대한 대가가 결합되어 있으므로 최초 인식 시에 이 둘을 분리하여 인식한다.

① 전환권 가치

$$전환권\ 가치 = 전환사채의\ 발행가액 - 전환사채의\ 미래\ 현금흐름의\ 현재가치$$

② 사채발행회사가 보통주로 전환되지 않고 만기에 상환되는 전환사채에 대해서는 일정금액을 지급함으로써 일정한 수익률(보장수익률)을 보장해주는데, 이때 추가로 지급되는 금액을 상환할증금이라고 한다.

$$상환할증금 = 전환사채액면금액 \times (보장수익률 - 액면이자율)$$
$$\times 연금의\ 미래가치요소^{*1}$$

(*1) 연금미래가치요소 $\begin{cases} 이자율:\ 보장수익률 \\ 기간:\ 전환사채의\ 만기 \end{cases}$

③ 사채권자가 만기까지 보통주로 전환을 청구하지 않더라도 상환할증금을 지급하지 않는 액면상환조건부와 사채권자가 만기까지 보통주로 전환을 청구하지 않았을 때 상환할증금을 추가로 지급하는 상환할증조건부가 전환사채에 있다.

▣ 시험문제 미리보기!

㈜한국은 20×1년 초 다음과 같은 조건으로 전환사채를 액면발행하였다. (단, 현가계수는 아래표를 이용하시오)

- 액면가액: ₩100,000
- 액면이자율: 5%(매년 말 후급지급)
- 만기: 3년
- 발행 당시의 시장이자율: 10%

3년 10% ₩1의 현가계수	0.75
3년 10% ₩1의 연금현가계수	2.5

(1) 사채에 대한 대가를 구하시오.
(2) 전환권에 대한 대가를 구하시오.
(3) 전환사채 발행에 대한 회계처리를 하시오.

해설　(1) 사채에 대한 대가는 사채의 현금흐름을 발행시점의 이자율로 할인한 금액이다.
　　　　⇨ ₩5,000 × 2.5 + ₩100,000 × 0.75 = ₩87,500
　　　(2) 전환권의 대가는 발행가액에서 사채에 대한 대가를 차감한 금액이다.
　　　　⇨ ₩100,000 - ₩87,500 = ₩12,500
　　　(3) 발행시점의 회계처리
　　　　• 순액법

(차) 현금	100,000	(대) 전환사채	87,500
		전환권대가	12,500

　　　　• 총액법

(차) 현금	100,000	(대) 전환사채	100,000
전환권조정	12,500	전환권대가	12,500

④ 전환권행사
- 전환사채가 전환된 경우 사채가 소멸되며 약정된 신주가 발행된다.
- 전환된 비율만큼 사채가 제거되고, 해당금액은 신주의 발행가액(자본금 + 주식발행초과금)이 된다.
- 전환사채를 보통주로 전환 시 전환사채의 장부금액법에 따라 회계처리하므로, 전환사채의 전환 시 전환손익을 인식하지 않는다.
- 만기까지 전환되지 않은 전환사채에 상당하는 전환권대가는 만기상환 후에 주식발행초과금으로 대체할 수 있다. (선택사항)
⑤ 전환사채의 발행비용
부채요소(전환사채)와 자본요소(전환권대가)에 비례하여 배분한다.

〈전환사채 흐름〉

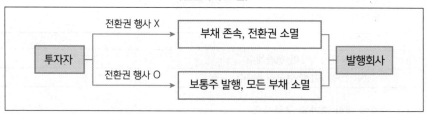

02 신주인수권부사채

출제빈도 ★

1. 신주인수권부사채의 의의

신주인수권부사채는 일반사채(부채요소)에 신주청약의 권리를 나타내는 신주인수권(자본요소)이 부여된 사채이다.

2. 신주인수권부사채의 발행

신주인수권부사채 발행 시 수취하는 현금에는 사채에 대한 대가와 신주인수권에 대한 대가가 합쳐져 있으므로 최초 인식 시에 분리하여 인식한다.

3. 신주인수권 가치

신주인수권의 가치
= 신주인수권부사채의 발행가액 − 신주인수권부사채의 미래현금흐름의 현재가치

4. 종류

상환할증금과 신주인수권부사채의 종류는 전환사채와 동일하다.

㈜한국은 20×1년 초 다음과 같은 조건으로 신주인수권부사채를 액면발행하였다. (단, 현가계수는 아래 표를 이용하시오)

- 액면가액: ₩100,000
- 상환할증금: ₩10,000
- 액면이자율: 5%(매년 말 후급지급)
- 만기: 3년
- 발행당시의 시장이자율: 10%

3년 10% ₩1의 현가계수	0.75
3년 10% ₩1의 연금현가계수	2.5

(1) 사채에 대한 대가를 구하시오.
(2) 신주인수권에 대한 대가를 구하시오.
(3) 신주인수권부사채 발행에 대한 회계처리를 하시오.

해설   (1) 사채에 대한 대가는 사채의 현금흐름을 발행시점의 이자율로 할인한 금액이다.
      ⇨ ₩5,000 × 2.5 + ₩110,000 × 0.75 = ₩95,000
     (2) 신주인수권의 대가는 발행가액에서 사채에 대한 대가를 차감한 금액이다.
      ⇨ ₩100,000 – ₩95,000 = ₩5,000
     (3) 발행시점의 회계처리
      • 순액법

(차) 현금	100,000	(대) 신주인수권부사채	85,000
		신주인수권대가	5,000
		상환할증금	10,000

      • 총액법

(차) 현금	100,000	(대) 신주인수권부사채	100,000
신주인수권조정	15,000	상환할증금	10,000
		신주인수권대가	5,000

5. 신주인수권 행사

① 신주인수권 행사 시 사채는 존속하므로 신주인수권부사채를 주주지분으로 대체하지 않는다.

② 상환할증조건부의 경우 부채요소에 포함된 상환할증금의 지급의무는 소멸되므로 신주인수권부사채의 장부금액에 포함된 사채상환할증금의 현재가치는 주주지분으로 대체시킨다.

③ 만기까지 신주인수권이 행사되지 않았을 경우 신주인수권대가는 만기상환 후에 주식발행초과금으로 대체할 수 있다. (선택사항)

출제빈도: ★☆☆

01 다음은 보장수익률이 있는 경우 전환사채와 신주인수권부사채를 비교설명한 것이다. 옳지 않은 것은?

	전환사채	신주인수권부사채
① 발행 시 :	부채와 자본을 구분표시	부채와 자본을 구분표시
② 이자지급 시 :	유효이자율로 이자인식	유효이자율로 이자인식
③ 권리행사 시 :	사채 소멸	사채 소멸
④ 주금납입 :	안 함	주금납입함
⑤ 권리의 분리 :	분리 불가능	분리 가능

출제빈도: ★☆☆

02 ㈜한국은 20×1년 1월 1일 권당 액면금액 ₩1,000인 전환사채 1,000권(개)을 발행하였다. 전환사채의 만기는 3년이고 액면이자율은 연 8%로 매년 말 지급하며, 만기시점까지 사채액면 ₩2,000당 1주의 보통주(주당 액면가액 ₩1,000)로 전환할 수 있는 권리가 있다. 전환사채 발행시점에 전환옵션이 없는 동일한 일반사채에 대한 현행 시장이자율은 10%이다. 자본요소(전환권)가 ₩0보다 클 때, ㈜한국이 발행한 전환사채의 자본요소(전환권)의 가치는? (단, A와 B는 각각 이자율 10%, 만기 3년의 단일금액 ₩1 및 연금 ₩1의 현재가치를 나타낸다)

① (₩1,000,000 × A + ₩80,000 × B) − ₩1,000,000

② (₩1,000,000 × B + ₩80,000 × A) − ₩1,000,000

③ ₩1,000,000 − (₩1,000,000 × A + ₩80,000 × B)

④ ₩1,000,000 − (₩1,000,000 × B + ₩80,000 × A)

⑤ ₩1,000,000 × A − (₩1,000,000 × B + ₩80,000 × A)

출제빈도: ★☆☆

03 ㈜한국은 20×1년 초에 액면금액 ₩10,000의 전환사채를 발행하였다. 동 전환사채는 액면이자율 8%, 만기 3년, 매년도 말 이자지급 조건으로 발행되었으며, 만기일 상환 시에는 액면금액에 상환할증금을 부여하도록 되어 있다. 사채 발행 당시 시장이자율은 12%였다. 전환사채 발행과 관련된 회계처리가 다음과 같을 경우, 다음 설명 중 옳지 않은 것은? (단, 소수점 이하는 반올림한다)

20×1. 1. 1			
(차)		(대)	
현금	10,000	전환사채	10,000
전환권조정	1,152	사채상환할증금	662
		전환권대가	490

① 발행 시 전환사채의 장부금액은 ₩9,510이다.

② 전환사채 발행 시의 자본요소는 ₩490이다.

③ 20×1년 말에 인식할 이자비용은 ₩1,141이다.

④ 전환발행 이후 부채요소에 해당되는 부채의 장부가액은 증가한다.

⑤ 전환사채의 보장수익률은 시장수익률인 12%이다.

정답 및 해설

01 ③
신주인수권을 행사하더라도 사채는 소멸하지 아니한다.

02 ③
(1) 정상사채의 발행금액: ₩1,000,000 × A + ₩80,000 × B
(2) 전환권대가: ₩1,000,000 − (₩1,000,000 × A + ₩80,000 × B)

03 ⑤
(1) 20×1. 1. 1의 회계처리

(차) 현금	9,510	(대) 전환사채	10,000
전환권조정	1,152	상환할증금	662
현금	490	전환권대가(자본)	490

(2) 20×1년 말 이자비용: ₩9,510 × 12% = ₩1,141
(3) (₩10,000 × 보장수익률 − ₩800) × $(1 + 보장수익률)^2$ + (₩10,000 × 보장수익률 − ₩800) × (1 + 보장수익률) + (₩10,000 × 보장수익률 − ₩800) = ₩662(상환할증금)
∴ 보장수익률: 10%

출제빈도: ★★☆   대표출제기업: KDB산업은행

04 ㈜한국은 20×1년 1월 1일에 만기 3년인 전환사채(액면 ₩1,000,000)를 ₩1,000,000에 발행하였다. 표시이자율은 5%이며, 발행한 전환사채와 유사한 위험을 가진 일반사채의 시장이자율은 8%이다. 이자는 매년 12월 31일에 지급하며, 전환사채 액면 ₩10,000당 1주의 보통주(액면 ₩5,000)로 전환할 수 있다. 전환사채 발행 시 전환권대가는 얼마인가? (단, 현가계수는 3년 8%, 현가계수 0.79, 연금현가계수는 3년 8%, 정상연금의 현가계수 2.58)

① ₩0

② ₩8,000

③ ₩50,000

④ ₩60,000

⑤ ₩81,000

출제빈도: ★★☆ 대표출제기업: 인천국제공항공사

05 다음은 ㈜한국이 20×1년 1월 1일 액면발행한 전환사채와 관련된 자료이다.

- 액면금액: ₩100,000
- 20×1년 1월 1일 전환권조정: ₩11,414
- 20×1년 12월 31일 전환권조정 상각액: ₩3,087
- 전환가격: ₩1,000(보통주 주당 액면금액 ₩500)
- 상환할증금: 만기에 액면금액의 105.348%

20×2년 1월 1일 전환사채 액면금액의 60%에 해당하는 전환사채가 보통주로 전환될 때, 증가하는 주식발행초과금은? (단, 전환사채 발행시점에서 인식한 자본요소(전환권대가) 중 전환된 부분은 주식발행초과금으로 대체하고, 계산금액은 소수점 첫째 자리에서 반올림하며, 단수차이로 인한 오차가 있으면 가장 근사치를 선택한다)

① ₩25,853   ② ₩28,213   ③ ₩28,644

④ ₩30,422   ⑤ ₩31,853

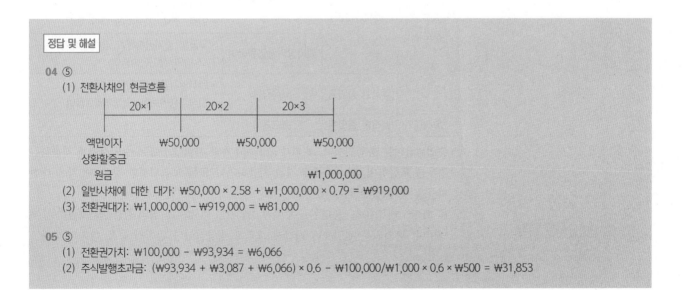

정답 및 해설

04 ⑤
(1) 전환사채의 현금흐름

	20×1	20×2	20×3
액면이자	₩50,000	₩50,000	₩50,000
상환할증금			－
원금			₩1,000,000

(2) 일반사채에 대한 대가: ₩50,000 × 2.58 + ₩1,000,000 × 0.79 = ₩919,000
(3) 전환권대가: ₩1,000,000 − ₩919,000 = ₩81,000

05 ⑤
(1) 전환권가치: ₩100,000 − ₩93,934 = ₩6,066
(2) 주식발행초과금: (₩93,934 + ₩3,087 + ₩6,066) × 0.6 − ₩100,000/₩1,000 × 0.6 × ₩500 = ₩31,853

종업원급여의 종류	• 단기종업원급여 • 기타장기종업원급여 • 해고급여
퇴직급여	• 확정기여제도 • 확정급여제도 • 확정급여제도 회계처리

01 종업원급여의 의의

출제빈도 ★

1. 종업원급여의 종류

종업원급여란 종업원의 근무용역에 대하여 기업이 제공하는 모든 대가를 말한다. 기준서에서는 종업원급여의 유형을 다음으로 구분하고 있다.

① K-IFRS 제1109호에서는 종업원급여를 단기종업원급여, 기타장기종업원급여, 퇴직급여 그리고 해고급여 등으로 구분한다.

근로대가	현재종업원	단기종업원급여	• 임금, 사회보장분담금 • 유급연차휴가, 유급병가 • 이익분배금, 상여금 • 의료, 주택, 자동차에 대한 보조
		기타장기종업원급여	• 유급의 장기근속휴가, 안식년휴가 • 그 밖의 장기근속급여
	퇴직한 종업원	퇴직급여	• 퇴직일시금과 퇴직연금 등 • 퇴직후생명보험, 퇴직후의료급여
퇴직대가	퇴직할 종업원	해고급여	–

② 종업원급여는 종업원이나 그 피부양자(배우자나 자녀 등) 또는 수익자에게 제공하는 경우를 포함하며, 당사자에게 직접 지급하거나 또는 보험회사와 같은 제3자에 대한 지급을 통해 결제될 수 있다.

③ K-IFRS 제1019호 '종업원급여'에서 종업원은 이사와 그 밖의 경영진도 포함하는 개념이며, 종업원은 전일제나 시간제 그리고 정규직이나 임시직 등을 함께 말한다.

2. 단기종업원급여

(1) 정의

단기종업원급여는 다음 급여를 포함한다. 다만, 종업원이 관련근무용역을 제공하는 연차보고기간 이후 12개월 이전에 전부 결제될 것으로 예상되는 경우에 한정한다.

① 임금, 사회보장분담금
② 유급연차휴가와 유급병가
③ 이익분배금·상여금
④ 현직종업원을 위한 비화폐성급여(예 의료, 주택, 자동차 등의 보조)

(2) 인식방법

① 종업원이 근무용역을 제공한 회계기간에 대응하여 비용으로 인식하며, 이미 지급한 금액을 차감한 후 부채(미지급비용)로 인식한다.
② 이미 지급한 금액이 해당 급여의 할인되지 않은 금액보다 많은 경우에는 그 초과액 때문에 미래 지급액이 감소하거나 현금이 환급되는 만큼을 자산(선급비용)으로 인식한다.

(3) 단기유급휴가제도

① 임금은 월급, 주급이나 일급 등의 제도가 있다. 예를 들어, 일급 제도를 채택하고 있는 경우로서 1년 근무하면 15일의 유급휴가를 제공한다면, 15일의 유급휴가에 대한 원가는 언제 인식되어야 할까? 그것은 유급휴가가 누적인지 비누적인지에 따라 달라진다.
② 누적유급휴가는 유급휴가를 사용할 권리가 있으나 당기에 사용하지 아니하면 이월되어 차기에 사용할 수 있는 유급휴가이다. 예를 들어 종업원이 입사 후 근무기간 1년이 경과하면 15일의 휴가를 사용할 수 있다. 그런데 가득한 15일 중에 7일만 사용한 경우에 잔여 8일분을 다음 해에 사용할 수 있다면 이 휴가제도는 누적유급휴가이다.
③ 누적유급휴가는 차기에 사용할지라도 그 원가는 종업원이 근무용역을 제공하는 때에 보상비용과 관련 부채(사용예상일수 × 보상원가)를 인식한다.
④ 비누적유급휴가는 예를 들어 출산, 육아휴가, 예비군훈련 등과 같은 경우인데, 비누적유급휴가는 당기에 사용하지 않으면 소멸되며 미사용분을 현금으로 청구할 수 없는 경우를 말한다.
⑤ 이러한 휴가는 실제로 유급휴가를 사용하기 전에는 기업에 어떤 의무가 발생하지 않는다. 유급휴가가 실제로 사용되어 보상을 하는 경우에 비용을 인식한다.

(4) 종업원에 대한 이익분배와 상여금

① 매출액이나 이익의 정도에 따라 상여금을 지급하는 경우가 있는데, 다음의 요건을 모두 충족하는 경우에는 이익분배금 및 상여금의 예상원가를 인식한다.
  • 과거 사건의 결과로 현재의 지급의무(법적의무 또는 의제의무)가 발생한다.
  • 채무금액을 신뢰성 있게 추정할 수 있다.

② 이익분배제도 및 상여금제도에 따라 기업이 지급하는 금액은 종업원이 제공하는 근무용역에서 발생하는 것이며 주주와의 거래에서 발생하는 것이 아니므로, 관련된 원가는 이익분배가 아니라 당기비용으로 인식한다.

3. 기타장기종업원급여

(1) 정의

기타장기종업원급여는 종업원이 관련 근무용역을 제공한 기간의 말부터 12개월 이전에 전부 결제될 것으로 예상되지 않는 경우로서, 다음 예시와 같은 종업원급여이다.
① 장기근속휴가나 안식년휴가와 같은 장기유급휴가
② 그 밖의 장기근속급여
③ 장기장애급여

(2) 인식방법

① 기타장기종업원급여는 퇴직급여 중에 확정급여제도의 방법을 적용하여 회계처리한다.
② 종업원이 근무용역을 제공한 회계기간에 대응하여 향후 지급할 급여의 현재가치를 비용으로 인식한다.
③ 기타장기종업원 관련 비용은 재고자산 등의 다른 자산으로 회계처리되는 경우를 제외하고는 다음의 순합계금액을 당기손익으로 인식하며, 확정급여제도와 달리 기타포괄손익으로 인식하지 아니한다.
  • 근무원가
  • 순확정급여부채(자산)의 순이자
  • 순확정급여부채(자산)에 대한 재측정요소

4. 해고급여

(1) 정의

① 해고급여는 종업원의 근무가 아니라 해고를 사유로 지급하는 임금이다.
② 해고급여는 종업원을 해고하는 기업의 결정에 따라 발생하며, 종업원의 미래 근무용역 제공을 조건으로 하지 않는다.

(2) 해고급여의 발생사유

① 종업원을 해고하는 기업의 결정이다.
② 기업이 해고를 조건으로 대가를 제안하고 이를 종업원이 수락하는 결정이다.
③ 기업의 제안이 아닌 종업원의 요청으로 인한 해고나 의무적인 퇴직규정으로 인하여 발생하는 종업원급여는 퇴직급여이기 때문에 해고급여에 포함하지 아니한다.

④ 한편, 기업의 요청에 의한 해고의 경우, 종업원의 요청에 의한 해고 시 지급하는 급여(실질적으로 퇴직급여)보다 더 많은 급여를 제공할 수 있다. 이 경우 종업원의 요청에 의한 해고로 인해 지급하는 급여와 기업의 요청에 의한 해고로 인해 지급하는 급여와의 차이가 해고급여이다.

> 해고급여 = 기업의 요청으로 해고할 때 지급하는 급여
> − 종업원의 요청으로 해고할 때 지급하는 급여

(3) 인식방법

해고급여는 기업에 미래경제적효익을 유입시키지 않기 때문에 즉시 비용으로 인식한다.

02 퇴직급여 출제빈도 ★

퇴직급여는 종업원이 퇴직한 이후에 지급하는 종업원급여를 말하는데, 퇴직한 종업원이 일시불 또는 연금형식으로 지급받는 대가로서 다음과 같은 것이다.
① 퇴직금 예 퇴직연금 또는 퇴직일시금
② 퇴직후생명보험이나 퇴직후의료급여 등

1. 퇴직급여제도

(1) 개요

① 퇴직급여에 대한 구체적인 사항은 기업과 종업원 간에 체결한 협약에 따른다.
② 이러한 퇴직급여제도는 제도의 주요 규약에서 도출되는 경제적 실질에 따라 확정기여제도와 확정급여제도로 분류된다.
③ 기업은 법적인 강제로 인해 일정기간 이상 근로한 종업원이 퇴직할 경우에는 퇴직금을 지급할 의무가 있는데, 이런 이유로 기업은 종업원이 근로를 제공하는 기간에 장래 지급할 퇴직급여에 대비하여 자금을 금융기관(또는 기금)에 사외적립한다.
④ 이를 수락하는 금융기관은 동 자산(사외적립자산)을 운용하며, 해당 종업원이 퇴직하는 경우에는 이를 일시불 또는 분할하여 지급한다.

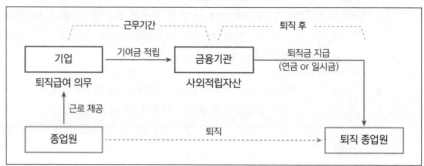

〈퇴직급여 개요〉

(2) 확정기여제도 및 확정급여제도

① 퇴직급여제도는 계약형태에 따라, 기업이 사전에 정한 기여금만 적립하고 더 이상의 책임이 없는 확정기여제도, 그리고 기업이 적립자산 부족을 책임지고 종업원의 일정한 퇴직급여 수령을 책임지는 확정급여제도가 있다.

② 어느 제도를 선택할 것인가는 일반적으로 종업원이 결정한다.

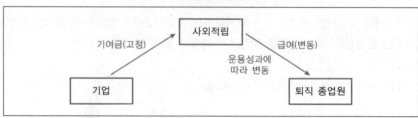

〈확정기여제도〉

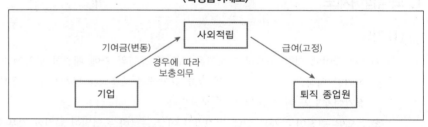

〈확정급여제도〉

2. 확정기여제도(DC형)

(1) 의의

기업이 별개의 실체(기금, 보험회사)에 사전에 확정된 고정기여금을 납부하게 되며 금융기관에서 해당기금을 운용하여 그 운용수익이 반영된 퇴직급여를 종업원이 받는 제도이다.

(2) 특징

① 기업의 법적의무 또는 의제의무는 기금에 출연하기로 약정한 금액으로 한정된다.

② 확정기여제도의 경우 퇴직급여 산식에 따라 인별 기여금 약정액을 기금에 납부하면, 퇴직금과 관련한 회사의 모든 의무는 소멸한다. 따라서 보험수리적가정이 필요 없으며 퇴직급여 관련 자산 및 부채가 없고 기타포괄손익이 발생하지 않는다.

③ 종업원이 받을 퇴직급여액은 기업과 종업원이 기금에 출연하는 기여금과 그 기여금에서 발생하는 투자수익에 따라 결정된다.

④ 확정기여제도는 종업원의 근무용역제공에 따라 매년 발생하는 퇴직금을 기업이 금융기관(기금)에 불입할 때 퇴직금 지급의무를 이행하는 것이므로 퇴직금은 종업원 소유의 자산이며 금융기관의 퇴직금 운용손익과 위험도 종업원에게 귀속되는 제도이다.

⑤ 종업원이 근무용역을 제공하였을 때 근무용역과 교환하여 확정기여제도에 납부해야 할 기여금을 해당 기간의 퇴직급여(해당기간의 비용)로 인식한다.

구분	회계처리			
기여금 납부 시	(차) 퇴직급여	×××	(대) 현금(미지급비용)	×××
종업원 퇴직 시	회계처리 없음			

3. 확정급여제도

(1) 의의

확정기여제도 이외의 모든 퇴직급여제도를 말하며, 확정급여제도에서는 종업원은 확정된 금액의 퇴직급여를 지급받으며 기업은 운용수익을 반영한 금액을 기금에 납부하게 된다.

(2) 특징

① 확정급여제도는 기금에 기여금을 납부하는 것과 상관없이 종업원에게 정해진 퇴직금을 지급한 경우에만 모든 의무가 소멸된다. 따라서 보험수리적가정이 필요하며 퇴직급여 관련 자산(사외적립자산) 및 부채(확정급여채무)가 종업원의 퇴사시점까지 존재하므로 기타포괄손익이 발생한다.

② 확정급여채무란 종업원이 당기까지 근로제공의 대가로서 퇴직하여 수령할 퇴직금 채무를 결제하는 데 필요한 예상 미래지급액의 현재가치이다.

③ 사외적립자산이란 확정급여채무 결제에 대비하여 기업으로부터 분리되게 적립한 자산(또는 같은 효력이 있는 보험계약)을 말한다.

④ 재무상태표에는 확정급여채무의 현재가치가 사외적립자산의 공정가치보다 더 큰 경우에는 순액으로 순확정급여부채로 표시하며, 그 반대로 자산이 더 큰 경우에는 순확정급여자산으로 각각 표시한다.

⑤ 보험수리적위험과 투자위험은 기업이 부담한다.
• 보험수리적위험: 퇴직급여 예측이 실제와 달라 급여가 기대에 못 미칠 위험
• 투자위험: 적립자산이 퇴직급여 지급에 부족할 위험

⑥ 확정급여제도는 종업원의 근무용역제공에 따라 매년 발생하는 퇴직금을 종업원이 퇴직하여 기업으로부터 퇴직금을 실제로 수령할 때 기업이 퇴직금 지급의무를 이행하는 것이므로 퇴직금은 기업 소유의 자산이며, 금융기관의 퇴직금운용손익과 위험도 기업에게 귀속되는 제도이다.

⑦ 확정급여채무와 퇴직급여 계산 시 보험수리적가정을 적용하여 예측단위 적립방식을 사용한다.

⑧ 확정급여제도에서의 재측정요소는 퇴직급여(당기손익)에 반영하지 않고 기타포괄손익으로 인식하여 자본에 계상하며, 후속적으로 당기손익으로 재분류될 수 없다.

(3) 회계처리

당기근무원가	(차) 퇴직급여원가	×××	(대) 확정급여채무	×××
이자원가[*1]	(차) 퇴직급여원가	×××	(대) 확정급여채무	×××
사외적립자산 수익[*2]	(차) 사외적립자산	×××	(대) 퇴직급여원가	×××
과거근무원가	(차) 퇴직급여원가	×××	(대) 확정급여채무	×××
기여금지급	(차) 사외적립자산	×××	(대) 현금	×××
퇴직금지급	(차) 확정급여채무	×××	(대) 사외적립자산	×××

(*1) 확정급여채무 × 할인율
(*2) 사외적립자산의 공정가치 × 확정급여채무에 적용된 할인율

① 재측정요소: 기타포괄손익으로 인식하여 자본에 계상하며, 다음의 세 가지 요소로 구성된다. 후속적으로 당기손익으로 재분류될 수 없다.

보험수리적 손익	• 기말확정급여채무 장부금액 – 기말확정급여채무 현재가치 • (차) 재측정요소　　××× 　(대) 확정급여채무　××× 　　　(기타포괄손실) ⇨ 현재가치 증가
사외적립자산의 수익	• 실제수익 – 확정급여채무의 할인율을 적용하여 인식한 이자수익 • (차) 사외적립자산　　××× 　(대) 재측정요소　　××× 　　　　　　　　　　　　　　(기타포괄이익) ⇨ 공정가치 증가
자산인식상한효과의 변동	• 초과적립액이 존재하는 경우, 자산인식상한효과의 총 변동액과 자산인식상한효과에 대한 이자의 차액을 말함

② 재무제표 표시

재무상태표		포괄손익계산서	
부채		비용	
순확정급여부채	×××[*1]	퇴직급여원가	×××
(퇴직급여부채)		(확정급여원가)	
		기타포괄손익	
		재측정요소	×××

(*1) 확정급여채무의 현재가치 – 사외적립자산의 공정가치

다음은 ㈜한국이 채택하고 있는 확정급여제도와 관련한 자료이다.

• 확정급여채무 계산 시 적용하는 할인율	연 5%
• 기초 확정급여채무의 현재가치	₩700,000
• 기초 사외적립자산의 공정가치	₩600,000
• 당기근무원가	₩73,000
• 사외적립자산에 대한 기여금 출연(기말 납부)	₩90,000
• 퇴직급여 지급액(사외적립자산에서 기말 지급)	₩68,000
• 기말 사외적립자산의 공정가치	₩670,000
• 기말 재무상태표에 표시된 순확정급여부채	₩100,000

㈜한국의 확정급여제도 적용이 포괄손익계산서의 당기순이익과 기타포괄이익에 미치는 영향을 각각 나타내시오.

해설　(1) 당기순이익에 미치는 영향

퇴직급여원가 = 당기근무원가 + 이자원가(기초 확정급여채무 × 할인율) − 이자수익(기초 사외적립자산 × 할인율)

⇨ ₩73,000(퇴직급여원가) + ₩35,000(이자비용) − ₩30,000(이자수익) = ₩78,000 감소

(2) 기타포괄이익에 미치는 영향

확정급여채무

퇴직급여지급액	₩68,000	기초	₩700,000
		당기근무원가	73,000
		이자원가[*1]	35,000
기말	770,000	재측정손실[*2]	30,000
합계	₩838,000	합계	₩838,000

(*1) 이자원가 = ₩700,000 × 0.05 = ₩35,000
(*2) 재측정손익은 대차차액으로 계산

사외적립자산

기초	₩600,000	퇴직급여지급액	₩68,000
기여금	90,000		
이자수익[*3]	30,000		
재측정이익[*4]	18,000	기말	670,000
합계	₩738,000	합계	₩738,000

(*3) 이자수익 = ₩600,000 × 0.05 = ₩30,000
(*4) 재측정손익은 대차차액으로 계산

⇨ ₩30,000(재측정손실) − ₩18,000(재측정이익) = ₩12,000(기타포괄손실)

출제빈도: ★★☆

01 종업원급여에 대한 설명으로 옳지 않은 것은?

① 종업원이 회계기간에 근무용역을 제공할 때, 그 대가로 지급이 예상되는 단기종업원급여는 할인하지 않은 금액으로 인식한다.

② 이익분배제도와 상여금제도와 관련된 원가는 이익분배가 아닌 당기비용으로 인식한다.

③ 누적유급휴가는 종업원이 실제로 유급휴가를 사용하기 전에는 부채나 비용으로 인식하지 않는다.

④ 기업의 제안이 아닌 종업원의 요청에 따른 해고에 따라 생기는 종업원급여는 해고급여에 포함하지 않는다.

⑤ 종업원급여는 종업원이나 그 피부양자(배우자나 자녀 등) 또는 수익자에게 제공하는 경우를 포함하며, 당사자에게 직접 지급하거나 또는 보험회사와 같은 제3자에 대한 지급을 통해 결제될 수 있다.

출제빈도: ★★☆   대표출제기업: 한국공항공사

02 종업원급여의 회계처리에 대한 설명으로 옳지 않은 것은?

① 확정급여채무의 현재가치란 종업원이 당기와 미래 기간에 근무용역을 제공하여 생긴 채무를 결제하기 위해 필요한 예상 미래지급액의 현재가치를 의미한다.

② 퇴직급여채무를 할인하기 위해 사용하는 할인율은 보고기간 말 현재 우량회사채의 시장수익률을 참조하여 결정한다.

③ 확정급여제도의 초과적립액이 있는 경우 순확정급여자산은 초과적립액과 자산인식상한 중에서 작은 금액으로 측정한다.

④ 기타포괄손익에 인식되는 순확정급여부채 또는 순확정급여자산의 재측정요소는 후속 기간에 당기손익으로 재분류하지 않는다.

⑤ 확정기여제도에서 종업원이 받을 퇴직급여액은 기업과 종업원이 기금에 출연하는 기여금과 그 기여금에서 발생하는 투자수익에 따라 결정된다.

출제빈도: ★★☆   대표출제기업: 한국중부발전

03 퇴직급여제도에 대한 설명으로 옳은 것은?

① 확정기여제도에서 기업의 법적의무나 의제의무는 기업이 종업원에게 지급하기로 약정한 급여로 한정된다.

② 확정기여제도에서는 기업이 보험수리적위험과 투자위험을 실질적으로 부담한다.

③ 확정급여제도에서는 기업이 채무나 비용을 측정하기 위해 보험수리적가정을 세울 필요가 없다.

④ 확정급여제도에서는 종업원이 근무용역을 제공하였을 때 근무용역과 교환하여 납부해야 할 기여금을 해당 기간의 퇴직급여(해당 기간의 비용)로 인식한다.

⑤ 확정기여제도에서는 기업이 별개의 실체에 고정기여금을 납부하고 확정급여제도에서 기업의 의무는 약정한 퇴직급여를 종업원에게 지급하는 것이다.

정답 및 해설

01 ③

(1) 단기종업원급여: 종업원이 관련 근무용역을 제공하는 연차 보고기간 후 12개월이 되기 전에 모두 결제될 것으로 예상하는 종업원급여
⇨ 할인하지 않은 금액으로 인식하며, 해당 급여를 자산의 원가에 포함하는 경우가 아니라면 비용으로 인식한다.

(2) 누적유급휴가: 차기 사용가능 ⇨ 가득 여부에 관계없이 채무로 인식한다.

(3) 비누적유급휴가: 차기 사용불가능 ⇨ 사용하기 전에는 부채나 비용으로 인식 불가하다.

(4) 이익분배제도 및 상여금제도: 종업원이 제공하는 근무용역에서 발생 ⇨ 이익분배가 아닌 당기비용으로 인식한다.

(5) 해고급여: 해고하는 대가로 제공되는 종업원급여로, 즉 기업의 요청으로 해고할 때 지급하는 급여로, 종업원의 요청으로 해고할 때 지급하는 급여는 퇴직급여이다.

02 ①

확정급여채무의 현재가치란 종업원이 당기까지 근로제공의 대가로서 퇴직하여 수령할 퇴직금 채무를 결제하는 데 필요한 예상 미래지급액의 현재가치이다.

03 ⑤

확정기여제도에서는 기업이 별개의 실체에 고정기여금을 납부하고 확정급여제도에서 기업의 의무는 약정한 퇴직급여를 종업원에게 지급하는 것이다.

오답노트

① 확정기여제도에서 기업의 법적의무나 의제의무는 기금에 출연하기로 약정한 급여로 한정된다.

② 확정기여제도에서는 종업원이 보험수리적위험과 투자위험을 실질적으로 부담한다.

③ 확정급여제도에서는 예측단위적립방식을 사용하므로 기업이 채무나 비용을 측정하기 위해 보험수리적가정을 세울 필요가 있다.

④ 확정기여제도에서는 종업원이 근무용역을 제공하였을 때 근무용역과 교환하여 납부해야 할 기여금을 해당 기간의 퇴직급여(해당 기간의 비용)로 인식한다.

출제빈도: ★★☆   대표출제기업: KDB산업은행

04 퇴직급여의 회계처리에 대한 설명으로 옳지 않은 것은?

① 확정기여형 퇴직급여제도의 경우 보험수리적위험과 투자위험은 종업원이 부담한다.

② 확정기여형 퇴직급여제도의 경우 기업의 법적의무나 의제의무는 기업이 기금에 출연하기로 약정한 금액으로 한정한다.

③ 확정급여형 퇴직급여제도에서 확정급여채무의 현재가치와 당기근무원가를 결정하기 위해 예측단위적립방식을 사용한다.

④ 확정급여형 퇴직급여제도에서 확정급여채무를 할인하기 위해 사용하는 할인율은 보고기간 말 현재 해당 기업의 자본비용을 사용한다.

⑤ 확정기여형에서 사외적립자산이란 확정급여채무 결제에 대비하여 기업으로부터 분리되게 적립한 자산(또는 같은 효력이 있는 보험계약)을 말한다.

출제빈도: ★★☆

05 종업원급여에 대한 내용 중 퇴직급여에 대한 설명으로 가장 옳은 것은?

① 확정기여제도에서는 기업이 보험수리적위험(급여가 예상에 미치지 못할 위험)과 투자위험(투자한 자산이 예상급여액을 지급하는 데 충분하지 못할 위험)을 실질적으로 부담한다.

② 지배기업과 종속기업처럼 동일 지배 아래에 있는 기업들이 위험을 공유하는 확정급여제도는 복수사용자제도에 해당한다.

③ 확정급여제도에서는 종업원이 근무용역을 제공함에 따라 채무가 생기며, 그 급여가 미래의 근무용역 제공을 조건으로 지급되는지와 관계없이, 즉 급여가 가득되었는지와 관계없이 생긴다.

④ 기타포괄손익에 인식되는 순확정급여부채(자산)의 재측정 요소는 후속 기간에 당기손익으로 재분류하며, 기타포괄손익에 인식된 금액은 자본 내에서 대체할 수 없다.

⑤ 재무상태표에는 확정급여채무의 현재가치가 사외적립자산의 공정가치보다 더 큰 경우에는 순액으로 순확정급여부채로 표시하며, 그 반대로 자산이 더 큰 경우에는 표시하지 아니한다.

정답 및 해설

04 ④
확정급여채무 계산 시 우량회사채의 시장수익률을 사용한다.

05 ③
확정급여제도에서는 종업원이 근무용역을 제공함에 따라 채무가 생기며, 그 급여가 미래의 근무용역 제공을 조건으로 지급되는지와 관계없이, 즉 급여가 가득되었는지와 관계없이 생긴다.

오답노트
① 확정기여제도에서는 종업원이 위험을 부담한다.
② 복수사용자제도는 다음의 특성을 모두 갖고 있는 확정급여제도나 확정기여제도이다.
 • 동일 지배 아래에 있지 않은 여러 기업이 출연한 자산을 공동 관리
 • 둘 이상의 기업의 종업원에게 급여를 제공하기 위해 그 자산을 사용하며, 기여금과 급여 수준은 종업원을 고용하고 있는 개별 기업과 관계없이 결정됨
④ 기타포괄손익에 인식되는 순확정급여부채(자산)의 재측정 요소는 후속 기간에 당기손익으로 재분류하지 않는다.
⑤ 자산이 더 큰 경우에는 순확정급여자산으로 표시하며 확정급여제도의 초과적립액과 자산인식상한 중 적은 금액으로 측정한다.

출제빈도: ★☆☆

06 ㈜한국은 퇴직급여제도로 확정급여제도를 채택하고 있다. 20×1년 초 확정급여채무의 장부금액은 ₩15,000이며, 사외적립자산의 공정가치는 ₩12,000이다. 20×1년의 확정급여제도와 관련하여 발생한 재측정요소는 확정급여채무 재측정손실 ₩2,500, 사외적립자산 재측정이익 ₩600이다. 다음의 자료를 이용할 때, 20×1년 말 순확정급여부채는? (단, 자산인식상한은 고려하지 않는다)

- 20×1년 순확정급여부채 계산 시 적용되는 할인율은 연 10%이다.
- 20×1년 당기근무원가는 ₩4,000이다.
- 20×1년 말 퇴직종업원에게 ₩3,000의 현금이 사외적립자산에서 지급되었다.
- 20×1년 말 사외적립자산에 ₩5,000을 현금으로 출연하였다.

① ₩4,200
② ₩4,400
③ ₩4,600
④ ₩4,800
⑤ ₩5,000

출제빈도: ★☆☆ 대표출제기업: 인천국제공항공사

07 ㈜한국은 확정급여제도를 채택하고 있으며, 20×1년 초 순확정급여부채는 ₩20,000이다. ㈜한국의 20×1년도 확정급여제도와 관련된 자료는 다음과 같다.

- 순확정급여부채(자산) 계산 시 적용한 할인율은 연 6%이다.
- 20×1년도 당기근무원가는 ₩85,000이고, 20×1년 말 퇴직종업원에게 ₩38,000의 현금이 사외적립자산에서 지급되었다.
- 20×1년 말 사외적립자산에 ₩60,000을 현금으로 출연하였다.
- 20×1년에 발생한 확정급여채무의 재측정요소(손실)는 ₩5,000이고, 사외적립자산의 재측정요소(이익)는 ₩2,200이다.

㈜한국이 20×1년 말 재무상태표에 순확정급여부채로 인식할 금액과 20×1년도 포괄손익계산서상 당기손익으로 인식할 퇴직급여 관련 비용은?

	순확정급여부채	퇴직급여 관련 비용
①	₩11,000	₩85,000
②	₩49,000	₩86,200
③	₩43,400	₩86,200
④	₩49,000	₩85,000
⑤	₩51,000	₩85,000

정답 및 해설

06 ①

(1) 기말확정급여채무 계산

확정급여채무

퇴직급여지급액	₩3,000	기초	₩15,000
		당기근무원가	4,000
		이자원가	1,500
기말	20,000	재측정손실	2,500
합계	₩23,000	합계	₩23,000

(2) 기말사외적립자산 계산

사외적립자산

기초	₩12,000	퇴직급여지급액	₩3,000
기여금	5,000		
이자수익	1,200		
재측정이익	600	기말	15,800
합계	₩18,800	합계	₩18,800

(3) 기말순확정급여부채: ₩20,000 − ₩15,800 = ₩4,200

07 ②

사외적립자산

기초	₩12,000	퇴직급여지급액	₩3,000
기여금	5,000		
이자수익	1,200		
재측정이익	600	기말	15,800
합계	₩18,800	합계	₩18,800

순확정급여부채

기여금	₩60,000	기초	₩20,000
		당기근무원가	85,000
		이자원가	1,200
기말	49,000	재측정손실	2,800
합계	₩109,000	합계	₩109,000

⇨ 퇴직급여 관련 비용: ₩85,000(당기근무원가) + ₩1,200(이자원가) = ₩86,200

주식기준보상거래	• 주식기준보상거래의 의의 • 주식기준보상거래의 분류
주식기준보상거래 회계처리	• 주식결제형 주식기준보상거래 • 현금결제형 주식기준보상거래

01 주식기준보상거래의 의의와 분류

출제빈도 ★

1. 주식기준보상거래의 의의

주식기준보상거래란 기업이 재화나 용역을 제공받는 대가로 기업의 지분상품(주식 또는 주식선택권 등)을 부여하거나, 기업의 주식이나 다른 지분상품의 가격에 기초한 금액만큼의 부채를 부담하는 거래를 말한다.

〈주식기준보상거래〉

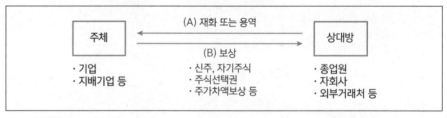

2. 주식기준보상거래의 분류

(1) 주식결제형 주식기준보상거래

① 기업이 종업원에게 용역을 제공받는 대가로 기업의 지분상품(주식 또는 주식선택권 등)을 부여하는 보상거래를 의미한다.
② 주식결제형 주식기준보상거래의 경우 보상원가를 자본으로 인식한다.

(2) 현금결제형 주식기준보상거래

① 기업이 종업원에게 용역을 제공받는 대가로 기업의 주식이나 다른 지분상품의 가격(또는 가치)에 기초한 금액만큼 현금으로 결제하는 보상거래를 의미한다.
② 현금결제형 주식기준보상거래의 경우 보상원가를 부채로 인식한다.

1. 용어정리

주식기준보상거래의 회계처리를 구체적으로 살펴보기 위하여 몇 가지 알아두어야 할 용어를 정리하면 다음과 같다.

(1) 보상원가

기업이 주식기준보상거래를 통해 거래상대방에게서 제공받는 재화나 용역의 원가를 말한다. 보상원가는 당기비용으로 회계처리하거나 재고자산, 유형자산, 무형자산 등에 관한 한국채택국제회계기준(K-IFRS)에 따라 자산의 원가에 포함한다.

(2) 가득

부여된 지분상품에 대한 자격의 획득을 말한다. 거래상대방은 가득조건을 충족할 때 현금, 그 밖의 자산이나 기업의 지분상품(자기주식 또는 신주)을 받을 자격을 얻게 된다.

(3) 가득기간

주식기준보상약정에서 지정하는 가득조건이 충족되어야 하는 기간을 말한다.

(4) 가득조건

주식기준보상약정에 따라 거래상대방이 현금, 그 밖의 자산이나 기업의 지분상품을 받을 무조건부 권리를 얻기 위하여 충족해야 하는 조건을 말한다. 가득조건에는 용역제공조건과 성과조건(비시장성과조건, 시장성과조건)이 있다.

용역제공조건	특정기간 동안 계속 근무해야 하는 조건
성과조건	주식기준보상 약정에 따라 거래 상대방이 일정성과를 달성하여야 하는 조건

(5) 주식선택권(주식옵션)

보유자에게 특정기간 동안 확정되었거나 결정가능한 가격으로 기업의 주식을 매수할 수 있는 권리(의무는 아님)를 부여하는 계약을 말한다.

(6) 공정가치

합리적 판단력과 거래의사가 있는 독립된 당사자 간의 거래에서 자산이 교환되거나, 부채가 결제되거나, 부여된 지분상품이 교환될 수 있는 금액을 말한다.

(7) 내재가치

주식기준보상거래가 있을 때 다음 거래상대방이 청약(조건부 또는 무조건부)할 권리를 갖고 있거나 제공받은 권리를 갖고 있는 주식의 공정가치와 거래상대방이 당해 주식에 대해 지불해야 하는 가격의 차이를 말한다. 예를 들어 주식선택권의 행사가격이 ₩15이고 기초주식의 공정가치가 ₩20이라면 주식선택권의 내재가치는 ₩5(= ₩20 - ₩15)이다.

(8) 부여일

기업과 거래상대방(종업원 포함)이 주식기준보상약정에 합의한 날을 말한다.

2. 주식결제형 주식기준보상거래

(1) 의의

① 주식결제형 주식기준보상거래란 기업이 재화나 용역을 제공받는 대가로 기업의 지분상품(주식 또는 주식선택권 등)을 부여하는 조건의 주식기준보상거래를 말한다.

② 주식결제형 주식기준보상거래의 경우에는 교부받은 권리자가 권리를 행사하는 경우 기업은 행사가격만큼의 현금을 수령하고 그 대가로 기업의 지분상품을 발행하여 권리자에게 결제하게 된다.

(2) 회계처리

제공받은 재화나 용역의 공정가치 또는 부여한 지분상품의 공정가치를 신뢰성 있게 추정할 수 있는 경우에는 가득조건 등에 따라 다음과 같이 회계처리한다.

① 주식선택권의 부여일에는 아직 종업원으로부터 제공받은 근무용역이 없으므로 인식할 주식보상비용이 없다. 따라서 기업이 주식선택권의 부여일에 할 회계처리는 없다.

② 거래상대방이 특정기간의 용역을 제공하여야 부여된 지분상품이 가득된다면(용역제공조건), 지분상품의 대가에 해당하는 용역을 미래 가득기간에 제공받는 것으로 본다. 예컨대, 종업원에게 3년간 근무하는 조건으로 주식선택권을 부여하는 경우, 주식선택권의 대가에 해당하는 근무용역을 미래 3년의 가득기간에 제공받는 것으로 본다. 따라서 이러한 경우 부여일 기준으로 측정한 주식선택권의 공정가치를 종업원이 근무하는 기간 동안 안분한 금액을 매 보고기간 말에 당기비용으로 인식하고 동 금액을 자본으로 인식한다.

(차) 주식보상비용 ××× (대) 주식선택권(자본조정)[*1] ×××
(*1) 보상원가 × 경과기간/가득기간 – 전기까지 계상한 주식선택권

③ 이때 주의할 점은 부여한 지분상품의 대가로 제공받는 재화나 용역에 대해 인식하는 금액이 궁극적으로 가득되는 지분상품의 수량에 기초하여 결정될 수 있도록 해야 한다는 것이다. 따라서 종업원이 용역제공기간 동안 근무하지 못할 것으로 예상되는 경우에는 미래에 가득될 것으로 기대되는 지분상품의 수량을 변경하고, 가득일에는 궁극적으로 가득된 지분상품의 수량과 일치하도록 당해 추정치를 변경한다.

④ 주식결제형 주식기준보상거래에서는 주식선택권(옵션)의 공정가치를 권리부여일에 한 번만 측정하기 때문에 권리부여일 이후에는 주식선택권의 공정가치 변동에 따라 보상원가를 수정하지 않는다. 왜냐하면, 일정기간에 걸쳐 제공받는 근무용역의 공정가치가 후속적으로 일어나는 주식선택권의 공정가치 변동에 따라 영향을 받지는 않기 때문이다.

⑤ 종업원이 가득하여 주식선택권을 행사하면, 기업은 행사가격만큼 현금을 수령하고 주식을 발행하므로 행사일의 주식선택권 장부금액을 제거하고, 제거되는 주식선택권 장부금액과 수령한 행사가격의 합계액을 자본금과 주식발행초과금으로 계상한다.

(차) 주식선택권	×××(공정가치)	(대) 자본금	×××(액면금액)
현금	×××(행사가액)	주식발행초과금	×××(대차차액)

▤ 시험문제 미리보기!

㈜한국은 20×1년 초에 부여일로부터 3년의 지속적인 용역제공을 조건으로 직원 100명에게 주식선택권을 1인당 10개씩 부여하였다. 20×1년 초 주식선택권의 단위당 공정가치는 ₩150이며, 주식선택권은 20×4년 초부터 행사할 수 있다. ㈜한국의 연도별 실제 퇴직자 수 및 추가퇴직 예상자 수는 다음과 같다.

구분	실제 퇴직자 수	추가퇴직 예상자 수
20×1년 말	5명	15명
20×2년 말	8명	17명

㈜한국이 20×2년도에 인식할 보상비용을 계산하시오.

해설 (1) 20×1년 말 주식보상비용: (100 − 20) × 10 × ₩150 × 1/3 = ₩40,000
　　 (2) 20×2년 말 주식보상비용: (100 − 30) × 10 × ₩150 × 2/3 − ₩40,000 = ₩30,000

3. 현금결제형 주식기준보상거래

(1) 의의

① 현금결제형 주식기준보상거래란 회사가 재화나 용역을 제공받는 대가로 회사의 지분상품의 가치에 기초하여 현금이나 그 밖의 자산으로 결제하는 주식기준보상거래를 말한다.

② 현금결제형 주식기준보상거래의 대표적인 예로서 일정기간 회사의 주가가 지정된 가격을 초과하는 경우 그 보유자에게 그 초과금액을 현금으로 결제하는 주가차액보상권을 들 수 있다.

(2) 회계처리

현금결제형 주식기준보상거래의 경우에는 가득조건 등에 따라 다음과 같이 회계처리한다.

① 주가차액보상권의 부여일에는 아직 종업원으로부터 제공받은 근무용역이 없으므로 인식할 주식보상비용이 없다. 따라서 기업이 주식차액보상권의 부여일에 할 회계처리는 없다.

② 종업원이 특정 용역제공기간을 근무해야만 주가차액보상권이 가득된다면, 제공받는 근무용역과 그 대가로 부담하는 부채는 그 용역제공기간 동안 보고기간 말 기준으로 재측정한 주가차액보상권의 공정가치를 종업원이 근무하는 기간 동안 안분한 금액을 매 보고기간 말에 부채로 인식한다. 회계처리를 예시하면 다음과 같다.

(차) 주식보상비용	×××	(대) 장기미지급급여(부채)[*1]	×××

(*1) 당기 말 공정가치 × 행사예상개수 × 경과기간/가득기간 − 전기까지 비용인식액

③ 종업원이 가득하여 주가차액보상권을 행사하면 내재가치에 해당하는 금액을 현금으로 지급하고 장기미지급비용금액을 제거한다. 현금지급액과 장기미지급비용 장부금액의 차액은 당기비용으로 인식한다.

(차) 장기미지급급여	×××	(대) 현금	×××(내재가치)
주식보상비용	×××		

ejob.Hackers.com

출제빈도: ★☆☆

01 주식기준보상에 대한 설명으로 옳지 않은 것은?

① 현금결제형 주식기준보상거래의 경우, 제공받는 재화나 용역과 그 대가로 부담하는 부채를 부채의 공정가치로 측정한다.

② 현금결제형 주식기준보상거래의 경우, 부채가 결제될 때까지 매 보고기간 말과 결제일에 부채의 공정가치를 재측정하고, 공정가치의 변동액은 기타포괄손익으로 인식한다.

③ 주식결제형 주식기준보상거래의 경우, 제공받는 용역의 공정가치를 신뢰성 있게 추정할 수 없다면, 제공받는 용역과 그에 상응하는 자본의 증가는 부여된 지분상품의 공정가치에 기초하여 간접 측정한다.

④ 주식결제형 주식기준보상거래의 경우, 부여한 지분상품의 공정가치에 기초하여 거래를 측정하는 경우에는 지분상품의 부여조건을 고려하여 측정기준일 현재 공정가치를 측정한다.

⑤ 현금결제형 주식기준보상거래의 경우, 주가차액보상권의 부여일에는 아직 종업원으로부터 제공받은 근무용역이 없어 인식할 주식보상비용이 없으므로 기업이 주식차액보상권의 부여일에 할 회계처리는 없다.

출제빈도: ★★☆ 　대표출제기업: KDB산업은행

02 ㈜한국은 20×1년 초 종업원 100명에게 1인당 주식선택권을 10개씩 부여하였으며, 관련 자료는 다음과 같다. ㈜한국이 20×3년 인식할 주식보상비용은?

- 가득요건: 20×1년 초부터 4년간 근무
- 20×1년 초 주식선택권의 단위당 공정가치: ₩100
- 연도별 세부자료

연도	주식선택권 단위당 기말공정가치	해당 연도 실제 퇴직자	향후 추가퇴직예상자
20×1년	₩120	3명	14명
20×2년	₩130	2명	7명
20×3년	₩150	1명	4명
20×4년	₩160	4명	–

① ₩13,500　　　　　　② ₩23,500　　　　　　③ ₩33,500

④ ₩43,500　　　　　　⑤ ₩45,000

정답 및 해설

01 ②

현금결제형 주식기준보상거래의 경우, 부채가 결제될 때까지 매 보고기간 말과 결제일에 부채의 공정가치를 재측정하고, 공정가치의 변동액은 당기손익으로 인식한다. (급여에 가감)

02 ②

(1) 20×2년 누적 주식보상비용: (100명 - 3명 - 2명 - 7명) × 10개 × ₩100 × 2/4 = ₩44,000

(2) 20×3년 누적 주식보상비용: (100명 - 10명) × 10개 × ₩100 × 3/4 = ₩67,500

(3) 20×3년 주식보상비용: (1) - (2) = ₩23,500

03 ㈜한국은 20×1년 초 부여일로부터 3년의 용역제공을 조건으로 직원 50명에게 각각 주식선택권 10개를 부여하였으며, 부여일 현재 주식선택권의 단위당 공정가치는 ₩1,000으로 추정되었다. 주식선택권 1개로는 1주의 주식을 부여받을 수 있는 권리를 가득일로부터 3년간 행사가 가능하며, 총 35명의 종업원이 주식선택권을 가득하였다. 20×4년 초 주식선택권을 가득한 종업원 중 60%가 본인의 주식선택권 전량을 행사하였다면, ㈜한국의 주식발행초과금은 얼마나 증가하는가? (단, ㈜한국 주식의 주당 액면금액은 ₩5,000이고, 주식선택권의 개당 행사가격은 ₩7,000이다)

① ₩630,000   ② ₩1,050,000   ③ ₩1,230,000

④ ₩1,470,000   ⑤ ₩1,500,000

출제빈도: ★☆☆

04 ㈜한국은 20×3년 1월 1일 종업원 40명에게 1인당 주식선택권 40개씩 부여하였다. 동 주식선택권은 종업원이 향후 3년 동안 ㈜한국에 근무해야 가득된다. 20×3년 1월 1일 현재 주식선택권의 단위당 공정가치는 ₩300으로 추정되었으며, 행사가격은 단위당 ₩600이다. 각 연도 말 주식선택권의 공정가치와 퇴직 종업원 수는 다음과 같다.

연도 말	주식선택권 단위당 공정가치	실제 퇴직자	추가 퇴직 예상자
20×3	₩300	2명	6명
20×4	₩400	4명	2명
20×5	₩500	1명	–

20×6년 초에 가득된 주식선택권의 50%가 행사되어 ㈜한국이 주식(단위당 액면금액 ₩500)을 교부하였다면, 주식선택권 행사로 인해 증가되는 자본은?

① ₩66,000

② ₩198,000

③ ₩264,000

④ ₩396,000

⑤ ₩404,000

정답 및 해설

03 ①

(1) 주식선택권 1개가 행사된다고 가정할 경우의 회계처리는 다음과 같다.

(차) 현금	7,000	(대) 자본금	5,000
주식선택권	1,000	주식발행초과금	3,000

(2) 1개 행사 시의 주식발행초과금에 행사개수를 곱하면 주식발행초과금을 계산할 수 있다.

∴ ₩3,000 × 35명 × 10개 × 0.6 = ₩630,000

04 ④

주식선택권 행사로 인해 증가되는 자본은 주식선택권 행사로 인하여 증가되는 현금유입액을 계산하면 된다.

∴ (40명 – 2명 – 4명 – 1명) × 40개 × ₩600 × 0.5 = ₩396,000

제4장 | 주당이익

기본주당이익	• 의의 • 주당이익의 유용성 • 보통주이익의 계산
가중평균유통보통주식수	• 자기주식과 유상증자 • 무상증자, 주식배당, 주식분할 및 주식병합 • 시가 이하의 유상증자
희석주당순이익	• 희석주당순이익 산정방법

---

01 기본주당이익

출제빈도 ★★★

1. 주당이익

(1) 의의

① 기업의 재무적 지표 중에서 주당이익은 이익을 보통주식수로 나눈 값으로서, 보통주 주주의 입장에서 기업의 성과를 가장 잘 요약한 결과이다.

② 예를 들어, 당기 주당이익 ₩100은 보통주 1주를 가진 주주에게 귀속될 수 있는 당기이익이 ₩100이라는 의미이다.

③ 기업마다 자본이나 이익 규모가 상이하므로 단순히 이익만 비교하는 것은 기업의 성과비교에서 적절하지 못하다.

④ 이에 반해 주당이익은 보통주 주주의 주식 1주당 투자액을 기준으로 영업의 결과를 표시하는 장점이 있다.

(2) 유용성

① 주당이익을 통해 기업 간 비교와 기간별 비교가능성이 제고된다.

② PER는 주식투자 관련 의사결정에 자주 이용된다. PER는 수익성 대비 주가의 수준을 표시하는데, 주가 변동설명에 유용하며, PER에 의해 기업 간 또는 기간별 주가의 적정성을 판단할 수 있다.

③ 기업의 배당성향 파악에 유용하다. 배당성향은 주식 1주당 배당금액을 주당이익으로 나눈 값으로서, 그 기업의 1주당 이익 대비 배당액을 쉽게 설명할 수 있다.

580 온/오프라인 취업강의 · 무료 취업자료 ejob.Hackers.com

2. 기본주당순이익의 계산

기본주당순이익과 기본주당계속영업이익은 보통주당기순이익과 보통주계속영업이익을 각각 유통보통주식수로 나눈 금액이다.

$$기본주당순손익(계속영업손익) = \frac{보통주당기순손익(계속영업손익)}{유통보통주식수}$$

3. 보통주이익

포괄손익계산서에서는 기업의 이익 창출활동의 결과가 당기순이익으로 보고되는데, 당기순이익에서 우선주 배당금을 지급한 후 나머지 이익을 보통주당기순이익이라 한다.

(1) 보통주당기순손익(보통주계속영업손익)

① 보통주당기순이익(손실) = 당기순손익(세후) − 우선주배당금 등
② 보통주계속영업이익(손실) = 계속영업손익(세후) − 우선주배당금 등

(2) 우선주배당금

① 비누적적 우선주의 경우: 당해 보고기간의 배당결의된 세후 배당금이다.
② 누적적 우선주의 경우: 배당결의와 관계없이 당해 보고기간의 세후 배당금이다. 따라서 전기 이전의 기간과 관련하여 당기에 지급되거나 결의된 배당금은 제외한다.

4. 유통보통주식수

주당이익계산의 분모에 해당하는 가중평균유통보통주식수는 경제적자원이 유입 또는 유출되는 경우를 기준으로 가중평균하여 산출한다.

(1) 자기주식과 유상증자

① 회사가 자기주식을 유상으로 취득한 경우에는 경제적자원이 유출되므로 자기주식 취득시점 이후부터 매각시점까지의 보유기간 동안 유상감자는 보통주식에 포함하지 아니한다.
② 당기 중에 유상증자로 보통주가 발행된 경우에는 유통보통주식수를 당해주식의 발행일을 기준으로 기간경과에 따라 가중평균하여 조정한다.
③ 회사가 자기주식을 유상감자한 경우에는 경제적 자원이 유출되므로 유통보통주식수에 포함하지 않는다.

㈜한국의 20×1 회계연도 보통주에 귀속되는 당기순이익이 ₩1,000,000일 때 20×1년 12월 31일 결산일 현재 기본주당이익을 산출하기 위한 가중평균유통보통주식수를 계산하시오.
(단, 가중평균유통보통주식수는 월할로 계산한다)

〈유통보통주식수의 변동〉

일자	내용	주식수
20×1년 1월 1일	기초	12,000주
20×1년 3월 1일	유상증자	3,000주
20×1년 7월 1일	자기주식 취득	3,000주
20×1년 9월 1일	유상증자	6,000주

해설   유통보통주식수 계산 시 자기주식은 취득시점 이후부터 매각시점까지의 기간 동안 유통보통주식수에서 제외하고, 유상증자는 당해주식의 발행일을 기준으로 기간경과에 따라 가중평균하여 조정한다.

$$\therefore 12,000주 \times \frac{12}{12} + 3,000주 \times \frac{10}{12} - 3,000주 \times \frac{6}{12} + 6,000주 \times \frac{4}{12} = 15,000주$$

(2) 무상증자, 주식배당, 주식분할 및 주식병합

① 당기 중에 무상증자, 주식배당, 주식분할 및 주식병합이 실시된 경우에는 경제적 자원의 유입 또는 유출 없이 보통주가 새로 발행되거나 감소하여 유통보통주식수가 변동한다.

② 이 경우에는 기초에 실시된 것으로 간주(기중의 유상증자로 발행된 신주에 대해서는 신주의 발행일에 실시된 것으로 간주)하여 유통보통주식수를 조정한다.

㈜한국의 20×1년 1월 1일 현재 유통보통주식수는 150,000주이다. ㈜한국은 20×1년 3월 1일 10%의 주식배당, 20×1년 7월 1일 보통주 35,000주의 유상증자, 20×1년 9월 1일 10%의 무상증자를 실시하였다. ㈜한국의 20×1년도 보통주에 귀속되는 당기순이익이 ₩22,082,500이라고 할 때 기본주당순이익을 계산하시오. (단, 가중평균유통보통주식수는 월수를 기준으로 계산한다)

해설   (1) 보통주에 귀속되는 당기순이익: ₩22,082,500

(2) 가중평균유통보통주식수: $(150,000주 + 15,000주 + 16,500주) \times \frac{12}{12} + (35,000주 + 3,500주) \times \frac{6}{12} = 200,750주$

(3) 기본주당순이익: ₩22,082,500 ÷ 200,750주 = ₩110

(3) 주주우선배정 신주발행(시가 이하의 유상증자)

① 주주우선배정 신주발행의 경우에는 발행가격이 주식의 공정가치보다 작은 것이 일반적이다. 즉, 유상증자는 대부분의 경우 시가 이하로 증자를 하게 된다.

② 이러한 경우 공정가치에 의한 유상증자와 무상증자가 혼합된 것으로 보아 시가로 유상증자를 실시한 후 무상증자가 이루어진 것으로 간주하여 가중평균유통보통주식수를 산정한다.

▤ 시험문제 미리보기!

다음의 자료를 이용하여 산출한 ㈜한국의 20×1년 말 기본주당순이익을 구하시오. (단, 가중평균유통보통주식수는 월할 계산한다)

- 20×1년도 당기순이익: ₩88
- 20×1년 1월 1일 유통보통주식수: 30주
- 20×1년 7월 1일 유상증자: 보통주 25주(주주우선배정 신주발행으로 1주당 발행가액은 ₩4이며, 이는 유상증자 권리락 직전 주당 종가 ₩5보다 현저히 낮음)
- 20×1년 12월 31일 보통주 시가: 주당 ₩6

해설 (1) 7월 1일 시가 이하의 유상증자로 인하여 실질 유상증자 직후 무상증자가 실시된 것으로 간주한다.
       (2) 실질 유상증자 주식수: (25주 × ₩4 = ₩100) ÷ ₩5 = 20주
       (3) 무상증자주식수: 25주 - 20주 = 5주
       (4) 가중평균유통주식수: 33주 × 12/12 + 22주 × 6/12 = 44주
       (5) 기본주당순이익(EPS): ₩88 ÷ 44주 = ₩2

---

(4) 전환사채 또는 전환우선주의 전환관련 유통보통주식수

① 전환사채 또는 전환우선주 등의 전환금융상품 전환으로 보통주를 발행하는 경우에는 전환일부터 유통보통주식수에 반영한다.

② 기준서에서는 보통주로 반드시 전환하여야 하는 전환금융상품은 계약체결시점부터 기본주당순이익을 계산하기 위한 보통주식수에 포함하도록 규정하고 있다.

희석주당이익은 희석효과가 있는 잠재적보통주(이를 '희석성 잠재적보통주'라고 함)가 모두 기초(당해 잠재적보통주의 발행일이 당기 중인 경우에는 발행일)에 전환 또는 행사된 것으로 가정하여 주당이익을 계산한 것이다. 따라서 희석주당이익은 기본주당이익 계산식을 다음과 같이 조정하여 계산한다.

1. 희석주당순손익(계속영업손익)

$$\frac{보통주당기순손익(계속영업손익) + 변동될 \ 보통주당기순손익(계속영업손익) \ 증가}{유통보통주식수 + 희석성 \ 잠재적보통주식수}$$

2. 희석주당이익

잠재적보통주의 권리행사가 기초(당해 잠재적보통주의 발행일이 당기 중인 경우에는 발행일)에 이루어진 것으로 가정하여 기본주당이익이 희석될 수 있다는 가능성을 제시한 것이다.

3. 잠재적보통주

보통주를 받을 수 있는 권리가 보유자에게 부여된 금융상품이나 계약 등을 의미하는 것으로 그 예는 다음과 같다.

(1) 전환금융상품

보통주로 전환할 수 있는 지분상품이나 금융부채이다.
예 전환우선주, 전환사채

(2) 주식선택권(옵션)과 주식매입권

보유자가 보통주를 매입할 수 있는 권리를 가지는 금융상품이다.
예 옵션과 주식매입권, 신주인수권부사채, 주식결제형 주식기준보상

(3) 조건부발행보통주

사업결합 또는 자산취득과 같이 계약상 합의에 따라 조건이 충족되면 발행하는 보통주이다.

㈜한국은 20×6년 10월 1일 전환사채권자의 전환권 행사로 1,000주의 보통주를 발행하였다. 20×6년 말 주당이익 관련 자료가 다음과 같을 때 20×6년도 기본주당이익과 희석주당이익을 계산하시오. (단, 유통보통주식수 계산 시 월할계산하며 전환간주일 개념은 적용하지 않는다)

- 기초유통보통주식수 8,000주
- 당기순이익 ₩198,000
- 보통주 1주당 액면금액 ₩1,000
- 전환사채 액면금액은 ₩1,000,000이며 전환가격은 1주당 ₩500
- 포괄손익계산서상 전환사채 이자비용 ₩15,000
- 법인세율 20%

해설　(1) 기본주당이익 계산

날짜	적요	주식수	가중치	평균주식수
1/1	기초 보통주	8,000	12/12	8,000
10/1	전환권 행사	1,000	3/12	250
			가중평균유통보통주	8,250주

　⇨ 기본주당이익: ₩198,000 ÷ 8,250주 = ₩24

(2) 희석주당이익 계산
- 잠재적보통주: 1,000주 × 12/12 + 1,000주 × 9/12 = 1,750주
- 희석주당순이익: ₩15,000 × (1 − 0.2) = ₩12,000
- 희석화효과: ₩12,000 ÷ 1,750 = ₩6.86

(3) 희석주당이익: $\dfrac{(₩198,000 + ₩12,000)}{(8,250주 + 1,750주)} = ₩21$

출제빈도: ★★☆ 대표출제기업: 한국가스공사

01 20×1년 ㈜한국의 보통주 발행주식수 변동상황은 다음과 같다. 20×1년 ㈜한국의 당기순이익이 ₩2,070,000이라면 기본주당순이익은 얼마인가? (단, 가중평균유통보통주식수 계산은 월할로 하며, 기본주당순이익은 소수점 첫째 자리에서 반올림하여 계산한다)

일자	변동내용	발행주식수
20×1년 1월 1일	기초	1,500주
20×1년 7월 1일	무상증자	400주
20×1년 10월 1일	유상증자	400주
20×1년 12월 31일	기말	2,300주

① ₩900 ② ₩1,035 ③ ₩1,150
④ ₩1,250 ⑤ ₩1,350

출제빈도: ★★☆   대표출제기업: 한국원자력환경공단

02 ㈜한국의 20×1년 당기순이익은 ₩3,000,000이다. ㈜한국의 20×1년 1월 1일 유통주식수는 10,000주이며, 4월 1일 자기주식 1,000주를 취득하였고, 10월 1일에는 유상증자를 통해 3,000주를 발행하였다. 20×1년 우선주 배당금이 ₩400,000인 경우 ㈜한국의 주당순이익은? (단, 가중평균유통주식수는 월수로 계산한다)

① ₩200   ② ₩250   ③ ₩260

④ ₩300   ⑤ ₩350

정답 및 해설

01 ②

(1) $1,900주 \times \dfrac{9}{12} + 2,300주 \times \dfrac{3}{12} = 2,000주$

(2) ₩2,070,000 ÷ 2,000주 = ₩1,035

02 ③

(1) 가중평균유통보통주식수: $10,000주 \times \dfrac{3}{12} + 9,000주 \times \dfrac{6}{12} + 12,000주 \times \dfrac{3}{12} = 10,000주$

(2) 주당순이익: (₩3,000,000 − ₩400,000) ÷ 10,000주 = ₩260

출제빈도: ★★☆

03 ㈜한국의 20×1년 보통주의 변동내역은 아래와 같다. 4월 1일 실시한 보통주식의 유상증자는 주주우선 배정방식에 따른 것으로, 공정가치 미만으로 실시되었다. 유상증자 직전 주당 공정가치는 ₩80이며 유상증자 시 주당 실제 발행금액은 ₩40이다. 이때 20×1년도 ㈜한국의 가중평균유통보통주식수는 몇 주인가? (단, 모든 계산은 월 단위 계산을 기준으로 하며, 이론적 권리락 주당공정가치 및 조정비율 계산 시 소수점 둘째 자리 이하는 버린다)

구분	보통주식수
기초	9,000
4월 1일 유상증자	2,000
기말	11,000

① 10,125주   ② 10,325주   ③ 10,525주

④ 10,625주   ⑤ 10,725주

출제빈도: ★★☆ 대표출제기업: 신용보증기금

04 20×1년 1월 1일 설립한 ㈜한국의 20×1년 보통주(주당 액면금액 ₩5,000) 변동현황은 다음과 같다.

구분	내용	보통주 증감
1월 1일	유통보통주식수	9,000주 증가
7월 1일	유상증자	2,000주 증가
10월 1일	자기주식 취득	1,800주 감소

20×1년 7월 1일 주당 ₩5,000에 유상증자가 이루어졌으며, 유상증자 직전 주당공정가치는 ₩10,000이다. 20×1년 기본주당순이익이 ₩900일 때, 당기순이익은? (단, 우선주는 없고, 가중평균유통보통주식수는 월할계산한다)

① ₩8,000,000　　　　　　② ₩9,000,000　　　　　　③ ₩10,000,000

④ ₩11,000,000　　　　　　⑤ ₩12,000,000

PART 2 \ 재무회계 특수분야

해커스공기업 쉽게 끝내는 회계학 기본서

정답 및 해설

03 ⑤
　(1) 유상증자로 인한 현금수령액: 2,000주 × ₩40 = ₩80,000
　(2) 공정가치로 발행 시 발행주식수: ₩80,000 ÷ ₩80 = 1,000주
　(3) 무상증자 비율: 1,000주 ÷ (9,000주 + 1,000주) = 10%
　(4) 가중평균유통보통주식수: $9,000주 \times (1 + 10\%) \times \frac{3}{12} + 11,000주 \times \frac{9}{12} = 10,725주$

04 ②
　(1) 시가 이하의 유상증자
　　• 시가 유상증자 주식수: 2,000주 × ₩5,000/₩10,000 = 1,000주
　　• 무상증자 비율: (2,000주 - 1,000주) ÷ 10,000주 = 0.10
　(2) 가중평균유통주식수: 9,900(= 9,000 + 900) × 12/12 + 1,100(= 1,000 + 100) × 6/12 - 1,800 × 3/12 = 10,000주
　(3) 당기순이익: ₩900 × 10,000주 = ₩9,000,000

✓**핵심 포인트**

법인세의 계산	• 회계이익과 과세소득의 차이 • 과세소득의 산출
회계이익과 과세소득차이의 유형	• 일시적차이 • 영구적차이
법인세기간 간 배분	• 법인세부담액 계산 • 이연법인세자산의 계산 • 이연법인세부채의 계산 • 법인세비용의 계산
법인세기간 내 배분	• 자본에 가감하는 법인세

01 법인세회계의 의의와 목적

출제빈도 ★

1. 정의

법인세기간배분(interperiod tax allocation)이란 한국채택국제회계기준에 의한 자산·부채의 장부금액과 법인세법상 자산·부채의 장부금액이 일치하지 않음으로써 발생하는 일시적차이(temporary difference)의 세금효과를 차기 이후의 기간에 배분하는 것을 말하는 것으로 이연법인세(deferred income taxes)회계라고도 한다.

2. 목적

법인세기간배분의 목적은 특정 보고기간에 발생한 일시적차이에 대한 세금효과를 차기 이후의 기간에 배분함으로써 재무제표에 보고되는 자산·부채가 적정하게 표시되도록 하고 수익과 비용을 합리적으로 대응시키는 데 있다.

3. 법인세의 신고 및 납부

① 법인세(corporate income tax)란 법인이 얻은 소득(과세소득)에 대하여 그 법인에게 과세하는 국세를 의미한다.

② 당기 및 과거기간에 대한 당기법인세 중 납부되지 않은 부분을 부채(당기법인세부채)로 인식한다. 만일 과거기간에 이미 납부한 금액이 그 기간 동안 납부하여야 할 금액을 초과하였다면 그 초과금액은 자산(당기법인세자산)으로 인식한다.

③ 법인은 각 사업연도 종료일이 속하는 달의 말일(보고기간 말)부터 3개월 이내에 법인세를 신고 및 납부하여야 한다.

4. 세무조정

① 당기법인세란 회계기간의 과세소득에 대하여 납부할 법인세액을 말한다.

② 회계이익이란 법인세비용 차감 전 회계기간의 손익을 말한다. 즉, 당기손익으로 분류되는 법인세비용차감전순이익을 의미한다.

③ 과세소득이란 과세당국이 제정한 법규에 따라 납부할 법인세를 산출하는 대상이 되는 회계기간의 이익을 말한다. 법인세법에서는 이를 각 사업연도 소득금액이라고 부른다.

④ 당기법인세를 계산하기 위해서는 회계이익과 과세소득의 차이를 조정하여야 하는데 이를 세무조정(tax reconciliation)이라고 한다.

세무조정 구분		의미
가산조정	익금산입	회계상 수익이 아니지만 세법상 익금에 해당할 경우 회계이익에 가산하는 조정
	손금불산입	회계상 비용이지만 세법상 손금에 해당하지 않을 경우 회계이익에 가산하는 조정
차감조정	손금산입	회계상 비용이 아니지만 세법상 손금에 해당할 경우 회계이익에서 차감하는 조정
	익금불산입	회계상 수익이지만 세법상 익금에 해당하지 않을 경우 회계이익에서 차감하는 조정

기업회계	세무조정	법인세법
수익	(+) 익금산입, (−) 익금불산입	익금
(−) 비용	(−) 손금산입, (+) 손금불산입	(−) 손금
회계이익	(+) 익금산입, (−) 익금불산입 (−) 손금산입, (+) 손금불산입	과세소득

5. 소득처분

(1) 의의

소득처분이란 세무조정사항에 대한 귀속을 확정하는 절차를 말한다.

(2) 유형

세무조정	소득처분	소득처분의 영향
익금산입·손금불산입 (가산조정)	사외유출	거래상대방에게 소득 발생 ⇨ 법인의 원천징수의무 발생
	유보 (차감할 일시적차이)	세법상 순자산(자본) 증가 • 세법상 자산 증가 • 세법상 부채 감소
	기타	세법상 순자산(자본) 불변 • 세법상 자산 불변 • 세법상 부채 불변
손금산입·익금불산입 (차감조정)	△유보 (가산할 일시적차이)	세법상 순자산(자본) 감소 • 세법상 자산 감소 • 세법상 부채 증가
	기타	세법상 순자산(자본) 불변 • 세법상 자산 불변 • 세법상 부채 불변

(3) 유보와 △유보

① 유보(△유보)란 회계상 순자산(자본)과 세법상 순자산(자본)의 차이를 의미한다.
② 유보로 소득처분하면 세법상 자산이 증가하거나 세법상 부채가 감소하여 세법상 순자산(자본)이 증가하게 된다.
③ △유보로 소득처분하면 세법상 자산이 감소하거나 세법상 부채가 증가하여 세법상 순자산(자본)이 감소하게 된다.
④ 당기에 유보(△유보)로 소득처분된 사항은 당기 이후에 관련 자산 및 부채가 회수 및 결제될 때 반대의 세무조정과 소득처분이 발생하면서 소멸하기 때문에 일시적차이에 해당한다.

02 법인세비용의 계산 출제빈도 ★★★

1. 법인세기간배분의 대상이 되는 차이

(1) 일시적차이

① 일시적차이(temporary difference)란 특정 회계사건이 회계이익의 결정에 포함되는 시기와 과세소득의 산정에 포함되는 시기가 상이함에 따라 발생하는 차이를 말한다.

② 일시적차이는 특정 항목이 수익(비용)인지 여부에 대한 기업회계와 법인세법상 인식의 차이는 없으나, 당해 항목이 수익(비용)으로 인식되는 회계기간이 서로 다른 경우를 말한다. 일시적차이에 해당하는 세무조정 사항은 미래 회계연도에 반대되는 세무조정을 유발한다. 예를 들어, 당기에 과세소득을 증가시키는 세무조정을 하였다면 미래 회계연도에 과세소득을 감소시키는 반대의 세무조정을 가져온다.

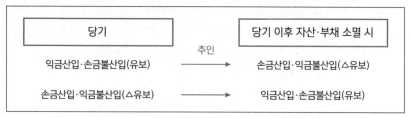

③ 일시적차이에 해당하는 세무조정 사항들은 미래의 과세소득을 증감시켜 법인세 납부액에 변화를 가져오므로 자산·부채의 요건을 만족시킨다. 따라서 일시적차이에 해당하는 세무조정 사항에 대해서는 자산·부채를 인식하여야 하는데 이때 사용하는 계정과목이 이연법인세자산·이연법인세부채이다.

④ 일시적차이는 미래의 과세소득에 가산되는 '가산할 일시적차이(△유보)'와 미래의 과세소득에서 차감되는 '차감할 일시적차이(유보)'로 구성되며, 특정 보고기간에 발생한 일시적차이는 관련자산·부채가 제거되는 미래의 보고기간에 소멸되어 반드시 반대의 영향을 가져옴으로써 전체적으로 효과가 상쇄된다.

⑤ 과세소득은 포괄손익계산서상의 당기순이익에 익금가산항목과 손금가산항목을 가감하여 계산하는데, 이러한 차이조정항목 중 일시적차이로 인한 것은 미래의 과세소득에 영향을 미치므로 반드시 별도로 관리를 해야 한다. 이때 익금가산항목은 '유보'로, 손금가산항목은 '△유보(부의 유보)'로 하여 관리한다.

⑥ '유보'는 익금가산한 차이조정항목 중 일시적차이에 의한 것으로 기업회계에 의한 순자산보다 세법상 순자산이 큰 부분을 의미하며, 미래의 과세소득에서 차감되므로 '차감할 일시적차이'라고 한다. 그리고 '△유보'는 손금가산한 차이조정항목 중 일시적차이에 의한 것으로 기업회계에 의한 순자산보다 세법상 순자산이 작은 부분을 의미하며, 미래의 과세소득에서 가산되므로 '가산할 일시적차이'라고 한다.

차감할 일시적차이 (유보)	자산이나 부채의 장부금액이 회수나 결제되는 미래 회계기간의 과세소득 결정 시 차감할 금액이 되는 일시적차이 ⇨ 이연법인세자산의 인식대상이 됨
가산할 일시적차이 (△유보)	자산이나 부채의 장부금액이 회수나 결제되는 미래 회계기간의 과세소득 결정 시 가산할 금액이 되는 일시적차이 ⇨ 이연법인세부채의 인식대상이 됨

(2) 영구적차이

① 영구적차이(permanent difference)란 일시적차이와는 달리 과세소득과 회계이익에 차이가 발생하였을 경우 동 차이가 일정기간이 지나도 조정되지 않는 차이를 말한다. 영구적차이는 거래 자체에 대한 세법과 기업회계 간의 견해 차이 때문에 발생하며, 기업회계상 순자산과 법인세법상 순자산의 차이는 발생하지 않는다.

② 영구적차이는 당기의 과세소득에는 영향을 미치나 미래의 과세소득에는 영향을 미치지 않는다. 즉, 영구적차이는 미래에 반대되는 세무조정을 유발하지 않으므로 미래의 과세소득과 법인세 납부액에 영향을 미치지 않는다.

③ 따라서 영구적차이는 자산·부채의 요건을 만족시키지 않으므로 영구적차이에 대해서는 이연법인세자산·부채를 인식하지 않는다.

〈일시적차이와 영구적차이의 비교〉

구분		특징	인식
일시적차이	가산할 일시적차이	당기과세소득 감소 ⇨ 미래과세소득 증가	이연법인세부채
	차감할 일시적차이	당기과세소득 증가 ⇨ 미래과세소득 감소	이연법인세자산
영구적차이		미래과세소득에 영향 없음	인식하지 않음

(3) 이월공제

① 결손금: 발생연도 후 5년간(2009년 이후 발생분은 10년간) 미래의 과세소득에서 공제한다. (∴ 유보와 동일한 성격)

② 세액공제: 미공제세액을 향후 5년간 이월하여 산출세액에서 공제한다.

		당기	차기 이후	비고
일시적차이	┌	유보(차감할 일시적차이)	⊖	이연법인세자산
	└	△유보(가산할 일시적차이)	⊕	이연법인세부채
이월공제	┌	결손금	⊖	이연법인세자산
	└	세액공제	⊖	이연법인세자산

2. 이연법인세부채

(1) △유보(가산할 일시적차이)

기업회계상 순자산이 법인세법상 순자산보다 큰 경우로서 △유보는 미래의 과세소득을 증가시키므로 이에 대한 법인세효과를 이연법인세부채로 인식한다.

(2) 가산할 일시적차이(△유보)의 부채의 정합성

① 과거에 발생한 거래나 사건의 결과이다.
② 미래의 과세소득을 증가시키게 되므로 이연된 법인세의 지급의무가 현재시점에서 존재한다.
③ 세금의 납부는 자원의 유출이 예상되는 의무이다.

📑 시험문제 미리보기!

㈜한국의 20×2년 법인세비용차감전순이익은 ₩30,000이다. 20×1년 말 이연법인세부채는 ₩2,000이며, 20×2년 말 현재 장래의 과세소득을 증가시키는 가산할 일시적차이는 ₩10,000이다. 법인세율은 매년 30%로 일정하고, 법인세에 부가되는 세액은 없다고 가정한다. 20×2년 법인세부담액은 ₩7,000이다.

(1) ㈜한국의 20×2년 당기순이익과 20×2년 말 이연법인세자산(또는 이연법인세부채)을 계산하시오.
(2) ㈜한국의 20×2년 법인세회계와 관련한 회계처리를 나타내시오.

해설　(1) 이연법인세계산 및 법인세비용 계산
　　　　• 이연법인세부채: ₩10,000 × 0.3 = ₩3,000
　　　　• 법인세비용: ₩7,000(법인세부담액) + ₩1,000(이연법인세부채 증가액) = ₩8,000
　　　　• 당기순이익: ₩30,000(법인세비용차감전순이익) − ₩8,000(법인세비용) = ₩22,000
　　　(2) 회계처리
　　　　(차) 법인세비용　　　　　　8,000　　(대) 미지급법인세　　　　7,000
　　　　　　　　　　　　　　　　　　　　　　　　이연법인세부채　　　1,000

한국회사는 20×1년에 영업을 시작하였다.

- 다음은 회사의 20×1년 법인세 계산 서식에서 발췌한 자료이다.

20×1년 법인세계산		
회계이익(세전)		₩1,000,000
[익금가산항목]		
접대비한도초과액(영구적차이)	₩50,000	50,000
[손금가산항목]		
미수이자(일시적차이)	(50,000)	
할부매출채권(일시적차이)	(100,000)	(150,000)
과세소득		₩900,000
세율		× 30%
당기법인세(총부담세액)		₩270,000

- 접대비한도초과액은 영구적차이이며, 미수이자와 할부매출채권은 가산할 일시적차이(△유보)이다.
- 당기에 발생한 일시적차이의 소멸시기는 다음과 같다. 단, 세율은 매년 30%라고 가정한다.

일시적차이	20×1년 말 잔액	소멸시기	
		20×2년	20×3년
미수이자	(50,000)	50,000	
할부매출채권	(100,000)	50,000	50,000
계	(150,000)	100,000	50,000

(1) 20×1년 말 재무상태표에 표시될 이연법인세를 계산하시오.

(2) 20×1년의 법인세와 관련된 회계처리를 나타내시오.

(3) 20×2년과 20×3년 이후의 세율이 25%와 20%로 입법화된 경우 이연법인세부채와 법인세관련 회계처리를 나타내시오.

해설   (1) 이연법인세계산

20×1년 말 가산할 일시적차이(△유보)는 미래 보고기간에 과세소득을 늘려주므로 이에 대한 법인세효과를 이연법인세부채로 인식해야 한다.

미수이자	₩100,000 × 30% =	₩30,000
할부매출채권	₩50,000 × 30% =	15,000
이연법인세부채		₩45,000

(2) 회계처리

당기 말 재무상태표에 표시될 ① 당기법인세(총부담세액)를 미지급법인세(당기법인세부채)로 계산하고 ② 이연법인세부채를 계상한 후 ③ 대차차액을 법인세비용으로 인식한다.

(차) ③ 법인세비용   315,000   (대) ① 미지급법인세   270,000
                                    ② 이연법인세부채   45,000

(3) 미래세율이 변경될 것으로 예상되는 경우

- 이연법인세계산

미수이자	₩100,000 × 25% =	₩25,000
할부매출채권	₩50,000 × 20% =	10,000
이연법인세부채		₩35,000

- 회계처리

(차) 법인세비용   305,000   (대) 미지급법인세   270,000
                                       이연법인세부채   35,000

3. 이연법인세자산

(1) 유보(차감할 일시적차이)

기업회계상 순자산이 법인세법상 순자산보다 적은 경우로서, 유보는 미래의 과세소득을 감소시키므로 이에 대한 법인세효과를 이연법인세자산으로 인식한다.

(2) 실현가능성 검토

① 미래에 과세소득의 발생가능성이 높은 경우에만 이연법인세자산을 인식한다.

② 과거에 실현가능성이 낮아 인식하지 않은 이연법인세자산도 매 보고기간 말에 재검토하여 회수가능성이 높아진 범위까지 이연법인세자산을 인식한다.

③ 이연법인세자산의 장부금액은 매 보고기간 말에 검토하여 실현가능성에 따라 장부금액을 감액하거나 과거에 감액한 금액을 환입한다.

(3) 차감할 일시적차이(유보)의 자산의 정합성

① 과거에 발생한 거래나 사건의 결과이다.

② 미래의 과세소득과 법인세부담액을 감소시킴으로써 간접적으로 미래의 현금흐름을 창출하는 효익을 가지고 있다.

③ 미래경제적효익에 대한 배타적인 권리를 가지고 있다.

📋 시험문제 미리보기!

20×1년 1월 1일에 설립한 12월 결산법인인 ㈜한국은 기계장치에 대해 ₩100,000을 지출하고 수선비로 회계처리하였다. 그러나 세법에 의하면 동 수선비는 자본적지출에 해당되며, 5년에 걸쳐 균등하게 상각된다고 가정한다. ㈜한국의 20×1년도 법인세비용차감전이익이 ₩200,000이고 법인세율이 10%라면 20×1년도 말의 법인세 관련 회계처리를 나타내시오.

해설   (1) 법인세부담액: (₩200,000 + ₩100,000 − ₩20,000) × 10% = ₩28,000
      (2) 이연법인세자산: ₩80,000 × 10% = ₩8,000
      (3) 법인세비용: ₩28,000 − ₩8,000 = ₩20,000
      (4) 회계처리

(차) 법인세비용	20,000	(대) 미지급법인세	28,000
이연법인세자산	8,000		

한국회사는 20×1년에 영업을 시작하였다.

• 다음은 회사의 20×1년 법인세 계산 서식에서 발췌한 자료이다.

20×1년 법인세계산

회계이익(세전)		₩1,000,000
[익금가산항목]		
접대비한도초과액(영구적차이)	₩50,000	
재고자산(일시적차이)	50,000	
감가상각비한도초과액(일시적차이)	100,000	200,000
과세소득		₩1,200,000
세율		× 30%
당기법인세(총부담세액)		₩360,000

• 접대비한도초과액과 비과세이자수익은 영구적차이이며, 재고자산과 감가상각비한도초과액은 차감할 일시적차이(유보)이다.
• 당기에 발생한 일시적차이의 소멸시기는 다음과 같다. 단, 20×2년과 20×3년 이후의 세율은 25%와 20%로 입법화되었으며, 이연법인세자산의 실현가능성은 거의 확실하다.

일시적차이	20×1년 말 잔액	소멸시기	
		20×2년	20×3년 이후
재고자산	50,000	(50,000)	–
감가상각비한도초과액	100,000	(50,000)	(50,000)
계	150,000	(100,000)	(50,000)

(1) 20×1년 말 재무상태표에 표시될 이연법인세를 계산하시오.
(2) 20×1년의 법인세와 관련된 회계처리를 나타내시오.

해설　(1) 이연법인세 계산
　　　　20×1년 말 차감할 일시적차이(유보)는 미래 보고기간에 과세소득을 줄여주므로 이에 대한 법인세효과를 이연법인세자산으로 인식해야 하는데, 이 경우 일시적차이가 소멸되는 기간에 적용될 것으로 예상되는 세율(입법 예고된 경우에 한함)을 적용하여 측정해야 한다.

　　　　재고자산　　　　　　　　₩100,000 × 25% ＝　₩25,000
　　　　감가상각비한도초과액　　₩50,000 × 20% ＝　　10,000
　　　　이연법인세자산　　　　　　　　　　　　　　₩35,000

　　　(2) 회계처리
　　　　당기 말 재무상태표에 표시될 당기법인세(총부담세액)를 미지급법인세로 계상하고 이연법인세자산을 계상한 후 대차차액을 법인세비용으로 인식한다.
　　　　(차) 이연법인세자산　　　　35,000　　(대) 미지급법인세　　　360,000
　　　　　　법인세비용　　　　　　325,000

4. 이연법인세 자산 · 부채 계산 시 유의사항

(1) 세율의 적용

① 당기 및 과거기간의 당기법인세부채(미지급법인세)는 보고기간 말까지 제정되었 거나 실질적으로 제정된 세율을 사용하여, 과세당국에 납부할 것으로 예상되는 금액으로 측정한다.

② 이연법인세자산과 부채는 보고기간 말까지 제정되었거나 실질적으로 제정된 세율에 근거하여 당해 자산이 실현되거나 부채가 결제될 회계기간에 적용될 것으로 기대되는 세율을 사용하여 측정한다.

③ 과세대상수익의 수준에 따라 적용되는 세율이 다른 경우에는 일시적차이가 소멸될 것으로 예상되는 기간의 과세소득에 적용될 것으로 기대되는 평균세율을 사용하여 이연법인세자산과 부채를 측정한다.

(2) 현재가치평가

① 이연법인세자산과 부채는 할인하지 아니한다.

② 이연법인세자산과 부채를 신뢰성 있게 현재가치로 할인하기 위해서는 각 일시적차이의 소멸시점을 상세히 추정하여야 한다. 많은 경우 소멸시점을 실무적으로 추정할 수 없거나 추정이 매우 복잡하다. 따라서 이연법인세자산과 부채를 할인하도록 하는 것은 적절하지 않다. 또한 할인을 강요하지 않지만 허용한다면 기업 간 이연법인세자산과 부채의 비교가능성이 저해될 것이다. 따라서 한국채택국제회계기준에서는 이연법인세자산과 부채를 할인하지 않도록 하였다.

(3) 상계

다음의 조건을 모두 충족하는 경우에만 이연법인세자산과 이연법인세부채를 상계한다.

① 기업이 당기법인세자산과 당기법인세부채를 상계할 수 있는 법적으로 집행가능한 권리를 가지고 있다.

② 이연법인세자산과 이연법인세부채가 다음의 각 경우에 동일한 과세당국에 의해서 부과되는 법인세와 관련되어 있다.

  • 과세대상기업이 동일한 경우

  • 과세대상기업은 다르지만 당기법인세 부채와 자산을 순액으로 결제할 의도가 있거나, 유의적인 금액의 이연법인세부채가 결제되거나 이연법인세자산이 회수될 미래의 각 회계기간마다 자산을 실현하는 동시에 부채를 결제할 의도가 있는 경우

5. 법인세비용의 인식

〈법인세비용의 계산절차〉

절차	계산식	비고
[1단계] 당기법인세 (미지급법인세) 계산	$\dfrac{(회계이익 \pm 세무조정)}{과세소득} \times 당기세율$	–
[2단계] 이연법인세자산· 부채 계산	이연법인세부채 = 가산할 일시적차이 × 미래 적용될 세율 이연법인세자산 = 차감할 일시적차이 × 미래 적용될 세율	영구적차이는 계산 대상이 아님
[3단계] 법인세비용 계산	(차) 법인세비용　×××　(대) 미지급법인세　××× 　　　　　　　　　　　　　　이연법인세부채 ××× 또는 (차) 법인세비용　×××　(대) 미지급법인세　××× 　　　이연법인세자산 ×××	기초 이연법인세자산· 부채가 존재하는 경우에는 증분으로 분개

📋 시험문제 미리보기!

㈜한국은 20×1년 1월 1일에 설립되었다. 20×1년도 ㈜한국의 법인세비용차감전순이익은 ₩1,000,000이며, 법인세율은 20%이고, 법인세와 관련된 세무조정사항은 다음과 같다.

- 감가상각비 한도초과액은 ₩50,000이고, 동 초과액 중 ₩30,000은 20×2년에, ₩20,000은 20×3년에 소멸될 것으로 예상된다.
- 접대비한도초과액은 ₩80,000이다.
- 20×1년 말에 정기예금(20×2년 만기)에 대한 미수이자는 ₩100,000이다.

20×1년 중 법인세법의 개정으로 20×2년부터 적용되는 법인세율은 25%이며, 향후 ㈜한국의 과세소득은 계속적으로 ₩1,000,000이 될 것으로 예상된다. ㈜한국이 20×1년도 포괄손익계산서에 인식할 법인세비용과 20×1년 말 재무상태표에 표시할 이연법인세자산(또는 부채)을 계산하시오. (단, 이연법인세자산과 이연법인세부채는 상계하여 표시한다)

해설　(1) 세법상 법인세
　　　　: (₩1,000,000 + ₩50,000 + ₩80,000 − ₩100,000) × 20% = ₩206,000
　　　(2) 이연법인세부채: (₩100,000 − ₩50,000) × 25% = ₩12,500
　　　(3) 법인세비용: (1) + (2) = ₩218,500

6. 자본에 가감하는 법인세효과

법인세기간배분의 대상이 되는 차이에는 법인세의 기간배분 이외에도 자본항목과 관련된 차이가 있다.

① 자본항목에 직접 가감되어 회계이익을 구성하지 않으나 법인세법상 과세소득을 구성하여 이와 관련한 법인세부담액이 있을 경우 이에 대한 법인세효과를 인식해야만 수익과 비용이 합리적으로 대응되고 재무제표에 표시되는 자산·부채가 적정하게 표시된다. 한국채택국제회계기준에서 예시한 자본계정에 직접 가감하는 항목은 다음과 같다.
   - 자기주식처분손익
   - 회계정책의 변경이나 전기오류로 인한 이익잉여금의 수정
   - 복합금융상품관련 자본항목(전환권대가, 신주인수권대가)
   - 기타포괄손익(기타포괄손익－공정가치측정금융자산평가손익, 재평가잉여금 등)

② 이러한 자본항목과 관련된 법인세효과를 인식함에 있어 유의할 점은 앞에서 살펴본 일시적차이와는 달리 관련 **법인세효과를 자본항목에 직접 가감**한다는 것이다.

사례

당기에 재평가잉여금 ₩10,000이 발생한 경우 이에 대한 법인세효과(세율 30%)를 다음과 같이 회계처리해야 한다.

(차) 재평가잉여금	3,000	(대) 법인세비용	3,000

자본항목으로 계상될 금액은 법인세효과를 차감한 금액이 된다. 즉, 위에서 보듯이 재평가잉여금 중 자본항목으로 계상될 금액은 재평가잉여금에 대한 법인세부담액을 차감한 ₩7,000이 된다.

---

③ 앞에서 언급한 항목 중 기타포괄손익은 포괄손익계산서에 표시되는데, 이를 표시하는 방법에는 두 가지 방법이 있다.
   - 기타포괄손익을 총액으로 표시하고 법인세효과를 별도로 표시하는 방법
   - 기타포괄손익을 법인세효과를 차감한 순액으로 표시하는 방법

다음은 ㈜한국의 20×1년 법인세와 관련된 거래내용이다. ㈜한국의 20×1년 법인세비용차감전순이익은 ₩1,000,000이며, 당기 과세소득에 적용될 법인세율은 10%이다. 20×1년 포괄손익계산서의 법인세비용을 계산하시오. (단, 향후 세율은 일정하며, 과세소득은 20×1년과 동일하고 전기 이월 일시적차이는 없다)

- 20×1년 접대비 한도초과액은 ₩100,000이다.
- 20×1년 7월 1일 ₩50,000에 취득한 자기주식을 20×1년 8월 31일 ₩100,000에 처분하였다.
- 20×1년 ₩100,000에 취득한 토지의 20×1년 12월 31일 공정가치는 ₩150,000이며 ㈜한국은 유형자산에 대하여 재평가모형을 적용하고 있으나, 세법은 이를 인정하지 않는다.

해설　(1) 1단계 미지급법인세: (₩1,000,000 + ₩100,000 + ₩50,000) × 10% = ₩115,000
　　　(2) 2단계 이연법인세: ₩50,000(재평가잉여금) × 10% = 5,000(부채)
　　　(3) 3단계 법인세비용

(차) 자기주식처분이익	5,000	(대) 미지급법인세	115,000
재평가잉여금	5,000	이연법인세부채	5,000
법인세비용	110,000		

ejob.Hackers.com

출제빈도: ★☆☆   대표출제기업: 한국중부발전

01 ㈜한국은 20×1년 1월 1일에 설립되었다. 20×1년도 ㈜한국의 법인세비용차감전순이익은 ₩1,000,000이며, 법인세율은 20%이고, 법인세와 관련된 세무조정사항은 다음과 같다.

- 감가상각비 한도초과액은 ₩100,000이고, 동 초과액 중 ₩40,000은 20×2년에, ₩60,000은 20×3년에 소멸될 것으로 예상된다.
- 접대비한도초과액은 ₩100,000이다.
- 20×1년 말에 정기예금(20×2년 만기)에 대한 미수이자는 ₩50,000이다.

20×1년 중 법인세법의 개정으로 20×2년부터 적용되는 법인세율은 30%이며, 향후 ㈜한국의 과세소득은 계속적으로 ₩1,000,000이 될 것으로 예상된다. ㈜한국의 20×1년도 포괄손익계산서에 인식할 법인세비용은? (단, 이연법인세자산과 이연법인세부채는 상계하여 표시한다)

① ₩200,000   ② ₩210,000   ③ ₩215,000

④ ₩220,000   ⑤ ₩240,000

출제빈도: ★☆☆

02 20×0년 초 영업을 개시한 ㈜한국의 20×1년도 법인세차감전순이익은 ₩1,000,000이다. ㈜한국의 20×1년 세무조정항목은 두 가지만 존재한다. 첫째는 20×0년 발생한 재고자산평가감(가산조정, 일시적차이) ₩50,000이 20×1년에 반대조정으로 소멸되었으며, 둘째는 20×1년 감가상각비한도초과액(가산조정, 일시적차이)이 ₩130,000 발생하였다. ㈜한국이 20×1년 포괄손익계산서에 인식할 법인세비용은? (단, 이연법인세자산의 실현가능성은 높으며, 법인세율은 단일세율로 20%이고, 20×0년 이후 세율 변동이 없다고 가정한다)

① ₩174,000   ② ₩184,000   ③ ₩200,000

④ ₩216,000   ⑤ ₩220,000

정답 및 해설

01 ③
   (1) 세법상 법인세: (₩1,000,000 + ₩100,000 + ₩100,000 − ₩50,000) × 20% = ₩230,000
   (2) 이연법인세자산: (₩100,000 − ₩50,000) × 30% = ₩15,000
   (3) 법인세비용: (1) − (2) = ₩215,000

02 ③
   (1) 법인세부담액의 계산: (₩1,000,000 − ₩50,000 + ₩130,000) × 0.2 = ₩216,000
   (2) 이연법인세자산 및 부채 계산
      • 기초 이연법인세자산: ₩50,000 × 0.2 = ₩10,000
      • 기말 이연법인세자산: ₩130,000 × 0.2 = ₩26,000
   (3) 법인세비용의 계산

(차) 이연법인세자산	16,000	(대) 미지급법인세	216,000
법인세비용	200,000		

출제빈도: ★☆☆

03 다음 자료에서 ㈜한국이 20×1년에 계상해야 할 법인세비용과 이연법인세자산 또는 이연법인세부채는 각각 얼마인가? (단, ㈜한국은 제조업을 영위하는 기업으로 법인세율은 10% 단일세율로 미래에도 일정하고, 지방소득세는 없는 것으로 가정한다)

> ㈜한국은 20×1년 3월 5일에 설립되었으며, 정관상 회계기간은 1월 1일부터 12월 31일까지이다. 20×1년 법인세비용차감전순이익은 ₩10,000,000이다. 여기에는 당기손익인식금융자산으로 분류한 상장주식평가이익 ₩100,000이 포함되어 있으며, 그 외 세무조정사항은 없다.

	법인세비용	이연법인세자산	이연법인세부채
①	₩990,000	₩10,000	–
②	₩990,000	–	₩10,000
③	₩1,000,000	₩10,000	–
④	₩1,000,000	–	₩10,000
⑤	₩1,100,000	₩10,000	–

출제빈도: ★☆☆ 대표출제기업: 한국전력기술

04 다음은 20×1년 초 설립한 ㈜한국의 법인세 관련 자료이다.

> • 20×1년 세무조정사항
>   - 감가상각비한도초과액 ₩125,000
>   - 접대비한도초과액 ₩60,000
>   - 정기예금 미수이자 ₩25,000
> • 20×1년 법인세비용차감전순이익 ₩490,000
> • 연도별 법인세율은 20%로 일정하다.
> • 이연법인세자산(부채)의 실현가능성은 거의 확실하다.

20×1년 법인세비용은?

① ₩85,000   ② ₩98,000   ③ ₩100,000

④ ₩105,000   ⑤ ₩110,000

정답 및 해설

03 ④
  (1) 1단계 미지급법인세: (₩10,000,000 − ₩100,000) × 10% = ₩990,000
  (2) 2단계 이연법인세부채: ₩100,000 × 10% = ₩10,000
  (3) 3단계 법인세비용
      (차) 법인세비용   1,000,000   (대) 미지급법인세   990,000
                                                         이연법인세부채   10,000

04 ⑤
  (1) 법인세부담액: (₩490,000 + ₩125,000 + ₩60,000 − ₩25,000) × 20% = ₩130,000
  (2) 이연법인세자산: (₩125,000 − ₩25,000) × 0.2 = ₩20,000
  (3) 법인세비용: ₩130,000 − ₩20,000 = ₩110,000

출제빈도: ★☆☆

05 다음은 ㈜한국의 20×3년도 법인세비용 계산에 필요한 자료이다.

- 20×2년도 말에 발생한 감가상각비한도초과액 ₩300,000은 향후 3년간 균등한 금액으로 손금추인된다.
- 20×3년에 영업활동의 법규위반에 따른 벌과금 ₩100,000을 손금불산입하였다.

20×3년 회사의 세전이익은 ₩2,000,000일 때, 20×3년 포괄손익계산서에 인식할 법인세비용은 얼마인가? (단, 20×3년도에 적용할 법인세율은 20%이며 20×3년도 말에 법인세법 개정으로 인하여 20×4년부터 적용할 법인세율은 15%로 하향조정되었다)

① ₩430,000   ② ₩440,000   ③ ₩450,000

④ ₩460,000   ⑤ ₩480,000

출제빈도: ★☆☆

06 다음 자료는 ㈜한국의 20×2년도 법인세와 관련된 내용이다.

• 20×1년 말 현재 일시적차이: 미수이자	₩(100,000)
• 20×2년도 법인세비용차감전순이익	₩1,000,000
• 20×2년도 세무조정 사항	
– 미수이자	₩(20,000)
– 접대비한도초과	₩15,000
– 자기주식처분이익	₩100,000
• 연도별 법인세율은 20%로 일정하다.	

㈜한국의 20×2년도 포괄손익계산서에 인식할 법인세비용은 얼마인가? (단, 일시적차이에 사용될 수 있는 과세소득의 발생가능성은 높으며, 20×1년 말과 20×2년 말 각 연도의 미사용 세무상결손금과 세액공제는 없다)

① ₩199,000   ② ₩203,000   ③ ₩219,000

④ ₩223,000   ⑤ ₩243,000

정답 및 해설

05 ①

(1) 부담세액: (₩2,000,000 − ₩100,000 + ₩100,000) × 20% = ₩400,000
(2) 일시적차이에 의한 이연법인세
  • 당기 말 잔액

항목	현재(20×3년)	20×4년 이후(15%)
감가상각비	₩200,000	₩(200,000)
합계	₩200,000	₩(200,000)

  ⇨ 이연법인세: ₩(200,000) × 15% = ₩(30,000)
  ⇨ 자산
  • 전기 말 잔액

항목	현재(20×2년)	20×3년 이후(20%)
감가상각비	₩300,000	₩(300,000)
합계	₩300,000	₩(300,000)

  ⇨ 이연법인세: ₩(300,000) × 20% = ₩(60,000)
  ⇨ 자산
  • 이연법인세자산의 변동액: ₩30,000 감소
(3) 법인세비용: ₩400,000 + ₩30,000 = ₩430,000

06 ②

자본항목에 대한 법인세는 기간내배분을 통하여 법인세비용에서 차감되므로 처음부터 고려할 필요가 없다. 또한 일시적차이의 법인세효과도 세율변동이 없으므로 세무조정이 없는 것으로 보고 계산하여도 무방하다.

(1) 약식계산법: (회계이익 ₩1,000,000 + 접대비 ₩15,000) × 20% = ₩203,000
(2) 정식계산법
  • 법인세부담액: (₩1,000,000 − ₩20,000 + ₩15,000 + ₩100,000) × 20% = ₩219,000
  • 이연법인세 변동액
    ⇨ 기초: ₩100,000 × 20% = ₩20,000 부채
    ⇨ 기말: ₩120,000 × 20% = ₩24,000 부채
    ⇨ 변동액: 부채 증가 ₩4,000
  • 총법인세비용: ₩219,000 + 부채 증가 ₩4,000 = ₩223,000
  • 자본에 대한 법인세비용: ₩100,000 × 20% = ₩20,000
  • 포괄손익계산서의 법인세비용: ₩223,000 − ₩20,000 = ₩203,000

제6장 | 지분법회계

✓ **핵심 포인트**

관계기업주식	• 관계기업주식의 의의 • 지분법적용 여부의 판단
지분법	• 지분법 회계처리 • 지분법의 적용

01 관계기업주식과 지분법

출제빈도 ★★

1. 관계기업주식의 의의

① 관계기업은 투자자가 유의적인 영향력을 갖는 기업을 말한다.
② 유의적인 영향력이란 투자자가 피투자자의 재무정책과 영업정책에 관한 의사결정에 참여할 수 있는 능력을 말한다.
③ 지분율에 따른 분류

구분	종속기업	관계기업
지분율	의결권 있는 지분 50% 초과	의결권 있는 지분 20% 이상
구분 기준	지배력(지시)	유의적인 영향력(참여)
적용 절차	연결재무제표 작성	지분법 적용

2. 지분법적용 여부의 판단

① 일반적으로 지분율이 20% 이상이면 유의적인 영향력을 갖는 것으로 간주하여 지분법을 적용한다.
② 지분율이 20% 미만일 경우에도 유의적인 영향력을 갖는 경우
  • 피투자자의 이사회나 이에 준하는 의사결정기구 참여
  • 배당이나 다른 분배에 관한 의사결정에 참여하는 것을 포함하여 정책결정과정에 참여
  • 투자자와 피투자자 사이의 중요한 거래
  • 경영진의 상호 교류
  • 필수적 기술정보의 제공

지분법(equity method)이란 투자자산을 최초에 원가로 인식하고, 취득시점 이후 발생한 피투자자의 순자산변동액 중 투자자의 지분 해당액을 투자자산에 가감하여 보고하는 회계처리방법을 말한다.

1. 기본적인 지분법 회계처리

지분법은 관계기업의 순자산변동원천에 따라 다음과 같이 처리한다.
① 당기순손익에 의한 순자산변동 시 지분법손익의 계정과목으로 당기손익에 반영한다.
② 기타포괄손익에 의한 순자산변동 시 지분법기타포괄손익의 계정과목으로 기타포괄손익으로 인식하고 기타포괄손익누계액에 반영한다.
③ 총포괄손익 이외의 순자산변동 시 지분법자본변동의 계정과목으로 자본항목에 직접 반영한다.

관계기업 순자산변동의 원천	투자자의 회계처리
당기순손익	지분법손익(당기순손익에 포함)
기타포괄손익	지분법기타포괄손익(기타포괄손익에 포함)
이외의 자본항목	지분법자본변동(자본항목)

2. 지분법의 적용

구분	회계처리			
취득 시	(차) 관계기업투자	×××	(대) 현금	×××
당기순이익 보고 시	(차) 관계기업투자 ⇨ 피투자자의 독립영업이익(공정가치) × 투자지분율	×××	(대) 지분법이익	×××
기타포괄이익 보고 시	(차) 관계기업투자 ⇨ 피투자자의 기타포괄이익 × 투자지분율	×××	(대) 지분법기타포괄이익	×××
배당금 수취 시	(차) 현금	×××	(대) 관계기업투자	×××
투자자의 내부거래제거	(차) 지분법이익 ⇨ 미실현이익 × 투자지분율 (차) 관계기업투자 ⇨ 실현이익 × 투자지분율	××× ×××	(대) 관계기업투자 (대) 지분법이익	××× ×××
피투자자의 순자산변동	(차) 관계기업투자 ⇨ 피투자자의 순자산 증가분 × 투자지분율	×××	(대) 지분법자본변동	×××

20×1년 1월 1일 ㈜한국은 ㈜민국의 보통주 20%를 유의적인 영향력 행사 목적으로 ₩100,000에 취득하였다. 20×1년 1월 1일 현재 ㈜민국의 순자산 장부금액은 ₩100,000이 며 주식 취득일 현재 ㈜민국의 순자산 장부금액과 공정가치는 일치하였다. ㈜민국의 매년 당 기순이익과 현금배당액은 다음과 같다.

구분	당기순이익	기타포괄손익	현금배당
20×1년	₩20,000	₩5,000	₩10,000
20×2년	₩10,000	(₩4,000)	₩5,000

(1) 20×1년과 20×2년의 회계처리를 하시오.
(2) 다음 표를 완성하시오.

구분	지분법이익	관계기업투자 기말잔액
20×1년		
20×2년		

해설　(1) 관계기업투자 관련 지분법 회계처리

20×1년 1월 1일	(차) 관계기업투자	100,000	(대) 현금	100,000
20×1년 12월 31일	(차) 관계기업투자 (차) 관계기업투자 (차) 현금	4,000 1,000 2,000	(대) 지분법이익 (대) 지분법기타포괄이익 (대) 관계기업투자	4,000 1,000 2,000
20×2년 12월 31일	(차) 관계기업투자 (차) 지분법기타포괄이익 (차) 현금	2,000 800 1,000	(대) 지분법이익 (대) 관계기업투자 (대) 관계기업투자	2,000 800 1,000

(2) 지분법이익과 관계기업투자 금액

구분	지분법이익	관계기업투자 기말잔액
20×1년	₩4,000	₩103,000
20×2년	₩2,000	₩103,200

㈜한국은 20×1년 12월 31일 ㈜소한의 의결권주식의 20%(20주)를 ₩20,000에 취득하여 유의적인 영향력을 행사하게 되었다. 취득당시 ㈜소한의 자산과 부채의 장부금액은 공정가치와 일치하였으며 투자차액은 없었다. ㈜소한은 20×2년 8월 20일 중간배당금으로 현금 ₩10,000을 지급하였다. ㈜소한의 20×2년도 순자산변동은 당기순이익 ₩40,000과 기타포괄손익 – 공정가치측정금융자산평가손실 ₩10,000이 발생하였다. ㈜한국의 20×2년도 지분법이익과 20×2년 말 관계기업투자금액을 계산하시오. (단, ㈜한국과 ㈜소한의 결산일은 12월 31일이다)

(1) 20×1년과 20×2년의 회계처리를 하시오.
(2) ㈜한국의 20×2년도 지분법이익과 20×2년 말 관계기업투자금액을 계산하시오.

해설　(1) 지분법 회계처리

20×1년 말	(차) 관계기업투자	20,000	(대) 현금	20,000
중간배당금지급[*1]	(차) 현금	2,000	(대) 관계기업투자	2,000
20×2년 말[*2] 당기순이익보고 시	(차) 관계기업투자	8,000	(대) 지분법이익	8,000
20×2년 말[*3] 기타포괄손실보고 시	(차) 지분법기타포괄손실 2,000		(대) 관계기업투자	2,000

(*1) ₩10,000 × 20% = ₩2,000
(*2) ₩40,000 × 20% = ₩8,000
(*3) ₩10,000 × 20% = ₩2,000

(2) 20×2년 지분법이익과 관계기업투자금액
　• 지분법이익: ₩8,000
　• 관계기업투자: ₩20,000 – ₩2,000 + ₩8,000 – ₩2,000 = ₩24,000

출제빈도: ★☆☆

01 금융자산 및 기업 간 투자에 대한 설명으로 옳은 것은?

① 관계기업투자주식을 보유한 기업이 피투자회사로부터 배당금을 받는 경우 관계기업투자주식의 장부가액은 증가한다.

② 타 회사가 발행한 채무증권의 취득금액이 해당 기업의 보통주 가격의 20% 이상이 되는 경우, 해당 기업의 경영에 유의적인 영향력을 미칠 수 있기에 관계기업투자로 분류한다.

③ 금융기관이 가지고 있는 당기손익인식금융자산은 기말에 공정가치평가손익을 포괄손익계산서에서 기타포괄손익으로 표시한다.

④ 계약상 현금흐름을 수취하기 위해 보유하는 것이 목적인 사업모형하에서 금융자산을 보유하는 경우 금융자산을 상각후원가로 측정한다.

⑤ 기타포괄손익에 의한 순자산변동 시 지분법기타포괄손익의 계정과목으로 기타포괄손익으로 인식하고 자본조정에 반영한다.

출제빈도: ★★☆ 대표출제기업: KDB산업은행

02 ㈜한국은 20×0년 4월 1일에 ㈜대한의 의결권 있는 주식 25%를 ₩1,000,000에 취득하였다. 취득 당시 ㈜대한의 자산과 부채의 공정가치는 각각 ₩15,000,000, ₩12,000,000이다. ㈜대한은 20×0년 당기순이익으로 ₩600,000을 보고하였으며 20×1년 3월 1일에 ₩200,000의 현금배당을 지급하였다. 20×1년 9월 1일에 ㈜한국은 ㈜대한의 주식 전부를 ₩930,000에 처분하였다. 위의 관계기업투자에 대한 설명으로 옳은 것은?

① ㈜대한의 순자산 공정가치는 ₩3,000,000이므로 ㈜한국은 ㈜대한의 주식 취득 시 ₩250,000의 영업권을 별도로 기록한다.

② ㈜대한의 20×0년 당기순이익은 ㈜한국의 관계기업투자 장부금액을 ₩150,000만큼 증가시킨다.

③ ㈜대한의 현금배당은 ㈜한국의 당기순이익을 ₩50,000만큼 증가시킨다.

④ ㈜한국의 관계기업투자 처분손실은 ₩70,000이다.

⑤ ㈜대한의 배당지급 시 ㈜한국의 관계기업투자주식은 ₩50,000만큼 증가시킨다.

정답 및 해설

01 ④
사업모형이 원리금수취가 목적인 경우에는 상각후원가측정금융자산으로 분류한다.

오답노트
① 관계기업투자주식을 보유한 기업이 피투자회사로부터 배당금을 받는 경우 관계기업투자주식의 장부가액은 감소한다.
② 타 회사가 발행한 의결권 있는 주식의 20% 이상을 취득한 경우, 해당 기업의 경영에 유의적인 영향력을 미칠 수 있기에 관계기업투자로 분류한다.
③ 당기손익인식금융자산은 기말에 공정가치평가손익을 포괄손익계산서에서 당기손익으로 표시한다.
⑤ 기타포괄손익에 의한 순자산변동 시 지분법기타포괄손익의 계정과목으로 기타포괄손익으로 인식하고 기타포괄손익누계액에 반영한다.

02 ②
(1) 영업권은 별도로 인식하지 않고 관계기업투자주식에 포함하여 인식한다.
(2) ㈜대한의 당기순이익 보고 시: ₩600,000 × 25% = ₩150,000

(차) 관계기업투자주식	150,000	(대) 지분법이익	150,000

(3) ㈜대한의 배당지급 시: ₩200,000 × 25% = ₩50,000

(차) 현금	50,000	(대) 관계기업투자주식	50,000

(4) 처분손익: ₩930,000 − (₩1,000,000 + ₩150,000 − ₩50,000) = (−)₩170,000(손실)

출제빈도: ★★☆ 대표출제기업: 한국중부발전

03 ㈜한국은 20×1년 1월 1일 ㈜대한의 발행주식 중 25%를 취득하였고, 이 주식에 지분법을 적용하고 있다. 취득시점에 ㈜대한의 순자산장부금액에 대한 ㈜한국의 지분금액은 취득 당시 매입가격과 일치하였다. ㈜대한은 20×1년 당기순이익으로 ₩12,000을 보고하였고 동일 회계연도에 ₩6,000의 현금을 배당하였다. ㈜한국의 20×1년 회계연도 말 재무상태표에 표시된 ㈜대한에 대한 투자주식 금액이 ₩50,000이라면, ㈜한국의 20×1년 1월 1일 ㈜대한 주식의 취득원가는? (단, 두 기업 간 내부거래는 없었다)

① ₩48,500 ② ₩50,000 ③ ₩51,500

④ ₩53,000 ⑤ ₩54,000

출제빈도: ★★☆   대표출제기업: 신용보증기금

04 ㈜한국은 12월 결산법인이다. ㈜한국은 20×1년 1월 1일 ㈜대한의 유통보통주식 10,000주 가운데 30%에 해당하는 주식을 주당 ₩1,000에 취득함으로써 ㈜대한에 유의적인 영향력을 행사하게 되었다. 20×1년 9월 1일 ㈜대한은 ₩200,000의 현금배당을 선언하고 지급하였다. 20×1년 12월 31일 ㈜대한은 20×1년 당기순이익으로 ₩1,000,000을 보고하였다. 20×1년 12월 31일 ㈜한국이 보유하고 있는 ㈜대한 주식과 관련하여 재무제표에 보고해야 할 관계기업투자주식과 지분법손익은 얼마인가? (단, ㈜한국이 20×1년 1월 1일에 ㈜대한의 주식 취득 시 투자제거차액은 없다고 가정한다)

	관계기업투자주식	지분법손익
①	₩3,240,000	₩300,000
②	₩3,240,000	₩240,000
③	₩3,300,000	₩300,000
④	₩3,300,000	₩240,000
⑤	₩3,200,000	₩300,000

정답 및 해설

03 ①
취득원가(X) + ₩12,000 × 25% − ₩6,000 × 25% = ₩50,000
∴ 취득원가(X) = ₩48,500

04 ①
(1) 관계기업투자주식: 3,000주 × ₩1,000 − ₩200,000 × 30% + ₩1,000,000 × 30% = ₩3,240,000
(2) 지분법손익: ₩1,000,000 × 30% = ₩300,000(이익)

PART 2 \ 재무회계 특수분야

해커스공기업 쉽게 끝내는 회계학 기본서

✓ **핵심 포인트**

리스	• 리스의 개요
	• 리스제공자의 회계처리
	• 리스이용자의 회계처리

01 리스의 개요

출제빈도 ★★

1. 리스

리스(lease)란 대가와 교환하여 자산의 사용권을 일정 기간 이전하는 계약이나 계약의 일부를 말한다.

2. 기초자산

기초자산이란 리스의 대상이 되는 자산을 말한다.

3. 리스제공자

리스제공자란 대가와 교환하여 기초자산의 사용권을 일정 기간 제공하는 기업을 말한다.

4. 리스이용자

리스이용자란 대가와 교환하여 기초자산의 사용권을 얻게 되는 기업을 말한다.

1. 금융리스와 운용리스의 구분

리스제공자는 각 리스를 금융리스 아니면 운용리스로 분류한다.

(1) 금융리스

기초자산의 소유에 따른 위험과 보상의 대부분을 이전하는 리스

(2) 운용리스

기초자산의 소유에 따른 위험과 보상의 대부분을 이전하지 않는 리스

2. 금융리스로 분류되는 사례(위험과 보상의 대부분이 이전되는 경우)

(1) 소유권이전 약정기준

리스기간 종료시점에 기초자산의 소유권이 리스이용자에게 이전되는 리스의 경우

(2) 염가매수선택권 약정기준

리스이용자가 선택권을 행사할 수 있는 날의 공정가치보다 충분히 낮을 것으로 예상되는 가격으로 기초자산을 염가매수할 수 있는 선택권을 가지고 있고, 그 선택권을 행사할 것이 리스약정일 현재 상당히 확실한 경우

(3) 리스기간기준

기초자산의 소유권이 이전되지 않더라도 리스기간이 기초자산의 경제적 내용연수의 상당부분을 차지하는 경우(예 일반적으로 75% 기준)

(4) 공정가치 회수기준

리스약정일 현재 리스료의 현재가치가 적어도 기초자산 공정가치의 대부분에 해당하는 경우(예 일반적으로 90% 기준)

(5) 범용성 기준

기초자산이 특수하여 해당 리스이용자만이 주요한 변경 없이 사용할 수 있는 경우

3. 금융리스의 회계처리

[기초자산 구입]				
(차) 기초자산	×××	(대) 현금		×××
[리스개시일]				
(차) 리스채권	×××	(대) 기초자산		×××
[매 보고기간 말]				
(차) 현금	×××	(대) 리스채권		×××
		이자수익		×××

4. 운용리스의 회계처리

[기초자산 구입]				
(차) 기초자산	×××	(대) 현금		×××
[리스개시일]				
(차) 운용리스자산	×××	(대) 기초자산		×××
[매 보고기간 말]				
(차) 현금	×××	(대) 리스료수익		×××
(차) 감가상각비	×××	(대) 감가상각누계액		×××

03 리스이용자의 회계처리

출제빈도 ★★★

1. 원칙 – 사용권자산과 리스부채의 인식

금융리스와 운용리스로 구분하지 않고 모든 리스에 대하여 사용권자산과 리스부채를 인식한다.

[리스개시일]			
(차) 사용권자산	×××	(대) 리스부채	×××
[매 보고기간 말]			
(차) 감가상각비	×××	(대) 감가상각누계액	×××
(차) 리스부채	×××	(대) 현금	×××
이자비용	×××		

2. 예외

① 단기리스, 소액기초자산에 대하여 사용권자산과 리스부채를 인식하지 않기로 선택할 수 있다.
② 이 경우 해당 리스에 관련되는 리스료를 리스기간에 걸쳐 정액 기준이나 다른 체계적인 기준에 따라 비용으로 인식한다.

[리스개시일]			
	회계처리 없음		
[매 보고기간 말]			
(차) 리스료	×××	(대) 현금	×××

출제빈도: ★★☆

01 리스에 대한 설명으로 옳지 않은 것은?

① 리스제공자는 리스개시일에 금융리스에 따라 보유하는 자산을 재무상태표에 인식하고 그 자산을 리스순투자와 동일한 금액의 수취채권으로 표시한다.

② 포괄손익계산서에서 리스이용자는 리스부채에 대한 이자비용을 사용권자산의 감가상각비와 구분하여 표시한다.

③ 제조자 또는 판매자인 리스제공자는 고객을 끌기 위하여 의도적으로 낮은 이자율을 제시하기도 하며, 이러한 낮은 이자율의 사용은 리스제공자가 거래에서 생기는 전체 이익 중 과도한 부분을 리스개시일에 인식하는 결과를 가져온다.

④ 제조자 또는 판매자인 리스제공자는 금융리스 체결과 관련하여 부담하는 원가를 리스개시일에 자산으로 인식한다.

⑤ 단기리스, 소액기초자산에 대하여 사용권자산과 리스부채를 인식하지 않기로 선택할 수 있고 이 경우 해당 리스에 관련되는 리스료를 리스기간에 걸쳐 정액 기준이나 다른 체계적인 기준에 따라 비용으로 인식한다.

출제빈도: ★★☆

02 리스이용자인 ㈜한국은 리스개시일인 20×1년 1월 1일에 다음과 같은 조건의 리스계약을 체결하고 기초자산(본사사옥)을 리스하였다. ㈜한국은 사용권자산과 리스부채를 인식하는 회계처리를 선택하였다. 리스개시일의 리스부채 최초 측정금액이 ₩2,630인 경우, ㈜한국의 리스거래가 20×1년도 포괄손익계산서의 당기순이익에 미치는 영향은?

- 기초자산의 리스기간은 20×1년 1월 1일부터 20×3년 12월 31일까지이다.
- 기초자산의 내용연수는 10년이고, 내용연수 종료시점의 잔존가치는 없으며, 정액법으로 감가상각한다.
- 고정리스료는 ₩1,000이며, 리스기간 동안 매년 말 지급한다.
- ㈜서울은 리스기간 종료시점에 기초자산을 현금 ₩200에 매수할 수 있는 선택권을 가지고 있으며, 리스개시일 현재 동 매수선택권을 행사할 것이 상당히 확실하다고 판단하였다.
- 사용권자산은 원가모형을 적용하여 정액법으로 감가상각하고, 잔존가치는 없다.
- 20×1년 1월 1일에 동 리스의 내재이자율은 연 10%로 리스제공자와 리스이용자가 이를 쉽게 산정할 수 있다.

① ₩263 감소　　② ₩526 감소　　③ ₩263 증가
④ ₩526 증가　　⑤ ₩546 증가

정답 및 해설

01 ④
제조자 또는 판매자인 리스제공자는 금융리스 체결과 관련하여 부담하는 원가를 리스개시일에 비용으로 인식한다. 이유는 그 원가는 주로 제조자 또는 판매자인 리스제공자가 매출이익을 벌어들이는 일과 관련되기 때문이다. 즉, 일종의 재고자산 판매비용으로 보는 관점이다.

02 ②
(1) 사용권자산에 대한 감가상각비: ₩2,630 ÷ 10 = ₩263
(2) 리스부채의 이자비용: ₩2,630 × 0.1 = ₩263
(3) 당기순이익에 미치는 영향: (1) + (2) = ₩526(감소)

해커스공기업 쉽게 끝내는 회계학 기본서

취업강의 1위, 해커스잡 **ejob.Hackers.com**

출제기업

2020~2024년 필기시험 원가관리회계 파트는 서울주택도시공사, 한국가스공사, 한국공항공사, 한국남부발전, 한국에너지공단, 한국지역난방공사, 한전KPS 등의 기업에서 출제하고 있습니다.

PART 3

원가관리회계

제1장 | 원가의 분류와 제조원가의 흐름

원가의 분류	• 직접원가와 간접원가 • 제조원가와 비제조원가 • 제품원가와 기간비용 • 변동원가와 고정원가 • 관련원가와 비관련원가 • 통제가능원가와 통제불능원가
제조기업의 원가흐름	• 원재료 · 재공품 · 제품 T계정 활용

01 원가관리회계의 개념

출제빈도 ★

회계는 다양한 영역으로 구성되어 있다. 우리가 흔히 말하는 회계는 대부분의 경우 재무회계를 의미하는데 원가회계 및 관리회계는 재무회계와 다루는 영역이 다르다. 그러므로 원가관리회계에 접근할 때는 재무회계를 학습할 때와는 다른 시각이 필요하다.

1. 회계의 분류

(1) 관리회계의 특징

① 관리회계는 경영자 등 내부정보이용자들의 적절한 판단과 의사결정에 유용한 정보를 제공하는 것을 목적으로 한다. 반면, 재무회계는 주로 외부정보이용자들을 위한 정보를 제공하는 것을 목적으로 한다.

② 관리회계는 기업 외부로 나가는 정보를 만드는 것을 목적으로 하지 않으므로 기업회계기준의 영향을 받지 않는다. 따라서 관리회계는 제공하는 정보의 형태와 내용 등에 제약이 없다.

(2) 원가회계의 특징

① 원가회계는 제조기업이 생산하는 제품의 원가를 계산하는 데 일차적인 목적을 두는 회계이다.

② 원가회계는 제품의 원가뿐만 아니라 서비스기업이 제공하는 서비스의 원가, 기업의 각 부문별 원가, 기업이 실행하는 프로세스의 원가 등 다양한 범주와 형태의 원가를 계산한다. 또한 기업 경영과 관리에 필요한 원가정보를 제공하는 것도 원가회계의 목표이다.

③ 제조기업이 생산하는 제품의 원가를 계산해서 재무제표의 재고자산 및 매출원가를 구한다면 이는 재무회계를 위한 정보를 제공하는 것이다. 반면 기업 경영과 관리에 필요한 원가 정보를 구한다면 이는 관리회계를 위한 정보를 제공하는 것이다. 따라서 원가회계는 재무회계뿐만 아니라 관리회계를 위한 회계정보를 생산하는 데도 그 목적이 있다.

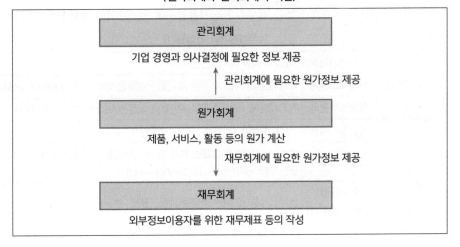

〈원가회계와 관리회계의 역할〉

2. 원가의 의의

① 특정 목적을 달성하기 위해 정상적인 상태에서 소비된 경제적자원을 화폐단위로 측정한 것으로 자산의 취득 또는 비용으로 지출(소비)된 현금 등의 자원이다.
② 원가는 제품의 생산, 서비스의 제공 등 특정 목적을 위해서 지출되어야 하며, 정상적으로 소비되어야 한다. 화재로 인한 손실 등 비정상적으로 소비된 부분은 원가가 아닌 손실이다.
③ 경제적자원의 소비가 일어나면 이 금액이 비용으로 인식될 수도 있고 다른 자산으로 인식될 수도 있는데 원가는 이 두 가지를 모두 포함하는 개념이다.

02 원가의 분류

출제빈도 ★★★

원가의 분류와 관련하여 가장 큰 특징은 원가는 어떤 목적을 위해 집계하느냐에 따라 그 분류가 달라진다는 점이다. 이를 '상이한 목적에는 상이한 원가'라고 표현한다.

1. 추적가능성에 따른 분류

① 직접원가란 특정 원가대상에서 개별적으로 소비한 원가로서 특정 원가대상에 직접 추적할 수 있는 원가를 말한다.
② 원가대상은 제품 또는 서비스, 프로젝트, 활동, 부문이나 제조공정 등과 같이 원가를 집계하는 대상으로, 원가계산대상 또는 원가집계대상이라고도 표현한다.

③ 직접원가는 원가대상에 직접 추적할 수 있으므로 원가계산에 정확하게 반영할 수 있다. 따라서 직접원가로 분류되는 원가가 많아질수록 원가계산의 정확성은 높아진다.

④ 간접원가란 여러 원가대상에서 소비한 원가로서 특정 원가대상에 추적할 수 없는 원가, 추적할 수 있더라도 추적하는 것이 비경제적이어서 추적하지 않는 원가를 말한다.

⑤ 간접원가는 특정 원가대상에 직접 추적할 수 없으므로 간접원가를 발생시키거나 간접원가의 변동을 유발하는 요인을 배부기준으로 선정하여 특정 원가대상에 배분한다.

⑥ 간접원가는 인과관계가 높은 배부기준을 사용할수록 원가계산의 정확성이 높아진다.

〈직접원가와 간접원가〉

직접원가	특정 원가대상에 직접 추적할 수 있는 원가	
	직접재료원가	특정제품에 직접 추적할 수 있는 재료원가(direct material cost)
	직접노무원가	특정제품에 직접 추적할 수 있는 노무원가(direct labor cost)
간접원가	특정 원가대상에 직접 추적할 수 없는 원가, 공통원가	
	제조간접원가	제품의 생산에 투입되는 원가 중 직접재료원가, 직접노무원가 이외의 모든 제조원가(manufacturing overhead cost)
	원가대상 (cost object)	원가집계를 요하는 목적물(제품, 활동, 부문, 공정, 프로젝트 등)

2. 원가의 기능에 따른 분류

① 제조원가는 생산시설에서 발생한 제조활동과 관련된 원가를 말한다. 제조원가는 직접재료원가, 직접노무원가, 제조간접원가로 구분하는데 이를 제조원가 3요소라고 한다. (제조원가 3요소는 상황에 따라 재료원가, 노무원가, 제조경비로 분류하기도 함)
- 직접재료원가(DM, Direct Material Cost)
  - 제품을 생산하기 위해서는 여러 종류의 원재료를 투입하여야 하는데 이 중에서 자동차에 투입되는 철판과 엔진, 가구에 투입되는 목재 등과 같이 제품의 주요 부분을 차지하면서 특정 제품에 직접 추적할 수 있는 원재료를 직접재료라고 한다. 따라서 자동차에 투입된 철판과 엔진의 원가, 가구에 투입된 목재의 원가도 특정 자동차나 특정 가구에 직접 추적할 수 있는데 이러한 재료원가를 직접재료원가라고 부른다.
  - 반면에 자동차의 용접에 사용되는 용접재료, 가구에 투입되는 접착제 등과 같이 제조과정에 투입된 원재료 중에서 제품생산에 필요하기는 하나, 어떤 제품을 생산하는 데 투입되었는지 추적이 불가능한 것, 추적이 가능하더라도 비용이 많이 발생되어 추적하는 것이 비경제적인 것들이 있는데 이러한 원재료를 간접재료라고 한다. 제품생산에 투입된 간접재료의 원가를 간접재료원가라고 하며 이는 제조간접원가에 포함된다.
- 직접노무원가(DL, Direct Labor Cost)
  - 제품을 생산하는 과정에서 투입된 노동력에 대한 대가가 노무원가다. 이 중에서 제품을 생산하는 작업자에게 지급되는 노무원가와 같이 특정 제품에 직접 추적할 수 있는 노무원가를 직접노무원가라고 한다.

- 반면에 생산감독자, 수선부직원, 재료취급자 등에게 지급되는 노무원가 등과 같이 제품을 생산하는 데 필요하기는 하지만, 어떤 제품을 생산하는 데 투입되었는지 추적이 불가능한 것, 추적이 가능하더라도 비용이 많이 발생되어 추적하는 것이 비경제적인 것들이 있는데 이를 간접노무원가라고 하며 이는 제조간접원가에 포함된다.

- 제조간접원가(OH, Manufacturing Overhead Cost)
  - 제품의 생산에 투입되는 원가 중 직접재료원가, 직접노무원가 이외의 모든 제조원가를 제조간접원가라고 한다. 제조간접원가는 앞에서 설명한 간접재료원가, 간접노무원가와 공장토지와 건물의 재산세, 생산시설의 보험료, 수선유지비, 동력비, 감가상각비 등 제조활동에 소요되는 원가가 포함되는데, 제조간접원가 중 간접재료원가, 간접노무원가 이외의 원가를 제조경비라고 부른다.
  - 주의할 점은 제조간접원가는 제조원가의 일부이므로 제조활동과 관련되어 생산시설에서 발생하는 원가가 아니라면 제조간접원가에도 포함될 수 없다는 점이다. 예를 들어 생산시설의 보험료, 수선유지비 등은 제조간접원가에 해당하지만, 본사 건물의 보험료, 수선유지비 등은 제조간접원가에 해당하지 않는다.
  - 제조원가 중에서 직접재료원가와 직접노무원가의 합을 기초원가 또는 기본원가라고 하며, 직접노무원가와 제조간접원가의 합을 가공원가 또는 전환원가라고 한다. 이는 제품 생산에 있어서 직접재료와 직접노무가 가장 기본적인 요소이며 직접노무원가와 제조간접원가는 원재료를 최종제품으로 가공 또는 전환하는 데 소요되는 원가이기 때문이다.

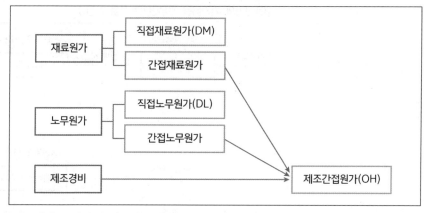

〈제조원가의 3요소〉

② 비제조원가는 기업의 제조활동과 관계없이 발생되는 원가를 말하며, 광고비, 선적비, 판매수수료, 판매직원의 급여 등과 같은 판매비와 경영자의 급여, 일반사무비용, 사무용 시설의 보험료와 감가상각비 등과 같은 관리비가 비제조원가에 해당한다.

〈제조원가와 비제조원가〉

제조원가	• 생산시설에서 발생한 제조활동과 관련한 원가
비제조원가	• 생산시설 외에서 발생한 제조활동과 관련되지 않은 원가 • 판매 및 관리활동과 관련하여 발생하는 원가(판매관리비)

3. 자산화에 따른 분류

① 제품원가란 제품원가계산에 반영해야 하는 원가로서 재고자산에 할당되는 모든 원가를 말하며, 재고자산의 원가를 구성하므로 재고가능원가라고도 한다. 제품원가는 재고자산으로 계상된 후 제품이 판매될 때 매출원가로 대체되어 비용처리된다.

② 기업회계기준에서는 직접재료원가, 직접노무원가, 제조간접원가를 제품원가에 포함한다고 규정한다. 따라서 모든 제조원가가 제품원가에 포함되는데 이를 전부원가계산이라 한다. 전부원가계산하에서는 '제조원가 = 제품원가'의 관계가 성립하지만 다른 원가계산방법을 사용하는 경우 제조원가와 제품원가가 일치하지 않을 수 있다.

〈제조원가와 제품원가〉

구분	전부원가계산	변동원가계산	초변동원가계산
직접재료원가	제품원가	제품원가	제품원가
직접노무원가			기간비용
변동제조간접원가			
고정제조간접원가		기간비용	

③ 기간비용은 제품생산과 관련 없이 발생되기 때문에 항상 발생된 기간에 비용으로 처리되는 원가를 말하며, 재고자산의 원가를 구성하지 못하므로 재고불능원가라고도 한다.

④ 기간비용은 발생된 기간에만 수익의 창출에 기여하고 차기 이후에는 더 이상 수익의 창출에 기여하지 못하기 때문에 발생된 기간에 비용으로 처리한다. 매출원가를 제외하고 손익계산서에 기록되는 비용이 기간비용이다.

〈제품원가와 기간비용(전부원가계산을 가정)〉

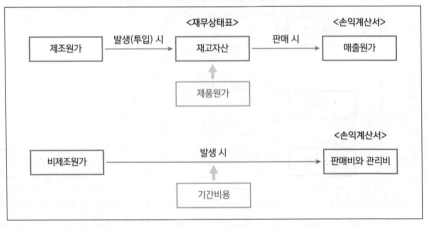

4. 원가행태에 따른 분류

① 일정기간 관련범위 내에서 조업도의 변동에 따라 총원가가 일정한 모습으로 변동할 때 그 모습을 원가행태라고 하며, 원가행태에 따라 원가를 변동원가와 고정원가로 분류할 수 있다.

② 원가행태에 따라 원가를 분류하기 위해서는 먼저 일정한 기간이 전제되어야 하는데 그 이유는 기간이 장기가 되면 임차료와 같은 고정원가도 임차계약 해지 등으로 변동원가가 될 수 있기 때문이다. 기간을 장기로 늘리게 되면 거의 모든 원가가 변동원가가 된다.

③ 일정한 원가행태가 성립하는 범위를 관련범위라 하는데 관련범위를 벗어나면 분석한 원가행태가 성립하지 않게 된다. 예를 들어, 임차료, 감가상각비와 같은 고정원가도 일정한 생산량 범위를 벗어나면 추가적인 임차나 설비투자로 인해 증가하게 될 것이다. 따라서 일정한 원가행태는 관련범위 내에서만 성립하게 된다.

④ 변동원가란 관련범위 내에서 조업도의 변동에 정비례하여 총원가가 변동하는 원가를 말한다. 예를 들어 자동차의 생산을 두 배로 늘리면 투입되는 엔진이나 타이어의 원가가 두 배로 증가하는 형태의 원가이다. 대부분의 직접재료원가, 직접노무원가와 제조간접원가 중 일부(변동제조간접원가)가 여기에 해당한다.

⑤ 고정원가란 관련범위 내에서 조업도의 변동에 관계없이 총원가가 일정한 원가를 말한다. 예를 들어 임차료의 경우 기업의 생산량 및 판매량에 관계없이 매월 일정한 금액을 지불해야 하는데 이렇게 총원가가 조업도의 변동에 아무런 영향을 받지 않는 원가를 고정원가라고 한다. 제조간접원가 중 일부(고정제조간접원가)가 여기에 해당한다.

⑥ 준변동원가란 조업도와 관계없이 발생하는 고정원가와 조업도의 변동에 비례하여 발생하는 변동원가로 구성된 원가를 말한다. 준변동원가의 예로 전화요금을 들 수 있는데 전화요금은 전화를 사용하지 않아도 발생하는 기본요금(고정원가)과 전화사용량에 비례하는 요금(변동원가)으로 구성된다.

⑦ 준고정원가(계단원가)란 일정한 조업도 범위 내에서는 총원가가 일정하지만, 조업도가 그 범위를 벗어나면 총원가가 일정액만큼 증가 또는 감소하는 원가를 말한다.

〈변동원가, 고정원가, 준변동원가, 준고정원가〉

변동원가	• 조업도가 변동함에 따라 총원가가 비례적으로 변동하는 원가 • 변동원가의 기능별 분류 ┌ 변동제조원가 └ 변동판매관리비
고정원가	• 조업도의 변동에 관계없이 총원가가 일정한 원가 • 고정원가의 기능별 분류 ┌ 고정제조원가 = 고정제조간접원가 └ 고정판매관리비
준변동원가 (혼합원가)	• 조업도와 관계없이 발생하는 고정원가와 조업도의 변동에 비례하여 발생하는 변동원가로 구성된 원가
준고정원가 (계단원가)	• 일정한 조업도 범위 내에서는 총원가가 일정하지만, 조업도가 그 범위를 벗어나면 총원가가 일정액만큼 증가 또는 감소하는 원가(생산요소의 불가분성 때문)

5. 의사결정과의 관련성에 따른 분류

① 관련원가란 특정 의사결정과 관련이 있는 원가로, 고려되는 대안들 간에 차이가 나는 미래현금지출원가를 말한다. 비관련원가란 특정 의사결정과 관련이 없는 원가로, 이미 발생된 과거의 원가(역사적원가, 기발생원가, 매몰원가)와 대안들 간에 차이가 없는 미래현금지출원가가 비관련원가에 해당된다.

② 매몰원가란 과거 의사결정의 결과로 이미 발생된 원가(역사적원가, 기발생원가)로, 현재나 미래의 의사결정에는 영향을 미치지 못하는 원가를 말한다. 매몰원가는 의사결정 시점 이전에 발생이 확정된 원가로 어떤 대안을 선택하든지 변경시킬 수 없으므로 그 금액이 아무리 크더라도 비관련원가가 된다.

③ 기회비용은 특정 대안을 선택하기 위하여 포기해야 하는 효익(순현금유입액) 중 가장 큰 금액이다.

④ 기회비용은 회계장부에 기록되는 비용은 아니지만 의사결정을 할 때는 반드시 고려되어야 한다.

〈관련원가와 비관련원가〉

관련원가	대안 간 차이가 있는 미래원가로 의사결정과 관련되는 원가 예 차액원가, 기회비용, 회피가능원가
비관련원가	대안 간 차이가 없는 원가로 의사결정과 무관한 원가 예 기발생원가(매몰원가), 회피불능원가

6. 통제가능성에 따른 분류

① 통제가능성이란 특정 관리자가 특정원가를 관리할 수 있는 권한을 가지고 있는지 여부를 말하며, 통제가능하다는 것은 특정 관리자가 원가발생액을 통제할 수 있는 권한을 가지고 있다는 것을 의미한다.

② 통제가능원가란 특정 관리자가 원가의 발생에 영향을 미칠 수 있는 원가를 말한다. 특정 관리자는 통제가능원가의 발생에 대하여 책임이 있으므로 특정 관리자에 대하여 성과평가를 할 때 통제가능원가를 반영하여야 한다.

③ 통제불능원가란 특정 관리자가 원가의 발생에 영향을 미칠 수 없는 원가를 말한다. 통제불능원가는 특정 관리자가 통제할 수 없으므로 특정 관리자에 대하여 성과평가를 할 때 배제되어야 한다.

〈통제가능원가와 통제불능원가〉

통제가능원가	• 경영자가 그 발생을 통제할 수 있는 원가 • 성과평가를 할 때 통제가능원가를 반영하여야 함
통제불능원가	• 경영자가 그 발생을 통제할 수 없는 원가 • 성과평가를 할 때 배제되어야 함

외부에서 구입한 상품을 제조활동을 거치지 않고 그대로 외부에 판매하여 이익을 창출하는 상기업과는 달리 제조기업은 원재료, 노동력, 생산설비 및 기타 용역 등 생산요소를 외부에서 구입한 후, 이를 투입하여 제품을 생산하고 생산의 결과물인 제품을 판매하여 이익을 창출한다.

1. 제조원가

제조원가의 3요소는 직접재료원가(DM), 직접노무원가(DL), 제조간접원가(OH)이다.

(1) 직접재료원가(DM)

① 제품을 생산하기 위하여 투입된 원재료의 원가를 재료원가라고 하며, 재료원가는 특정 제품에 직접 추적할 수 있는가에 따라 직접재료원가와 간접재료원가로 나뉜다.

② 재료원가는 재무상태표 계정인 원재료 계정에서 발생한다. 원재료를 구입한 경우에는 매입액을 원재료 계정 차변에 기입하고, 원재료를 사용한 경우에는 원재료 계정의 대변에 원재료사용액(재료원가)을 기입함과 동시에 직접재료원가는 재공품계정으로, 간접재료원가는 제조간접원가계정으로 대체한다.

> **회계학 전문가의 TIP**
>
> 제조원가와 구분되는 개념인 비제조원가는 제품제조활동과 무관하며, 판매 및 관리활동과 관련하여 발생하는 원가(판매관리비)를 의미합니다. 또한 회계는 발생주의에 의해 장부를 기록하므로 원재료를 현금을 지급하고 매입했는지 외상으로 매입했는지는 중요하지 않습니다.

📋 시험문제 미리보기!

㈜세무의 기초원재료재고액은 ₩20,000이며, 당기 중 원재료매입액은 ₩80,000이다(이 중 ₩50,000은 외상매입). 당기 중 원재료사용액은 ₩70,000이며, 이 중 ₩20,000은 간접재료원가였다. 원재료, 재공품, 제조간접원가를 T계정으로 표시하시오.

해설

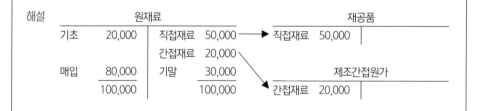

	원재료				재공품	
기초	20,000	직접재료	50,000 →	직접재료	50,000	
		간접재료	20,000			
매입	80,000	기말	30,000		제조간접원가	
	100,000		100,000	간접재료	20,000	

PART 3 원가관리회계

회계소공기업 쉽게 판매는 회계학 기본서

(2) 직접노무원가(DL)

① 제품을 생산하기 위하여 투입된 노동력의 원가를 노무원가라고 하며, 노무원가는 특정 제품에 직접 추적할 수 있는지에 따라 직접노무원가와 간접노무원가로 나뉜다.

② 기중에 노무원가가 발생되면 노무원가계정의 차변에 기입하고, 동 금액을 노무원가 대변에 기입함과 동시에 직접노무원가는 재공품계정으로, 간접노무원가는 제조간접원가계정으로 대체한다.

📋 시험문제 미리보기!

㈜세무는 당기 중 노무원가를 ₩80,000 지급하였으며, 당기 말 현재 미지급노무원가가 ₩20,000이 있다(당기 초 미지급노무원가는 없었음). 한편, 당기에 발생된 노무원가 중 특정 제품에 직접 추적할 수 있는 노무원가는 ₩70,000이다. 노무원가, 재공품, 제조간접원가를 T계정으로 표시하시오.

해설 직접노무원가 발생액: ₩80,000(현금지급액) + ₩20,000(미지급액) = ₩100,000

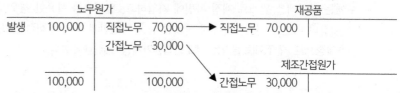

	노무원가				재공품	
발생	100,000	직접노무	70,000	→	직접노무	70,000
		간접노무	30,000			
					제조간접원가	
	100,000		100,000		간접노무	30,000

> **📍 선생님 TIP**
>
> 회계는 발생주의에 의해 장부를 기록하므로 노무원가를 현금으로 지급했는지의 여부는 중요하지 않다. 동 문제에서는 현금지급노무원가 ₩80,000과 발생하였으나 지급하지 않은 노무원가 ₩20,000의 합인 ₩100,000이 당기 발생 노무원가에 해당한다.

(3) 제조간접원가(OH)

① 직접재료원가, 직접노무원가 이외에 제품제조에 소비된 원가를 제조간접원가라고 하며, 제조간접원가에는 간접재료원가, 간접노무원가 및 제조경비가 포함된다. 제조간접원가는 제조과정에서 발생하는 원가이므로 판매비 및 관리비와 반드시 구분되어야 한다.

② 제조간접원가가 발생하면 기중이나 기말에 각 해당 계정에 기록하는데 제조간접원가는 다양한 항목들로 구성되어 있으므로 기말에 제조간접원가계정에 일괄집계한 후 재공품계정에 배부한다.

🗐 시험문제 미리보기!

㈜세무의 간접재료원가 ₩20,000과 간접노무원가는 ₩30,000이다. ㈜세무의 당기 감가상각비는 ₩100,000인데, 이 중 공장에서 발생한 부분이 ₩40,000이고 나머지는 본사에서 발생한 원가이다. 또한 당기 중 공장에서 발생한 수선유지비가 ₩10,000이고, 판매부서에서 발생한 수선유지비가 ₩30,000이다. 제조간접원가, 재공품을 T계정으로 표시하시오.

해설

제조간접원가				재공품	
간접재료	20,000	배부 (재공품)	100,000 →	제조간접원가 100,000	
간접노무	30,000				
감가상각	40,000				
수선유지	10,000				
	100,000		100,000		

> 📍**선생님 TIP**
>
> 해당 원가가 공장에서 발생하였다면 제조간접원가, 공장 외에서 발생하였다면 판매관리비에 해당된다.

(4) 기본원가와 가공원가

① 기본원가: 직접재료원가와 직접노무원가의 합이다.

DM + DL(직접원가, 기초원가: prime costs)

---

② 가공원가: 직접노무원가와 제조간접원가의 합이다.

DL + OH(전환원가: conversion costs)

---

2. 재공품계정

(1) 재공품

① 재공품계정은 제조원가의 회계처리에 있어 가장 중요한 계정으로 재공품계정의 차변에는 기초재공품원가와 당기에 발생된 직접재료원가, 직접노무원가, 제조간접원가가 기입된다. 이때, 당기에 발생된 직접재료원가, 직접노무원가, 제조간접원가의 합을 당기총제조원가라고 한다.

② 당기에 제품이 완성되면 당기에 완성된 제품의 원가가 재공품계정 대변에서 제품계정 차변으로 대체되는데, 이를 당기제품제조원가라고 한다.

(2) T-계정

① T-계정을 이용해 나타내면 아래와 같다.

재공품			
기초재공품	×××	당기제품제조원가	×××
당기총제조원가			
직접재료원가	×××		
직접노무원가	×××		
제조간접원가	×××	기말재공품	×××

- 당기총제조원가: 당기 제조과정에 투입된 원가로 재공품계정 차변에 가산한다.
  (= 당기투입원가 = 당기발생원가)
- 당기제품제조원가: 투입된 원가 중 당기에 완성시켜 제품으로 대체한 원가이다.

② 재공품계정 차변에는 당기에 투입(발생)된 원가를 기록하고(당기총제조원가), 재공품계정 대변에는 그 중 완성된 원가(당기제품제조원가)와 미완성된 원가(기말재공품원가)를 구분하여 기록한다.

㈜세무에서 당기에 투입한 직접재료원가는 ₩50,000, 직접노무원가는 ₩70,000, 제조간접원가는 ₩100,000이다. 또한 ㈜한국의 기초재공품은 ₩20,000, 기말재공품은 ₩30,000이다. 재공품, 제품을 T계정으로 표시하시오.

해설

재공품				제품	
기초	20,000	당기제품 210,000 제조원가 →	당기제품 210,000 제조원가	
직접재료	50,000				
직접노무	70,000				
제조간접	100,000	기말	30,000		
	240,000		240,000		

3. 제품계정

① 제품계정은 완성된 제품의 원가를 관리하는 계정이다. 제품이 완성되면 당기제품제조원가를 재공품계정의 대변에서 제품계정의 차변으로 대체하고, 제품이 판매되면 매출원가를 제품계정의 대변에서 매출원가계정의 차변으로 대체한다.

② 제품계정의 차변합계, 즉 기초제품원가와 당기제품제조원가의 합을 판매가능재고라 부른다.

㈜세무에서 당기 중 완성한 제품의 원가는 ₩210,000이고, ㈜세무의 기초 및 기말제품재고액은 각각 ₩40,000, ₩20,000이다. 제품, 매출원가를 T계정으로 표시하시오.

해설

제품				매출원가	
기초	40,000	매출원가 230,000 →		230,000	
당기제품 제조원가	210,000	기말	20,000		
	250,000		250,000		

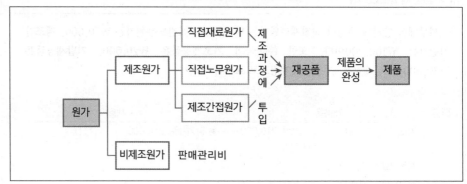

4. 제조원가의 흐름

① 제조원가란 제품을 생산하는 제조활동에서 발생되는 모든 원가를 의미하며, 직접재료원가, 직접노무원가, 제조간접원가로 구성된다.

> 직접재료원가
> = 기초원재료재고액 + 당기원재료매입액 − 기말원재료재고액(원재료계정)

② 제조활동에 투입된 제조원가는 재공품계정에 집계되며, 제품이 완성되면 완성된 제품의 제조원가(당기제품제조원가)는 제품계정으로 대체된다. 그리고 제품이 판매되면 판매된 제품의 원가(매출원가)는 다시 매출원가계정으로 대체된다. 이를 T−계정을 이용해 나타내면 아래와 같다.

③ 당기총제조원가 = 직접재료원가 + 직접노무원가 + 제조간접원가

④ 당기제품제조원가 = 기초재공품재고액 + 당기총제조원가 − 기말재공품재고액(재공품계정)

⑤ 매출원가 = 기초제품재고액 + 당기제품제조원가 − 기말제품재고액(제품계정)

⑥ T−계정

원재료			
기초	100	DM	900
매입	1,000	기말	200
	1,100		1,100

재공품			
기초	200	당기제품	2,100
DM	900		
DL	600		
OH	500	기말	100
	2,200		2,200

제품			
기초	300	매출원가	2,000
제조원가	2,100	기말	400
	2,400		2,400

원재료 · 재공품			
기초원재료	100	당기제품제조원가	2,100
기초재공품	200		
원재료매입	1,000		
DL	600	기말원재료	200
OH	500	기말재공품	100
	2,400		2,400

제품 · 재공품			
기초재공품	200	매출원가	2,000
기초제품	300		
DM	900		
DL	600	기말재공품	100
OH	500	기말제품	400
	2,500		2,500

재고자산(원재료 · 재공품 · 제품)			
기초원재료	100	매출원가	2,000
기초재공품	200		
기초제품	300		
원재료매입	1,000	기말원재료	200
DL	600	기말재공품	100
OH	500	기말제품	400
	2,700		2,700

⑦ 시험에서는 합산 T-계정을 이용해서 문제를 푸는 것이 효율적이다.

출제빈도: ★★★ 대표출제기업: 한국에너지공단

01 **제조원가에 대한 설명으로 옳지 않은 것은?**

① 제품의 단위당 변동원가는 조업도에 비례하여 증감한다.

② 고정원가는 관련범위 내에서 조업도와 무관하게 총액이 일정하다.

③ 비용 중에는 변동원가와 고정원가로 구분하기 어려운 것도 있다.

④ 변동원가와 고정원가의 분류는 원가통제에 유용하다.

⑤ 준고정원가(계단원가)란 일정한 조업도 범위 내에서는 총원가가 일정하지만, 조업도가 그 범위를 벗어나면 총원가가 일정액만큼 증가 또는 감소하는 원가를 말한다.

출제빈도: ★★★ 대표출제기업: 한국가스공사

02 **조업도에 따른 원가의 분류 중 고정원가에 대한 설명으로 옳은 것은?**

① 조업도의 증감에 따라 비례적으로 증감한다.

② 고정원가의 전형적인 예로는 직접재료원가와 직접노무원가가 있다.

③ 생산량이 증가해도 고정원가는 항상 일정하다.

④ 생산량과는 관계없이 단위당 고정원가는 항상 일정하다.

⑤ 생산량이 증가하는 경우 관련범위 내에서 고정원가의 총액은 일정하게 증가한다.

03 ㈜세무는 단일제품을 생산하고 있다. 20×1년 자료가 다음과 같을 때, 당기 직접재료매입액과 당기에 발생한 직접 노무원가는?

	재고자산	
	기초재고	기말재고
직접재료	₩18,000	₩13,000
재공품	₩25,000	₩20,000
기본원가	₩85,000	
가공원가	₩75,000	
당기제품제조원가	₩130,000	
매출원가	₩120,000	

	직접재료매입액	직접노무원가
①	₩45,000	₩35,000
②	₩45,000	₩40,000
③	₩50,000	₩35,000
④	₩50,000	₩40,000
⑤	₩50,000	₩50,000

정답 및 해설

01 ①
변동원가는 조업도에 비례하여 증가하고, 단위당 변동원가는 조업도에 관계없이 일정하다.

02 ③
생산량이 증가해도 고정원가는 항상 일정하다.

고정원가	조업도에 관계없이 총원가는 일정하고 단위당 원가는 감소함
변동원가	조업도에 따라 총원가는 증가하고, 단위당 원가는 일정함

03 ①
(1) 당기총제조원가: ₩130,000 + ₩20,000 − ₩25,000 = ₩125,000
(2) 직접노무원가: ₩85,000 + ₩75,000 − ₩125,000 = ₩35,000
(3) 직접재료원가: ₩85,000 − ₩35,000 = ₩50,000
(4) 직접재료매입액: ₩50,000 + ₩13,000 − ₩18,000 = ₩45,000

출제빈도: ★★☆

04 단일제품을 생산하는 ㈜세무는 매출원가의 20%를 이익으로 가산하여 제품을 판매하고 있다. 당기의 생산 및 판매 자료가 다음과 같다면, ㈜세무의 당기 직접재료매입액과 영업이익은?

- 재고자산

	기초재고	기말재고
직접재료	₩17,000	₩13,000
재공품	₩20,000	₩15,000
제품	₩18,000	₩23,000

- 기본(기초)원가: ₩85,000
- 가공(전환)원가: ₩98,000
- 매출액: ₩180,000
- 판매관리비: ₩10,000

	직접재료매입액	영업이익
①	₩46,000	₩15,000
②	₩48,000	₩15,000
③	₩48,000	₩20,000
④	₩52,000	₩20,000
⑤	₩54,000	₩22,000

출제빈도: ★☆☆

05 ㈜세무는 기계장치를 생산, 판매하는 기업으로 사업 첫 해에 다음과 같은 원가가 발생했다. 이 자료를 바탕으로 원가계산을 했을 경우 다음의 설명 중 타당하지 않은 것만을 모두 고르면? (단, 기초재공품재고액은 없고, 기말재공품재고액이 ₩10 존재한다)

• 직접재료원가	₩110	• 판매직급여	₩30	• 간접재료원가	₩30
• 간접경비	₩200	• 이자비용	₩10	• 광고선전비	₩20
• 간접노무원가	₩60	• 직접노무원가	₩120	• 관리직급여	₩70

ㄱ. 당기제품제조원가는 ₩510이다.
ㄴ. 기본원가(기초원가, prime costs)는 ₩230이다.
ㄷ. 제조간접원가에는 어떤 재료원가도 포함되지 않으므로 간접노무원가와 간접경비를 합한 ₩260이다.
ㄹ. 당기총제조원가는 ₩520으로, 기본원가에 가공원가를 합한 금액이다.
ㅁ. 기간원가는 ₩130으로, 재고가능원가라고 부르기도 한다.

① ㄱ, ㄴ
② ㄷ, ㄹ
③ ㄹ, ㅁ
④ ㄱ, ㄴ, ㄷ
⑤ ㄷ, ㄹ, ㅁ

정답 및 해설

04 ③

	원재료 + 재공품 + 제품		
기초재고	₩55,000	매출원가	₩150,000
원재료매입액	X		
가공원가	98,000	기말재고	51,000
합계	₩201,000	합계	₩201,000

(1) 매출원가: ₩180,000 × 1/1.2 = ₩150,000
(2) 원재료매입액: ₩201,000 – ₩55,000 – ₩98,000 = ₩48,000
(3) 영업이익: ₩180,000 – ₩150,000 – ₩10,000 = ₩20,000

05 ⑤
ㄷ. 제조간접원가에는 간접재료원가도 포함된다.
ㄹ. 당기총제조원가는 기본원가에 제조간접비를 합한 금액이다.
ㅁ. 기간원가는 재고불능원가라고 부르기도 한다.

오답노트
ㄱ. • 당기총제조원가: 직접재료원가 + 직접노무원가 + 제조간접원가 = ₩110 + ₩120 + ₩290[*1] = ₩520
   (*1) 간접재료원가 + 간접노무원가 + 간접경비
   • 당기제품제조원가: 기초재공품원가 + 당기총제조원가 – 기말재공품원가 = ₩0 + ₩520 – ₩10 = ₩510
ㄴ. 기본원가: 직접재료원가 + 직접노무원가 = ₩110 + ₩120 = ₩230

출제빈도: ★★☆   대표출제기업: 한국남동발전

06 여러 종류의 제품을 생산하는 제조업의 경우 다음 중 제조간접원가에 포함되어야 하는 것은?

① 기획담당 임원 인건비

② 공장 전체의 수도광열비

③ 특정 제품 주재료의 매입운임과 매입수수료

④ 특정 생산라인 작업인력의 인건비

⑤ 특정 제품의 제조경비

출제빈도: ★★☆

07 다음 중에서 자동차 생산기업의 제조간접원가에 포함되는 항목은?

① 특정 자동차 생산라인에서 일하는 생산직의 급여

② 타이어 생산업체에서 구입한 타이어

③ 판매관리직의 인건비

④ 생산을 지원하는 구매부나 자재관리부 직원의 급여

⑤ 특정 자동차의 하청업자 인건비

출제빈도: ★★☆　대표출제기업: 인천국제공항공사

08 ㈜세무의 20×1년 1월 중 발생한 제조원가 및 비용에 대한 자료가 다음과 같을 때, 20×1년 1월에 발생한 가공원가는? (단, ㈜세무는 20×1년 1월 초에 ₩3,000, 1월 말에 ₩1,000의 직접재료가 있었다)

항목	금액
직접재료 매입비	₩2,000
직접노무원가	3,000
감가상각비 – 공장건물	500
감가상각비 – 영업점포	300
공장감독자 급여	100
기타 제조간접원가	200
계	₩6,100

① ₩3,800　　　　　② ₩4,100　　　　　③ ₩5,000

④ ₩6,100　　　　　⑤ ₩8,100

정답 및 해설

06 ②
공장 전체의 수도광열비는 제조간접원가에 포함된다.

오답노트
① 판매비와 관리비: 기획담당 임원 인건비, 판매사원의 급료
③ 직접재료원가: 특정 제품 주재료의 매입운임과 매입수수료
④ 직접노무원가: 특정 생산라인 작업인력의 인건비
⑤ 직접경비

07 ④
자동차 생산기업의 제조간접원가에 포함되는 항목은 ④이다.

오답노트
① 직접노무원가, ② 직접재료원가, ③ 판매비와 관리비, ⑤ 직접경비이다.

08 ①
가공원가: 직접노무원가 + 제조간접원가 = ₩3,000 + ₩500(감가상각비 – 공장건물) + ₩100(공장감독자 급여) + ₩200(기타 제조간접원가) = ₩3,800

출제빈도: ★★☆

09 ㈜세무의 20×1 회계연도 중 재료구입액은 ₩200,000이고, 직접노무원가와 제조간접원가 발생액이 각각 ₩150,000과 ₩155,000일 경우 다음 자료를 이용하여 당기제품제조원가와 매출원가를 계산하면?

구분	20×1. 1. 1	20×1. 12. 31
재료	₩100,000	₩80,000
재공품	₩120,000	₩150,000
제품	₩150,000	₩200,000

	제품제조원가	매출원가
①	₩495,000	₩445,000
②	₩495,000	₩475,000
③	₩505,000	₩445,000
④	₩505,000	₩475,000
⑤	₩515,000	₩495,000

출제빈도: ★★☆

10 다음 자료를 이용하여 20×1년 1월의 매출원가를 계산하면?

〈자료 1〉

재고자산	20×1. 1. 1	20×1. 1. 31
직접재료	₩30,000	₩40,000
재공품	₩50,000	₩30,000
제품	₩70,000	₩50,000

〈자료 2〉
• 20×1년 1월 중 직접재료 매입액은 ₩110,000이다.
• 20×1년 1월 중 직접노무원가 발생액은 가공원가 발생액의 60%이다.
• 20×1년 1월 중 제조간접원가 발생액은 ₩80,000이다.

① ₩340,000   ② ₩370,000   ③ ₩400,000

④ ₩420,000   ⑤ ₩450,000

정답 및 해설

09 ①

원재료

전기이월	100,000	직접재료원가	220,000
당기매입액	200,000	차기이월	80,000
	300,000		300,000

재공품

전기이월	120,000	당기제품제조원가	495,000
직접재료원가	220,000	차기이월	150,000
직접노무원가	150,000		
제조간접원가	155,000		
	645,000		645,000

제품

전기이월	150,000	매출원가	445,000
당기제품제조원가	495,000	차기이월	200,000
	645,000		645,000

10 ①

원재료					재공품				
기초	30,000	DM	100,000		기초	50,000	당기제품제조원가	320,000
매입	110,000	기말	40,000		DM	100,000	기말	30,000
	140,000		140,000		DL*1	120,000		
					OH	80,000		
						350,000		350,000

(*1) OH = ₩80,000, DL = (DL + OH) × 60%, ∴ DL = ₩120,000

제품

기초	70,000	매출원가	340,000
당기제품제조원가	320,000	기말	50,000
	390,000		390,000

출제빈도: ★★☆   대표출제기업: 한국공항공사

11 기본원가와 가공원가에 공통적으로 해당하는 항목은?

① 제품제조원가   ② 제조간접원가   ③ 직접재료원가

④ 직접노무원가   ⑤ 직접경비

출제빈도: ★☆☆

12 다음 자료를 토대로 계산한 ㈜세무의 매출총이익은?

- 당기 중 직접재료원가는 전환원가의 50%이다.
- 직접노무원가 발생액은 매월 말 미지급임금으로 처리되며 다음 달 초에 지급된다. 미지급임금의 기초금액과 기말금액은 동일하며, 당기 중 직접노무원가의 지급액은 ₩450이다.
- 재공품 및 제품의 기초금액과 기말금액은 ₩100으로 동일하다.
- 기타 발생비용으로 감가상각비(생산현장) ₩100, 감가상각비(영업점) ₩100, CEO 급여 ₩150, 판매수수료 ₩100이 있다. CEO 급여는 생산현장에 1/3, 영업점에 2/3 배부된다.
- 매출액은 ₩2,000이다.

① ₩1,050 ② ₩1,100 ③ ₩1,150
④ ₩1,200 ⑤ ₩1,250

정답 및 해설

11 ④
(1) 기본원가 = 직접재료원가 + 직접노무원가
(2) 가공원가 = 직접노무원가 + 제조간접원가

12 ②
(1) 직접노무원가(DL) = ₩450
(2) 제조간접원가(OH) = ₩100 + ₩150 × 1/3 = ₩150
(3) 직접재료원가(DM) = 가공원가(DL + OH) × 50% = ₩300
(4) 당기총제조원가 = 당기제품제조원가 = 매출원가 = ₩450 + ₩150 + ₩300 = ₩900
(5) 매출총이익 = 매출액 - 매출원가 = ₩2,000 - ₩900 = ₩1,100

01 개별원가계산의 의의

출제빈도 ★★★

1. 생산방식에 따른 원가계산제도

① 제품원가계산은 각 기업의 생산형태에 따라 또는 원가집계방법에 따라 개별원가계산 (작업별원가계산)과 종합원가계산(공정별원가계산)으로 나눌 수 있다.

② 개별원가계산(Job order costing)
- 다품종, 소량, 주문생산 ⇨ 작업원가표
- 작업별원가계산, 직접원가·간접원가 구분 중요

③ 개별원가계산은 주로 조선업, 항공기업, 기계공업 등과 같이 고객의 주문에 따라 특정 제품을 개별적으로 생산하는 기업에서 사용하는 원가계산방법으로, 제조원가를 개별 작 업별로 구분하여 집계한다. 개별원가계산은 고객의 요구에 따라 작업내용을 명확히 구분할 수 있는 회계법인, 법무법인, 컨설팅업체, 병원 등 서비스업체에도 적용될 수 있다.

④ 종합원가계산(Process costing)
- 단일, 대량, 연속생산 ⇨ 제조원가보고서
- 공정별원가계산, 재료원가·가공원가 구분 중요

⑤ 종합원가계산은 정유업, 화학공업, 제지업 등과 같이 동종 제품을 연속적으로 대량생 산하는 기업에서 사용하는 원가계산방법으로, 제조원가를 제조공정별로 구분하여 집 계한다.

〈개별원가계산과 종합원가계산〉

구분	개별원가계산	종합원가계산
생산형태	고가의 재고를 주문생산하는 기업	동종 제품을 대량생산하는 기업
원가집계	개별 작업별로 원가집계	제조공정별로 원가집계
원가계산 서류	작업원가표	제조원가보고서

2. 개별원가계산의 의의

주문생산방식에 의해 생산되는 개별 작업별로 제품원가를 계산하는 원가계산제도이다.

(1) 직접재료원가와 직접노무원가 - 직접추적

① 개별원가계산에서는 개별 작업별로 원가를 집계하므로 제조직접원가와 제조간접원가의 구분이 중요하다.

② 직접재료원가와 직접노무원가는 개별 작업에 직접 추적할 수 있으므로 작업원가표에 발생된 원가를 그대로 집계한다.

(2) 제조간접원가 - 제조간접원가 배부율을 이용하여 배부

① 개별 작업을 완성하는 과정에서 직접재료원가, 직접노무원가뿐만 아니라 간접재료원가, 간접노무원가, 공장재산세, 공장건물 감가상각비, 전기요금 등과 같은 제조간접원가도 필연적으로 발생한다.

② 제조간접원가는 여러 작업에서 공통적으로 발생하므로 특정 작업과의 관계가 불확실하여 개별 작업에 직접 추적하는 것이 불가능하며, 가능하다 해도 시간과 절차면에서 추적하는 것이 오히려 비효율적이다.

③ 제조간접원가는 합리적인 배부기준을 선정하여 제조간접원가 배부율을 계산한 후 제조간접원가 배부율을 이용하여 개별 작업에 배부하게 된다.

④ 일반적으로 노동집약적인 작업환경에서는 직접노동시간이나 직접노무원가가, 기계집약적인 작업환경에서는 기계작업시간이 주로 배부기준으로 이용된다.

〈개별원가계산 절차〉

직접재료원가, 직접노무원가	• 개별 작업에 직접 추적해서 부과
제조간접원가	• 개별 작업에 적정한 배부기준(조업도)에 따라 배부 • 제조간접원가 배부율을 이용하여 원가대상에 배부
조업도	• 일정기간 동안에 기업이 보유하고 있는 생산수단(노동력, 설비 등)의 이용정도 • 직접노무시간(원가), 기계시간 등을 배부기준으로 사용

3. 작업원가표 작성방법

(1) 작업원가표 작성절차

	#101	#102	#103
DM	×××	×××	×××
DL	×××	×××	×××
OH	배부		

① 직접재료원가(DM)와 직접노무원가(DL)는 발생(투입)시점에 기록한다. (각 작업에 직접 추적)

② 제조간접원가(OH)는 기말에 배부기준(조업도)에 의해 배부한다.

(2) 제조간접원가 배부

① 제조간접원가 배부율(OH rate)

$$\text{제조간접원가 배부율(OH rate)} = \frac{\text{제조간접원가 발생액}}{\text{실제 조업도}}$$

② 작업별 제조간접원가(OH) 배부액

$$\text{작업별 제조간접원가(OH) 배부액}$$
$$= \text{당해작업이 소비한 배부기준(조업도)} \times \text{OH rate}$$

📋 시험문제 미리보기!

㈜세무는 직접노동시간을 기준으로 제조간접원가를 배부하고 있으며, 관련 자료는 다음과 같다. 실제 발생 제조간접원가는 ₩1,200,000, 실제직접노동시간은 2,000시간이었다.

	재공품	제품	매출원가	합계
직접재료원가	₩150,000	₩150,000	₩200,000	₩500,000
직접노무원가	250,000	150,000	100,000	500,000
직접노동시간	1,000시간	600시간	400시간	2,000시간

실제개별원가계산에 의한 재공품, 제품, 매출원가 금액을 계산하시오.

해설

(1) 제조간접원가 배부율: $\dfrac{\text{제조간접원가 발생액}}{\text{실제조업도}} = \dfrac{₩1,200,000}{2,000시간} = ₩600/시간$

(2) 각 계정별 제조간접원가의 예정배부

	재공품	제품	매출원가	합계
직접재료원가	₩150,000	₩150,000	₩200,000	₩500,000
직접노무원가	250,000	150,000	100,000	500,000
제조간접원가	600,000	360,000	240,000	1,200,000
계	₩1,000,000	₩660,000	₩540,000	₩2,200,000

1. 보조부문원가의 제조간접원가 배부과정

① 제조기업에서는 여러 가지 제조과정을 통하여 제품을 완성하는데, 제조기업은 관리의 편의를 위하여 제조과정을 특성에 따라 구분하여 관리하고 이를 부문이라고 한다. 제조부문(production department)은 직접 제품을 생산하는 활동을 수행하는 부문이고, 보조부문(service department)은 직접 제품은 생산하지 않고 제조부문이나 다른 보조부문에 용역을 제공한다. 보조부문의 예로는 전력부문, 식당부문 등이 있다.

② 제조부문은 직접 제품생산활동을 수행하기 때문에 제품과의 관련성을 찾을 수 있어 제조부문의 제조간접원가를 제품에 배부하는 것은 크게 어려움이 없다. 그러나 보조부문은 직접 제품생산활동을 수행하는 것이 아니라 제조부문의 제품생산에 필요한 용역을 제공함으로써 간접적으로 제품생산에 기여하므로 **보조부문의 제조간접원가는 제품과의 관련성을 찾기 어렵다.** 따라서 좀 더 정확한 제품원가계산을 위해서는 보조부문의 제조간접원가를 제조부문에 배분한 후 다시 제품에 배부하는 과정을 거쳐야 한다.

③ 보조부문은 제품생산에 직접 관여하지 않으므로 제품에 추적할 수 있는 직접원가는 존재하지 않으며 보조부문에서 발생하는 원가는 전액 제조간접원가이다.

④ 공장 전체 및 부문별 제조간접원가배부율

　• 공장 전체 제조간접원가 배부율을 사용할 경우: 보조부문원가를 제조부문에 배분할 필요 없이 보조부문과 제조부문원가를 합산한 총 금액을 각 제품별로 조업도 비율에 따라 배분한다.

　• 부문별 제조간접원가 배부율을 사용할 경우
　　– 보조부문원가를 어떠한 방법에 의하여 배분하느냐에 따라 제조부문에 집계된 제조간접원가가 달라진다.
　　– 먼저 보조부문원가를 제조부문에 배분하고 제조부문의 제조간접원가와 보조부문으로부터 배분받은 금액을 합하여 개별 작업에 배부한다.

> **회계학 전문가의 TIP**
>
> 제조간접원가를 배부할 때 일반적으로 사용하는 배부기준은 직접노무원가, 직접노무시간 등입니다. 제조부문은 직접 제품생산활동을 수행하므로 직접노무원가 또는 직접노무시간을 쉽게 파악할 수 있지만 보조부문은 직접 제품생산활동을 수행하지 않으므로 직접노무원가 또는 직접노무시간이 존재하지 않습니다. 따라서 보조부문의 제조간접원가를 제품으로 직접 배부하는 것은 불가능합니다.

㈜세무에는 절단부문과 조립부문의 두 개의 제조부문만 존재한다. 다음은 ㈜세무의 원가에 대한 자료이다.

ㄱ. 절단부문에서는 20×1년 중에 총 10,000시간의 노동시간과 50,000시간의 기계시간이 발생 했다.

ㄴ. 조립부문에서는 20×1년 중에 총 40,000시간의 노동시간과 25,000시간의 기계시간이 발생 했다.

ㄷ. 20×1년 ㈜세무에서 부문별로 발생한 제조간접원가는 각 부문별로 ₩1,000,000이다.

ㄹ. 작업1은 절단부문에서 노동시간 3,000시간, 기계시간 30,000시간을 사용하였고, 조립부문에 서는 노동시간 15,000시간, 기계시간 15,000시간을 사용하였다.

ㅁ. 작업2는 절단부문에서 노동시간 7,000시간, 기계시간 20,000시간을 사용하였고, 조립부문에 서는 노동시간 25,000시간, 기계시간 10,000시간을 사용하였다.

공장전체 제조간접원가 배부율을 사용할 경우 조업도는 노동시간으로 하고 부문별 제조간접 원가배부율을 사용할 경우 절단부문은 기계시간, 조립부문은 노동시간으로 조업도를 할 경 우 작업1과 작업2의 제조원가를 구하시오.

해설　(1) 공장전체 제조간접원가 배부율을 사용할 경우
　　　　• 제조간접원가 배부율: ₩2,000,000/50,000시간 = ₩40/노동시간
　　　　• 작업1의 제조원가: ₩40 × 18,000시간 = ₩720,000
　　　　　작업2의 제조원가: ₩40 × 32,000시간 = ₩1,280,000
　　　(2) 부문별 제조간접원가 배부율을 사용할 경우
　　　　• 절단부문 제조간접원가 배부율: ₩1,000,000/50,000기계시간 = ₩20
　　　　　조립부문 제조간접원가 배부율: ₩1,000,000/40,000노동시간 = ₩25
　　　　• 작업1의 제조원가: ₩20 × 30,000시간 + ₩25 × 15,000시간 = ₩975,000
　　　　　작업2의 제조원가: ₩20 × 20,000시간 + ₩25 × 25,000시간 = ₩1,025,000

2. 보조부문원가의 배분방법

① 보조부문이 하나만 존재하거나 보조부문이 여러 개 존재하더라도 다른 보조부문에는 용역을 제공하지 않고 제조부문에만 용역을 제공한다면 보조부문원가를 제조부문에 배분하는 과정은 복잡하지 않다.

② 보조부문 상호 간에 서로 용역을 주고받는 것이 일반적인데 이와 같은 상황에서는 보조부문원가를 배분하는 과정이 복잡해진다. 이때에는 보조부문 상호 간에 용역수수관계를 어느 정도 인식할 것인지를 먼저 결정해야 하는데, 보조부문 상호 간의 용역수수관계 인식정도에 따라 직접배분법, 단계배분법, 상호배분법으로 나눌 수 있다. 단, 어느 방법에 의하든 배분 전이나 배분 후의 제조간접원가 총액은 항상 일치해야 한다.

③ 직접배분법은 보조부문 상호 간에 용역수수관계를 전혀 인식하지 않고 보조부문원가를 배분하는 방법이다. 따라서 보조부문원가를 다른 보조부문에는 전혀 배분하지 않고 제조부문에만 배분한다.

④ 단계배분법은 보조부문 상호 간의 용역수수관계를 부분적으로 인식하여 보조부문원가를 배분하는 방법이다. 단계배분법에서는 보조부문원가의 배분순서부터 정한 후, 그 순서에 따라 보조부문원가를 다른 보조부문과 제조부문에 배분한다.

⑤ 주의할 점은 단계배분법에서는 배분이 끝난 보조부문에는 보조부문원가를 배분하지 않는다는 점이다. 따라서 단계배분법에서는 어느 보조부문원가부터 배분하는가에 따라 그 결과가 달라진다.

⑥ 상호배분법은 보조부문 상호 간의 용역수수관계를 완전히 인식하여 보조부문원가를 용역을 제공한 다른 보조부문과 제조부문에 배분하는 방법이다. 상호배분법을 적용해서 원가를 배분하기 위해서는 간단한 연립일차방정식을 활용해야 한다.

〈보조부문원가 배분방법〉

직접배분법	• 보조부문 상호 간의 용역수수를 완전히 무시하고 보조부문원가를 제조부문에만 배분하는 방법
단계배분법	• 보조부문의 배분순서를 정하여 선순위부문원가는 용역을 제공받은 타부문에 모두 배분하고 후순위부문원가는 선순위부문을 제외한 나머지 부문에 순차적으로 배분하는 방법
상호배분법	• 보조부문 상호 간의 용역수수를 완전히 인식하여 보조부문원가를 배분하는 방법 • 상호배분법에서의 연립방정식 배분할 총원가 = 자기부문발생원가 + 타부문으로부터 배분받은 원가

㈜세무의 공장에는 두 개의 보조부문 A, B와 두 개의 제조부문 X, Y가 있다. 각 부문의 용역 수수관계와 발생원가(제조간접원가)는 다음과 같다.

제공 \ 사용	보조부문		제조부문		계
	A	B	X	Y	
A	–	20%	50%	30%	100%
B	50%	–	10%	40%	100%
발생원가	₩200,000	₩100,000	₩300,000	₩400,000	₩1,000,000

이를 참고하여 보조부문원가의 배분방법 각각에 따른 원가배분을 구하시오. (단, 단계배분법 배부 시에는 A부문부터 배분한다)

해설　(1) 직접배분법

	보조부문		제조부문		계
	A	B	X	Y	
배분전원가	₩200,000	₩100,000	₩300,000	₩400,000	₩1,000,000
A원가배분[*1]	(200,000)		125,000	75,000	0
B원가배분[*2]		(100,000)	20,000	80,000	0
배분후원가	₩0	₩0	₩445,000	₩555,000	₩1,000,000

[*1] X : Y = 50 : 30
[*2] X : Y = 10 : 40

(2) 단계배분법

	보조부문		제조부문		계
	A	B	X	Y	
배분전원가	₩200,000	₩100,000	₩300,000	₩400,000	₩1,000,000
A원가배분[*3]	(200,000)	40,000	100,000	60,000	0
B원가배분[*4]		(140,000)	28,000	112,000	0
배분후원가	₩0	₩0	₩428,000	₩572,000	₩1,000,000

[*3] B : X : Y = 20 : 50 : 30
[*4] X : Y = 10 : 40

(3) 상호배분법

	보조부문		제조부문		계
	A	B	X	Y	
배분전원가	₩200,000	₩100,000	₩300,000	₩400,000	₩1,000,000
A원가배분[*6]	(277,778)[*5]	55,556	138,889	83,333	0
B원가배분[*7]	77,778	(155,556)[*5]	15,556	62,222	0
배분후원가	₩0	₩0	₩454,445	₩545,555	₩1,000,000

[*5] 보조부문 A, B에 배분될 총원가를 각각 A, B라 하면,
$$\begin{cases} A = ₩200,000 + 0.5B \\ B = ₩100,000 + 0.2A \end{cases}$$
이 연립방정식을 풀면 A = ₩277,778, B = ₩155,556
[*6] B : X : Y = 20 : 50 : 30
[*7] A : X : Y = 50 : 10 : 40

3. 자가소비용역(self - service)부문이 있는 경우

① 자가소비용역은 전력부문이 생산한 전력을 전력부문이 일부 소비하거나 식당부문에서 만든 음식을 식당부문의 종업원이 먹는 경우와 같이 자기부문이 제공하는 용역을 자기부문이 소비하는 것을 말한다.

② 자가소비용역이 존재하는 경우 자기부문에 원가를 배분하든지 배분하지 않든지 최종배분결과는 동일하므로 수험목적상으로는 자기부문에는 원가를 배분하지 않는 방법으로 접근하는 것이 더 간편하고 바람직하다.

4. 단일배분율법과 이중배분율법

보조부문원가를 변동원가와 고정원가로 구분하여 배분하는지의 여부에 따라 단일배분율법과 이중배분율법으로 나눌 수 있다.

(1) 단일배분율법

① 단일배분율법은 보조부문원가를 변동원가와 고정원가로 구분하지 않고 하나의 배분기준을 적용하여 배분하는 방법으로 지금까지 살펴본 방법이 단일배분율법이다. 단일배분율법에서는 일반적으로 실제조업도를 배분기준으로 사용한다.

② 단일배분율법은 적용이 간단하다는 장점이 있지만 변동원가와 고정원가가 발생하는 원인에 대한 차이점을 제대로 인식하지 못하므로 원가배분의 정확성이 떨어진다.

(2) 이중배분율법

① 이중배분율법은 보조부문원가를 배분할 때 변동원가와 고정원가로 구분하여 각각 다른 배분기준을 적용하는 방법이다. 이중배분율법은 변동원가와 고정원가가 발생하는 원인에 대한 차이점을 인식하여 보조부문원가를 배분한다.

② 보조부문의 변동원가는 실제사용량에 비례하여 발생하므로 실제사용량을 기준으로 배분하는 것이 합리적이나, 고정원가의 대부분은 설비의 감가상각비와 같이 용역을 제공하기 위한 설비와 관련이 있고 보조부문은 최대 용역 사용량을 기준으로 설비투자를 하는 것이 일반적이다. 따라서 보조부문의 고정원가는 용역의 실제사용량이 아닌 최대사용가능량(예정사용량)을 기준으로 배분하는 것이 이중배분율법이다.

㈜세무의 공장에는 하나의 보조부문 A와 두 개의 제조부문 X, Y가 있다. 보조부문 A는 두 개의 제조부문 X, Y에 전력을 공급하고 있는데, 각 제조부문의 월간 최대사용가능량과 5월의 실제사용량은 다음과 같다.

	X	Y	계
최대사용가능량	500kwh	1,500kwh	2,000kwh
5월 실제사용량	500	500	1,000

한편, 5월 중 각 부문에서 발생한 원가(제조간접원가)는 다음과 같다.

	보조부문	제조부문		계
	A	X	Y	
변동비	₩100,000	₩140,000	₩160,000	₩400,000
고정비	200,000	160,000	240,000	600,000
계	₩300,000	₩300,000	₩400,000	₩1,000,000

이중배분율법에 의하여 보조부문원가를 제조부문에 배분하시오.

해설 (1) 변동비 배분

	보조부문	제조부문		계
	A	X	Y	
배분전원가	₩100,000	₩140,000	₩160,000	₩400,000
A원가배분[*1]	(100,000)	50,000	50,000	0
배분후원가	₩0	₩190,000	₩210,000	₩400,000

(*1) X : Y = 500 : 500

(2) 고정비 배분

	보조부문	제조부문		계
	A	X	Y	
배분전원가	₩200,000	₩160,000	₩240,000	₩600,000
A원가배분[*2]	(200,000)	50,000	150,000	0
배분후원가	₩0	₩210,000	₩390,000	₩600,000

(*2) X : Y = 500 : 1,500

∴ 보조부문원가를 배분한 후의 제조부문 X, Y 원가는 각각 ₩400,000, ₩600,000이다.

정상개별원가계산은 제조간접원가 예정배부율을 이용하여 제조간접원가를 배부함으로써 실제 개별원가계산의 문제점(제품원가계산의 지연)을 극복하고자 하는 원가계산방법이다.

1. 의의

① 직접재료원가·직접노무원가는 실제개별원가계산과 같이 **실제발생액**을 개별 작업에 직접 추적하여 집계한다.

② 제조간접원가는 기초에 결정한 **제조간접원가 예정배부율**을 이용하여 각 개별 작업에 배부한다.

2. 정상개별원가계산의 절차

(1) 제조간접원가 예정배부율 계산

제조활동을 수행하기 전에 미리 계산하며 다음의 식을 이용한다.

$$제조간접원가 \ 예정배부율 = \frac{(공장전체 \ 또는 \ 부문별) \ 제조간접원가예산^{*1}}{(공장전체 \ 또는 \ 부문별) \ 예정조업도^{*2}}$$

(*1) OH예산(고정예산) = FOH예산 + 예정조업도 × 조업도 단위당 VOH

(*2) 일반적으로 아래 네 가지 중에서 선택하며, 그 중 정상조업도와 연간기대조업도가 많이 사용된다.

① 이론적 최대조업도: 최고의 능률로 생산설비를 최대로 이용할 경우에 달성되는 조업도이다.

② 실제적 최대조업도: 이론적 최대조업도에 불가피한 작업중단에 따른 조업도 감소를 반영한 조업도이다.

③ 정상조업도: 정상적인 상황에서 상당한 기간 동안 평균적으로 달성할 수 있을 것으로 예상되는 조업도로서 계획된 유지활동에 따른 조업도 손실을 고려한 조업도이다. (평균조업도, 평준화조업도)

④ 연간기대조업도: 다음 1년간의 예상판매량을 고려하여 결정한 조업도이다. (예산조업도)

(2) 제조간접원가예정배부

당해작업이 소비한 실제조업도를 측정함으로써 원가계산이 이루어진다.

$$제조간접원가\ 예정배부액 = 실제조업도 \times 제조간접원가\ 예정배부율$$

〈실제원가계산과 정상원가계산에서의 제조간접원가계산 비교〉

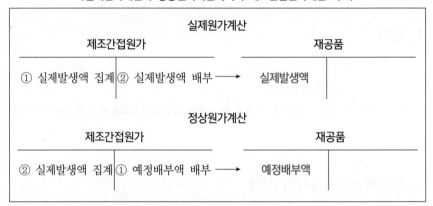

(3) 제조간접원가 배부차이의 조정

① 과소(부족)배부: 제조간접원가 실제발생액 > 제조간접원가 예정배부액
② 과대(초과)배부: 제조간접원가 실제발생액 < 제조간접원가 예정배부액
③ T계정을 통한 제조간접원가 배부차이

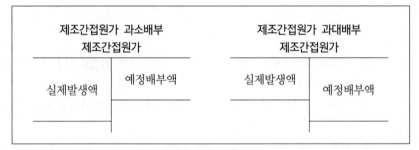

3. 제조간접원가 배부차이의 조정방법

① 정상개별원가계산에서는 예정배부율을 이용해 제조간접원가를 예정배부하므로, 제
   조간접원가 예정배부액은 기말에 집계되는 제조간접원가 실제발생액과 일치하지 않
   을 것이다. 이를 제조간접원가 배부차이라 부르고, 정확한 원가계산을 위해서는 이
   배부차이를 조정해야 한다.
② 원가요소별 비례배분법
   • 제조간접원가 배부차이를 재공품, 제품, 매출원가계정의 제조간접원가 예정배부
     액 비율에 따라 배분하는 방법이다.
   • 실제개별원가계산과 결과가 일치한다.
③ 총원가 비례배분법
   제조간접원가 배부차이를 재공품, 제품, 매출원가계정의 총원가(정상원가 기말잔액)
   비율에 따라 배분하는 방법이다.

④ 매출원가조정법
- 제조간접원가 배부차이를 매출원가에 가감하는 방법이다.
- 재공품계정 및 제품계정은 여전히 정상원가로 기록되므로 제조간접원가 배부차이가 중요하지 않은 경우(실제원가 ≒ 정상원가) 또는 '매출원가 > 기말재고(재공품 및 제품)'인 경우에 사용한다.
⑤ 기타손익법
- 제조간접원가 배부차이를 기타손익으로 처리하는 방법이다.
- 제조간접원가 배부차이가 비정상적인 사건에 의해 발생한 경우에 사용한다.

4. 장점과 단점

(1) 장점

① 기중에 제조간접원가 예정배부율을 이용해 원가계산을 하므로 기말에 제조간접원가 실제발생액이 확정되기 전에도 원가계산을 할 수 있다.
② 즉, 실제개별원가계산이 가지고 있는 **원가계산지연의 문제**를 해결할 수 있다.

(2) 단점

① 기초에 제조간접원가 예정배부율을 구하기 위해 제조간접원가와 배부기준수를 추정해야 하는 번거로움이 있다.
② 기중 제조간접원가 **예정배부액**과 기말 제조간접원가 실제발생액이 일치하지 않는 문제점이 있다.

㈜세무는 직접노동시간을 기준으로 제조간접원가를 예정배부하고 있다. 회사는 연초에 연간 제조간접원가를 ₩1,250,000, 직접노동시간을 2,500시간으로 예상하였다. 20×1년 중 작업번호가 #101, #102, #103인 세 가지 작업을 시작하여 작업 #101, #102가 완성되었다. 이 세 가지 작업에 대한 당기 중의 원가자료는 다음과 같다.

	#101	#102	#103	계
직접재료원가	₩150,000	₩150,000	₩200,000	₩500,000
직접노무원가	₩250,000	₩150,000	₩100,000	₩500,000
직접노동시간	1,000시간	600시간	400시간	2,000시간

20×1년 제조간접원가 발생액은 ₩1,200,000이었다.

(1) 제조간접원가 예정배부율을 구하시오.
(2) 제조간접원가를 예정배부하여 작업별 제조원가를 구하시오.
(3) 20×1년 중 작업 #101이 판매되었다고 할 때, 제조간접원가 배부차이 ₩200,000을 다음의 각 방법에 따라 조정하는 회계처리를 나타내시오.
① 원가요소별 비례배분법
② 총원가 비례배분법
③ 매출원가조정법
④ 기타손익법

해설 (1) 제조간접원가 예정배부율

$$\frac{제조간접원가예산}{예정조업도} = \frac{₩1,250,000}{2,500시간} = 직접노동시간당\ ₩500$$

(2) 제조간접원가의 예정배부 및 작업별 제조원가

	#101	#102	#103	합계
직접재료원가	₩150,000	₩150,000	₩200,000	₩500,000
직접노무원가	250,000	150,000	100,000	500,000
제조간접원가[*1]	500,000	300,000	200,000	1,000,000
계	₩900,000	₩600,000	₩500,000	₩2,000,000

(*1) 작업별 소비한 직접노동시간 × ₩500(예정배부)

(3) 회계처리
① 원가요소별 비례배분법

	제조간접원가 예정배부액	배분비율	배분액
재공품(#103)	₩200,000	20%	₩40,000
제품(#102)	300,000	30	60,000
매출원가(#101)	500,000	50	100,000
계	₩1,000,000	100%	₩200,000

(차) 재공품	40,000	(대) 제조간접원가	200,000
제품	60,000		
매출원가	100,000		

② 총원가 비례배분법

	총원가(기말잔액)	배분비율	배분액
재공품(#103)	₩500,000	25%	₩50,000
제품(#102)	600,000	30	60,000
매출원가(#101)	900,000	45	90,000
계	₩2,000,000	100%	₩200,000

(차) 재공품	50,000	(대) 제조간접원가	200,000
제품	60,000		
매출원가	90,000		

③ 매출원가조정법

(차) 매출원가	200,000	(대) 제조간접원가	200,000

④ 기타손익법

(차) 기타비용	200,000	(대) 제조간접원가	200,000

출제빈도: ★☆☆

01 ㈜세무의 5월 생산 및 원가자료는 다음과 같다.

과목	제조지시서 #1	제조지시서 #2
월초재공품	₩180,000	—
직접재료원가	950,000	₩380,000
직접노무원가	650,000	200,000
제조간접원가	220,000	100,000
계	₩2,000,000	₩680,000

월초제품재고액은 ₩400,000이고, 월말제품재고액은 ₩500,000이다. 그리고 제조지시서 #1은 완성되었으나, 제조지시서 #2는 완성되지 못하였다. 기능별포괄손익계산서에 계상될 매출원가는 얼마인가?

① ₩1,800,000 ② ₩1,900,000 ③ ₩2,000,000
④ ₩2,100,000 ⑤ ₩2,200,000

출제빈도: ★★☆ 대표출제기업: 한국남부발전

02 다음 원가계산 자료에서 제조지시서 #1과 #2는 완성되었으나 제조지시서 #3은 미완성이다. 재공품 계정의 월말 재고액은? (단, 제조간접원가는 직접재료원가에 근거하여 배부한다)

비용	제조지시서 #1	제조지시서 #2	제조지시서 #3	합계
직접재료원가	₩2,000	₩2,000	₩1,000	₩5,000
직접노무원가	5,000	6,000	2,500	13,500
제조간접원가	( )	( )	( )	9,000

① ₩1,800 ② ₩5,300 ③ ₩10,600
④ ₩11,600 ⑤ ₩12,600

출제빈도: ★★☆

03 ㈜세무는 주문에 의한 제품생산을 하고 있는 조선업체이다. 20×1년 중 자동차운반선(갑)과 LNG운반선(을)을 완성하여 주문자에게 인도하였고, 20×1년 말 미완성된 컨테이너선(병)이 있다. 갑, 을, 병 이외의 제품주문은 없었다고 가정한다. 다음은 20×1년의 실제 원가자료이다.

	갑	을	병	합계
기초재공품	₩300	₩400	₩100	₩800
직접재료원가	150	200	160	510
직접노무원가	60	80	40	180
직접노무시간	200시간	500시간	300시간	1,000시간

20×1년에 발생한 총제조간접원가는 ₩1,000이다. ㈜세무는 제조간접원가를 직접노무시간에 따라 배부한다고 할 때, ㈜세무의 20×1년 기말재공품원가는?

① ₩300

② ₩600

③ ₩800

④ ₩1,000

⑤ ₩1,200

정답 및 해설

01 ②

월초제품재고액 ₩400,000 + 당월제품제조원가 ₩2,000,000(제조지시서 #1) – 월말제품재고액 ₩500,000 = ₩1,900,000

02 ②

(1) 제조지시서 #3이 미완성이므로 월말재공품 재고액은 제조지시서 #3의 제조원가이다.

(2) 제조지시서 #3의 제조원가: ₩1,000 + ₩2,500 + ₩1,800[*1] = ₩5,300

  (*1) 제조간접원가 배부액: ₩9,000 × ₩1,000/₩5,000 = ₩1,800

03 ②

(1) 제조간접원가 배부율: ₩1,000 ÷ 1,000시간 = ₩1/시간

(2) 제조간접원가 배부

	갑(제품)	을(제품)	병(재공품)	합계
기초재공품	₩300	₩400	₩100	₩800
직접재료원가	150	200	160	510
직접노무원가	60	80	40	180
제조간접원가	200[*1]	500[*2]	300[*3]	1,000
계	₩710	₩1,180	₩600	₩2,490

(*1) 200시간 × ₩1 = ₩200

(*2) 500시간 × ₩1 = ₩500

(*3) 300시간 × ₩1 = ₩300

출제빈도: ★★☆

04 다음의 개별원가계산 자료에 의한 당기총제조원가는?

> • 직접재료원가는 ₩3,000이며 직접노동시간은 30시간이고 기계시간은 100시간이다.
> • 직접노무원가의 임률은 직접노동시간당 ₩12이다.
> • 회사는 기계시간을 기준으로 제조간접원가를 배부한다.
> • 제조간접원가 배부율이 기계시간당 ₩11이다.

① ₩4,460   ② ₩4,530   ③ ₩4,600

④ ₩4,670   ⑤ ₩4,820

출제빈도: ★★☆　대표출제기업: 한국지역난방공사

05 다음 자료를 이용하여 제1제조부에 배부되는 동력부 부문원가를 직접배분법에 의해 계산하면?

- 부문원가 합계: ₩1,200,000
  - 제조부문: 제1제조부 = ₩500,000, 제2제조부 = ₩300,000
  - 보조부문: 동력부 = ₩240,000, 수선부 = ₩160,000
- 부문별 배부율

보조부문		동력부	수선부
부문별 배부율	제1제조부	30%	40%
	제2제조부	20	40
	동력부	–	20
	수선부	50	–

① ₩144,000　　　　　② ₩128,000　　　　　③ ₩72,000

④ ₩250,000　　　　　⑤ ₩270,000

정답 및 해설

04 ①

직접재료원가	₩3,000
직접노무원가	360[*1]
제조간접원가	1,100[*2]
당기총제조원가	₩4,460

(*1) 30시간 × ₩12 = ₩360
(*2) 100시간 × ₩11 = ₩1,100

05 ①

	보조부문		제조부문	
	동력부	수선부	제1제조부	제2제조부
배분전원가	₩240,000	₩160,000	₩500,000	₩300,000
동력부	(240,000)		144,000[*1]	96,000
수선부		(160,000)	80,000	80,000
배분후원가	₩0	₩0	₩724,000	₩476,000

(*1) 동력부 부문원가 배부액: ₩240,000 × 30/50 = ₩144,000

출제빈도: ★☆☆

06 휴대폰 부품을 생산하는 ㈜세무는 두 제조부문 (가), (나)와 두 보조부문 (A), (B)로 나누어 부문원가를 계산하고 있다. 단계배분법을 이용하여 보조부문원가를 배부할 때 두 제조부문에 최종적으로 집계되는 원가는? (단, 보조부문원가의 배부순서는 다른 보조부문에 제공한 서비스 제공비율이 큰 부문을 먼저 배부한다)

구분	(가) 제조부문	(나) 제조부문	(A) 보조부문	(B) 보조부문
1차 집계원가	₩120,000	₩130,000	₩50,000	₩60,000
각 부문별서비스 제공비율				
(A) 보조부문	40%	40%	–	20%
(B) 보조부문	40%	30%	30%	–

	(가) 제조부문	(나) 제조부문
①	₩171,200	₩175,200
②	₩178,000	₩182,000
③	₩180,000	₩180,000
④	₩182,000	₩178,000
⑤	₩184,000	₩180,000

출제빈도: ★★☆

07 보조부문원가 배부 방법에 대한 설명으로 옳지 않은 것은?

① 상호배분법은 연립방정식을 이용하여 보조부문 간의 용역제공비율을 정확하게 고려해서 배부하는 방법이다.

② 단계배분법은 보조부문원가의 배부순서를 적절하게 결정할 경우 직접배분법보다 정확하게 원가를 배부할 수 있다.

③ 단계배분법은 우선순위가 높은 보조부문의 원가를 우선순위가 낮은 보조부문에 먼저 배부하고, 배부를 끝낸 보조부문에는 다른 보조부문원가를 재배부하지 않는 방법이다.

④ 직접배분법은 보조부문 간의 용역수수관계를 정확하게 고려하면서 적용이 간편하다는 장점이 있어 실무에서 가장 많이 이용되는 방법이다.

⑤ 상호배분법은 다른 방법에 비하여 상대적으로 정확하게 원가를 배부할 수 있다.

PART 3 \ 원가관리회계

해커스공기업 쉽게 끝내는 회계학 기본서

정답 및 해설

06 ②

(A) 보조부문은 (B) 보조부문에 20%, (B) 보조부문은 (A) 보조부문에 30%의 서비스를 제공하였으므로 (B) 보조부문을 먼저 배부한다.

구분		보조부문		제조부문	
		(A)	(B)	(가)	(나)
1차 집계원가		₩50,000	₩60,000	₩120,000	₩130,000
(B)		30%	–	40%	30%
		₩18,000	(60,000)	₩24,000	₩18,000
(A)		–	20%	40%	40%
		(68,000)	–	₩34,000	₩34,000
계		₩0	₩0	₩178,000	₩182,000

07 ④

보조부문 간의 용역수수관계를 정확하게 고려하는 방법은 상호배분법이다.

출제빈도: ★☆☆

08 ㈜세무는 보조부문인 동력부와 제조부문인 절단부, 조립부가 있다. 동력부는 절단부와 조립부에 전력을 공급하고 있으며, 각 제조부문의 월간 전력 최대사용가능량과 3월의 전력 실제사용량은 다음과 같다.

	절단부	조립부	합계
최대사용가능량	500kw	500kw	1,000kw
실제사용량	300	200	500

한편, 3월 중 각 부문에서 발생한 제조간접원가는 다음과 같다.

	동력부	절단부	조립부	합계
변동원가	₩50,000	₩80,000	₩70,000	₩200,000
고정원가	100,000	150,000	50,000	300,000
계	₩150,000	₩230,000	₩120,000	₩500,000

이중배분율법을 적용할 경우 절단부와 조립부에 배부될 동력부의 원가는?

	절단부	조립부
①	₩75,000	₩75,000
②	₩80,000	₩70,000
③	₩90,000	₩60,000
④	₩100,000	₩50,000
⑤	₩120,000	₩70,000

출제빈도: ★★☆

09 ㈜세무는 정상원가계산을 채택하고 있으며 20×1년의 원가자료는 다음과 같다.

• 제조간접원가 예산	₩260,000
• 정상조업도(직접노동시간)	100,000시간
• 제조간접원가 실제발생액	₩270,000
• 실제직접노동시간	105,000시간

20×1년의 제조간접원가 배부차이는?

① ₩2,250 과소배부   ② ₩2,250 과대배부   ③ ₩3,000 과소배부

④ ₩3,000 과대배부   ⑤ ₩4,000 과소배부

정답 및 해설

08 ②
이중배분율법은 보조부문원가를 제조부문에 배부 시 변동원가는 실제사용량을 기준으로, 고정원가는 최대사용가능량을 기준으로 배부한다.

	동력부	절단부	조립부	합계
변동원가	₩(50,000)*1	₩30,000	₩20,000	₩0
고정원가	(100,000)*2	50,000	50,000	0
		₩80,000	₩70,000	

(*1) 300kw : 200kw
(*2) 500kw : 500kw

09 ④
(1) 제조간접원가 예정배부율: ₩260,000 ÷ 100,000시간 = 직접노동시간당 ₩2.6
(2) 제조간접원가 예정배부액: 105,000시간 × ₩2.6 = ₩273,000
(3) 배부차이: ₩270,000 − ₩273,000 = ₩3,000(과대배부)

출제빈도: ★☆☆

10 ㈜세무는 개별원가계산제도를 사용하고 있으며 직접노무원가를 기준으로 제조간접원가를 예정배부하고 있다. 20×1년 6월의 제조원가 관련 정보가 다음과 같을 때, 과소 또는 과대배부된 제조간접원가에 대한 수정분개로 옳은 것은? (단, 과소 또는 과대배부된 금액은 매출원가로 조정한다)

- 직접노무원가와 제조간접원가에 대한 예산은 각각 ₩200,000과 ₩250,000이다.
- 직접재료원가 ₩520,000과 직접노무원가 ₩180,000이 발생되었다.
- 실제발생한 총제조간접원가는 ₩233,000이다.

① (차) 제조간접원가   8,000   (대) 매출원가   8,000
② (차) 매출원가   8,000   (대) 제조간접원가 8,000
③ (차) 매출원가   17,000   (대) 제조간접원가 17,000
④ (차) 제조간접원가 17,000   (대) 매출원가   17,000
⑤ (차) 제조간접원가 12,000   (대) 매출원가   12,000

출제빈도: ★★☆

11 ㈜세무는 정상원가계산을 적용하여 제조간접원가 배부차이 금액을 재공품, 제품, 매출원가의 조정 전 기말잔액의 크기에 비례하여 배분한다. 다음 자료를 이용하여 제조간접원가 배부차이 조정 전후 설명으로 옳지 않은 것은?

구분	조정 전 기말잔액
재공품	₩500,000
제품	₩300,000
매출원가	₩1,200,000
합계	₩2,000,000

- 실제발생 제조간접비: ₩1,000,000
- 예정배부된 제조간접비: ₩1,100,000
- 재공품과 제품의 기초재고는 없는 것으로 가정

① 조정 전 기말잔액에 제조간접원가가 과대배부되었다.
② 제조간접원가 배부차이 금액 중 기말재공품에 ₩25,000이 조정된다.
③ 제조간접원가 배부차이 조정 후 기말제품은 ₩315,000이다.
④ 제조간접원가 배부차이 조정 후 매출원가 ₩60,000이 감소된다.
⑤ 제조간접원가 배부차이는 ₩100,000 과대배부이다.

정답 및 해설

10 ②
(1) 제조간접원가 예정배부율: 직접노무원가의 125%[*1]
   ([*1]) ₩250,000 ÷ ₩200,000 = 1.25
(2) 제조간접원가 예정배부율: ₩180,000 × 1.25 = ₩225,000
(3) 제조간접원가 배부차이: ₩8,000[*2](과소배부)
   ([*2]) ₩233,000 − ₩225,000 = ₩8,000
(4) 회계처리
   (차) 매출원가   8,000   (대) 제조간접원가   8,000

11 ③
(1) 배부차이: ₩100,000(과대배부)
(2) 배부차이 조정 후 기말재고: ₩300,000 − ₩100,000 × 0.15 = ₩285,000

활동기준원가계산	• 활동기준원가계산의 도입배경 • 활동의 구분
활동기준원가계산의 절차	• 5단계 절차 • 전통적원가계산과의 비교

01 활동기준원가계산의 의의

출제빈도 ★

1. 활동기준원가계산의 의의

① 활동기준원가계산이란 최근 제조환경에서 급격히 증가하고 있는 제조간접원가를 제품에 정확히 배부하고, 효율적으로 관리하기 위하여 활동을 중심으로 제조간접원가를 제품에 배부하려는 원가계산시스템을 말한다.

② 활동기준원가계산은 '활동은 자원을 소비하고, 제품은 활동을 소비한다'는 사고에 근거하여 제품원가를 보다 정확하게 계산하려는 원가계산시스템이며, 제조기업뿐만 아니라 서비스업체에서도 이용될 수 있다.

③ 활동기준원가계산에서는 활동이 자원을 소비하므로 자원원가를 활동에 배부하는 단계와 제품이 활동을 소비하므로 활동에 집계된 원가를 제품에 배부하는 단계로 나누어 제조간접원가를 배부하게 된다.

④ 제조과정을 여러 가지 활동으로 구분한 후, 활동별로 집계된 원가를 개별 제품에 배부하는 원가계산제도이다.

2. 전통적 원가계산의 문제점과 활동기준원가계산의 도입배경

(1) 전통적 원가계산의 문제점

① 전통적 원가계산에서는 일반적으로 직접노무시간, 직접노무원가, 기계시간 등을 이용해 제조간접원가를 배부한다.
  • 생산량이 많은 제품이 직접노무시간, 직접노무원가, 기계시간 등을 많이 소비한다.
  • 생산량이 많은 제품에 제조간접원가가 많이 배부된다.

회계학 전문가의 TIP

활동기준원가계산과 달리 '개별원가계산(전통적 방법)'이란 제조과정을 각 기능(부문)별로 구분한 후 개별 제품에 배부하는 원가계산제도를 의미합니다.

② 제조간접원가에는 생산량에 비례하여 발생하지 않는 원가들도 많이 포함되어 있는데 이들 원가를 생산량과 관련된 배부기준을 사용하여 배부하게 되면 제품원가의 왜곡을 초래한다.

③ 과거에는 직접원가에 비해 제조간접원가의 비중이 많지 않았으므로 제조간접원가의 잘못된 배부로 인한 제품원가의 왜곡이 크지 않았으나 최근에는 제조간접원가가 급격히 증가하면서 전통적 방법으로 제조간접원가를 배부하게 되면 제품원가의 왜곡이 크게 나타나게 된다.

(2) 활동기준원가계산의 도입배경

① 과거에는 제조간접원가의 비중이 작았으므로 생산량과 관련된 배부기준을 이용하여 제조간접원가를 배부하더라도 원가왜곡현상이 크게 발생하지 않았으나, 최근에는 제조간접원가의 비중이 커지고 있어 생산량과 관련된 배부기준만으로 제조간접원가를 배부할 경우 원가왜곡현상이 크게 발생한다.

② 최근에는 소비자의 다양한 욕구를 충족시키기 위해서 소품종 대량생산체제에서 다품종 소량생산체제로 전환되고 있다. 많은 종류의 제품을 생산하면 제품에 직접 추적하기 힘든 간접원가가 많아지고, 활동의 종류도 많아져서 다양한 배부기준을 이용해 제조간접원가를 배부할 필요성이 있다.

③ 전통적 원가계산에서는 제조원가를 이용한 제품원가계산에 중점을 두었지만 최근에는 연구개발, 설계, 마케팅, 유통, 고객서비스 등의 원가가 크게 증가하고 있으므로 이들 활동에 대한 원가정보도 필요하게 되었다.

④ 활동기준원가계산을 적용하기 위해서는 활동분석, 자원원가, 자원동인분석, 활동원가, 원가동인분석에 필요한 많은 정보를 수집해야 하는데, 정보수집기술의 발달로 이들 정보를 적은 비용으로 쉽게 수집할 수 있게 되었다.

3. 활동의 구분

(1) 활동

① 활동이란 기업의 목표를 달성하기 위해 계속적으로 수행되는 과업이다.

② 자원의 소비(원가)를 유발시키는 사건, 즉, 자원을 소비하여 가치를 창출하는 작업으로 제품설계활동, 재료처리활동, 작업준비활동, 품질검사활동 등을 예로 들 수 있다.

(2) 활동의 구분(원가계층)

① 단위수준활동: 제품 단위별로 수행되는 활동(예 조립활동, 기계작업활동 등)

② 묶음수준활동: 묶음 단위별로 수행되는 활동
   (예 구매주문활동, 작업준비활동, 표본검사활동 등)

③ 제품수준활동: 제품 종류별로 수행되는 활동 = 제품유지활동
   (예 제품설계활동, 설계변경활동 등)

④ 설비수준활동: 설비를 유지하고 관리하기 위한 활동 = 설비유지활동
   (예 공장관리활동, 조경활동 등)

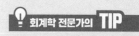

회계학 전문가의 TIP

제품 단위와는 무관하게 수행되는 활동인 '비단위수준활동'이라는 개념도 있습니다.

1. 활동기준원가계산의 절차

제1단계	활동분석(공정가치분석)
제2단계	활동중심점의 설정 및 활동원가집계
제3단계	활동중심점별 원가동인의 선택
제4단계	활동중심점별 원가배부율의 계산 활동중심점별 원가배부율 = $\dfrac{\text{활동중심점별 원가집계액}}{\Sigma\text{활동중심점별 원가동인}}$
제5단계	활동원가의 제품별 배부(각 제품이 소비한 활동원가동인을 측정하여 원가계산)

📑 시험문제 미리보기!

고급형과 보급형 두 가지의 스포츠자전거를 생산하는 ㈜세무의 생산 및 원가자료는 다음과 같다. 활동기준원가계산을 위해서는 다음의 자료를 이용한다. 활동기준원가계산에 의할 경우 고급형 스포츠자전거에 배부되는 제조간접원가를 계산하시오.

활동	원가동인	활동별 원가	제품별 원가동인수		
			고급형	보급형	합계
매입주문활동	주문횟수	₩9,000	10회	20회	30회
작업지시활동	지시횟수	₩36,000	60	120	180
품질검사활동	검사횟수	₩12,000	8	22	30
기계관련활동	기계시간	₩15,000	40시간	60시간	100시간
계		₩72,000			

해설   (1) 활동별 원가배부율
- 매입주문활동: ₩9,000 ÷ 30회 = ₩300/회
- 작업지시활동: ₩36,000 ÷ 180회 = ₩200/회
- 품질검사활동: ₩12,000 ÷ 30회 = ₩400/회
- 기계관련활동: ₩15,000 ÷ 100시간 = ₩150/시간

     (2) 제조간접원가배부액

	고급형	
매입주문활동	10회 × ₩300 =	₩3,000
작업지시활동	60회 × ₩200 =	₩12,000
품질검사활동	8회 × ₩400 =	₩3,200
기계관련활동	40시간 × ₩150 =	₩6,000
계		₩24,200

2. 전통적 원가계산제도와 활동기준원가계산제도의 비교

① 전통적 원가계산에서는 제품을 생산하기 위하여 자원을 소비하므로 제품이 제조간접 원가를 발생시킨다고 가정하지만, 활동기준원가계산에서는 활동이 자원을 소비하므로 활동이 제조간접원가를 발생시킨다고 가정한다.

② 전통적 원가계산에서는 제조간접원가 배부 시 생산량과 관련된 배부기준을 사용하지만, 활동기준원가계산에서는 작업준비횟수, 주문횟수, 검사시간 등과 같은 다양한 원가동인을 사용한다.

③ 전통적 원가계산에서는 소수의 배부기준을 이용하여 제조간접원가를 배부하지만, 활동기준원가계산에서는 인과관계가 높은 다수의 원가동인을 이용하여 제조간접원가를 배부한다.

구분	전통적 원가계산제도	활동기준원가계산제도
기본가정	제품이 자원을 소비함	제품이 활동을 소비하고 활동이 자원을 소비함
원가대상	부문, 제품	활동, 제품
배부기준	단위수준 성격의 재무적인 측정치	비단위수준 성격의 비재무적인 측정치

3. 활동기준원가계산의 효익과 한계

(1) 효익

① 전통적 원가계산에 비하여 정확한 원가계산이 가능하다.

② 신축적인 원가계산이 가능하다.

③ 공정가치분석을 통한 부가가치활동과 비부가가치활동의 구분 및 비부가가치활동의 제거를 통해 원가절감이 가능하다.

④ 제품별 수익성 분석 등 전략적 의사결정 및 계획수립에 유용한 정보를 제공한다.

⑤ 원가를 유발시키는 활동을 관리함으로써 원가통제를 보다 효과적으로 수행할 수 있다.

(2) 한계

① 활동분석 및 측정비용이 과다하게 발생한다.

② 설비수준활동원가의 자의적인 배분이다.

③ 활동에 대한 명확한 기준이 없다.

(3) 활동기준원가계산의 효익이 큰 기업의 유형

① 제조간접원가 비중이 큰 경우

② 공정이 복잡하고 다양한 제품을 생산하는 경우

③ 제조공정의 급격한 변화 등으로 기존의 원가시스템을 신뢰할 수 없는 경우

④ 의사결정 시 기존의 원가자료를 신뢰할 수 없는 경우

출제빈도: ★★☆ 대표출제기업: 서울주택도시공사

01 ㈜세무는 가공원가에 대해 활동기준원가계산을 적용하고 있다. 회사의 생산활동, 활동별 배부기준, 가공원가 배부율은 다음과 같다.

생산활동	활동별 배부기준	가공원가 배부율
기계작업	기계작업시간	기계작업시간당 ₩10
조립작업	부품 수	부품 1개당 ₩6

당기에 완성된 제품은 총 100단위이고, 총직접재료원가는 ₩6,000이다. 제품 1단위를 생산하기 위해서는 4시간의 기계작업시간이 소요되고 5개 부품이 필요하다. 당기에 생산된 제품 100단위를 단위당 ₩200에 모두 판매가 가능하다고 할 때, 매출총이익은?

① ₩7,000 　　　　　　② ₩9,000 　　　　　　③ ₩11,000

④ ₩13,000 　　　　　　⑤ ₩15,000

출제빈도: ★★☆

02 활동기준원가계산을 채택하고 있는 한국회사는 제품 A와 B를 생산하고 있다. 제품 A와 B의 연간 생산량은 각각 200단위와 300단위이다. 활동구분, 원가동인, 활동별 원가, 활동사용에 대한 자료는 다음과 같다.

활동구분(원가동인)	활동별 원가	활동사용		
		제품 A	제품 B	합계
작업준비활동(작업준비횟수)	₩8,000	4회	4회	8회
절삭작업활동(기계작업시간)	₩10,000	1시간	4시간	5시간
품질검사활동(검사시간)	₩60,000	4시간	2시간	6시간

위의 자료에 기초하여 제품 A의 단위당 제조간접원가를 계산하면 얼마인가?

① ₩167 　　　　　　② ₩230 　　　　　　③ ₩332.27

④ ₩397 　　　　　　⑤ ₩400

출제빈도: ★★☆　대표출제기업: 한국공항공사

03 활동기준원가계산을 적용하는 ㈜세무는 다음과 같은 활동별 관련 자료를 입수하였다. 생산제품 중 하나인 제품 Z에 대해 당기 중에 발생한 기초원가는 ₩50,000, 생산준비횟수는 10회, 기계사용시간은 20시간, 검사수행횟수는 10회일 때 제품 Z의 총원가는?

활동	원가동인	최대활동량	총원가
생산준비	생산준비횟수	100회	₩100,000
기계사용	기계사용시간	300시간	₩600,000
품질검사	검사수행횟수	200회	₩80,000

① ₩54,000　　② ₩90,000　　③ ₩100,000

④ ₩102,000　　⑤ ₩104,000

정답 및 해설

01 ①
₩20,000 − ₩6,000 − 4시간 × 100단위 × ₩10 − 5개 × 100단위 × ₩6 = ₩7,000

02 ②

작업준비활동비 배부액: ₩8,000 × 4회/8회 =	₩4,000
절삭작업활동비 배부액: ₩10,000 × 1시간/5시간 =	2,000
품질검사활동비 배부액: ₩60,000 × 4시간/6시간 =	40,000
계	₩46,000

∴ 단위당 제조간접원가: ₩46,000 ÷ 200단위 = ₩230/단위

03 ⑤

기초원가	₩50,000
생산준비비 배부액: ₩100,000 × 10회/100회 =	10,000
기계사용비 배부액: ₩600,000 × 20시간/300시간 =	40,000
품질검사비 배부액: ₩80,000 × 10회/200회 =	4,000
	₩104,000

출제빈도: ★☆☆

04 ㈜세무는 제품 A와 B를 생산하고 있으며, 최근 최고경영자는 활동기준원가계산제도의 도입을 검토하고 있다. 활동기준원가계산 관점에서 분석한 결과가 다음과 같을 때, 옳지 않은 것은?

활동	제조간접원가	원가동인	제품 A	제품 B
제품설계	₩400	부품 수	2개	2개
생산준비	₩600	준비횟수	1회	5회

① 제품설계활동의 원가동인은 부품 수, 생산준비활동의 원가동인은 준비횟수이다.

② 활동기준원가계산하에서 제품 A에 배부되는 제조간접원가는 ₩300, 제품 B에 배부되는 제조간접원가는 ₩700이다.

③ 만약 ㈜세무의 제품종류가 더 다양해지고 각 제품별 생산 수량이 줄어든다면 활동기준원가계산제도를 도입할 실익이 없다.

④ 기존의 제품별 원가와 이익수치가 비현실적이어서 원가계산의 왜곡이 의심되는 상황이면 활동기준원가계산제도의 도입을 적극 고려해볼 수 있다.

⑤ 활동기준원가계산의 경우 제조간접원가 배부 시 다양한 원가동인을 사용하므로 정확성은 증가하나 경제적인 측면에서 비용은 증가하게 된다.

출제빈도: ★☆☆ 대표출제기업: 한국에너지공단

05 활동기준원가계산(Activity Based Costing) 시스템은 조업도 기준 원가계산(Volume Based Costing) 시스템에 비하여 보다 정확한 제품원가를 제공할 수 있다. 다음 중 활동기준원가계산 시스템을 도입함에 따라서 그 효과를 크게 볼 수 있는 기업의 일반적 특성에 해당되지 않는 것은?

① 생산과정에 거액의 간접원가가 발생하는 경우

② 제품, 고객 및 생산공정이 매우 복잡하고 다양한 경우

③ 제품의 제조와 마케팅 원가에 대해서 생산작업자와 회계담당자 사이에 심각한 견해차이가 있는 경우

④ 생산과 판매에 자신 있는 제품의 이익은 높고 생산과 판매에 자신 없는 제품의 이익은 낮은 경우

⑤ 의사결정 시 기존의 원가자료를 신뢰할 수 없는 경우

출제빈도: ★★☆

06 다음 중 활동기준원가계산 제도가 추구하는 목적이나 장점과 거리가 먼 것은?

① 다양한 원가유발유인을 인식하여 적정한 가격결정에 이용한다.

② 직접재료원가 외에는 고정원가로 처리하고자 한다.

③ 정확한 제품원가를 계산할 수 있다.

④ 고정설비 투자비중의 증가에 따라 제조간접원가의 보다 정확한 배분을 기하고자 하는 데 목적이 있다.

⑤ 제품별 수익성 분석 등 전략적 의사결정 및 계획수립에 유용한 정보를 제공한다.

출제빈도: ★★☆

07 다음 중 '활동원가계층구조(activity cost hierarchy) 분류 – 해당 원가의 예 – 원가동인(cost driver)'의 조합이 적절하지 않은 것은?

① 단위수준 활동원가 – 기계동력원가 – 기계작동시간

② 뱃치(batch)수준 활동원가 – 전수(제품전량)검사원가 – 검사횟수

③ 제품유지 활동원가 – 제품설계원가 – 제품의 종류 수

④ 뱃치수준 활동원가 – 기계작업준비원가 – 준비횟수

⑤ 단위수준 활동원가 – 조립원가 – 직접노동시간

정답 및 해설

04 ③

	제품 A	제품 B
제품설계 ₩400*1	₩200	₩200
생산준비 ₩600*2	100	500
	₩300	₩700

(*1) ₩400 ÷ 4개 = ₩100/개
(*2) ₩600 ÷ 6회 = ₩100/회
활동기준원가계산은 다품종소량생산에 따라 개별제품들의 정확한 원가계산의 중요성 증가에 따라 개발되었다.

05 ④

개별제품의 수익성을 정확하게 알 수 없는 기업에서 활동기준원가계산 시스템의 효과가 크다.

06 ②

활동기준원가회계는 제조간접원가를 고정원가로 처리하고자 하는 것이 아니라 오히려 활동별로 파악하여 추적가능성을 제고시켜 변동원가처럼 파악하고자 하는 방법이다.

07 ②

전수(제품전량)검사원가는 제품생산량에 비례하므로 단위수준활동원가이다. 품질검사를 묶음당 표본을 추출하여 실행하는 경우에는 묶음(batch)수준활동원가가 된다.

제4장 | 종합원가계산

✓ 핵심 포인트

완성품환산량	• 수량 × (원가투입의) 완성도
선입선출법과 평균법의 비교	• 선입선출법: $\dfrac{\text{당기 제조원가}}{\text{당기 완성품환산량}}$ = (순수한 당기의) 단위원가 • 평균법: $\dfrac{\text{(기초 + 당기)제조원가}}{\text{(기초 + 당기)완성품환산량}}$ = (가중평균) 단위원가
공손품	• 정상공손수량의 계산

01 종합원가계산제도의 의의 및 방법   출제빈도 ★★★

1. 의의

① 단일제품을 연속·대량으로 생산하는 경우 **공정별로 제조원가를 집계**하고 산출량을 확정한 후, 단위당 원가를 이용하여 그 공정을 통해 생산된 **제품 및 재공품의 제조원가**를 계산하는 원가계산제도이다.

② 종합원가계산은 정유업, 화학공업, 제지업, 반도체제조업 등 동종제품을 하나 또는 여러 개의 제조공정을 이용하여 연속적으로 대량생산하는 기업에서 사용하는 원가계산방법이다.

③ 개별 작업별로 제조원가를 집계하여 제품원가를 계산하는 개별원가계산과는 달리 종합원가계산은 **평균화의 원리**를 이용하여 제품원가를 계산한다.

④ 종합원가계산을 적용하는 기업들은 대부분 흐름생산의 형태로 제품을 생산하는데 흐름생산은 아래와 같은 생산형태를 갖는다.

⑤ 흐름생산과 관련해서 두 가지 특징을 이해할 필요가 있다.
- 흐름생산에서는 일반적으로 여러 공정을 거쳐야 최종제품이 생산되므로 **재공품계정도 여러 개를 설정**하게 된다.
- 흐름생산에서는 실제 물량흐름이 **선입선출의 형태**로 일어난다.

⑥ 개별원가계산에서는 개별 작업별로 작성된 작업원가표를 기초로 하여 원가계산을 하지만, 종합원가계산에서는 제조공정별로 제조원가보고서를 작성하여 원가계산을 한다.

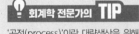
회계학 전문가의 TIP

'공정(process)'이란 대량생산을 위해 표준화된 제조과정을 의미합니다.

〈개별원가계산과 종합원가계산의 비교〉

구분	개별원가계산	종합원가계산
생산형태	고가의 재고를 주문생산하는 기업	동종 제품을 대량생산하는 기업
원가집계	개별 작업별로 원가집계	제조공정별로 원가집계
원가계산 서류	작업별로 작성한 작업원가표	공정별로 작성한 제조원가보고서
재공품계정	보통 하나만 설정	제조공정별로 설정
원가구분	추적가능성 중시 – 제조직접원가와 제조간접원가	원가투입형태 중시 – (직접)재료원가와 가공원가
정확성	상대적으로 정확성이 높음	상대적으로 정확성이 낮음
핵심사항	제조간접원가 배부	완성품환산량 계산
관리노력 및 비용	관리노력 및 비용이 큼	관리노력 및 비용이 작음

2. 완성품환산량

① 완성품환산량이란 일정기간에 투입한 원가를 그 기간에 완성품만을 생산하는 데 투입했더라면 완성되었을 완성품수량으로 나타낸 수치를 말한다.

② 제조공정에서 수행한 작업량을 완성품을 기준으로 변형시킨 가상적인 수치가 완성품환산량이다. 따라서 완성품환산량은 물량에다가 완성도를 곱하여 계산한다.

> 완성품환산량 = 수량(물량) × 완성도
> (단, 완성도는 물리적 진척도가 아니라 원가투입정도를 의미함)

③ 일반적으로 완성품환산량은 재료원가와 가공원가로 구분하여 각각 계산한다. 그 이유는 재료원가와 가공원가의 원가투입형태에 대한 가정이 다르기 때문이다.

④ 일반적으로 재료는 공정의 초기에 전량 투입되고 가공원가는 전공정에 걸쳐 균등하게 투입된다. 따라서 대부분의 경우 재공품의 재료원가 완성도는 100%가 되고, 가공원가 완성도는 물리적 진척도와 일치한다.

02 종합원가계산의 절차(5단계)　　　　출제빈도 ★★

1. 종합원가계산의 5단계절차법

종합원가계산에서는 생산자료와 원가자료를 요약한 제조원가보고서를 제조공정별로 작성하여 완성품원가와 기말재공품원가를 계산한다. 제조원가보고서는 다음의 5단계로 작성한다.

(1) 1단계 – 수량(물량)과 완성도 파악

재공품계정을 그려서 수량과 완성도를 정리한다.

(2) 2단계 - 원가요소별 완성품환산량 계산

수량과 완성도를 곱하여 완성품환산량을 계산한다.

① 완성품환산량은 원가를 투입형태별로 구분하여 계산하는데 보통 **재료원가와 가공원가**로 구분하여 계산한다. 왜냐하면 투입형태가 달라지면 완성도가 달라져 결과적으로 완성품환산량이 달라지기 때문이다.

② 만약 문제에서 재료원가와 가공원가의 투입형태가 같다고 제시한다면 재료원가와 가공원가를 구분하여 계산할 필요가 없다. 재료원가와 가공원가의 투입형태가 같다면 완성도와 완성품환산량 역시 같을 것이기 때문이다.

③ 반면에 문제에서 투입형태가 다른 여러 가지의 재료원가를 제시한다면 재료별로 완성품환산량을 각각 계산하여야 한다.

(3) 3단계 - 원가요소별 배부대상원가 요약

(4) 4단계 - 원가요소별 완성품환산량 단위당 원가 계산

(5) 5단계 - 4단계의 결과를 이용해 완성품원가와 기말재공품원가 계산

〈종합원가계산의 원가계산절차〉

$$\frac{원가 \quad \Leftarrow [3단계]}{완성품환산량 \quad \Leftarrow [2단계]} = [4단계] \ 완성품환산량 \ 단위당 \ 원가$$
$$\Uparrow$$
$$[1단계] \ 수량 \times 완성도 \ 파악$$

2. 선입선출법

선입선출법은 먼저 제조 착수된 것이 먼저 완성된다고 가정한다. 선입선출법은 아래와 같은 특징을 갖는다.

① 흐름생산의 경우 실제 물량흐름이 선입선출로 일어나므로 선입선출법은 **실제 물량흐름에 충실한 원가흐름의 가정**이다.

② 기초재공품은 당기에 가장 먼저 완성품이 되어 빠져 나간다.
- **기초재공품원가**: 완성품원가로 대체
- **당기투입원가**: 완성품원가와 기말재공품원가로 구분하여 대체
  ⇨ 제조원가보고서 작성대상

③ 당기투입분으로만 제조원가보고서를 작성하므로 제조원가보고서가 순수한 당기의 수량과 원가로만 구성된다. 결국 선입선출법에 의한 제조원가보고서는 순수한 당기의 성과를 나타내므로 **통제 및 성과평가에 적합**하다.

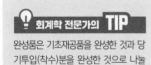

회계학 전문가의 TIP

완성품은 기초재공품을 완성한 것과 당기투입(착수)분을 완성한 것으로 나눌 수 있는데 당기에 착수하여 완성한 것을 당기착수완성품이라 부릅니다.

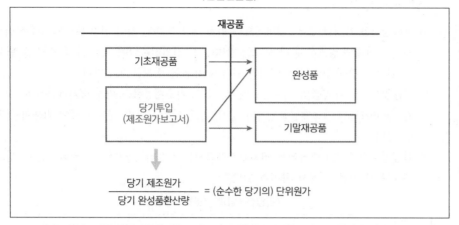

〈선입선출법〉

3. 평균법

평균법은 기초재공품원가와 당기투입원가를 구분하지 않고 가중평균된 단위원가를 산출하여 원가계산을 하는 방법이다. 평균법은 아래와 같은 특징을 갖는다.

① 평균법은 기초재공품원가와 당기투입원가를 구분하지 않고 가중평균된 원가를 산출하여 완성품원가와 기말재공품원가를 구한다.

> (기초재공품원가 + 당기투입원가) ⇨ 제조원가보고서 작성대상

② 기초재공품원가는 전기에 투입한 원가로 당기투입원가와는 구분하여 계산해야 한다. 그런데 평균법은 기초재공품원가를 당기투입원가와 구분하지 않기 위해 전기에 이미 착수된 기초재공품의 기완성도를 무시하고 기초재공품을 당기에 착수한 것처럼 가정한다. 따라서 평균법하에서는 기초재공품원가도 마치 당기투입원가처럼 가정하게 되므로 기초재공품원가와 당기투입원가를 구분하지 않고 가중평균된 원가를 산출한다.

③ 기초재공품원가와 당기투입원가를 가중평균하여 원가를 산출하므로 평균법은 순수한 당기의 원가를 계산하지 않는다. 따라서 평균법에 의한 제조원가보고서는 통제 및 성과평가 목적으로 적절하지 않다.

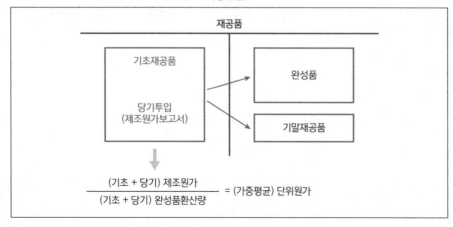

〈평균법〉

4. 선입선출법과 평균법의 비교

① 흐름생산을 가정할 경우, 일반적으로 먼저 제조 착수된 것이 먼저 완성되므로 선입선출법이 실제 물량흐름에 더 충실한 방법이고, 선입선출법에 의한 완성품환산량 단위당 원가가 평균법에 비해 계획과 통제에 유용한 정보를 제공한다.

② 평균법은 기초재공품의 기완성도를 무시하고 기초재공품도 마치 당기에 착수한 것처럼 가정하므로, 기초재공품원가와 당기투입원가를 구분할 필요가 없어 적용이 간편한 방법이다.

③ 선입선출법과 평균법하에서 제조원가보고서를 작성하는 절차는 동일하지만 두 방법은 다음과 같은 점에서 차이가 있다.

〈선입선출법과 평균법의 비교〉

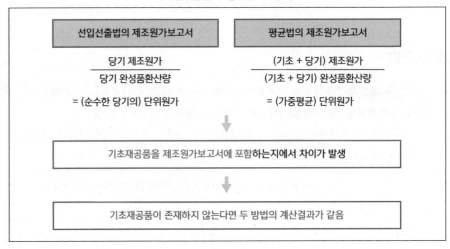

5. 연속되는 제조공정

① 후속공정부터는 전공정원가를 고려하여 후속공정의 완성품과 기말재공품의 원가를 계산한다.

② 전공정원가
  • 후속공정으로 투입되는 전공정의 완성품원가이다.
  • 전공정원가에 대한 완성품환산량은 일반적으로 공정 초기에 전량 투입되는 원재료로 계산한다.

다음은 세무회사의 A공정에 대한 20×1년 제품제조 활동내역이다.

	물량흐름(개)	재료원가	가공원가
기초재공품(30%)	100개	₩4,000	₩580
당기투입	400	20,000	15,400
계	500	₩24,000	₩15,980
당기완성	450		
기말재공품(40%)	50		
계	500개		

세무회사는 단일제품을 대량으로 생산하고 있으며 원재료는 공정초기에 모두 투입하고, 가공원가는 공정전반에 걸쳐 균등하게 발생한다. 선입선출법과 가중평균법을 이용하여 완성품원가를 계산하시오.

해설 (1) 선입선출법

	[1단계] 물량흐름	[2단계] 완성품환산량	
		재료원가	가공원가
완성품			
기초재공품	100개	0개	70개
당기착수	350	350	350
기말재공품	50(40%)	50	20
계	500개	400개	440개

[3단계] 총원가의 요약			합계
기초재공품원가			₩4,580
당기발생원가	₩20,000	₩15,400	35,400
계			₩39,980

[4단계] 환산량 단위당 원가		
완성품환산량	÷400개	÷440개
환산량 단위당 원가	₩50	₩35

[5단계] 원가의 배분

완성품원가	₩4,580 + 350개 × ₩50 + 420개 × ₩35 =	₩36,780
기말재공품원가	50개 × ₩50 + 20개 × ₩35 =	3,200
계		₩39,980

(2) 가중평균법

	[1단계] 물량흐름	[2단계] 완성품환산량	
		재료원가	가공원가
완성품	450	450개	450개
기말재공품	50(40%)	50	20
계	500개	500개	470개

[3단계] 총원가의 요약			합계
기초재공품원가	₩4,000	₩580	₩4,580
당기발생원가	20,000	15,400	35,400
계	₩24,000	₩15,980	₩39,980
[4단계] 환산량 단위당 원가			
완성품환산량	÷ 500개	÷ 470개	
환산량 단위당 원가	₩48	₩34	
[5단계] 원가의 배분			
완성품원가	450개 × ₩48 + 450개 × ₩34 =		₩36,900
기말재공품원가	50개 × ₩48 + 20개 × ₩34 =		3,080
계			₩39,980

03 공손

1. 공손(품)의 개념

① **공손(품)**이란 정상품에 비하여 품질이 미달되는 불합격품으로 흔히 말하는 불량품을 의미한다. 공손은 정상공손과 비정상공손으로 구분해야 하는데 정상공손과 비정상공손은 회계처리 방법에 차이가 있다.

② **정상공손**은 정상품을 생산하기 위하여 어쩔 수 없이 발생하는 계획된 공손으로서 매 기간마다 거의 일정한 비율로 발생되기 때문에 예측 가능하다. 정상공손은 정상품 생산을 위한 불가피한 지출이므로 **원가성이 있는** 공손이다. 따라서 정상공손원가는 정상품원가(완성품 및 기말재공품)에 가산한다.

③ **비정상공손**은 능률적인 생산조건하에서는 발생하지 않을 것으로 예상되는 공손으로서 생산과정에서 정상적으로 예측할 수 없다. 비정상공손은 당기의 비효율로 인해 발생한 공손이므로 원가성을 인정할 수 없다. 따라서 **비정상공손원가는 발생된 기간에 손실로 처리**한다.

④ 정상공손과 비정상공손

재공품	
기초재공품	완성품원가
당기총제조원가	
직접재료원가	공손 ⟨ 정상공손원가 / 비정상공손원가
직접노무원가	
제조간접원가	기말재공품

2. 정상공손수량과 비정상공손수량 파악

① 정상공손과 비정상공손은 회계처리 방법이 다르므로 반드시 구분해야 하는데, 정상공손과 비정상공손을 구분할 때는 정상공손허용률을 이용해 정상공손수량을 먼저 계산하고 이를 초과한 수량은 비정상공손으로 간주한다.
   - 공손수량파악 ⇨ 정상공손수량 파악(정상공손허용률 이용) ⇨ 비정상공손수량 파악
   - 정상공손수량 = 당기 중 검사를 통과한 정상품 × 정상공손허용률
   - 당기 중 검사를 통과한 정상품 = 총산출량 − 공손수량 − 기합격수량 − 검사미도래수량
② 정상공손수량은 원가흐름가정과 관계없이 동일한 값이 계산된다. 즉, 선입선출법 또는 평균법 중 어떤 원가흐름가정을 하더라도 정상공손수량은 변하지 않는다.
③ 종합원가계산에서는 먼저 재공품계정의 수량과 당기투입원가를 파악한 후에, 차변에 집계된 당기투입원가를 재공품계정 대변의 완성품원가와 기말재공품원가 등으로 배부하게 된다. 원가흐름의 가정은 이 원가배부과정에서 필요한 것이다.
④ 정상공손수량 등을 파악하는 것은 원가흐름을 가정하고 원가를 배부하는 절차보다 더 먼저 수행하는 것이므로 원가흐름가정과 관계없이 정상공손수량은 언제나 동일한 값이 계산된다.

출제빈도: ★★☆

01 종합원가계산을 실시하는 ㈜세무는 원재료를 공정 개시시점에서 전량 투입하고, 가공원가는 전 공정을 통해 균일하게 발생한다. ㈜세무가 재공품의 평가방법으로 평균법과 선입선출법을 사용할 경우, 다음 자료를 이용하여 가공원가의 당기 완성품환산량을 계산하면?

- 기초재공품수량: 200개(완성도: 40%)
- 착수량: 3,500개
- 완성품수량: 3,200개
- 기말재공품수량: 500개(완성도: 50%)

	평균법	선입선출법
①	3,450개	3,330개
②	3,450개	3,370개
③	3,700개	3,450개
④	3,700개	3,750개
⑤	3,400개	3,750개

출제빈도: ★★☆ 대표출제기업: 한국도로교통공단

02 다음 종합원가계산 자료에 의하여 재료원가와 가공원가의 완성품환산량(당월작업분)을 각각 구하면? (단, 재공품 평가는 선입선출법에 의한다)

- 당월착수수량: 70,000개
- 당월완성량: 60,000개
- 월초재공품수량: 10,000개(완성도: 재료원가 80%, 가공원가 40%)
- 월말재공품수량: 20,000개(완성도: 재료원가 50%, 가공원가 20%)

	재료원가	가공원가
①	50,000개	56,000개
②	58,000개	54,000개
③	62,000개	60,000개
④	78,000개	68,000개
⑤	60,000개	60,000개

정답 및 해설

01 ②

재공품(완성품환산량) – 평균법				
기초재공품	0개	완성품	3,200	3,200개
당기착수	3,700개	기말재공품(50%)	500 × 0.5 =	250개
	3,700개			3,450개

재공품(완성품환산량) – 선입선출법				
기초재공품(40%)	200개	기초완성분(60%)	200 × 0.6 =	120개
당기착수	3,500개	당기착수완성분	3,000	3,000개
		기말재공품(50%)	500 × 0.5 =	250개
	3,700개			3,370개

02 ③

물량흐름(선입선출법)			
기초(80%, 40%)	10,000	기초완성(20%, 60%)	10,000
당월착수	70,000	당월착수완성	50,000
		기말(50%, 20%)	20,000
	80,000개		80,000개

완성품환산량	
재료원가	가공원가
2,000	6,000
50,000	50,000
10,000	4,000
62,000	60,000

출제빈도: ★★☆

03 ㈜세무는 종합원가계산을 사용하며 선입선출법을 적용한다. 제품은 제1공정을 거쳐 제2공정에서 최종 완성되며, 제2공정 관련 자료는 다음과 같다.

구분	물량단위(개)	가공비완성도
기초재공품	500	30%
전공정대체량	5,500	
당기완성량	?	
기말재공품	200	30%

제2공정에서 직접재료가 가공비완성도 50% 시점에서 투입된다면, 직접재료비와 가공비 당기작업량의 완성품환산량은? (단, 가공비는 공정 전반에 걸쳐서 균일하게 발생하며, 제조공정의 공손·감손은 없다)

	직접재료비 완성품환산량(개)	가공비 완성품환산량(개)
①	5,300	5,300
②	5,800	5,650
③	5,800	5,710
④	5,800	5,800
⑤	5,300	5,710

출제빈도: ★★☆

04 ㈜세무는 20×1년 10월 1일 현재 완성도가 60%인 월초재공품 8,000개를 보유하고 있다. 직접재료원가는 공정 초기에 투입되고, 가공원가는 전 공정을 통해 균등하게 투입된다. 10월 중에 34,000개가 생산에 착수되었고, 36,000개가 완성되었다. 10월 말 현재 월말재공품은 완성도가 80%인 6,000개이다. 10월의 완성품환산량 단위당 원가를 계산할 때 가중평균법에 의한 완성품환산량이 선입선출법에 의한 완성품환산량보다 더 많은 개수는?

	직접재료원가	가공원가
①	0개	3,200개
②	0개	4,800개
③	4,000개	3,200개
④	8,000개	3,200개
⑤	8,000개	4,800개

정답 및 해설

03 ③

재공품(선입선출법)			
기초	500(0)(0.3)	완성	5,800
투입	5,500	기말	200(0)(0.3)
	6,000		6,000

완성품환산량	
재료원가	가공원가
5,800	5,650
–	60
5,800	5,710

04 ⑤
(1) 직접재료원가 완성품환산량 차이: 8,000개 × 100% = 8,000개
(2) 가공원가 완성품환산량 차이: 8,000개 × 60% = 4,800개

출제빈도: ★★☆ 대표출제기업: 한국지역난방공사

05 ㈜세무는 종합원가계산제도를 이용하여 제품원가를 계산하고 있다. 다음 자료를 이용하여 계산한 기말재공품원가는? (단, 평균법을 적용하고, 재료는 제조 착수 시 전부 투입되며 가공원가는 공정 진행에 비례하여 발생한다고 가정한다)

	수량	직접재료원가	가공비	제조원가합계
기초재공품	60개(완성도 50%)	₩2,000	₩1,000	₩3,000
당기완성품	160개	₩8,000 (당기투입)	₩3,500 (당기투입)	₩11,500
기말재공품	40개(완성도 50%)			

① ₩2,000   ② ₩2,500   ③ ₩3,000
④ ₩14,500   ⑤ ₩15,500

출제빈도: ★☆☆

06 ㈜세무는 제조원가 계산 시 기말재공품 평가에 선입선출법을 적용하고 있다. 그리고 생산과정에서 재료는 제조 착수시점에 전량 투입되고, 가공원가는 공정진행에 따라 평균적으로 발생한다. 다음의 원가자료를 이용하여 당기 제품제조원가를 계산하면?

	재료원가	가공원가	수량
기초재공품원가 및 수량	₩5,000	₩4,000	80개(완성도 50%)
당기제조원가	₩16,000	₩27,000	
기말재공품 수량			40개(완성도 50%)
완성품 수량			200개

① ₩36,000   ② ₩43,000   ③ ₩45,000
④ ₩52,000   ⑤ ₩54,000

정답 및 해설

05 ②

<table>
<tr><td colspan="4" align="center">재공품(평균법)</td></tr>
<tr><td>기초재공품</td><td align="right">60개</td><td>완성품</td><td align="right">160개</td></tr>
<tr><td>당기착수</td><td align="right">140개</td><td>기말재공품(50%)</td><td align="right">40개</td></tr>
<tr><td></td><td align="right">200개</td><td></td><td align="right">200개</td></tr>
</table>

<table>
<tr><td colspan="2" align="center">완성품환산량</td></tr>
<tr><td align="center">재료비</td><td align="center">가공비</td></tr>
<tr><td align="right">160</td><td align="right">160</td></tr>
<tr><td align="right">40</td><td align="right">20</td></tr>
<tr><td align="right">200</td><td align="right">180</td></tr>
</table>

(1) 재료비: ₩50 × 40 = ₩2,000
(2) 가공비: ₩25 × 20 = ₩500
(3) 기말재공품원가: ₩2,000 + ₩500 = ₩2,500

06 ③

<table>
<tr><td colspan="4" align="center">재공품(선입선출법)</td></tr>
<tr><td>기초(50%)</td><td align="right">80개</td><td>기초완성(50%)</td><td align="right">80개</td></tr>
<tr><td>당월착수</td><td align="right">160개</td><td>당월착수완성</td><td align="right">120개</td></tr>
<tr><td></td><td></td><td>기말(50%)</td><td align="right">40개</td></tr>
<tr><td></td><td align="right">240개</td><td></td><td align="right">240개</td></tr>
</table>

<table>
<tr><td colspan="2" align="center">완성품환산량</td></tr>
<tr><td align="center">재료비</td><td align="center">가공비</td></tr>
<tr><td align="right">–</td><td align="right">40</td></tr>
<tr><td align="right">120</td><td align="right">120</td></tr>
<tr><td align="right">40</td><td align="right">20</td></tr>
<tr><td align="right">160</td><td align="right">180</td></tr>
</table>

(1) 재료원가 완성품환산량 단위당 원가: ₩16,000/160 = ₩100
(2) 가공원가 완성품환산량 단위당 원가: ₩27,000/180 = ₩150
(3) 당기제품제조원가: ₩5,000 + ₩4,000 + (120단위 × ₩100) + (160단위 × ₩150) = ₩45,000

출제빈도: ★★☆ 대표출제기업: 한국공항공사

07 가중평균법을 이용하여 종합원가계산을 수행하는 회사에서 기말재공품 완성도를 실제보다 과대평가할 경우 과대평가 오류가 완성품환산량, 완성품환산량 단위당 원가, 당기완성품원가 그리고 기말재공품원가에 각각 어떠한 영향을 미치겠는가?

	완성품환산량	완성품환산량 단위당 원가	당기완성품원가	기말재공품원가
①	과대평가	과소평가	과소평가	과대평가
②	과소평가	과대평가	과소평가	과소평가
③	과대평가	과소평가	과대평가	과대평가
④	과소평가	과대평가	과대평가	과소평가
⑤	과소평가	과소평가	과소평가	과소평가

출제빈도: ★☆☆

08 종합원가계산에서 완성품환산량 산출 시 선입선출법이나 평균법 어느 것을 적용하든지 완성품환산량의 단위당 원가가 동일한 경우는?

① 기초재고가 전혀 없는 경우
② 표준원가계산 방법을 사용하는 경우
③ 기말재고가 전혀 없는 경우
④ 기초재고와 기말재고의 완성도가 50%로 동일한 경우
⑤ 기말재고의 완성도가 50%로 동일한 경우

출제빈도: ★★★ 대표출제기업: 한국에너지공단

09 종합원가계산에 대한 설명으로 옳은 것은?

① 평균법은 기초재공품의 제조가 당기 이전에 착수되었음에도 불구하고 당기에 착수된 것으로 가정한다.

② 선입선출법 또는 평균법을 사용할 수 있으며, 평균법이 실제 물량흐름에 보다 충실한 원가흐름이다.

③ 평균법은 기초재공품원가와 당기발생원가를 구분하지 않기 때문에 선입선출법보다 원가계산이 정확하다는 장점이 있다.

④ 선입선출법은 당기투입분을 우선적으로 가정하여 완성시킨 후 기초재공품을 완성한다고 가정한다.

⑤ 제조공정에서 수행한 작업량을 완성품을 기준으로 변형시킨 가상적인 수치가 완성품환산량이므로 완성품환산량은 물량과 일치한다.

정답 및 해설

07 ①
기말재공품의 완성도가 실제보다 과대평가되면 완성품환산량이 증가하게 되고, 완성품환산량이 증가하게 되면 투입된 원가는 일정하므로 완성품환산량 단위당 원가가 과소평가된다. 한편 완성품의 완성품환산량은 변화가 없으므로 완성품환산량 단위당 원가의 감소로 인하여 완성품의 원가는 과소평가되고 상대적으로 기말재공품의 원가는 과대평가된다.

08 ①
기초재고가 전혀 없는 경우에는 선입선출법이나 평균법 어느 것을 적용하든지 완성품환산량 단위당 원가는 항상 동일하다.

09 ①
평균법은 기초재공품의 제조가 당기 이전에 착수되었음에도 불구하고 당기에 착수된 것으로 가정한다.

[오답노트]
② 선입선출법이 실제 물량흐름에 보다 충실한 원가흐름이다.
③ 실제 물량흐름에 충실한 방법인 선입선출법의 원가계산 결과가 더욱 합리적이다.
④ 선입선출법은 기초재공품이 먼저 완성되고 당기투입분 중 일부는 완성품, 나머지는 기말재공품이 된다고 가정하는 방법이다.
⑤ 제조공정에서 수행한 작업량을 완성품을 기준으로 변형시킨 가상적인 수치가 완성품환산량이다. 따라서 완성품환산량은 물량에다가 완성도를 곱하여 계산한다.

출제빈도: ★☆☆

10 세무회사는 단일제품을 대량으로 생산하고 있다. 원재료는 공정의 초기에 모두 투입되고 가공원가는 공정 전반에 걸쳐 균등하게 발생한다. 원가계산에 대한 자료는 다음과 같다.

• 기초재공품: 수량	500개	
완성도	30%	
• 당기착수량	4,500개	
• 당기완성량	4,000개	
• 공손수량	300개	
• 기말재공품: 수량	700개	
완성도	70%	

품질검사를 합격한 수량의 5%에 해당하는 공손수량은 정상공손으로 간주한다. 검사가 공정의 10%, 50%, 100% 완성시점에 각각 이루어진다고 가정할 경우 정상공손수량으로 맞는 것은?

	검사시점		
	10%	50%	100%
①	210개	200개	235개
②	200개	235개	210개
③	210개	235개	200개
④	210개	220개	235개
⑤	220개	200개	235개

출제빈도: ★☆☆

11 ㈜세무는 선입선출법에 의한 종합원가계산을 채택하고 있으며, 당기의 생산 관련 자료는 다음과 같다.

	물량(개)	가공원가 완성도
기초재공품	1,000	(완성도 30%)
당기착수량	4,300	
당기완성량	4,300	
공손품	300	
기말재공품	700	(완성도 50%)

원재료는 공정 초기에 전량 투입되며, 가공원가는 공정 전반에 걸쳐 균등하게 발생한다. 품질검사는 가공원가 완성도 40% 시점에서 이루어지며, 당기 검사를 통과한 정상품의 5%에 해당하는 공손수량은 정상공손으로 간주한다. 당기의 비정상공손수량은?

① 50개   ② 85개   ③ 215개
④ 250개   ⑤ 260개

PART 3 \ 원가관리회계

해커스공기업 쉽게 끝내는 회계학 기본서

정답 및 해설

10 ③

합격수량 = 총산출량 – 공손수량 – 기합격수량 – 검사미도래수량

검사시점	정상공손수량
10%	(5,000개 – 300개 – 500개) × 5% = 210개
50%	(5,000개 – 300개) × 5% = 235개
100%	(5,000개 – 300개 – 700개) × 5% = 200개

11 ①

(1) 정상공손수량: (1,000단위 + 4,300단위 – 300단위) × 5% = 250단위

(2) 비정상공손수량: 300단위 – 250단위 = 50단위

제5장 | 결합원가계산

결합원가계산	• 물량기준법 • 분리점에서의 판매가치법 • 순실현가치법 • 균등이익률법
결합제품의 추가가공 여부 결정	• 의사결정 시 고려사항 • 의사결정 시 제외사항

01 결합원가의 계산

출제빈도 ★★

1. 의의

① 동일한 원재료가 동일한 제조공정에 투입되어 동시에 두 종류 이상의 서로 다른 제품들이 생산될 때 이 제품들을 결합제품이라고 부른다.

② 예를 들어, 정유산업의 경우 원유라는 단일의 원재료가 동일한 제조공정을 거쳐 휘발유, 등유, 경유, 윤활유 등의 제품으로 가공되는데 이 제품들이 결합제품이다.

③ 연산품은 동일한 원재료로부터 생산되는 서로 다른 2종 이상의 제품(결합제품)을 말한다.

2. 연산품의 원가결정

> 연산품원가 = 결합원가배분액 + 개별원가(추가완성원가)

3. 용어정리

(1) 연산품(주산물)

결합제품 중 상대적으로 판매가치가 비교적 큰 제품으로 기업의 주요 재고자산이다. 연산품(주산물)과 부산물은 회계처리 방법이 상이하므로 반드시 둘을 구분해야 한다.

(2) 부산물

연산품의 제조과정에서 부수적으로 생산되는 제품으로서 연산품에 비하여 판매가치가 상대적으로 작은 제품을 말한다.

(3) 작업폐물

투입된 원재료로부터 발생하는 찌꺼기나 조각을 말하며, 부산물에 비하여 판매가치가 더 작은 생산물을 뜻하지만 부산물의 회계처리와 그 방법이 다르지 않으므로 수험목적상으로 구분할 필요는 없다.

(4) 분리점

연산품과 부산물 등 결합제품을 개별적인 제품으로 식별할 수 있게 되는 제조과정 중의 한 지점을 말한다.

(5) 결합원가

결합제품을 생산하기 위하여 분리점까지 발생된 모든 제조원가를 말한다. 여러 제품의 생산에 공통적으로 발생되기 때문에 추적가능성이 없지만 재무보고목적을 위해 결합제품에 배분되어야 한다. 결합원가의 배분은 제5장 '결합원가계산'에서 다루는 주요 주제이다.

(6) 추가가공원가(개별원가)

분리점에서 개별제품으로 분리된 이후 최종제품으로 만드는 과정에서 투입되는 원가를 말한다. 개별제품에 추적가능하므로 각 제품으로 원가를 직접 추적한다.

4. 특징

① 결합원가는 여러 제품의 생산에 공통적으로 발생하는 원가이므로 결합원가를 특정 제품에 직접 추적하기가 쉽지 않다는 점에서 제조간접원가 배부와 유사하다.
② 제조간접원가는 각 제품별 직접노무시간이나 기계시간 등을 파악하여 배부기준으로 사용할 수 있지만, 결합제품은 동일 공정에서 같은 직접노무시간과 기계시간을 이용하여 생산되므로 개별제품별로 직접노무시간이나 기계시간을 파악할 수 없는 문제점이 있다. 따라서 결합원가는 제조간접원가에 비해 정확한 배부가 훨씬 어렵다고 할 수 있다.
③ 결합원가를 배부할 때는 공정흐름도를 작성하여 문제를 해결하는 것이 바람직하다.

〈공정흐름도〉

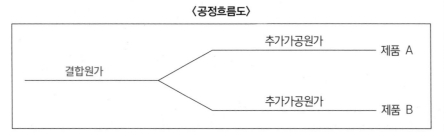

1. 물량기준법

① 물량기준법이란 연산품에 공통되는 물리적 특성인 **중량, 수량, 면적, 크기, 부피 등을** 기준으로 **결합원가를 배분하는 방법이다.**

② 아래 예제에서 보는 것처럼 물량기준법이란 연산품의 물리적 특성을 기준으로 결합원가를 배분하는 방법이다. 주의할 점은 결합원가를 투입해서 생산한 것은 비누원액과 화장품원액이므로, 비누원액과 화장품원액의 물량인 400L와 500L를 기준으로 결합원가를 배분해야 한다는 점이다.

③ 최종 생산품인 비누 400개와 화장품 600개를 기준으로 결합원가를 배분하는 실수를 할 수 있는데, 최종 생산품은 결합원가뿐만 아니라 추가가공원가까지 투입한 결과이므로 최종생산품을 배분기준으로 사용하는 것은 적절하지 않다.

▤ 시험문제 미리보기!

㈜세무는 알로에를 가공하여 비누원액과 화장품원액을 생산한 후, 추가가공을 거쳐 비누와 화장품을 생산하고 있다. 당월에 알로에 1,000kg을 투입(분리점까지 발생원가 ₩180,000)하여 비누원액 400L와 화장품원액 500L를 얻었다. 비누원액은 추가원가 ₩40,000으로 비누 400개로, 화장품원액은 추가원가 ₩60,000으로 화장품 600개로 만들어졌다. 물량기준법을 이용해서 비누와 화장품의 단위당 제조원가를 계산하시오.

해설

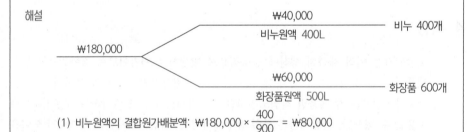

(1) 비누원액의 결합원가배분액: $₩180,000 \times \dfrac{400}{900} = ₩80,000$

(2) 화장품원액의 결합원가배분액: $₩180,000 \times \dfrac{500}{900} = ₩100,000$

(3) 비누의 단위당 제조원가: $(₩80,000 + ₩40,000) \div 400개 = ₩300$

(4) 화장품의 단위당 제조원가: $(₩100,000 + ₩60,000) \div 600개 = ₩267$

2. 분리점에서의 판매가치법

① 분리점에서의 판매가치법이란 연산품의 분리점에서의 상대적 판매가치를 기준으로 결합원가를 배분하는 방법이다.

② 결합원가는 판매하는 과정이 아닌 생산하는 과정에서 발생하는 원가이므로 분리점에서의 판매가치를 계산할 때에는 판매량이 아닌 생산량을 이용해야 한다.

③ 아래 예제에서 보는 것처럼 분리점에서의 판매가치법이란 분리점에서의 연산품 간 상대적 판매가치를 기준으로 결합원가를 배분하는 방법이다. 분리점에서의 판매가치법은 판매가치를 기준으로 원가를 배분하므로 수익과 비용을 적절히 대응시킬 수 있다.

▤ 시험문제 미리보기!

㈜세무는 알로에를 가공하여 비누원액과 화장품원액을 생산한 후, 추가가공을 거쳐 비누와 화장품을 생산하고 있다. 당월에 알로에 1,000kg을 투입(분리점까지 발생원가 ₩180,000)하여 비누원액 400L와 화장품원액 500L를 얻었다. 비누원액은 추가원가 ₩40,000으로 비누 400개로, 화장품원액은 추가원가 ₩60,000으로 화장품 600개로 만들어졌다. 비누원액의 판매가격은 ₩250, 화장품원액의 판매가격은 ₩400이라고 할 때, 분리점에서의 판매가치법을 이용해서 비누와 화장품의 단위당 제조원가를 계산하시오.

해설

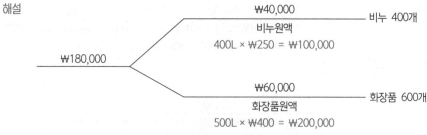

(1) 비누원액의 결합원가배분액: $₩180,000 \times \dfrac{100}{300} = ₩60,000$

(2) 화장품원액의 결합원가배분액: $₩180,000 \times \dfrac{200}{300} = ₩120,000$

(3) 비누의 단위당 제조원가: $(₩60,000 + ₩40,000) \div 400개 = ₩250$

(4) 화장품의 단위당 제조원가: $(₩120,000 + ₩60,000) \div 600개 = ₩300$

3. 순실현가치법

① 분리점에서의 판매가치를 알 수 없는 경우에는 원가배분을 위해 분리점에서의 판매가치를 대신할 수 있는 기준이 필요한데 그것이 **순실현가치**이다. 결국 분리점에서의 판매가치를 알 수 있는 경우에는 분리점에서의 판매가치법으로, 알 수 없는 경우에는 순실현가치법으로 원가를 배분하는 것이 적절하다.

② 분리점에서의 순실현가치는 다음과 같이 계산한다.

> 분리점에서의 순실현가치 = 최종판매가액 − 추가원가 − 판매비

시험문제 미리보기!

㈜세무는 알로에를 가공하여 비누원액과 화장품원액을 생산한 후, 추가가공을 거쳐 비누와 화장품을 생산하고 있다. 당월에 알로에 1,000kg을 투입(분리점까지 발생원가 ₩180,000) 하여 비누원액 400L와 화장품원액 500L를 얻었다. 비누원액은 추가원가 ₩40,000으로 비누 400개로, 화장품원액은 추가원가 ₩60,000으로 화장품 600개로 만들어졌다. 비누의 판매가격은 ₩300, 화장품의 판매가격은 ₩500이라고 할 때, 순실현가치법을 이용해서 비누와 화장품의 단위당 제조원가를 계산하시오.

해설

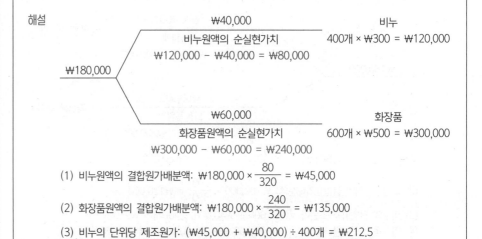

(1) 비누원액의 결합원가배분액: $₩180,000 \times \dfrac{80}{320} = ₩45,000$

(2) 화장품원액의 결합원가배분액: $₩180,000 \times \dfrac{240}{320} = ₩135,000$

(3) 비누의 단위당 제조원가: (₩45,000 + ₩40,000) ÷ 400개 = ₩212.5
(4) 화장품의 단위당 제조원가: (₩135,000 + ₩60,000) ÷ 600개 = ₩325

4. 균등이익률법

① 균등이익률법은 동일한 제조과정에서 생산된 개별제품의 매출총이익률(매출원가율)
은 같아야 한다는 관점에서 개별제품의 매출총이익률(매출원가율)이 같아지도록 결
합원가를 배분하는 방법이다.
② 균등이익률법을 적용할 경우에는 먼저 기업전체의 매출원가율을 구한 후, 각 제품의
매출원가율이 기업 전체의 매출원가율과 같아지도록 원가를 배분하면 된다.

▤ 시험문제 미리보기!

㈜세무는 알로에를 가공하여 비누원액과 화장품원액을 생산한 후, 추가가공을 거쳐 비누와
화장품을 생산하고 있다. 당월에 알로에 1,000kg을 투입(분리점까지 발생원가 ₩180,000)
하여 비누원액 400L와 화장품원액 500L를 얻었다. 비누원액은 추가원가 ₩40,000으로 비
누 400개로, 화장품원액은 추가원가 ₩60,000으로 화장품 600개로 만들어졌다. 비누의 판
매가격은 ₩300, 화장품의 판매가격은 ₩500이라고 할 때, 균등이익률법을 이용해서 각 제
품에 결합원가를 배분하시오.

해설

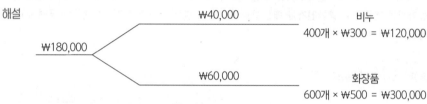

(1) 기업 전체의 매출원가율

: (₩180,000 + ₩40,000 + ₩60,000) ÷ (₩120,000 + ₩300,000) = $\frac{2}{3}$

(2) 비누의 총제조원가: ₩120,000 × $\frac{2}{3}$ = ₩80,000

(3) 화장품의 총제조원가: ₩300,000 × $\frac{2}{3}$ = ₩200,000

(4) 비누의 결합원가배분액: ₩80,000 − ₩40,000 = ₩40,000
(5) 화장품의 결합원가배분액: ₩200,000 − ₩60,000 = ₩140,000

5. 각 방법의 비교

① 지금까지 물량기준법, 분리점에서의 판매가치법, 순실현가치법, 균등이익률법에 의한 결합원가 배분을 살펴보았다. 주의할 점은 어떤 방법에 의해 결합원가를 배분하더라도 위 사례에서 기업전체의 매출총이익은 ₩140,000으로 일정하다는 점이다.

② 결합원가 배분방법의 선택에 따라 개별제품의 매출총이익은 영향을 받지만 기업 전체의 매출총이익은 영향을 받지 않는다.

③ 결합원가배분은 기업 내에서 발생한 원가를 어떤 제품에 얼마만큼 배부할 것인지에 대한 문제일 뿐, 기업 외부와의 거래가 아니므로 기업 전체의 이익에는 영향을 미치지 않는 것이다.

📋 시험문제 미리보기!

㈜세무는 A제품과 B제품으로 구성된 두 개의 연산품을 생산하고 있다. 4월의 결합원가는 ₩300,000이다. 4월에 분리점 이후 제품을 판매가능한 형태로 전환하는 데 필요한 가공원가가 A제품은 월생산량 1,000개에 대하여 ₩200,000이고 B제품은 1,200개에 대하여 ₩240,000이다. A제품과 B제품의 단위당 판매가격은 각각 ₩600과 ₩700이다. 순실현가능가치를 기준으로 결합원가를 배분했을 때 4월의 결합원가 중 B제품에 배분될 금액을 계산하시오.

해설　(1) 결합흐름도

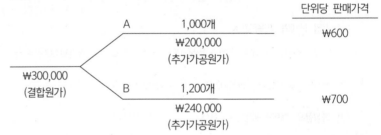

(2) 순실현가능가치(NRV)의 계산과 결합원가의 배분

제품	순실현가능가치(NRV)		배분비율	결합원가 배분액
A	1,000개 × ₩600 − ₩200,000 =	₩400,000	40%	₩120,000
B	1,200개 × ₩700 − ₩240,000 =	600,000	60	180,000[*1]
계		₩1,000,000	100%	₩300,000

(*1) ₩300,000 × 60% = ₩180,000

연산품에 비하여 판매가치가 상대적으로 작은 것을 부산물, 부산물보다 판매가치가 더 작은 것을 작업폐물이라고 하는데 부산물과 작업폐물은 연산품의 제조과정에서 부수적으로 생산되며 연산품에 비하여 판매가치가 현저히 낮기 때문에 연산품과 동일한 방법으로 원가계산을 할 수는 없다. 부산물의 회계처리는 여러 가지 방법이 있으나, 아래의 두 가지 방법이 일반적으로 가장 많이 사용된다.

1. 생산기준법(생산시점에서 부산물을 순실현가치로 평가하는 방법)

① 생산기준법은 부산물이 생산되는 시점에서 부산물을 순실현가치로 평가하여 자산으로 계상하고, 최초 결합원가에서 부산물의 순실현가치를 차감한 금액을 연산품에 배부하는 방법이다.

② 이 방법을 사용하게 되면 결합원가 중 일부가 부산물에 배부되며, 부산물의 총제조원가는 결합원가배분액과 추가가공원가의 합으로 이루어진다. 또한 부산물의 판매손익은 인식되지 않는다.

2. 판매기준법(판매시점에서 부산물의 판매이익을 인식하는 방법)

① 판매기준법은 부산물에 결합원가를 배분하지 않고 부산물의 판매시점에서 판매이익을 계상하거나 판매이익에 해당하는 금액을 매출원가에서 차감하는 방법이다.

② 이 방법을 사용하게 되면 결합원가는 모두 연산품에만 배부되며, 부산물의 총제조원가는 추가가공원가로만 이루어진다. 또한 부산물의 판매이익이 인식되거나 판매이익에 해당하는 금액이 매출원가에서 차감된다.

〈생산기준법과 판매기준법의 비교〉

구분	생산시점	판매시점
생산기준법(원가차감법)	부산물에 순실현가능가치만큼 결합원가를 배분함	부산물과 상계처리
판매기준법(기타수익법 및 매출원가차감법)	부산물에 결합원가를 배분하지 않음	기타수익 또는 매출원가 차감

회계학 전문가의 TIP

생산기준법 적용 시에는 부산물의 순실현가능가치만큼 결합원가를 부산물에 먼저 배분하고 나머지 결합원가를 주산물에 배분합니다.

3. 연산품과 특수의사결정

분리점에서 판매시장이 존재할 경우 연산품은 즉시 판매할 수도 있으며 추가가공하여 판매할 수도 있다.

(1) 의사결정 시 고려할 사항

① 분리점에서의 판매가격과 추가가공원가
② 추가가공 후의 판매가격

(2) 의사결정 시 제외할 사항

결합원가는 이미 발생된 원가이기 때문에 의사결정 시 고려할 필요가 없다.

(3) 의사결정

추가가공에 따른 판매가치의 차액(추가가공 후 판매가치 − 분리점에서의 판매가치)과 추가가공원가를 비교하여 추가가공 여부에 대한 의사결정을 한다.

ejob.Hackers.com

출제빈도: ★★☆ 대표출제기업: 대구교통공사

01 ㈜세무는 연산품 A, B를 생산하고 있다. 20×9년 3월 연산품 생산에서 발생한 결합원가는 ₩100,000이고, 각 연산품의 생산량, 판매가격, 분리점 이후의 단위당 분리원가와 관련된 자료는 다음과 같다. 순실현가능가치를 기준으로 결합원가를 배분할 경우 각 연산품의 단위당 원가를 계산하면?

연산품	생산량	단위당 판매가격	단위당 분리원가
A	30개	₩3,000	₩1,000
B	20개	₩5,000	₩3,000

	연산품 A	연산품 B
①	₩3,000	₩5,000
②	₩2,000	₩4,000
③	₩2,000	₩5,000
④	₩3,000	₩4,000
⑤	₩4,000	₩5,000

출제빈도: ★★☆ 대표출제기업: 한국가스공사

02 20×1년에 설립된 ㈜세무는 제1공정에서 원재료 1,000kg을 가공하여 중간제품 A와 제품 B를 생산한다. 제품 B는 분리점에서 즉시 판매될 수 있으나, 중간제품 A는 분리점에서 판매가치가 형성되어 있지 않기 때문에 제2공정에서 추가 가공하여 제품 C로 판매한다. 제품별 생산 및 판매량과 kg당 판매가격은 다음과 같다.

제품	생산 및 판매량	kg당 판매가격
중간제품 A	600kg	–
제품 B	400kg	₩500
제품 C	600kg	₩450

제1공정에서 발생한 결합원가는 ₩1,200,000이었고, 중간제품 A를 제품 C로 가공하는 데 추가된 원가는 ₩170,000이었다. 회사가 결합원가를 순실현가치에 비례하여 제품에 배부하는 경우, 제품 B와 제품 C의 총제조원가는?

	제품 B	제품 C
①	₩400,000	₩800,000
②	₩400,000	₩970,000
③	₩570,000	₩800,000
④	₩570,000	₩570,000
⑤	₩800,000	₩570,000

정답 및 해설

01 ①
(1) 제품별 결합원가 배분액

구분	제품별 NRV		배분비율	결합원가 배분액
A	(₩3,000 − ₩1,000) × 30개 =	₩60,000	60%	₩100,000 × 60% = ₩60,000
B	(₩5,000 − ₩3,000) × 20개 =	40,000	40	₩100,000 × 40% = ₩40,000
계		₩100,000	100%	

(2) 제품별 원가: 결합원가 배분액 + 분리원가(추가가공원가)
- 연산품 A: (₩60,000 ÷ 30개) + ₩1,000 = ₩3,000
- 연산품 B: (₩40,000 ÷ 20개) + ₩3,000 = ₩5,000

02 ⑤

구분	제품별 NRV		배분비율	결합원가 배분액	
B	400개 × ₩500 =	₩200,000	2/3	₩1,200,000 × 2/3 =	₩800,000
C	600개 × ₩450 − ₩170,000 =	100,000	1/3	₩1,200,000 × 1/3 =	400,000
계		₩300,000			₩1,200,000

(1) 제품 B 제조원가: 결합원가 배분액(₩800,000) + 추가가공원가(₩0) = ₩800,000
(2) 제품 C 제조원가: 결합원가 배분액(₩400,000) + 추가가공원가(₩170,000) = ₩570,000

출제빈도: ★★☆   대표출제기업: 한국관광공사

03 ㈜세무는 단일의 공정을 거쳐 A, B 두 종류의 결합제품을 생산하고 있으며, 사업 첫 해인 당기에 발생한 결합원가는 ₩200이다. 다음의 자료를 이용하여 결합원가를 균등이익률법으로 배부할 경우 제품 A와 B에 배부될 결합원가로 옳은 것은?

	추가가공 후 최종가치(매출액)	추가가공원가
제품 A	₩100	₩50
제품 B	₩300	₩50

	제품 A	제품 B
①	₩25	₩175
②	₩50	₩150
③	₩150	₩50
④	₩175	₩25
⑤	₩175	₩50

출제빈도: ★☆☆

04 ㈜세무는 단일 재료를 이용하여 세 가지 제품 A · B · C와 부산물 X를 생산하고 있으며, 결합원가계산을 적용하고 있다. 제품 A와 B는 분리점에서 즉시 판매되나, 제품 C는 분리점에서 시장이 존재하지 않아 추가가공을 거친 후 판매된다. ㈜세무의 20×1년 생산 및 판매 관련 자료는 다음과 같다.

구분	생산량	판매량	최종 판매가격
A	100ℓ	50ℓ	₩10
B	200ℓ	100ℓ	₩10
C	200ℓ	50ℓ	₩10
X	50ℓ	30ℓ	₩3

20×1년 동안 결합원가는 ₩2,100이고, 제품 C의 추가가공원가는 총 ₩1,000이다. 부산물 X의 단위당 판매비는 ₩1이며, 부산물 평가는 생산기준법(순실현가치법)을 적용한다. 순실현가치법으로 결합원가를 배부할 때 제품 C의 기말재고자산 금액은? (단, 기초재고와 기말재공품은 없다)

① ₩850	② ₩1,050	③ ₩1,125
④ ₩1,250	⑤ ₩1,350	

출제빈도: ★★☆

05 ㈜세무는 균등이익률법을 적용하여 결합원가계산을 하고 있다. 당기에 결합제품 A와 B를 생산하였고, 균등매출총이익률은 30%이다. 관련 자료가 다음과 같을 때 결합제품 A에 배부되는 결합원가는? (단, 재공품 재고는 없다)

제품	생산량	판매가격(단위당)	추가가공원가(총액)
A	300단위	₩30	₩2,100
B	320단위	₩25	₩3,200

① ₩2,400 ② ₩3,200 ③ ₩3,800
④ ₩4,000 ⑤ ₩4,200

정답 및 해설

03 ①
(1) ㈜세무의 매출총이익률
- ㈜세무의 매출원가: ₩200 + ₩50 + ₩50 = ₩300
- ㈜세무의 매출총이익: (₩100 + ₩300) − ₩300 = ₩100
- ㈜세무의 매출총이익률: ₩100 ÷ ₩400 = 25%
(2) 회사 전체 매출총이익률 = 각 제품의 매출총이익률
- 제품 A의 매출총이익률: {₩100 − (제품 A의 결합원가 배부액 + ₩50)} ÷ ₩100 = 25%
  ∴ 제품 A의 결합원가 배부액 = ₩25
- 제품 B의 매출총이익률: {₩300 − (제품 B의 결합원가 배부액 + ₩50)} ÷ ₩300 = 25%
  ∴ 제품 B의 결합원가 배부액 = ₩175

04 ③
(1) 부산물의 순실현가능가치: 50ℓ × (₩3 − ₩1) = ₩100
(2) 분리점에서의 연산품의 순실현가능가치

NRV_A = 100ℓ × ₩10 =	₩1,000(25%)
NRV_B = 200ℓ × ₩10 =	2,000(50%)
NRV_C = 200ℓ × ₩10 − ₩1,000 =	1,000(25%)
계	₩4,000(100%)

(3) 제품 C의 단위당 원가: {₩2,000 × 0.25(결합원가 배분액) + ₩1,000(추가가공원가)} ÷ 200ℓ = ₩7.5/ℓ
(4) 제품 C의 기말재고자산 금액: ₩7.5 × 150ℓ = ₩1,125

05 ⑤
(300 × ₩30 − ₩2,100 − X)/(300 × ₩30) = 0.3
∴ X = ₩4,200

출제빈도: ★☆☆

06 세무상사는 A, B, C의 세 가지 결합제품을 생산하고 있으며, 결합원가는 분리점에서의 상대적 판매가치에 의해 배분된다. 관련 자료는 다음과 같다.

	A	B	C	합계
결합원가	?	₩40,000	?	₩200,000
분리점에서의 판매가치	₩160,000	?	?	₩400,000
추가가공원가	₩6,000	₩4,000	₩10,000	
추가가공 후 판매가치	₩170,000	?	₩180,000	₩434,000

만약 A, B, C 중 하나만을 추가가공한다면 어느 제품을 추가가공하는 것이 가장 유리하며, 이때 추가가공으로 인한 이익은 얼마인가?

① A, ₩4,000

② B, ₩6,000

③ B, ₩14,000

④ C, ₩10,000

⑤ 어떤 제품도 추가가공하지 않는다.

출제빈도: ★☆☆

07 ㈜세무는 결합원가 ₩420,000을 투입하여 연산품 X, Y, Z를 생산한다. 연산품 X와 Z는 추가가공하여 판매하고 있다. 결합원가 배부방법은 순실현가치법이며, 당기에 생산된 수량은 모두 당기에 판매된다.

제품	생산수량	매출액	개별원가(추가가공원가)
X	10,000개	₩250,000	₩100,000
Y	15,000개	₩200,000	–
Z	20,000개	₩300,000	₩150,000

㈜세무는 Y제품을 추가가공하면 Y제품의 매출액은 ₩550,000이 될 것으로 판단하고 있다. 이 경우에 추가가공원가가 최대 얼마 미만일 때, Y제품을 추가가공하는 것이 더 유리한가?

① ₩300,000　　　　② ₩350,000　　　　③ ₩400,000

④ ₩450,000　　　　⑤ ₩500,000

정답 및 해설

06 ④
  (1) 분리점에서의 상대적 판매가치: 결합원가를 상대적 판매가치로 배분하는 데 결합원가의 20%가 제품 B에 배분되므로 제품 B의 상대적 판매가치가 전체 판매가치의 20%라는 것을 알 수 있다.
    • 제품 B의 분리점에서의 판매가치: ₩400,000 × 20% = ₩80,000
    • 제품 C의 분리점에서의 판매가치: ₩400,000 – (₩160,000 + ₩80,000) = ₩160,000
  (2) 추가가공하는 경우의 증분이익

		A	B	C
I. 증분수익				
증가	추가가공 후 판매가격	₩170,000	₩84,000	₩180,000
감소	분리점의 판매가격	160,000	80,000	160,000
		₩10,000	₩4,000	₩20,000
II. 증분비용				
증가	추가가공원가	6,000	4,000	10,000
III. 증분이익		₩4,000	₩0	₩10,000

07 ②
  Y제품 추가가공하는 경우 – 추가가공하지 않은 경우: ₩550,000 – ₩200,000 = ₩350,000
  ∴ 추가가공원가가 최대 ₩350,000 미만이라면 추가가공하는 것이 유리하다.

표준원가계산	• 의의 • 유용성
표준원가의 설정	• 표준직접재료원가 • 표준직접노무원가 • 표준변동제조간접원가 • 표준고정제조간접원가
원가차이분석	• 직접재료원가 차이분석 • 직접노무원가 차이분석 • 변동제조간접원가 차이분석 • 고정제조간접원가 차이분석

01 표준원가계산의 의의 및 유용성

출제빈도 ★

1. 의의

직접재료원가, 직접노무원가, 변동제조간접원가, 고정제조간접원가의 모든 원가요소에 대하여 사전에 정해 놓은 표준원가로 측정하는 사전원가계산제도이다.

2. 유용성

① 실제원가를 집계하기 이전에도 제품원가를 계산할 수 있으므로 제품원가계산이 빠르고 단순해진다.
② 표준원가는 기업의 예산편성에 유용하게 활용된다.
③ 표준원가는 정상적이고 효율적인 상황에서 발생할 것으로 예상되는 원가이므로, 기말에 발생한 실제원가와 비교하게 되면 통제와 성과평가에 유용한 정보를 제공하게 된다.

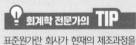

회계학 전문가의 TIP

표준원가란 회사가 현재의 제조과정을 가장 효율적으로 수행한 경우에 발생할 것으로 기대되는 제조원가를 의미합니다.

1. 표준직접재료원가

제품단위당 표준직접재료원가는 정상적이고 효율적인 상황에서 제품 한 단위당 투입될 것으로 예상되는 직접재료 표준수량에 직접재료 표준구입가격을 곱하여 계산된다.

> 제품단위당 표준직접재료원가
> = 제품단위당 직접재료 표준수량 × 직접재료단위당 표준구입가격

2. 표준직접노무원가

제품단위당 표준직접노무원가는 정상적이고 효율적인 상황에서 제품 한 단위당 투입될 것으로 예상되는 표준직접노동시간에 직접노동시간당 표준임률을 곱하여 계산된다.

> 제품단위당 표준직접노무원가 = 표준직접노동시간 × 직접노동시간당 표준임률

3. 표준변동제조간접원가

① 변동제조간접원가에는 간접재료원가, 전력비, 수선비 등 많은 원가들이 포함되어 있으므로 직접재료원가나 직접노무원가처럼 제품단위당 표준 투입량을 일일이 파악해서 표준원가를 개별적으로 설정한다는 것이 불가능하다.

② 따라서 표준변동제조간접원가는 변동제조간접원가의 발생을 논리적으로 잘 설명할 수 있는 배부기준을 결정하고, 배부기준단위당 변동제조간접원가 표준배부율을 설정하는 방법으로 표준원가를 결정하게 된다.

> 제품단위당 표준변동제조간접원가
> = 표준배부기준수 × 배부기준단위당 표준배부율

4. 표준고정제조간접원가

① 고정제조간접원가는 조업도수준에 관계없이 총액이 일정한 원가이므로 예산을 설정할 때 총액으로 설정하게 되고 통제 및 성과평가에도 총액을 이용하게 된다.

② 그러나 표준원가를 이용하여 제품원가계산을 할 때는 고정제조간접원가 총액을 이용할 수 없다. 예를 들어, 회사가 생산하는 제품의 단위당 표준원가가 얼마인가를 결정할 때 고정제조간접원가 총액을 이용하는 것은 불가능하다.

③ 따라서 기중 회계처리를 위해 고정제조간접원가는 총액 예산뿐만 아니라 단위당 표준배부율도 필요하다. 결과적으로 고정제조간접원가는 통제 및 성과평가 목적으로는 총액 예산을 이용하고 회계처리 목적으로는 단위당 표준배부율을 이용한다.

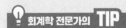

회계학 전문가의 TIP

임차료 등 고정원가의 예산을 편성할 때는 매월 혹은 매년 지급하는 총액을 예산으로 설정합니다. 임차료 등의 예산을 단위당으로 설정하지 않습니다.

④ 고정제조간접원가 표준배부율은 고정제조간접원가 총액 예산을 기준조업도로 나누어 설정할 수 있다.

> • 고정제조간접원가 표준배부율 = 고정제조간접원가예산 ÷ 기준조업도
> • 제품단위당 표준고정제조간접원가 = 표준배부기준수 × 배부기준단위당 표준배부율

〈표준고정제조간접원가〉

목적	이용하는 원가	적용 사례
통제·성과평가 목적	고정제조간접원가 총액 예산 이용	고정제조간접원가 예산 ₩100,000 고정제조간접원가 실제발생액 ₩110,000 ⇨ ₩10,000(불리)
회계처리 목적	고정제조간접원가 표준배부율 이용	회계처리에 필요한 제품단위당 표준원가 DM ₩100, DL ₩60, VOH ₩40 FOH ₩100(= ₩100,000 ÷ 1,000단위) ⇨ 제품단위당 표준원가 ₩300 : 회계처리에 이용

⑤ 앞의 내용들을 종합해 표준원가를 설정한 사례는 아래와 같다.

구분	단위당 표준수량	요소단위당 표준가격	단위당 표준원가
직접재료원가	20m²	₩4/m²	₩80
직접노무원가	4시간	₩40/시간	₩160
변동제조간접원가	4시간	₩15/시간	₩60
고정제조간접원가	4시간	₩7/시간	₩28[*1]
합계	–	–	₩328

(*1) 고정제조간접원가 표준배부율 혹은 제품단위당 표준고정제조간접원가는 제품원가계산을 위해서만 사용하고, 통제 및 성과평가 목적으로는 고정제조간접원가 예산 총액을 이용한다.

사례

㈜세무화학은 표준원가계산제도를 채택하고 있으며, 직접노동시간을 기준으로 하여 제조간접원가를 배부하고 있다.

(1) 회사는 단일제품을 생산하고 있는데 제품단위당 표준원가는 다음과 같다.

구분	표준수량	표준가격	표준원가
직접재료원가	2kg	₩25/kg	₩50
직접노무원가	3시간	₩3/시간	₩9
변동제조간접원가	3시간	₩2/시간	₩6
고정제조간접원가	3시간	₩5/시간	₩15
제품단위당 표준원가			₩80

(2) 회사는 연간 고정제조간접원가예산 ₩90,000이고, 연간 18,000 직접노동시간을 기준조업도에 근거하여 직접노동시간당 ₩5의 고정제조간접원가 예정배부율을 적용하고 있다.

(3) 회사는 20×1년 중 제품 5,000단위를 생산하였으며, 1년 동안 실제 발생된 제조원가는 다음과 같았다.

구분	실제수량	실제가격	실제원가
직접재료원가	12,000kg	₩27.5/kg	₩330,000
직접노무원가	16,000시간	₩2.5/시간	₩40,000
변동제조간접원가			₩28,000
고정제조간접원가			₩80,000

(4) 실제재료구입량은 16,000kg이다.

1. 원가차이

실제원가와 표준원가의 차이이다.

$$원가차이^{*1} = 실제원가 - 표준원가 \quad \begin{matrix} > \\ 0 \\ < \end{matrix} \quad \begin{matrix} : 불리(U)한\ 차이 \\ \\ : 유리(F)한\ 차이 \end{matrix}$$

(*1) 원가차이는 직접재료원가, 직접노무원가, 변동제조간접원가, 고정제조간접원가 즉, 모든 원가요소별로 발생한다.

2. 원가차이분석

원가차이의 원인을 분석하는 과정으로 원가요소별로 수행한다.

(1) 직접재료원가 차이분석

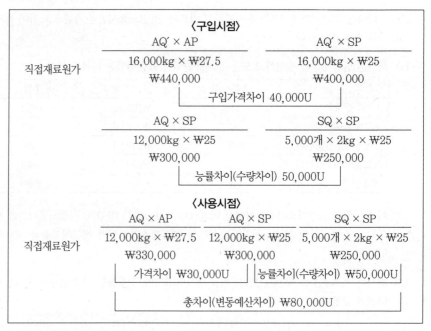

① 용어정리
  - AQ: 실제투입량, AQ′: 실제구입량
  - SQ: 실제생산량에 허용된 표준투입량
  - AP: 실제가격, SP: 표준가격
② 직접재료원가 가격차이를 구입시점에서 분리하면 원재료 계정은 항상 표준가격으로 기록되며 사용시점에서 분리하면 실제원가로 기록된다.

(2) 직접노무원가 차이분석

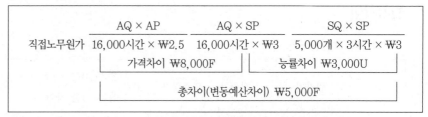

① AQ: 실제투입시간, SQ: 실제생산량에 허용된 표준투입시간
② AP: 실제임률(가격), SP: 표준임률(가격)

(3) 변동제조간접원가 차이분석

	AQ × APv	AQ × SPv	SQ × SPv
변동제조간접원가	₩28,000	16,000시간 × ₩2	5,000개 × 3시간 × ₩2

소비차이 ₩4,000F   능률차이 ₩2,000U

총차이(변동예산차이, 배부차이) ₩2,000F

① 용어정리

- AQ: 실제조업도, SQ: 실제생산량에 허용된 표준조업도
- APv: 실제배부율, SPv: 변동제조간접원가 표준배부율

② 변동제조간접원가 표준배부율(SPv)

$$SPv = \frac{VOH\ 예산}{기준조업도} = \frac{\overset{\text{실제투입량기준}}{\overset{(AQ \times SPv)}{VOH\ 변동예산}}}{AQ} = \frac{\overset{\text{실제산출량기준}}{\overset{(SQ \times SPv)}{VOH\ 변동예산}}}{SQ}$$

(4) 고정제조간접원가 차이분석

	실제	예산 (기준조업도 × SPf)	배부 (SQ × SPf)
고정제조간접원가	₩80,000	₩90,000	5,000개 × 3시간 × ₩5

예산차이(소비차이) ₩10,000F   조업도차이 ₩15,000U

총차이(배부차이) ₩5,000U

① 용어정리

- SQ: 실제생산량에 허용된 표준조업도
- SPf: 고정제조간접원가 표준배부율

② 고정제조간접원가 표준배부율(SPf)

$$SPf = \frac{FOH\ 예산}{기준조업도}$$

출제빈도: ★★☆ 대표출제기업: 인천도시공사

01 ㈜세무는 표준원가계산을 사용하고 있다. 다음 자료를 근거로 한 직접노무원가의 능률차이는?

• 실제 직접노동시간	7,000시간
• 표준 직접노동시간	8,000시간
• 직접노무원가 임률차이	₩3,500(불리)
• 실제 노무원가 총액	₩24,500

① ₩3,000(유리) ② ₩3,000(불리) ③ ₩4,000(유리)

④ ₩4,000(불리) ⑤ ₩5,000(유리)

출제빈도: ★★☆

02 표준원가계산 제도를 사용하고 있는 ㈜세무는 제품 단위당 표준직접재료원가로 ₩200을 설정하였으며 단위당 표준직접재료원가의 산정 내역과 20×1년 3월 동안 제품을 생산하면서 집계한 자료는 아래와 같다. ㈜세무의 직접재료원가 변동예산차이에 대한 설명으로 가장 옳지 않은 것은?

직접재료 표준원가 산정내역	실제 제품생산 관련 자료
• 제품 단위당 직접재료 • 표준사용량: 10kg • 직접재료의 표준가격: ₩20/kg	• 제품 생산량: 100단위 • 실제 직접재료 사용량: 1,050kg • 실제 직접재료원가: ₩20,600

① 총변동예산차이는 ₩600(불리한 차이)이다.

② 가격차이는 ₩400(유리한 차이)이다.

③ 능률차이는 ₩1,000(불리한 차이)이다.

④ 총변동예산차이는 ₩600(유리한 차이)이다.

⑤ 원가차이는 실제와 변동예산과의 차이이다.

출제빈도: ★★☆   대표출제기업: 한국공항공사

03 ㈜세무의 4월 직접재료원가에 대한 자료는 다음과 같다. 4월의 유리한 재료수량차이(능률차이)는?

> - 실제재료구매량: 3,000kg
> - 실제생산에 대한 표준재료투입량: 2,400kg
> - 실제 재료구입단가: ₩310/kg
> - 실제 재료사용량: 2,200kg
> - 불리한 재료가격차이(구입시점기준): ₩30,000

① ₩50,000   ② ₩55,000   ③ ₩60,000

④ ₩65,000   ⑤ ₩70,000

정답 및 해설

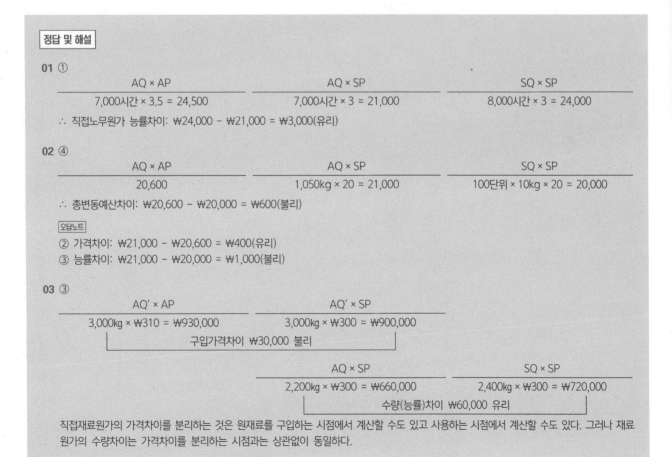

01 ①

AQ × AP	AQ × SP	SQ × SP
7,000시간 × 3.5 = 24,500	7,000시간 × 3 = 21,000	8,000시간 × 3 = 24,000

∴ 직접노무원가 능률차이: ₩24,000 − ₩21,000 = ₩3,000(유리)

02 ④

AQ × AP	AQ × SP	SQ × SP
20,600	1,050kg × 20 = 21,000	100단위 × 10kg × 20 = 20,000

∴ 총변동예산차이: ₩20,600 − ₩20,000 = ₩600(불리)

오답노트
② 가격차이: ₩21,000 − ₩20,600 = ₩400(유리)
③ 능률차이: ₩21,000 − ₩20,000 = ₩1,000(불리)

03 ③

AQ′ × AP	AQ′ × SP
3,000kg × ₩310 = ₩930,000	3,000kg × ₩300 = ₩900,000

구입가격차이 ₩30,000 불리

AQ × SP	SQ × SP
2,200kg × ₩300 = ₩660,000	2,400kg × ₩300 = ₩720,000

수량(능률)차이 ₩60,000 유리

직접재료원가의 가격차이를 분리하는 것은 원재료를 구입하는 시점에서 계산할 수도 있고 사용하는 시점에서 계산할 수도 있다. 그러나 재료원가의 수량차이는 가격차이를 분리하는 시점과는 상관없이 동일하다.

출제빈도: ★★☆ 대표출제기업: 한국가스공사

04 표준원가계산제도를 도입하고 있는 ㈜세무의 재료원가에 대한 표준과 제품 1,000단위를 생산한 지난달의 실제 재료원가 발생액이 다음과 같다. 재료가격차이와 재료수량차이는?

- 제품 단위당 표준재료원가: 수량 10kg/단위, 재료단위당 가격 ₩100
- 실제발생 재료원가: 재료소비량 12,000kg, 재료원가 ₩1,080,000

	재료가격차이	재료수량차이
①	₩100,000 불리	₩180,000 유리
②	₩100,000 유리	₩180,000 불리
③	₩120,000 불리	₩200,000 유리
④	₩120,000 불리	₩200,000 불리
⑤	₩120,000 유리	₩200,000 불리

출제빈도: ★★☆

05 20×9년 5월 중 ㈜세무의 노무원가와 관련된 다음의 자료를 이용하여 직접노무원가 능률차이를 구하면?

• 제품 단위당 표준직접노무시간	3시간
• 시간당 표준임률	₩20
• 시간당 실제임률	22
• 5월 중 제품 생산량	2,100단위
• 5월 중 실제직접노무시간	6,000시간

① ₩6,000 불리   ② ₩6,000 유리   ③ ₩6,600 불리

④ ₩6,600 유리   ⑤ ₩7,000 유리

PART 3 \ 원가관리회계

해커스공기업 쉽게 끝내는 회계학 기본서

정답 및 해설

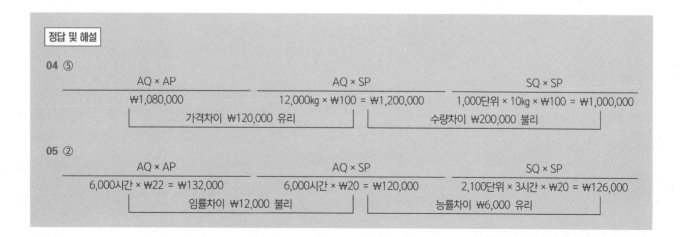

04 ⑤

AQ × AP	AQ × SP	SQ × SP
₩1,080,000	12,000kg × ₩100 = ₩1,200,000	1,000단위 × 10kg × ₩100 = ₩1,000,000
가격차이 ₩120,000 유리		수량차이 ₩200,000 불리

05 ②

AQ × AP	AQ × SP	SQ × SP
6,000시간 × ₩22 = ₩132,000	6,000시간 × ₩20 = ₩120,000	2,100단위 × 3시간 × ₩20 = ₩126,000
임률차이 ₩12,000 불리		능률차이 ₩6,000 유리

출제빈도: ★☆☆

06 다음은 ㈜세무의 20×2년도 제조활동과 관련된 자료이다.

• 표준직접노동시간	단위당 2시간
• 실제직접노동시간	21,000시간
• 생산된 제품 단위	10,000개
• 변동제조간접원가 표준	직접노동시간당 ₩3
• 실제변동제조간접원가	₩28,000

㈜세무의 20×2년도 변동제조간접원가 능률차이는?

① ₩2,000 유리　　　　　② ₩2,000 불리　　　　　③ ₩3,000 불리

④ ₩5,000 불리　　　　　⑤ ₩5,000 유리

출제빈도: ★★☆

07 ㈜세무는 표준원가계산제도를 사용하여 제품의 원가를 계산한다. 20×1년 예산생산량은 110단위였으나, 실제는 120단위를 생산하였다. 기초와 기말재공품은 없으며, 실제 발생한 고정제조간접원가는 ₩13,000이었다. 단위당 고정제조간접원가 계산을 위해 사용하는 기준조업도는 100단위이며, 제품 단위당 고정제조간접원가 배부율은 ₩100일 때, 고정제조간접원가의 예산차이와 조업도차이는?

	예산차이	조업도차이
①	₩3,000 불리	₩2,000 유리
②	₩3,000 유리	₩2,000 불리
③	₩3,000 불리	₩1,000 유리
④	₩3,000 유리	₩1,000 불리
⑤	₩3,000 유리	₩2,000 유리

정답 및 해설

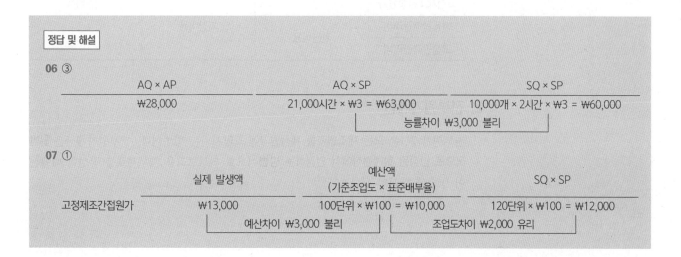

06 ③

AQ × AP	AQ × SP	SQ × SP
₩28,000	21,000시간 × ₩3 = ₩63,000	10,000개 × 2시간 × ₩3 = ₩60,000

능률차이 ₩3,000 불리

07 ①

	실제 발생액	예산액 (기준조업도 × 표준배부율)	SQ × SP
고정제조간접원가	₩13,000	100단위 × ₩100 = ₩10,000	120단위 × ₩100 = ₩12,000

예산차이 ₩3,000 불리   조업도차이 ₩2,000 유리

제7장 | 변동원가계산

✔ **핵심 포인트**

전부원가계산	• 전부원가계산의 손익계산서 • 전부원가계산의 이익함수
변동원가계산	• 변동원가계산의 손익계산서 • 변동원가계산의 이익함수
전부원가계산과 변동원가계산의 이익차이 조정	• 전부원가계산과 변동원가계산 간의 이익차이 조정

01 제품원가계산

출제빈도 ★★★

1. 변동원가계산의 의의

직접재료원가, 직접노무원가, 변동제조간접원가 및 고정제조간접원가로 구성되는 제품원가 중 재고가능 여부에 따라 전부원가계산, 변동원가계산, 초변동원가계산으로 구분할 수 있다.

구분	전부원가계산	변동원가계산	초변동원가계산
직접재료원가	제품원가	제품원가	제품원가
직접노무원가	제품원가	제품원가	기간비용
변동제조간접원가	제품원가	제품원가	기간비용
고정제조간접원가	제품원가	기간비용	기간비용
변동판매관리비	기간비용	기간비용	기간비용
고정판매관리비	기간비용	기간비용	기간비용

2. 전부원가계산

전부원가계산은 모든 제조원가를 제품원가에 포함시키는 방법이다. 전부원가계산은 일반적으로 인정된 회계원칙에서 인정하는 방법이므로 외부보고용 재무제표를 작성할 때에는 이 방법에 따라야 한다.

회계학 전문가의 TIP

'제품원가'는 재고가능원가이며 판매시까지 재고자산으로 계상하고 판매시점에 매출원가로 비용처리를 합니다. '기간비용(기간원가)'은 재고불능원가이며 발생한 시점에 비용처리를 합니다.

---

(1) 전부원가계산의 손익계산서

① 전부원가계산에 의한 손익계산서를 전통적 손익계산서라고 하는데 외부보고를 위하여 이용되는 전통적 손익계산서에는 **비용을 매출원가, 판매비와 관리비와 같이 그 기능에 따라 분류**한다.

② 원가를 기능별로 분류하는 경우, 외부정보이용자에게는 유용한 정보가 될 수 있으나, 판매량의 변동이 비용에 미치는 영향을 직관적으로 파악할 수 없어 계획 및 의사결정, 통제 및 성과평가 등 관리회계 목적으로 이용하기에는 어렵다.

전부원가계산 손익계산서(기능별 분류)

매출액	가격 × 판매량	×× ×
매출원가		(×× ×)
직접재료원가	@DM × 판매량	
직접노무원가	@DL × 판매량	
변동제조간접원가	@VOH × 판매량	
고정제조간접원가	FOH/생산량 × 판매량	
매출총이익		×× ×
판매비와관리비		(×× ×)
변동판매관리비	@VC × 판매량	
고정판매관리비	고정판매관리비	
영업이익		×× ×

---

(2) 전부원가계산의 이익함수

위 손익계산서를 살펴보면 전부원가계산의 영업이익에는 두 가지 변수가 영향을 미친다는 것을 알 수 있다.

① 판매량

- 판매량이 증가하면 전부원가계산의 영업이익은 증가할 것이다.
- **판매량 증가 ⇨ 영업이익 증가**

② 생산량

- 생산량이 증가하면 단위당 고정제조간접원가가 감소해 비용처리되는 고정제조간접원가가 감소하게 된다. 따라서 영업이익은 증가하게 된다.
- **생산량 증가 ⇨ @FOH 감소 ⇨ 비용처리되는 FOH 감소 ⇨ 영업이익 증가**

> 전부원가계산의 영업이익(증가, 증가) = f(판매량_증가, 생산량_증가)

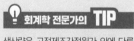

회계학 전문가의 TIP

생산량은 고정제조간접원가 외에 다른 원가에는 영향을 미치지 않습니다.

3. 변동원가계산

변동원가계산(직접원가계산, 공헌이익법)은 **직접재료원가, 직접노무원가, 변동제조간접원가 등 변동제조원가만을 제품원가에 포함**시킨다. 따라서 변동원가계산에서는 고정제조간접원가가 판매비·관리비와 더불어 기간비용으로 처리된다. 변동원가계산은 주로 의사결정, 성과평가 등 관리회계 목적으로 이용된다.

(1) 변동원가계산의 손익계산서

① 변동원가계산은 내부관리 목적으로 이용되므로 원가를 행태에 따라 분류하게 된다. 따라서 변동원가계산 손익계산서에서는 비용을 변동원가와 고정원가로 구분하여 표시한다.

② 변동원가에는 변동제조원가와 변동판매관리비가 포함되며 변동원가는 매출액에서 차감된다. 매출액에서 변동원가를 차감한 값을 공헌이익(contribution margin)이라고 하는데, 이는 고정원가를 회수하고 이익에 공헌하는 금액을 의미한다.

③ 고정원가에는 고정제조간접원가와 고정판매관리비가 포함되며, 공헌이익에서 고정원가를 차감하여 영업이익을 계산하게 된다. 변동원가계산의 손익계산서에는 공헌이익이 표시되므로 공헌이익 손익계산서라고도 한다.

변동원가계산 손익계산서(행태별 분류)		
매출액	가격 × 판매량	×××
변동원가		(×××)
직접재료원가	@DM × 판매량	
직접노무원가	@DL × 판매량	
변동제조간접원가	@VOH × 판매량	
변동판매관리비	@VC × 판매량	
공헌이익		×××[*1]
고정원가		(×××)
고정제조간접원가	고정제조간접원가[*2]	
고정판매관리비	고정판매관리비	
영업이익		×××

(*1) 공헌이익은 다음과 같이 직접 계산할 수도 있다.
　　⇨ 공헌이익: {가격 − (DM + DL + VOH + 변동판매관리비)} × 판매량
　　　　　　　　　　　　　　　↳변동원가
(*2) 변동원가계산에서 고정제조간접원가는 기간비용이므로 단위당 고정제조간접원가를 구하지 않고 실제 발생액을 단순히 비용처리한다.

(2) 변동원가계산의 이익함수

① 위 손익계산서를 살펴보면 변동원가계산의 영업이익에는 한 가지 변수만 영향을 미친다는 것을 알 수 있다.

- 판매량: 판매량이 증가하면 변동원가계산의 영업이익은 증가할 것이다.
  (판매량 증가 ⇨ 영업이익 증가)
- 변동원가계산의 영업이익(증가) = f(판매량$_{증가}$)

② 전부원가계산과 달리 변동원가계산의 영업이익에는 생산량이 영향을 미치지 않는다. 따라서 변동원가계산은 전부원가계산에 비해 판매량의 변동이 영업이익에 미치는 영향을 더 직관적으로 파악할 수 있다.

(3) 초변동원가계산

초변동원가계산(직접원가계산, 공헌이익법)은 **직접재료원가만을 제품원가에 포함시킨다.**
① 영업이익이 판매량뿐만 아니라 생산량에 의해서도 영향을 받는다.
② 생산과잉에 따라 생산량이 증가하면 기간비용으로 처리되는 가공원가의 증가로 인하여 영업이익이 오히려 감소한다.
③ 재고자산 최소화의 유인을 경영자에게 제공하며 불필요한 재고누적을 방지한다.

4. 양 방법의 본질적 차이

전부원가계산과 변동원가계산의 본질적인 차이점은 고정제조간접원가를 제품원가에 포함시킬 것인가에 있다. 전부원가계산은 고정제조간접원가를 제품원가에 포함하므로 원가 발생 시에는 자산으로 계상한 후, 제품 판매 시에 비용으로 처리하지만, 변동원가계산은 고정제조간접원가를 발생 시점에 전액 기간비용으로 처리한다.

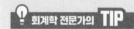

02 | 이익차이 조정 및 비교   출제빈도 ★★

1. 이익차이 조정

전부원가계산과 변동원가계산의 차이점은 고정제조간접원가를 제품원가에 포함시킬 것인지의 여부에 있다. 양 방법에서의 유일한 차이는 고정제조간접원가의 자산화 여부이므로 양 방법의 이익차이를 가져오는 것도 고정제조간접원가가 유일하다. 결과적으로 전부원가계산과 변동원가계산의 이익차이를 분석할 때는 고정제조간접원가만 분석하여 양 방법의 이익차이를 조정한다.

(1) 비용처리되는 고정제조간접원가

원가흐름의 가정으로 선입선출법을 가정하면, 비용처리되는 고정제조간접원가는 다음과 같이 계산한다.
① 변동원가계산: 고정제조간접원가가 기간비용이므로 당기에 발생된 고정제조간접원가를 전액 비용으로 처리한다. ⇨ 당기 FOH
② 전부원가계산: 고정제조간접원가를 판매 시에 비용으로 처리한다. 선입선출법하에서는 기초재고자산이 가장 먼저 판매되므로, 기초재고자산에 포함된 고정제조간접원가를 가장 먼저 비용으로 처리하고, 기말재고자산은 아직 판매되지 않았으므로 기말재고자산에 포함된 고정제조간접원가는 비용에서 취소하여 자산으로 계상한다. ⇨ 기초재고 FOH + 당기 FOH − 기말재고 FOH

(2) 이익차이 조정

양 방법에서 비용처리되는 고정제조간접원가를 살펴보면 아래와 같은 결과를 도출할 수 있다.

회계학 전문가의 TIP

불필요한 재고누적을 방지하는 효과는 초변동원가계산이 변동원가계산보다 더욱 강화되어 나타납니다.

회계학 전문가의 TIP

고정제조간접원가 외의 원가들은 전부원가계산과 변동원가계산에서의 처리가 동일하므로 이익차이를 가져오지 않습니다.

PART 3 원가관리회계

해커스공기업 쉽게 끝내는 회계학 기본서

① 기초재고 FOH만큼 전부원가계산에서 비용처리를 추가로 한다.

⇨ 전부원가계산의 이익이 감소한다.

② 기말재고 FOH만큼 전부원가계산에서 비용처리를 적게 한다.

⇨ 전부원가계산의 이익이 증가한다.

〈전부원가계산과 변동원가계산의 이익차이 조정〉

	변동원가계산의 이익	×××
(−)	기초재고 FOH	×××
(+)	기말재고 FOH	×××
	전부원가계산의 이익	×××

이익차이를 조정하는 식을 구체적으로 나타내면 아래와 같다.

	변동원가계산의 이익		×××
(−)	기초재고 FOH	기초재고수량 × (전기의) 단위당 고정제조간접원가[*1]	
(+)	기말재고 FOH	기말재고수량 × (당기의) 단위당 고정제조간접원가[*2]	
	전부원가계산의 이익		×××

(*1) 기초재고는 전기에 생산한 물량이므로 전기의 원가를 적용한다.
(*2) 기말재고는 당기에 생산한 물량이므로 당기의 원가를 적용한다.

위 식에서 아래와 같은 결론을 내릴 수 있다. 다만, 아래의 표는 매년 단위당 고정제조간접원가가 같을 경우 정확히 성립하지만, 그렇지 않을 경우에는 성립하지 않을 수도 있음에 유의해야 한다.

〈상황, 재고변화, 이익의 크기에 따른 이익차이 조정〉

상황	재고변화	이익의 크기
생산량 > 판매량	기초재고수량 < 기말재고수량	전부원가 > 변동원가
생산량 = 판매량	기초재고수량 = 기말재고수량	전부원가 = 변동원가
생산량 < 판매량	기초재고수량 > 기말재고수량	전부원가 < 변동원가

📋 시험문제 미리보기!

20×1년 초에 영업을 개시한 ㈜세무의 생산 및 판매자료와 원가자료는 아래와 같다. 아래의 자료를 이용해서 ㈜세무의 매년 변동원가계산 영업이익을 구하고, 전부원가계산에 의한 영업이익으로 조정하시오. (단, ㈜세무의 단위당 판매가격은 ₩100이고, 선입선출법에 의해 재고자산을 평가하고 있다)

수량	20×1년	20×2년	20×3년
기초제품재고량	−	1,000	1,000
당기 생산량	3,000	2,000	3,000
당기 판매량	2,000	2,000	4,000
기말제품재고량	1,000	1,000	−

- 매년 단위당 변동원가   ₩50
- 매년 고정제조간접원가   ₩60,000
- 매년 고정판매관리비   ₩20,000

해설   (1) 20×1년

변동원가계산 영업이익: $(100 - 50) \times 2,000$단위 $- (60,000 + 20,000) = ₩20,000$

	변동원가계산의 영업이익	₩20,000
(−)	기초재고 FOH	−
(+)	기말재고 FOH	1,000단위 × @20(₩60,000 ÷ 3,000단위)
	전부원가계산의 영업이익	₩40,000

(2) 20×2년

변동원가계산 영업이익: $(100 - 50) \times 2,000$단위 $- (60,000 + 20,000) = ₩20,000$

	변동원가계산의 영업이익	₩20,000
(−)	기초재고 FOH	1,000단위 × @20(₩60,000 ÷ 3,000단위)
(+)	기말재고 FOH	1,000단위 × @30(₩60,000 ÷ 2,000단위)
	전부원가계산의 영업이익	₩30,000

(3) 20×3년

변동원가계산 영업이익: $(100 - 50) \times 4,000$단위 $- (60,000 + 20,000) = ₩120,000$

	변동원가계산의 영업이익	₩120,000
(−)	기초재고 FOH	1,000단위 × @30(₩60,000 ÷ 2,000단위)
(+)	기말재고 FOH	−
	전부원가계산의 영업이익	₩90,000

2. 제품원가계산방법의 상호비교(기능별 표시방법에 의한 포괄손익계산서의 상호비교)

회계학 전문가의 TIP

'전부원가계산'하의 포괄손익계산서를 '전통적인 포괄손익계산서'라고 하며, '변동원가계산'하의 포괄손익계산서를 '공헌이익 포괄손익계산서 또는 행태별 포괄손익계산서'라고 합니다.

〈포괄손익계산서(I/S)의 비교〉

I/S(전부원가계산)		I/S(변동원가계산)		I/S(초변동원가계산)	
매출액 ×××	매출액		×××	매출액	×××
매출원가 ×××	변동비		×××	직접재료매출원가	×××
매출총이익 ×××	변동매출원가	×××		재료처리량공헌이익	×××
판매관리비 ×××	변동판매관리비	×××		운영비용	×××
영업이익 ×××	공헌이익		×××	직접노무원가 ×××	
	고정비		×××	변동제조간접원가 ×××	
	고정제조간접원가	×××		고정제조간접원가 ×××	
	고정판매관리비	×××		변동판매관리비 ×××	
	영업이익		×××	고정판매관리비 ×××	
				영업이익	×××

㈜세무는 당기 초에 영업을 개시한 회사로 당기에 1,000단위를 생산하여 그중 800단위를 판매하였으며 관련 자료는 다음과 같다. 당사는 원재료에 단순가공 후 판매하는 회사로 공정의 특성상 재공품은 존재하지 않는다. 제품단위당 판매가격이 ₩4,000일 경우 전부원가계산과 변동원가계산의 순이익을 각각 계산하시오.

	단위당 변동원가	고정원가
직접재료원가	₩500	–
직접노무원가	₩400	–
제조간접원가	₩600	₩1,200,000
판매관리비	₩200	₩400,000

해설   (1) 변동원가계산

매출액(800단위 × ₩4,000)	₩3,200,000
변동원가	
변동매출원가(800단위 × ₩1,500)	(1,200,000)
변동판매관리비(800단위 × ₩200)	(160,000)
공헌이익	₩1,840,000
고정원가	
고정제조간접원가	(1,200,000)
고정판매관리비	(400,000)
영업이익	₩240,000

      (2) 전부원가계산

매출액(800단위 × ₩4,000)	₩3,200,000
매출원가(800단위 × ₩2,700)	(2,160,000)
매출총이익	₩1,040,000
판매관리비(800단위 × ₩200 + ₩400,000)	(560,000)
영업이익	₩480,000

3. 각 제품원가계산방법의 장단점

(1) 전부원가계산의 장단점

장점	• 경영자의 장기적인 의사결정에 적합한 정보를 제공함 • 모든 제조원가를 제품원가에 포함시키므로 변동원가와 고정원가의 구분이 불필요함 • 수익·비용 대응의 원칙에 부합함
단점	• 생산량이 변동할 경우 제품단위당 원가가 변함 • 영업이익이 판매량뿐만 아니라 생산량에 의해서도 영향을 받음 • 재고과잉 유인이 존재

(2) 변동원가계산의 장단점

장점	• 경영자의 단기적인 의사결정에 적합한 정보를 제공함 • 영업이익이 판매량에 의해서만 결정되므로 재고과잉 유인이 없음
단점	• 변동원가와 고정원가로 구분되지 않는 준변동원가(혼합원가)를 자의적으로 구분해야 함 • 고정제조간접원가가 기간비용 처리되므로 수익·비용 대응의 원칙에 어긋남

(3) 초변동원가계산의 장단점

장점	• 당기에 발생한 가공원가를 기간비용 처리하므로 판매량을 초과하여 생산하려는 유인을 억제하는 효과가 있음 • 직접재료원가만 제품원가에 포함시키므로 가공원가를 변동원가와 고정원가로 구분할 필요가 없음
단점	• 재고자산 최소화가 수요의 불확실성이 크거나 규모의 경제가 존재하는 경우에는 오히려 영업에 악영향을 미칠 수도 있음 • 재고누적을 방지하기 위해 덤핑판매 등의 부작용이 발생할 가능성이 있음

PART 3 원가관리회계

해커스경영아카데미 쉽게 끝내는 회계학 기본서

출제빈도: ★★★   대표출제기업: 한국에너지공단

01 전부원가계산과 변동원가계산에 대한 설명으로 옳지 않은 것은? (단, 주어진 내용 외의 다른 조건은 동일하다)

① 전부원가계산에서 판매량이 일정하다면 생산량이 증가할수록 영업이익은 증가한다.

② 전부원가계산은 외부보고 목적보다 단기의사결정과 성과평가에 유용하다.

③ 변동원가계산에서는 고정제조간접원가를 제품원가에 포함시키지 않는다.

④ 변동원가계산에서 생산량의 증감은 이익에 영향을 미치지 않는다.

⑤ 전부원가계산에서 생산량의 증감은 이익에 영향을 미친다.

출제빈도: ★★☆

02 20×1년 초에 영업을 개시한 ㈜세무는 동 기간에 5,000단위의 제품을 생산·완성하였으며, 단위당 ₩1,200에 판매하고 있다. 영업활동에 관한 자료는 다음과 같다.

• 단위당 직접재료원가	₩450	• 고정제조간접원가	₩500,000
• 단위당 직접노무원가	₩300	• 고정판매관리비	₩300,000
• 단위당 변동제조간접원가	₩100		
• 단위당 변동판매관리비	₩100		

전부원가계산에 의한 영업이익이 변동원가계산에 의한 영업이익보다 ₩300,000이 많을 경우, 20×1년 판매수량은?

① 1,000단위   ② 2,000단위   ③ 3,000단위

④ 4,000단위   ⑤ 5,000단위

출제빈도: ★★☆ 대표출제기업: 한국가스공사

03 20×1년 1월 1일에 영업을 개시한 ㈜세무는 20×1년 10,000단위의 제품을 생산하여 9,000단위를 판매하였으며, 20×1년 12월 31일 현재 기말재공품 및 원재료 재고는 없다. 실제 제품원가는 제품 단위당 직접재료원가 ₩40, 직접노무원가 ₩20, 변동제조간접원가 ₩10이었고, 총고정제조간접원가는 ₩200,000이었다. ㈜세무가 실제원가계산을 하는 경우, 20×1년도 전부원가계산에 의한 영업이익과 변동원가계산에 의한 영업이익의 차이는?

① ₩20,000   ② ₩90,000   ③ ₩180,000
④ ₩200,000   ⑤ ₩240,000

정답 및 해설

01 ②
단기의사결정과 성과평가에 유용한 제품원가계산은 변동원가계산방법이다.

02 ②
(1) 단위당 고정제조간접원가 = ₩500,000 ÷ 5,000단위 = ₩100
(2) 기말재고수량 = ₩300,000 ÷ ₩100 = 3,000단위
(3) 판매수량 = 5,000단위 − 3,000단위 = 2,000단위

03 ①
(1) 단위당 고정제조간접원가: ₩200,000 ÷ 10,000단위 = ₩20/단위
(2) 이익차이: 재고 증감(1,000단위) × 단위당 고정제조간접원가(₩20) = ₩20,000

출제빈도: ★★☆ 대표출제기업: 한국도로공사

04 ㈜세무는 20×1년에 영업을 시작하였으며, 당해 연도의 생산 및 판매와 관련된 자료는 다음과 같다. ㈜세무가 실제원가계산에 의한 전부원가계산방법과 변동원가계산방법을 사용할 경우, 영업이익이 더 높은 방법과 두 방법 간 영업이익의 차이는?

• 제품생산량	1,000개	• 제품판매량	800개
• 고정제조간접원가	₩1,000,000	• 고정판매비와 관리비	₩1,100,000
• 기말 재공품은 없음			

	영업이익이 더 높은 방법	영업이익의 차이
①	전부원가계산	₩200,000
②	변동원가계산	₩200,000
③	전부원가계산	₩220,000
④	변동원가계산	₩220,000
⑤	전부원가계산	₩240,000

출제빈도: ★★☆

05 20×1년 1월에 영업을 시작한 ㈜세무는 실제원가계산을 하고 있는데 20×1년 1월과 2월의 생산 및 판매자료는 다음과 같다.

구분	1월	2월
생산량	500개	400개
판매량	350개	350개
고정제조간접원가	₩1,100,000	₩1,000,000
고정판매비와관리비	₩450,000	₩500,000

20×1년 2월 전부원가계산에 의한 영업이익이 ₩1,020,000일 때, 변동원가계산에 의한 영업이익은 얼마인가? (단, 원가흐름의 가정은 선입선출법으로 가정한다)

① ₩720,000   ② ₩850,000   ③ ₩1,180,000

④ ₩1,350,000   ⑤ ₩1,400,000

출제빈도: ★★☆

06 ㈜세무는 제품 A를 생산하며 20×1년 5월 초에 영업을 개시하였다(기초재고자산은 없음). 20×1년 5월과 6월의 생산량은 각각 400단위, 500단위이며, 판매량은 각각 380단위, 400단위이다. 매월 고정제조간접원가는 ₩400,000씩 동일하게 발생한다. 20×1년 6월의 전부원가계산에 의한 손익계산서가 다음과 같을 때 6월의 변동원가계산에 의한 영업이익은 얼마인가? (단, 원가흐름가정은 선입선출법을 적용한다)

매출액		₩1,000,000
매출원가		
월초제품재고액	₩45,000	
당월제품제조원가	1,050,000	
월말제품재고액	252,000	843,000
매출총이익		₩157,000
판매비와관리비		67,000
영업이익		₩90,000

① ₩6,000
② ₩14,000
③ ₩70,000
④ ₩110,000
⑤ ₩120,000

정답 및 해설

04 ①
당기 영업을 시작하였으므로 기초재고자산은 없으며 기말제품수량은 200개이다. 따라서 전부원가계산에 의한 영업이익이 기말제품에 포함된 고정제조간접원가(= 200개 × ₩1,000)만큼 변동원가계산에 의한 영업이익보다 크다.

05 ②

변동원가계산 영업이익		x
(−)기초재고에 포함된 FOH	150개 × $\dfrac{₩1,100,000}{500개}$ =	₩(330,000)
(+)기말재고에 포함된 FOH	200개 × $\dfrac{₩1,000,000}{400개}$ =	₩500,000
전부원가계산 영업이익		₩1,020,000

∴ 변동원가계산 영업이익(x) = ₩850,000

06 ②

변동원가계산 이익		x
(+) 기말재고자산 FOH: 120단위 × ₩800[*1] =		96,000
(−) 기초재고자산 FOH: 20단위 × ₩1,000[*2] =		(20,000)
전부원가계산 이익		₩90,000

[*1] ₩400,000 ÷ 500단위 = ₩800
[*2] ₩400,000 ÷ 400단위 = ₩1,000

∴ x = ₩14,000

✓ **핵심 포인트**

원가의 행태	• 변동원가 • 고정원가 • 준변동원가 • 준고정원가
원가의 추정	• 고저점법 • 누적평균시간 학습모형

01 원가의 행태   출제빈도 ★★★

1. 변동원가(variable costs)

조업도의 변동에 따라 원가총액이 비례적으로 변화하는 원가이다.

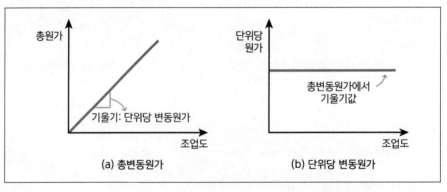

(a) 총변동원가   (b) 단위당 변동원가

2. 고정원가(fixed costs)

조업도의 변동과 관계없이 원가총액이 변동하지 않고 일정하게 발생하는 원가이다.

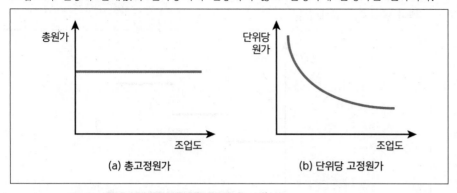

3. 준변동원가(semi-variable costs)

조업도의 변동과 관계없이 일정하게 발생하는 고정원가와 조업도의 변동에 따라 비례해서 발생하는 변동원가의 두 요소를 모두 가지고 있는 원가이다.

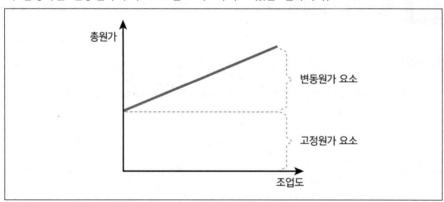

4. 준고정원가(semi-fixed costs)

일정한 범위의 조업도 내에서는 일정한 금액이 발생하지만, 그 범위를 벗어나면 원가발생액이 달라지는 원가이다.

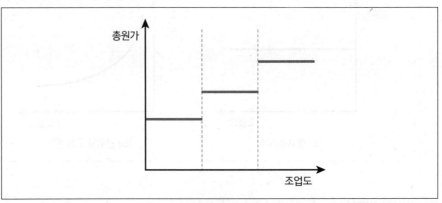

02 원가추정의 의의
출제빈도 ★★★

1. 의의

원가추정(cost estimation)이란 원가(종속변수)와 조업도(독립변수) 사이의 관계를 규명하는 것을 말한다.

2. 가정

① 단 하나의 독립변수(조업도)만이 존재한다.
② 원가행태가 관련범위 내에서는 선형이다.

3. 방정식

$$\hat{y} = a + bx$$

x: 조업도   a: 추정된 총고정원가

$\hat{y}$: 추정된 총원가   b: 조업도 단위당 변동원가 추정치

4. 원가추정의 방법 - 고저점법(high-low method)

① 고저점법의 의의: 최고조업도와 최저조업도에 대한 원가자료를 이용하여 원가함수를 추정하는 방법이다.

② 고점과 저점을 선택할 때에는 최고원가와 최저원가가 아닌 최고조업도와 최저조업도의 자료를 이용한다는 것에 유의해야 한다.

- 단위당 변동원가(b) = $\dfrac{\text{최고조업도에서의 총원가} - \text{최저조업도에서의 총원가}}{\text{최고조업도} - \text{최저조업도}}$

- 고정비(a) = 최고조업도에서의 총원가 - 단위당 변동원가(b) × 최고조업도
  (= 최저조업도에서의 총원가 - 단위당 변동원가(b) × 최저조업도)

---

03 학습곡선 - 누적평균시간 학습모형

출제빈도 ★

1. 의의

누적생산량이 두 배로 증가할 때마다 단위당 누적평균시간이 (1 - 학습률)의 비율만큼 감소하는 학습효과가 발생하는 경우의 학습곡선모형이다.

2. 기본가정

① 종속변수에 영향을 주는 독립변수는 단 하나이다.
② 원가행태는 관련범위 내에서는 비선형이다. (∵ 학습효과)

출제빈도: ★★★   대표출제기업: 한국가스공사

01 조업도가 변화할 때 원가가 어떻게 달라지는가에 따라 변동원가, 고정원가, 준변동원가, 준고정원가로 분류할 수 있다. 고정원가에 대한 설명으로 가장 옳은 것은?

① 조업도의 증감에 따라 비례적으로 증가 또는 감소하는 성격의 원가이다.

② 조업도가 증감하더라도 관련범위 내에서는 고정적이기 때문에, 다른 조건이 동일할 경우 제품의 단위당 원가는 조업도의 증가에 따라 감소한다.

③ 조업도가 0(영)인 경우에도 일정액이 발생하고, 그 이후로부터 조업도에 따라 비례적으로 증가하는 원가를 말한다.

④ 조업도와 관계없이 제품의 단위당 원가는 항상 일정하다.

⑤ 조업도의 일정범위 안에서 일정한 원가가 증가한다.

출제빈도: ★★☆

02 원가행태에 대한 설명으로 옳지 않은 것은?

① 고정원가는 조업도가 증감하더라도 전체 범위에서는 고정적이기 때문에, 다른 조건이 동일하다면 제품 단위당 고정원가는 조업도의 증가에 따라 감소한다.

② 관련범위 내에서 조업도 수준과 관계없이 고정원가 발생총액은 일정하다.

③ 관련범위 내에서 조업도가 증가하면 변동원가 발생총액은 비례적으로 증가한다.

④ 변동원가는 조업도의 증감에 따라 관련범위 내에서 일정하게 변동하기 때문에, 다른 조건이 동일하다면 제품 단위당 변동원가는 조업도의 증감에 관계없이 일정하다.

⑤ 관련범위 내에서 조업도가 증가하더라도 변동원가 단위당 원가는 일정하다.

출제빈도: ★★☆

03 준고정(계단)원가에 대한 설명으로 옳은 것은? (단, 조업도 이외의 다른 조건은 일정하다고 가정한다)

① 조업도와 관계없이 단위당 원가는 항상 일정하다.

② 일정 조업도 범위 내에서는 조업도의 변동에 정비례하여 총원가가 변동한다.

③ 일정 조업도 범위 내에서는 총원가가 일정하지만, 일정 조업도 범위를 초과하면 총원가가 일정액만큼 증가한다.

④ 일정 조업도 범위 내에서는 조업도의 변동에 관계없이 총원가가 일정하므로, 단위당 원가는 조업도의 증가에 따라 증가한다.

⑤ 일정 조업도 범위 내에서는 조업도의 변동에 비례하게 총원가가 증가한다.

정답 및 해설

01 ②
관련범위 내에서 조업도의 증감에 관계없이 총원가가 일정하고 단위당 원가는 조업도의 증가에 따라 감소하는 원가는 고정원가이다.

오답노트
① 고정원가는 조업도의 증감에 관계없이 관련범위 내에서는 일정하다.
③ 조업도에 따라 비례적으로 증가하지 않고 일정하다.
④ 조업도가 증가할수록 제품의 단위당 원가는 감소한다.
⑤ 조업도의 일정범위 안에서 항상 일정한 원가가 발생한다.

02 ①
고정원가는 조업도가 증감하더라도 관련범위에서는 고정적이다.

03 ③
준고정원가란 일정한 범위의 조업도 내에서는 일정한 금액이 발생하지만, 그 범위를 벗어나면 원가발생액이 달라지는 원가를 말한다.

출제빈도: ★★☆

04 ㈜세무는 볼펜을 생산하고 있다. 지난 1년간의 생산 및 원가자료를 이용하여 원가행태를 추정하려고 할 때, 다음 자료를 기초로 고저점법(High-low method)을 이용하여 원가를 추정한 결과를 바르게 나타낸 것은?

월	생산량	원가(₩)	월	생산량	원가(₩)
1	100	15,100	7	160	20,500
2	120	16,300	8	130	18,100
3	150	18,700	9	120	17,900
4	110	14,940	10	110	16,000
5	130	17,500	11	170	20,700
6	120	16,900	12	140	19,100

	고정원가	단위당 변동원가
①	₩80	₩7,100
②	₩7,100	₩80
③	₩96	₩4,380
④	₩4,380	₩96
⑤	₩96	₩7,100

출제빈도: ★★☆ 대표출제기업: KDB산업은행

05 ㈜세무의 최근 2년간 생산량과 총제품제조원가는 다음과 같다. 2년간 고정원가와 단위당 변동원가는 변화가 없었다. 20×3년도에 고정원가는 10% 증가하고 단위당 변동원가가 20% 감소하면, 생산량이 500개일 때 총제품제조원가는?

연도	생산량	총제품제조원가
20×1년	100개	₩30,000
20×2년	300개	₩60,000

① ₩70,000 ② ₩76,500 ③ ₩75,500

④ ₩94,500 ⑤ ₩95,500

출제빈도: ★☆☆

06 ㈜세무는 상품운반용 신제품 드론 1대를 생산하였다. 1대를 생산하는 데 소요되는 원가자료는 다음과 같다.

• 직접재료원가	₩80,000	• 직접노무원가	₩1,000/직접노무시간
• 직접노무시간	100시간	• 변동제조간접원가	₩500/직접노무시간

직접노무시간에 대해 80% 누적평균시간 학습모형이 적용될 때, 드론 3대를 추가로 생산할 경우 발생할 제조원가는? (단, 추가 생산 시 단위당 직접재료원가, 직접노무원가, 변동제조간접원가의 변동은 없으며, 고정제조간접원가는 발생하지 않는다)

① ₩234,000   ② ₩318,000   ③ ₩396,000

④ ₩474,000   ⑤ ₩574,000

정답 및 해설

04 ②
(1) 고점: 11월(170개, ₩20,700)
(2) 저점: 1월(100개, ₩15,100)
(3) 단위당 변동원가: (₩20,700 − ₩15,100)/(₩170 − ₩100) = ₩80
(4) 고정원가: ₩15,100 − ₩80 × 100개 = ₩7,100

05 ②
(1) 총고정원가를 a, 단위당 변동원가를 b라 하고 원가함수식을 추정하면 다음과 같다.
　⇨ 100 × b + a = ₩30,000 ········ ㉠　　　300 × b + a = ₩60,000 ········ ㉡
(2) ㉠과 ㉡을 연립하여 풀면, b = ₩150, a = ₩15,000이므로, 추정되는 원가함수식은 $y = 150x + ₩15,000$이다.
(3) 20×3년도 원가함수식은 $y = 120x + ₩16,500$이다.
(4) 따라서 생산량이 500개일 때 총제조원가는 120 × 500 + ₩16,500 = ₩76,500이다.

06 ④
(1) 누적평균시간 학습모형에 의한 누적생산량 4대까지의 누적 총시간

생산량	평균시간	누적 총시간
1대	100시간	100시간
2대	80시간(= 100시간 × 0.8)	160시간
4대	64시간(= 80시간 × 0.8)	256시간

(2) 드론 3대 추가 시 제조원가

직접재료원가	₩80,000 × 3대	₩240,000
직접노무원가	₩1,000 × 156시간	156,000
변동제조간접원가	₩500 × 156시간	78,000
합계		₩474,000

제9장 | 원가 · 조업도 · 이익분석(CVP분석)

01 CVP분석의 의의   출제빈도 ★

1. 의의

① 원가-조업도-이익분석(CVP분석)이란 판매량과 같은 조업도의 변화가 기업의 원가, 수익, 이익에 미치는 영향을 분석하는 기법을 말하며 보통 CVP분석이라고 부른다.

② 특정기업의 조업도 변화가 수익과 원가에 미치는 영향을 분석하여 단기적인 이익계획수립, 의사결정 등에 활용하는 기법이다.

> CVP분석: 판매량 변화 ⇨ 원가 변화 ⇨ 이익 변화 예측

③ CVP분석은 경영계획을 수립하거나 이익의 예측, 가격정책의 결정, 판매전략의 수립, 특별주문 수락에 관한 의사결정 등 여러 형태의 의사결정에 유용하며, 제조업뿐만 아니라 상기업, 서비스업 및 학교와 병원 등과 같은 비영리조직에서도 이용할 수 있다.

④ 변동원가계산은 원가를 원가행태에 따라 변동원가와 고정원가로 구분하기 때문에 변동원가계산 손익계산서를 이용하면 조업도의 변화가 원가와 이익에 미치는 영향을 쉽게 파악할 수 있으므로 CVP분석에서는 변동원가계산 양식을 이용한다.

⑤ 따라서 CVP분석의 기본식은 변동원가계산에 바탕을 두고 있으며 아래와 같이 나타낼 수 있다.

> 공헌이익 = 고정원가 + 영업이익

⑥ 위 식은 기업이 영업을 통해 실제로 벌어들인 이익은 공헌이익으로, 공헌이익은 고정원가를 회수하고, 고정원가의 회수가 끝나면 영업이익을 창출한다는 의미이다.

회계학 전문가의 TIP

변동원가계산 손익계산서 양식에서 공헌이익 이하를 살펴보면 '공헌이익 - 고정원가 = 영업이익'인데, 여기서 고정원가를 우항으로 이항하면 '공헌이익 = 고정원가 + 영업이익'의 기본식이 도출됩니다.

2. 기본가정

① 수익과 원가의 확실성 및 선형성
② 원가의 행태별 구분: 단기를 가정함으로써 화폐의 시간가치는 무시함
③ 동시성(생산량 = 판매량): 기초재고 = 기말재고
④ 독립변수의 유일성(단일의 조업도: 판매량)
⑤ 일정한 매출배합 또는 매출액구성비

02 손익분기분석 및 목표이익분석

출제빈도 ★★★

손익분기분석(영업이익 = 0), 목표이익분석(영업이익 = TI)

- 단위당 판매가격: p
- 단위당 변동원가: v
- 판매량: Q
- 매출액: $S = Q \times p$
- 총변동원가: $VC = Q \times v$
- 총고정원가: FC

- 영업이익: $\pi = S - VC - FC$
- 총공헌이익: $CM = S - VC = Q \times cm$
- 단위당 공헌이익: $cm = \dfrac{CM}{Q} = p - v$
- 공헌이익률: $CMR = \dfrac{CM}{S} = \dfrac{cm}{p} = \dfrac{p - v}{p}$
- 변동비율: $VCR = \dfrac{VC}{S} = \dfrac{v}{p}$

$$(CMR + VCR = 1)$$

1. 손익분기분석

등식법	• 목표매출액 − 목표변동액 − 고정원가 = 0 • 목표판매량 × 단위당 판매가격 − 목표판매량 × 단위당 변동원가 − 고정원가 = 0
공헌이익법	• 목표공헌이익 = 고정원가 • 목표판매량 × 단위당 공헌이익 = 고정원가 • 목표매출액 × 공헌이익률 = 고정원가

2. 목표이익분석

등식법	• 목표매출액 − 목표변동액 − 고정원가 = 목표이익 • 목표판매량 × 단위당 판매가격 − 목표판매량 × 단위당 변동원가 − 고정원가 = 목표이익
공헌이익법	• 목표공헌이익 = 고정원가 + 목표이익 • 목표판매량 × 단위당 공헌이익 = 고정원가 + 목표이익 • 목표매출액 × 공헌이익률 = 고정원가 + 목표이익

3. 세금 반영 - 단일세율

등식법	• 세전이익 − 법인세납부액 = 세후이익 • 세전이익 − 세전이익 × 세율 = 세후이익 • 세전이익 × (1 − 세율) = 세후이익 • 세전이익 $= \dfrac{\text{세후이익}}{1 - \text{세율}}$ (단, 세율은 단일의 법인세율)
공헌이익법	• 목표공헌이익 = 고정원가 + 세전이익 • 목표판매량 × 단위당 공헌이익 = 고정원가 + 세전이익 • 목표매출액 × 공헌이익률 = 고정원가 + 세전이익

---

03 안전한계   출제빈도 ★

1. 안전한계(M/S, margin of safety)

실제 또는 예산매출액이 손익분기점 매출액을 초과하는 금액이다.

$$\text{안전한계} = \text{매출액} - \text{손익분기점매출액}$$

2. 안전한계율(M/S 비율, margin of safety ratio)

매출액에 대한 안전한계의 비율을 안전한계율(M/S 비율, margin of safety ratio)이라 하는데, 이는 매출액 중 몇 %가 안전한계인지를 나타내준다.

$$\text{안전한계율} = \frac{\text{안전한계}}{\text{매출액}} = \frac{\text{안전한계판매량}}{\text{판매량}} = \frac{\text{영업이익}}{\text{공헌이익}}$$

$$
\begin{aligned}
\text{안전한계율} &= \frac{\text{안전한계}}{\text{매출액}} = \frac{\text{매출액} - \text{손익분기점매출액}}{\text{판매량}} \quad : \text{매출액기준(1식)} \\[2mm]
&= \frac{\text{판매량} - \text{손익분기점판매량}}{\text{판매량}} \quad : \text{판매량기준(2식)} \\[2mm]
&= \frac{\text{공헌이익} - \text{손익분기점공헌이익(고정원가)}}{\text{공헌이익}} \quad : \text{공헌이익기준(3식)} \\[2mm]
&= \frac{\text{영업이익}}{\text{공헌이익}} \quad : \text{(4식)}
\end{aligned}
$$

1. 원가구조

총원가에서 변동원가와 고정원가가 차지하는 상대적인 비중이다.

2. 영업레버리지

고정원가가 지레(레버리지)역할을 하여 매출액의 변화율보다 영업이익의 변화율이 확대되어 나타나는 현상이다.

3. 원가구조와 영업레버리지

① 고정원가의 비중이 큰 기업일수록 영업레버리지 효과가 크게 나타난다.
② 한 기업의 영업레버리지 효과는 손익분기점 부근에서 가장 크게 나타나며 매출액이 증가할수록 감소한다.

4. 영업레버리지 효과의 측정(영업레버리지도: DOL)

$$영업레버리지도(DOL) = \frac{영업이익변화율}{매출액변화율} = \frac{공헌이익}{영업이익} = \frac{1}{안전한계율}$$

회계학 전문가의 TIP

- 결합레버리지: 영업레버리지 + 재무레버리지
- '재무레버리지'란 이자비용이 지레(레버리지)역할을 하여 영업이익(EBIT)의 변화율보다 당기순이익(NI)의 변화율이 확대되어 나타나는 현상을 의미합니다.

회계학 전문가의 TIP

- DOL = 4: 매출액이 1% 변하면 영업이익은 4% 변한다는 것을 의미합니다.
- 고정원가(FC) = 0, DOL = 1: 매출액의 변화율 = 영업이익의 변화율

출제빈도: ★★☆

01 ㈜세무는 급여체계를 일부 변경하려고 고민하고 있는데, 현재의 자료는 다음과 같다.

• 제품 단위당 판매가격	₩100
• 공헌이익률	60%
• 연간고정원가	
– 임차료	₩15,000
– 급여	₩21,000
– 광고선전비	₩12,000

만약 매출액의 10%를 성과급으로 지급하는 방식으로 급여체계를 변경한다면 고정급여는 ₩6,000이 절약될 것으로 추정하고 있다. 급여체계의 변경으로 인한 손익분기점판매량의 변화는?

① 40단위 증가   ② 40단위 감소   ③ 50단위 증가

④ 50단위 감소   ⑤ 80단위 증가

출제빈도: ★★★   대표출제기업: 서울주택도시공사

02 단일제품 A를 제조하는 ㈜세무의 제품생산 및 판매와 관련된 자료는 다음과 같다.

• 총판매량	200개
• 총공헌이익	₩200,000
• 총고정원가	₩150,000

법인세율이 20%일 경우, 세후순이익 ₩120,000을 달성하기 위한 제품 A의 판매수량은? (단, 제품 A의 단위당 공헌이익은 동일하다)

① 120개   ② 150개   ③ 270개

④ 300개   ⑤ 330개

출제빈도: ★★★ 대표출제기업: 한국수자원공사

03 ㈜세무는 개당 ₩100에 호빵을 팔고 있으며, 사업 첫 달의 매출액은 ₩10,000, 총변동원가는 ₩6,000, 총고정원가는 ₩2,000이다. 이에 대한 설명으로 옳지 않은 것은? (단, 기초재고와 기말재고는 동일하다)

① 공헌이익률은 60%이다.

② 단위당 공헌이익은 ₩40이다.

③ 손익분기점 매출액은 ₩5,000이다.

④ 매출이 ₩8,000이라면 이익은 ₩1,200이다.

⑤ 변동비율은 60%이다.

정답 및 해설

01 ①
(1) 급여체계 변경 전 손익분기점판매량: ₩48,000 ÷ 60 = 800단위
(2) 급여체계 변경 후 손익분기점판매량: ₩42,000 ÷ 50 = 840단위
(3) 손익분기점판매량의 변화: 840단위 − 800단위 = 40단위 증가

02 ④
(1) 단위당 공헌이익: ₩200,000 ÷ 200 = ₩1,000/개
(2) 세전 영업이익: ₩120,000 ÷ (1 − 0.2) = ₩150,000
(3) 세후순이익을 달성하기 위한 판매수량: ₩1,000 × Q − ₩150,000 = ₩150,000
    ∴ Q = 300개

03 ①
단위당 변동원가 ₩60(= ₩6,000 ÷ 100개), 단위당 공헌이익 ₩40(= ₩100 − ₩60)
∴ 공헌이익률: ₩40 ÷ ₩100 = 40%

오답노트
② 단위당 공헌이익: ₩100 − ₩60 = ₩40
③ 손익분기점 매출액: ₩2,000 ÷ 40% = ₩5,000
④ 이익: ₩8,000 × 40% − ₩2,000 = ₩1,200
⑤ 변동비율: 100% − 40% = 60%

출제빈도: ★★★ 대표출제기업: 한국도로공사

04 ㈜세무의 6월 제품 판매가격과 원가구조는 다음과 같다. ㈜세무가 세전순이익 ₩4,000을 달성하기 위한 6월 매출액은? (단, 판매량은 생산량과 동일하며, 법인세율은 30%이다)

- 제품 단위당 판매가격: ₩5
- 공헌이익률: 20%
- 고정원가: ₩10,000

① ₩60,000 ② ₩70,000 ③ ₩80,000

④ ₩90,000 ⑤ ₩100,000

출제빈도: ★★★ 대표출제기업: 한국지역난방공사

05 ㈜세무의 손익분기점매출액이 ₩100,000,000, 고정원가는 ₩40,000,000, 단위당 변동원가는 ₩1,200일 때, 단위당 판매가격은?

① ₩1,200 ② ₩1,400 ③ ₩1,600

④ ₩1,800 ⑤ ₩2,000

출제빈도: ★★★　대표출제기업: 한국남부발전

06 다음은 단일제품인 곰인형을 생산하고 있는 ㈜세무의 판매가격 및 원가와 관련된 자료이다. 법인세율이 20%인 경우, 세후 목표이익 ₩200,000을 달성하기 위한 곰인형의 판매수량은? (단, 생산설비는 충분히 크며, 생산량과 판매량은 같다고 가정한다)

• 단위당 판매가격	₩1,000	• 단위당 직접재료원가	₩450
• 단위당 직접노무원가	₩200	• 단위당 변동제조간접원가	₩100
• 단위당 변동판매원가	₩50	• 고정원가 총액	₩300,000

① 2,250단위　　　　　② 2,500단위　　　　　③ 2,750단위

④ 3,000단위　　　　　⑤ 3,500단위

정답 및 해설

04 ②

목표이익을 달성하기 위한 매출액을 S라 하면, S × 20% − ₩10,000 = ₩4,000
∴ S = ₩70,000

05 ⑤

손익분기점공헌이익이 ₩40,000,000이므로 공헌이익률은 40%이고, 변동비율은 60%이다.
∴ 단위당 판매가격: ₩1,200 ÷ 60% = ₩2,000

06 ③

(1) 수익·원가구조

단위당 판매가격	₩1,000
단위당 변동원가	(800)
단위당 공헌이익	₩200
총고정원가	₩300,000

(2) 목표이익 달성을 위한 판매수량: (₩200 × Q − ₩300,000)(1 − 0.2) = ₩200,000
∴ Q = 2,750단위

출제빈도: ★★☆

07 ㈜세무는 한 종류의 휴대전화기를 제조·판매한다. 휴대전화기의 단위당 판매가격은 ₩80이고, 단위당 변동원가는 ₩60, 고정원가는 ₩240,000이며, 관련범위는 18,000단위이다. 다음 중 옳지 않은 것은? (단, 세금은 고려하지 않는다)

① 휴대전화기의 단위당 공헌이익률은 25%이다.

② 매출수량이 12,000단위이면 안전한계는 0이다.

③ 제품 단위당 변동원가가 ₩10 감소하면 손익분기점판매량은 4,000단위가 감소한다.

④ 고정원가가 ₩192,200으로 감소하면 공헌이익률은 20% 증가한다.

⑤ 손익분기점매출액은 ₩640,000이다.

출제빈도: ★★☆

08 A제품의 매출액이 ₩500,000이고, 제품 단위당 변동원가가 ₩6, 판매가격이 ₩8이다. 고정원가가 ₩100,000일 경우 안전한계는?

① ₩25,000   ② ₩100,000   ③ ₩125,000

④ ₩275,000   ⑤ ₩290,000

정답 및 해설

07 ④

고정원가의 감소는 공헌이익률에 영향을 미치지 아니한다.

오답노트
① 공헌이익률(CMR): 20/80 = 25%
② 안전한계: 매출액 − 손익분기점매출액 = (12,000 × ₩80) − (₩240,000/0.25) = 0
③ 손익분기점판매량: ₩240,000/₩30 = 8,000단위
  ∴ 손익분기점판매량은 12,000단위에서 8,000단위가 되므로, 4,000단위가 감소한다.
⑤ 손익분기점매출액: 8,000 × ₩80 = ₩640,000

08 ②
(1) 안전한계: 현재매출액 − 손익분기점매출
(2) 손익분기점매출: ₩100,000 ÷ 0.25[*1] = ₩400,000
  [*1] 공헌이익률 = 단위당 공헌이익 ÷ 판매가격
(3) 안전한계: ₩500,000 − ₩400,000 = ₩100,000

출제빈도: ★★☆

09 ㈜세무는 A투자안과 B투자안 중에서 원가구조가 이익에 미치는 영향을 고려하여 하나의 투자안을 선택하고자 한다. 두 투자안의 예상 판매량은 각 100단위이고, 매출액 등의 자료가 다음과 같을 때, 두 투자안에 대한 비교 설명으로 옳은 것은?

	A투자안	B투자안
매출액	₩20,000	₩20,000
변동원가	₩12,000	₩10,000
고정원가	₩4,000	₩6,000
영업이익	₩4,000	₩4,000

① A투자안의 변동비율이 B투자안의 변동비율보다 작다.
② A투자안의 단위당 공헌이익이 B투자안의 단위당 공헌이익보다 크다.
③ A투자안의 손익분기점판매량이 B투자안의 손익분기점판매량보다 적다.
④ A투자안의 안전한계는 B투자안의 안전한계보다 작다.
⑤ A투자안의 영업레버리지는 B투자안의 영업레버리지보다 크다.

출제빈도: ★★☆

10 ㈜세무는 제품 X, Y를 생산하고 있으며 관련 자료는 다음과 같다.

구분	제품 X	제품 Y
단위당 판매가격	₩110	₩550
단위당 변동원가	₩100	₩500
총고정원가	₩180,000	

㈜세무는 제품 X, Y를 하나의 묶음으로 판매하고 있으며, 한 묶음은 X제품 4개, Y제품 1개로 구성된다. 손익분기점에서 각 제품의 판매량은?

	제품 X	제품 Y
①	1,000개	1,000개
②	2,000개	2,000개
③	2,000개	8,000개
④	8,000개	2,000개
⑤	8,000개	8,000개

PART 3 원가관리회계

해커스공기업 쉽게 풀리는 회계학 기본서

정답 및 해설

09 ③

(1) 수익·원가구조

	A투자안	B투자안
단위당 판매가격	₩200	₩200
단위당 변동원가	(120)	(100)
단위당 공헌이익	₩80	₩100
고정원가	₩4,000	₩6,000
변동비율	60%	50%

(2) 손익분기점판매량

- A투자안: $\dfrac{₩4,000}{₩80}$ = 50개

- B투자안: $\dfrac{₩6,000}{₩100}$ = 60개

(3) 안전한계
- A투자안: ₩20,000 − ₩200 × 50개 = ₩10,000
- B투자안: ₩20,000 − ₩200 × 60개 = ₩8,000

(4) 영업레버리지
- A투자안: 1 ÷ 0.5 = 2
- B투자안: 1 ÷ 0.4 = 2.5

10 ④

(1) X제품 4개, Y제품 1개가 하나의 묶음으로 판매되므로 묶음의 공헌이익을 구하면 다음과 같다.
⇨ CMset = ₩10 × 4개 + ₩50 × 1개 = ₩90

(2) 손익분기점판매량
⇨ ₩90 × Qset − ₩180,000 = 0

∴ Qset = 2,000개 ┌ X: 2,000개 × 4개 = 8,000개
　　　　　　　　└ Y: 2,000개 × 1개 = 2,000개

제10장 | 관련원가 의사결정

✓ 핵심 포인트

관련원가 의사결정	• 관련원가 • 비관련원가 • 특별주문 의사결정 • 제한된 자원의 사용

01 관련원가와 의사결정   출제빈도 ★★

1. 의사결정(Decision Making: DM)
- 최적대안 선택 ⇨ 영업이익 극대화

① 기업 경영과 관련된 의사결정은 그 특성에 따라 여러 종류로 분류할 수 있지만 관리
   회계 분야에서 주로 다루게 되는 것이 단기적 특수의사결정이다. 단기적 특수의사결
   정에서 관련수익의 분석은 비교적 고려할 사항이 적은 반면, 관련원가의 분석은 고려
   할 사항이 많아서 그 내용이 다소 복잡하다. 따라서 단기적 특수의사결정에서는 주로
   관련원가의 분석에 초점이 맞추어지는데 이런 이유로 단기적 특수의사결정을 보통
   관련원가분석이라 부른다.
② 관련수익이란 의사결정과 관련이 있는 수익으로, 고려 중인 대안들 사이에 차이가 나
   는 미래현금수익을 말한다.
③ 반면 관련원가란 의사결정과 관련이 있는 원가로, 고려 중인 대안들 사이에 차이가 나
   는 미래현금지출원가를 말한다. 관련원가를 구체적으로 나타내면 아래와 같은데 관련
   원가분석을 수행할 때 고정원가는 특별한 언급이 없는 한 변하지 않는 원가이므로 비관
   련원가로 간주한다.
④ 관련원가분석의 주제들 중 주로 다루어지는 것은 특별주문과 제한된 자원의 사용이
   므로 아래에서는 이 두 가지 주제에 대해 자세히 살펴보겠다.

2. 의사결정 접근방법

① 총액접근법
② 증분접근법(차액접근법) ⇨ 관련항목

3. 관련항목

> • 관련수익: 두 대안 간 차이가 있는 수익 = 증분수익
> • 관련원가: 두 대안 간 차이가 있는 원가 = 증분원가(증분비용), 차액원가, 회피가능원가
>   ⇨ 미래(예정)원가 금액상 차이

(1) 기회원가(기회비용)

차선의 대안을 포기함으로써 상실한 효익(수익, 순현금유입) = 차선의 대안 선택 시 얻을 수 있는 효익(수익, 순현금유입) ⇨ 최적대안 선택에 따라 차선의 대안을 포기함에 따라 발생함

> • 차선의 대안 순현금유입액: 최적대안 선택에 따른 기회비용
> • 최적대안 순현금유입액 − 차선의 대안 순현금유입액
>   : 최적대안 선택 시 증분순현금유입액(증분이익)

(2) 비관련원가

두 대안 간 차이가 없는 원가, 회피불능원가(예 기발생원가 = 매몰원가, 역사적 원가)

〈관련원가와 비관련원가〉

원가		
미래원가		과거에 발생된 원가
각 대안 간에 차이가 있는 원가	각 대안 간에 차이가 없는 원가	(매몰원가, 역사적원가)
관련원가	비관련원가	

---

02 특수의사결정 – 질적 정보(= 정성적 정보)도 고려   출제빈도 ★

기업은 고객으로부터 제품을 대량 구매하겠으니 가격을 할인해달라는 제의를 받는 경우가 있다. 이러한 제의를 특별주문이라 하는데 기업은 이 특별주문을 수락할 것인가 또는 거절할 것인가를 결정해야 한다.

1. 특별주문에 따른 의사결정

특별주문 수락 여부를 결정할 때 가장 일반적으로 쓰이는 방법은 증분수익과 증분비용을 이용하는 것이다. 증분수익에서 증분비용을 차감하여 증분이익이 '0'보다 클 경우에는 특별주문을 수락하고 그렇지 않을 경우에는 거절한다. 특별주문을 수락할 경우 관련된 증분수익과 증분비용으로는 다음과 같은 것들이 있다.

증분수익	
특별주문을 수락할 경우 공헌이익 증가액	×××
증분비용	
(문제에서 제시할 경우) 고정원가 증가액	×××
(유휴설비가 부족할 경우) 임차료	×××
(유휴설비가 부족할 경우) 외부구입원가	×××
(유휴설비가 부족할 경우) 기회비용	×××
증분이익	×××

특별주문 수락 여부를 결정할 경우 가장 먼저 고려해야 할 사항은 '**특별주문을 수락하기 위한 유휴생산능력이 존재하는가?**'이다.

① 특별주문을 수락하기 위한 유휴생산능력이 존재하는 경우: 유휴생산능력이 존재한다면 유휴설비를 이용해 특별주문분을 생산하므로 특별주문으로 인한 공헌이익 증가액이 증분수익이 될 것이고, 문제에서 특별한 자료가 제시되지 않는 한 증분비용은 존재하지 않는다.

증분수익	
특별주문을 수락할 경우 공헌이익 증가액	×××
증분비용	
(문제에서 제시할 경우) 고정원가 증가액	×××
증분이익	×××

② 특별주문을 수락하기 위한 유휴생산능력이 존재하지 않는 경우: 유휴생산능력이 존재하지 않는다면 생산능력 부족분을 해결하기 위한 추가비용이 필요하다. 예를 들어, 특별주문이 500개만큼 들어왔는데, 현재 유휴설비가 300개 분량밖에 존재하지 않는다면 설비가 200개만큼 부족한 경우이고, 이 부족한 부분을 해결하기 위한 추가비용이 지출되어야 하는데, 추가비용의 종류에는 다음과 같은 것들이 있다.

[방법 1] 생산능력의 확장	감가상각비 또는 임차료 증가
[방법 2] 외부에서 구입	외부구입원가 증가
[방법 3] 정규판매량을 포기	기존 정규시장의 이익 감소분(기회비용) 발생

증분수익	
특별주문을 수락할 경우 공헌이익 증가액	×××
증분비용	
(문제에서 제시할 경우) 고정원가 증가액	×××
임차료　　　　(또는)	×××
외부구입원가 (또는)	×××
기회비용	×××
증분이익	×××

2. 기회비용

① 기회비용은 특정 대안을 선택하기 위하여 포기해야 하는 효익(순현금유입액) 중 가장 큰 금액이다. 예를 들어, 기업이 생산설비를 현재 용도에 사용하면 영업이익 ₩100,000 이 예상되고, A기업에 임대하면 임대료 ₩50,000, B기업에 임대하면 임대료 ₩150,000이 예상된다고 하자. 이때 회사가 생산설비를 현재 용도에 사용하는 것으로 결정하였다면, A기업에서 받을 수 있는 임대료와 B기업에서 받을 수 있는 임대료를 포기하는 것인데, B기업으로부터 받을 수 있는 임대료가 더 큰 값이므로 기회비용은 ₩150,000이 된다.

② 특별주문의 사례는 증분수익과 증분비용을 분석해 문제를 해결하는데 증분비용의 가장 대표적인 형태가 바로 기회비용이다. 증분수익에는 수익의 증가액뿐만 아니라 비용의 감소액도 포함된다. 마찬가지로 증분비용에는 비용의 증가액뿐만 아니라 수익의 감소액도 포함된다.

③ 기회비용을 부담한다는 것은 특별주문을 받아들이기 위해 정규시장의 판매를 줄여 생산능력을 확보한 후 이를 이용해 특별주문분을 생산하겠다는 것이다. 따라서 기회비용을 부담하게 되면 정규시장의 판매량을 감소시키게 되고 이에 해당하는 만큼 기업의 공헌이익이 감소하게 된다. 공헌이익 감소분은 수익의 감소이므로 이는 증분비용에 포함되어야 한다.

> 특별주문 수락을 위한 설비 부족 ⇨ 정규시장판매 감소(특별주문 생산능력 확보)
> ⇨ 기회비용 발생 ⇨ 증분비용에 반영

03 제한된 자원의 사용

출제빈도 ★

① 기업이 제품을 생산하기 위해서는 여러 생산요소들이 필요한데, 이러한 생산요소들의 사용 가능량이 제품에 대한 시장수요를 충족시키기에 충분하지 않은 경우가 있다. 이러한 경우에는 충분하지 않은 생산요소를 어떤 제품의 생산에 먼저 투입할지를 결정해야 하는데 이를 제한된 자원의 사용이라 부른다.

② 제한된 자원이 있는 경우에도 지금까지와 마찬가지로 의사결정의 목표는 공헌이익을 최대화하는 것이고, 공헌이익을 최대화하기 위해서는 제한된 자원을 효과적으로 사용하는 것이 가장 중요하다. 따라서 제한된 자원이 존재하는 경우에는 제한된 자원단위당 공헌이익이 큰 제품부터 순서대로 제한된 자원을 투입하여 생산하여야 한다.

출제빈도: ★★★ 대표출제기업: 한국에너지공단

01 의사결정을 할 때 특정 대안의 선택에 영향을 주지 않는 비관련원가(irrelevant cost)에 해당하는 것은?

① 매몰원가
② 차액원가
③ 증분원가
④ 기회원가
⑤ 통제원가

출제빈도: ★★★

02 ㈜세무는 화재로 인하여 100개의 재고자산이 파손되었다. 파손된 재고자산은 ₩40,000에 처분하거나, 혹은 ₩20,000의 수선비를 지출하여 수선을 하면 ₩70,000에 처분할 수 있다. 그러나 ㈜세무의 생산부장은 위의 파손된 재고자산을 생산과정에 재투입하여 재가공하기로 하였다. ㈜세무의 파손된 재고자산의 재가공에 따른 기회비용은?

① ₩70,000
② ₩50,000
③ ₩40,000
④ ₩20,000
⑤ ₩10,000

03 ㈜세무의 연간 최대 생산능력은 20,000단위이다. 20×1년 말에 추정한 20×2년도 예상손익에 관한 자료는 다음과 같다.

매출액:	12,000단위 × ₩500 =	₩6,000,000
변동원가:	12,000단위 × ₩210 =	(2,520,000)
공헌이익		₩3,480,000
고정원가		(1,100,000)
영업이익		₩2,380,000

20×2년 초 한 구매업자로부터 단위당 ₩400에 제품 9,000단위를 구입하겠다는 신규제안을 받았다. ㈜세무가 이 제안을 수락한다면, 생산능력의 제약으로 인해 기존고객에 대한 판매를 일정부분 포기해야 한다. ㈜세무의 단위당 변동원가와 총고정원가는 불변이라고 가정한다. 이 제안을 수락할 경우 ㈜세무의 차액이익(차액수익에서 차액원가를 차감한 것)은 얼마인가?

① ₩320,000   ② ₩1,420,000   ③ ₩1,710,000
④ ₩3,100,000   ⑤ ₩3,200,000

정답 및 해설

01 ①
매몰원가, 기발생원가, 비차액원가는 비관련원가이다.

02 ②
생산과정에 재투입, 그대로 처분, 수선 후 처분 중 재투입을 선택하였기에 기회원가는 나머지 대안 중 큰 금액이므로 다음과 같다.
⇨ Max[그대로 처분(₩40,000), 수선 후 처분(₩70,000 – ₩20,000)]
∴ 기회비용: 수선 후 처분 ₩50,000

03 ②
(1) 증분수익: 9,000단위 × ₩400 = ₩3,600,000
(2) 증분비용: ㉠ + ㉡ = ₩2,180,000
    ㉠ 변동제조원가: 9,000단위 × ₩210 = ₩1,890,000
    ㉡ 정규매출 감소로 인한 공헌이익 상실액: 1,000개 × (₩500 – ₩210) = ₩290,000
(3) 증분이익: ₩3,600,000 – ₩2,180,000 = ₩1,420,000

04 ㈜세무는 ㈜한강으로부터 20×2년 1년간 5,000개의 제품을 개당 ₩110에 구매하겠다는 특별주문을 받았다. 이 특별주문을 받아들일 경우 추가로 소요되는 고정판매비와 관리비 증가분은 ₩20,000이고, 이외의 원가 형태에는 영향을 주지 않는다. 특별주문 전의 생산판매와 관련한 다음의 자료를 이용할 때, ㈜세무가 5,000개 제품 전체의 특별주문을 수락하는 경우, 20×2년도 손익에 미치는 영향은?

- ㈜세무의 최대생산능력은 13,000개이고 특별주문을 받아들이더라도 추가적인 설비 증설은 없다.
- 매년 평균 10,000개의 제품을 시장의 수요에 의해 생산판매해 왔고, 특별주문을 수락하더라도 이를 제외한 시장의 수요에는 변화가 없다.
- 일반적인 판매방식의 제품 판매가격 및 발생원가
  - 제품 단위당 판매가격: ₩150
  - 변동제조원가: ₩90
  - 변동판매비와 관리비: ₩10
- 생산량과 판매량은 동일하다.
- 세금은 없다고 가정한다.

① ₩20,000 감소   ② ₩70,000 감소   ③ ₩30,000 증가

④ ₩80,000 증가   ⑤ ₩100,000 증가

출제빈도: ★★☆

05 다음은 ㈜세무의 제품별 예산자료의 일부이다.

	제품 A	제품 B
단위당 판매가격	₩400	₩500
단위당 변동원가	₩150	₩300
단위당 기계시간	4시간	2시간
최대 수요량(연간)	100단위	200단위

사용 가능한 총기계시간이 연간 500시간일 때, 이익을 극대화하기 위해서는 두 제품을 각각 몇 단위씩 생산·판매하여야 하는가?

	제품 A	제품 B
①	25단위	150단위
②	25단위	200단위
③	50단위	150단위
④	50단위	200단위
⑤	30단위	170단위

PART 3 \ 원가관리회계

해커스공기업 쉽게 끝내는 회계학 기본서

정답 및 해설

04 ②
(1) 증분수익: 5,000개 × ₩110 = ₩550,000
(2) 증분비용: ㉠ + ㉡ + ㉢ + ㉣ = ₩620,000
㉠ 변동제조원가: 5,000개 × ₩90 = ₩450,000
㉡ 변동판매비와 관리비: 5,000개 × ₩10 = ₩50,000
㉢ 고정판매비와 관리비: ₩20,000
㉣ 정규매출 감소로 인한 공헌이익 상실액: 2,000개 × (₩150 − ₩90 − ₩10) = ₩100,000
(3) 증분이익(손실): ₩550,000 − ₩620,000 = ₩(70,000)

05 ②

	제품 A	제품 B
단위당 판매가격	₩400	₩500
단위당 변동원가	₩150	₩300
단위당 공헌이익	₩250	₩200
단위당 제약자원	4시간	2시간
제약자원당 공헌이익	₩62.5	₩100
생산우선순위	②	①

따라서 제품 B를 수요만큼 생산하고(200단위) 남은 시간에 제품 A(25단위[*1])를 생산해야 한다.
(*1) {500시간 − (200단위 × 2시간)} ÷ 4시간 = 25단위

제11장 | 투자중심점의 성과평가

✓ **핵심 포인트**

투자중심점의 성과평가	• 투자수익률 • 잔여이익 • 경제적부가가치

01 투자수익률(ROI)   출제빈도 ★★

1. 수식

$$ROI = \frac{영업이익}{투자액} = \frac{영업이익}{매출액} \times \frac{매출액}{투자액} = 매출액이익률 \times 자산회전율$$

2. 장단점

장점	투자에 대한 규모와 수익성을 고려함
단점	목표불일치현상, 사업의 성격이 이질적인 경우 성과비교 무의미

02 잔여이익(RI)   출제빈도 ★★

1. 수식

$$RI = 영업이익 - 투자액 \times 최저필수수익률$$

2. 장단점

장점	목표일치, 사업의 성격이 이질적인 경우 최저필수수익률의 조정에 따른 성과비교 가능
단점	투자에 대한 규모를 고려하지 못함(규모가 클수록 유리)

03 경제적부가가치(EVA)   출제빈도 ★

1. 수식

$$EVA = 영업이익 \times (1 - 세율) - 투하자본 \times 가중평균자본비용$$

① 투하자본

비유동부채 + 자기자본
= 총자산 − 유동부채
= 비유동자산 + (유동자산 − 유동부채)

② 가중평균자본비용(WACC)

$$WACC = \frac{자기자본}{(자기자본 + 타인자본)} \times 자기자본비용$$
$$+ \frac{타인자본}{(자기자본 + 타인자본)} \times 타인자본비용 \times (1 - 세율)$$

③ 자기자본과 타인자본의 구성비율 계산 시 시장가치(Market Value)에 의해 계산해야 한다.

2. 장단점

장점	• 영업, 재무, 투자활동의 성과인 당기순이익에 비해 기업 고유의 영업활동과 관련된 가치 증가를 파악할 수 있음 • EVA에 의해 경영자의 성과를 측정하면 주주의 부를 극대화할 수 있도록 동기부여가 가능
단점	• 회계상 영업이익을 기초로 계산되므로 발생주의의 한계점을 가지고 있음 • 투자규모에 대한 효과를 고려하지 못함

출제빈도: ★★☆

01 ㈜세무는 세 개의 사업부 (가), (나), (다)를 운영하고 있다. 각 사업부에 관한 영업자료와 요구되는 최저필수(요구)수익률은 다음과 같다. 단, 무위험수익률은 6%이고 최저필수(요구)수익률은 10%이다.

구분	(가)사업부	(나)사업부	(다)사업부
영업자산	₩1,000	₩5,000	₩30,000
영업이익	₩400	₩1,000	₩7,000

㈜세무의 각 사업부의 잔여이익은 얼마인가?

	(가)사업부	(나)사업부	(다)사업부
①	₩300	₩500	₩4,000
②	₩340	₩700	₩5,200
③	₩400	₩1,000	₩7,000
④	₩500	₩1,500	₩10,000
⑤	₩600	₩2,000	₩20,000

출제빈도: ★★☆

02 ㈜세무는 A와 B 두 개의 사업부가 있는데 다음은 성과평가와 관련된 자료이다.

구분	A사업부	B사업부
투자액	2,000억원	4,000억원
영업이익	400억원	720억원

㈜세무의 자본비용은 10%이며, 각 사업부에 대한 요구수익률도 10%이다. ㈜세무가 투자수익률과 잔여이익으로 사업부를 평가하는 경우 어떤 결과가 나타나는지에 대한 설명으로 가장 옳은 것은?

① 두 평가방법 모두 A사업부가 더 우수하다.

② 두 평가방법 모두 B사업부가 더 우수하다.

③ 두 평가방법 모두 A와 B사업부 간의 성과에는 차이가 없다.

④ 투자수익률로 평가하는 경우에는 B사업부, 잔여이익으로 평가하는 경우에는 A사업부가 더 우수하다.

⑤ 투자수익률로 평가하는 경우에는 A사업부, 잔여이익으로 평가하는 경우에는 B사업부가 더 우수하다.

03 ㈜세무는 사업부의 성과를 평가하기 위해 각 사업부의 EVA(경제적부가가치)를 계산하려고 하는데, 사업부 중 한 곳인 남부사업부의 재무상황은 총자산 ₩2,000,000, 유동부채 ₩500,000, 영업이익 ₩400,000이다. ㈜세무의 두 가지 자금원천 중 하나인 타인자본의 시장가치는 ₩6,000,000이고, 그에 대한 이자율은 10%이다. 나머지 원천인 자기자본의 시장가치는 ₩9,000,000이고 그에 대한 자본비용은 15%이다. ㈜세무에게 적용되는 법인세율은 40%이다. 각 사업부의 EVA계산은 기업전체의 가중평균자본비용을 적용한다. 이러한 상황에서 계산된 남부사업부의 EVA는?

① ₩58,000　　　　　　　② ₩69,000　　　　　　　③ ₩72,000

④ ₩74,000　　　　　　　⑤ ₩78,000

정답 및 해설

01 ①
각 사업부의 잔여이익을 구하면 다음과 같다.
- (가)사업부: ₩400 − ₩1,000 × 10% = ₩300
- (나)사업부: ₩1,000 − ₩5,000 × 10% = ₩500
- (다)사업부: ₩7,000 − ₩30,000 × 10% = ₩4,000

02 ⑤
(1) 투자수익률: 영업이익 ÷ 투자액(영업자산)
　　• A사업부: 400억 ÷ 2,000억 = 20%
　　• B사업부: 720억 ÷ 4,000억 = 18%
(2) 잔여이익: 영업이익 − 투자액(영업자산) × 최저필수수익률
　　• A사업부: 400억 − 2,000억 × 10% = 200억
　　• B사업부: 720억 − 4,000억 × 10% = 320억

03 ②
남부사업부의 EVA = 400,000 × (1 − 0.4) − (2,000,000 − 500,000) × 0.114[*1] = ₩69,000
(*1) WACC = 0.1 × (1 − 0.4) × 0.4 + 0.15 × 0.6 = 0.114(11.4%)

✓ **핵심 포인트**

최신관리회계	• 목표원가계산 • 카이젠원가계산 • 품질원가 • 균형성과표

01 목표원가계산(Target costing)

출제빈도 ★

1. 도입배경

① 고객이 원하는 다양한 기능을 담은 고품질의 제품을 저렴한 원가로 개발하여 지속적인 경쟁우위를 확보하기 위함이다.
② 품질 개선으로 고품질 달성 및 생산성 향상으로 저렴한 원가를 달성하기 위함이다.

2. 의의

① 기존의 원가관리인 생산성 향상은 대폭적인 원가절감을 달성하는 데 한계가 있기 때문에 제품 개발 초기단계에서 원가기획을 유도하는 새로운 원가관리기법이다.
② 제품의 수명주기의 단축에 따라 제조부문에서 생산성을 향상시킬 시간적인 여유가 없어진 것이 목표원가계산을 탄생시킨 주된 요인이며, 이에 따라 목표원가를 설정·달성하기 위해 제조이전(연구·개발 및 설계)단계에서 원가를 조정·관리하는 활동인 원가기획이 필요하게 된다.

3. 실행방법

> Target Cost = Target Price − Target Income

예상되는 시장가격(목표)으로부터 기업의 중·장기적인 목표이익을 차감하여 목표원가를 도출하며, 이와 같은 목표원가 달성 방법에는 가치공학, 동시설계, 게스트엔지니어링 등이 있다.

회계학 전문가의 TIP

목표원가계산과 달리 전통적 원가계산은 소비자 의사 및 경쟁업체원가를 고려하지 않습니다.

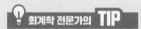

회계학 전문가의 TIP

즉, 목표원가계산은 제조 이전 단계에서의 혁신적인 원가절감을 위한 원가관리기법을 의미합니다.

4. 문제점

① 목표원가 달성 여부와 관련된 직원들의 부담이 있다.
② 제품 출시시기의 적시성 상실가능성이 존재한다.

02 카이젠원가계산

출제빈도 ★

1. 의의

가치사슬 중 제조단계에서의 지속적이고 점진적인 공정개선을 통해 원가절감을 유도하는 원가관리기법이다.

2. 표준원가와의 비교

구분	표준원가계산	카이젠원가계산
목적	원가통제(표준원가 달성)	원가절감(원가절감목표 달성)
책임자	공학자와 관리자	작업자
차이 분석	실제원가와 표준원가의 비교	실제절감액과 목표절감액의 비교
목표설정횟수	1년 단위	보통 월 단위로 설정

03 품질원가

출제빈도 ★

1. 의의

기업이 제공하는 제품이나 서비스의 품질이 일정한 수준이 될 수 있도록 관리하기 위해 발생하는 모든 원가이다.

2. 품질원가의 종류

(1) 예방원가

불량품 생산을 예방하기 위한 원가
예 품질고려 제품설계비용, **공급업체평가비용**, 작업자교육훈련비용 등

(2) 평가원가

일정한 품질수준을 충족했는지 평가(검사)하기 위한 원가
예 원재료·재공품·제품 검사비용, 공정검사비용 등

통제원가

(3) 내부실패원가

고객에게 전달하기 전에 발견된 불량품과 관련된 원가

예 불량품재작업원가, 불량품폐기원가, 공손원가, 불량관련 공정중단비용 등

(4) 외부실패원가

고객에게 전달된 후에 발견된 불량품과 관련된 원가

예 보증수리비용, A/S센터운영비용, 불량품교환비용, 손해배상비용, 판매기회 상실 등

실패원가

---

04 균형성과표(BSC, Balanced Scorecard: 전략적 성과평가)
출제빈도 ★★

1. 도입배경

① 재무적 수치에 따른 성과평가의 한계점 인식: 재무적 수치는 모든 과정이 결합되어 나타난 종합적인 결과물이다. 따라서 그러한 결과물이 만들어진 과정이나 개별 성공 요소에 대한 측정의 부재로 인한 한계점이 인식된다.

② 재무적 수치에 따른 성과평가는 단기적인 결과물만을 중시하는 풍토를 조성한다.

③ 성과평가에 사용되는 재무적 수치가 급변하는 경영환경을 제대로 반영하지 못한다.

2. 의의

① 단일 또는 소수의 재무적 지표에 의존하는 기존의 성과측정시스템이 변화하는 환경을 제대로 측정하지 못하는 문제를 극복하기 위하여 개발된 전략과 연계된 성과측정시스템이다.

② 비재무적 측정치로 파악되는 다양한 운영활동의 성과를 재무적 성과와 연결시키는 전략적 성과측정시스템이다.

3. 강조점(균형을 강조) - 4가지 관점 상호 간의 연관관계를 강조

① 비재무적인 측정치가 재무적인 결과를 획득할 수 있도록 활용되어야 한다. (비재무적 측정치와 재무적 측정치 간의 균형)

② 장기적인 목표와 단기적인 목표의 균형을 강조한다.

③ 기업의 전략을 구성원에게 명확히 전달하는 것을 강조한다. (전략에 기여하는 비재무적인 측정치를 쉽고 명쾌하게 이해할 수 있으므로 기업 전략에 대한 구성원의 커뮤니케이션과 참여가 가능해짐)

4. 균형성과표의 네 가지 관점

① 재무적 관점 ⇦ 수익증가
② 고객 관점 ⇦ 고객만족
③ 내부프로세스 관점 ⇦ 내부프로세스
④ 학습과 성장 관점 ⇦ 인적자원개발

〈균형성과표의 네 가지 관점과 성과측정지표〉

관점		성과측정지표
재무적 관점		• 영업이익, 투자수익률, 잔여이익, 경제적부가가치
고객 관점		• 고객만족도, 시장점유율(기존고객유지율, 신규고객확보율), 고객수익성
내부 프로세스 관점	혁신	• 신제품의 수, 신제품 수익률, 신제품 개발기간
	운영	• 시간: 고객대응시간, 정시납품성과, 제조주기효율성 • 품질: 불량률, 수율, 반품률 • 원가: 활동기준원가계산을 이용하여 계산
	판매 후 서비스	• 현장도달시간, 수선요청건수, 불량건수, 하자보증원가
학습과 성장 관점		• 인적 자원: 종업원의 교육수준, 만족도, 이직률 • 정보시스템: 정보시스템 활용도, 종업원당 PC 수 • 조직의 절차: 종업원당 제안채택률, 보상정도

후행 → 선행

출제빈도: ★★☆

01 원가관리기법에 관한 설명으로 옳은 것은?

① 제약이론을 원가관리에 적용한 재료처리량 공헌이익은 매출액에서 기본원가를 차감하여 계산한다.

② 수명주기원가계산에서는 공장자동화가 이루어지면서 제조이전단계보다는 제조단계에서의 원가절감 여지가 매우 높아졌다고 본다.

③ 목표원가계산은 표준원가와 마찬가지로 제조과정에서의 원가절감을 강조한다.

④ 균형성과표는 전략의 구체화와 의사소통에 초점이 맞춰진 제도이다.

⑤ 품질원가계산에서는 내부실패원가와 외부실패원가를 통제원가라 하며, 예방 및 평가활동을 통해 이를 절감할 수 있다.

출제빈도: ★★☆

02 균형성과표에 관한 다음의 설명 중 옳지 않은 것은?

① 균형성과표에서 전략에 근거하여 도출한 비재무적 성과측정치는 재무적 성과측정치의 후행지표가 된다.

② 균형성과표의 다양한 성과지표 간의 인과관계를 통하여 조직의 전략목표 달성과정을 제시하는 성과지표의 체계를 전략지도(strategy map)라고 한다.

③ 균형성과표의 고객 관점은 고객만족에 대한 성과를 측정하는 데 고객만족도, 고객유지율, 반복구매정도, 시장점유율 등의 지표가 사용된다.

④ 균형성과표의 내부프로세스 관점은 기업내부의 업무가 효율적으로 수행되는 정도를 의미하는데 불량률, 작업폐물, 재작업률, 수율, 납기, 생산처리시간 등의 지표가 사용된다.

⑤ 균형성과표의 학습과 성장 관점은 기존의 프로세스와 제품에 만족하지 않고 기술 및 제품의 혁신적인 발전을 추구하는 정도를 의미하는데 종업원 만족도, 종업원 이직률, 종업원 1인당 사내훈련시간 등의 지표가 이용된다.

출제빈도: ★☆☆

03 균형성과표(BSC)에 관한 설명으로 옳지 않은 것은?

① 조직구성원들이 조직의 전략을 이해하여 달성하도록 만들기 위해, 균형성과표에서는 전략과 정렬된 핵심성과지표 (Key Performance Indicators)를 설정한다.

② 전략 달성에 초점을 맞춘 조직을 구성하여, 조직구성원들이 전략을 달성하는 데 동참할 수 있도록 유도한다.

③ 균형성과표에서 전략에 근거하여 도출한 재무적 성과측정치는 비재무적 성과측정치의 선행지표가 된다.

④ 조직구성원들은 전략 달성을 위한 의사소통 수단으로 핵심성과지표를 사용한다.

⑤ 균형성과표의 다양한 성과지표 간의 인과관계를 통하여 조직의 전략목표 달성과정을 제시하는 성과지표의 체계를 전략지도(strategy map)라고 한다.

정답 및 해설

01 ④

균형성과표는 전략의 구체화와 의사소통에 초점이 맞춰진 제도이다.

[오답노트]

① 제약이론을 원가관리에 적용한 재료처리량 공헌이익은 매출액에서 직접재료매출원가를 차감하여 계산한다.

② 수명주기원가계산에서는 설계단계에서 대부분의 제품원가가 결정되므로 제조이전단계에서부터 원가절감을 위한 노력을 기울여야 한다는 점을 강조하고 있다.

③ 목표원가계산은 제조이전단계에서의 획기적인 원가절감을 강조한다.

⑤ 품질원가계산에서는 내부실패원가와 외부실패원가를 실패원가라 하며, 예방 및 평가활동을 통해 이를 절감할 수 있다.

02 ①

비재무적 성과측정치는 재무적 성과측정치의 선행지표가 된다.

03 ③

재무적 성과측정치는 비재무적 성과측정치의 후행지표의 성격을 띤다.

출제빈도: ★★☆

04 전략적 원가관리에 관한 설명으로 옳지 않은 것은?

① 목표원가계산(target costing)은 제품개발 및 설계단계부터 원가절감을 위한 노력을 기울여 목표원가를 달성하고자 한다.

② 카이젠원가계산(kaizen costing)은 제조이전단계에서의 원가절감에 초점을 맞추고 있다.

③ 품질원가계산(quality costing)은 예방원가, 평가원가, 실패원가 간의 상충관계에 주목한다.

④ 제품수명주기원가(product life-cycle cost)는 제품의 기획 및 개발·설계에서 고객서비스와 제품폐기까지의 모든 단계에서 발생하는 원가를 의미한다.

⑤ 균형성과표는 전략의 구체화와 의사소통에 초점이 맞춰진 제도이다.

출제빈도: ★☆☆

05 다음 품질원가 항목 중 예방원가에 해당하는 것을 모두 고른 것은?

ㄱ. 설계엔지니어링	ㄴ. 품질교육훈련
ㄷ. 재작업	ㄹ. 고객지원
ㅁ. 부품공급업체 평가	ㅂ. 작업폐물

① ㄱ, ㄴ, ㄷ   ② ㄱ, ㄴ, ㅁ   ③ ㄱ, ㅁ, ㅂ

④ ㄴ, ㄷ, ㄹ   ⑤ ㄴ, ㄷ, ㅁ

출제빈도: ★☆☆

06 다음 중 품질원가와 관련된 설명으로 옳지 않은 것은?

① 예방원가(prevention costs)와 평가원가(appraisal costs)는 불량제품이 생산되어 고객에게 인도되는 것을 예방하는 활동에 의해 발생한다.

② 내부실패원가(internal failure costs)와 외부실패원가(external failure costs)는 불량품이 생산됨으로써 발생하는 원가이다.

③ 일반적으로, 품질문제가 발생한 후에 이를 발견하고 해결하는 것보다 문제가 발생하기 전에 이를 예방하는 것이 총품질원가를 감소시킨다.

④ 예방 및 평가원가가 증가하면 내부실패원가는 감소하나 외부실패원가는 증가한다.

⑤ 예방원가는 제품의 생산과정에서 불량품이 발생하지 않도록 예방하기 위하여 발생하는 원가로서 품질관리를 위한 종업원들에 대한 교육훈련비, 생산설비의 유지보수비 등이 여기에 속한다.

정답 및 해설

04 ②
카이젠원가계산(kaizen costing)은 제조단계에서의 원가절감에 초점을 맞추고 있다.

05 ②
(1) 예방원가: 설계엔지니어링(ㄱ), 품질교육훈련(ㄴ), 부품공급업체 평가(ㅁ)
(2) 평가원가 ┌ 내부실패원가: 재작업(ㄷ), 작업폐물(ㅂ)
└ 외부실패원가: 고객지원(ㄹ)

06 ④
예방 및 평가원가가 증가하면 모든(내부와 외부) 실패원가는 감소한다.

❗ 기출동형모의고사 3회독 가이드

① 해커스ONE 애플리케이션의 학습 타이머를 이용하여 1~3회는 1회분당 20문항을 30분 안에, 4~5회는 1회분당 40문항을 50분 안에 풀어보세요.

② 문제를 풀 때는 문제지에 풀지 말고 교재 맨 뒤에 수록된 회독용 답안지를 절취하여 답안지에 정답을 체크하고 채점해보세요. 채점할 때는 p.822의 '바로 채점 및 성적 분석 서비스' QR코드를 스캔하여 응시인원 대비 본인의 성적 위치를 확인할 수 있습니다.

③ 채점 후에는 회독용 답안지의 각 회차에 대하여 정확하게 맞은 문제[O], 찍었는데 맞은 문제[△], 틀린 문제[X] 개수를 표시해보세요.

④ 찍었는데 맞았거나 틀린 문제는 해설의 출제포인트를 활용하여 이론을 복습하세요.

⑤ 이 과정을 3번 반복하면 공기업 회계학을 모두 내 것으로 만들 수 있습니다.

해커스공기업 쉽게 끝내는 회계학 기본서

기출동형모의고사

01 ㈜공사는 매월 말 결산을 하고 재무제표를 작성한다. ㈜공사의 20×1년 3월 31일 수정전시산표상 총수익과 총비용은 각각 ₩10,000과 ₩4,500이다. 다음과 같은 수정분개 사항이 있다고 할 때, 20×1년 3월 31일에 보고할 포괄손익계산서상 당기순이익은?

> • 직원의 3월 급여가 ₩900 발생하였으며 4월 10일에 지급될 예정이다.
> • 3월 건물 임대료가 ₩500 발생하였으나 아직 현금으로 수취하지 못하였다.
> • 건물에 대한 3월 감가상각비가 ₩400이다.
> • 2월에 구입하여 자산으로 기록한 소모품 중 3월에 사용한 소모품은 ₩200이다.
> • 2월에 선수수익으로 계상한 금액 중 3월에 제공한 용역이 ₩1,200이다.

① ₩4,500
② ₩5,200
③ ₩5,700
④ ₩6,100
⑤ ₩6,200

02 다음 중 개념체계의 측정기준 중 현행가치에 대한 설명으로 옳지 않은 것은?

① 현행가치 측정치는 측정일의 조건을 반영하기 위해 갱신된 정보를 사용하여 자산, 부채 및 관련 수익과 비용의 화폐적 정보를 제공하며 공정가치, 자산의 사용가치, 부채의 이행가치 및 현행원가를 포함한다.

② 공정가치는 측정일에 시장참여자 사이의 정상거래에서 자산을 매도할 때 받거나 부채를 이전할 때 지급하게 될 가격이다.

③ 자산의 사용가치는 기업이 자산의 사용과 궁극적인 처분으로 얻을 것으로 기대하는 현금흐름 또는 그 밖의 경제적 효익의 현재가치이다.

④ 현행원가는 역사적원가와 마찬가지로 유입가치이다. 이는 기업이 자산을 취득하거나 부채를 발생시킬 시장에서의 가격을 반영한다. 이런 이유로, 현행원가는 유출가치인 공정가치, 사용가치 또는 이행가치와 다르다. 그러나 현행원가는 역사적원가와 달리 측정일의 조건을 반영한다.

⑤ 공정가치와 자산의 사용가치, 부채의 이행가치는 모두 시장참여자의 관점을 반영한다.

03 '고객과의 계약에서 생기는 수익'에 대한 설명으로 옳지 않은 것은?

① 가능성이 가장 높은 금액은 가능한 대가의 범위에 있는 모든 금액에 각 확률을 곱한 금액의 합이다.

② 변동대가와 관련된 불확실성이 나중에 해소될 때, 이미 인식한 누적 수익 금액 중 유의적인 부분을 되돌리지 않을 가능성이 매우 높을지를 평가할 때는 수익의 환원가능성 및 크기를 모두 고려한다.

③ 거래가격은 일반적으로 계약에서 약속한 각 구별되는 재화나 용역의 상대적 개별 판매가격을 기준으로 배분한다.

④ 고객에게 약속한 재화나 용역, 즉 자산을 이전하여 수행의무를 이행할 때 수익을 인식한다.

⑤ 거래가격을 산정하기 위해서는 계약 조건과 기업의 사업 관행을 참고한다.

04 20×1년 12월 31일 결산일 현재 ㈜공사가 보유하고 있는 자산 중 재무상태표에 계상할 현금및현금성자산은?

• 통화	₩1,500
• 수입인지	100
• 만기가 도래한 국채이자표	300
• 송금환	400
• 배당금지급통지표	50
• 만기가 1개월 후인 타인발행 약속어음	200
• 20×1년 12월 1일에 취득한 환매채	500
(만기 20×2. 1. 31.)	

① ₩1,500 ② ₩2,250
③ ₩2,750 ④ ₩2,950
⑤ ₩3,150

05 ㈜공사가 보고한 20×1년 당기순이익은 ₩1,000이다. 회사는 20×0년 기말재고자산이 ₩300 과대계상되었고, 20×1년 기말재고자산이 ₩300 과소계상되었음을 발견하였다. 이러한 재고자산 오류가 발생하지 않았다면 ㈜공사가 20×1년도에 보고할 당기순이익은? (단, 법인세 효과는 무시한다)

① ₩400 ② ₩700
③ ₩1,000 ④ ₩1,400
⑤ ₩1,600

06 재고자산 평가손실과 정상적 원인에 의한 재고감모손실은 매출원가로, 비정상적인 감모손실은 기타비용으로 보고하는 경우 다음 자료를 토대로 계산한 매출원가는?

• 판매가능원가(= 기초재고원가 + 당기매입원가): ₩78,000	
• 계속기록법에 의한 장부상 수량: 100개	
• 실지재고조사에 의해 파악된 기말재고수량: 90개	
• 재고부족수량: 40%는 비정상적 원인, 나머지는 정상적 원인에 의해 발생됨	
• 기말재고자산의 원가: ₩100	
• 기말재고자산의 순실현가능가치: ₩90	

① ₩67,500 ② ₩68,400
③ ₩68,600 ④ ₩69,300
⑤ ₩69,500

07 ㈜공사는 20×1년 1월 1일 기계를 ₩1,500,000(잔존가치 ₩0, 내용연수 5년)에 구입하여 연수합계법으로 감가상각하기로 하였다. ㈜공사는 20×1년 12월 31일 해당 기계의 손상징후가 있어 손상검사를 실시한 결과, 순공정가치는 ₩600,000, 사용가치는 ₩500,000으로 추정되었다. 한편, 20×2년 12월 31일 회수가능액은 ₩700,000으로 회복되었다. ㈜공사는 원가모형을 적용하고 있다. 20×2년 12월 31일 결산일 현재 인식해야 할 기계와 관련한 손상차손환입은 얼마인가?

① ₩200,000 ② ₩240,000

③ ₩300,000 ④ ₩340,000

⑤ ₩400,000

08 자산에 대한 설명으로 옳지 않은 것은?

① 유형자산의 감가상각방법은 적어도 매 회계연도 말에 재검토하고, 이를 변경할 경우 회계추정의 변경으로 보아 전진법으로 회계처리한다.

② 유형자산에 대해 재평가모형을 적용하는 경우 최초 재평가로 인한 장부금액의 증가액은 당기손익이 아닌 기타포괄손익으로 회계처리한다.

③ 연구개발과 관련하여 연구단계에서 발생한 지출은 당기비용으로 회계처리하고, 개발단계에서 발생한 지출은 무형자산의 인식기준을 모두 충족할 경우 무형자산으로 인식하고 그 외에는 당기비용으로 회계처리한다.

④ 투자부동산은 기업이 보유하고 있는 다른 자산과 거의 독립적으로 현금흐름을 창출한다. 이러한 특성에 의하여 투자부동산과 자가사용부동산이 구별된다.

⑤ 투자부동산에 대해 공정가치모형을 적용하는 경우 감가상각비와 공정가치변동으로 발생하는 손익은 모두 당기손익으로 회계처리한다.

09 무형자산의 인식에 대한 설명으로 옳은 것은?

① 무형자산을 창출하기 위한 내부 프로젝트를 연구단계와 개발단계로 구분할 수 없는 경우에는 그 프로젝트에서 발생한 지출은 모두 개발단계에서 발생한 것으로 본다.

② 개발단계에서 발생한 지출은 모두 무형자산으로 인식한다.

③ 사업결합으로 취득하는 무형자산의 취득원가는 취득일의 공정가치로 인식하고, 내부적으로 창출한 영업권은 무형자산으로 인식하지 아니한다.

④ 내부 프로젝트의 연구단계에서는 미래 경제적 효익을 창출할 무형자산이 존재한다는 것을 제시할 수 있기 때문에, 내부 프로젝트의 연구단계에서 발생한 지출은 발생시점에 자산으로 인식한다.

⑤ 내부적으로 창출한 무형자산이 인식기준을 충족하는지를 평가하기 위하여 무형자산의 창출과정을 연구단계로 구분한다.

10 ㈜공사는 20×1년 1월 1일에 액면금액이 ₩100,000, 만기가 3년, 이자지급일이 매년 12월 31일인 사채를 ₩92,269에 할인 발행하였다. 이 사채의 20×2년 1월 1일 장부금액이 ₩94,651일 때, 액면이자율은? (유효이자율은 연 8%이고, 문제풀이 과정 중에 계산되는 모든 금액은 소수점 이하 반올림한다)

① 4% ② 5%

③ 6% ④ 7%

⑤ 8%

11

다음은 20×1년 12월 31일 ㈜공사의 자본계정에 관한 정보이다. 보통주 1주당 배당액은?

- 자본금내역
  - 보통주 ₩10,000,000
  - 우선주 A(배당률 5%, 비누적적, 비참가적) ₩5,000,000
  - 우선주 B(배당률 5%, 누적적, 완전참가적) ₩5,000,000
- 모든 주식은 개업 시 발행하였으며 발행한 모든 주식의 주당 액면금액은 ₩5,000이다.
- 우선주에 대한 1년분 배당이 연체되었다.
- 정관에 의하여 이사회는 ₩1,550,000의 현금배당을 결의하였다.

① ₩400
② ₩350
③ ₩300
④ ₩250
⑤ ₩200

12

㈜공사는 20×1년 중 장기보유목적으로 A 주식을 매입하여 기타포괄손익 – 공정가치측정금융자산으로 분류하고, 단기시세차익목적으로 B 주식을 매입하였다. ㈜공사는 20×1년 말 A 주식과 B 주식을 보유하고 있으며, 두 주식에 대한 취득원가와 공정가치는 다음과 같다. 20×1년 말 재무제표에 미치는 영향으로 옳지 않은 것은? (단, 취득한 주식은 발행기업에 유의한 영향을 미치지 않는다)

종목	취득원가	20×1년 말 공정가치
A 주식	₩100,000	₩90,000
B 주식	₩60,000	₩70,000

① 당기순이익이 ₩10,000 증가한다.
② 기타포괄손익이 ₩10,000 감소한다.
③ 총자본은 변하지 않는다.
④ 총포괄손익은 변하지 않는다.
⑤ 이익잉여금은 변하지 않는다.

13

㈜공사의 20×1년도 당기순이익은 ₩90,000이고 영업활동현금흐름은 ₩40,000이다. 간접법에 따라 영업활동현금흐름을 구할 때, 다음 자료에 추가로 필요한 조정 사항은?

- 매출채권 ₩45,000 증가
- 매입채무 ₩10,000 증가
- 선급비용 ₩15,000 감소
- 선수수익 ₩12,000 감소
- 감가상각비 ₩18,000 발생

① 미수임대료수익 ₩36,000 감소
② 미지급급여 ₩36,000 감소
③ 미수임대료수익 ₩100,000 증가
④ 미지급급여 ₩100,000 증가
⑤ 선급비용 ₩100,000 감소

14

회계변경을 회계정책의 변경과 회계추정의 변경으로 분류할 때, 그 분류가 다른 것은?

① 감가상각자산의 감가상각방법을 정률법에서 정액법으로 변경
② 감가상각자산의 내용연수를 10년에서 15년으로 변경
③ 감가상각자산의 잔존가치를 취득원가의 10%에서 5%로 변경
④ 재고자산의 단가결정방법을 선입선출법에서 평균법으로 변경
⑤ 기대신용손실액 계산 시 채무불이행 관련 발생확률을 변경

15 ㈜공사는 퇴직급여제도로 확정급여제도를 채택하고 있다. 20×1년 초 확정급여채무의 장부금액은 ₩15,000이며, 사외적립자산의 공정가치는 ₩12,000이다. 20×1년의 확정급여제도와 관련하여 발생한 재측정요소는 확정급여채무 재측정손실 ₩2,500, 사외적립자산 재측정이익 ₩600이다. 다음의 자료를 이용할 때, 20×1년 말 순확정급여부채는? (단, 자산인식상한은 고려하지 않는다)

- 20×1년 순확정급여부채 계산 시 적용되는 할인율은 연 10%이다.
- 20×1년 당기근무원가는 ₩4,000이다.
- 20×1년 말 퇴직종업원에게 ₩3,000의 현금이 사외적립자산에서 지급되었다.
- 20×1년 말 사외적립자산에 ₩5,000을 현금으로 출연하였다.

① ₩4,200
② ₩4,400
③ ₩4,600
④ ₩4,800
⑤ ₩5,200

16 충당부채의 인식과 관련된 설명으로 옳지 않은 것은?

① 과거사건의 결과로 현재의무가 존재해야 한다.
② 당해 의무를 이행하기 위하여 경제적 효익을 갖는 자원이 유출될 가능성이 높아야 한다.
③ 기업의 미래행위(미래 사업행위)와 관계없이 존재하는 과거사건에서 생긴 의무만을 충당부채로 인식한다.
④ 신뢰성 있는 금액의 추정이 불가능한 경우에도 부채로 인식해 재무상태표의 본문에 표시한다.
⑤ 재무제표는 미래 시점의 예상 재무상태가 아니라 보고기간 말의 재무상태를 표시하는 것이므로, 미래 영업에서 생길 원가는 충당부채로 인식하지 아니한다.

17 다음은 ㈜공사의 20×1년 주당이익 계산과 관련한 자료이다. ㈜공사의 배당결의가 이미 이루어졌을 경우 기본주당이익은?

- 기초유통보통주식수: 800주(액면금액 ₩1,000)
- 기초전환우선주: 500주(액면금액 ₩1,000, 비누적적, 비참가적)
- 20×1년 7월 1일에 400주의 전환우선주가 400주의 보통주로 전환(기중 전환된 우선주에 대해서는 보통주 배당금 지급)
- 당기순이익: ₩50,000
- 연 배당률: 우선주 10%, 보통주 8%

① ₩30
② ₩35
③ ₩40
④ ₩62.5
⑤ ₩65

18 ㈜공사는 20×1년 1월 1일부터 적격자산인 공장건물을 신축하기 시작하였으며, 20×2년 10월 31일 완공하였다. 공사대금 지출 및 신축공사와 관련되는 차입금의 자료는 다음과 같다.

구분	지출일·차입일	금액	상환일	연 이자율
공사대금 지출액	20×1년 1월 1일	₩100,000	–	–
특정목적 차입금	20×1년 1월 1일	₩80,000	20×1년 12월 31일	5%
일반목적 차입금	20×1년 1월 1일	₩200,000	20×2년 12월 31일	10%

㈜공사의 20×1년 공장건물 신축과 관련하여 자본화한 차입원가는? (단, 이자비용은 월할계산한다)

① ₩4,000
② ₩6,000
③ ₩20,000
④ ₩24,000
⑤ ₩30,000

19 ㈜공사는 20×1년 7월 1일 ㈜공사의 모든 자산과 부채를 취득, 인수하는 사업결합을 하였다. 사업결합과 관련된 자료가 다음과 같을 때, 20×1년 7월 1일 ㈜공사가 인식해야 할 영업권은?

> • 사업결합시점에 식별할 수 있는 ㈜공사의 순자산 장부금액은 ₩1,000,000이며, 순자산 공정가치는 ₩1,200,000이다.
> • ㈜공사는 사업결합의 이전대가로 ㈜공사의 주주들에게 ㈜공사의 보통주 100주(주당 액면금액 ₩7,000, 주당 공정가치 ₩14,000)를 발행하고 교부하였다.
> • ㈜공사는 사업결합과 관련하여 보통주 발행과 직접 관련된 비용 ₩10,000과 기타 수수료 ₩10,000을 현금으로 지급하였다.

① ₩180,000   ② ₩190,000

③ ₩200,000   ④ ₩400,000

⑤ ₩500,000

20 ㈜공사는 선입선출법에 의한 원가기준 소매재고법을 사용하고 있다. 기말재고액(원가)은 ₩1,600이고, 당기매입원가율이 80%인 경우 순인상액과 종업원할인은?

구분	원가	매가
기초재고	₩2,000	₩4,000
당기매입액	₩16,000	₩18,000
매출액		₩20,000
순인상액		㉠
순인하액		₩1,000
종업원할인		㉡

	순인상액(㉠)	종업원할인(㉡)
①	₩1,500	₩1,500
②	₩1,500	₩2,000
③	₩2,000	₩3,000
④	₩3,000	₩1,500
⑤	₩3,000	₩2,000

01 재무제표 표시에 대한 다음의 설명 중 옳지 않은 것은?

① 한국채택국제회계기준에서 요구하거나 허용하지 않는 경우 자산과 부채 그리고 수익과 비용은 상계하지 않는다. 따라서 재고자산평가충당금을 차감하여 재고자산을 순액으로 표시할 수 없다.

② 기타포괄손익의 항목은 이와 관련된 법인세효과 반영 전 금액으로 표시하고 각 항목들에 관련된 법인세효과는 단일금액으로 합산하여 표시할 수 있다.

③ 영업이익에 포함되지 않은 항목 중 기업의 영업성과를 반영하는 그 밖의 수익 또는 비용 항목이 있다면 이러한 항목을 추가하여 조정영업이익 등의 명칭을 사용하여 주석으로 공시할 수 있다.

④ 수익과 비용의 어떠한 항목도 포괄손익계산서, 별개의 손익계산서(표시하는 경우) 또는 주석에 특별손익 항목으로 표시할 수 없다.

⑤ 기타포괄손익은 재평가잉여금의 변동, 해외사업장의 재무제표 환산으로 인한 손익, 기타 포괄손익－공정가치측정 범주인 금융자산의 재측정손익, 현금흐름위험회피의 위험회피수단의 평가손익 중 효과적인 부분 등을 포함한다.

02 ㈜공사는 자동차를 수입하여 판매하며 3년 동안 정비용역을 제공한다. 20×1년 4월 1일 자동차판매계약을 체결하였으며 20×1년 7월 1일 고객에게 자동차를 인도하고 ₩90,000을 수취하였다. 자동차의 개별 판매가격은 ₩80,000, 정비용역의 개별 판매가격은 ₩20,000이다. 자동차의 구입원가는 ₩60,000이고, 20×1년 중 정비용역제공과 관련하여 지출된 금액은 ₩2,000이다. 다음 중 옳지 않은 것은?

① 20×1년 4월 1일에 계약을 식별할 수 있다.

② 수행의무는 자동차를 인도하는 의무와 정비용역서비스를 제공하는 수행의무로 구성된다.

③ 20×1년의 매출액은 ₩72,000이다.

④ 20×2년의 매출액은 ₩6,000이다.

⑤ 거래가격을 수행의무에 배분할 경우 자동차에 배부될 거래가격은 ₩72,000이다.

03 ㈜공사는 20×1년부터 상품 A(단위당 판매가 ₩100,000, 단위당 매입원가 ₩60,000)의 위탁판매를 시작하면서, 수탁자에게 단위당 ₩10,000의 판매수수료를 지급하기로 하였다. 20×1년 ㈜공사가 수탁자에게 적송한 상품 A는 100개이며, 적송운임 ₩40,000은 ㈜공사가 부담하였다. 수탁자는 이 중 50개를 20×1년에 판매하였다. 20×1년 ㈜공사가 상품 A의 위탁판매와 관련하여 인식할 당기이익은?

① ₩1,460,000
② ₩1,480,000
③ ₩1,500,000
④ ₩2,960,000
⑤ ₩3,060,000

04 ㈜공사는 20×1년 3월 1일에 상품판매대금 ₩400,000을 만기 3개월의 어음(액면이자율 연 9%)으로 수령하였다. ㈜공사는 5월 1일에 대한은행에서 연 12% 이자율로 동 어음을 할인하였다. 이 받을어음의 할인이 금융자산 제거조건을 충족할 때, ㈜공사가 행할 회계처리는? (단, 이자는 월할계산한다)

	(차)		(대)	
①	현금	404,910	매출채권	400,000
	금융자산처분손실	1,090	이자수익	6,000
②	현금	404,800	매출채권	400,000
	금융자산처분손실	1,200	이자수익	6,000
③	현금	406,000	매출채권	400,000
	금융자산처분손실	3,000	이자수익	4,000
④	현금	402,000	매출채권	400,000
	금융자산처분손실	2,000	이자수익	4,000
⑤	현금	400,000	매출채권	400,000

05 ㈜공사는 20×1년 결산완료 직전 재고자산 실사로 다음 사항을 발견하였다.

- 외부 회사로부터 판매위탁을 받아 보관하고 있는 상품 ₩16,000을 기말재고자산에 포함시켰다.
- F.O.B. 도착지 기준으로 12월 27일에 ₩25,000의 상품구매계약을 체결하였으나, 그 상품이 기말까지 도착하지 않아 기말재고자산에 포함하지 않았다.
- 외부 창고에 보관하고 있는 ㈜공사의 상품 ₩22,000을 기말재고자산에 포함하지 않았다.
- 기말재고자산의 매입운임 ₩10,000을 영업비용으로 처리하였다.
- 중복 실사로 인해 상품 ₩8,000이 기말재고자산에 두 번 포함되었다.

위 사항이 ㈜공사의 20×1년 매출총이익에 미치는 영향은? (단, 재고자산은 실지재고조사법을 적용한다)

① 매출총이익 ₩18,000 감소
② 매출총이익 ₩24,000 감소
③ 매출총이익 ₩8,000 증가
④ 매출총이익 ₩24,000 증가
⑤ 매출총이익 ₩33,000 증가

06 ㈜공사는 취득원가 ₩500,000, 감가상각누계액 ₩300,000인 기계장치를 보유하고 있다. ㈜공사는 해당 기계장치를 제공함과 동시에 현금 ₩50,000을 수취하고 새로운 기계장치와 교환하였다. ㈜공사가 보유하고 있던 기계장치의 공정가치가 ₩300,000으로 추정될 때, 교환에 의한 회계처리로 옳지 않은 것은?

① 상업적 실질이 있는 경우 새로운 기계장치의 취득원가는 ₩250,000으로 인식한다.
② 상업적 실질이 있는 경우 제공한 기계장치의 처분이익은 ₩50,000으로 인식한다.
③ 상업적 실질이 결여된 경우 새로운 기계장치의 취득원가는 ₩150,000으로 인식한다.
④ 상업적 실질이 결여된 경우 제공한 기계장치의 처분손익은 인식하지 않는다.
⑤ 상업적 실질이 있는 경우 교환하는 자산 둘 다 공정가치를 모르는 경우에는 새로운 기계장치의 취득원가는 ₩150,000으로 인식한다.

07 ㈜공사는 20×1년 1월 1일에 건물을 ₩2,000,000에 취득하였다(내용연수 5년, 잔존가치 ₩0, 정액법에 의한 감가상각). ㈜공사는 이 건물에 대하여 매년 말 공정가치로 재평가한다. 한편, 건물의 공정가치는 20×1년 12월 31일과 20×2년 12월 31일에 각각 ₩1,800,000과 ₩1,050,000이다. 동 건물에 대한 회계처리가 ㈜공사의 20×2년 당기 순손익에 미치는 영향은? (결산일은 매년 12월 31일이며, 재평가잉여금은 후속기간에 이익잉여금으로 대체하지 않는다)

① 순손실 ₩100,000

② 순손실 ₩300,000

③ 순손실 ₩450,000

④ 순손실 ₩500,000

⑤ 순손실 ₩550,000

08 ㈜공사는 20×1년 초 건물을 ₩1,000,000에 취득하고 그 건물을 유형자산 또는 투자부동산으로 분류하고자 한다. 유형자산은 재평가모형을 적용하며 내용연수 10년, 잔존가치 ₩0, 정액법 상각하고, 투자부동산은 공정가치모형을 적용한다. 20×1년과 20×2년 기말 공정가치가 각각 ₩990,000, ₩750,000일 경우, 다음 설명 중 옳지 않은 것은? (단, 건물은 유형자산 또는 투자부동산의 분류요건을 충족하며, 내용연수 동안 재평가잉여금의 이익잉여금 대체는 없는 것으로 가정한다)

① 건물을 유형자산으로 분류한다면, 20×1년 말 재평가잉여금(기타포괄손익)이 계상된다.

② 건물을 유형자산으로 분류한다면, 20×2년 말 재평가손실(당기손익)이 계상된다.

③ 건물을 투자부동산으로 분류한다면, 20×1년 말 투자부동산평가이익(기타포괄손익)이 계상된다.

④ 건물을 투자부동산으로 분류한다면, 20×2년 말 투자부동산평가손실(당기손익)이 계상된다.

⑤ 건물을 유형자산으로 분류한다면, 20×2년 말 재평가잉여금을 감액하고, 재평가손실로 인식한다.

09 ㈜공사는 20×3년 1월 1일에 액면금액 ₩1,000, 표시이자율 연 7%, 만기 2년, 매년 말에 이자를 지급하는 사채를 발행하였다. 다음은 ㈜공사가 작성한 사채상각표의 일부를 나타낸 것이다.

일자	유효이자	표시이자	사채할인발행차금상각	장부금액
20×3. 1. 1				?
20×3. 12. 31	?	?	₩25	?
20×4. 12. 31	?	?	₩27	₩1,000

위의 자료를 이용한 사채에 대한 설명으로 옳지 않은 것은?

① 2년간 이자비용으로 인식할 총금액은 ₩140이다.

② 사채의 발행가액은 ₩948이다.

③ 20×4년 1월 1일 사채를 ₩1,000에 조기상환할 경우 사채상환손실은 ₩27이다.

④ 사채의 이자비용은 매년 증가한다.

⑤ 사채의 장부금액은 매년 증가한다.

10 다음 중 사채발행과 관련된 사항으로 옳지 않은 것은 모두 몇 개인가?

ⓐ 할인발행 시 유효이자율법에 의하면 할인발행차금 상각액은 기간경과에 따라 증가한다.

ⓑ 할인발행 시 유효이자율법에 의하면 이자비용은 기간경과에 따라 증가한다.

ⓒ 할인발행은 표시이자율보다 시장에서 요구하는 수익률이 높은 경제 상황에서 발생한다.

ⓓ 할증발행 시 유효이자율법에 의해 상각할 경우 기간경과에 따라 할증발행차금 상각액은 매기 감소한다.

ⓔ 할증발행 시 기간경과에 따른 이자비용은 매기 감소하고 현금이자 지급액보다 낮은 이자비용이 인식된다.

ⓕ 할증발행 시 사채의 장부금액은 매기 할증발행차금의 상각액만큼 증가한다.

ⓖ 할증발행 시 유효이자율법에 의하면 실질이자율은 기간경과에 관계없이 일정하다.

① 0개   ② 1개

③ 2개   ④ 3개

⑤ 4개

11 ㈜공사의 20×1년 수정전시산표와 결산수정사항을 근거로 재무상태표에 공시될 자본은?

〈20×1년 수정전시산표〉

현금	₩15,000	매입채무	₩3,000
매출채권	₩5,000	미지급금	?
재고자산	₩3,500	단기차입금	₩25,000
토지	₩10,000	감가상각누계액	?
건물	₩50,000	자본금	₩10,000
소모품	₩1,500	이익잉여금	₩21,000
매출원가	₩2,500	매출	₩18,000
보험료	₩500		
급여	₩1,000		
합계	₩89,000	합계	₩89,000

〈결산수정사항〉

- 광고선전비 ₩1,000이 발생하였으나 결산일 현재 지급하지 않았다.
- 결산일 현재 소모품 잔액은 ₩500이다.
- 건물은 20×0년 7월 1일 취득하였으며 취득가액 ₩50,000, 내용연수 4년, 잔존가치 ₩10,000, 연수합계법을 적용하여 월할 감가상각한다.
- 토지는 20×1년 중 취득하였으며 20×1년 결산 시 공정가치모형을 적용한다. 20×1년 말 공정가치는 ₩7,000이다.
- 단기차입 조건은 무이자 조건이며, 매출채권에 대한 대손충당금은 고려하지 않는다.

① ₩5,000
② ₩22,500
③ ₩26,000
④ ₩29,000
⑤ ₩30,000

12 ㈜공사는 20×1년 초 채무상품 A를 ₩950,000에 취득하고, 상각후원가 측정 금융자산으로 분류하였다. 채무상품 A로부터 매년 말 ₩80,000의 현금이자를 수령하며, 취득일 현재 유효이자율은 10%이다. 채무상품 A의 20×1년 말 공정가치는 ₩980,000이며, 20×2년 초 해당 채무상품 A의 50%를 ₩490,000에 처분하였을 때 ㈜공사가 인식할 처분손익은?

① 처분손실 ₩7,500
② 처분손익 ₩0
③ 처분이익 ₩7,500
④ 처분이익 ₩15,000
⑤ 처분이익 ₩17,500

13 20×1년 초에 설립된 12월 결산법인 ㈜공사의 20×1년 법인세비용차감전순이익은 ₩50,000이다. 20×1년의 세무조정사항은 다음과 같으며, 차감할 일시적 차이가 사용될 수 있는 과세소득의 발생가능성은 높다. ㈜공사의 20×1년 법인세비용은 얼마인가? (단, 당기의 평균세율은 20%이며, 차기 이후의 법인세 관련 세율의 변동은 없을 것으로 예상된다)

• 접대비 한도초과액 손금불산입	₩1,000
• 미수이자 익금불산입	₩3,000
• 감가상각비 한도초과액 손금불산입	₩7,000

① ₩10,000
② ₩10,200
③ ₩11,000
④ ₩11,800
⑤ ₩12,400

14 ㈜공사는 결산일 현재 총자산이 ₩100,000이고 총부채가 ₩70,000이다. 총자산 중 유동자산은 ₩30,000이고, 총부채 중 유동부채는 ₩50,000이다. 회사는 유동비율과 부채비율을 100%로 유지하는 것을 목표로 하고 있다. 이러한 목표를 달성하기 위한 조치로 적절한 것은?

① 유동부채 ₩20,000을 현금으로 상환한다.

② 유상증자를 실시하여 현금 ₩20,000을 조달한다.

③ 유동부채 ₩20,000을 출자전환한다.

④ 유동자산을 처분하여 유동부채 ₩20,000을 상환한다.

⑤ 비유동부채를 ₩20,000 차입한다.

15 ㈜공사의 20×3년 말 회계감사과정에서 발견된 기말 재고자산 관련 오류사항은 다음과 같다.

20×1년 말	20×2년 말	20×3년 말
₩5,000 과대	₩2,000 과대	₩3,000 과대

위의 오류사항을 반영하기 전 20×3년 말 이익잉여금은 ₩100,000, 20×3년도 당기순이익은 ₩30,000이었다. 오류를 수정한 후의 20×3년 말 이익잉여금(A)과 20×3년도 당기순이익(B)은 각각 얼마인가? (단, 오류는 중요한 것으로 가정한다)

	(A)	(B)
①	₩90,000	₩25,000
②	₩90,000	₩27,000
③	₩97,000	₩27,000
④	₩97,000	₩29,000
⑤	₩99,000	₩27,000

16 ㈜공사의 20×1년 초 자본 총계가 ₩100,000이고, 20×1년 중 자본 관련 거래가 다음과 같을 때 20×1년 말 자본총계는?

- 주당 액면가 ₩1,000의 보통주 10주를 주당 ₩900에 발행하였다.
- 전기에 주당 ₩2,000에 매입한 자기주식 10주를 소각하였다. (상법상 자본금 감소 규정에 따름)
- 현금배당 ₩1,000을 실시하고 이익준비금으로 ₩100을 적립하였으며, 주식배당 ₩1,000을 결의하고 지급하였다.
- 기타포괄손익-공정가치 측정 금융자산의 공정가치가 ₩2,500 증가하였다.
- 20×1년의 총포괄이익은 ₩5,000이다.

① ₩110,000   ② ₩111,000

③ ₩112,000   ④ ₩113,000

⑤ ₩114,000

17 ㈜공사는 20×1년과 20×2년에 당기순이익으로 각각 ₩1,000,000과 ₩2,000,000을 보고하였다. 그러나 20×1년과 20×2년의 당기순이익에는 아래와 같은 중요한 오류가 포함되어 있었다. 이러한 오류가 20×1년과 20×2년의 당기순이익에 미친 영향으로 가장 옳은 것은?

구분	20×1년	20×2년
감가상각비	₩100,000 과대계상	₩200,000 과대계상
기말선급보험료	30,000 과소계상	20,000 과소계상
기말미지급임차료	10,000 과대계상	40,000 과대계상
기말재고자산	70,000 과소계상	50,000 과소계상

	20×1년	20×2년
①	₩210,000 과대계상	₩200,000 과대계상
②	210,000 과대계상	200,000 과소계상
③	210,000 과소계상	200,000 과대계상
④	210,000 과소계상	200,000 과소계상
⑤	200,000 과소계상	200,000 과대계상

18 ㈜갑은 판매한 제품에 대해 품질보증을 실시하고 있다. 20×1년도 말 현재 품질보증과 관련하여 미래에 지출될 충당부채의 최선의 추정치는 ₩1,700이고, 수정전시산표의 제품보증충당부채 계정잔액은 ₩1,000이다. 20×1년도 중에 품질보증과 관련하여 ₩100의 지출이 있었다. 20×1년도 재무제표에 보고될 제품보증충당부채와 제품보증비용은?

	제품보증충당부채	제품보증비용
①	₩1,000	₩700
②	₩1,600	₩800
③	₩1,700	₩700
④	₩1,700	₩800
⑤	₩1,800	₩700

19 다음은 상품매매 기업인 ㈜공사의 재무비율을 산정하기 위한 자료이다.

- 매출　₩4,500,000 ・ 매출원가　₩4,000,000
- 기초매출채권　₩150,000 ・ 기말매출채권　₩450,000
- 기초재고자산　₩240,000 ・ 기말재고자산　₩160,000

㈜공사는 매출이 전액 외상으로 이루어지며, 재고자산회전율 계산 시 매출원가를 사용할 경우, 매출채권회전율과 재고자산평균처리기간은? (단, 1년은 360일, 회전율 계산 시 기초와 기말의 평균값을 이용한다)

	매출채권회전율(회)	재고자산평균처리기간(일)
①	15	18
②	15	36
③	30	18
④	30	36
⑤	45	30

20 다음의 자료를 이용하여 계산한 ㈜서울의 20×1년도 영업활동 순현금흐름이 ₩29,000인 경우, 20×1년도 포괄손익계산서상 ㈜서울의 당기순이익은?

(1) 20×1년도 포괄손익계산서 자료
- 당기순이익은 (?)이다.
- 매출채권에서 발생한 대손상각비는 ₩4,000이다.
- 감가상각비는 ₩18,000이다.
- 유형자산처분손실은 ₩9,000이다.
- 사채상환이익은 ₩15,000이다.

(2) 20×1년 말 재무상태표 자료
20×1년 기초금액 대비 기말금액의 증감은 다음과 같다.

계정과목	증감
매출채권(순액)	₩20,000 증가
재고자산	₩25,000 증가
선급비용	₩5,000 감소
유형자산(순액)	₩30,000 증가
매입채무	₩2,000 증가
자본금	₩10,000 감소
자본잉여금	₩40,000 증가

① ₩23,000　　② ₩30,000

③ ₩39,000　　④ ₩42,000

⑤ ₩55,000

01 당기 중 매출채권 회수액은 ₩2,000,000(매출할인 ₩50,000 제외)이며, 선수금 수령액은 ₩100,000이다. 기초 및 기말의 채권·채무내역이 다음과 같을 경우 당기 손익계산서에 표시될 매출액은 얼마인가? (당기 포괄손익계산서에 인식된 대손상각비는 ₩5,000이며 당기 중 전기에 대손처리하였던 채권 중 ₩5,000을 현금으로 회수하였다)

	기초	기말
매출채권	₩500,000	₩450,000
대손충당금	(50,000)	(45,000)
선수금	10,000	5,000

① ₩2,070,000　　② ₩2,065,000

③ ₩2,060,000　　④ ₩2,055,000

⑤ ₩2,040,000

02 ㈜한국은 20×1년 1월 1일에 영업용 건물(취득원가 ₩10,000, 잔존가치 ₩0, 내용연수 4년, 정액법 감가상각)을 취득하여 원가모형을 적용하고 있다. 20×3년 1월 1일에 ₩5,000의 수선비가 지출되었고, 이로 인하여 내용연수가 2년 연장될 것으로 추정하였다. 수선비는 자산화하기로 하였으며, ㈜한국은 감가상각방법을 20×3년 초부터 연수합계법으로 변경하기로 하였다. 영업용 건물의 회계처리가 ㈜한국의 20×3년도 당기순이익에 미치는 영향은? (단, 단수차이로 인해 오차가 있다면 가장 근사치를 선택한다)

① ₩1,000 감소　　② ₩2,000 감소

③ ₩3,000 감소　　④ ₩3,500 감소

⑤ ₩4,000 감소

03 다음은 20×1년 초에 설립한 ㈜한국의 법인세 관련 자료이다.

- 20×1년 세무조정사항
  - 감가상각비한도초과액 ₩125,000
  - 접대비한도초과액 ₩60,000
  - 정기예금 미수이자 ₩25,000
- 20×1년 법인세비용차감전순이익 ₩490,000
- 연도별 법인세율은 20%로 일정하다.
- 이연법인세자산(부채)의 실현가능성은 거의 확실하다.

20×1년 법인세비용은?

① ₩85,000　　② ₩98,000

③ ₩105,000　　④ ₩110,000

⑤ ₩120,000

04 리스제공자는 리스의 실질에 따라 각 리스계약을 운용리스 또는 금융리스로 분류한다. 다음 중 일반적으로 금융리스로 분류되는 상황에 해당하지 않는 것은?

① 기초자산이 특수하여 해당 리스이용자만이 주요한 변경 없이 사용할 수 있는 경우

② 리스계약상 리스기간 종료시점까지 해지불능리스인 경우

③ 리스기간 종료시점 이전에 기초자산의 소유권이 리스이용자에게 이전되는 리스

④ 리스약정일 현재 리스료의 현재가치가 적어도 기초자산 공정가치의 대부분에 해당하는 경우

⑤ 리스기간 종료 시 소유권이전 약정이 있는 경우

05 다음은 주식시장에서 대표적으로 PER(Price-Earnings Ratio)가 낮은 주식으로 알려진 ㈜청담에 관한 자료이다.

- 20×0년 1월 1일 유통보통주(액면금액 ₩5,000)는 100,000주이고 예상 당기순이익과 법인세율은 각각 ₩200,000,000과 30%임
- 20×0년 7월 1일 제3자 인수방식에 의해 대주주에게 전환사채를 인수시킴
  - 액면금액 ₩1,000,000,000에 액면발행
  - 6개월간 전환사채이자비용은 ₩10,000,000으로 예상됨(표시이자율 연 2%)
  - 전환사채 액면금액 ₩5,000당 보통주 1주로 전환이 가능하나 실제로 주식으로 전환된 전환사채는 없었음

모든 수치는 예상대로 진행되었으며 주가는 연중 ₩10,000으로 유지된 것으로 가정한다. K-IFRS에 따라 주당이익을 계산하면 ㈜청담의 PER는 각각 얼마가 되는가? (단, 유통 월수를 가중치로 사용하여 가중평균주식수를 계산한다)

	기본 PER	희석 PER
①	5.00	9.66
②	5.00	10.00
③	7.14	10.00
④	7.14	13.61
⑤	8.24	15.61

06 다음은 ㈜코리아의 20×1년 기초 및 기말 재무상태표에서 추출한 자산과 부채의 자료이다.

구분	20×1년 기초	20×1년 기말
자산총계	₩6,000,000	₩20,000,000
부채총계	₩2,800,000	₩10,000,000

㈜코리아는 20×1년 중에 유상증자로 ₩1,000,000의 자금을 조달하였고 ₩200,000의 무상증자를 실시하였다. 이익처분으로 현금배당 ₩600,000과 주식배당 ₩800,000을 지급하였고 법정적립금으로 ₩100,000의 이익준비금을 적립하였다. 20×1년도 당기에 재평가잉여금은 ₩500,000만큼 증가했고, 금융자산평가이익(기타포괄이익)은 ₩800,000이 증가하였다. ㈜코리아의 20×1년 포괄손익계산서에 표시될 총포괄이익은 얼마인가? (단, ㈜코리아의 자본은 납입자본과 이익잉여금 및 기타자본요소로 구성되어 있다)

① ₩4,200,000 ② ₩4,300,000
③ ₩5,000,000 ④ ₩5,400,000
⑤ ₩6,400,000

07 퇴직급여제도 중 확정급여제도에 대한 설명으로 가장 거리가 먼 것은?

① K-IFRS에서는 중요한 퇴직급여채무를 측정할 때 회계정보의 신뢰성을 부여하기 위하여 자격이 있는 보험계리인의 참여를 의무화하고 있다.

② 기업이 보험수리적위험과 투자위험을 실질적으로 부담한다. 보험수리적 실적이나 투자실적이 예상보다 저조하다면 기업의 의무는 증가할 수 있다.

③ 채무는 종업원이 관련 근무용역을 제공한 후 오랜 기간이 지나서야 결제될 수 있으므로 할인된 금액으로 측정한다.

④ 확정급여제도는 기금이 별도로 적립되지 않는 경우도 있으나, 확정급여의 전부 또는 부분적으로 기금이 적립되는 경우도 있다. 기금이 적립되는 확정급여제도의 경우에는 그 기금에서 종업원급여가 지급된다.

⑤ 확정급여제도에서는 투자위험을 기업이 부담한다.

08 다음 중 유형자산의 최초원가를 결정하는 방법으로 적절하지 않은 것은?

① 건물을 신축하기 위하여 사용 중인 기존 건물을 철거하는 경우 그 건물의 장부금액은 처분손실로 반영하고, 철거비용은 전액 신건물의 취득원가에 산입한다.

② 유형자산을 장기연불조건으로 구입하거나, 대금지급기간이 일반적인 신용기간보다 긴 경우 취득원가는 취득시점의 현금구입가격(현재가치)으로 한다.

③ 시운전이나 본격적인 가동준비를 위한 지출이라도 유형자산을 사용가능한 상태로 만드는 과정과 직접 관련이 없다면 최초원가에 포함하지 않는다.

④ 자산의 취득, 건설, 개발에 따른 복구비용에 대한 충당부채는 유형자산을 취득하는 시점에서 해당 유형자산의 취득원가에 반영한다.

⑤ 정부보조 등에 의해 유형자산을 무상 또는 공정가치보다 낮은 대가로 취득한 경우 그 유형자산의 최초원가 및 정부보조금은 취득일의 공정가치로 함을 원칙으로 한다.

09 다음 중 재고자산 회계처리에 대한 설명으로 옳지 않은 것은?

① 매입원가는 매입가격에 수입관세와 제세금(과세당국으로부터 추후 환급받을 수 있는 금액은 제외), 매입운임, 하역료 그리고 완제품, 원재료 및 용역의 취득과정에 직접 관련된 기타 원가를 가산한 금액이다.

② 재고자산을 순실현가능가치로 감액한 평가손실과 모든 감모손실은 감액이나 감모가 발생한 기간에 비용으로 인식한다. 순실현가능가치의 상승으로 인한 재고자산 평가손실의 환입은 환입이 발생한 기간의 비용으로 인식된 재고자산 금액의 차감액으로 인식한다.

③ 후속 생산단계에 투입하기 전에 보관이 필요한 경우의 보관원가는 재고자산의 취득원가에 포함할 수 없으며 발생기간의 비용으로 인식하여야 한다.

④ 완성될 제품이 원가 이상으로 판매될 것으로 예상하는 경우에는 그 생산에 투입하기 위해 보유하는 원재료 및 기타 소모품을 감액하지 아니한다.

⑤ 단위당 원가가 상승하는 경우에는 이동평균법에 의한 당기순이익이 총평균법에 의한 당기순이익보다 이익이 더 크다.

10 상품매매기업인 ㈜공사의 정상영업주기는 상품매입시점부터 판매대금 회수시점까지 기간으로 정의된다. 20×1년 정상영업주기는 60일이며, 매출이 ₩2,000,000, 평균 매출채권이 ₩200,000, 평균 재고자산이 ₩100,000이라면 ㈜공사의 20×1년 매출원가는? (단, 매출은 전액 외상매출이고, 1년은 360일로 가정한다)

① ₩300,000 ② ₩600,000

③ ₩800,000 ④ ₩1,000,000

⑤ ₩1,500,000

11 ㈜한국의 기능통화는 원화이며, 달러화 대비 원화의 환율은 다음과 같다.

일자	20×1. 10. 1	20×1. 12. 31	20×2. 3. 1
환율	₩1,000	₩1,040	₩1,020

㈜한국은 20×1년 10월 1일 캐나다에 소재하는 사업목적의 토지를 $10,000에 취득하였고, 20×1년 12월 31일 현재 토지의 공정가치는 $12,000이다. ㈜한국은 재평가모형을 적용하고 있으며 매년 재평가를 실시한다. 20×2년 3월 1일에 토지를 $15,000에 판매한 경우 인식해야 하는 유형자산처분이익은?

① ₩5,300,000   ② ₩5,100,000

③ ₩2,820,000   ④ ₩2,480,000

⑤ ₩2,400,000

12 법인세 회계처리에 대한 다음 설명으로 옳지 않은 것은?

① 이연법인세자산과 부채는 현재가치로 할인하지 아니한다.

② 이연법인세자산의 장부금액은 매 보고기간 말에 검토한다. 이연법인세자산의 일부 또는 전부에 대한 혜택이 사용되기에 충분한 과세소득이 발생할 가능성이 더 이상 높지 않다면, 이연법인세자산의 장부금액을 감액시킨다. 감액된 금액은 사용되기에 충분한 과세소득이 발생할 가능성이 높아지더라도 다시 환입하지 아니한다.

③ 당기 및 과거기간에 대한 당기법인세 중 납부되지 않은 부분을 부채로 인식한다. 만일 과거기간에 이미 납부한 금액이 그 기간 동안 납부하여야 할 금액을 초과하였다면 그 초과금액은 자산으로 인식한다.

④ 이연법인세자산과 부채는 보고기간 말까지 제정되었거나 실질적으로 제정된 세율(및 세법)에 근거하여 당해 자산이 실현되거나 부채가 결제될 회계기간에 적용될 것으로 기대되는 세율을 사용하여 측정한다.

⑤ 이연법인세자산(부채)은 유동자산(부채)으로 분류하지 않는다.

13 ㈜대한은 20×1년 1월 1일 원가 ₩100,000의 상품을 판매하고 계약금으로 현금 ₩50,000을 받고 6개월마다 ₩20,000씩 6번(3년간 매 6월 30일과 12월 31일)을 받기로 하였다. 상품에 대한 통제는 판매시점에 고객에게 이전되며, 20×1년 1월 1일 현재 ㈜대한과 고객 간의 별도 금융거래에서 사용할 이자율은 연 10%이다. K-IFRS에 따라 회계처리할 경우 20×1년에 이 거래를 통하여 발생되는 매출총이익은 얼마인가? (필요한 연금 현가계수는 다음과 같다)

- 5%, 6년: 5.1
- 10%, 3년: 2.5
- 10%, 6년: 4.35

① ₩52,000   ② ₩60,000

③ ₩62,000   ④ ₩70,000

⑤ ₩72,000

14 토지의 취득원가에 포함해야 할 항목을 모두 고른 것은?

ㄱ. 토지 중개수수료 및 취득세
ㄴ. 직전 소유자의 체납재산세를 대납한 경우, 체납재산세
ㄷ. 회사가 유지·관리하는 상하수도 공사비
ㄹ. 내용연수가 영구적이지 않은 배수공사비용 및 조경공사비용
ㅁ. 토지의 개발이익에 대한 개발부담금

① ㄱ, ㄴ, ㄷ   ② ㄱ, ㄴ, ㅁ

③ ㄱ, ㄷ, ㄹ   ④ ㄱ, ㄷ, ㅁ

⑤ ㄱ, ㄹ, ㅁ

15 투자부동산에 관한 설명으로 옳지 않은 것은?

① 소유 투자부동산은 최초 인식시점에서 원가로 측정한다. 이때 발생한 거래원가는 당기 비용으로 처리한다.

② 투자부동산에 대하여 공정가치모형을 선택한 경우에는 최초 인식 후 모든 투자부동산을 공정가치로 측정한다.

③ 투자부동산의 폐기나 처분으로 생기는 손익은 순처분금액과 장부금액의 차액이며 폐기하거나 처분한 기간에 당기손익으로 인식한다.

④ 투자부동산을 후불조건으로 취득하는 경우의 원가는 취득시점의 현금가격상당액으로 하며 현금가격상당액과 실제 총지급액의 차액은 신용기간 동안의 이자비용으로 인식한다.

⑤ 투자부동산에 대하여 원가모형을 적용하는 경우에는 감가상각자산에 대해 감가상각을 수행하고, 공정가치모형을 적용하는 경우에는 감가상각자산에 대해 감가상각을 수행하지 않는다.

16 ㈜한국은 20×1년 초 부여일로부터 3년의 용역제공을 조건으로 직원 50명에게 각각 주식선택권 10개를 부여하였으며, 부여일 현재 주식선택권의 단위당 공정가치는 ₩1,000으로 추정되었다. 주식선택권 1개로는 1주의 주식을 부여받을 수 있는 권리를 가득일로부터 3년간 행사가 가능하며, 총 35명의 종업원이 주식선택권을 가득하였다. 20×4년 초 주식선택권을 가득한 종업원 중 60%가 본인의 주식선택권 전량을 행사하였다면, ㈜한국의 주식발행초과금은 얼마나 증가하는가? (단, ㈜한국 주식의 주당 액면금액은 ₩5,000이고, 주식선택권의 개당 행사가격은 ₩7,000이다)

① ₩630,000   ② ₩1,050,000
③ ₩1,230,000   ④ ₩1,470,000
⑤ ₩1,500,000

17 ㈜한국의 20×1년도 현금흐름표상 영업에서 창출된 현금(영업으로부터 창출된 현금)은 ₩100,000이다. 다음 자료를 이용하여 계산한 ㈜한국의 20×1년 법인세비용차감전순이익 및 영업활동순현금흐름은? (단, 이자지급 및 법인세 납부는 영업활동으로 분류한다)

• 매출채권손상차손 ₩500	• 매출채권(순액) 증가 ₩4,800
• 감가상각비 1,500	• 재고자산(순액) 감소 2,500
• 이자비용 2,700	• 매입채무 증가 3,500
• 사채상환이익 700	• 미지급이자 증가 1,000
• 법인세비용 4,000	• 미지급법인세 감소 2,000

	법인세비용차감전순이익	영업활동순현금흐름
①	₩94,800	₩92,300
②	₩95,300	₩92,300
③	₩96,800	₩95,700
④	₩97,300	₩95,700
⑤	₩97,300	₩97,300

18 ㈜한국은 20×1년 초 기계장치(취득원가 ₩1,000,000, 내용연수 5년, 잔존가치 ₩0, 정액법 상각)를 취득하여 원가모형을 적용하고 있다. 20×2년 초 ㈜한국은 동 기계장치에 대해 자산인식기준을 충족하는 후속원가 ₩325,000을 지출하였다. 이로 인해 내용연수가 2년 연장(20×2년 초 기준 잔존내용연수 6년)되고 잔존가치는 ₩75,000 증가할 것으로 추정하였으며, 감가상각방법은 이중체감법(상각률은 정액법 상각률의 2배)으로 변경하였다. ㈜한국은 동 기계장치를 20×3년 초 현금을 받고 처분하였으며, 처분이익은 ₩10,000이다. 기계장치 처분 시 수취한 현금은?

① ₩610,000   ② ₩620,000
③ ₩720,000   ④ ₩760,000
⑤ ₩780,000

19 ㈜공사는 냉장고를 제조하여 판매하고 보증기간 내에 제조상 결함이 발견된 경우, 제품을 수선하거나 새 제품으로 교환해주는 제품보증정책을 취하고 있다. 이에 대한 회계처리 방법으로 옳지 않은 것은?

① 경제적 효익을 갖는 자원의 유출가능성이 높고 금액을 신뢰성 있게 추정할 수 있는 경우, 충당부채로 인식한다.

② 경제적 효익을 갖는 자원의 유출가능성이 높으나 금액을 신뢰성 있게 추정할 수 없는 경우, 충당부채로 인식한다.

③ 경제적 효익을 갖는 자원의 유출가능성이 높지 않으나 아주 낮지도 않은 경우, 우발부채로 공시한다.

④ 경제적 효익을 갖는 자원의 유출가능성이 아주 낮은 경우, 우발부채로도 공시하지 아니한다.

⑤ 경제적 효익을 갖는 자원의 유출가능성이 높지 않고 금액을 신뢰성 있게 추정할 수 있는 경우, 우발부채로 인식한다.

20 다음 중 자본에 관한 설명으로 옳은 것만을 모두 고른 것은?

> ㄱ. 주식분할을 실시하면 자본 총액은 변동하지 않고 자본금은 증가한다.
> ㄴ. 주식배당을 실시하면 자본 총액은 변동하지 않고 자본금은 증가한다.
> ㄷ. 유상증자를 실시하면 자본 총액은 변동하지 않고 자본금은 증가한다.
> ㄹ. 무상증자를 실시하면 자본 총액은 변동하지 않고 자본금은 증가한다.

① ㄱ, ㄴ   ② ㄱ, ㄷ
③ ㄱ, ㄹ   ④ ㄴ, ㄹ
⑤ ㄷ, ㄹ

기출동형모의고사

해커스공기업 쉽게 끝내는 회계학 기본서

01 회계상의 거래에 포함될 수 없는 것은?

① 장부가액이 ₩2,500,000인 건물이 화재로 인해 전소되었다.
② 상품을 판매하고 아직 대금을 받지 않았다.
③ 원료 공급회사와 100톤의 원재료를 ₩1,000,000에 구입하기로 계약을 체결하였다.
④ 기계장치를 구입하여 인도받았으나 아직 대금을 지급하지 않았다.
⑤ 다음 달 사무실을 이전하기로 하고 매월 말 ₩1,000,000의 임차료를 지급하는 계약을 건물주와 체결하고 계약금 ₩100,000을 지급하였다.

02 다음 중 자산 총액, 부채 총액 및 자본 총액의 변동이 없는 것은?

① 건물을 장부가액으로 매각하고 대금은 1개월 후에 받기로 하였다.
② 유상증자를 하여 주주로부터 자본금을 납입받았다.
③ 주주에게 현금배당금을 지급하였다.
④ 토지를 매입하고 그에 대한 대가로 어음을 교부하였다.
⑤ 상품을 공급처로부터 외상매입하였다.

03 다음 중 시산표의 작성을 통해 발견할 수 있는 오류는?

① 상품을 판매한 거래에 대하여 두 번 분개한 경우
② 거래를 분개함에 있어서 차입금 계정의 차변에 기록하여야 하는데 대여금 계정의 차변에 기록한 경우
③ 실제 거래한 금액과 다르게 대변과 차변에 동일한 금액을 전기한 경우
④ 매출채권 계정의 차변에 전기해야 하는데 대변으로 전기한 경우
⑤ 대여금을 현금으로 회수하면서 현금계정과 대여금 계정에 중복하여 차기, 대기한 경우

04 ㈜해커는 20×1년 9월 1일에 1년분 보험료로 ₩1,200을 지급하고 보험료로 회계처리하였다. ㈜해커가 20×1년 말 동 보험료와 관련한 수정분개를 누락하였다면, 20×1년 재무제표에 미치는 영향은? (단, 보험료 인식은 월할계산한다)

① 자산 ₩400 과소계상, 당기순이익 ₩400 과소계상
② 자산 ₩400 과대계상, 당기순이익 ₩400 과대계상
③ 자산 ₩800 과소계상, 당기순이익 ₩800 과소계상
④ 자산 ₩800 과대계상, 당기순이익 ₩800 과대계상
⑤ 자산 ₩800 과대계상, 당기순이익 ₩800 과소계상

05 다음은 ㈜해커의 2021년 12월 31일 종료되는 회계연도의 수정전시산표의 계정 일부이다.

• 선급보험료	₩60,000	• 이자수익	₩40,000
• 임차료	30,000	• 소모품비	5,000
• 상품	100,000	• 매입	800,000

다음 자료를 고려하여 결산수정분개를 완료했을 때, 당기순이익에 미치는 영향은?

- 선급보험료는 2021년 12월 1일에 6개월분 화재 보험료를 현금 지급한 것이다.
- 이자수익은 2021년 10월 1일에 6개월분의 선이자를 현금으로 받은 것이다.
- 임차료는 2021년 11월 1일에 3개월분 임차료를 현금 지급한 것이다.
- 결산일 현재 미사용한 소모품은 ₩2,000이다.
- 기말 실지재고조사 결과 상품재고는 ₩120,000이다.

① ₩782,000 감소 ② ₩798,000 감소

③ ₩812,000 감소 ④ ₩828,000 감소

⑤ ₩832,000 감소

---

06 재무보고를 위한 개념체계의 내용으로 옳지 않은 것은?

① 목적적합한 재무정보는 정보이용자의 의사결정에 차이가 나도록 할 수 있다.

② 재무정보가 유용하기 위한 근본적 질적 특성은 목적적합성과 적시성이다.

③ 재무정보에 예측가치, 확인가치 또는 이 둘 모두가 있다면 그 재무정보는 의사결정에 차이가 나도록 할 수 있다.

④ 완벽한 표현충실성을 위해서 서술은 완전하고, 중립적이며, 오류가 없어야 한다.

⑤ 완전한 서술은 필요한 기술과 설명을 포함하여 정보이용자가 서술되는 현상을 이해하는 데 필요한 모든 정보를 포함하는 것이다.

---

07 한국채택국제회계기준에 근거한 재무제표 작성과 표시의 일반원칙에 관한 설명으로 옳지 않은 것은?

① 기업은 현금흐름 정보를 제외하고는 발생기준 회계를 사용하여 재무제표를 작성한다.

② 한국채택국제회계기준에서 요구하거나 허용하지 않는 한 자산과 부채, 그리고 수익과 비용은 상계하지 아니한다.

③ 재무제표 본문에서 중요하지 않다고 판단하여 구분하여 표시하지 않은 항목은 주석에서도 구분하여 표시할 수 없다.

④ 한국채택국제회계기준이 달리 허용하거나 요구하는 경우를 제외하고는 당기 재무제표에 보고되는 모든 금액에 대해 전기 비교정보를 공시하며, 재무제표를 이해하는 데 목적적합하다면 서술형 정보의 경우에도 비교정보를 포함한다.

⑤ 경영진은 재무제표를 작성할 때 계속기업으로서의 존속가능성을 평가해야 한다.

---

08 재무제표 표시에 대한 설명으로 옳은 것은?

① 재무상태표에 자산과 부채는 반드시 유동성 순서에 따라 표시하여야 한다.

② 정상적인 영업활동과 구분되는 거래나 사건에서 발생하는 것으로 그 성격이나 미래의 지속성에 차이가 나는 특별손익 항목은 포괄손익계산서에 구분해서 표시하여야 한다.

③ 부적절한 회계정책이라도 공시나 주석 또는 보충자료를 통해 잘 설명된다면 정당화될 수 있다.

④ 매출채권에 대해 대손충당금을 차감하여 순액으로 측정하는 것은 상계표시에 해당한다.

⑤ 재무제표 항목의 표시와 분류방법의 적절한 변경은 회계정책변경에 해당된다.

09 ㈜해커는 재고자산에 대해 가중평균법을 적용하고 있으며, 2021년 상품거래 내역은 다음과 같다. 상품거래와 관련하여 실지재고조사법과 계속기록법을 각각 적용할 경우, 2021년도 매출원가는? (단, 상품과 관련된 감모손실과 평가손실은 발생하지 않았다)

일자	적요	수량	단가	금액
1/1	기초재고	100개	₩8	₩800
3/4	매입	300개	₩9	₩2,700
6/20	매출	(200개)	–	–
9/25	매입	100개	₩10	₩1,000
12/31	기말재고	300개	–	–

	실지재고조사법	계속기록법
①	₩1,700	₩1,700
②	1,750	1,700
③	1,750	1,750
④	1,800	1,750
⑤	1,850	1,800

10 ㈜해커는 2021년 2월 1일 창고에 화재가 발생하여 재고자산의 대부분이 소실되었다. 실사 결과, 화재 후 남은 재고자산이 ₩100,000으로 평가되었다. 회사는 재고자산수량 파악을 위해 실지재고조사법을 사용하고 있으며 2021년 2월 1일까지 관련 장부기록을 통해 확인된 자료는 다음과 같다. 아래의 자료를 이용하여 계산한 화재로 인한 재고자산의 손실금액은 얼마인가?

• 기초재고자산 재고액	₩400,000
• 매입환출 및 에누리액	200,000
• 당기매출액	2,150,000
• 매출할인액	200,000
• 당기매입액	1,600,000
• 매입할인액	100,000
• 매출환입 및 에누리액	150,000
• 매출총이익률	25%

① ₩100,000　　② ₩150,000
③ ₩200,000　　④ ₩250,000
⑤ ₩300,000

11 한국채택국제회계기준서에 의할 때 유형자산의 취득원가 결정에 관한 설명 중 옳지 않은 것은?

① 자산의 취득, 건설, 개발에 따른 복구비용에 대한 충당부채는 유형자산을 취득하는 시점에서 해당 유형자산의 취득원가에 반영하는 것을 원칙으로 한다.

② 유형자산을 장기후불조건으로 구입하거나, 대금지급기간이 일반적인 신용기간보다 긴 경우 취득원가는 취득시점의 현금구입가격으로 한다.

③ 취득세, 등록세 등 유형자산의 취득과 직접 관련된 제세공과금은 유형자산의 취득원가에 반영한다.

④ 건물을 신축하기 위하여 회사가 사용 중인 기존 건물을 철거하는 경우 철거비용은 토지의 취득원가에 반영한다.

⑤ 자동차 취득 시 불가피하게 매입하는 국공채의 매입가액과 현재가치평가액의 차액은 당해 자동차의 취득원가에 산입한다.

12 ㈜한국도시가스는 20×1년 1월 1일 도시가스 배관설비 ₩10,000,000을 취득하였다. 대금 중 ₩4,000,000은 정부로부터 보조받은 것이다. 이 회사는 위 배관설비의 잔존가치를 ₩1,000,000으로 예상하였으며, 4년간 연수합계법에 의하여 상각한다. 20×2년도 감가상각비로 계상해야 할 금액은 얼마인가? (단, 정부보조금은 자산차감법으로 처리한다고 가정한다)

① ₩4,000,000　　② ₩3,000,000
③ ₩2,500,000　　④ ₩2,000,000
⑤ ₩1,500,000

13 ㈜해커는 20×1년 초에 본사건물을 ₩1,000,000에 취득(정액법 상각, 내용연수 5년, 잔존가치 없음)하여 사용하고 있으며, 매년 말 공정가치로 재평가한다. 한편 본사건물의 20×1년 말 공정가치는 ₩900,000이며, 20×2년 말 공정가치는 ₩500,000이다. 동 본사건물과 관련된 회계처리가 ㈜해커의 20×2년도 당기순이익에 미치는 영향은? (단, 재평가잉여금은 이익잉여금으로 대체하지 않는다)

① ₩75,000 감소
② ₩100,000 감소
③ ₩175,000 감소
④ ₩225,000 감소
⑤ ₩300,000 감소

14 ㈜해커는 20×1년 1월 1일에 기계장치를 ₩160,000에 취득(정액법 상각, 내용연수 5년, 잔존가치 없음)하여 사용해 오고 있다. 동 기계장치의 회수가능액이 20×1년 12월 31일에는 ₩84,000으로 추정되었으며, 20×2년 12월 31일에는 ₩100,000으로 회복된 것으로 추정되었다. ㈜해커가 20×2년도에 인식할 손상차손환입액은?

① ₩16,000
② ₩33,000
③ ₩37,000
④ ₩44,000
⑤ ₩50,000

15 무형자산의 회계처리에 관한 설명으로 옳은 것을 모두 고른 것은?

> ㄱ. 내용연수가 비한정적인 무형자산은 상각하지 않고, 무형자산의 손상을 시사하는 징후가 있을 경우에 한하여 손상검사를 수행해야 한다.
> ㄴ. 무형자산을 창출하기 위한 내부 프로젝트를 연구단계와 개발단계로 구분할 수 없는 경우에는 그 프로젝트에서 발생한 지출은 모두 연구단계에서 발생한 것으로 본다.
> ㄷ. 브랜드, 제호, 출판표제, 고객목록 및 이와 실질이 유사한 항목은 그것을 외부에서 창출하였는지 또는 내부적으로 창출하였는지에 관계없이 취득이나 완성 후의 지출은 발생시점에 무형자산의 원가로 인식한다.
> ㄹ. 내용연수가 유한한 무형자산의 잔존가치는 적어도 매 회계연도 말에는 검토하고, 잔존가치의 변동은 회계추정의 변경으로 처리한다.
> ㅁ. 무형자산은 처분하는 때 또는 사용이나 처분으로부터 미래 경제적 효익이 기대되지 않을 때 재무상태표에서 제거한다.

① ㄱ, ㄴ, ㄷ
② ㄱ, ㄷ, ㄹ
③ ㄱ, ㄹ, ㅁ
④ ㄴ, ㄹ, ㅁ
⑤ ㄷ, ㄹ, ㅁ

16 ㈜해커는 20×1년 1월 1일에 ㈜성공을 흡수합병하였다. 합병시점에 ㈜해커와 ㈜성공의 식별가능한 자산과 부채의 장부금액 및 공정가치는 다음과 같다. ㈜해커가 합병대가로 보통주(액면금액 ₩3,000, 공정가치 ₩3,500)를 ㈜성공에 발행교부하였을 경우, 영업권으로 인식할 금액은?

구분	㈜해커		㈜성공	
	장부금액	공정가치	장부금액	공정가치
유동자산	₩2,000	₩1,900	₩1,800	₩1,300
유형자산	3,000	2,700	2,100	1,600
특허권	300	0	100	200
유동부채	400	400	200	200
장기차입금	600	600	660	660

① ₩760
② ₩960
③ ₩1,260
④ ₩1,360
⑤ ₩1,460

17 ㈜해커는 20×1년 초 건물을 취득(취득원가 ₩1,000,000, 잔존가치 ₩0, 내용연수 10년, 정액법 상각)하고, 이를 투자부동산으로 분류하였다. 동 건물의 공정가치를 신뢰성 있게 측정가능하여 공정가치모형을 적용하였으며, 20×1년 말 공정가치는 ₩1,050,000이다. 20×1년에 인식할 감가상각비와 공정가치 변동에 따른 당기이익은? (단, 동 건물은 투자부동산 분류요건을 만족하고, 손상차손은 없다)

① 감가상각비 ₩0 당기이익 ₩50,000
② 감가상각비 ₩0 당기이익 ₩150,000
③ 감가상각비 ₩100,000 당기이익 ₩0
④ 감가상각비 ₩100,000 당기이익 ₩50,000
⑤ 감가상각비 ₩100,000 당기이익 ₩150,000

18 ㈜한국의 20×1년 12월 31일 결산일 현재 다음의 현금 및 예금 등의 자료를 이용할 때, 20×1년 재무상태표에 보고할 현금및현금성자산 금액은?

• 현금	₩30,000
• 우편환증서	₩100,000
• 우표와 수입인지	₩20,000
• 은행발행 자기앞수표	₩20,000
• 보통예금(사용제한 없음)	₩10,000
• 정기적금(만기 20×4년 1월 31일)	₩200,000
• 당좌차월	₩50,000
• 당좌개설보증금	₩80,000
• 환매조건부 채권 (20×1년 12월 1일 취득, 만기 20×2년 1월 31일)	₩300,000

① ₩360,000
② ₩440,000
③ ₩460,000
④ ₩660,000
⑤ ₩680,000

19 다음 중 충당부채 및 우발부채에 대한 회계처리 내용으로 옳지 않은 것은?

① 충당부채로 인식되기 위해서는 과거사건으로 인한 의무가 기업의 미래행위와 관련 있어야 한다.
② 충당부채에 대한 화폐의 시간가치가 중요한 경우에는 현재가치로 평가하고, 장부금액을 기간 경과에 따라 증가시키고 해당 금액은 차입원가로 인식한다.
③ 어떤 의무에 대하여 제3자와 연대하여 의무를 지는 경우에 이행하여야 하는 전체 의무 중에서 제3자가 이행할 것으로 기대되는 부분에 한하여 우발부채로 처리한다.
④ 충당부채를 결제하기 위하여 필요한 지출의 일부 또는 전부를 제3자가 변제할 것이 예상되는 경우 기업이 의무를 이행한다면 변제를 받을 것이 거의 확실하게 되는 때에 한하여 변제금액을 인식하고 별도의 자산으로 회계처리한다.
⑤ 충당부채는 부채로 인식하는 반면, 우발부채와 우발자산은 부채와 자산으로 인식하지 않는다.

20 ㈜해커의 20×1년 중 자본 관련 자료가 다음과 같을 때, 20×1년도 자본 증가액은? (단, ㈜해커는 주당 액면금액이 ₩1,000인 보통주만을 발행하고 있다)

- 2월 1일: 보통주 200주를 주당 ₩1,500에 유상증자
- 3월 31일: 자기주식 50주를 주당 ₩1,000에 취득
- 5월 10일: 3월 31일에 취득한 자기주식 중 20주를 소각
- 7월 1일: 상장기업 A 사 주식 150주를 주당 ₩1,500에 취득하여 기타포괄손익－공정가치 측정금융자산으로 분류
- 8월 25일: 보통주 50주를 무상감자
- 9월 1일: 보통주 100주를 주당 ₩800에 유상감자
- 12월 31일: 당기순이익은 ₩100,000을 보고하고 상장기업 A 사 주식의 공정가치는 주당 ₩1,200

① ₩55,000   ② ₩105,000

③ ₩115,000   ④ ₩225,000

⑤ ₩250,000

21 다음 중 주식배당, 무상증자, 주식분할에 대한 비교설명으로 옳지 않은 것은?

① 주식분할이란 하나의 주식을 여러 개의 동일 주식으로 분할하는 것을 말하며 발행주식수는 증가하나 자본금은 변동이 없다.

② 주식배당의 경우 이익잉여금을 주주에게 주식의 형태로 배당하는 것으로서 자본금이 증가하며 주주의 입장에서는 주가차익 및 장래 배당의 증가를 기대할 수 있으므로 한국채택국제회계기준에서는 주주의 이익으로 본다.

③ 무상증자의 경제적 실질은 주식배당과 동일하다.

④ 주식배당과 무상증자는 액면금액의 변화는 없으나 주식분할의 경우에는 액면금액이 감소한다.

⑤ 주식배당, 무상증자, 주식분할 모두 주당순자산금액을 희석화시키는 효과를 갖는다.

22 금융부채에 해당하지 않는 것을 모두 고른 것은?

ㄱ. 미지급금	ㄴ. 사채
ㄷ. 미지급법인세	ㄹ. 차입금
ㅁ. 선수금	ㅂ. 매입채무

① ㄱ, ㄴ   ② ㄴ, ㄹ

③ ㄷ, ㅁ   ④ ㄹ, ㅂ

⑤ ㅁ, ㅂ

23 ㈜해커의 매출채권과 관련된 다음의 자료를 이용하여 20×1년의 대손상각비를 구하면 얼마인가?

- 20×1년 초의 매출채권 잔액은 ₩1,000,000이고, 대손충당금 잔액은 ₩40,000이다.
- 20×1년 4월에 회수불가능 매출채권 ₩30,000을 대손처리하였다.
- 20×0년에 대손처리하였던 매출채권 ₩15,000을 20×1년 7월에 현금으로 회수하였다.
- 20×1년 말의 매출채권 잔액은 ₩900,000이며, 이 중에서 5%는 미래에 회수가 불가능한 것으로 추정된다.

① ₩0   ② ₩15,000

③ ₩20,000   ④ ₩35,000

⑤ ₩40,000

24 ㈜한라는 20×0년 1월 1일에 표시이자율 8%, 액면금액 ₩100,000인 3년 만기 사채를 ₩95,030에 발행하였다. 이자는 매년 12월 31일에 지급되며, 발생이자와 관련된 회계처리는 유효이자율법에 따르고 있다. 유효이자율이 10%일 때, 20×1년 12월 31일 이 사채의 장부금액은? (단, 문제풀이 과정 중에 계산되는 모든 금액은 소수점 첫째 자리에서 반올림한다)

① ₩85,527   ② ₩93,527

③ ₩96,533   ④ ₩97,217

⑤ ₩98,186

25 사채의 발행에 관한 설명으로 옳지 않은 것은?

① 할인발행은 유효이자율이 표시이자율보다 큰 경우이다.

② 할증발행의 경우 발행연도의 현금지급이자는 사채이자비용보다 크다.

③ 할증발행과 할인발행의 경우 상각액은 둘 다 증가한다.

④ 할증발행과 할인발행은 사채의 만기금액이 동일하다.

⑤ 할인발행의 경우 만기가 가까워질수록 사채의 이자비용이 감소한다.

26 ㈜해커는 20×1년 초에 ㈜민국의 주식 10주를 ₩300,000(@30,000)에 취득하고 수수료 ₩20,000을 별도로 지급하였으며, 동 주식을 당기손익 - 공정가치측정금융자산으로 분류하였다. 20×1년 말 동 주식의 공정가치가 주당 ₩34,000일 때, ㈜해커가 동 주식에 대하여 인식해야 할 평가이익은?

① ₩10,000　　　　② ₩20,000

③ ₩30,000　　　　④ ₩40,000

⑤ ₩50,000

27 다음 중 수익의 인식과 측정에 대한 K-IFRS의 내용으로 옳은 것은?

① 계약 개시시점에 고객에게 이전할 재화나 용역에 대하여 받을 권리를 갖게 될 대가의 회수가능성이 높지 않은 경우에도 이미 받은 대가가 있는 경우에 그 금액은 받은 때에 즉시 수익으로 인식한다.

② 하나의 수행의무로 식별된 일련의 구별되는 재화나 용역을 이전하기로 한 약속은 기간에 걸쳐 이행되는 수행의무에 해당하지 않는다.

③ 비현금 대가의 공정가치를 합리적으로 추정할 수 없는 경우에는 그 대가와 교환하여 고객에게 약속한 재화나 용역의 공정가치를 참조하여 간접적으로 측정한다.

④ 기업의 수행의무가 다른 당사자가 정해진 재화나 용역을 제공하도록 주선하는 것이라면, 기업은 수행의무를 이행할 때 이전되는 정해진 재화나 용역과 교환하여 받을 권리를 갖게 될 것으로 예상하는 대가의 총액으로 수익을 인식한다.

⑤ 기업이 재화나 용역을 고객에게 이전하는 대가로 고객이 현금 외의 형태로 지급을 약속하는 경우 그 비현금 대가는 공정가치로 측정한다.

28 확정기여제도와 확정급여제도에 관한 설명으로 옳지 않은 것은?

① 확정기여제도에서는 기업이 별개의 실체에 고정기여금을 납부한다.

② 확정급여제도에서 기업의 의무는 약정한 퇴직급여를 종업원에게 지급하는 것이다.

③ 확정급여제도에서는 채무와 비용의 측정에 보험수리적 가정이 요구된다.

④ 확정기여제도에서는 기업이 적립금의 투자위험을 부담한다.

⑤ 확정기여제도에서는 종업원이 받을 퇴직급여액은 기업과 종업원이 퇴직급여제도나 보험회사에 출연하는 기여금과 그 기여금에서 발생하는 투자수익에 따라 결정된다.

29 ㈜해커의 20×1 회계연도 보통주에 귀속되는 당기순이익이 ₩1,000,000일 때 20×1년 12월 31일 결산일 현재 기본주당이익을 산출하기 위한 가중평균유통보통주식수는?(단, 가중평균유통보통주식수는 월할로 계산한다)

〈유통보통주식수의 변동〉

일자	내용	주식수
20×1년 1월 1일	기초	12,000주
20×1년 3월 1일	유상증자	3,000
20×1년 7월 1일	자기주식 취득	3,000
20×1년 9월 1일	유상증자	6,000

① 9,000주
② 15,000주
③ 18,000주
④ 21,000주
⑤ 23,000주

30 영업활동현금흐름과 관련된 항목을 모두 고르면?

> ㄱ. 단기매매금융자산의 처분
> ㄴ. 기계장치의 구입
> ㄷ. 유상증자
> ㄹ. 토지의 처분
> ㅁ. 사채의 발행
> ㅂ. 로열티 수익

① ㄱ, ㄴ
② ㄱ, ㅂ
③ ㄴ, ㄹ
④ ㄷ, ㅁ
⑤ ㅁ, ㅂ

31 당기 매출액은 ₩300,000이고 대손상각비는 ₩20,000이다. 매출채권과 대손충당금의 기초 및 기말 자료가 다음과 같을 때, 고객으로부터 유입된 현금은? (단, 매출은 모두 외상매출로만 이루어진다)

	기초	기말
매출채권	₩300,000	₩500,000
대손충당금	₩20,000	₩20,000

① ₩80,000
② ₩100,000
③ ₩200,000
④ ₩280,000
⑤ ₩300,000

32 다음 자료를 이용하여 20×0년도 ㈜해커가 재고자산 공급자에게 지급한 현금유출액을 구하면 얼마인가? (단, 아래 자료에서 제시된 재고자산감모손실은 비정상적인 것으로 매출원가에는 포함되어 있지 않으며, 재고자산매입은 모두 외상으로 이루어짐)

> • ㈜해커의 포괄손익계산서(20×0년) 자료
>   – 매출원가: ₩50,000
>   – 재고자산감모손실: ₩1,000
> • ㈜해커의 재무상태표(20×0년) 자료
>
> | | 20×0년 초 | 20×0년 말 |
> |---|---|---|
> | – 재고자산 | ₩20,000 | ₩30,000 |
> | – 매입채무 | 12,000 | 16,000 |

① ₩33,000
② ₩45,000
③ ₩50,000
④ ₩57,000
⑤ ₩60,000

33 단일제품을 생산하는 ㈜해커는 매출원가의 20%를 이익으로 가산하여 제품을 판매하고 있다. 당기의 생산 및 판매 자료가 다음과 같다면, ㈜해커의 당기 직접재료매입액과 영업이익은?

	기초재고	기말재고
• 재고자산		
− 직접재료	₩17,000	₩13,000
− 재공품	20,000	15,000
− 제품	18,000	23,000
• 기본(기초)원가		₩85,000
• 가공(전환)원가		98,000
• 매출액		180,000
• 판매관리비		10,000

	직접재료매입액	영업이익
①	₩46,000	₩15,000
②	₩48,000	₩15,000
③	₩48,000	₩20,000
④	₩52,000	₩20,000
⑤	₩52,000	₩22,000

34 ㈜해커는 정상원가계산을 사용하고 있으며, 직접노무시간을 기준으로 제조간접원가를 예정배부하고 있다. ㈜해커의 20×1년도 연간 제조간접원가 예산은 ₩600,000이고, 실제 발생한 제조간접원가는 ₩650,000이다. 20×1년도 연간 예정조업도는 20,000시간이고, 실제 직접노무시간은 18,000시간이다. ㈜해커는 제조간접원가 배부차이를 전액 매출원가에서 조정하고 있다. 20×1년도 제조간접원가 배부차이 조정 전 매출총이익이 ₩400,000이라면, 포괄손익계산서에 인식할 매출총이익은?

① ₩290,000   ② ₩360,000

③ ₩400,000   ④ ₩450,000

⑤ ₩500,000

35 종합원가계산을 실시하는 ㈜해커는 원재료를 공정 개시시점에서 전량 투입하고, 가공원가는 전 공정을 통해 균일하게 발생한다. ㈜해커가 재공품의 평가방법으로 평균법과 선입선출법을 사용할 경우, 다음 자료를 이용하여 가공원가의 당기 완성품환산량을 계산하면?

• 기초재공품수량	200개(완성도: 40%)
• 착수량	3,500개
• 완성품수량	3,200개
• 기말재공품수량	500개(완성도: 50%)

	평균법	선입선출법
①	3,450개	3,330개
②	3,450	3,370
③	3,450	3,750
④	3,700	3,450
⑤	3,700	3,750

36 ㈜해커는 A 제품과 B 제품으로 구성된 두 개의 연산품을 생산하고 있다. 4월의 결합원가는 ₩300,000이다. 4월에 분리점 이후 제품을 판매가능한 형태로 전환하는 데 필요한 가공원가가 A 제품은 월생산량 1,000개에 대하여 ₩200,000이고 B 제품은 1,200개에 대하여 ₩240,000이다. A 제품과 B 제품의 단위당 판매가격은 각각 ₩600과 ₩700이다. 순실현가능가치를 기준으로 결합원가를 배분한다면 4월의 결합원가 중 B 제품에 배분될 금액은 얼마인가?

① ₩100,000   ② ₩120,000

③ ₩180,000   ④ ₩420,000

⑤ ₩440,000

37 ㈜해커는 표준원가를 이용한 전부원가계산제도를 적용하며, 20×1년 3월 1일에 생산 및 영업을 개시하였다. 20×1년 3월 중 900단위를 생산에 착수하여 당월에 모두 완성하였으며, 이 중 800단위를 판매하였다. 20×1년 3월 중 직접재료 2,000kg을 ₩130,000에 구입하였으며, 직접재료의 당월말재고량은 100kg이다. 당월말 제품계정에 포함된 표준직접재료원가는 ₩10,000이며, 제품 단위당 표준직접재료소비량은 2kg이다. 20×1년 3월의 직접재료원가의 가격차이와 수량차이는 각각 얼마인가? (단, 직접재료원가의 가격차이는 구입시점에 계산하며, 월말재공품은 없다)

	가격차이	수량차이
①	₩20,000 불리	₩3,000 불리
②	20,000 유리	3,000 유리
③	20,000 불리	3,000 유리
④	30,000 불리	5,000 불리
⑤	30,000 불리	3,000 유리

38 20×1년 초에 설립된 ㈜해커는 단일제품을 생산하여 단위당 ₩30에 판매하고 있다. 20×1년과 20×2년의 생산 및 판매에 관한 자료는 다음과 같다. 20×2년도의 전부원가계산에 의한 영업이익은 얼마인가? (단, 재공품은 없으며 원가흐름은 선입선출법을 가정한다)

	20×1년	20×2년
생산량	25,000단위	30,000단위
판매량	22,000	28,000
변동제조원가: 단위당 ₩8		
고정제조원가: ₩150,000		
변동판매비와관리비: 단위당 ₩2		
고정판매비와관리비: ₩100,000		

① ₩300,000	② ₩303,000
③ ₩310,000	④ ₩317,000
⑤ ₩320,000	

39 ㈜해커는 볼펜을 생산하고 있다. 지난 1년간의 생산 및 원가자료를 이용하여 원가행태를 추정하려고 한다. 다음 자료를 기초로 고저점법(High-low method)을 이용하여 원가를 추정한 결과를 바르게 나타낸 것은?

월	생산량	원가(₩)	월	생산량	원가(₩)
1	100	15,100	7	160	20,500
2	120	16,300	8	130	18,100
3	150	18,700	9	120	17,900
4	110	14,940	10	110	16,000
5	130	17,500	11	170	20,700
6	120	16,900	12	140	19,100

	고정원가	단위당 변동원가
①	₩80	₩7,100
②	7,100	80
③	96	4,380
④	4,380	96
⑤	4,520	80

40 ㈜해커는 한 종류의 휴대전화기를 제조·판매한다. 휴대전화기의 단위당 판매가격은 ₩80이고, 단위당 변동원가는 ₩60, 고정원가는 ₩240,000이며, 관련범위는 18,000단위이다. 다음 중 옳지 않은 것은? (단, 세금은 고려하지 않는다)

① 휴대전화기의 단위당 공헌이익률은 25%이다.

② 매출수량이 12,000단위이면 안전한계는 0이다.

③ 제품 단위당 변동원가가 ₩10 감소하면 손익분기점 판매량은 4,000단위가 감소한다.

④ 매출수량이 20,000단위이면 세전영업이익은 ₩160,000이다.

⑤ 고정원가가 ₩192,200으로 감소하면 공헌이익률은 20% 증가한다.

01 다음은 ㈜공사의 은행계정 조정에 관한 자료이다. 다음 자료를 이용하여 조정 전 은행 측 잔액을 계산하면 얼마인가? (단, 조정 전 ㈜공사의 잔액은 ₩1,060,000이다)

- 예금이자 ₩50,000이 ㈜공사의 장부에 반영되지 않았다.
- 은행이 부도처리한 ₩240,000의 수표가 ㈜공사에게 통보되지 않았다.
- ㈜공사에 통지되지 않은 거래처 매출채권 추심액은 ₩130,000이다.
- ㈜공사가 입금한 ₩60,000이 은행에서 입금 처리되지 않았다.
- ㈜공사가 거래처에 발행한 수표 중 ₩160,000이 인출되지 않았다.

① ₩1,000,000
② ₩1,060,000
③ ₩1,080,000
④ ₩1,100,000
⑤ ₩1,120,000

02 다음은 ㈜공사의 20×1년 주당이익 계산과 관련한 자료이다. ㈜공사의 배당결의가 이미 이루어졌을 경우 기본주당이익은?

- 기초유통보통주식수: 800주(액면금액 ₩1,000)
- 기초전환우선주: 500주(액면금액 ₩1,000, 비누적적, 비참가적)
- 20×1년 7월 1일에 400주의 전환우선주가 400주의 보통주로 전환(기중 전환된 우선주에 대해서는 보통주 배당금 지급)
- 당기순이익: ₩50,000
- 연 배당률: 우선주 10%, 보통주 8%

① ₩30
② ₩35
③ ₩40
④ ₩62.5
⑤ ₩80

03 ㈜공사는 고객에게 상품을 판매하고 그 대가로 액면가액 ₩10,000,000, 만기 3개월, 이자율 연 9%인 약속어음을 수령하였다. ㈜공사는 이 어음을 2개월간 보유한 후 은행에서 할인할 때 ₩10,122,750을 수령하였다. 이 어음에 대한 은행의 연간 할인율은? (단, 이자는 월할계산한다고 가정한다)

① 8%
② 9%
③ 10%
④ 11%
⑤ 12%

04 다음 중 금융자산의 분류와 인식, 측정과 관련한 한국채택국제회계기준의 설명으로 옳지 않은 것은?

① 사채와 같이 금융자산의 계약 조건에 따라 특정일에 원리금 지급만으로 구성되어 있는 현금흐름이 발생하는 금융상품은 기업의 금융자산을 관리하는 사업모형에 따라 상각후원가, 기타포괄손익 – 공정가치 및 당기손익 – 공정가치 측정범주로 분류될 수 있다.

② 특정한 투자지분상품에 대해 후속적인 공정가치 변동을 기타포괄손익으로 표시하도록 최초 인식시점에 선택한 경우에는 후속적으로 이를 취소할 수 없다.

③ 수취목적 보유 사업모형에서 보유하는 금융자산은 반드시 만기까지 보유하여야 한다.

④ 금융자산은 최초 인식시점에 공정가치로 측정하며, 금융자산의 거래원가가 있는 경우에는 당기손익 – 공정가치 측정범주를 제외하고 공정가치에 가산한다.

⑤ 금융자산을 양도한 경우, 양도자가 금융자산의 소유에 따른 위험과 보상의 대부분을 보유한다면, 해당 금융자산을 계속 인식한다.

05 ㈜공사는 20×0년 3월 7일 A 회사의 상장주식 2,000 주를 1주당 ₩15,300에 취득하였다. ㈜공사는 위 주식의 공정가치 변동을 기타포괄손익으로 인식하도록 선택하였으며, 이러한 범주의 선택은 정당하다. 20×0년 12월 31일 A 회사 주식의 결산일 현재 공정가치는 1주당 ₩13,800이었다. 20×1년 1월 20일 A 회사의 주식 전부를 1주당 ₩18,200에 처분하였다. 위 금융자산의 보유 및 처분과 관련하여 ㈜공사의 20×1년 포괄손익계산서상 기타포괄손익과 당기손익에 미치는 영향은 각각 얼마인가? (단, 취득 및 처분에 따른 거래원가는 존재하지 않는다)

	기타포괄손익 영향	당기손익 영향
①	₩0	₩8,800,000 증가
②	3,000,000 증가	5,800,000 증가
③	3,000,000 증가	8,800,000 증가
④	5,800,000 증가	0
⑤	8,800,000 증가	0

06 다음 부채의 분류와 공시에 관한 설명 중 옳지 않은 것은?

① 유동부채는 정상적인 영업주기 내에 상환 등을 통하여 소멸할 것이 예상되거나, 보고기간 말로부터 1년 이내에 상환되어야 할 부채를 말한다.

② 비유동부채 중 보고기간 말로부터 1년 이내에 만기가 도래하는 부채는 유동부채로 대체하여야 한다.

③ 보고기간 말로부터 1년 이내에 상환기일이 도래하더라도, 기존의 차입약정에 따라 보고기간 말로부터 1년을 초과하여 상환할 수 있고 기업이 그러한 의도가 있는 경우에는 비유동부채로 분류한다.

④ 보고기간 말로부터 1년 이내에 상환되어야 하는 채무는, 보고기간 말과 재무제표 발행승인일 사이에 보고기간 말로부터 1년을 초과하여 상환하기로 합의하면 비유동부채로 분류한다.

⑤ 장기차입약정을 위반하여 채권자가 즉시 상환을 요구할 수 있는 채무는, 보고기간 말과 재무제표 발행승인일 사이에 상환을 요구하지 않기로 합의하더라도 유동부채로 분류한다.

07 다음은 ㈜공사가 20×1년도 재무제표 작성 시 누락한 거래들이다. 이를 반영할 경우 20×1년도에 증가하는 당기순이익은?

- 토지 최초 재평가로 인한 기말 평가이익 ₩30,000
- 사업결합과정에서 발생한 염가매수차익 ₩15,000
- 공정가치모형 적용 투자부동산의 기말 평가이익 ₩14,000
- 주식 취득 시 발생한 거래원가 ₩10,000
  (단, 주식은 FVPL 측정 금융자산으로 분류)

① ₩5,000   ② ₩19,000
③ ₩29,000   ④ ₩49,000
⑤ ₩52,000

08 다음은 퇴직급여제도에 대한 설명이다. 가장 거리가 먼 것은?

① 확정기여제도란 기업이 별개의 실체에 고정기여금을 납부하여야 하고, 그 기금이 충분한 자산을 보유하지 못하더라도 기업에게는 추가로 기여금을 납부해야 하는 법적의무나 의제의무가 없는 퇴직급여제도를 말한다.

② 확정기여제도의 경우 기업의 법적의무 또는 의제의무는 기금에 출연하기로 약정한 금액으로 한정된다.

③ 확정급여제도란 확정기여제도 이외의 모든 퇴직급여제도를 말하며 이 경우 기업의 의무는 약정한 급여를 전·현직 종업원에게 지급하는 것이다.

④ 확정급여제도의 경우 보험수리적위험(실제급여액이 기대급여액에 미치지 못할 위험)과 투자위험(기여금을 재원으로 투자한 자산이 기대급여액을 지급하는 데 충분하지 못하게 될 위험)은 모두 기업이 실질적으로 부담한다.

⑤ 확정기여제도와 확정급여제도 모두 퇴직과 관련된 채무는 종업원이 관련 근무용역을 제공한 후 오랜 기간이 지나서야 결제될 수 있으므로 할인된 금액으로 측정한다.

09 ㈜공사의 20×1년 초 자산과 부채의 총계는 각각 ₩4,000,000과 ₩1,500,000이었으며, ㈜공사의 20×1년 중 발생한 모든 자본거래는 다음과 같다.

3월 8일	20×0년도 정기주주총회에서 결의한 현금배당 ₩200,000을 지급하였다.
5월 8일	보통주 200주(주당 액면금액 ₩500)를 주당 ₩600에 발행하였으며, 이와 관련하여 직접적인 주식발행비용 ₩20,000이 발생하였다.
11월 10일	20×0년에 취득한 자기주식(취득원가 ₩70,000)을 ₩100,000에 재발행하였다.

㈜공사가 20×1년도 포괄손익계산서상 당기순이익과 총포괄이익으로 ₩100,000과 ₩200,000을 보고하였다면, ㈜공사가 20×1년 말 현재 재무상태표상 자본의 총계로 보고할 금액은 얼마인가? (단, 법인세효과는 고려하지 않는다)

① ₩2,200,000 ② ₩2,300,000
③ ₩2,500,000 ④ ₩2,700,000
⑤ ₩2,900,000

10 ㈜공사는 2020년 1월 1일에 다음과 같은 조건의 신주인수권부사채를 액면발행하였다.

- 액면금액: ₩10,000,000
- 표시이자율: 연 5%(매년 말 후급)
- 일반사채 시장수익률: 연 10%
- 만기상환일: 2022년 12월 31일
- 상환할증금: 권리 미행사 시 상환일에 액면금액의 110%로 일시에 상환함

동 신주인수권부사채의 액면금액 중 75%의 신주인수권이 사채 만기일 전에 행사되었다면 만기상환 시 ㈜공사가 지급해야 할 현금총액(표시이자 지급액 제외)은 얼마인가? (단일금액 ₩1의 현가계수(3년, 10%)와 정상연금 ₩1의 현가계수(3년, 10%)는 각각 0.751과 2.486이다)

① ₩2,500,000 ② ₩2,750,000
③ ₩10,150,000 ④ ₩10,250,000
⑤ ₩10,800,000

11 다음 중 재무제표의 작성과 표시를 위한 개념체계에 대한 설명으로 옳지 않은 것은?

① 개념체계는 계속기업을 기본가정으로 하고 있다. 따라서 재무제표는 일반적으로 기업이 계속기업이며 예상가능한 기간 동안 영업을 계속할 것이라는 가정하에서 작성된다.

② 개념체계는 근본적 질적 특성인 목적적합성과 충실한 표현을 정점으로 하여, 경제성을 보강적 질적 특성으로 두고 있으므로 질적 특성을 계층구조로 표현하고 있다.

③ 재무정보가 예측가치를 갖기 위해서 그 자체가 예측치 또는 예상치일 필요는 없다.

④ 중요성은 개별 기업 관점의 목적적합성이므로 회계기준위원회는 중요성에 대한 획일적인 계량 임계치를 정하거나 특정한 상황에서 무엇이 중요한 것인지를 미리 결정할 수는 없다.

⑤ 오류가 없다는 것은 현상의 기술에 오류나 누락이 없고, 보고정보를 생산하는 데 사용되는 절차의 선택과 적용 시 절차상 오류가 없음을 의미하는 것이지, 모든 면에서 완벽하게 정확하다는 것을 의미하지는 않는다.

12 다음 중 '기준서 1001호' 재무제표 표시에 대한 내용에 대한 설명으로 옳은 것은?

① 전체 재무제표는 기말 재무상태표, 기간 포괄손익계산서, 자본변동표, 현금흐름표 및 주석을 포함하며, 각각의 재무제표는 전체 재무제표에서 동등한 비중으로 표시된다.

② 재무제표 항목의 표시와 분류는 매기 동일해야만 한다.

③ 기업은 모든 재무제표를 발생기준 회계를 사용하여 재무제표를 작성한다.

④ 상이한 성격이나 기능을 가진 항목은 구분하여 표시하고 중요하지 않은 항목은 성격이나 기능이 유사한 항목과 통합하여 표시하여야 한다.

⑤ 한국채택국제회계기준에서 요구하거나 허용하지 않는 한 자산과 부채 그리고 수익과 비용은 상계하지 않는다. 따라서 재고자산에 대한 재고자산평가충당금을 차감하여 자산을 순액으로 표시하는 것은 허용되지 않는다.

13 다음 중 재고자산에 대한 한국채택국제회계기준의 설명으로 옳은 것은?

① 재고자산이란 기업의 정상적인 영업과정에서 판매를 위하여 보유하거나 생산과정에 있는 자산 및 생산 또는 용역제공에 사용될 원재료나 소모품의 형태로 존재하는 자산을 말한다. 따라서 용역제공기업의 경우 재고자산을 인식할 수 없다.

② 판매원가 및 재고자산을 현재의 장소와 상태에 이르게 하는 데 기여하지 않은 관리간접원가는 재고자산의 취득원가에 포함하지 않으나, 재료원가, 노무원가 및 기타 제조원가 중 비정상적으로 낭비된 부분은 재고자산의 취득원가에 포함된다.

③ 재고자산의 매입원가는 매입가격에 수입관세와 제세금(추후 환급받을 수 있는 금액은 제외), 매입운임 등 취득과정에 직접 관련된 기타 원가를 가산하며 매입과정에서 발생하는 매입할인은 차감한다. 그러나 매입 리베이트는 별도의 수익으로 인식한다.

④ 성격과 용도 면에서 유사한 재고자산에는 동일 단위원가 결정방법을 적용하여야 한다. 그러나 지역별 위치가 다른 경우에는 성격과 용도가 유사한 경우에도 다른 단위원가 결정방법을 적용할 수 있다.

⑤ 순실현가능가치란 정상적인 영업과정의 예상 판매가격에서 예상되는 추가 완성원가와 판매비용을 차감한 금액을 의미한다. 원재료의 경우 현행대체원가가 순실현가능가치에 대한 최선의 이용가능한 측정치가 될 수 있다.

14 리스이용자인 ㈜공사는 리스개시일인 20×1년 1월 1일에 다음과 같은 조건의 리스계약을 체결하고 기초자산(본사사옥)을 리스하였다. ㈜공사는 사용권자산과 리스부채를 인식하는 회계처리를 선택하였다. 리스개시일의 리스부채 최초 측정금액이 ₩2,630인 경우, ㈜공사의 리스거래가 20×1년도 포괄손익계산서의 당기순이익에 미치는 영향은?

- 기초자산의 리스기간은 20×1년 1월 1일부터 20×3년 12월 31일까지이다.
- 기초자산의 내용연수는 10년이고, 내용연수 종료시점의 잔존가치는 없으며, 정액법으로 감가상각한다.
- 고정리스료는 ₩1,000이며, 리스기간 동안 매년 말 지급한다.
- ㈜서울은 리스기간 종료시점에 기초자산을 현금 ₩200에 매수할 수 있는 선택권을 가지고 있으며, 리스개시일 현재 동 매수선택권을 행사할 것이 상당히 확실하다고 판단하였다.
- 사용권자산은 원가모형을 적용하여 정액법으로 감가상각하고, 잔존가치는 없다.
- 20×1년 1월 1일에 동 리스의 내재이자율은 연 10%로 리스제공자와 리스이용자가 이를 쉽게 산정할 수 있다.

① ₩263 감소 ② ₩526 감소
③ ₩663 감소 ④ ₩1,040 감소
⑤ ₩1,200 감소

15 다음은 유형자산의 최초원가 결정방법에 대한 한국채택회계기준의 내용을 설명한 것이다. 가장 일치하지 않는 것은?

① 유형자산의 최초원가는 구입가격에 구입부대원가를 가산하고, 복구의무가 있는 경우에는 복구원가를 가산한 금액으로 한다.
② 지상 건물이 있는 토지를 구입하여 구건물을 계속 사용할 경우에는 일괄구입가격을 토지와 건물의 공정가치에 비례하여 각각 안분한다.
③ 장기후불조건에 의해 취득한 유형자산의 취득원가는 현금구입가격 상당액(현재가치)에 취득부대원가를 가산한 금액으로 한다.
④ 신건물 신축을 위하여 건물이 있는 토지를 취득한 경우 기존건물의 철거원가는 토지의 취득원가에 포함하며, 신건물 신축을 위하여 사용 중인 기존건물을 철거하는 비용은 신건물의 취득원가에 포함한다.
⑤ 토지측량원가, 토지정지원가, 토지구획정리원가 등은 토지원가이고, 기초공사를 위한 굴착원가는 신축건물의 원가이다.

16 20×1년 1월 1일 ㈜한국은 당사의 기계장치 X를 ㈜민국의 기계장치 Y와 교환하고, ㈜한국은 ㈜민국으로부터 현금 ₩100,000을 수령하였다. 각 회사의 기계장치의 장부가액과 공정가치에 대한 정보는 다음과 같다.

구분	기계장치 X	기계장치 Y
장부가액	₩400,000	₩300,000
공정가치	₩700,000	₩600,000

기계장치 X와 기계장치 Y의 교환거래가 상업적 실질이 있는 경우와 상업적 실질이 없는 경우 각각에 대하여 ㈜한국이 교환으로 취득한 기계장치 Y의 취득원가를 계산하면?

	상업적 실질이 있는 경우	상업적 실질이 없는 경우
①	₩300,000	₩600,000
②	500,000	200,000
③	600,000	300,000
④	700,000	400,000
⑤	800,000	500,000

17 ㈜서울의 20×1년 초 자본 총계가 ₩100,000이고, 20×1년 중 자본 관련 거래가 다음과 같을 때 20×1년 말 자본 총계는?

- 주당 액면가 ₩1,000의 보통주 10주를 주당 ₩900에 발행하였다.
- 전기에 주당 ₩2,000에 매입한 자기주식 10주를 소각하였다. (상법상 자본금 감소 규정에 따름)
- 현금배당 ₩1,000을 실시하고 이익준비금으로 ₩100을 적립하였으며, 주식배당 ₩1,000을 결의하고 지급하였다.
- 기타포괄손익-공정가치 측정 금융자산의 공정가치가 ₩2,500 증가하였다.
- 20×1년의 총포괄이익은 ₩5,000이다.

① ₩111,000 ② ₩112,000
③ ₩113,000 ④ ₩114,000
⑤ ₩120,000

18 ㈜공사는 20×1년 초 종업원 100명에게 1인당 주식선택권을 10개씩 부여하였으며, 관련 자료는 다음과 같다. ㈜공사의 20×3년 인식할 주식보상비용은?

- 가득요건: 20×1년 초부터 4년간 근무
- 20×1년 초 주식선택권의 단위당 공정가치: ₩100
- 연도별 세부자료

연도	주식선택권 단위당 기말공정가치	해당연도 실제 퇴직자	향후 추가퇴직 예상자
20×1년	₩120	3명	14명
20×2년	₩130	2명	7명
20×3년	₩150	1명	4명
20×4년	₩160	4명	–

① ₩13,500 ② ₩23,500
③ ₩33,500 ④ ₩43,500
⑤ ₩45,500

19 ㈜공사는 20×1년 2월 1일부터 소형건물을 신축하기 시작했으며, 이 건물은 20×2년 10월 31일에 완공되었다. 다음은 공사대금지출액과 차입금 자료이다. 20×1년 건설과 직접 관련된 차입금 A의 ₩800,000 중 ₩100,000은 5월 1일부터 2개월간 연 3%의 투자수익률로 일시 투자되었다면, 20×1년 특정목적차입금의 자본화가능 차입원가는?

- 공사대금지출액

구분	20×1. 2. 1	20×1. 8. 1	20×2. 2. 1	20×2. 9. 1
공사대금 지출액	₩300,000	₩700,000	₩600,000	₩400,000

- 차입금 자료

차입금 종류	금액	기간	연 이자율	비고
차입금 A	₩800,000	20×1. 1. 1부터 20×2. 12. 31까지	6%	건설과 직접 관련 있음
차입금 B	₩400,000	20×1. 7. 1부터 20×2. 6. 30까지	8%	건설과 직접 관련 없음
차입금 C	₩300,000	20×1. 12. 1부터 20×2. 12. 31까지	10%	건설과 직접 관련 없음

① ₩43,500
② ₩44,000
③ ₩47,500
④ ₩48,000
⑤ ₩49,000

20 다음의 자료를 이용하여 계산한 ㈜공사의 기말재고자산의 원가는?

- ㈜공사의 재고자산평가방법은 원가기준 가중평균 소매재고법이다.
- ㈜공사는 비정상파손품의 원가는 매출원가에 포함하지 않는다.

항목	원가	판매가
기초재고자산	₩1,000	₩1,500
당기매입액	₩20,000	₩24,000
매출액		₩22,000
순인상액		₩1,300
순인하액		₩700
정상파손		₩1,000
비정상파손	₩1,000	₩1,100

① ₩1,500
② ₩1,600
③ ₩1,700
④ ₩1,800
⑤ ₩2,000

21 무형자산의 정의 및 인식기준에 관한 설명으로 옳지 않은 것은?

① 무형자산을 최초로 인식할 때에는 원가로 측정한다.

② 무형자산의 미래 경제적 효익에 대한 통제능력은 일반적으로 법원에서 강제할 수 있는 법적 권리에서 나오나, 권리의 법적 집행가능성이 통제의 필요조건은 아니다.

③ 계약상 권리 또는 기타 법적 권리는 그러한 권리가 기업에서 분리가능한 경우에만 무형자산 정의의 식별가능성 조건을 충족한 것으로 본다.

④ 미래 경제적 효익이 기업에 유입될 가능성은 무형자산의 내용연수 동안의 경제적 상황에 대한 경영자의 최선의 추정치를 반영하는 합리적이고 객관적인 가정에 근거하여 평가하여야 한다.

⑤ 무형자산으로부터 미래 경제적 효익은 제품의 매출, 용역수익, 원가절감 또는 자산의 사용에 따른 기타 효익의 형태로 발생할 수 있다.

22 투자부동산의 분류에 관한 설명으로 옳은 것은?

① 부동산 중 일부는 시세차익을 얻기 위하여 보유하고, 일부는 자가사용을 위하여 보유하고 있으나, 이를 부분별로 나누어 매각할 수 없다면, 자가사용을 위하여 보유하는 부분이 중요하다고 하더라도 전체부동산을 투자부동산으로 분류한다.

② 미래에 투자부동산으로 사용하기 위하여 건설 또는 개발 중인 부동산을 건설 또는 개발이 완료될 때까지는 유형자산으로 분류한다.

③ 사무실 건물의 소유자가 그 건물을 사용하는 리스이용자에게 경미한 보안과 관리용역을 제공하는 경우 당해 부동산은 투자부동산으로 분류한다.

④ 운용리스로 제공하기 위하여 직접 소유하고 있는 미사용건물은 투자부동산에 해당되지 않는다.

⑤ 지배기업이 보유하고 있는 건물을 종속기업에게 리스하여 종속기업의 본사건물로 사용하는 경우 그 건물은 지배기업의 연결재무제표 및 별도재무제표상 투자부동산으로 분류할 수 없다.

23 ㈜공사는 대형 옥외전광판을 단위당 ₩30,000,000에 판매하고, 옥외전광판에 대한 연간 유지서비스를 단위당 ₩20,000,000에 제공하고 있다. 옥외전광판의 매출원가는 단위당 ₩20,000,000이며, 연간 유지서비스 원가는 단위당 ₩10,000,000이 발생한다. ㈜공사는 20×1년 7월 1일에 옥외전광판 1 단위와 이에 대한 1년간 유지서비스를 묶어서 ₩40,000,000에 판매하고 설치완료하였다. 이와 관련한 설명으로 옳지 않은 것은? (단, 기간은 월할계산한다)

① 20×1년 7월 1일에 인식한 매출액은 ₩24,000,000이다.

② 20×1년의 매출액은 ₩32,000,000이다.

③ 20×1년의 매출총이익은 ₩7,000,000이다.

④ 20×2년의 매출액은 ₩8,000,000이다.

⑤ 20×2년의 매출총이익은 ₩6,000,000이다.

24 12월 결산법인인 ㈜공사는 2021년 초에 ㈜대한이 발행한 주식의 25%인 200주를 주당 ₩5,000에 현금으로 매입하였다. 2021년 말 ㈜대한은 당기순이익 ₩6,000,000을 보고하였으며, 동 일자에 주주들에게 배당금 ₩300,000을 지급하였다. 이상의 거래만을 고려할 경우, 2021년 말 ㈜공사의 관계기업투자주식과 지분법이익은?

	관계기업투자주식	지분법이익
①	₩2,425,000	₩1,500,000
②	₩2,425,000	₩1,425,000
③	₩2,450,000	₩1,500,000
④	₩2,500,000	₩1,500,000
⑤	₩2,500,000	₩1,425,000

25 ㈜한국은 20×1년 4월 1일에 건물을 임대하고, 3년분 임대료 ₩360,000을 현금으로 수취하였다. 세법상 임대료의 귀속시기는 현금기준이며, ㈜한국은 임대료에 대해 발생기준을 적용하여 인식한다. 세율이 20×1년 30%, 20×2년 25 %, 20×3년 이후는 20%라면, 20×1년 말 재무상태표에 보고될 이연법인세자산(부채)은? (단, 다른 일시적차이는 없고, 임대료는 월할계산한다)

① 이연법인세자산 ₩60,000

② 이연법인세부채 ₩60,000

③ 이연법인세자산 ₩81,000

④ 이연법인세부채 ₩81,000

⑤ 이연법인세부채 ₩82,000

26 ㈜대한은 20×1년 1월 1일에 ㈜한국의 지분 30%를 ₩30,600에 취득하여 유의적인 영향력을 행사하게 되었다. 20×1년 1월 1일 ㈜한국의 장부상 순자산가액은 ₩100,000이며, 장부금액과 공정가치가 다른 항목은 다음과 같다.

구분	장부금액	공정가치	비고
상각자산	₩9,000	₩10,000	정액법 상각, 잔여내용연수 5년, 잔존가치 ₩0
재고자산	₩3,000	₩4,000	20×1년 중 모두 ㈜정의에 판매

㈜한국의 20×1년 당기순이익이 ₩2,200일 때, ㈜대한이 20×1년 인식할 지분법평가이익은?

① ₩60
② ₩300
③ ₩600
④ ₩660
⑤ ₩700

27 ㈜한국은 20×1년 초 기계장치를 ₩10,000(정액법 상각, 내용연수 4년, 잔존가치 ₩2,000, 원가모형 적용)에 취득하였다. 기계장치 관련 자료가 다음과 같을 때 옳은 것은?

- 20×2년 중 최초로 기계장치에 대해 재평가모형으로 변경하였으며, 재평가 시 기존의 감가상각누계액은 전액 제거한 후 공정가치로 평가한다. (상각방법, 내용연수, 잔존가치의 변동은 없다)
- 20×2년 말 기계장치의 공정가치는 ₩12,000이다.
- 20×3년 말 기계장치를 현금 ₩8,000을 받고 처분하였다.

① 20×1년 감가상각비는 ₩2,500이다.
② 20×2년 감가상각비는 ₩2,500이다.
③ 20×2년 재평가잉여금은 ₩4,000이다.
④ 20×3년 감가상각비는 ₩5,000이다.
⑤ 20×3년 기계장치 처분이익은 ₩2,000이다.

28 충당부채, 우발부채, 우발자산에 대한 설명으로 옳지 않은 것은?

① 우발자산은 경제적 효익의 유입가능성이 높지 않은 경우에 주석으로 공시한다.
② 의무를 이행하기 위하여 경제적 효익이 있는 자원을 유출할 가능성이 높지 않은 경우 우발부채를 주석으로 공시한다.
③ 우발부채와 우발자산은 재무제표에 인식하지 아니한다.
④ 현재의무를 이행하기 위하여 해당 금액을 신뢰성 있게 추정할 수 있고 경제적 효익이 있는 자원을 유출할 가능성이 높은 경우 충당부채로 인식한다.
⑤ 현재 의무를 이행하기 위한 자원의 유출가능성은 높지 않으나 신뢰성 있는 금액의 추정이 불가능한 경우에는 우발부채로 공시한다.

29 다음은 ㈜공사의 20×1년과 20×2년 수정전시산표의 일부이다.

계정과목	20×1년 말	20×2년 말
매출채권	₩200,000	₩100,000
재고자산	₩100,000	₩200,000
매입채무	₩200,000	₩300,000
매출	₩500,000	₩700,000
매입	₩600,000	₩500,000

20×2년 ㈜한국이 계상할 매출총이익과 직접법에 따른 영업활동으로 인한 현금증감액은?

	매출총이익	영업활동으로 인한 현금증감액
①	₩300,000	₩400,000 증가
②	₩300,000	₩400,000 감소
③	₩300,000	₩300,000 감소
④	₩400,000	₩300,000 증가
⑤	₩400,000	₩300,000 감소

30 다음은 ㈜공사의 부분 재무상태표이며, 제시된 금액은 장부금액을 의미한다.

구분	20×0년 12월 31일	20×1년 12월 31일
매출채권	₩120,000	₩130,000
재고자산	140,000	160,000

20×1년도 ㈜공사의 매출채권회전율이 6회, 재고자산회전율이 4회일 때, ㈜공사의 20×1년도 매출총이익은 얼마인가? (단, 매출채권회전율과 재고자산회전율 계산 시 재무상태표 계정은 기초와 기말의 평균값을 이용한다)

① ₩50,000 　② ₩75,000

③ ₩100,000 　④ ₩125,000

⑤ ₩150,000

31 다음 자료를 토대로 계산한 ㈜공사의 매출총이익은?

- 당기 중 직접재료원가는 전환원가의 50%이다.
- 직접노무원가 발생액은 매월 말 미지급임금으로 처리되며 다음 달 초에 지급된다.
- 미지급임금의 기초금액과 기말금액은 동일하며, 당기 중 직접노무원가의 지급액은 ₩450이다.
- 재공품 및 제품의 기초금액과 기말금액은 ₩100으로 동일하다.
- 기타 발생비용으로 감가상각비(생산현장) ₩100, 감가상각비(영업점) ₩100, CEO 급여 ₩150, 판매수수료 ₩100이 있다. CEO 급여는 생산현장에 1/3, 영업점에 2/3 배부된다.
- 매출액은 ₩2,000이다.

① ₩1,050 　② ₩1,100

③ ₩1,150 　④ ₩1,200

⑤ ₩1,400

32 휴대폰 부품을 생산하는 ㈜공사는 두 제조부문 (가), (나)와 두 보조부문 (A), (B)로 나누어 부문원가를 계산하고 있다. 단계배부법을 이용하여 보조부문원가를 배부할 때 두 제조부문에 최종적으로 집계되는 원가는? (단, 보조부문원가의 배부순서는 다른 보조부문에 제공한 서비스 제공비율이 큰 부문을 먼저 배부한다)

구분	(가) 제조부문	(나) 제조부문	(A) 보조부문	(B) 보조부문
1차 집계원가	₩120,000	₩130,000	₩50,000	₩60,000
보조부문의 각 부문별서비스 제공비율				
(A) 보조부문	40%	40%	—	20%
(B) 보조부문	40	30	30%	—

	(가) 제조부문	(나) 제조부문
①	₩171,200	₩175,200
②	₩178,000	₩182,000
③	₩180,000	₩180,000
④	₩182,000	₩178,000
⑤	₩184,000	₩176,000

33 ㈜공사의 20×1년도 고정비는 ₩600,000이고 손익분기점 매출액이 ₩1,500,000이며, 안전한계율이 40%일 경우, 영업이익은?

① ₩0 　② ₩200,000

③ ₩400,000 　④ ₩1,000,000

⑤ ₩1,200,000

34 ㈜공사는 휴대전화기를 생산한다. 현재 회사는 제조간접원가를 단일 배부율을 사용하여 공장 전체에 배부하고 있다. 회사의 경영진은 제조간접원가를 좀 더 정교하게 배부할 필요가 있다고 판단하고, 회계담당부서로 하여금 주요 생산활동과 그 활동에 대한 원가동인을 파악하라고 지시하였다. 다음은 활동, 원가동인 그리고 배부율에 대한 자료이다.

활동	원가동인	배부율
재료취급	부품의 수	부품당 ₩1,000
조립	직접노무시간	시간당 40,000
검사	검사부문에서의 검사시간	분당 10,000

현재의 전통적인 원가계산방법은 직접노무시간에 기초하여 1시간당 ₩150,000의 배부율을 사용한다. 휴대전화 제작을 위하여 한 번의 작업(batch)으로 50대의 휴대전화가 제조되었다. 전통적인 원가계산방법과 활동기준원가계산방법을 사용할 경우 휴대전화 1대당 배부될 제조간접원가는 각각 얼마인가? (단, 한 번의 작업(batch)에는 1,000개의 부품, 직접노무시간 8시간, 그리고 검사시간 15분이 필요하다)

	전통적 방법	활동기준방법
①	₩640	₩29,400
②	22,000	29,400
③	24,000	24,000
④	24,000	24,900
⑤	24,000	29,400

35 ㈜공사는 단일공정에서 단일의 제품 X를 생산·판매하고 있다. 회사는 실제원가에 의한 종합원가계산을 적용하고 있으며, 재공품 평가방법은 선입선출법이다. 제품 생산을 위해 직접재료는 공정 초에 전량 투입되며, 전환원가(가공원가: Conversion costs)는 공정 전반에 걸쳐 균등하게 발생한다. 20×1년 2월 중 ㈜공사의 완성품 수량은 7,000단위이며, 생산 및 원가자료는 다음과 같다.

구분	물량단위	직접재료원가	전환원가
월초재공품	2,000단위 (30%)	₩42,500	₩22,900
당월 착수 및 투입	?	₩216,000	₩276,000
월말재공품	4,000단위 (70%)	?	?

㈜공사가 20×1년 2월 중 완성한 제품을 제품계정으로 대체하는 월말 분개로 옳은 것은? (단, 자료에서 괄호 안의 숫자는 전환원가의 완성도를 의미하고, 공손품은 발생하지 않는다)

① (차) 재공품　377,800　(대) 제품　377,800
② (차) 재공품　378,000　(대) 제품　378,000
③ (차) 제품　377,400　(대) 재공품　377,400
④ (차) 제품　377,800　(대) 재공품　377,800
⑤ (차) 제품　378,000　(대) 재공품　378,000

36 손익분기점 매출액이 ₩360이며 공헌이익률은 30%일 때, 목표이익 ₩84을 달성하기 위한 총매출액은?

① ₩280 　　　　② ₩480
③ ₩560 　　　　④ ₩600
⑤ ₩640

37 ㈜공사는 전동킥보드를 생산판매하고 있으며 이와 관련된 자료는 다음과 같다. 현재 월간 생산판매수량은 2,000단위이나 ㈜한국으로부터 800단위를 공급해 달라는 특별주문을 받았다. 동 주문은 변동제조원가가 기존보다 5% 증가하고 변동판매관리비는 기존의 10%만 발생하며 고정비에는 영향을 주지 않는다. ㈜공사가 동 주문을 수락하기 위한 단위당 최저 판매가격은?

월간최대생산량	2,500
단위당 판매단가	₩20,000
단위당 변동제조원가	₩10,000
단위당 변동판매관리비	₩2,000
월간 고정원가	₩10,000,000

① ₩10,700   ② ₩11,700

③ ₩12,700   ④ ₩13,700

⑤ ₩14,000

38 단일 제품을 제조·판매하는 ㈜공사의 20×1년 관련 자료는 다음과 같다. ㈜공사가 고정제조간접원가 표준배부율을 계산할 때 사용한 연간 예상 고정제조간접원가는?

실제 제품생산량	45,000단위
제품단위당 표준직접노무시간	2시간
예상 총직접노무시간 (기준 조업도)	72,000시간
실제발생 고정제조간접원가	₩66,000
조업도차이	₩16,200(유리)

① ₩62,600   ② ₩64,800

③ ₩66,000   ④ ₩68,400

⑤ ₩70,200

39 20×1년 초에 설립된 ㈜공사는 노트북을 제조하여 판매하고 있다. ㈜공사는 재고자산의 원가흐름가정으로 선입선출법을 적용하며, 실제원가계산으로 제품원가를 산출한다. ㈜공사의 매월 최대 제품생산능력은 1,000대이며, 20×1년 1월과 2월의 원가자료는 다음과 같다.

구분	1월	2월
생산량	1,000대	800대
판매량	800	?
고정제조간접원가	₩200,000	₩200,000

2월의 전부원가계산하의 영업이익이 변동원가계산하의 영업이익보다 ₩10,000만큼 큰 경우, ㈜공사의 2월 말 제품재고수량은 얼마인가? (단, 매월 말 재공품은 없는 것으로 가정한다)

① 160대   ② 170대

③ 180대   ④ 190대

⑤ 200대

40 프린터를 생산·판매하는 ㈜공사의 최대생산능력은 연 12,000대이고, 정규시장에서 연간 판매량은 10,000대이다. 단위당 판매가격은 ₩100,000이고, 단위당 변동제조원가는 ₩60,000이며, 단위당 변동판매비와 관리비는 ₩10,000이다. ㈜공사는 ㈜한국으로부터 프린터 4,000대를 단위당 ₩70,000의 가격으로 구입하겠다는 1회성 특별주문을 받았다. ㈜공사는 올해 생산능력을 변경할 계획이 없다. ㈜공사의 판매비와 관리비는 모두 변동비인데, ㈜한국의 주문을 받아들이는 경우 이 주문과 관련된 ㈜공사의 판매비와 관리비는 75%가 감소할 것으로 추정된다. ㈜공사가 동 주문을 수락하기 위하여 기존시장의 판매를 일부 포기하기로 한다면 최소판매가격은 얼마인가? (단, 기초·기말재고는 없다)

① ₩75,000   ② ₩75,500

③ ₩76,000   ④ ₩77,500

⑤ ₩78,000

제1회 | 기출동형모의고사(재무회계)

p.782

01	02	03	04	05	06	07	08	09	10
③	⑤	①	③	⑤	⑤	②	⑤	③	②
11	12	13	14	15	16	17	18	19	20
②	⑤	②	④	①	④	③	②	③	⑤

01 기말수정분개 및 재무제표작성 연습　　정답 ③

₩10,000 − ₩4,500 − ₩900 + ₩500 − ₩400 − ₩200 + ₩1,200
= ₩5,700

02 측정(제3장 재무보고를 위한 개념체계)　　정답 ⑤

공정가치는 시장참여자의 관점을 반영하며, 자산의 사용가치, 부채의 이행가치는 기업 특유의 가정을 반영한다.

03 측정(제15장 수익)　　정답 ①

변동대가(금액)는 다음 중에서 기업이 받을 권리를 갖게 될 대가(금액)를 더 잘 예측할 것으로 예상하는 방법을 사용하여 추정한다.
- 기댓값: 가능한 대가의 범위에 있는 모든 금액에 각 확률을 곱한 금액의 합이다. 기업에 특성이 비슷한 계약이 많은 경우에 기댓값은 변동대가(금액)의 적절한 추정치일 수 있다.
- 가능성이 가장 높은 금액: 가능한 대가의 범위에서 가능성이 가장 높은 단일 금액이다. 계약에서 가능한 결과치가 두 가지뿐일 경우에는 가능성이 가장 높은 금액이 변동대가의 적절한 추정치가 될 수 있다.

04 현금 및 현금성자산　　정답 ③

(1) 수입인지는 소모품으로 분류하고, 약속어음은 매출채권으로 분류한다.
(2) 통화(1,500) + 국채이자표(300) + 송금환(400) + 배당금지급통지표(50) + 환매채(500) = ₩2,750

05 오류수정　　정답 ⑤

	기초재고 (+)	당기매입 =	매출원가	(+) 기말재고
20×1년		300 과대	300 과대	
			300 과대	300 과소

∴ 매출원가 600 과대 ⇨ 당기순이익 600 과소 ⇨ 정확한 당기순이익 1,600

06 재고자산 감모손실과 평가손실　　정답 ⑤

판매가능재고		₩78,000	
	(계속기록법)	₩68,000	⇨ 매출원가
장부상 재고	100개 × ₩100 =	₩10,000	
		₩1,000	⇨ 재고자산 감모손실
	90개 × ₩100 =	₩9,000	
		₩900	⇨ 재고자산 평가손실
기말재고실사	90개 × ₩90 =	₩8,100	

∴ 매출원가: ₩68,000 + ₩1,000 × 60% + ₩900 = ₩69,500

07 유형자산의 제거 및 손상　　　　정답 ②

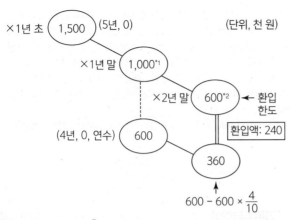

(*1) $1,500 - 1,500 \times \dfrac{5}{15} = 1,000$

(*2) $1,000 - 1,500 \times \dfrac{4}{15} = 600$

08 투자부동산의 인식과 후속측정　　　　정답 ⑤

투자부동산에 대해 공정가치모형을 적용하는 경우에 감가상각하지 않고
기말에 공정가치로 평가하므로 감가상각비는 인식되지 않고 평가손익만
인식하고 당기손익으로 반영한다.

09 무형자산의 최초인식과 측정　　　　정답 ③

내부 창출 영업권은 한국채택국제회계기준에서는 무형자산으로 인식하
지 않는다.

오답노트

① 무형자산을 창출하기 위한 내부 프로젝트를 연구단계와 개발단계로
　구분할 수 없는 경우에는 그 프로젝트에서 발생한 지출은 모두 연구
　단계에서 발생한 것으로 본다.
② 개발단계에서 발생한 지출은 자산인식요건을 모두 충족하는 경우에
　만 개발비의 과목으로 하여 무형자산으로 인식하고, 그 외의 경우에
　는 발생한 기간의 비용으로 인식한다.
④ 내부 프로젝트의 연구단계에서는 미래 경제적 효익을 창출할 무형자
　산이 존재한다는 것을 제시할 수 없기 때문에, 내부 프로젝트의 연구
　단계에서 발생한 지출은 발생시점에 비용으로 인식한다.
⑤ 내부적으로 창출한 무형자산이 인식기준을 충족하는지를 평가하기
　위하여 무형자산의 창출과정을 연구단계와 개발단계로 구분한다.

10 사채　　　　정답 ②

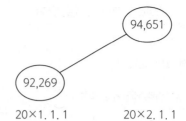

(1) 20×1년 이자비용: ₩92,269 × 8% ≒ ₩7,382
(2) 20×1년 사채할인발행차금 상각액: ₩94,651 − 92,269 = ₩2,382
(3) 20×1년 액면이자: ₩7,382 − 2,382 = ₩5,000
(4) 20×1년 액면이자율: ₩5,000 ÷ 100,000 = 5%

11 자본의 의의 및 주식의 종류　　　　정답 ②

(1) 우선주 A의 배당액: ₩5,000,000 × 5% = ₩250,000
　　우선주 A는 비누적적, 비참가적이므로 ₩250,000으로 배당이 종
　　결된다.
(2) 우선주 B의 배당액: ₩5,000,000 × 5% × 2회 = ₩500,000
　　우선주 B는 누적적이므로 전기미지급액을 포함해서 지급하고, 완전
　　참가적이므로 보통주에 5% 이상의 배당이 지급되면 우선주 B도 초
　　과분에 대해 참여할 권리가 있다.
(3) 보통주 배당액: ₩10,000,000 × 5% = ₩500,000
(4) 잔여배당액
　　: ₩1,550,000 − 250,000 − 500,000 − 500,000 = ₩300,000
　　잔여배당액은 보통주와 우선주 B에 지급한다.
(5) 잔여배당액 중 보통주 귀속분
　　: $₩300,000 \times \dfrac{10,000,000}{(10,000,000 + 5,000,000)} = ₩200,000$
(6) 보통주 총배당수령액: ₩500,000 + 200,000 = ₩700,000
(7) 보통주 발행주식수: ₩10,000,000 ÷ 5,000 = 2,000주
(8) 보통주 1주당 배당금: ₩700,000 ÷ 2,000주 = ₩350

12 투자지분상품　　　　정답 ⑤

당기손익인식금융자산(B 주식) 평가이익으로 당기순이익과 이익잉여금
이 ₩10,000만큼 증가한다. 당기손익인식금융자산 평가이익으로 당기순
이익이 ₩10,000 증가, 기타포괄손익 − 공정가치측정금융자산 평가손실
로 기타포괄손익이 ₩10,000 감소하므로, 총포괄손익이 불변이므로 총
자본에 미치는 영향도 불변이다.

13 간접법에 의한 현금흐름표 작성   정답 ②

간접법에 의한 영업활동현금흐름

당기순이익	₩90,000
가감:	
1단계: 투자/재무활동 손익 제거	
• 감가상각비	18,000
2단계: 영업활동 재무상태표 계정 조정	
• 매출채권의 증가	(45,000)
• 매입채무의 증가	10,000
• 선급비용의 감소	15,000
• 선수수익의 감소	(12,000)
• ?	(36,000)
영업활동현금흐름	₩40,000

∴ 위 산식에서 36,000이 감소되어야 하므로 자산계정이 36,000 증가하거나 부채계정이 36,000 감소해야 한다.

14 회계정책의 변경   정답 ④

재고자산의 원가흐름의 가정방법을 선입선출법에서 평균법으로 변경하는 것은 회계정책변경에 해당한다.

오답노트
①, ②, ③, ⑤ 회계추정변경에 해당한다.

15 퇴직급여   정답 ①

(1) 기말확정급여채무 계산

확정급여채무

퇴직급여 지급액	₩3,000	기초	₩15,000
		당기근무원가	4,000
		이자원가	1,500
기말	20,000	재측정손실	2,500
합계	₩23,000	합계	₩23,000

(2) 기말사외적립자산 계산

사외적립자산

기초	₩12,000	퇴직급여지급액	₩3,000
기여금	5,000		
이자수익	1,200		
재측정이익	600	기말	15,800
합계	₩18,800	합계	18,800

(3) 기말순확정급여부채: ₩20,000 − ₩15,800 = ₩4,200

16 충당부채의 일반론   정답 ④

신뢰성 있는 금액의 추정이 불가능한 경우에는 충당부채로 인식할 수 없다. 따라서 재무상태표의 본문에 표시할 수 없다. 충당부채로 인식되기 위해서는 다음의 3가지 요건을 모두 충족해야만 한다. 만약 3가지 요건을 모두 충족하지 못할 경우에는 충당부채로 인식할 수 없다.
• 과거사건의 결과로 현재의무(법적의무나 의제의무)가 존재한다.
• 해당 의무를 이행하기 위하여 경제적 효익이 있는 자원을 유출할 가능성이 높다.
• 해당 의무를 이행하기 위하여 필요한 금액을 신뢰성 있게 추정할 수 있다.

17 기본주당이익   정답 ③

(1) 가중평균유통보통주식수: 800주 × 12/12 + 400주 × 6/12 = 1,000주
(2) 보통주 당기순이익: ₩50,000 − 100주 × ₩1,000 × 0.1 = ₩40,000
(3) 기본주당순이익: ₩40,000 ÷ 1,000주 = ₩40/주

18 차입원가의 자본화   정답 ②

(1) 연평균지출액: ₩100,000 × 12/12 = ₩100,000
(2) 특정목적차입금 자본화가능 차입원가: ₩80,000 × 0.05 = ₩4,000
(3) 일반목적차입금 자본화가능 차입원가
   : (₩100,000 − ₩80,000) × 0.1 = ₩2,000(한도: ₩20,000)
(4) 20×1년 자본화가능 차입원가: ₩4,000 + ₩2,000 = ₩6,000

19 무형자산의 기타사항   정답 ③

(1) 합병대가: 100주 × ₩14,000 = ₩1,400,000
(2) 피합병기업의 순자산 공정가치: ₩1,200,000
(3) 영업권: ₩1,400,000 − ₩1,200,000 = ₩200,000
(4) 회계처리

(차) 순자산	1,200,000	(대) 자본금	700,000
영업권	200,000	주식발행초과금	690,000
주식발행비용	10,000	현금	20,000

20 재고자산의 추정 　정답 ⑤

(1) T계정을 이용하여 표시

구분	원가	매가	구분	원가	매가
기초재고	₩2,000	₩4,000	판매분		₩20,000
당기매입액	16,000	18,000	종업원할인		ⓛ
순인상액		㉠			
순인하액		(1,000)	기말재고	1,600	2,000
합계	₩18,000	₩24,000	합계	₩18,000	₩24,000

(2) 선입선출법 매입원가율
 : ₩16,000 ÷ (₩18,000 + ㉠ − ₩1,000) = 0.8
 ⇨ ㉠ = ₩3,000

(3) 종업원할인: ⓛ = ₩24,000 − ₩22,000 = ₩2,000

01	02	03	04	05	06	07	08	09	10
①	③	②	①	③	②	⑤	③	①	③

11	12	13	14	15	16	17	18	19	20
③	③	②	③	④	④	④	③	①	⑤

01 재무제표 일반사항   정답 ①

재고자산에 대한 재고자산평가충당금과 매출채권에 대한 대손충당금과 같은 평가충당금을 차감하여 관련 자산을 순액으로 측정하는 것은 상계표시에 해당하지 아니한다.

02 수익의 인식   정답 ③

(1) 계약의 식별
   20×1년 4월 1일 판매계약의 체결에 따라 계약을 식별할 수 있다.
(2) 수행의무의 식별
   자동차를 인도하는 수행의무와 정비용역서비스를 제공하는 수행의무로 구성된다.
(3) 거래가격의 산정
   거래가격은 ₩90,000이다.
(4) 거래가격을 수행의무에 배분
   • 자동차에 배부될 거래가격
     : ₩90,000 × 80,000/100,000 = ₩72,000
   • 정비용역에 배부될 거래가격
     : ₩90,000 × 20,000/100,000 × 6/36 = ₩3,000
(5) 수행의무를 이행할 때 수익인식
   • 20×1년도의 매출액: ₩72,000 + ₩3,000 = ₩75,000
   • 20×2년도의 매출액: ₩18,000 × 12/36 = ₩6,000

03 수익인식 적용사례   정답 ②

(1) 이익을 구하는 것이므로 수익(매출)에서 관련비용(매출원가 및 판매비)을 차감하여야 한다.
(2) ₩100,000 × 50개 − 6,040,000 × 0.5(매출원가) − 50개 × 10,000(판매수수료) = ₩1,480,000

04 매출채권과 대손충당금   정답 ①

만기가액	$400,000 \times (1 + 9\% \times \frac{3}{12}) =$	409,000
할인료	$409,000 \times 12\% \times \frac{1}{12} =$	(4,090)
할인일의 현금수령액		404,910
이자수익	$400,000 \times 9\% \times \frac{2}{12} =$	6,000
금융자산처분손실	$(400,000 + 6,000) - 404,910 =$	1,090

05 재고자산의 원가배분   정답 ③

(1) 기말재고: (−)₩16,000 + 22,000 + 10,000 − 8,000
   = ₩8,000(증가)
(2) 기말재고 ₩8,000 증가 ⇨ 매출원가 감소 ⇨ 매출총이익 증가

06 유형자산의 최초인식과 측정   정답 ②

(1) 상업적 실질이 있는 경우
   (차) 감가상각누계액 300,000   (대) 기계장치(구) 500,000
   　　현금 50,000   유형자산처분이익 100,000
   　　기계장치(신) 250,000
(2) 상업적 실질이 결여된 경우
   (차) 감가상각누계액 300,000   (대) 기계장치(구) 500,000
   　　현금 50,000
   　　기계장치(신) 150,000

07 유형자산의 재평가모형 　　　정답 ⑤

(1) 20×1년 말
- 감가상각 후 장부금액

$: ₩2,000,000 - 2,000,000 × \dfrac{1}{5} = ₩1,600,000$

- 재평가: $₩1,800,000 - 1,600,000 = ₩200,000$(재평가잉여금)

(2) 20×2년 말
- 감가상각 후 장부금액

$: ₩1,800,000 - 1,800,000 × \dfrac{1}{4} = ₩1,350,000$

- 재평가

: $₩1,050,000 - 1,350,000 = (-)300,000$(재평가잉여금 200,000 감액, 100,000 재평가손실)
- 당기손익에 미치는 영향

: $₩450,000$(감가상각비) $+ 100,000$(재평가손실) $= ₩550,000$ (감소)

08 유형자산의 재평가모형 　　　정답 ③

(1) 유형자산 분류 시
- 20×1년 말 재평가

$: ₩990,000 - 1,000,000 × \dfrac{9}{10} = ₩90,000$(재평가잉여금)

- 20×2년 말 재평가

$: ₩750,000 - 990,000 × \dfrac{8}{9} = (-)₩130,000$

(₩90,000은 재평가잉여금을 감액하고, ₩40,000은 재평가손실 인식)

(2) 투자부동산 분류 시
- 20×1년 말: $₩990,000 - 1,000,000$

$= (-)₩10,000$(평가손실; 당기손익)

- 20×2년 말: $₩750,000 - 990,000$

$= (-)₩240,000$(평가손실; 당기손익)

09 사채 　　　정답 ①

(1) 사채상각표의 공란을 채워 넣으면 아래와 같다.

일자	유효이자	표시이자	사채할인발행차금상각	장부금액
20×3. 1. 1				₩948
20×3. 12. 31	₩95	₩70	₩25	973
20×4. 12. 31	97	70	27	1,000

(2) 2년간 이자비용: $₩95 + ₩97 = ₩192$

10 사채 　　　정답 ③

사채발행과 관련된 사항으로 옳지 않은 것은 ②, ⑩이므로 총 2개이다.
② 할증발행차금 상각액은 매년 증가한다.
⑩ 상각후원가는 할증발행차금 상각액만큼 감소한다.

11 결산절차 　　　정답 ③

(1) 수정전시산표상 자본
: $₩10,000$(자본금) $+ 21,000$(이익잉여금) $= ₩31,000$
(2) 당기순이익
: $₩18,000$(매출) $- 2,500$(매출원가) $- 500$(보험료)
$- 1,000$(급여) $- 1,000$(광고비) $- 1,000$(소모품비)
$- 14,000$(감가상각비)[*1] $- 3,000$(재평가손실) $= (-)₩5,000$

$^{(*1)} 40,000 × (\dfrac{4}{10} × \dfrac{6}{12} + \dfrac{3}{10} × \dfrac{6}{12}) = ₩14,000$

(3) 기말자본: $₩31,000 - 5,000 = ₩26,000$

12 투자채무상품 　　　정답 ③

(1) 상각후원가 측정 금융자산의 처분손익은 처분대가에서 상각후원가를 차감한 금액이다.
(2) 20×1년 말 상각후원가
: $₩950,000 + (95,000 - 80,000) = ₩965,000$
(3) 20×2년 초 처분손익: $₩490,000 - 965,000 × 0.5 = ₩7,500$(이익)

13 법인세비용의 계산 　　　정답 ②

(1) 1단계 미지급법인세
: $(₩50,000 + 1,000 - 3,000 + 7,000) × 20\% = ₩11,000$
(2) 2단계
- 이연법인세부채: $₩3,000 × 20\% = ₩600$
- 이연법인세자산: $₩7,000 × 20\% = ₩1,400$
(3) 3단계 법인세비용

(차) 이연법인세자산	1,400	(대) 미지급법인세	11,000
법인세비용	10,200	이연법인세부채	600

14 재무비율분석 　　　정답 ③

(1) 유동비율 100%를 달성하기 위해서는 유동자산을 ₩20,000 증가시키거나 유동부채를 ₩20,000 감소시켜야 하고, 부채비율 100%를 달성하기 위해서는 총부채를 ₩20,000 감소시키고 자본을 ₩20,000 증가시켜야 한다.
(2) 유동부채 ₩20,000을 출자전환하면 유동부채 ₩20,000이 감소하고 자본이 ₩20,000 증가하므로 재무비율 목표를 달성할 수 있다.

15 오류수정 　　　정답 ④

(1) 오류수정 후 20×3년 말 이익잉여금
　: ₩100,000 − ₩3,000 = ₩97,000
(2) 오류수정 후 20×3년 당기순이익
　: ₩30,000 − ₩1,000 = ₩29,000

16 자본총계 증감분석 　　　정답 ④

₩100,000(기초) + 900 × 10주(유상증자) − 1,000(현금배당) + 5,000(총포괄이익) = ₩113,000

17 오류수정 　　　정답 ④

분개를 이용하여 문제를 해결할 수 있다. 재무상태표계정을 모두 분개했을 때 대차평균이 맞지 않는 금액이 당기손익에 해당하는 금액일 것이다. 단, 재무상태표계정은 기초와 기말의 증분으로 분개에 반영한다.
(1) 20×1년

(차) 당기손익(과소)	210,000	(대) 감가상각누계액	100,000
		선급보험료	30,000
		미지급임차료	10,000
		재고자산	70,000

(2) 20×2년

(차) 선급보험료	10,000	(대) 감가상각누계액	200,000
기말재고	20,000	미지급임차료	30,000
당기손익(과소)	200,000		

18 유형별 충당부채 및 보고기간 후 사건 　　　정답 ③

(1) 제품보증충당부채: 기말 최선의 추정치 ₩1,700
(2) 제품보증비용: ₩1,700 − ₩1,000 = ₩700

19 재무비율분석 　　　정답 ①

(1) 매출채권회전율
　: ₩4,500,000 ÷ (₩150,000 + ₩450,000)/2 = 15회
(2) 재고자산회전율
　: ₩4,000,000 ÷ (₩240,000 + ₩160,000)/2 = 20회
(3) 재고자산평균처리기간: 360 ÷ 20 = 18일

20 간접법에 의한 현금흐름표 작성 　　　정답 ⑤

당기순이익	X
감가상각비	18,000
유형자산처분손실	9,000
사채상환이익	(15,000)
매출채권(순액) 증가	(20,000)
재고자산 증가	(25,000)
선급비용 감소	5,000
매입채무 증가	2,000
영업활동순현금흐름	₩29,000

∴ 당기순이익(X) = ₩55,000

01	02	03	04	05	06	07	08	09	10
①	⑤	④	②	①	⑤	①	①	③	⑤
11	12	13	14	15	16	17	18	19	20
③	②	①	②	①	①	②	④	②	④

01 직접법에 의한 현금흐름표 작성   정답 ①

매출액	?
대손상각비	(5,000)
순매출채권의 감소	45,000
선수금의 감소	(5,000)
현금유입액(₩2,000,000 + ₩100,000 + ₩5,000)	₩2,105,000

∴ 매출액: ₩2,070,000

02 회계추정의 변경   정답 ⑤

내용연수와 감가상각방법의 추정 변경은 전진법을 적용한다. 따라서 20×3년 초를 기준으로 잔존내용연수 4년(= 2년 + 2년) 및 연수합계법에 따라 감가상각비를 계산한다. 한편, 자산인식요건을 충족하는 후속원가는 잔여 내용연수 동안 감가상각한다.
- 20×2년 말 장부금액: ₩10,000 − ₩10,000 × 1/4 × 2 = ₩5,000
- 20×3년 감가상각비: (₩5,000 + ₩5,000) × 4/10 = ₩4,000
따라서 당기순이익에 미치는 영향은 감가상각비 ₩4,000뿐이다.

03 법인세비용의 계산   정답 ④

(1) 법인세 부담액
   : (₩490,000 + ₩125,000 + ₩60,000 − ₩25,000) × 0.2
   = ₩130,000
(2) 이연법인세자산: (₩125,000 − ₩25,000) × 0.2 = ₩20,000
(3) 법인세비용: ₩130,000 − ₩20,000 = ₩110,000

04 리스제공자의 회계처리   정답 ②

해지불능리스인 경우 금융리스로 반드시 분류되는 것은 아니다.

05 기본주당이익   정답 ①

(1) 기본주당순이익: ₩200,000,000 ÷ 100,000주 = ₩2,000
(2) 기본 PER: ₩10,000 ÷ ₩2,000 = 5
(3) 희석주당순이익
   : [₩200,000,000 + ₩10,000,000 × (1 − 30%)] ÷ [100,000주 + ₩1,000,000,000 ÷ ₩5,000 × 6/12] = ₩1,035
(4) 희석 PER: ₩10,000 ÷ ₩1,035 ≒ 9.66

06 자본총계 증감분석   정답 ⑤

(1) 총포괄손익은 기중 소유주의 투자와 소유주에 대한 분배거래를 제외한 순자산변동분이다.
(2) ₩3,200,000(기초순자산) + ₩1,000,000(유상증자) + ₩6,400,000(총포괄이익) − ₩600,000(현금배당) = ₩10,000,000(기말순자산)

07 퇴직급여   정답 ①

보험계리인의 참여를 권고하는 것이지 참여를 강제하는 것은 아니다.

08 유형자산의 최초인식과 측정   정답 ①

건물을 신축하기 위하여 사용 중인 기존 건물을 철거하는 경우 그 건물의 장부금액은 제거하여 처분손실로 반영하고, 철거비용은 전액 당기비용으로 처리한다. 다만 새 건물을 신축하기 위하여 기존 건물이 있는 토지를 취득하고 그 건물을 철거하는 경우 기존 건물의 철거 관련 비용에서 철거된 건물의 부산물을 판매하여 수취한 금액을 차감한 금액은 토지의 취득원가에 산입한다.

09 재고자산의 기초 및 취득원가   정답 ③

후속 생산단계에 투입하기 전에 보관이 필요한 경우 이외의 보관원가는 재고자산의 취득원가에 포함할 수 없으며 발생기간의 비용으로 인식하여야 한다.

10 재무비율분석   정답 ⑤

(1) 정상영업주기: 재고자산보유기간 + 매출채권회수기간 = 60일
(2) 매출채권회전율: 2,000,000/200,000 = 10회
(3) 매출채권회수기간: 360일 ÷ 10회 = 36일
(4) 재고자산보유기간: 60일 − 36일 = 24일
(5) 재고자산회전율: 360일/24일 = 15회 = 매출원가/100,000
(6) 매출원가: 100,000 × 15 = ₩1,500,000

11 유형자산의 재평가모형   정답 ③

$15,000 × 1,020 − $12,000 × 1,040 = ₩2,820,000

12 법인세비용의 계산   정답 ②

이연법인세자산의 실현가능성은 매 보고기간 말에 재검토하고, 실현가능성이 높다면 당기 이전에 자산인식 여부에 관계없이 전액 자산으로 인식한다. 반대로 실현가능성이 불확실하다면 자산에서 제외한다. 즉, 감액된 금액은 사용되기에 충분한 과세소득이 발생할 가능성이 높아지더라도 다시 환입한다.

13 수익인식 적용사례   정답 ①

(1) 매출액: ₩50,000 + ₩20,000 × 5.1 = ₩152,000
(2) 매출총이익: ₩152,000 − ₩100,000 = ₩52,000

14 유형자산의 최초인식과 측정   정답 ②

ㄱ. 토지부대비용으로 토지의 원가에 포함한다.
ㄴ. 취득 시 체납재산세를 부담하는 경우 재산세는 취득원가에 포함한다.
ㅁ. 개발부담금은 토지의 취득원가에 가산한다.

[오답노트]
ㄷ. 회사가 유지 · 관리하는 경우 토지의 취득원가에 포함하지 않는다.
ㄹ. 내용연수가 영구적이지 않은 배수공사비용 및 조경공사비용은 구축물로 계상한다.

15 투자부동산의 인식과 후속측정   정답 ①

소유 투자부동산은 최초 인식시점에서 원가로 측정한다. 이때 발생한 거래원가는 투자부동산의 취득원가로 계산한다.

16 주식기준보상거래의 회계처리   정답 ①

(1) 주식선택권 1개가 행사되었을 경우의 주식발행초과금

(차) 현금	7,000	(대) 자본금	5,000
주식선택권	1,000	주식발행초과금	3,000

(2) 주식발행초과금: ₩3,000 × 35명 × 10개 × 0.6 = ₩630,000

17 간접법에 의한 현금흐름표 작성   정답 ②

(1) 영업활동순현금흐름
- 이자지급액

(차) 이자비용	2,700	(대) 미지급이자	1,000
		현금	1,700

- 법인세 납부

(차) 법인세비용	4,000	(대) 현금	6,000
미지급법인세	2,000		

- 영업활동순현금흐름
  : ₩100,000 − ₩1,700 − ₩6,000 = ₩92,300

(2) 법인세비용차감전순이익
- 당기순이익

당기순이익	X
감가상각비	1,500
사채상환이익	(700)
매출채권(순액)증가	(4,800)
재고자산(순액)감소	2,500
매입채무증가	3,500
미지급이자증가	1,000
미지급법인세감소	(2,000)
영업활동순현금흐름	₩92,300

⇨ 당기순이익: ₩91,300
- 법인세비용차감전순이익: ₩91,300 + ₩4,000 = ₩95,300

18 유형자산의 후속적 인식과 측정　　　정답 ④

(1) 20×2년 초 자본적지출 후 장부금액
　　: ₩1,000,000 − ₩200,000 + ₩325,000 = ₩1,125,000
(2) 20×2년 말 감가상각비: ₩1,125,000 × 1/3 = ₩375,000
(3) 20×2년 초 처분 관련 회계처리

　　| (차) 현금 | 760,000 | (대) 기계장치 | 1,125,000 |
　　| 감가상각누계액 | 375,000 | 유형자산처분이익 | 10,000 |

19 우발부채와 우발자산　　　정답 ②

경제적 효익을 갖는 자원의 유출가능성이 높으나 금액을 신뢰성 있게 추정할 수 없는 경우, 우발부채로 주석 공시한다.

20 기타의 자본항목과 자본변동표　　　정답 ④

ㄴ. 주식배당을 실시하면 발행주식수의 증가로 자본금은 증가하고 미처분이익잉여금이 감소하므로 자본 총액은 불변이다.
ㄹ. 무상증자를 실시하면 발행주식수의 증가로 자본금은 증가하고 자본잉여금 또는 이익준비금이 감소하므로 자본 총액은 불변이다.

오답노트
ㄱ. 주식분할을 실시하면 자본금이 변하지 않는다.
ㄷ. 유상증자를 실시하면 자본 총액이 증가하고 자본금도 증가한다.

01	02	03	04	05	06	07	08	09	10
③	①	④	③	②	②	③	⑤	④	④
11	12	13	14	15	16	17	18	19	20
④	⑤	⑤	②	④	③	①	③	①	④
21	22	23	24	25	26	27	28	29	30
②	③	③	⑤	⑤	④	⑤	④	②	②
31	32	33	34	35	36	37	38	39	40
①	④	③	①	②	③	④	④	②	⑤

01 거래의 기록　　　　　　　　　　정답 ③

회계상의 거래가 되기 위해서는 기업의 자산·부채에 변화가 있어야 한다. 계약을 체결한 것만으로는 기업의 자산·부채에 변화가 일어나지 않는다.

02 거래의 기록　　　　　　　　　　정답 ①

건물을 장부가액으로 매각하면 동일한 금액으로 자산이 증가하고 동시에 자산이 감소하므로 자산, 부채, 자본 총액에 전혀 영향을 미치지 아니한다.

오답노트
② 자산과 자본의 증가
③ 자산과 자본의 감소
④, ⑤ 자산과 부채의 증가

03 시산표　　　　　　　　　　　　정답 ④

차변에 전기한 금액은 없고 대변에만 같은 금액을 두 번 전기했으므로 차변금액과 대변금액의 합계가 일치하지 않을 것이다.

오답노트
① 같은 거래를 두 번 분개하여도 차변금액과 대변금액은 동일하다.
② 시산표는 계정과목의 오류를 검증하지 못한다.
③ 실제 거래한 금액과 다르더라도 차변과 대변에 동일한 금액을 기록한 경우 시산표는 검증하지 못한다.
⑤ 대여금을 현금으로 회수하면서 현금계정과 대여금계정에 중복하여 차기, 대기하였기 때문에 차대변의 불일치는 발생하지 않는다.

04 기말수정분개 및 재무제표작성 연습　　정답 ③

(1) 차기 보험료: $1,200 \times \dfrac{8}{12} = 800$

(2) 선급보험료 800을 인식하고 보험료 800을 차감하는 분개를 누락하였으므로 당기순이익과 자산이 800만큼 과소계상된다.

05 기말수정분개 및 재무제표작성 연습　　정답 ②

주어진 자료를 이용해 결산수정분개를 수행하면 아래와 같다.

(차) 보험료	10,000	(대) 선급보험료	10,000
이자수익	20,000	선수이자	20,000
선급임차료	10,000	임차료	10,000
소모품	2,000	소모품비	2,000
매출원가	780,000	매입	780,000

∴ $(-)10,000 - 20,000 + 10,000 + 2,000 - 780,000 = (-)₩798,000$

06 유용한 재무정보의 질적 특성　　　　정답 ②

근본적 질적 특성에는 목적적합성과 표현충실성이 있다.

07 재무제표 일반사항　　　　　　　　정답 ③

재무제표에는 중요하지 않아 구분하여 표시하지 않은 항목이라도 주석에서는 구분 표시해야 할 만큼 충분히 중요할 수 있다.

08 재무제표 일반사항 정답 ⑤

재무제표 항목의 표시와 분류방법의 변경은 회계정책변경에 해당된다.

오답노트
① 재무상태표에 자산과 부채는 유동·비유동으로 구분하거나 유동성 순서에 따라 배열한다.
② 포괄손익계산서 또는 주석에 특별손익을 표시할 수 없다.
③ 부적절한 회계정책은 공시나 주석 또는 보충 자료를 통해 정당화될 수 없다.
④ 매출채권에 대해 대손충당금을 차감하여 순액으로 측정하는 것은 상계표시에 해당하지 않는다.

09 상품매매기업의 회계처리 정답 ④

(1) 실지재고조사법(총평균법)
  • 기말 평균매입단가: ₩9
  • 매출원가: 200개 × 9 = ₩1,800
(2) 계속기록법(이동평균법)
  • 6/20까지 평균매입단가: $8 \times \frac{1}{4} + 9 \times \frac{3}{4}$ = ₩8.75
  • 매출원가: 200개 × 8.75 = ₩1,750

10 재고자산의 추정 정답 ④

(1) 판매가능재고: ₩400,000 + (₩1,600,000 − ₩200,000 − ₩100,000) = ₩1,700,000
(2) 매출원가: (₩2,150,000 − ₩150,000 − ₩200,000) × 75% = ₩1,350,000
(3) 기말재고 추정액: ₩1,700,000 − ₩1,350,000 = ₩350,000
(4) 화재로 인한 재고손실액: ₩350,000 − ₩100,000 = ₩250,000

11 유형자산의 최초인식과 측정 정답 ④

건물은 신축하기 위하여 사용 중인 기존 건물을 철거하는 경우 그 건물의 장부금액은 제거하여 처분손실로 반영하고, 철거비용은 전액 당기비용으로 처리한다.

12 유형자산의 최초인식과 측정 정답 ⑤

(1) 취득가액에 정부보조금을 차감한 금액으로 취득원가를 재계산하여 감가상각한다.
(2) 20×1년 감가상각비
  : (₩10,000,000 − ₩4,000,000 − ₩1,000,000) × 4/10
  = ₩2,000,000
(3) 20×2년 감가상각비
  : (₩10,000,000 − ₩4,000,000 − ₩1,000,000) × 3/10
  = ₩1,500,000

13 유형자산의 재평가모형 정답 ⑤

(1) 20×1년 말 장부금액: ₩1,000,000 − ₩1,000,000/5 = ₩800,000
(2) 20×1년 말 재평가잉여금: ₩900,000 − ₩800,000 = ₩100,000
(3) 20×2년 말 감가상각비: ₩900,000 ÷ 4 = ₩225,000
(4) 20×2년 말 재평가손실: ₩675,000 − ₩500,000 − ₩100,000 = ₩75,000
(5) 20×2년도 당기순이익에 미치는 영향
  : ₩225,000 + ₩75,000 = ₩300,000(감소)

14 유형자산의 제거 및 손상 정답 ②

(1) 20×2년 말 손상차손환입 전 장부금액
  : ₩84,000 − ₩84,000/4 = ₩63,000
(2) 20×2년 말 손상차손환입액
  : Min[₩100,000, ₩96,000[*1]] − ₩63,000 = ₩33,000
  (*1) 한도: ₩160,000 − ₩160,000 × 2/5 = ₩96,000

15 무형자산의 상각·손상·재평가 정답 ④

ㄴ. 연구단계와 개발단계로 구분할 수 없는 경우에는 모두 연구단계에서 발생한 것으로 본다.
ㄹ. 감가상각요소의 변경은 회계추정의 변경으로 처리한다.
ㅁ. 무형자산을 처분 시 또는 폐기 시 재무상태표에서 제거한다.

오답노트
ㄱ. 내용연수가 비한정인 무형자산 또는 아직 사용할 수 없는 무형자산에 대해서는 자산손상을 시사하는 징후가 있는지에 관계없이 매년 회수가능액을 추정하여 손상검사를 한다.
ㄷ. 내부적으로 창출된 브랜드, 제호, 출판표제, 고객목록과 이와 실질이 유사한 항목은 사업을 전체적으로 개발하는 데 발생한 원가와 구별할 수 없으므로 무형자산으로 인식하지 않고 발생시점에 항상 당기손익으로 인식한다.

16 무형자산의 기타사항 정답 ③

(1) 식별가능한 순자산 공정가치보다 이전대가가 더 클 경우 영업권이 발생한다.
(2) 합병대가: ₩3,500
(3) 순자산공정가치
  : (₩1,300 + ₩1,600 + ₩200 − ₩200 − ₩660) = ₩2,240
(4) 영업권: (2) − (3) = ₩1,260

17 투자부동산의 인식과 후속측정 정답 ①

(1) 투자부동산을 공정가치모형으로 평가할 경우에는 감가상각을 하지 않는다.
(2) 평가이익: ₩1,050,000 − ₩1,000,000 = ₩50,000

18 현금 및 현금성자산 정답 ③

₩30,000(현금) + 100,000(우편환증서) + 20,000(자기앞수표) + 10,000(보통예금) + 300,000(환매조건부 채권) = ₩460,000

19 충당부채의 일반론 정답 ①

기업의 미래행위와 상관없이 과거의무로 인해 경제적 효익의 유출가능성이 높고, 그 금액을 신뢰성 있게 측정할 수 있다면 충당부채로 인식한다.

20 자본거래 정답 ④

		금액	
2월 1일	유상증자	₩300,000	200주 × @1,500
3월 31일	자기주식 취득	(−)50,000	50주 × @1,000
5월 10일	자기주식 소각	−	
7월 1일	금융자산 취득	−	
8월 25일	무상감자		
9월 1일	유상감자	(−)80,000	100주 × 800
12월 31일	당기순익보고	100,000	
	금융자산 평가	(−)45,000	150주 × (1,200 − 1,500)
	합계	₩225,000	

21 자본총계 증감분석 정답 ②

주식배당은 무상증자와 그 성격이 같으므로 주주의 이익이 아니다.

22 금융부채의 정의 · 분류 · 인식 정답 ③

미지급법인세(ㄷ)는 계약에 기초한 거래가 아니고, 선수금(ㅁ)은 현금결제의무가 아니므로 금융부채에 해당하지 않는다.

23 매출채권과 대손충당금 정답 ③

(1) 결산 전 대손충당금
  : ₩40,000 − ₩30,000 + ₩15,000 = ₩25,000
(2) 대손상각비(대손충당금 추가 설정액)
  : ₩900,000 × 5% − ₩25,000 = ₩20,000

24 사채 정답 ⑤

(1) 20×0년 차금상각액: ₩95,030 × 10% − ₩8,000 = ₩1,503
(2) 20×1년 말 장부금액: ₩95,030 + ₩1,503 + ₩1,503 × 1.1
  ≒ ₩98,186

25 사채 정답 ⑤

할인발행의 경우 만기가 가까워질수록 사채의 이자비용이 증가한다.

26 투자지분상품 정답 ④

(₩34,000 − ₩30,000) × 10주 = ₩40,000(평가이익)

27 측정(제15장 수익) 정답 ⑤

고객이 현금 외의 형태로 지급을 약속하는 경우 그 비현금 대가는 제공받는 자산의 공정가치로 측정한다.

오답노트

① 대가의 회수가능성이 높지 않은 경우에는 고객과의 계약으로 회계처리할 수 없으므로 이미 받은 대가는 부채(보증금채무 등)로 인식한다. 동 부채로 인식된 금액은 이후 계약이 종료되거나 고객에게 재화나 용역을 이전해야 하는 의무가 남아있지 않은 경우로서 고객에게 환불되지 않는 경우에만 수익으로 인식한다.
② 하나의 수행의무로 식별된 일련의 구별되는 재화나 용역을 이전하기로 한 약속은 기간에 걸쳐 이행되는 수행의무에 해당한다.
③ 비현금 대가의 공정가치를 합리적으로 추정할 수 없는 경우에는 그 대가와 교환하여 고객에게 약속한 재화나 용역의 개별 판매가격을 참조하여 간접적으로 측정한다.
④ 기업이 대리인 경우에는 주선의 대가로 받을 권리를 갖게 될 것으로 예상하는 보수나 수수료 금액을 수익으로 인식한다. 동 금액은 다른 당사자가 제공하기로 하는 재화나 용역과 교환하여 받은 대가 가운데 그 당사자에게 지급한 다음에 남는 순액일 수 있다.

28 퇴직급여 정답 ④

확정기여제도에서는 종업원이 적립금의 투자위험을 부담하고 확정급여제도에서는 기업이 적립금의 투자위험을 부담한다.

29 기본주당이익 정답 ②

유통보통주식수 계산 시 자기주식은 취득시점 이후부터 매각시점까지의 기간 동안 유통보통주식수에서 제외하고, 유상증자는 당해주식의 발행일을 기준으로 기간경과에 따라 가중평균하여 조정한다.

$$\therefore\ 12,000주 \times \frac{12}{12} + 3,000주 \times \frac{10}{12} - 3,000주 \times \frac{6}{12} + 6,000주 \times \frac{4}{12} = 15,000주$$

30 현금흐름표의 의의와 분류 정답 ②

ㄱ, ㅂ. 영업활동과 관련된 항목이다.

오답노트

ㄴ, ㄹ. 투자활동과 관련된 항목이다.
ㄷ, ㅁ. 재무활동과 관련된 항목이다.

31 직접법에 의한 현금흐름표 작성 정답 ①

(차) 대손상각비	20,000	(대) 매출	300,000
매출채권	200,000		
현금	80,000		

32 직접법에 의한 현금흐름표 작성 정답 ④

분개를 추정하면 다음과 같다.

(차) 재고자산	10,000	(대) 매입채무	4,000
매출원가	50,000	현금	57,000
재고자산감모손실	1,000		

∴ 공급자에게 지급한 현금유출액: ₩57,000

33 원가의 흐름과 배분 정답 ③

	원재료 + 재공품 + 제품		
기초재고	₩55,000	매출원가	₩150,000
직접재료매입액	X		
가공원가	98,000	기말재고	51,000
합계	₩201,000		₩201,000

(1) 매출원가: ₩180,000 × 1/1.2 = ₩150,000
(2) 직접재료매입액
  : ₩201,000 − ₩55,000 − ₩98,000 = ₩48,000
(3) 영업이익: ₩180,000 − ₩150,000 − ₩10,000 = ₩20,000

34 정상개별원가계산 정답 ①

(1) 제조간접비 예정배부율: ₩600,000/20,000h = ₩30/h
(2) 제조간접비 예정배부액: ₩30 × 18,000h = ₩540,000
(3) 제조간접비 배부차이
  : ₩650,000 − ₩540,000 = ₩110,000(과소배부)
(4) 매출총이익: ₩400,000 − ₩110,000 = ₩290,000

35 종합원가계산의 절차(5단계) 정답 ②

재공품(완성품환산량) - 평균법

기초재공품	0개	완성품	3,200개
당기착수	3,700	기말재공품(50%)	250
	3,700개		3,450개

재공품(완성품환산량) - 선입선출법

기초재공품(40%)	200개	기초완성분(60%)	120개
당기착수	3,500	당기착수완성분	3,000
		기말재공품(50%)	250
	3,700개		3,370개

36 결합원가의 배분방법 정답 ③

순실현가능가치(NRV)의 계산과 결합원가의 배분은 다음과 같다.

제품	순실현가능가치(NRV)		배분 비율	결합원가 배분액
A	1,000개×@600−₩200,000 =	₩400,000	40%	₩120,000
B	1,200개×@700−₩240,000 =	600,000	60	180,000[*1]
계		₩1,000,000	100%	₩300,000

(*1) ₩300,000 × 60% = ₩180,000

37 원가차이분석 정답 ④

$$\underset{\text{직접재료원가}}{} \begin{array}{cc} AQ' \times AP^{*1} & AQ' \times SP \\ 2,000kg \times @65 = ₩130,000 & 2,000kg \times @50 = ₩100,000 \end{array}$$

구입가격차이 ₩30,000U

$$\begin{array}{cc} AQ \times SP & SQ \times SP^{*2} \\ 1,900kg \times @50 = ₩95,000 & (900단위 \times 2kg) \times @50 = ₩90,000 \end{array}$$

수량차이 ₩5,000U

(*1) 130,000 ÷ 2,000kg = @65
(*2) 10,000 ÷ (100개 × 2kg) = @50

38 이익차이 조정 및 비교 정답 ④

매출액: 28,000개 × @30 =		₩840,000
매출원가		367,000
기초제품재고액: 3,000개 × @14[*1] =	₩42,000	
당기제품제조원가: 30,000개 × @13[*2] =	390,000	
(−)기말제품재고액: 5,000개 × @13[*2] =	(65,000)	
매출총이익		₩473,000
판매관리비		156,000
변동판매관리비: 28,000개 × @2 =	₩56,000	
고정판매관리비	100,000	
영업이익		₩317,000

(*1) $(₩8 + \dfrac{₩150,000}{₩25,000}) = ₩14$

(*2) $(₩8 + \dfrac{₩150,000}{₩30,000}) = ₩13$

39 원가추정의 의의 정답 ②

(1) 고점: 11월(170개, ₩20,700)
(2) 저점: 1월(100개, ₩15,100)
(3) 단위당 변동원가: $\dfrac{(₩20,700 − ₩15,100)}{(170개 − 100개)} = ₩80$
(4) 고정원가: ₩15,100 − ₩80 × 100개 = ₩7,100

40 원가 · 조업도 · 이익분석(CVP분석) 정답 ⑤

고정원가의 감소는 공헌이익률에 영향을 미치지 아니한다.

오답노트

① 공헌이익율(CMR): $\dfrac{₩20}{₩80} = 25\%$

② 안전한계: 매출액 − 손익분기점매출액
　= 12,000 × ₩80 − ₩960,000[*1] = 0

(*1) $\dfrac{₩240,000}{0.25} = ₩960,000$

③ 손익분기점판매수량: $\dfrac{₩240,000}{₩30} = 8,000개$

　∴ 손익분기점판매량: 4,000개 감소

④ (₩80 − ₩60) × 20,000 − 240,000 = ₩160,000
　∴ 세전영업이익: ₩160,000

01	02	03	04	05	06	07	08	09	10
④	③	⑤	③	⑤	④	②	⑤	④	④
11	**12**	**13**	**14**	**15**	**16**	**17**	**18**	**19**	**20**
②	①	⑤	②	④	③	③	②	①	②
21	**22**	**23**	**24**	**25**	**26**	**27**	**28**	**29**	**30**
③	③	⑤	①	①	②	④	①	①	⑤
31	**32**	**33**	**34**	**35**	**36**	**37**	**38**	**39**	**40**
②	②	③	⑤	③	⑤	④	②	⑤	④

01 현금 및 현금성자산   정답 ④

구분	회사 측	은행 측
수정 전	₩1,060,000	₩1,100,000
예금이자	₩50,000	
부도수표	(₩240,000)	
미통지입금	₩130,000	
미기입예금		₩60,000
기발행미인출수표		(₩160,000)
수정 후	₩1,000,000	₩1,000,000

02 기본주당이익   정답 ③

(1) 가중평균유통보통주식수
  : 800주 × 12/12 + 400주 × 6/12 = 1,000주
(2) 보통주 당기순이익
  : ₩50,000 − 100주 × ₩1,000 × 0.1 = ₩40,000
(3) 기본주당순이익: ₩40,000 ÷ 1,000주 = ₩40/주

03 매출채권과 대손충당금   정답 ⑤

(1) 어음의 만기가치
  : ₩10,000,000 + 10,000,000 × 0.09 × 3/12 = ₩10,225,000
(2) 할인액 만기수취액(₩10,225,000) − 실수금(₩10,122,750)
  = ₩102,250
(3) 할인액 계산: ₩10,225,000 × (할인율) × 1/12 = ₩102,250
  ∴ 할인율 = 12%

04 금융상품의 의의   정답 ③

사업모형의 목적이 계약상 현금흐름을 수취하기 위해 금융자산을 보유하는 것이더라도 그러한 모든 금융상품을 만기까지 보유할 필요는 없다.

05 투자지분상품   정답 ⑤

(1) 기타포괄손익 – 공정가치로 선택한 투자지분상품은 후속적으로 매기말 공정가치로 평가하고 평가손익은 자본항목으로 이연처리한다. 또한 이연처리된 평가손익은 후속적으로 당기손익으로 재분류조정되지 않으며, 이는 처분시점에도 동일하게 적용된다. 즉, 처분금액으로 평가한 후에 처분 회계처리한다. 따라서 기타포괄손익 – 공정가치 선택 투자지분상품의 처분손익(당기손익)은 '0'이다. 또한, 자본에 인식한 기타포괄손익누계액의 이익잉여금 등 자본 내 이전 여부는 포괄손익계산서에 영향을 주지 않는다.
(2) 금융자산평가손익(OCI)
  : (₩18,200(처분금액) − 13,800(처분 전 장부금액)) × 2,000주
  = ₩8,800,000

20×1년 처분			
(차) FVOCI	8,800,000[*1]	(대) FVOCI	8,800,000
금융자산		금융자산평가이익	
(*1) (18,200 − 13,800) × 2,000주 = 8,800,000			
(차) 현금	36,400,000[*2]	(대) FVOCI	36,400,000
		금융자산	
(*2) 18,200 × 2,000주 = 36,400,000			

06 재무상태표   정답 ④

보고기간 말로부터 1년 이내에 상환되어야 하는 채무는, 보고기간 말과 재무제표 발행승인일 사이에 보고기간 말로부터 1년을 초과하여 상환하기로 합의하더라도 유동부채로 분류한다.

07 오류수정   정답 ②

토지의 재평가잉여금은 기타포괄손익에 해당한다.
∴ ₩15,000 + 14,000 − 10,000 = ₩19,000

08 퇴직급여   정답 ⑤

확정기여제도는 종업원의 근무용역과 교환하여 확정기여제도에 납부해야 할 기여금에 대해서만 회계처리할 뿐이다.

09 자본총계 증감분석   정답 ④

(1) ₩2,500,000(기초자본) − ₩200,000(현금배당) + (200주 × ₩600 − ₩20,000)(유상증자) + ₩100,000(자기주식처분) + ₩200,000(총포괄이익) = ₩2,700,000
(2) 당기순이익은 이미 총포괄이익에 포함되어 있으므로 추가 고려해서는 안 된다.

10 신주인수권부사채   정답 ④

만기상환액 = 권리행사분액면금액 + 권리미행사분액면금액 × (1 + 상환할증률) = ₩7,500,000 + ₩2,500,000 × 1.1 = ₩10,250,000

11 유용한 재무정보의 질적 특성   정답 ②

보강적 질적 특성은 비교가능성, 검증가능성, 적시성, 이해가능성이며, 경제성은 질적 특성에 대한 제약요인일 뿐, 질적 특성 그 자체는 아니다.

12 재무제표 일반사항   정답 ①

각각의 재무제표는 전체 재무제표에서 동등한 비중으로 표시한다.

오답노트
② 다음의 경우는 표시의 계속성을 요구하지 않는다.
- 사업내용의 중요한 변화나 재무제표를 검토한 결과 다른 표시나 분류방법이 더 적절한 것이 명백한 경우
- K-IFRS에서 표시방법의 변경을 요구하는 경우
③ 현금흐름 정보(즉, 현금흐름표)는 현금주의 회계를 사용하여 재무제표를 작성한다.

④ 중요하지 않은 항목은 성격이나 기능이 유사한 항목과 통합하여 표시할 수 있다. 즉, 반드시 통합표시해야만 하는 것은 아니다.
⑤ 재고자산에 대한 재고자산평가충당금 등과 같은 평가충당금을 차감하여 관련 자산을 순액으로 표시하는 것은 상계표시에 해당하지 않는다.

13 재고자산 감모손실과 평가손실   정답 ⑤

순실현가능가치는 통상적인 영업과정에서의 예상 판매가격에서 예상되는 추가 완성원가와 판매비용을 차감한 금액으로 측정한다.

오답노트
① 용역제공기업의 재고자산에는 관련된 수익이 인식되기 전의 용역원가가 포함된다.
② 재료원가, 노무원가 및 기타 제조원가 중 비정상적으로 낭비된 부분은 재고자산의 취득원가에 제외된다.
③ 매입리베이트는 매입원가를 결정할 때 차감되며, 별도의 수익으로 인식하지 않는다.
④ 재고자산의 지역별 위치나 과세방식이 다르다는 이유만으로 동일한 재고자산에 다른 단위원가 결정방법을 적용하는 것은 정당화될 수 없다.

14 리스이용자의 회계처리   정답 ②

(1) 사용권자산에 대한 감가상각비: ₩2,630 ÷ 10 = ₩263
(2) 리스부채의 이자비용: ₩2,630 × 0.1 = ₩263
(3) 당기순이익에 미치는 영향: (1) + (2) = ₩526(감소)

15 유형자산의 최초인식과 측정   정답 ④

사용 중인 건물을 철거할 경우 구건물 장부금액 및 철거비용은 당해연도의 비용(유형자산처분손실)으로 처리하여야 한다.

16 유형자산의 최초인식과 측정   정답 ③

(1) 상업적 실질이 있는 경우
  : ₩700,000(X의 공정가치) − 100,000 = ₩600,000
(2) 상업적 실질이 없는 경우
  : ₩400,000(X의 장부가액) − 100,000 = ₩300,000

17 자본총계 증감분석

정답 ③

₩100,000(기초) + 900 × 10주(유상증자) − 1,000(현금배당) + 5,000(총포괄이익) = ₩113,000

18 주식기준보상거래의 회계처리

정답 ②

(1) 20×2년 누적 주식보상비용
   : (100명 − 3명 − 2명 − 7명) × 10개 × ₩100 × 2/4 = ₩44,000
(2) 20×3년 누적 주식보상비용
   : (100명 − 3명 − 2명 − 1명 − 4명) × 10개 × ₩100 × 3/4
   = ₩67,500
(3) 20×3년 주식보상비용: (2) − (1) = ₩23,500

19 차입원가의 자본화

정답 ①

₩800,000 × 0.06 × 11/12 − ₩100,000 × 0.03 × 2/12 = ₩43,500

20 재고자산의 추정

정답 ②

T계정을 이용하여 풀이하면 다음과 같다.

	원가	매가		원가	매가
기초재고	₩1,000	₩1,500	판매분	(4)	₩22,000
당기매입액	20,000	24,000	정상파손		1,000
순인상액		1,300			
순인하액		(700)			
비정상파손	(1,000)	(1,100)	기말재고 (3)=(1)×(2)		(1)
합계	₩20,000	₩25,000	합계	₩20,000	₩25,000

(1) 기말재고(매가): ₩25,000 − ₩23,000 = ₩2,000
(2) 원가율: ₩20,000 ÷ ₩25,000 = 0.8(80%)
(3) 기말재고(원가): ₩2,000 × 0.8 = ₩1,600

21 무형자산의 일반론

정답 ③

무형자산 인식요건 중 '식별가능성'은 다음 둘 중 하나 이상을 충족하는 경우이다.
• 자산이 분리가능하다.
• 자산이 계약상 권리 또는 기타 법적 권리로부터 발생한다.
즉, 상기 요건은 둘 중 하나만 충족한다면 식별가능성을 충족하는 것이며, 둘 모두를 동시에 충족해야 하는 것은 아니다.

22 투자부동산의 의의

정답 ③

부동산 사용자에게 제공용역이 경미한 경우에는 임대가 주된 거래인 상황으로 투자부동산으로 인식한다.

오답노트
① 자가사용 부분이 중요한 경우에는 전체를 자가사용부동산(유형자산)으로 분류한다.
② 투자부동산으로 분류한다.
④ 운용리스로 제공하기 위하여 직접 소유하고 있는 미사용건물은 투자부동산에 해당한다.
⑤ 별도재무제표는 투자부동산으로 분류할 수 있다.

23 수익의 인식

정답 ⑤

(1) 계약의 식별: 20×1년 7월 1일 판매계약의 체결에 따라 계약을 식별할 수 있다.
(2) 수행의무의 식별: 옥외전광판을 인도하는 수행의무와 유지서비스를 제공하는 수행의무로 구성된다.
(3) 거래가격의 산정: 거래가격은 40,000,000이다.
(4) 거래가격을 수행의무에 배분
   • 옥외전광판에 배부될 거래가격
   : 40,000,000 × 30,000,000/50,000,000 = 24,000,000
   • 유지서비스에 배부될 거래가격
   : 40,000,000 × 20,000,000/50,000,000 = 16,000,000
(5) 수행의무를 이행할 때 수익인식
   • 20×1년도의 매출액
   : 24,000,000 + 16,000,000 × 6/12 = 32,000,000
   • 20×2년도의 매출액: 16,000,000 × 6/12 = 8,000,000

오답노트
① 20×1년 7월 1일에 인식한 매출액
   : 옥외전광판 판매분 ₩24,000,000이다.
② 20×1년의 매출액
   : 24,000,000 + 16,000,000 × 6/12 = 32,000,000
③ 20×1년의 매출총이익
   : 32,000,000 − 20,000,000 − 5,000,000 = 7,000,000
④ 20×2년도의 매출액: 16,000,000 × 6/12 = 8,000,000

24 지분법회계

정답 ①

	관계기업투자주식취득원가	200주 × ₩5,000 = ₩1,000,000
(+)	당기순이익	₩6,000,000 × 25% = ₩1,500,000
(−)	배당금수령	₩300,000 × 25% = ₩(75,000)
	장부가액	₩2,425,000

∴ 지분법이익 = 당기순이익변동분 = ₩6,000,000 × 25%
   = ₩1,500,000

25 법인세비용의 계산 정답 ①

(1) 일시적차이의 소멸시기

일시적차이	20×1년 말 잔액	소멸시기	
		20×2년	20×3년 이후
선수임대료	270,000	(120,000)	(150,000)

(2) 이연법인세자산 계산
: 120,000 × 0.25 + 150,000 × 0.2 = 60,000

26 지분법 정답 ②

지분법 평가이익: (2,200 − 1,000 × 1/5 − 1,000) × 0.3 = 300

27 유형자산의 재평가모형 정답 ④

20×3년 감가상각비: (12,000 − 2,000) × 1/2 = 5,000

오답노트
① 20×1년 감가상각비: (10,000 − 2,000) × 1/4 = 2,000
② 20×2년 감가상각비: (10,000 − 2,000) × 1/4 = 2,000
③ 20×2년 재평가잉여금: 12,000 − (10,000 − 4,000) = 6,000
⑤ 20×3년 기계장치 처분이익: 8,000 − (12,000 − 5,000) = 1,000

28 우발부채와 우발자산 정답 ①

경제적 효익의 유입가능성이 높은 우발자산에 대해서는 보고기간 말에 우발자산의 특성에 대해 간결하게 설명을 공시하고, 실무적으로 적용할 수 있는 경우에는 재무적 영향의 추정 금액을 공시한다.

29 직접법에 의한 현금흐름표 작성 정답 ①

(1) 고객으로부터의 현금유입액

(차) 현금	800,000	(대) 매출	700,000
		매출채권	100,000

(2) 매출원가: 100,000 + 500,000 − 200,000 = 400,000
(3) 공급자에게의 현금유출액

(차) 재고자산	100,000	(대) 매입채무	100,000
매출원가	400,000	현금	400,000

(4) 매출총이익: 700,000 − 400,000 = 300,000
(5) 영업활동으로 인한 현금 증가액: 800,000 − 400,000 = 400,000(증가)

30 재무비율분석 정답 ⑤

(1) 매출채권회전율: $\dfrac{매출}{평균매출채권(₩125,000)}$ = 6회
(2) 매출: ₩125,000 × 6회 = ₩750,000
(3) 재고자산회전율: $\dfrac{매출원가}{평균재고자산(₩150,000)}$ = 4회
(4) 매출원가: ₩150,000 × 4회 = ₩600,000
(5) 매출총이익: ₩150,000

31 원가의 흐름과 배분 정답 ②

(1) DL: ₩450
(2) OH: ₩100 + ₩150 × $\dfrac{1}{3}$ = ₩150
(3) DM: (DL + OH) × 50% ⇨ DM: ₩300
(4) 당기총제조원가: 당기제품제조원가 = 매출원가
= ₩450 + ₩150 + ₩300 = ₩900
(5) 매출총이익: 매출액 − 매출원가 = ₩2,000 − ₩900 = ₩1,100

32 부문별 제조간접원가의 배부 정답 ②

(A) 보조부문은 (B) 보조부문에 20%, (B) 보조부문은 (A) 보조부문에 30%의 서비스를 제공하였으므로 (B) 보조부문을 먼저 배부한다.

구분	보조부문		제조부문	
	(A)	(B)	(가)	(나)
1차 집계원가	₩50,000	₩60,000	₩120,000	₩130,000
(B)	30%	–	40%	30%
	₩18,000	(60,000)	₩24,000	₩18,000
(A)	–	20%	40%	40%
	(68,000)	–	₩34,000	₩34,000
계	₩0	₩0	₩178,000	₩182,000

33 원가 · 조업도 · 이익분석(CVP분석) 정답 ③

(1) 공헌이익률: 600,000 ÷ 1,500,000 = 0.4
(2) 매출액: (S − 1,500,000) ÷ S = 0.4   ∴ S = 2,500,000
(3) 영업이익: 2,500,000 × 0.4 − 600,000 = 400,000

34 활동기준원가계산의 절차 및 특징　　　정답 ⑤

(1) 전통적인 원가계산
　・ 뱃치당 제조간접원가: 8시간 × @150,000 = ₩1,200,000
　・ 제품단위당 제조간접원가: ₩1,200,000 ÷ 50단위 = ₩24,000
(2) 활동기준원가계산
　・ 재료취급활동: 1,000개 × @1,000 = 　　₩1,000,000
　　조립활동: 8시간 × @40,000 = 　　　　　320,000
　　검사활동: 15분 × @10,000 = 　　　　　　150,000
　　뱃치당 제조간접원가　　　　　　　　₩1,470,000
　・ 제품단위당 제조간접원가: ₩1,470,000 ÷ 50단위 = ₩29,400

35 종합원가계산의 절차(5단계)　　　정답 ③

재공품

(30%)	기초　2,000	대체　7,000
	투입　9,000	기말　4,000　(70%)

(1) 단위당 직접재료원가: $\dfrac{₩216,000}{9,000단위}$ = ₩24

(2) 단위당 가공원가: $\dfrac{₩276,000}{7,000단위 + 4,000단위 × 70\% - 2,000단위 × 30\%}$

　= $\dfrac{₩276,000}{9,200단위}$ = ₩30

(3) 기말재공품원가: 4,000단위 × ₩24 + 2,800단위 × ₩30
　= ₩180,000
(4) 총제조원가: ₩42,500 + ₩22,900 + ₩216,000 + ₩276,000
　= ₩557,400
(5) 완성품원가: ₩557,400 - ₩180,000 = ₩377,400

36 원가 · 조업도 · 이익분석(CVP분석)　　　정답 ⑤

손익분기점에서의 총공헌이익은 고정원가와 일치하므로 고정원가를 구하면, ₩108(₩360 × 0.3)이다.
∴ 0.3 × S(매출액) - ₩108 = ₩84 ⇨ 매출액 = ₩640

37 원가 · 조업도 · 이익분석(CVP분석)　　　정답 ④

(1) 여유조업도: 2,500단위 - 2,000단위 = 500단위
(2) 부족조업도: 800단위 - 500단위 = 300단위
(3) 기존생산 · 판매에 따른 공헌이익
　: ₩20,000 - (10,000 + 2,000) = ₩8,000
(4) 단위당 기회비용: (300단위 × ₩8,000) ÷ 800단위 = ₩3,000
(5) 최소특별주문 판매가격
　: ₩10,000 × (1 + 0.05) + 2,000 × 0.1 + 3,000 = ₩13,700

38 원가차이분석　　　정답 ②

(1) 조업도차이: (45,000단위 × 2시간 - 72,000시간) × 시간당 고정제조
　간접원가배부액 = ₩16,200(유리)
(2) 시간당 고정제조간접원가배부액: ₩0.9
(3) 예상 고정제조간접원가: 기준시간 × 시간당 고정제조간접원가배부액
　= 72,000시간 × ₩0.9 = ₩64,800

39 이익차이 조정 및 비교　　　정답 ⑤

전부원가계산하의 영업이익이 변동원가계산하의 영업이익보다 ₩20,000 크므로, 2월 말 재고수량을 X라 하면,
X × ₩250[*1] - 200 × ₩200[*2] = ₩10,000

[*1] $\dfrac{₩200,000}{800}$ = ₩250

[*2] $\dfrac{₩200,000}{1,000}$ = ₩200

∴ X = 200대

40 원가 · 조업도 · 이익분석(CVP분석)　　　정답 ④

최소 판매가격
　= ₩60,000 + 10,000 × (1 - 0.75) + $\dfrac{2,000 × (100,000 - 70,000)}{4,000}$
　= ₩77,500

ejob.Hackers.com

회독용 답안지

회독 차수: 진행 날짜:

제1회 기출동형모의고사

1	① ② ③ ④ ⑤	6	① ② ③ ④ ⑤	11	① ② ③ ④ ⑤	16	① ② ③ ④ ⑤
2	① ② ③ ④ ⑤	7	① ② ③ ④ ⑤	12	① ② ③ ④ ⑤	17	① ② ③ ④ ⑤
3	① ② ③ ④ ⑤	8	① ② ③ ④ ⑤	13	① ② ③ ④ ⑤	18	① ② ③ ④ ⑤
4	① ② ③ ④ ⑤	9	① ② ③ ④ ⑤	14	① ② ③ ④ ⑤	19	① ② ③ ④ ⑤
5	① ② ③ ④ ⑤	10	① ② ③ ④ ⑤	15	① ② ③ ④ ⑤	20	① ② ③ ④ ⑤

맞힌 개수 / 전체 개수: _____ / 20   O: _____개,   △: _____개,   X: _____개

제2회 기출동형모의고사

1	① ② ③ ④ ⑤	6	① ② ③ ④ ⑤	11	① ② ③ ④ ⑤	16	① ② ③ ④ ⑤
2	① ② ③ ④ ⑤	7	① ② ③ ④ ⑤	12	① ② ③ ④ ⑤	17	① ② ③ ④ ⑤
3	① ② ③ ④ ⑤	8	① ② ③ ④ ⑤	13	① ② ③ ④ ⑤	18	① ② ③ ④ ⑤
4	① ② ③ ④ ⑤	9	① ② ③ ④ ⑤	14	① ② ③ ④ ⑤	19	① ② ③ ④ ⑤
5	① ② ③ ④ ⑤	10	① ② ③ ④ ⑤	15	① ② ③ ④ ⑤	20	① ② ③ ④ ⑤

맞힌 개수 / 전체 개수: _____ / 20   O: _____개,   △: _____개,   X: _____개

제3회 기출동형모의고사

1	① ② ③ ④ ⑤	6	① ② ③ ④ ⑤	11	① ② ③ ④ ⑤	16	① ② ③ ④ ⑤
2	① ② ③ ④ ⑤	7	① ② ③ ④ ⑤	12	① ② ③ ④ ⑤	17	① ② ③ ④ ⑤
3	① ② ③ ④ ⑤	8	① ② ③ ④ ⑤	13	① ② ③ ④ ⑤	18	① ② ③ ④ ⑤
4	① ② ③ ④ ⑤	9	① ② ③ ④ ⑤	14	① ② ③ ④ ⑤	19	① ② ③ ④ ⑤
5	① ② ③ ④ ⑤	10	① ② ③ ④ ⑤	15	① ② ③ ④ ⑤	20	① ② ③ ④ ⑤

맞힌 개수 / 전체 개수: _____ / 20   O: _____개,   △: _____개,   X: _____개

ejob.Hackers.com

회독용 답안지

회독 차수:　　　　　　진행 날짜:

제4회 기출동형모의고사

1	① ② ③ ④ ⑤	11	① ② ③ ④ ⑤	21	① ② ③ ④ ⑤	31	① ② ③ ④ ⑤
2	① ② ③ ④ ⑤	12	① ② ③ ④ ⑤	22	① ② ③ ④ ⑤	32	① ② ③ ④ ⑤
3	① ② ③ ④ ⑤	13	① ② ③ ④ ⑤	23	① ② ③ ④ ⑤	33	① ② ③ ④ ⑤
4	① ② ③ ④ ⑤	14	① ② ③ ④ ⑤	24	① ② ③ ④ ⑤	34	① ② ③ ④ ⑤
5	① ② ③ ④ ⑤	15	① ② ③ ④ ⑤	25	① ② ③ ④ ⑤	35	① ② ③ ④ ⑤
6	① ② ③ ④ ⑤	16	① ② ③ ④ ⑤	26	① ② ③ ④ ⑤	36	① ② ③ ④ ⑤
7	① ② ③ ④ ⑤	17	① ② ③ ④ ⑤	27	① ② ③ ④ ⑤	37	① ② ③ ④ ⑤
8	① ② ③ ④ ⑤	18	① ② ③ ④ ⑤	28	① ② ③ ④ ⑤	38	① ② ③ ④ ⑤
9	① ② ③ ④ ⑤	19	① ② ③ ④ ⑤	29	① ② ③ ④ ⑤	39	① ② ③ ④ ⑤
10	① ② ③ ④ ⑤	20	① ② ③ ④ ⑤	30	① ② ③ ④ ⑤	40	① ② ③ ④ ⑤

맞힌 개수 / 전체 개수: _____ / 40　　　　O: _____개,　　△: _____개,　　X: _____개

제5회 기출동형모의고사

1	① ② ③ ④ ⑤	11	① ② ③ ④ ⑤	21	① ② ③ ④ ⑤	31	① ② ③ ④ ⑤
2	① ② ③ ④ ⑤	12	① ② ③ ④ ⑤	22	① ② ③ ④ ⑤	32	① ② ③ ④ ⑤
3	① ② ③ ④ ⑤	13	① ② ③ ④ ⑤	23	① ② ③ ④ ⑤	33	① ② ③ ④ ⑤
4	① ② ③ ④ ⑤	14	① ② ③ ④ ⑤	24	① ② ③ ④ ⑤	34	① ② ③ ④ ⑤
5	① ② ③ ④ ⑤	15	① ② ③ ④ ⑤	25	① ② ③ ④ ⑤	35	① ② ③ ④ ⑤
6	① ② ③ ④ ⑤	16	① ② ③ ④ ⑤	26	① ② ③ ④ ⑤	36	① ② ③ ④ ⑤
7	① ② ③ ④ ⑤	17	① ② ③ ④ ⑤	27	① ② ③ ④ ⑤	37	① ② ③ ④ ⑤
8	① ② ③ ④ ⑤	18	① ② ③ ④ ⑤	28	① ② ③ ④ ⑤	38	① ② ③ ④ ⑤
9	① ② ③ ④ ⑤	19	① ② ③ ④ ⑤	29	① ② ③ ④ ⑤	39	① ② ③ ④ ⑤
10	① ② ③ ④ ⑤	20	① ② ③ ④ ⑤	30	① ② ③ ④ ⑤	40	① ② ③ ④ ⑤

맞힌 개수 / 전체 개수: _____ / 40　　　　O: _____개,　　△: _____개,　　X: _____개

ejob.Hackers.com

회독용 답안지

회독 차수: 진행 날짜:

제1회 기출동형모의고사

1	① ② ③ ④ ⑤	6	① ② ③ ④ ⑤	11	① ② ③ ④ ⑤	16	① ② ③ ④ ⑤
2	① ② ③ ④ ⑤	7	① ② ③ ④ ⑤	12	① ② ③ ④ ⑤	17	① ② ③ ④ ⑤
3	① ② ③ ④ ⑤	8	① ② ③ ④ ⑤	13	① ② ③ ④ ⑤	18	① ② ③ ④ ⑤
4	① ② ③ ④ ⑤	9	① ② ③ ④ ⑤	14	① ② ③ ④ ⑤	19	① ② ③ ④ ⑤
5	① ② ③ ④ ⑤	10	① ② ③ ④ ⑤	15	① ② ③ ④ ⑤	20	① ② ③ ④ ⑤

맞힌 개수 / 전체 개수: _____ / 20   O: _____개, △: _____개, X: _____개

제2회 기출동형모의고사

1	① ② ③ ④ ⑤	6	① ② ③ ④ ⑤	11	① ② ③ ④ ⑤	16	① ② ③ ④ ⑤
2	① ② ③ ④ ⑤	7	① ② ③ ④ ⑤	12	① ② ③ ④ ⑤	17	① ② ③ ④ ⑤
3	① ② ③ ④ ⑤	8	① ② ③ ④ ⑤	13	① ② ③ ④ ⑤	18	① ② ③ ④ ⑤
4	① ② ③ ④ ⑤	9	① ② ③ ④ ⑤	14	① ② ③ ④ ⑤	19	① ② ③ ④ ⑤
5	① ② ③ ④ ⑤	10	① ② ③ ④ ⑤	15	① ② ③ ④ ⑤	20	① ② ③ ④ ⑤

맞힌 개수 / 전체 개수: _____ / 20   O: _____개, △: _____개, X: _____개

제3회 기출동형모의고사

1	① ② ③ ④ ⑤	6	① ② ③ ④ ⑤	11	① ② ③ ④ ⑤	16	① ② ③ ④ ⑤
2	① ② ③ ④ ⑤	7	① ② ③ ④ ⑤	12	① ② ③ ④ ⑤	17	① ② ③ ④ ⑤
3	① ② ③ ④ ⑤	8	① ② ③ ④ ⑤	13	① ② ③ ④ ⑤	18	① ② ③ ④ ⑤
4	① ② ③ ④ ⑤	9	① ② ③ ④ ⑤	14	① ② ③ ④ ⑤	19	① ② ③ ④ ⑤
5	① ② ③ ④ ⑤	10	① ② ③ ④ ⑤	15	① ② ③ ④ ⑤	20	① ② ③ ④ ⑤

맞힌 개수 / 전체 개수: _____ / 20   O: _____개, △: _____개, X: _____개

ejob.Hackers.com

회독 차수: 진행 날짜:

제4회 기출동형모의고사

1	① ② ③ ④ ⑤	11	① ② ③ ④ ⑤	21	① ② ③ ④ ⑤	31	① ② ③ ④ ⑤
2	① ② ③ ④ ⑤	12	① ② ③ ④ ⑤	22	① ② ③ ④ ⑤	32	① ② ③ ④ ⑤
3	① ② ③ ④ ⑤	13	① ② ③ ④ ⑤	23	① ② ③ ④ ⑤	33	① ② ③ ④ ⑤
4	① ② ③ ④ ⑤	14	① ② ③ ④ ⑤	24	① ② ③ ④ ⑤	34	① ② ③ ④ ⑤
5	① ② ③ ④ ⑤	15	① ② ③ ④ ⑤	25	① ② ③ ④ ⑤	35	① ② ③ ④ ⑤
6	① ② ③ ④ ⑤	16	① ② ③ ④ ⑤	26	① ② ③ ④ ⑤	36	① ② ③ ④ ⑤
7	① ② ③ ④ ⑤	17	① ② ③ ④ ⑤	27	① ② ③ ④ ⑤	37	① ② ③ ④ ⑤
8	① ② ③ ④ ⑤	18	① ② ③ ④ ⑤	28	① ② ③ ④ ⑤	38	① ② ③ ④ ⑤
9	① ② ③ ④ ⑤	19	① ② ③ ④ ⑤	29	① ② ③ ④ ⑤	39	① ② ③ ④ ⑤
10	① ② ③ ④ ⑤	20	① ② ③ ④ ⑤	30	① ② ③ ④ ⑤	40	① ② ③ ④ ⑤

맞힌 개수 / 전체 개수: _____ / 40   O: _____개,   △: _____개,   X: _____개

제5회 기출동형모의고사

1	① ② ③ ④ ⑤	11	① ② ③ ④ ⑤	21	① ② ③ ④ ⑤	31	① ② ③ ④ ⑤
2	① ② ③ ④ ⑤	12	① ② ③ ④ ⑤	22	① ② ③ ④ ⑤	32	① ② ③ ④ ⑤
3	① ② ③ ④ ⑤	13	① ② ③ ④ ⑤	23	① ② ③ ④ ⑤	33	① ② ③ ④ ⑤
4	① ② ③ ④ ⑤	14	① ② ③ ④ ⑤	24	① ② ③ ④ ⑤	34	① ② ③ ④ ⑤
5	① ② ③ ④ ⑤	15	① ② ③ ④ ⑤	25	① ② ③ ④ ⑤	35	① ② ③ ④ ⑤
6	① ② ③ ④ ⑤	16	① ② ③ ④ ⑤	26	① ② ③ ④ ⑤	36	① ② ③ ④ ⑤
7	① ② ③ ④ ⑤	17	① ② ③ ④ ⑤	27	① ② ③ ④ ⑤	37	① ② ③ ④ ⑤
8	① ② ③ ④ ⑤	18	① ② ③ ④ ⑤	28	① ② ③ ④ ⑤	38	① ② ③ ④ ⑤
9	① ② ③ ④ ⑤	19	① ② ③ ④ ⑤	29	① ② ③ ④ ⑤	39	① ② ③ ④ ⑤
10	① ② ③ ④ ⑤	20	① ② ③ ④ ⑤	30	① ② ③ ④ ⑤	40	① ② ③ ④ ⑤

맞힌 개수 / 전체 개수: _____ / 40   O: _____개,   △: _____개,   X: _____개

ejob.Hackers.com

회독용 답안지

회독 차수: 진행 날짜:

제1회 기출동형모의고사

1	① ② ③ ④ ⑤	6	① ② ③ ④ ⑤	11	① ② ③ ④ ⑤	16	① ② ③ ④ ⑤
2	① ② ③ ④ ⑤	7	① ② ③ ④ ⑤	12	① ② ③ ④ ⑤	17	① ② ③ ④ ⑤
3	① ② ③ ④ ⑤	8	① ② ③ ④ ⑤	13	① ② ③ ④ ⑤	18	① ② ③ ④ ⑤
4	① ② ③ ④ ⑤	9	① ② ③ ④ ⑤	14	① ② ③ ④ ⑤	19	① ② ③ ④ ⑤
5	① ② ③ ④ ⑤	10	① ② ③ ④ ⑤	15	① ② ③ ④ ⑤	20	① ② ③ ④ ⑤

맞힌 개수 / 전체 개수: _____ / 20   O: _____개,   △: _____개,   X: _____개

제2회 기출동형모의고사

1	① ② ③ ④ ⑤	6	① ② ③ ④ ⑤	11	① ② ③ ④ ⑤	16	① ② ③ ④ ⑤
2	① ② ③ ④ ⑤	7	① ② ③ ④ ⑤	12	① ② ③ ④ ⑤	17	① ② ③ ④ ⑤
3	① ② ③ ④ ⑤	8	① ② ③ ④ ⑤	13	① ② ③ ④ ⑤	18	① ② ③ ④ ⑤
4	① ② ③ ④ ⑤	9	① ② ③ ④ ⑤	14	① ② ③ ④ ⑤	19	① ② ③ ④ ⑤
5	① ② ③ ④ ⑤	10	① ② ③ ④ ⑤	15	① ② ③ ④ ⑤	20	① ② ③ ④ ⑤

맞힌 개수 / 전체 개수: _____ / 20   O: _____개,   △: _____개,   X: _____개

제3회 기출동형모의고사

1	① ② ③ ④ ⑤	6	① ② ③ ④ ⑤	11	① ② ③ ④ ⑤	16	① ② ③ ④ ⑤
2	① ② ③ ④ ⑤	7	① ② ③ ④ ⑤	12	① ② ③ ④ ⑤	17	① ② ③ ④ ⑤
3	① ② ③ ④ ⑤	8	① ② ③ ④ ⑤	13	① ② ③ ④ ⑤	18	① ② ③ ④ ⑤
4	① ② ③ ④ ⑤	9	① ② ③ ④ ⑤	14	① ② ③ ④ ⑤	19	① ② ③ ④ ⑤
5	① ② ③ ④ ⑤	10	① ② ③ ④ ⑤	15	① ② ③ ④ ⑤	20	① ② ③ ④ ⑤

맞힌 개수 / 전체 개수: _____ / 20   O: _____개,   △: _____개,   X: _____개

ejob.Hackers.com

회독용 답안지

회독 차수:　　　　　　　진행 날짜:

제4회 기출동형모의고사

1	①	②	③	④	⑤	11	①	②	③	④	⑤	21	①	②	③	④	⑤	31	①	②	③	④	⑤
2	①	②	③	④	⑤	12	①	②	③	④	⑤	22	①	②	③	④	⑤	32	①	②	③	④	⑤
3	①	②	③	④	⑤	13	①	②	③	④	⑤	23	①	②	③	④	⑤	33	①	②	③	④	⑤
4	①	②	③	④	⑤	14	①	②	③	④	⑤	24	①	②	③	④	⑤	34	①	②	③	④	⑤
5	①	②	③	④	⑤	15	①	②	③	④	⑤	25	①	②	③	④	⑤	35	①	②	③	④	⑤
6	①	②	③	④	⑤	16	①	②	③	④	⑤	26	①	②	③	④	⑤	36	①	②	③	④	⑤
7	①	②	③	④	⑤	17	①	②	③	④	⑤	27	①	②	③	④	⑤	37	①	②	③	④	⑤
8	①	②	③	④	⑤	18	①	②	③	④	⑤	28	①	②	③	④	⑤	38	①	②	③	④	⑤
9	①	②	③	④	⑤	19	①	②	③	④	⑤	29	①	②	③	④	⑤	39	①	②	③	④	⑤
10	①	②	③	④	⑤	20	①	②	③	④	⑤	30	①	②	③	④	⑤	40	①	②	③	④	⑤

맞힌 개수 / 전체 개수: _____ / 40　　　　　O: _____개,　　△: _____개,　　X: _____개

제5회 기출동형모의고사

1	①	②	③	④	⑤	11	①	②	③	④	⑤	21	①	②	③	④	⑤	31	①	②	③	④	⑤
2	①	②	③	④	⑤	12	①	②	③	④	⑤	22	①	②	③	④	⑤	32	①	②	③	④	⑤
3	①	②	③	④	⑤	13	①	②	③	④	⑤	23	①	②	③	④	⑤	33	①	②	③	④	⑤
4	①	②	③	④	⑤	14	①	②	③	④	⑤	24	①	②	③	④	⑤	34	①	②	③	④	⑤
5	①	②	③	④	⑤	15	①	②	③	④	⑤	25	①	②	③	④	⑤	35	①	②	③	④	⑤
6	①	②	③	④	⑤	16	①	②	③	④	⑤	26	①	②	③	④	⑤	36	①	②	③	④	⑤
7	①	②	③	④	⑤	17	①	②	③	④	⑤	27	①	②	③	④	⑤	37	①	②	③	④	⑤
8	①	②	③	④	⑤	18	①	②	③	④	⑤	28	①	②	③	④	⑤	38	①	②	③	④	⑤
9	①	②	③	④	⑤	19	①	②	③	④	⑤	29	①	②	③	④	⑤	39	①	②	③	④	⑤
10	①	②	③	④	⑤	20	①	②	③	④	⑤	30	①	②	③	④	⑤	40	①	②	③	④	⑤

맞힌 개수 / 전체 개수: _____ / 40　　　　　O: _____개,　　△: _____개,　　X: _____개

해커스공기업 쉽게 끝내는 회계학 기본서

기본서

개정 2판 1쇄 발행 2024년 8월 21일

지은이	현진환
펴낸곳	㈜챔프스터디
펴낸이	챔프스터디 출판팀

주소	서울특별시 서초구 강남대로61길 23 ㈜챔프스터디
고객센터	02-537-5000
교재 관련 문의	publishing@hackers.com
	해커스잡 사이트(ejob.Hackers.com) 교재 Q&A 게시판
학원 강의 및 동영상강의	ejob.Hackers.com

ISBN	978-89-6965-496-0 (13320)
Serial Number	02-01-01

취업교육 1위,
해커스잡(ejob.Hackers.com)

해커스잡

- 시험장까지 가져가는 **회계학 핵심이론/OX 정리노트**
- 시험 직전 최종 점검용 **NCS 온라인 모의고사**(교재 내 응시권 수록)
- 내 점수와 석차를 확인하는 **무료 바로 채점 및 성적 분석 서비스**
- 회계학 전문 스타강사의 **본 교재 인강** 및 **취업 인강**(교재 내 할인쿠폰 수록)